산상수훈

천국의 언어

"뒤집힌 세상
뒤집힌 복음에
경종을 울리다"

— 이기호 지음 —

쿰란출판사

산상수훈

천국의 언어

추천사

예수 그리스도가 그려준 산상수훈

한국 기독교 역사에서 성도들에게 가장 사랑받는 신약 본문은 산상수훈일 것입니다. 이것은 산상수훈이 기독교인의 삶과 신앙, 가치관에 미치는 영향력이 위대하기 때문입니다. 한때 우리는 산상수훈의 일부인 팔복을 멋진 액자에 담아두고, 그리스도를 닮아가려고 노력했습니다.

이번에 이기호 목사님이 산상수훈을 적절하게 해석한 멋진 설교집을 출간하게 되었습니다. 일반적으로 설교집은 현대를 살아가는 그리스도인에게 신앙적 권면과 신앙을 온전하게 가르치려는 목적이 담긴 신앙 수필 같은 것입니다. 그에 부응하듯, 본서는 신앙의 열정과 기독교 복음이 묻어난 명 설교집입니다. 물론 본서에는 성경 본문에 함의된 신학과 기독교 교리가 담겨 있습니다. 그렇지만, 이기호 목사님의 산상수훈은 기존의 설교집과 다르게 산상수훈 본문을 성서 해석학적 관점에서 분석했습니다. 산상수훈의 신학과 현대 사회의 흐름을 적절하게 버무려 기독교인의 새로운 삶의 지표를 제시한 것입니다. 본서에는 다음과 같은 몇 가지 유용한 측면이 있습니다.

첫째, 팔복을 그리스도인과 비그리스도인으로 구분하는 기준으로 보았습니다. 지나친 이원론 관점을 배제한 상태에서 그리스도인이 세상 사람들과 다른 점이 팔복을 준수하며 살아간다는 점을 부각했습니다. 그렇습니다! 그리스도인을 향한 현시대의 요구는 팔복을 삶의 지침으로 여기고 실천하는 것입니다. 저자는 팔복이 단지 기록된 말씀이 아니라 삶의 현장에 적용된 그리스도의 가르침임을 잘 묘사했습니다.

둘째, 본서의 저자는 마태복음이 신약과 구약을 잇는 가교역할을 하고 있음을 잘 드러냈습니다. 구약은 이스라엘 백성의 율법 중심 신앙생활을 주로 묘사합니다. 반면에 마태복음은 예수의 가르침이 중심으로 등장합니다. 이러한 관점에서 마태 교회가 율법을 어떻게 이해했는지 적절하게 설명하고 있습니다. 예수 그리스도를 통해 온전하게 된 율법을 신앙생활에 적용하는 새로운 이스라엘에 대한 해석은, 독자들에게 율법을 넘어 은혜와 사랑의 길로 나아가야 함을 제시했습니다.

셋째, 저자는 유대교 핵심 가르침과 마태 교회의 가르침을 적절하게 비교 설명해 줍니다. 금식, 구제, 기도가 새로운 기독교 공동체에서 어떻게 적용해야 하는지, 그것이 현재 그리스도인의 삶에 필요한 이유를 제시했습니다. 일반적으로 기독교인은 유대교와 기독교를 구분하려고 하지만, 본서는 기독교와 유대교의 일치점을 적절하게 설명함으로써 구약과 신약을 동일 선상에서 볼 수 있는 근거를 제시했습니다.

넷째, 저자는 마태가 제시한 그리스도인의 일상생활이 어떻게 삶의 현장에서 윤리로 적용되어야 하는지 적절하게 보여줍니다. 살인, 간음, 형제 비난 금지가 율법 준수에 기인한 것이 아니라 사랑에 기초함을 서술했습니다. 의무가 아닌 영적 성숙에서 발현한 윤리를 강조함으로써, 성경과 괴리된 신앙이 아닌 말씀을 실천하는 신앙에 대해 정의했습니다.

마지막으로, 저자는 율법의 의와 예수 그리스도로 말미암아 의롭게 된 그리스도인의 삶을 다루었습니다. 삶의 모든 여정을 하나님께 맡길 수 있는 믿음과 먼저 하나님의 나라와 의를 구하는 신실한 그리스도인의 삶에 관해서도 진솔하게 풀어냈습니다.

산상수훈은 예수의 가르침을 토대로 신앙의 집을 건축하는 것입니다. 기초가 부실한 것은 창수가 오면 무너지고 맙니다. 그렇지만, 반석 위에 세운 견고한 집은 무너지지 않습니다. 예수 그리스도는 반석입니다. 이 책은 보다 성숙한 신앙생활을 추구하는 독자들에게 반석이 되어줄 것입니다. 저자의 신학, 신앙, 인품이 잘 묻어난 본서를 통해 멋진 그리스도인으로 성숙해 가기를 소망합니다. 천상의 이야기를 지상의 삶으로 풀어놓은 본서를 여러분께 기쁜 마음으로 추천합니다.

2025년 12월 24일

한국침례신학대학교 교수

신인철

추천사

“심령이 가난한 자는 복이 있나니 천국이 그들의 것임이요.”

— 마태복음 5장 3절

하나님의 말씀은 언제나 시대를 초월하여 인간의 영혼을 깨우는 생명의 언어로 다가옵니다. 그 가운데에서도 산상수훈은 복음의 심장부요, 하나님 나라의 윤리와 영성을 압축한 예수 그리스도의 선언문입니다. 이 말씀 앞에서 우리는 자신이 누구이며, 무엇을 추구하며 살아야 하는지를 직면하게 됩니다. 산상수훈을 깊이 이해하는 일은 단지 신학적 사유의 영역을 넘어, 예수님의 제자로서의 존재 전체를 새롭게 빚어 가는 영적 사건입니다.

이기호 목사님의 산상수훈은 바로 그 거룩한 자리로 독자를 초대하는 귀한 저술입니다. 본서는 오랜 묵상과 설교, 그리고 목회 현장에서 흘린 눈물과 기도의 열매로 탄생한 책입니다. 저자는 말씀을 단순히 해석하거나 주석하는 수준을 넘어, 말씀을 살아낸 사람의 고백과 증언으로 산상수훈을 풀어갑니다. 학문적 정밀함과 영적 감동이 함께 숨 쉬며, 신학과 신앙의 아름다운 조화와 적용을 보여주는 결실입니다.

이기호 목사님은 개혁주의 신학의 토대 위에서 성경을 해석하되, 교리적 틀 안에 머물지 않고 삶의 현장에서 복음의 윤리를 구현하는 데 집중합니다. 산상수훈을 도덕적 교훈이나 이상적 윤리로 축소하지 않고, 하나님 나라 백성의 존재 방식으로 해석합니다. 그리하여 본서는 오늘의 교회가 잃어버린 복음의 본질, 곧 예수 그리스도의 제자도와 하나님 나라의 삶을 다시 회복하는 길을 보여줍니다.

본문 곳곳에서 드러나는 저자의 필치는 온유하면서도 단호합니다. 말씀을 해부하는 신학자의 통찰과 영혼을 품는 목자의 따뜻함이 하나로 어우러져 있습니다. 그는 독자에게 교훈을 강요하지 않습니다. 오히려 산 위에 앉으신 예수의 음성을 조용히 들려주며, "이 말씀 앞에 너는 어떤 제자인가"라는 물음을 남깁니다. 그 물음은 독자로 하여금 말씀의 고요 속에서 자신을 성찰하게 하고, 결국 그리스도의 마음으로 이끌어 갑니다.

"너희는 세상의 빛이라."

— 마태복음 5장 14절

저자는 산상수훈의 구조와 언어, 그리고 주제의 흐름을 면밀히 분석하면서도, 그 안에서 예수의 설교에 담긴 하나님 나라의 내적 논리와 윤리적 긴장감을 정교하게 드러냅니다. 신학적 분석이 영적 성찰로 이어지고, 교리가 곧 삶의 실천으로 연결됩니다. 그리하여 이 책은 학문적 깊이와 목회적 감동이 함께 살아 있는 드문 저술입니다. 설교자에게는 강단의 깊이를, 신학생에게는 해석의 지평을, 그리고 평신도에게는 복음의 본질을 회복하는 통로를 제공합니다.

이기호 목사님의 글에는 무릎의 신학이 있습니다. 그는 성경을 해석하기 전에 먼저 그 말씀 앞에 무릎 꿇는 사람입니다. 그래서 그의 신학은 단순한 논리의 결과가 아니라 기도의 산물입니다. 본문을 따라가다 보면, 예수께서 제자들을 앉히시고 하늘의 복을 선포하시던 그 자리로 우리를 인도합니다. "너희는 먼저 그의 나라와 그의 의를 구하라"(마 6:33)는 예수의 말씀은 이 책 전체의 중심축처럼 흐르며, 신앙의 방향을 분명히 비추어 줍니다.

오늘의 교회는 정보의 홍수 속에서 말씀의 중심을 잃어버리고, 제자도의 길 대신 성공의 길을 좇는 위기를 맞고 있습니다. 그러나 이기호 목사님의 "산상수훈"은 그런 시대 속에서 복음의 원형을 회복하게 하는 신학적 나침반이자 영적 지도로서 우리를 다시 산상으로 부르십니다. 그는 독자에게 "그리스도의 제자로 다시 서라"는 초청을 전하며, 동시에 그 초청을 따뜻한 사랑으로 감싸 안습니다.

이 책은 단지 읽는 책이 아니라, 기도하며 따라가야 할 여정입니다. 말씀을 가르치는 자에게는 겸손을, 배우는 자에게는 열정을, 사역하는 자에게는 새 생명을 일깨워 줄 것입니다. 각 장의 끝에서 독자는 자신의 신앙을 돌아보며, 말씀을 듣는 자가 아니라 말씀을 사는 자로 부름받았음을 깨닫게 됩니다.

저는 현재 대구사월교회 담임목사이자 대신대학교 설교학 교수로서, 이기호 목사님의 신앙적 진실성과 신학적 통찰, 그리고 복음에 대한 헌신을 깊이 신뢰합니다. 그의 글은 학문에서 나온 것이 아니라, 기도의 골방에서 비롯된 것입니다. 그 겸손한 영성이 이 책의 모든 문장에 스며 있습니다.

산상수훈은 오늘의 한국 교회가 다시 복음의 순수한 빛으로 돌아가야 할 이유를 조용히, 그러나 강력하게 증언하고 있습니다. 본서를 통해 많은 독자들이 예수께서 가르치신 하늘나라의 복음 앞에 다시 서며, 그 말씀을 따라 사는 제자의 삶으로 초대받기를 소망합니다.

"온유한 자는 복이 있나니 그들이 땅을 기업으로 받을 것임이요."

— 마태복음 5장 5절

하나님께서 이 책을 통해 무너진 강단과 메마른 영혼들을 새롭게 하시기를 간절히 기도합니다. 이기호 목사님의 신앙과 학문, 그리고 그의 글을 진심으로 추천하며, 본서를 기쁨과 확신 가운데 출판하는 일에 아낌없는 지지를 보냅니다.

2025년 12월 24일

대구사월교회 담임목사

대신대학교 설교학 교수

최영인

머리말

예수 그리스도를 진실로 믿는 성도라면 누구나 성경이 말하는 거룩한 성도, 곧 하나님 앞에서 바르게 세워진 성도가 되기를 소망할 것입니다. 한 걸음 더 나아가 좌로나 우로나 치우치지 않고, 신앙의 균형을 유지하며, 삶의 모든 영역에서 규모와 질서를 갖춘 성도로 성장하고자 열망할 것입니다.

그러나 안타깝게도 오늘날 많은 조국교회 성도들은 균형 있고 규모 있는 성도가 정확히 어떤 사람을 의미하는지, 또 어떻게 그런 성도로 성숙해 갈 수 있는지에 대한 신학적 이해와 실천적 지식이 충분히 갖추어져 있지 못한 경우가 적지 않습니다.

더욱 놀라운 사실은 하나님께서 우리를 구원하신 궁극적인 목적에 대한 인식이 흐려져 있거나 아예 상실된 채 신앙생활을 하는 이들도 적지 않다는 점입니다. 즉 많은 성도들이 구원은 이미 확정되었으니 이제는 이 땅에서 건강하게 살고, 별다른 문제 없이 교회생활을 잘 하며, 일정한 신앙 경륜이 쌓이면 장로나 집사, 혹은 권사가 되는 것 정도를 신앙의 주요한 목표로 생각합니다. 물론 이 모든 것은 신앙의 과정 속에서 중요한 의미를 지닙니다. 그러나 이것이 성경이 말하는 성도의 본질적 목표가 아니라는 것은 그 누구도 부인할 수 없을 것입니다.

그런데 여러분은 오늘날 교회와 성도의 현실이 이처럼 심각하고 참담한 지경에 이르게 된 근본 원인을 무엇이라고 생각하십니까? 많은 이유들을 거론할 수 있겠지만, 그 중의 하나는 많은 성도들이 신앙의 본질을 굳게 붙드는 대신, 자신도 모르는 사이에 시대의 흐름에 - 이를테면 포스트모더니즘의 상대주의적 사고, 실용주의의 성과 중심적 가치관, 신비주의의 감정 중심적 종교성, 그리고 은사주의가 지닌 과도한 체험주의적 경향 - 지나치게 의존하거나 그 안에 신앙을 맞추어 버렸기 때문이라고 볼 수 있습니다.

문제는 이러한 경향이 단순한 신앙 스타일의 차이가 아니라, 성경이 말하는 복음의 구조와 본질을 흐리게 만들고, 성도의 정체성과 성화의 방향을 왜곡하는 신학적 혼란을 불러왔다는 데 있습니다. 균형을 잃은 복음은 언제나 부분적 진리를 전체 진리인 것처럼 과장합니다. 반대로 성경이 강조한 핵심을 주변부로 밀어내어 결과적으로 복음은 말하지만 복음적이지 않은 신앙을 만들어 냅니다.

그 결과 오늘날 우리의 교회 현실은 성경이 강조하고 하나님께서 간절히 원하시는 거룩한 성도에 대한 핵심적 주제를 - 곧 왜(Why) 우리가 거룩한 성도가 되어야 하는지, 거룩한 성도가 된다는 것이 무엇(What)을 의미하는지, 그리고 어떻게(How) 거룩함의 길을 실제로 걸어갈 수 있는지 - 온전히 붙들지 못한 채 살아가는 상황에 놓여 있다고 해도 과언이 아닙니다.

따라서 우리는 오늘의 위기를 단순히 문화적 문제나 교회 운영의 실패로만 진단해서는 안 됩니다. 오히려 시대정신과 유행하는 사조에 신앙을 끼워 맞추려 했던 태도 자체가 성경이 제시하는 하나님의 계시와 그리스도의 lordship(주되심)을 점차 주변화시킨 결정적 원인이었다는 사실을 분명히 인식해야 합니다.

그래도 다행스러운 점은 조국교회를 걱정하고 염려하는 사람들이 이러한 비극적인 교회 현실을 타개할 수 있는 여러 가지 방안을 꾸준히 제시하고 있다는 것입니다. 그러나 이 문제의 핵심은 복음과 깊이 관련되기 때문에 사람들을 자극하는 거창한 구호를 외친다거나 혹은 몇 가지 신앙생활과 관련한 변화를 시도하면 될 것이라고 생각하는 것은 참으로 어리석은 생각에 불과합니다. 오히려 모든 시대 모든 성도들은 성경이 말하는 참된 복음을 통해 다시 균형을 찾아야 할 뿐만 아니라, 참된 복음이 자아내는 거룩한 성도의 길을 모색해야 합니다.

그 길을 모색하는 과정에서 가장 중요한 나침반 역할을 하는 것이 바로 예수님께서 제자들에게 주신 산상수훈이라고 생각합니다.

왜냐하면 산상수훈은 그리스도인에게 단순한 도덕적 성품이나 윤리적 노력을 요구하지 않습니다. 오히려 그것은 세상 사람들과 구별된 그리스도인들이 누구인지, 왜 그들을 부르셨는지, 그리고 그 부르심 안에서 성령께서 이루어 가시는 변화의 과정이 어떠하며, 동시에 성도가 삶으로 응답해야 하는 신앙적 의무가 무엇인지를 분명히 제시합니다. 게다가 산상수훈은 우리가 왜 세상 사람들과 다르게 살아야 하는지에 대한 분명한 근거(직설법)를 바탕으로 어떻게 살아야 하는지(명령법)에 대한 해답을 제시합니다.

따라서 산상수훈은 모든 그리스도인으로 하여금 구원의 은혜를 값싼 확신으로만 소비하는 것을 경계하고, 하나님의 형상을 회복해 가는 성화의 길이야말로 성도가 이 땅에서 추구해야 할 본질적 목표임을 다시금 기억하게 합니다.

저는 2020년 가정 교회를 개척하게 되었는데 - 잘 알다시피, 그 해는 공교롭게도 코로나가 창궐하던 시기이기도 했습니다 - 교회를 개척한 후 가장 먼저 설교한 내용이 바로 산상수훈 강해였습니다. 그런데 산상수훈 강해는 저와 우리 가족들의 신앙을 성경의 말씀 위에 굳건히 세우게 되는 중요한 계기를 제공해 주었습니다.

왜냐하면 산상수훈을 강해하면서 저는 물론이고 가족들의 신앙관, 세계관, 물질관, 가치관, 인생관이 조금씩 달라지는 경험을 하게 되었기 때문입니다. 그리고 산상수훈을 계속 강해하면서 하나님께서는 저에게 이 놀라운 경험을 다른 사람들과 함께 공유했으면 좋겠다는 열망을 심어주었습니다. 그것이 바로 산상수훈을 출판하게 된 중요한 계기이기도 합니다.

아무쪼록 이 책을 읽는 모든 독자들도 제게 일어난 이 놀라운 변화를 경험하기를 바랍니다. 그래서 이 세상으로부터 많은 비난과 질책의 대상이 되어버린 작금의 처참한 교회 현실이지만, 산상수훈이 가르치는 천상의 언어를 드러내며 살아가는 여러분들을 통해서 하나님의 영광이 드러나고 이 세상에 하나님의 살아계심을 보는 축복이 있기를 기원합니다.

2025년 12월

이기호 목사

차례

1장

팔복 개관

팔복의 대상 및 시점

팔복이 말하는 성품은 그리스도인에게만 나타나는 특징입니다. 그러므로 그리스도 안에 있지 않은 자연인, 곧 예수 그리스도를 믿어 그분과 연합하지 않은 사람은 이러한 특징을 결코 가질 수 없습니다. 아무리 높은 도덕성을 가지고 윤리적으로 산다 해도, 인간은 태생적으로 죄 된 본성을 지니고 있기 때문입니다. 따라서 자연인은 팔복이 말하는 참된 영적 성품을 소유할 수 없습니다.

그렇다면 팔복은 모든 그리스도인에게 해당하는 말씀일까요 아니면 가톨릭에서 말하는 성인, 곧 특정 소수 엘리트 그리스도인에게만 주어진 말씀일까요? 이와 관련해 많은 신자가 오해하는 부분이 있습니다. 그것은 팔복이 워낙 탁월하고 독특한 영적 특성을 다루기 때문에 자신과는 무관하다고 생각하는 것입니다. 그러다 보니 결국 그 말씀을 비껴가려고 합니다. 그러나 그렇게 생각하는 것은 오히려 자신이 거듭나지 않았음을 스스로 인정하는 것과 같습니다. 예수님께서 말씀하신 팔복은 예수 그리스도를 구주로 믿고 그분과 연합한 모든 그리스도인의 삶을 묘사하고 있기 때문입니다. 그러므로 이러한 생각은 성부 하나님의 구원 계획과 지혜, 성자 하나님의 구속 사역의 성취 그리고 성령 하나님의 구원의 적용과 능력을 경시하는 것과 다름없습니다. 나아가 이는 곧 하나님께서 우리를 구원하신 목적을 거스르는 것이며, 하나님께서 영원 전에 택하신 백성들에게 나타내기를 원하시는 뜻에도 어긋나는 일입니다. 요컨대 팔복은 교회의 직분이나 사회적 지위, 남녀 구별과 상관없이 모든 신자에게 해당하는 말씀입니다.

그렇다면 팔복에 약속된 복은 현재적인 것일까요, 아니면 미래적인 것일까요? 팔복의 약속을 보면, '심령이 가난한 자'와 '의를 위하여 박해를 받은 자'에게 주어지는 천국만 현재 시제로 되어 있습니다. 나머지 복은 모두 단순미래 시제입니다. 그러나 모든 복은 현재와 미래라는 두 차원을 함께 가지고 있다는 점을 기억해야 합니다. 즉, 이 땅에서 부분적으로 누리는 동시에, 장차 완성될 하나님 나라에서 온전히 누리게 되는 복이라는 사실입니다.

예를 들어, 애통하는 자에게 주어지는 위로는 장차 완성될 하나님 나라에서 완전하고 풍성하게 주어질 것입니다. 그러나 동시에 지금 이 땅에서 애통하는 모든 그리스도인에게도 하나님은 위로를 약속하십니다. 따라서 팔복에 약속된 모든 복은 예수 그리스도의 성육신으로 이미 시작된 하나님 나라 안에서 현재적으로 경험하는 동시에, 미래에 완전하게 성취될 복입니다.

하지만 안타깝게도 오늘날 많은 그리스도인이 이러한 영적인 복을 풍성히 누리지 못하고 있습니다. 여러 이유가 있겠지만, 무엇보다 감각과 감성을 중시하는 포스트모던 사고의 영향이 크다고 할 수 있습니다. 영적인 복을 단지 감각적 자극이나 일시적인 신비 체험을 통해 얻으려는 이들에게 팔복의 복은 그저 그림의 떡에 불과합니다. 그러나 이러한 태도는 절대 바람직하지 않습니다.

또 실용주의적 신앙도 영적인 복을 누리는 데 장애가 됩니다. 예수를 믿으면서도 현실 문제 해결에만 몰두하는 실용주의적 신앙은 하나님과의 깊은 교제에서 주어지는 참된 복을 가로막습니다. 팔복에 약속된 복은 이방 종교가 추구하는 물질적, 세속적 복과 전혀 다릅니다. 그것은 오직 하나님과의 인격적인 교제와 친밀한 사랑의 관계에서 누릴 수 있는 참된 복입니다. 그럼에도 많은 신자가 이 사실을 망각한 채, 기독교의 하나님을 이방 종교의 신처럼 섬기려 하고, 영적인 복을 물질적 유익으로 대체하려는 오류에 빠집니다.

이와 관련해 한 가지 짚고 넘어가야 할 점은, 구약성경과 신약성경에서 말하는 복의 개념이 조금 다른 듯하다는 것입니다. 구약성경에서는 눈에 보이는 물질적 풍요와 연결된 복에 대한 표현이 자주 등장합니다. 예를 들어, 이사야 55장 2절은 "너희가 어찌하여 양식이 아닌 것을 위하여 은을 달아 주며 배부르게 하지 못할 것을 위하여 수고하느냐 내게 듣고 들을지어다 그리하면 너희가 좋은 것을 먹을 것이며 너희 자신들이 기름진 것으로 즐거움을 얻으리라"라고 말합니다. 이런 구절들을 근거로 오늘날에도 여전히 물질적인 복을 강조하는 이들이 있습니다. 그러나 신약성경에서 예수님과 사도들의 가르침은 일관되게 영적인 복에 초점을 맞추고 있습니다. 그렇다면 동일한 하나님의 말씀에서 나타나는 이러한 차이를 어떻게 이해해야 할까요?

구약 시대 이스라엘 백성은 장차 오실 메시아 곧 참되고 영원한 복이신 그리스도를 기다렸습니다. 그리고 신약 시대에 이르러 마침내 그 메시아가 오셨습니다. 즉 하나님께서는 구약의 백성들에게 장차 메시아가 가져오실 참된 영적인 복을 미리 보여주시기 위해 그 그림자와 같은 물질적인 복을 허락하신 것입니다. 물론 그것은 복의 실체가 아니라 다가올 참된 복의 예표였습니다. 그럼에도 구약의 믿음의 사람들(에

녹, 모세, 사무엘, 다윗 그리고 수많은 선지자)은 이미 하나님 안에서 그 영적인 복의 실체를 부분적으로나마 깨닫고 누리며 살았습니다.

그러나 오늘 우리는 메시아께서 이미 오신 이후의 시대를 살고 있습니다. 그러므로 성도는 그림자에 불과한 물질적인 복이 아니라 복 그 자체이자 복의 근원이신 예수 그리스도를 충만히 누려야 합니다. 즉 팔복에 나타난 예수 그리스도의 성품과 특질을 삶에서 경험하고 살아가야 하는 것입니다. 이러한 맥락에서 구약성경과 신약성경이 말하는 복의 개념은 본질적으로 상충하지 않습니다. 구약성경의 물질적인 복은 장차 오실 그리스도의 그림자였고, 신약성경의 영적인 복은 그 그림자가 가리킨 실체인 예수 그리스도입니다. 따라서 성도는 잠시 있다 사라질 물질적인 복이 아니라 영원하고 변함없는 참된 복, 곧 예수 그리스도 안에서 누리는 영적인 복을 사모하고 붙들어야 합니다.

팔복이 산상수훈에서 차지하는 위치

산상수훈은 기독교 교리와 신약성경 전체 특히 서신서들의 가르침과 교훈을 해석하고 이해함에서 기본이 되는 하나의 대원칙이라고 할 수 있습니다. 이에 무엇보다 서신서를 바르게 해석하려면 반드시 산상수훈에 비추어 보아야 합니다. 특히 산상설교에서 팔복은 뒤이어 전개되는 모든 내용을 제대로 이해하고 파악하도록 도와주는 나침반이자 내비게이션과 같습니다. 다시 말해, 팔복은 산상수훈 전체의 서론이자 기초이며, 그 이후의 모든 가르침을 해석하는 열쇠입니다. 그러므로 팔복에 근거해 산상수훈을 해석할 때만 그 의미와 의도를 온전히 파악할 수 있습니다. 만약 팔복만 따로 떼어 해석한다면, 예수님의 가르침을 율법적인 것으로 오해하거나, 반대로 실현 불가능한 이상으로 치부해 버릴 위험이 있습니다. 즉 바리새인이나 서기관들처럼 기계적으로 조항을 지키는 율법주의로 빠지거나, 혹은 아예 '이 명령은 지킬 수 없다'라고 단정해 버리는 잘못된 결론에 도달할 수 있습니다. 바로 이러한 이유로 예수님께서는 팔복을 산상수훈의 중간이나 끝부분이 아니라 맨 처음에 선포하신 것으로 보입니다.

이러한 맥락에서 팔복이 산상수훈에서 차지하는 위치는 대부분의 서신서에서 발견되는 구조와도 밀접한 연관이 있음을 알 수 있습니다. 예컨대 로마서를 보면, 1-11장에서는 교리적 내용을 직설적으로 다루고, 12장 1절에서 '그러므로'라는 말로 전환한 뒤 12-16장에서는 그 교리적 내용을 근거로 한 실천적인 명령을 이어갑니다. 이 구조를 산상수훈에 적용하면, 팔복은 교리적인 부분에 해당하고, 이후 전개되는 내용은 그에 따른 구체적이고 실천적인 부분이라 할 수 있습니다. 다시 말해, 팔복은 직설법으로 되어 있고, 그다음에 이어지는 가르침은 명령법으로 되어 있다고 볼 수 있습니다. 이러한 사실은 초대교회의 메시지가 항상 신학적 측면과 윤리적 측면을 함께 지니고 있었다는 점과도 일맥상통합니다. 그래서 어떤 신학자는 신약성경의 메시지를 첫째로 복음, 곧 사도들이 선포한 내용, 둘째로 계명, 곧 복음을 받아들인 성도들에게 가르친 삶의 규범이라고 요약합니다. 이러한 점을 고려할 때, 사도 바울과 여러 서신서 저자들은 예수님의 산상수훈 전개 방식을 충분히 염두에 두고 서신서를 기록했다고 볼 수 있습니다.

또 다른 각도에서 팔복의 위치를 교육과정의 구조와 연결 지어 설명할 수도 있습니다. 교육과정은 보통 총론과 각론으로 구분되는데, 총론에서는 교육과정의 성격, 구성의 중점, 추구하는 인간상, 교육목표 등이 제시되고, 각론에서는 그 총론에 근거하여 교과별로 구체적인 교육 내용이 제시됩니다. 이러한 틀로 산상수훈을 보면, 마태복음 5장 3-16절이 총론에 해당합니다. 조금 더 구체적으로 살펴보면, 3-12절에서는 '추구하는 인간상', 곧 하나님의 백성은 어떠한 성품을 지녀야 하는지를 말씀하고 있고, 13-16절은 '교육목표'에 해당하는데, 바로 "너희 빛이 사람 앞에 비치게 하여 그들로 너희 착한 행실을 보고 하늘에 계신 너희 아버지께 영광을 돌리게 하라"라는 것입니다. 즉 예수님께서는 팔복을 통해 그리스도인이 추구해야 할 성품과 자질에 대해 말씀하시고, 이어서 그러한 자들이 세상에서 이루어야 할 목표를 제시하신 것입니다.

그리고 마태복음 5장 17절부터 7장 29절까지는 각론에 해당한다고 볼 수 있습니다. 이는 총론에 기초하여 구체적으로 무엇을 가르치고 실천해야 하는지를 다루는 부분입니다. 이 부분은 크게 세 가지 교과로 나눌 수 있습니다.

첫 번째 교과는 5장 17-48절로, '하나님의 율법과 의'를 다루는 부분입니다. 여기서 여섯 가지 주제가 제시됩니다. 즉 '예수와 율법', '노하지 말라', '간음하지 말라', '맹세하지 말라', '악한 자를 대적하지 말라', '원수를 사랑하라'입니다. 이 중 핵심은 예수님의 오심과 율법의 관계입니다. 예수님께서는 자신이 율법이나 선지자를 폐하러 온 것이 아니라 완전케 하러 왔다고 말씀하시며(5:17), 이어 "너희 의가 서기관과 바리새인보다 더 낫지 못하면 결코 천국에 들어가지 못하리라"(5:20)라고 하십니다.

이 말씀은 단순히 서기관과 바리새인보다 더 의롭게 행해야 한다는 뜻이 아닙니다. 이들은 율법을 행위 언약으로 오해해, 그것을 지킴으로 구원을 얻을 수 있다고 생각했습니다. 그 결과 이들은 율법을 무거운 멍에와 짐으로 여기며 억지로 지키려 했습니다. 그러나 그리스도인에게 율법은 더 이상 행위 언약이 아닌 '그리스도의 법'으로 기능합니다. 즉 구원의 조건이 아니라, 하나님과의 사랑의 관계에서 하나님의 형상을 닮아가기 위한 기준입니다. 이에 신자는 율법을 억지로 지키는 것이 아니라, 하나님을 사랑하기에 즐겁고 기꺼운 마음으로 순종합니다. 신자에게서 율법이 지닌 무게감은, 그것을 지키지 않으면 구원을 잃을지도 모른다는 두려움이 아니라, 사랑하는 하나님의 마음을 아프게 하고 그분의 영광을 가릴까 염려하는 마음에서 기인하는 것입니다. 이는 부모를 사랑하는 자녀나 연인을 사랑하는 이들이 상대방의 마음을 상하게 하지 않기 위해 기꺼이 약속을 지키는 것과 같은 원리입니다. 그러므로 5장 21-48절의 여러 주제(노함, 간음, 맹세, 보복, 원수 사랑)는 모두 율법을 행위 언약이 아니라 그리스도의 법으로 바라볼 때 어떻게 살아야 하는지를 보여주는 구체적인 사례들입니다.

두 번째 교과는 6장 1-34절로, '하나님 앞에서의 신앙생활'이라 할 수 있습니다. 여기서 예수님은 구제, 기도, 금식, 재물 관리, 의식주에 대한 염려 등 신앙생활 전반을 다루시며, 그 핵심을 '(이 모든 것을) 사람에게 보이려고 하지 말라'는 말씀으로 요약하십니다. 참된 신앙생활은 외적으로 사람에게 보이려고 하는 것이 아니라, 하나님의 임재 앞에서 하나님만 의식하며 행하는 것입니다. 이에 '사람에게 보이려고 하지 말라'와 '하나님께서 갚으시리라'는 구절이 반복되어 강조됩니다. 이는 신자의 신앙생활이 사람이 아니라 하나님의 인정을 목표로 해야 함을 보여줍니다.

세 번째 교과는 7장 1-29절로, '천국을 소망하는 그리스도인의 삶'이라고 할 수 있습니다. 여기서 강조되는 핵심은 빌립보서 2장 12절 말씀처럼, 두렵고 떨리는 마음으로 구원을 이루어가야 한다는 것입니다. 이 단락에서는 '비판하지 말라', '구하고 찾고 두드리라', '좁은 문으로 들어가라', '열매로 그들을 알리라', '주여, 주여 하는 자마다 다 천국에 들어가는 것이 아니다', '반석 위에 집을 짓는 삶' 등의 주제가 다뤄집니다. 이런 말씀들은 천국을 소망하는 신자들이 하나님을 경외하며 자신의 믿음을 날마다 점검하고 확증해야 함을 말해줍니다(고후 13:5). 이에 신자는 단순히 종교적 행위에 안주하거나 자기 확신에

기만되지 말고, 날마다 자기 부인을 통해(마 16:24) 하나님의 뜻을 따라 살아야 합니다. 천국을 소망하는 그리스도인은 늘 좁은 문을 택하고, 거짓 선지자를 경계하고, 반석 위에 집을 지으며 자신의 삶을 점검해야 합니다. 이것이 곧 산상수훈의 마지막 결론이라 할 수 있습니다.

팔복 상호 간의 관계 및 팔복의 성격

오랜 교회 역사에서 팔복을 분류하는 다양한 시도가 있었습니다. 그리고 그러한 시도들은 단순히 임의로 한 것이 아니라, 나름의 기준과 신학적 이해에 근거한 것이었습니다. 예컨대 크리소스톰은 팔복을 '황금 사슬'로 묘사하며 서로 긴밀히 연결된 성품의 연속으로 이해했습니다. 또 존 스토트는 팔복의 전반부 네 가지 복은 하나님과 그리스도인의 관계, 후반부 네 가지 복은 사람들 간의 관계에 해당하는 것으로 구분했습니다.

이처럼 팔복은 아무런 관련성 없이 무작위로 배열된 것이 아닙니다. 자세히 살펴보면 그 안에는 놀라운 영적 연속성과 논리적 연결고리가 있습니다. 이에 팔복의 내용이 영적이라고 말하는 이유는, 팔복에서 묘사하는 성품과 특질이 단순한 윤리적 성향이 아니라, 중생하여 새 생명을 얻은 자들에게서만 나타나는 성령의 열매이기 때문입니다. 즉 팔복이 말하는 하나님 나라 백성의 성품은 자연인에게서는 결코 나타날 수 없는 것으로, 오직 그리스도와 연합한 자들에게만 주어지는 은혜의 결과입니다.

그리고 팔복에 약속된 복 역시 영적인 차원을 지니고 있습니다. 예컨대 "온유한 자는 복이 있나니 그들이 땅을 기업으로 받을 것임이요"라는 말씀에서 '땅의 기업'을 단순히 이 땅에서의 물질적 소유로만 이해할 수는 없습니다. 이는 궁극적으로 새 하늘과 새 땅에서 완성될 하나님 나라라는 영적인 복을 가리킵니다. 물론 하나님께서는 필요에 따라 현재의 삶에서도 그분의 백성에게 물질적인 유익을 허락하시지만, 본질적으로 팔복에서 약속된 복은 영원한 하나님 나라에서 완성될 복을 가리킵니다.

또 팔복을 논리적이라고 말하는 데도 이유가 있습니다. 팔복의 전반부 네 가지, 곧 심령이 가난하고, 애통하고, 온유하고, 의에 주리고 목마른 것은 하나님과의 관계에서 나타나는 것으로, 하나님에 대한 사랑과 깊이 관련되어 있습니다. 반면 후반부 네 가지, 곧 긍휼히 여기고, 마음이 청결하고, 화평하게 하고, 의를 위하여 박해를 받는 것은 다른 사람들과의 관계에서 나타나는 성품으로, 이웃 사랑과 밀접한 관련이 있습니다.

한 걸음 더 나아가 전반부와 후반부는 서로 연결되어 있습니다. 심령이 가난한 자는 하나님의 긍휼을 경험한 자로서 다른 이들을 긍휼히 여기게 됩니다. 죄를 보고 애통하는 자는 하나님 앞에서 마음을 청결하게 유지하려고 노력합니다. 온유한 자는 그 성품으로 인해 사람들 사이에서 화평을 이루게 됩니다. 의에 주리고 목마른 자는 결국 세상에서 의를 위하여 박해를 받는 자리로 나아가게 됩니다. 이렇게 볼 때 전반부의 성품이 반드시 전제되어야 후반부의 성품이 드러난다는 점에서 팔복은 유기적인 구조로 되어 있습니다.

이 구조는 예수 그리스도의 대속 사역과도 닮았습니다. 십자가의 속죄 사역은 먼저 하나님과 죄인 사이의 화평을 이루었고, 이어서 사람과 사람, 곧 유대인과 이방인 사이에서도 화평을 이루게 했습니다. 또 이러한 구조는 십계명에서도 확인할 수 있습니다. 십계명의 전반부는 하나님과의 관계, 후반부는 이웃과의 관계를 다루고 있습니다.

무엇보다 하나님과의 관계에서 요구되는 네 가지 성품을 자세히 살펴보면, 그 순서와 연결이 분명합니다. 심령이 가난한 자가 아니면 애통할 수 없고, 애통하는 자가 아니면 온유할 수 없습니다. 자신의 죄악 된 모습을 보고 슬퍼하며 애통하는 자는 하나님 앞에서 겸손하고 온유하지 않을 수 없기 때문입니다. 마찬가지로 이웃과의 관계에서 요구되는 성품들도 서로 연결되어 있습니다. 타인을 긍휼히 여기지 않는 사람은 마음이 청결할 수 없으며, 마음이 청결하지 않으면 진정한 화평을 이루는 것도 불가능합니다. 이처럼 팔복은 단순히 개별적이고 독립적인 항목이 아니라, 영적이며 논리적인 순서로 배열된 하나의 완전한 구조물입니다. 이에 팔복을 이해하려 할 때는 각각의 복을 따로 떼어 보는 것이 아니라, 하나의 온전한 전체로 보아야 합니다.

팔복은 마치 포도송이와 같습니다. 각각의 복은 포도알 하나하나에 해당하지만, 그것들이 모여야만 온전한 포도송이가 됩니다. 만일 그중 일부가 없다면 그것은 온전한 포도송이라 할 수 없습니다. 마찬가지로 팔복에서 어떤 것은 더 두드러지게, 또 어떤 것은 상대적으로 덜 드러날 수 있지만, 중생한 그리스도인에게서 팔복 중 어느 한 가지가 전혀 나타나지 않는 것은 불가능합니다. 왜냐하면 팔복은 성령의 역사로 맺히는 열매이기 때문입니다. 성령의 아홉 가지 열매가 분리되지 않고 함께 맺히듯이, 팔복 또한 성령께서 역사하실 때 동시에 나타나는 하나의 전체입니다.

결국 중생한 그리스도인이라면, 그 안에 내주하시는 성령께서 반드시 팔복의 성품이 드러나게 하십니다. 그러므로 팔복은 소수의 특별한 성도만이 아니라 모든 참된 그리스도인에게서 반드시 나타나야 하는 성품입니다. 이러한 특성을 우리는 팔복의 '연결성' 혹은 '확장성'이라고 부를 수 있습니다.

2장

심령이 가난한 자

"심령이 가난한 자는 복이 있나니 천국이 그들의 것임이요"(마 5:3).

예수님께서는 "심령이 가난한 자는 복이 있나니 천국이 그들의 것임이요"라는 말씀으로 팔복의 포문을 여십니다. 이 팔복의 첫 구절에서 가장 인상적인 부분이 무엇입니까? 너무도 간단하고 단언적이며, 한 치의 머뭇거림도 없다는 점이 아닐까 싶습니다. 팔복은 그 사실을 설명하는 데 추가로 덧붙일 말이 필요 없을 만큼 분명하고 단호합니다. '반드시 그러하다'라는 확증입니다. 이것이 바로 하나님 말씀의 특징이며 성격이자, 진리를 증거하는 방식입니다.

그렇다면 왜 이 구절이 팔복에서 가장 먼저 등장할까요? 이는 '심령이 가난하다'라는 말의 의미를 제대로 이해하면 분명히 알 수 있습니다. 앞서 언급했듯, 팔복은 매우 영적이고 논리적인 순서로 되어 있습니다. 심령이 가난하다는 것은 위대하고 거룩하시며, 광대하고 의로우신 하나님 앞에 섰을 때, 자신이 아무것도 내세울 것이 없음을 절실히 깨닫는 상태, 곧 심각한 영적 파산 상태임을 고백하는 겸손입니다.

물론 이 겸손은 세상에서 말하는 겸손과는 전혀 다른 차원입니다.

세상에서 말하는 겸손은 어떤 것입니까? 주로 전통적인 유교적 배경과 사상에서 비롯된 겸손입니다. 예컨대 남들이 부러워할 만한 높은 지위나 신분, 학식이나 부를 가지고 있으면서도 그것을 대놓고 자랑하거나 내세우지 않는 사람을 생각해 봅시다. 사람들은 그런 사람을 두고 요즘 보기 드문 겸손한 사람이라고 칭찬하며 존경할 것입니다. 물론 그 사람이 의도하지 않았더라도, 주변 사람들이 그의 태도를 보고 감동해 그런 반응을 보이게 됩니다. 그러나 그가 하나님을 알지 못하는 사람이라면, 아마 그의 내면에는 여전히 자기 교만과 자기 자랑, 자기 의가 깊이 자리 잡고 있을 것입니다. 세상이 말하는 겸손한 사람은 비록 겉으로 자랑하거나 교만을 드러내지는 않더라도, 은연중 자신의 태도를 보며 스스로 만족하고 위안을 삼습니다.

그러나 '심령이 가난한 자'의 겸손은 이와 전혀 다릅니다. 그것은 자신이 하나님 앞에서 얼마나 무익한 존재인지를 깨닫는 자기 존재 인식이며, 자아가 철저히 무너진 영적 상태입니다. 예수님께서 "누구든지 나를 따라오려거든 자기를 부인하고 자기 십자가를 지고 나를 따를 것이니라"(마 16:24)라고 말씀하셨을 때, 여기서 말하는 철저한 자기 부정이 바로 심령이 가난한 자의 모습입니다.

우리는 솔로몬에게서 이런 모습을 발견할 수 있습니다. 열왕기상 3장을 보면, 다윗을 이어 왕이 된 솔로몬이 기브온 산당에서 하나님께 일천 번제를 드리는 장면이 나옵니다. 잘 알다시피 번제는 제물의 모든 부분을 남김없이 불살라 하나님께 드리는 제사입니다. 이에 번제는 자신의 전부를 하나님께 드린다는 완전한 자기 헌신의 제사이며, 오직 하나님만이 자기의 주인이심을 인정하는 철저한 신앙 고백입니다. 즉 번제는 완전한 자기부정을 전제로 드리는 제사라고 할 수 있습니다.

그렇다면 솔로몬이 이러한 고백을 할 수밖에 없었던 이유가 무엇일까요? 사실 당시 상황과 솔로몬의 신분을 생각하면, 그가 다윗을 이어 왕이 되는 것은 거의 불가능한 일이었습니다. 그는 다윗의 열 번째 아들이었고, 누구보다 뛰어난 형들이 즐비했습니다. 즉 솔로몬은 도저히 왕위를 계승할 만한 인물이 아니었습니다. 이런 상황에서 그가 왕이 된 것은 하나님의 은혜가 아니고서는 설명할 수 없는, 참으로 기적과도 같은 사건이었습니다. 이 사실을 누구보다 잘 알았던 솔로몬은 왕이 되자마자 심령이 가난한 자로서 자신을 철저히 낮추며, 완전한 자기부정을 의미하는 일천 번제를 하나님께 드린 것입니다.

무엇보다 주목할 점은 솔로몬이 하나님 앞에서 자신을 어떻게 소개했느냐 하는 것입니다. "나의 하나님 여호와여 주께서 종으로 종의 아버지 다윗을 대신하여 왕이 되게 하셨사오나 종은 작은 아이라 출입할 줄을 알지 못하고"(왕상 3:7). 그는 자신을 '작은 아이'라고 부릅니다. 당시 솔로몬은 스무 살이었고, 어릴 적부터 제왕 교육을 받은 성인이자, 한 나라의 왕이었습니다. 결코 출입할 줄을 알지 못하는 작은 아이가 아니었습니다. 그럼에도 그가 자신을 작은 아이라 고백한 것은 그의 심령이 완전히 무너져 자아를 철저히 부정했기 때문입니다.

이처럼 성경은 한 인간이 하나님 앞에서 자신이 누구인지를 정확히 깨달았을 때의 모습을 여러 사례를 들어 보여줍니다. 그중에서도 우리는 바울 사도에게서 심령이 가난한 자의 전형적인 모습을 볼 수 있습니다. 그는 빌립보서 3장에서 이렇게 말합니다. "그러나 무엇이든지 내게 유익하던 것을 내가 그리스도를 위하여 다 해로 여길뿐더러 또한 모든 것을 해로 여김은 내 주 그리스도 예수를 아는 지식이 가장 고상하기 때문이라 내가 그를 위하여 모든 것을 잃어버리고 배설물로 여김은 그리스도를 얻고 그 안에서 발견되려 함이니"(7-9절).

예수님을 만나기 전 바울은 율법의 의로 충만했습니다. 그는 뛰어난 배경과 학문에, 자기 자랑과 자기 교만이 누구보다 강해 기세가 하늘을 찌를 듯한 사람이었습니다. 그랬던 바울이 지금은 그 모든 것을 배설물로 여긴다고 고백합니다. 이것은 인간의 본성으로는 도저히 할 수 없는 고백입니다. 성령 하나님의 역사와 은혜가 아니고서는 불가능합니다. 즉 바울은 예수 그리스도를 인격적으로 만난 후, 이전에 자신이 자랑하던 모든 것이 하나님 앞에서는 아무런 가치가 없음을 절실히 깨달았기에 이런 고백을 할 수 있었던 것입니다.

이와 같이 아무리 바울처럼 자랑할 것이 많더라도 심령이 가난해 자아가 무너진 자는 모든 것을 하나님의 은혜라고 고백할 수밖에 없습니다. 바울이 고린도전서에서 고백한 것처럼 말입니다. "그러나 내가 나 된 것은 하나님의 은혜로 된 것이니 내게 주신 그의 은혜가 헛되지 아니하여 내가 모든 사도보다 더 많이 수고하였으나 내가 한 것이 아니요 오직 나와 함께하신 하나님의 은혜로라"(고전 15:10). 그리고 바울은 빌립보서에서도 이렇게 고백합니다. "내가 이미 얻었다 함도 아니요 온전히 이루었다 함도 아니라 오직 내가 그리스도 예수께 잡힌 바 된 그것을 잡으려고 달려가노라"(3:12). 성도도 마찬가지입니다. 거룩하신 하나님 앞에서 자신이 얼마나 무익하고 무가치한 존재인지, 또 얼마나 파렴치하고 심각한 죄인인지를 깨달은 성도는 바울처럼 고백할 수밖에 없습니다. 그런 사람은 마지막 숨을 거두는 그 순간까지도 겸손히 그분을 더 알고자 하며 끊임없이 그분을 찾습니다. 시편 기자가 고백한 것처럼 말입니다. "하나님이여 사슴이 시냇물을 찾기에 갈급함 같이 내 영혼이 주를 찾기에 갈급하니이다"(42:1). 이것이 바로 자아가 철저히 무너진 심령이 가난한 자의 모습이며, 심령 깊은 곳에서 우러나오는 진실한 신앙 고백입니다.

바울의 이러한 자세는 그의 사역 말년까지 계속됩니다. 디모데전서에서 그는 다음과 같이 고백합니다. "죄인 중에 내가 괴수니라"(1:15).

신약 시대 가장 위대하고 탁월한 사역자였던 사도 바울이 말년에 이런 고백을 했다는 사실을 우리는 어떻게 받아들여야 할까요? 바울이 누구입니까? 그는 다메섹 도상에서 부활하신 예수 그리스도를 만난 이후, 평생토록 소아시아와 유럽 전역을 다니며 오직 하나님 나라의 복음을 위해 자신의 모든 것을 바쳐 충성한 사도입니다. 그의 복음 사역은 그 누구도 이루지 못한 놀라운 성과를 거두었습니다. 그러므로 그는 자신의 위대한 사역에 대해 충분히 자랑하거나 과시할 만한 위치에 있었습니다. 그러나 하나님 앞에서 자아가 철저히 무너진 사람으로서 자신이 얼마나 무가치한 존재인지를 깊이 깨달은 바울은 시종일관 자신의 무익함을 고백합니다. 이것이 바로 심령이 가난한 자의 모습입니다.

이러한 사례들은 모두 심령이 철저히 무너진 성도가 거룩하신 하나님을 대면할 때 반드시 드러낼 수밖에 없는 반응이 무엇인지를 보여주는 중요한 증거입니다. 이는 하나님을 인격적으로 만나고 예수 그리스도를 진실로 알게 된 사람이라면 절대로 숨길 수 없는 자연스러운 반응입니다. 이러한 모습은 성경 속 위대한 믿음의 사람들에게서만 발견되는 것이 아닙니다. 믿음의 대명사로 불리는 청교도들과 같은 신앙의 선진뿐 아니라, 이름 없는 한 시골의 평범한 성도에게서도 동일하게 발견되는 공통된 반응입니다. 바로 이것이 하나님의 은혜를 아는, 심령이 가난한 자의 전형적인 모습이기 때문입니다. 무엇보다 하나님 앞에서의 철저한 자기 존재 인식과 자기부정은 구원에 이르는 믿음과 생명에 이르는 회개에 필수적인 요소입니다. 즉 진정으로 하나님 앞에서 심령이 가난한 자는 자신이 무익하고 무가치하며, 아무것도 자랑하거나 내세울 것이 없는 그야말로 완전한 영적 파산 상태에 있음을 깨닫게 됩니다.

그러나 오늘날 이 시대 사람들의 생각과 성향은 어떻습니까? 아담과 하와의 타락 이후 모든 인류는 원죄, 곧 죄책과 죄의 오염을 가지고 태어납니다. 그래서 모든 인간은 본성상 누구도 건드릴 수 없는 교만 덩어리 그 자체입니다. 특히 계몽주의 시대 이후, 인간의 이성을 신의 자리에까지 올려놓으면서 인간의 교만은 극대화되었습니다. 계몽주의는 이성이 지속적으로 발전하면 결국 하나님 없이도 인류가 염원하는 유토피아에 도달할 수 있다고 믿게 만들었습니다. 그러나 우리는 제1차, 2차 세계대전을 통해 그것이 얼마나 허무맹랑한 망상이었는지를 명확히 확인했습니다. 그럼에도 이후 등장한 포스트모더니즘은 인간의 교만을 더욱 부추겼습니다. 절대 진리와 거대 담론을 부정한 포스트모더니즘은 계몽주의의 자율적 자아를 그대로 수용했을 뿐 아니라, 주관주의와 상대주의를 앞세워 인간의 교만을 극대화했습니다.

더 나아가 오늘날의 문화와 사회적 분위기는 성경과 정반대로 온통 자아를 부추기고 있습니다. 심지어 그것을 미덕으로까지 포장하는 시대가 되었습니다. 현대 교육은 유아기부터 평생학습에 이르기까지 '자아실현'을 최우선 가치로 삼습니다. 그래서 자아실현에 실패하거나 스스로 만족할 만한 성취를 이루지 못한 사람들은 스스로 자책하며, 나아가 사회에서 실패한 인생이라는 낙인이 찍힙니다.

그러나 성경은 이렇게 말씀합니다. "너는 이것을 알라 말세에 고통하는 때가 이르러 사람들이 자기를 사랑하며 돈을 사랑하며"(딤후 3:1-2). 예수님의 재림이 가까워질수록 겸손은커녕 자기 사랑과 교만이 극에 달한다는 것입니다. 사실 이는 누가 가르쳐주지 않아도 나타나는 타락한 인간 본성의 자연스러운 결과입니다. 그런데 오늘날에는 그 부패한 본성이 포스트모더니즘 사조와 결합해 더 기세등등해지고 있습니다. 사람들은 온통 자기 자신을 세계의 중심에 두고, 심지어 자신을 신처럼 숭배하는 세태에 빠져 있습니다.

그러나 주님께서는 이러한 교만과 자기 자랑으로 가득 찬 사람들의 결말이 얼마나 비참한지를 마태복음 7장에서 다음과 같이 말씀하십니다. "나더러 주여 주여 하는 자마다 다 천국에 들어갈 것이 아니요 다만 하늘에 계신 내 아버지의 뜻대로 행하는 자라야 들어가리라 그날에 많은 사람이 나더러 이르되 주여 주여 우리가 주의 이름으로 선지자 노릇 하며 주의 이름으로 귀신을 쫓아내며 주의 이름으로 많은 권능을 행하지 아니하였나이까 하리니…내가 너희를 도무지 알지 못하니 불법을 행하는 자들아 내게서 떠나가라"(21-23절). 이 얼마나 무섭고 두려운 말씀입니까?

왜 주님은 이렇게 섬뜩한 말씀을 하셨을까요? 그들의 치명적인 잘못은 무엇이었습니까? 그들이 구원의 근거를 예수 그리스도가 아니라 자기 행위에 두었기 때문입니다. 더 나아가 행위를 신앙과 삶의 중심에 두고 자랑했으며, 심지어 그것으로 자신의 구원을 확신하는 교만에 빠졌기 때문입니다. 그들에게는 하나님의 존전에서 자신이 아무것도 내세울 수 없는 심각한 영적 파산 상태에 있다는 자각이 없었습니다. 심령이 가난한 자의 모습이 없었을뿐더러 오히려 자신들의 행위를 자기 의로 여겼습니다. 영적인 가난함과 겸손은커녕 심각한 교만에 빠진 채 신앙생활을 했던 것입니다. 이에 이러한 영적 교만과 자기 자랑에 빠진 사람은 결국 그렇게 비참하고 경악할 만한 결말을 맞게 되는 것입니다. 이러한 측면에서 성도는 하나님 앞에서 자기 자신이 얼마나 무익하고 아무 능력도 없는 영적 파산 상태의 존재인지를 절실히 깨달아야 합니다. 심령의 가난함은 이후의 다른 모든 복 받는 것을 가능하게 하는 출발점이자, 그 복으로 들어가는 중요한 관문이 되기 때문입니다.

예컨대 하나님의 말씀에 순종하며 살고자 몸부림치지만 여전히 자기 내면에서 수도 없이 발견되는 죄악 된 모습을 보고 날마다 애통해하는 자를 생각해 보십시오. 하나님 앞에서 심령이 가난한 자가 아니면 자신의 죄악 된 모습을 보고 애통해하는 자가 될 수 없습니다. 이 사실은 성경의 바리새인과 서기관들의 모습에서도 확인할 수 있습니다. 그들은 심령이 가난한 자가 아니었기에 자신의 영적인 무익함과 무가치함, 곧 영적인 파산 상태를 철저하게 자각하지 못했습니다. 이에 그들은 결코 하나님 앞에서 애통해하는 자가 될 수 없었던 것입니다. 자신에게 자랑하고 내세울 것이 있다고 여기는 사람이 어떻게 하나님 앞에서 애통하고 슬퍼할 수 있겠습니까? 그것은 논리적으로도 불가능합니다. 그러므로 팔복에서 '심령이 가난한 자'에 대한 말씀이 가장 먼저 등장하는 것입니다.

그런데 사람들이 팔복에 대해 종종 오해하는 부분이 있습니다. 그것은 팔복이 어떤 특별한 자격이나 조건을 갖춘 자에게만 주어진다고 생각하는 것입니다. 이를테면 "심령이 가난한 자는 복이 있나니 천국이 그들의 것임이요"라는 말씀을 조건문처럼 이해해, 천국의 복을 누리기 위해서는 먼저 심령이 가난한 것이 자격이나 조건처럼 전제되어야 한다고 여기는 것입니다. 그러나 팔복은 조건문으로 이해해서는 안 됩니다. 모든 인간은 어머니의 태로부터 죄악 된 본성을 가지고 태어나기에 본래적으로는 그런 자격이나 조건을 결코 갖출 수 없습니다. 이는 구원받은 성도도 마찬가지입니다. 심령의 가난함은 인간의 타고난 성품으로는 불가능할 뿐 아니라, 설령 칭의의 구원을 받았다고 해도 그 사실은 변함이 없습니다.

따라서 이 부분은 '정말 복 있는 사람은 심령이 가난한 자다. 천국이 그들의 것이기 때문이다'라는 뜻으로 이해해야 합니다. 그렇다면 그런 자가 누구입니까? 바로 예수를 믿어 구원을 받은 그리스도인입니다. 성도는 이미 그런 복을 받은 자입니다. 왜 그렇습니까? 그리스도인은 하나님 앞에서 자기 자신이 누구인지를 철저히 깨달은 자이기 때문입니다. 그리고 옛 자아가 철저히 무너지고 예수 그리스도를 자신의 구주로 영접한 자이기 때문입니다. 이런 이유로 그리스도인은 이미 심령이 가난한 자의 복을 받은 상태인 것입니다.

더 나아가 천국, 곧 하나님의 다스림과 통치는 누구에게 주어지는 복입니까? 그것은 바로 성령의 역사로 거듭난 자, 즉 중생해 그 영혼과 인격에 새로운 생명의 원리가 심긴 자에게 주어집니다. 다시 말해, 하나님의 부르심을 받고 성령에 의해 거듭난 자에게 하나님의 다스림과 통치라는 복이 임하는 것입니다. 그러므로 이 복은 오직 그리스도인에게만 해당합니다.

결국 팔복은 하나님의 은혜와 성령 하나님의 역사로 이미 중생한 자에게서 나타나는 그리스도인의 성품이자 특질이며 속성입니다. 이에 예수님께서 자신을 믿고 따르는 모든 사람은 이미 심령이 가난한 자의 복을 받은 자라고 말씀하시는 것입니다. 그리고 그들은 성령의 은혜와 역사로 하나님의 다스림과 통치, 곧 천국을 소유한 자라는 사실을 밝히시는 것입니다. 결과적으로 심령의 가난함은 자연인과 그리스도인을 구분하고, 세상 나라에 속한 자와 하나님 나라에 속한 자를 구분하는 중요한 기준이자 분수령이 됩니다.

그렇다면 왜 이것이 하나님 나라와 세상 나라에 속한 자들을 구별하는 중요한 잣대가 됩니까? 세상은 심령이 가난한 자를 복 받은 자가 아닌 패배자로 봅니다. 반면 자기에게 조금이라도 자랑할 만한 것이 있으면 그것을 더 부풀려 드러내려고 합니다. 특히 극도의 불확실성 시대라는 말이 유행어처럼 되어 버린 오늘날의 상황은 결국 믿고 의지할 존재는 자기 자신밖에 없다는 자기 확신과 자기 신념의 허상을 더욱 부추깁니다. 그래서 세상 사람들은 심령이 가난한 자와는 정반대의 길을 가고 있습니다.

그러나 예수님께서는 심령이 가난한 자에게 복이 있다고 선언하시며, 그 이유를 천국이 그들의 것이기 때문이라고 밝히십니다. 물론 여기서 말하는 천국은 소유 개념이 아니라, 하나님의 다스림과 통치 개념으로 이해해야 합니다. 그렇다면 왜 심령이 가난한 자에게 하나님의 통치가 임합니까? 심령이 가난한 자, 곧 자신이 무익하고 무가치하며 영적으로 완전히 파산한 상태에 있음을 절실히 깨달은 사람은 누구를 찾게 됩니까? 하나님입니다. 그는 오직 하나님만 의지하고, 하나님께만 부르짖습니다. 마치 솔로몬이 하나님께 참된 지혜를 구했던 것과 같습니다. 자기 자신에게는 아무 능력이 없으며, 참된 지혜와 지식의 근원은 오직 하나님이라는 사실을 알기 때문입니다. 바로 이런 자에게 하나님의 능력과 통치가 임하는 것입니다. 하나님의 통치가 임한다는 것은 한마디로 하나님 자신이 그의 것이 된다는 뜻이라고 해도 틀린 말이 아닐 것입니다. 이것이야말로 역설적이면서도 가장 복된 진리입니다.

일반적으로 세상에서 가난은 부정적인 이미지로 받아들여집니다. 이는 고통이나 절망, 낙담 등과 연결되는 단어이기도 합니다. 그래서 세상 사람들은 가난한 사람을 무시하고 멸시합니다. 심지어 착취하거나 이용 대상으로 삼기도 합니다. 그러나 하나님께서는 하나님 나라와 하나님 자신이 가난한 자들의 것이라고 말씀하십니다. 세상의 그 어떤 사람보다 더 큰 부자라는 것입니다. 이것이 바로 심령이 가난한 자에게 주어지는 하나님의 놀라운 복과 영광입니다. 더 놀라운 사실은, 성경이 구원받은 하나님의 백성은 비록 죄 가운데 있을지라도 하나님의 통치와 사랑에서 끊어지지 않는다고 선포한다는 점입니다(롬 8:35).

반면 자기 확신과 자기 자랑, 자기 의가 살아 있는 사람은 자기 삶의 주인이 자기 자신입니다. 그는 자기 능력으로 무언가를 얻고 채울 수 있다고 생각합니다. 그래서 하나님 아닌 다른 것들로 자신의 공허한 심령을 채우려 합니다(롬 1:19). 그러나 그것은 오히려 하나님의 진노를 불러올 뿐입니다. 그리고 그런 길은 가면 갈수록 점점 더 절망의 나락으로 떨어집니다. 인간은 하나님의 형상대로 창조된 영적이고 인격적인 존재이기 때문입니다. 이에 영이시며 인격체이신 하나님과의 교제와 사귐, 관계를 떠나서는 그 어떤 것으로도 심령의 공허함을 채울 수 없습니다. 이런 이유로 성경은 심령이 가난해 오직 하나님만 갈망하고 찾는 자에게 하나님의 채우심, 그분의 통치와 다스림이 임한다고 선언하는 것입니다.

그러나 오늘날 교회에 깊이 스며든 세속화는 성도들의 관심을 이러한 영적인 복에서 다른 데로 돌리게 만듭니다. 나아가 하늘에 있는 것보다 눈에 보이는 땅의 것에 더 큰 가치를 두도록 유혹합니다. 그래서 적지 않은 성도가 세상 사람들과 마찬가지로 물질적인 복과 성공을 좇으며 분주합니다. 그 결과 영적인 복에 대해서는 피상적으로나 추상적으로만 알 뿐, 실제로 누리거나 깊이 알려고 하지 않습니다. 이러한 현상은 오늘날 조국 교회와 성도들의 가장 큰 불행입니다. 아무리 세상에서 성공하고 남들이 부러워할 만한 부와 지위와 신분을 가졌더라도 하나님의 다스림과 통치를 받지 않는 사람은, 그저 몇십 년밖에 가지 않는 가짜 복에 속아 살아가다 영원한 멸망으로 떨어지는 존재에 불과합니다.

사도 바울은 빌립보서 4장에서 이렇게 말합니다. "아무것도 염려하지 말고 다만 모든 일에 기도와 간구로, 너희 구할 것을 감사함으로 하나님께 아뢰라 그리하면 모든 지각에 뛰어난 하나님의 평강이 그리스도 예수 안에서 너희 마음과 생각을 지키시리라"(6-7절). 사실 성도라도 예기치 못한 문제에 직면하면 쉽게 염려와 근심에 휩싸입니다. 그럴 때 어떤 사람은 하나님이 계시지 않다고 의심하거나, 심지어 하나님의 존재 자체를 부정하는 심각한 불신앙에 빠지기도 합니다. 이는 결국 하나님의 다스림과 통치를 제대로 경험하지 못하고 있다는 증거입니다.

그러나 하나님 앞에서 자아가 철저히 무너지고 자신이 심각한 영적 파산 상태임을 인정하는 사람은 어떤 복을 누립니까? 그는 어떤 순간에도 인간의 이성과 계획을 뛰어넘는, 곧 모든 지각에 뛰어나신 하나님의 다스림 안에서 참된 안식을 누립니다. 그런데 그 하나님의 다스림은 어떻게 나타납니까? 하나님께서 각 사람의 모든 형편과 사정을 낱낱이 아시고, 그의 마음과 감정, 내적 존재 전체의 파수꾼이 되어 주심으로 나타납니다. 그래서 그의 심령이 사탄이나 마귀, 세상의 영들에 점령당하지 않도록 지키시고 보호하십니다. 이것이 얼마나 크고 놀라운 복입니까?

3장

애통하는 자는 복이 있나니

"애통하는 자는 복이 있나니 그들이 위로를 받을 것임이요"(마 5:4).

바울 사도는 데살로니가전서에서 항상 기뻐하는 것이 하나님의 뜻이라고 증언합니다(5:16). 그런데 본문은 애통하는 자가 복이 있다고 말씀합니다. 혹 예수님께서 직접 하신 말씀이므로 이 본문이 더 중요하고, 바울의 '항상 기뻐하라'는 말은 상대적으로 부차적인 것이 아니냐고 말할 수도 있지만 실은 그렇지 않습니다. 모든 성경은 하나님의 감동으로 기록된 하나님의 말씀입니다(딤후 3:16). 그러므로 성경의 모든 말씀은 무오하며, 결코 우열을 따질 수 없는 동일한 진리입니다. 그렇다면 마치 본문과 상반된 명령처럼 보이는 "항상 기뻐하라"라는 말씀을 어떻게 이해해야 할까요?

바울이 항상 기뻐하라고 명령한 것은, 그리스도인은 상황과 환경에 지배당하는 존재가 아님을 강조한 것입니다. 때로 몸과 마음을 아프게 하고, 절망과 좌절로 내모는 상황이 생기더라도, 그리스도인은 그런 것에 휘둘려서는 안 됩니다. 그리스도인은 아무리 힘들고 고통스러운 외적인 상황에 눌려 있더라도, 자신이 받은 구원으로 인한 내적인 기쁨을 누리는 존재이기 때문입니다. 그리스도인은 모든 상황과 환경을 다스리시는 분이 하나님이심을 믿습니다. 그래서 어떤 여건에서도 끝까지 하나님을 의지하며, 주께서 주신 구원의 감격과 하나님 안에서 누리는 평강을 붙잡고 이 세상을 기쁨으로 살아가는 것입니다.

그럼에도 이 땅에서 살아가는 동안 그리스도인은 여전히 울고 슬퍼할 수밖에 없습니다. 한번 곰곰이 생각해 보십시오. 예수님을 믿더라도 그리스도인 역시 자연인과 똑같이 육체를 입고 이 땅에 발을 딛고 살아갑니다. 그러므로 슬픔과 아픔을 피할 수 없습니다. 그러나 오늘날 우리의 신앙 현실을 돌아보면, 과거 믿음의 선배들에 비해 하나님 앞에서 눈물로 기도하며 애통해하는 모습이 현저히 줄어든 것이 사실입니다. 그래서 어떤 이는 이 시대를 두고 '눈물이 말라버린 시대'라고까지 표현합니다. 그러나 예수님께서는 분명히 "애통하는 자는 복이 있나니 그들이 위로를 받을 것임이요"(마 5:4)라고 말씀하셨습니다.

그렇다면 오늘날 성도들에게 이런 애통해하는 마음이 예전보다 현저히 줄어든 이유는 무엇일까요? 우리 삶의 형태와 신앙의 양상이 과거와 달라진 것도 하나의 이유일 수 있습니다. 그러나 더 근본적인 이유는 경제적인 풍요로움으로 인해 더는 크게 아쉬운 것이 없어진 데 있습니다. 굳이 과거처럼 눈물로 하나님 앞에 매달리지 않아도 원하는 것을 쉽게 얻을 수 있다고 생각하기 때문입니다.

그뿐 아니라, 이 시대를 특징짓는 또 하나의 양상은 바로 무관심입니다. 오늘날의 사람들은 다른 이가 고통과 아픔을 겪더라도 자신과 직접적인 관련이 없으면 대체로 무관심합니다. 심지어 전혀 아랑곳하지 않고 그냥 지나치는 경우도 많습니다. 그래서 타인의 슬픔과 고통을 나의 것으로 여기며 함께 울고 애통해하는 모습은 이제 찾아보기 매우 어려운 구석기 시대의 유물이 되어 버렸습니다. 물론 이러한 현상은 오늘날의 시대적 조류와 무관하지 않습니다. 개인주의적 성향을 추구하는 지금의 포스트모던 사회는 이러한 무관심을 더욱 조장합니다. 그렇기에 오늘 이 시대는 성경에서 이웃의 아픔과 고통을 그냥 지나치지 않고 자기 일처럼 여기며 도왔던 선한 사마리아인과 같은 사람이 더욱 절실히 요구됩니다. 무엇보다 심각한 문제는 이러한 시대적 흐름에서 우리 사회가 점점 죄에 대해 무감각해지고 있다는 사실입니다. 개인이든 공동체든 죄에 대한 민감함이 줄어들고 있으며, 우리의 죄악 된 본성은 더 교묘하고 파렴치하게 드러나고 있습니다. 즉 오늘날의 영적 현실은 과거보다 훨씬 더 피폐하고 척박하며 불행한 상태에 이르렀습니다.

그렇다면 이러한 영적 현실에서 그리스도인은 어떻게 해야 할까요? 누구나 예외 없이 하나님 앞에서 더욱 애통해하며 울어야 합니다. 바로 그것이 성경이 말하는 그리스도인의 성품이자 기질이며, 동시에 복이요 특권이기 때문입니다. 이런 이유로 신구약 성경은 하나님의 백성들이 애통했던 일을 여러 차례 증거합니다. 물론 여기서 말하는 애통은 세상 사람들의 애통과는 본질적으로 다릅니다. 성도의 애통은 어떤 면에서는 그가 직면한 현실적인 문제나 고통과도 연결됩니다. 그러나 성경이 말하는 애통은 궁극적으로 하나님 앞에서의 자신의 죄나 하나님의 백성을 향한 수많은 대적의 조롱과 위협, 능욕과 관련된 것입니다. 이것이 바로 성도의 애통과 세상의 애통을 구별하는 가장 큰 차이점입니다. 즉 성도가 애통해하는 이유는 세상 사람들이 슬퍼하는 이유와 전혀 차원이 다릅니다.

예를 들어, 밧세바를 범한 후 하나님 앞에서 눈물로 회개하며 울었던 다윗처럼 성도는 자신의 죄 때문에 애통할 수 있습니다. 다윗은 시편 51편에서 자신의 죄를 통회하며 이렇게 고백합니다. “하나님이여 내 속에 정한 마음을 창조하시고 내 안에 정직한 영을 새롭게 하소서 나를 주 앞에서 쫓아내지 마시며 주의 성령을 내게서 거두지 마소서"(10-11절). 다윗은 하나님께서 '내 마음에 맞는 사람'이라고 직접 말씀하실 만큼, 하나님의 뜻에 순종하며 하나님을 기쁘시게 했던 위대한 믿음의 사람이었습니다. 그러나 동시에 그는 우리와 똑같이 연약한 성정을 가진 사람이었습니다. 그래서 사탄의 유혹과 육체의 소욕을 이기지 못하고 하나님 앞에서 씻을 수 없는 큰 죄를 범했습니다. 이처럼 우리 역시 사탄과 세상 영들의 유혹 그리고 육체의 욕망을 이기지 못해 죄악에 빠질 수 있습니다.

그러나 참으로 하나님의 택함을 입은 자라면 반드시 다윗처럼 하나님 앞에 나아가 자신의 죄를 토설하며 애통합니다. 다시 말해, 회개의 기도를 드리며 처절하게 우는 것입니다. 저 뛰어난 사역자 사도 바울도 로마서 7장에서 다음과 같이 애통해합니다. "내 속사람으로는 하나님의 법을 즐거워하되 내 지체 속에서 한 다른 법이 내 마음의 법과 싸워 내 지체 속에 있는 죄의 법으로 나를 사로잡는 것을 보는도다 오호라 나는 곤고한 사람이로다 이 사망의 몸에서 누가 나를 건져내랴"(22-24절). 이처럼 참된 하나님의 사람은 자신의 죄를 깨달았을 때 반드시 하나님 앞에 나아가 회개하며 애통합니다. 또 우리는 수많은 대적에게서 능욕과 조롱, 심지어 목숨의 위협까지 당하면서 하나님께 절규하는 다윗의 모습을 성경에서 보게 됩니다. 다윗은 자신의 죄로 인해서뿐 아니라, 원수들의 위협과 조롱 속에서도 하나님께 눈물로 부르짖으며 애통해했습니다.

나아가 욥과 같이 자신의 직접적인 죄 때문이 아니라, 하나님의 특별한 목적과 섭리 속에서 예기치 않게 주어진 고난으로 인해 애통해하는 경우도 있습니다. 욥은 '동방의 의인'이라 불릴 만큼 하나님 앞에 신실했던 사람이었습니다. 그러나 그는 어느 날 이유도 모른 채 갑자기 엄청난 고난을 당했고, 그로 인해 하나님께 눈물로 부르짖었습니다. 욥은 욥기 30장에서 이렇게 애통합니다. "그러나 사람이 넘어질 때에 어찌 손을 펴지 아니하며 재앙을 당할 때에 어찌 도움을 부르짖지 아니하리이까 고생의 날을 보내는 자를 위하여 내가 울지 아니하였는가 빈궁한 자를 위하여 내 마음에 근심하지 아니하였는가"(24-25절). 이러한 욥의 애통은 오늘날 우리에게도 똑같이 다가오는 현실입니다. 우리 중에도 욥처럼 이유를 알 수 없는 고난이 갑자기 찾아와 하나님께 나아가 울며 부르짖어 본 사람이 있을 것입니다.

'눈물의 선지자'라고 불리는 예레미야는 또 어떻습니까? 그는 동족 유다 백성을 바라보며 눈물을 흘리며 기도했습니다. "슬프다 나의 근심이여 어떻게 위로를 받을 수 있을까 내 마음이 병들었도다"(렘 8:18). 그리고 이어서 이렇게 고백합니다. "어찌하면 내 머리는 물이 되고 내 눈은 눈물 근원이 될꼬 죽임을 당한 딸 내 백성을 위하여 주야로 울리로다"(렘 9:1). 예레미야의 이러한 기도는 모세, 이사야, 에스라, 느헤미야의 기도에서도 발견됩니다. 이들은 모두 동족 이스라엘의 죄악을 자신의 죄악과 동일시하며 하나님 앞에 통회하고 애통해했습니다. 이처럼 그리스도인의 특징 중 하나가 바로 하나님 앞에서 우는 것입니다. 어떤 의미에서는 성도의 별명을 '하나님 앞에서 우는 사람', 곧 '울보'라고 해도 지나치지 않을 것입니다. 그러므로 우리 또한 오늘날 조국 교회의 죄악 된 모습과 안타까운 현실에 대해 그것을 자기 죄처럼 여기며 하나님 앞에 애통해야 합니다. 만약 교회의 죄악과 무너짐을 보면서도 진실한 애통함이 없다면, 그는 아직 성경이 말하는 교회의 하나됨과 하나님의 마음을 깊이 알지 못하는 사람이라고 할 수 있습니다.

그런데 성경은 이렇게 애통해하는 자에게 복이 있다고 선포합니다. 왜 그렇습니까? 오늘날 예수님을 믿지 않는 사람들은 대체로 죄에 대해 죄책감이나 두려움을 갖지 않습니다. 심지어 '죄'라는 개념 자체를 거부하며, 그것을 단순히 인간의 부족함이나 결핍 정도로 축소하려 합니다. 그렇기에 불신자들은 죄에 대해 애통해하거나 슬퍼하지 않습니다. 즉 하나님의 존전에서 자신의 죄를 심각하게 인식하고, 그것을 토로하며 애통해하는 것은 아무에게나 가능한 일이 아닙니다. 중생의 은혜를 입은 자, 곧 성령께서 그 안에 새로운 생명을 심어주신 자만 그렇게 할 수 있습니다. 무엇보다 죄로 인해 애통해하는 것은 구원으로 나아가는 중요한 시작이자 필수적인 요소입니다. 이에 성경이 '애통하는 자는 복이 있다'고 선포하는 것입니다.

그렇다면 하나님 앞에서 애통해하는 것은 얼마나 큰 복입니까? 본문은 이렇게 말씀합니다. "애통하는 자는 복이 있나니 그들이 위로를 받을 것임이요"(마 5:4). 성경은 애통해하는 자가 복된 이유는 바로 하나님의 위로를 받기 때문이라고 설명합니다. 혹 어떤 이들은 '이게 무슨 복이냐'고 반문할 수도 있습니다. 차라리 지금 직면한 문제를 당장 해결해 주시거나, 이 땅에서의 번영과 성공을 약속해 주신다면 그것이 더 큰 복 아니냐고 생각할지도 모릅니다. 어쩌면 자신의 힘으로 어찌할 수 없는 불가항력의 상황에서는 그것이 더 타당한 생각일 수 있습니다. 남모를 고통과 슬픔 속에 있는 사람에게는 즉각적인 문제 해결이 더 현실적이고 실질적인 도움처럼 보이기 때문입니다. 그럼에도 예수님께서는 그렇게 말씀하지 않으셨습니다. 주님은 분명히 '애통하는 자가 복이 있다. 그들이 위로를 받을 것이기 때문이다'라고 선포하셨습니다. 그러므로 우리는 이 말씀을 곱씹으며 깊이 묵상해 봐야 합니다.

진지하게 한번 생각해 보십시오. 성도가 무엇 때문에 애통해하는지 모르셔서 예수님께서 이런 말씀을 하셨겠습니까? 절대 그렇지 않습니다. 예수님께서 말씀하시는 '위로'는 단순히 당장의 문제 해결을 넘어서는 것입니다. 물론 그것은 하나님의 시간과 방법에 따라 우리의 문제를 해결해 주시는 것도 포함합니다. 그러나 본질적으로 이 말씀은 성도가 누릴 수 있는 참된 위로가 어디에서 오는지를 가르쳐 주시는 것입니다. 따라서 이 말씀은 두 가지 측면에서 살펴볼 수 있습니다. 첫째는 우리를 위로해 줄 수 있는 분은 누구이며, 그분은 어떤 자질과 능력이 있는 분인가 하는 것입니다. 둘째는 무엇이 진정한 복이며 참된 위로인가 하는 것입니다.

어찌 보면 예수님의 이 말씀은 단지 위로만을 강조하는 것이 아니라, 우리에게 주어진 많은 것을 너무도 당연하게 여기는 우리의 치명적인 '당연병'을 지적하는 말씀처럼 들립니다. 사실 우리가 고통과 어려움을 겪을 때, 단지 많이 울고 애통해한다고 자동으로 위로가 주어지는 것은 아닙니다. 위로는 결코 당연한 것이 아닙니다. 주변에서 극단적인 선택을 하는 사람들을 보십시오. 만약 그들의 사정을 진심으로 이해하고, 그 아픔 속에 함께 있어 주며 위로해 주는 누군가가 곁에 있었다면, 그들은 결코 그런 죽음을 선택하지 않았을 것입니다. 그렇기에 성경이 '애통하는 자는 복이 있다. 그들이 위로를 받을 것이기 때문이다'라고 말씀하는 것은 참으로 놀라운 선포입니다. 하나님의 위로를 단순히 인간적인 격려나 위로의 차원으로만 여긴다면, 이 말씀의 무게와 깊이는 결코 알 수 없습니다.

사람은 누구나 자신의 죄로 인해서든, 혹은 그렇지 않더라도, 자의적이든 타의적이든, 개인적인 차원에서든 공동체적인 차원에서든, 때로는 예기치 못한 고난과 문제를 마주할 수밖에 없습니다. 그러면 사람들은 당연히 주변의 누군가에게 도움과 위로를 구할 것입니다. 그런데 만약 그런 도움을 줄 사람이 곁에 없다면, 그 고통과 슬픔은 더 크게 느껴질 것입니다. 반면 그 곁에 자신을 진심으로 이해하고 공감해 주는 누군가가 있다는 것은 그 자체로 큰 힘이 됩니다. 더구나 그 사람이 우리의 고통을 마치 자기 문제처럼 여기며 함께 울고 아파해 준다면, 그것은 정말 천군만마를 얻은 것보다 더 큰 위로가 될 것입니다.

그럼에도 이 지점에서 우리가 가장 먼저 생각해 보아야 할 것이 있습니다. 그것은 바로 우리에게 그러한 위로와 격려를 줄 수 있는 존재가 누구인가 하는 것과 그의 자질 및 능력에 관한 것입니다. 어떤 사람에게는 그 존재가 부모일 수 있습니다. 또 어떤 사람에게는 선생님이나 동료, 혹은 오랜 친구일 수도 있습니다. 그러나 비록 그들이 부모이거나 형제자매라 할지라도 혹은 우리를 너무도 잘 아는 사람이라 할지라도, 우리가 겪고 있는 고통과 슬픔을 온전히 다 이해하고 헤아릴 수는 없습니다. 분명히 그들의 능력에는 한계가 있습니다. 반면 예수님을 믿는 성도에게 하나님은 어떤 분이십니까? 성경은 우리가 믿는 하나님을 창조주, 섭리자, 만물의 주권자 그리고 전능자라고 선포합니다. 무한하시고, 영원히 불변하시며, 긍휼과 사랑이 풍성한 분이시라고 말합니다.

그렇다면 우리는 그분께 어떤 존재입니까? 우리가 중생하여 회심(회개와 믿음)에 이르렀을 때, 하나님께서는 우리를 의롭다 하시며 칭의의 은혜를 베풀어 주셨습니다. 그뿐 아니라 죄에 사로잡혀 살던 우리의 심령에 성령 하나님을 내주하게 하셔서 날마다 그분의 거룩한 성품을 닮아가도록 인도하고 계십니다. 그러나 많은 성도가 하나님께서 우리를 의롭다 하셨을 뿐 아니라 양자 삼아 주셨다는 사실에 충분한 관심을 기울이지 않습니다. 그래서 구원의 여정을 말할 때 칭의에서 곧바로 성화로 넘어가는 경우가 많습니다. 하지만 성도의 신분이 하나님의 양자로 바뀌었다는 사실은 너무나 놀랍고 영광스러운 것입니다. 그럼에도 우리는 이 특별함을 잊거나, 이 영예로움을 깊이 묵상하지 못할 때가 많습니다. 성경은 분명히 말씀합니다. “영접하는 자 곧 그 이름을 믿는 자들에게는 하나님의 자녀가 되는 권세를 주셨으니”(요 1:12). 그러므로 성도가 양자 됨의 복을 제대로 알지 못한다면, 그것은 단순히 몇 가지 유익을 잃는 정도의 문제가 아닙니다. 단언컨대, 그는 신앙생활에서 누릴 수 있는 대부분의 유익과 위로를 상실한 채 살아가게 될 것입니다.

왜 그렇습니까? 성경은 우리가 예수 그리스도를 믿어 하나님의 양자가 될 때 놀라운 특권과 결과를 얻게 된다고 말씀합니다. 예를 들어, 하나님의 양자가 된 성도는 이제 우주 만물의 주인이신 하나님을 아버지라 부를 수 있는 권세를 받게 됩니다. 이 특권은 심지어 타락하기 전 하나님의 형상대로 창조된 아담과 하와도 누리지 못했던 것입니다. 나아가 성경은 하나님의 자녀 된 성도에게는 아버지 되신 하나님에게서 오는 참된 위로가 약속되어 있다고 말씀합니다. 그러므로 성도는 세상 사람들이 결코 알 수 없는, 오직 하나님 아버지만 주실 수 있는 완벽한 보호와 진정한 위로를 받게 됩니다.

아무리 지혜롭고 훌륭한 사람이라도 본질적으로는 불완전합니다. 그렇기에 타인의 아픔을 부분적으로만 이해할 수 있을 뿐, 그 깊은 내면까지는 결코 알지 못합니다. 그러나 우리가 '아버지'라고 부르는 하나님은 완전하시고 전능하시며, 우리의 상황과 문제를 속속들이 아십니다. 심지어 성경은 "너희에게는 머리털까지 다 세신 바 되었나니"(마 10:30)라고 말씀합니다. 이처럼 그분은 우리 존재의 작은 부분까지도 알고 계신 전능하신 아버지이십니다. 예수님께서는 바로 그 하나님께서 우리의 애통함을 아시고 친히 위로하실 것이라고 약속하십니다.

요컨대 우리가 다윗처럼 범죄로 인해, 욥처럼 도저히 납득할 수 없는 고난 때문에, 예레미야와 모세처럼 민족과 교회의 죄악을 바라보며, 시편 기자처럼 원수들의 위협과 조롱 속에서 하나님께 나아가 눈물로 애통할 때, 전능하신 하나님께서는 우리의 눈물을 친히 닦아주시며 참된 위로를 주십니다. 지금 어떤 이는 여전히 해결되지 않는 문제로 심령이 타들어 가는 듯한 고통을 겪고 있을지도 모릅니다. 또 어떤 이는 이해할 수 없는 고난 앞에서 뼈가 녹아내리는 듯한 아픔을 견디고 있거나, 긴 밤을 뜬눈으로 지새우며 눈물을 흘리고 있을지도 모릅니다. 그러나 성경은 말씀합니다. 그 어떤 상황이라도 하나님 앞에서 애통해하는 자에게는 모든 것을 아시고 헤아리시는 아버지 하나님의 참된 위로가 있다고 말입니다.

그러나 여기서 우리가 분명히 알아야 할 사실이 하나 있습니다. 그것은 성경이 말하는 하나님의 위로는 단순히 고통이 해결된 후에 오는 위로가 아니라는 것입니다. 상황이 즉각적으로 나아지지 않더라도, 하나님께서 우리와 함께하신다는 확신에서 주어지는 평안과 안식이 바로 하나님의 위로입니다. 즉 하나님 자신이 우리의 위로가 되시는 것입니다. 이 확신 때문에 성도는 죽음조차도 두려워하지 않고 기쁨으로 받아들일 수 있습니다. 성경은 그 위로자 되신 하나님에 대해 이렇게 증언합니다. "찬송하리로다 그는 우리 주 예수 그리스도의 하나님이시요 자비의 아버지시요 모든 위로의 하나님이시며 우리의 모든 환난 중에서 우리를 위로하사 우리로 하여금 하나님께 받는 위로로써 모든 환난 중에 있는 자들을 능히 위로하게 하시는 이시로다 그리스도의 고난이 우리에게 넘친 것같이 우리가 받는 위로도 그리스도로 말미암아 넘치는도다"(고후 1:3-5).

무엇보다 하나님의 자녀 된 성도에게 주어지는 위로는 일시적이고 부분적이며 불완전한 위로가 아닙니다. 하나님 자신이 완전하시고 변함이 없으신 것처럼, 그분 안에 있는 위로 또한 완전하고 영원합니다. 그래서 하나님께서는 "내가 결코 너희를 버리지 아니하고 너희를 떠나지 아니하리라"(히 13:5)라고 약속하십니다. 성도에게 이보다 더 큰 위로가 어디 있겠습니까? 심지어 우리가 죄 가운데 넘어졌더라도 하나님의 약속과 위로는 변하지 않습니다.

하나님의 위로와 관련해 두 번째로 생각해 봐야 할 주제는 무엇이 진정한 복이며, 참된 위로인가 하는 것입니다. 이 주제는 하나님께서 자신의 자녀들을 사랑하시는 방식과도 깊이 연결되어 있습니다. 우리는 종종 우리 스스로 감당하기 힘든 현실적 고통이나 심각한 문제로 하나님 앞에 나아가 애통해할 때 이렇게 생각하곤 합니다. '그래, 네가 애통해하는 문제가 무엇인지 내가 다 들었다. 지금 곧바로 네 눈물을 닦아주며, 네 모든 문제를 말끔히 해결해 주겠다'라고 하나님께서 응답하신다면 정말 좋겠다고 말입니다. 그러나 성경은 이렇게 말씀합니다. "이는 내 생각이 너희의 생각과 다르며 내 길은 너희의 길과 다름이니라 여호와의 말씀이니라 이는 하늘이 땅보다 높음같이 내 길은 너희의 길보다 높으며 내 생각은 너희의 생각보다 높음이니라"(사 55:8-9).

하나님께서는 우리가 직면한 고통과 문제를 바라보는 시각 자체가 우리와 다릅니다. 문제를 해결하시는 방식도, 순서도, 시기도 우리와는 전혀 다릅니다. 하나님은 자녀 된 우리가 애통해할 때, 그 상황을 기계적으로 다루지 않으십니다. 오히려 하나님께서는 지극히 인격적인 방식으로 자신의 뜻과 계획 안에서 그 문제를 다루시고 해결해 가십니다. 그래서 하나님께서는 당장의 문제 해결보다 먼저 우리의 심령 깊은 곳에 오셔서 오직 그분만이 주실 수 있는 풍성한 위로를 베푸십니다.

그 위로란 곧 하나님께서 우리의 애통을 진심으로 아신다는 사실이며, 어떤 상황에서도 여전히 우리와 함께하신다는 확고한 확신입니다. 이러한 위로는 마치 물이 바다를 덮음같이, 성도가 당하고 있는 현실의 문제와 고통을 충분히 덮고도 남는 위로입니다. 그래서 분명히 심각한 고통과 절망 가운데 하나님 앞에서 애통해하고 있음에도, 어느 순간부터는 하나님의 놀라운 위로로 인해 그 모든 상황이 더는 동일한 무게로 느껴지지 않습니다. 오히려 하나님과의 친밀한 사랑의 관계에서 느끼는 구원의 기쁨과 위로가 날카롭고 뾰족한 현실의 고통을 온전히 덮어버리는 것을 경험하게 됩니다.

이 진리는 시편 13편의 다윗의 모습에서 분명히 확인할 수 있습니다. "여호와여 어느 때까지니이까 나를 영원히 잊으시나이까 주의 얼굴을 나에게서 어느 때까지 숨기시겠나이까 나의 영혼이 번민하고 종일토록 마음에 근심하기를 어느 때까지 하오며 내 원수가 나를 치며 자랑하기를 어느 때까지 하리이까"(1-2절). 다윗은 사울이 자신을 죽이려 계속 쫓아오는 절망적인 상황에서, 자신을 왕으로 택하신 하나님께 부르짖습니다. 그러나 하나님은 그의 기도에 즉시 응답하지 않으시고 침묵하시는 듯 보입니다. 다윗은 마치 하나님께서 자신을 외면하시는 것처럼 느껴져 더욱 간절히 애통해합니다. 여기서 놀라운 점은 이런 절망의 순간에도 다윗은 끝까지 하나님을 의지한다는 것입니다. "나는 오직 주의 사랑을 의지하였사오니 나의 마음은 주의 구원을 기뻐하리이다 내가 여호와를 찬송하리니 이는 주께서 내게 은덕을 베푸심이로다"(시 13:5-6).

그렇다면 목숨이 백척간두에 서 있는 상황에서 다윗은 어떻게 기뻐하며 찬송할 수 있었을까요? 그것은 다름 아닌 하나님의 언약적 사랑(헤세드) 때문이었습니다. 절망과 비탄으로 시작된 그의 절규가 어느새 기쁨과 환희로 바뀝니다. 왜입니까? 바로 하나님의 변함없는 언약적 사랑이 자신을 끝까지 붙잡고 있다는 확신 때문입니다. 하나님께서는 다윗의 기도를 들으시고 그의 영안을 밝혀주시며 그 누구도 줄 수 없는 위로와 기쁨을 부어 주셨습니다. 그것은 곧 자신을 왕으로 세우신 하나님의 언약적 사랑이 반드시 자신을 구원하시리라는 신뢰와 확신에서 오는 위로와 기쁨이었습니다. 분명 사울은 여전히 기세등등하게 다윗을 쫓고 있었고, 현실적인 위협은 사라지지 않았습니다. 그러나 하나님의 언약적 사랑이 다윗을 감싸며 위로하셨기에, 그는 절망 중에서도 기쁨의 노래를 부를 수 있었습니다. 이것이야말로 하나님을 아는 성도만이 누릴 수 있는 만족의 극치이자, 오직 성도만이 부를 수 있는 승리의 찬가입니다.

이처럼 하나님은 우리가 애통해하는 문제를 곧바로 해결해 주심으로 기쁨을 주시는 분이 아닙니다. 물론 그런 경우도 있으나 매우 드뭅니다. 하나님은 먼저 우리의 영안을 열어 주심으로 절망 가운데서도 변함없이 우리를 붙드시는 하나님의 언약적 사랑을 보게 하십니다. 그 사랑은 어떤 절망에서도 우리를 구원하실 것이라는 영적 보증이며, 이는 확실한 위로가 됩니다. 이것이 바로 하나님께서 그분의 백성을 다루시는 특별한 방식입니다.

하나님은 우리가 처한 절망적인 상황에서 먼저 우리의 인격과 믿음을 다루십니다. 우리의 시선을 그 문제 상황에서 떼어 하나님께로 돌리게 하십니다. 그리고 결국 하나님의 때와 방법을 따라 문제를 해결해 주십니다. 왜 그렇게 하실까요? 그 이유는 분명합니다. 우리는 언제나 눈앞의 문제와 그 해결에만 마음을 빼앗깁니다. 그러나 하나님께서는 자녀 된 우리와의 관계, 곧 우리와의 교제에 더 큰 관심이 있습니다. 그렇기에 하나님은 우리가 어떤 절망에서도 먼저 그분의 얼굴을 구하기를 원하십니다. 그리고 그분만이 주실 수 있는 위로를 통해 우리가 진리 안에서 자유를 누리기를 원하십니다.

이러한 하나님의 위로는 단순한 위안이 아니라, 고난 중에도 성도가 끝까지 하나님의 언약적 사랑을 붙들며 신뢰하도록 하는 힘이자 능력입니다. 도무지 끝나지 않을 것 같은 어둠의 터널을 지나는 절망 가운데서도, 오히려 하나님만을 더욱 선명하게 바라보게 하는 은혜의 통로가 됩니다. 그렇기에 하나님의 위로는 어려움과 고통 가운데 있는 성도에게 진정한 복이 되는 것입니다. 이 사실을 깨달은 사람은 참으로 복된 사람입니다. 그래서 주님께서 "애통하는 자는 복이 있나니 그들이 위로를 받을 것임이요"라고 말씀하신 것입니다.

4장

온유한 자는 복이 있나니

"온유한 자는 복이 있나니 그들이 땅을 기업으로 받을 것임이요" (마 5:5).

지금까지 팔복을 살펴보면서 알게 된 바와 같이 기독교는 복의 종교라 해도 과언이 아닙니다. 단, 기독교가 말하는 복은 세상이 말하는 복과는 질적으로 전혀 다릅니다. 사실 인간은 타락하기 전까지만 해도 팔복에서 말하는 모든 복을 마음껏 누리며 하나님 안에서 참된 자유와 안식을 경험하며 살았습니다. 그러나 아담의 타락 이후 인간은 팔복의 모든 복을 잃어버렸습니다. 그리고 참된 복이 무엇인지조차 알지 못하는 비참한 처지에 놓이게 되었습니다. 영적인 눈이 어두워져 무엇이 진리이고 거짓인지, 무엇이 영생이고 멸망인지조차 분별하지 못하는 신세가 되어 버린 것입니다. 이 본문에서도 예수님께서는 우리에게 진정한 복이 무엇인지를 분명히 말씀하십니다. "온유한 자는 복이 있나니 그들이 땅을 기업으로 받을 것임이요."

세상은 어떤 사람을 강한 사람이라고 칭합니까? 또 어떤 사람이 땅을 차지한다고 말합니까? 일반적으로 많은 것을 소유하고 다른 사람들 위에 군림하는 사람을 강한 사람이라고 말합니다. 누군가를 지배하고 압도하는 힘과 재력, 권세를 가진 자를 두고 그렇게 말하곤 합니다. 곧 높은 지위와 신분, 권력과 부를 움켜쥔 자가 이 땅에서 좋은 것을 차지하며 누리는 강자라고 보는 것입니다. 그래서 부모들은 어릴 적부터 자녀가 그런 사람이 되도록 온갖 정성을 쏟아붓습니다.

그러나 성경은 전혀 다른 관점을 제시합니다. 성경은 세상이 말하는 방식의 강함은 진정한 강함이 아니라고 단언합니다. 예수님은 오히려 "온유한 자는 복이 있나니 그들이 땅을 기업으로 받을 것임이요"라고 말씀하셨습니다. 곧 성경이 말하는 진정한 강자는 바로 온유한 자이며, 그런 자가 참된 기업을 유업으로 받는다고 말씀하신 것입니다. 그렇기에 우리는 이 '온유'가 무엇을 의미하는지 분명히 이해해야 합니다. 그래야 온유한 자가 왜 복된 사람인지를 올바로 깨달을 수 있습니다.

사람들은 흔히 '온유'를 유약함이나 지나치게 부드러운 성격으로 오해합니다. 그래서 온유한 사람은 늘 누군가에게 끌려다니거나 이용당하는 사람이라고 생각합니다. 그러나 성경이 말하는 온유의 성품은 전혀 그렇지 않습니다. 온유한 성품의 대명사로 불리는 모세를 보십시오. 성경은 모세에 대해 "이 사람 모세는 온유함이 지면의 모든 사람보다 더하더라"(민 12:3)라고 증언합니다. 이 말은 모세가 그저 유약하고 소심하며 온화하기만 했다는 뜻이 아닙니다.

'온유'의 헬라어 '프라우스'에는 '점잖은', '겸손한', '사려 깊은', '예의 바른' 등의 의미가 있습니다. 그리고 이런 덕목들을 가능케 하는 핵심은 자기 욕망을 절제하는 힘입니다. 다시 말해, 온유란 하나님 앞에서 낮아지고 가난한 마음을 가진 데서 비롯된 철저한 겸손을 뜻합니다. 나서서 자기 의를 내세우지 않고, 스스로 높아지려 하지 않으며, 큰소리치지 않는 그런 겸손함을 가리킵니다. 이런 점에서 온유는 '심령이 가난한 자' 혹은 '애통하는 자'와 밀접하게 관련되어 있습니다. 하나님 앞에서 자기 영적 실상이 완전히 파산 상태임을 깊이 깨달은 자만이 온유의 성품을 소유할 수 있기 때문입니다. 또 그런 마음을 가지고 날마다 죄를 애통해하며 하나님 앞에서 낮아지는 자만이 참된 온유를 배울 수 있습니다.

이제 온유의 성품과 관련해 세 가지 측면을 살펴보고자 합니다. 첫째는 하나님 앞에서의 온유, 둘째는 사람들과의 관계에서의 온유, 셋째는 자기 내면의 온유입니다.

먼저 하나님 앞에서의 온유가 무엇을 의미하는지 생각해 봅시다. 앞서 말했듯이 온유는 하나님 앞에서 철저히 낮아지고 가난한 마음을 품으며 자기 행동을 절제하는 것입니다. 이러한 마음은 하나님 앞에서 자신이 얼마나 비천하고 무능한 존재인지를 분명히 깨달은 사람만이 가질 수 있습니다. 다시 말해, 하나님이 누구이신지, 그분 앞에서 자신이 어떤 존재인지를 분명히 아는 자만이 하나님 앞에서 겸손히 낮아지고 가난한 마음을 품을 수 있습니다.

우리는 모세에게서 이런 온유의 모습을 확인할 수 있습니다. 하나님께서는 애굽에서 도망해 미디안 광야에서 40년을 보낸 모세를 부르셨습니다. 그러나 모세는 여러 핑계를 대며 하나님의 부르심을 거절하려 했습니다. 언뜻 보기에는 하나님의 말씀에 불순종하는 부정적인 태도 같기도 합니다. 그러나 모세의 이러한 반응을 단순히 불순종으로만 매도해서는 안 됩니다. 모세가 어떤 인물이었습니까? 애굽에 있을 당시 그는 자신의 힘으로 동족 이스라엘을 구원할 수 있다고 여길 만큼 혈기 왕성하고 교만한 자였습니다. 그러나 광야에서 40년을 보내는 동안 철저히 깨어지고 낮아져, 하나님의 부르심에도 쉽게 '네'라고 응답하지 못할 만큼 겸손한 자로 변화되었습니다. 자신은 결코 이스라엘의 지도자가 될 만한 자격도 능력도 없는 자라고 여겼던 것입니다. 그러한 모세를 향해 하나님께서는 "이 사람 모세는 온유함이 지면의 모든 사람보다 더하더라"(민 12:3)라고 말씀하신 것입니다.

그런데 모세의 온유함은 단지 자신의 연약함을 고백하는 데서 그치지 않았습니다. 출애굽 후 광야에서 지낸 40년 동안 이스라엘은 하나님의 말씀을 끊임없이 거역하고, 심지어 금송아지를 만들어 섬기는 불신앙의 죄까지 저질렀습니다. 그러나 모세는 그 모든 상황에서도 하나님의 말씀을 철저히 따르고 순종했습니다. 이것이 하나님 앞에서의 온유의 적극적인 모습입니다. 하나님 앞에서 낮아지고 가난한 마음을 품는 것이 온유의 소극적인 측면이라면, 그런 마음으로 오직 하나님만 의지하며 그분의 말씀에 충성스럽게 순종하는 것이 온유의 적극적인 측면이라 할 수 있습니다. 온유는 이처럼 하나님 앞에서 두 가지 양상으로 나타나는 것입니다.

한편 온유는 사람들과의 관계에서도 뚜렷하게 드러나는 성품입니다. 모세가 구스 여인을 아내로 맞았다는 이유로 미리암과 아론이 모세를 비방했을 때, 모세는 그들에게 불만을 드러내거나 그들을 정죄하지 않았습니다(민 12:1). 오히려 하나님께서 진노하셔서 미리암이 나병에 걸렸을 때, 모세는 그녀를 위해 이렇게 간구합니다. "하나님이여 원하건대 그를 고쳐주옵소서"(민 12:13). 여기서 우리는 온유한 성품의 참모습을 볼 수 있습니다. 온유한 자는 다른 사람들이 자신을 비방하거나 모욕하고 심지어 능욕해도 직접 맞서 싸우지 않습니다. 오히려 그 모든 상황을 하나님께 맡깁니다. 자신이 옳고 상대가 그르다면 하나님께서 친히 판단하시고 공의롭게 처리하실 것을 믿고, 그분께 모든 것을 의탁하는 것입니다. 이것이 바로 사람들과의 관계에서 드러나는 온유의 모습입니다. 즉 온유한 자는 자신을 향한 여러 가지 악한 행동에도 자기 감정을 절제하고 인내하며, 심지어 상대방을 위해 기도하는 자리에까지 나아갑니다.

이러한 온유의 모습은 스데반 집사에게서도 발견할 수 있습니다. 자신의 설교를 듣던 무리가 분노하며 이를 갈고 그를 돌로 치려 할 때 스데반은 어떻게 반응했습니까? 그들에게 맞대응하지 않았고, 해를 가하지도 않았습니다. 또 저주하지도 않았습니다. 성경은 이 상황에 대해 이렇게 기록합니다. "스데반이 성령 충만하여 하늘을 우러러 주목하여 하나님의 영광과 및 예수께서 하나님 우편에 서신 것을 보고"(행 7:55). 이 말씀에서 알 수 있듯, 스데반은 극심한 위기 가운데서도 하나님을 바라보았고, 자신의 생명을 하나님께 맡겼습니다. 그는 군중의 돌에 맞아 죽어가는 순간에도 "주 예수여 내 영혼을 받으시옵소서…이 죄를 그들에게 돌리지 마옵소서"(행 7:59-60)라고 하며, 오히려 자신을 죽이는 이들을 위해 기도했습니다. 이는 참으로 놀라운 온유의 모습입니다. 이런 태도는 다윗과 바울의 삶에서도 발견할 수 있습니다.

이 모든 사실을 고려할 때, 온유의 궁극적 전형은 바로 예수 그리스도이십니다. 예수님께서는 자신을 십자가에 못 박아 죽이려는 자들에게 몸을 내어 주셨습니다. 또 그들에게 반항하지 않으셨고, 모욕과 악의적인 행위를 거부하지도 않으셨습니다. 오히려 모든 고난을 공의로 심판하시는 하나님 아버지께 맡기셨습니다. 그리고 더 나아가 그들의 악의적인 공격조차 허용하셨습니다. 이것이 바로 예수님에게서 드러나는 참된 온유의 성품입니다.

죄 없으신 예수님께서 자신을 대적하고 죽이려는 수많은 무리의 악의와 조롱에 대해 보이신 이런 반응이 과연 이해가 되는 일입니까? 우리는 성경의 내용에 너무 익숙해져 있어서, 이제 이런 장면을 대해도 별다른 감동을 받지 못할 때가 많습니다. 그저 오래된 일화로만 여기고 쉽게 지나쳐 버립니다. 그러나 결코 그렇게 넘어가서는 안 됩니다.

우리는 스데반과 예수님에게서 나타난 이러한 온유의 성품이 우리에게도 있는지 진지하게 점검해야 합니다. "너희는 믿음 안에 있는가 너희 자신을 시험하고 너희 자신을 확증하라 예수 그리스도께서 너희 안에 계신 줄을 너희가 스스로 알지 못하느냐 그렇지 않으면 너희는 버림받은 자니라"(고후 13:5).

그러나 여기서 주의해야 할 점이 있습니다. 다른 사람들을 온유하게 대하는 것이 곧 진리와 의, 정의를 희생하거나 타협하는 태도를 의미하지는 않는다는 것입니다. 즉 타인의 악의적인 행동과 거짓에 대해 무조건 참고 묵인하는 것이 성경이 말하는 온유는 아닙니다. 진리와 의무에 관해서는 어떤 것도 양보하거나 허용할 수 없습니다. 오늘날 우리는 점점 더 기독교 신앙과 복음의 진리를 거스르는 시대를 살아가고 있습니다. 심지어 교회에서도 성경이 가르치는 절대 진리를 부인하거나, 임의로 덧붙이고 빼는 일이 일어나고 있습니다. 이런 상황에서 우리는 이 같은 풍조를 단호히 대적하고 성경의 진리를 굳게 수호해야 합니다. 이것이 진정한 의미의 온유와 강직함을 동시에 지키는 모습입니다.

또 한 가지 온유와 관련해 반드시 짚고 넘어가야 할 부분이 있습니다. 그것은 하나님 앞에서 온유한 성품을 가진 사람이 반드시 보이게 되는 결론적 반응이며, 동시에 다른 사람들에게 온유함을 드러내게 만드는 근본적인 원인입니다. 하나님 앞에서 자신의 무능력함과 비천함을 깊이 깨닫고 낮아진 마음을 가진 사람은 어떤 사람입니까? 바로 자기 자아가 철저히 무너진 사람입니다. 따라서 단순히 예배당에 다니는 것만으로는 이런 사람이 될 수 없습니다. 예수님을 인격적으로 만나 하나님 앞에서 자신이 어떤 존재인지 바로 아는 사람만이 견고한 자아를 무너뜨릴 수 있습니다.

사실 인간이 지닌 가장 견고한 요새는 죄악 자체라기보다 오히려 자기 중심성과 자아입니다. 인간은 죽음을 눈앞에 두고도 끝까지 자아를 붙들려는 성향이 있습니다. 자신의 죄악이나 허물이 드러나는 것은 견딜 수 있을지 모르지만, 자존심을 건드리는 것은 참지 못합니다. "지렁이도 밟으면 꿈틀거린다"라는 속담처럼 말입니다. 그래서 타인의 비방과 욕설은 참고 침묵할 수 있을는지 몰라도, 자존심만큼은 절대 양보하지 않습니다. 그것은 부자든 가난한 자든, 권력이 있든 없든, 모든 인간이 끝까지 지키고 싶어 하는 마지막 보루이기 때문입니다.

그러나 문제는 이 견고한 자아를 인간적인 노력이나 방법으로는 결코 깨뜨릴 수 없다는 데 있습니다. 명상이나 심리학적 기법이 어느 정도 도움을 줄 수는 있지만, 그것은 잠시뿐이고 근본적인 해결책은 될 수 없습니다. 그 유일한 길은 하나님을 인격적으로 만나는 것입니다. 하나님 앞에서 자신의 무능함과 비천함, 죄 된 본성을 깨닫지 않고서는 자아의 무너짐과 자기 부정은 불가능합니다. 그래서 예수님께서도 이렇게 말씀하셨습니다. "누구든지 나를 따라오려거든 자기를 부인하고 자기 십자가를 지고 나를 따를 것이니라"(마 16:24). 즉 소극적인 측면의 자기 부정이 없이는 적극적으로 자기 십자가를 지고 예수님을 따를 수 없습니다. 성경은 언제나 '무엇을 하라'라는 적극적인 요구에 앞서 '무엇을 하지 말라'는 소극적인 요구를 제시합니다. 소극적인 순종이 이루어지지 않으면, 적극적인 순종은 절대 불가능하기 때문입니다. 그러므로 예수님께서 자기 부정을 강조하신 것은 그것이 그만큼 어렵고 인간의 힘으로는 불가능하기 때문입니다. 우리는 오직 하나님의 은혜 안에서만 참된 온유가 가능하다는 사실을 잊지 말아야 합니다.

이러한 측면에서 하나님 앞에서의 온유는 하나님을 참으로 인격적으로 만나 자기 자신을 철저히 부정하지 않고서는 결코 가질 수 없는 성품이자 기질입니다. 그러므로 예수님께서 제자들에게 "너희가 하나님을 참으로 만나지 않았느냐? 그렇다면 너희는 이미 온유의 복을 받은 자다"라고 선언하신 것입니다. 즉 눈에 보이지 않지만 견고한 철옹성과 같은 자아를 무너뜨릴 수 있는 사람이야말로 진정으로 강한 사람입니다. 눈에 보이는 만리장성을 넘는 것보다, 눈에 보이지 않는 인간 본성의 고집과 자기중심성을 정복하고 깨뜨리는 것이 훨씬 더 어렵습니다. 그러므로 온유한 자는 이 생래적 본성을 극복한 사람으로서, 결코 나약한 사람이 아닙니다. 오히려 온유한 자야말로 아무나 함부로 범접할 수 없는 강한 자이자 가장 용감하고 담대한 사람이라 할 수 있습니다. 이런 맥락에서 자신의 내면에서 참된 온유의 성품을 발견할 수 있다면, 그것은 하나님 앞에서 자신을 낮추고 비천하게 여기는 마음을 가진 결과입니다. 그리고 이런 사람은 결국 다른 사람들에게도 온유한 성품을 드러낼 수밖에 없습니다. 이것이 바로 성경이 보여주는 원리입니다. 우리는 이러한 온유의 모습을 누구에게서 가장 분명히 발견할 수 있습니까? 바로 예수 그리스도입니다.

그렇다면 "온유한 자는 복이 있나니 그들이 땅을 기업으로 받을 것임이요"라는 예수님의 선언은 무엇을 의미할까요? 본래 '땅'은 하나님께서 아브라함과 언약을 맺으시며 이스라엘 백성에게 약속하신 가나안 땅을 가리킵니다. 그러나 여기서는 단순히 역사적이고 지리적인 의미를 넘어 비유적으로 사용된 것입니다. 로마서 4장에서는 이렇게 설명합니다. "아브라함이나 그 후손에게 세상의 상속자가 되리라고 하신 언약은 율법으로 말미암은 것이 아니요 오직 믿음의 의로 말미암은 것이니라"(13절). 즉 예수님께서 말씀하신 '땅을 기업으로 받는다'라는 약속을 단순히 현세에서 누리는 물질적 복이나 영토적 차원으로만 이해하면 문제가 생깁니다. 만약 그렇다면 모세는 반드시 가나안 땅에 들어갔어야 합니다. 그러나 모세는 성경에서 "온유함이 지면의 모든 사람보다 더하더라"(민 12:3)라고 칭송받았음에도 하나님께서 약속하신 가나안 땅에 들어가지 못했습니다. 그러므로 본문에서 말하는 '땅'은 반드시 비유적이고 영적인 의미로 이해해야 합니다.

그렇다면 '땅을 기업으로 받는다'는 말은 구체적으로 무엇을 뜻할까요? 물론 본문에서 말하는 복이 현재적인 복을 일정 부분 포함하고 있다는 점은 부정할 수 없습니다. 다만 그것이 단순히 가시적이고 물질적인 복만을 의미하지는 않는다는 것입니다. 즉 본문은 분명히 미래적인 차원의 기업을 강조하고 있습니다.

성경은 하나님께서 예수 그리스도를 믿는 성도들을 하나님의 자녀로 삼으셨다는 사실을 분명히 가르치고 있습니다. 예수님께서도 "화평하게 하는 자는 복이 있나니 그들이 하나님의 아들이라 일컬음을 받을 것임이요"(마 5:9)라고 말씀하셨습니다. 즉 예수 그리스도를 믿고 따르는 자는 하나님의 자녀요, 양자로 입양된 존재입니다(요 1:12). 따라서 모든 성도는 예수 그리스도와 함께 공동상속자가 되어, 그분이 하나님 안에서 받아 누리시는 모든 복과 유업을 함께 누리게 됩니다. 이와 관련해 바울은 로마서 8장에서 이렇게 말합니다. "성령이 친히 우리의 영과 더불어 우리가 하나님의 자녀인 것을 증언하시나니 자녀이면 또한 상속자 곧 하나님의 상속자요 그리스도와 함께한 상속자니"(16-17절). 바울이 말해주듯 성도는 마지막 날 예수 그리스도께서 세상을 심판하실 때 그분과 함께 그 일에 참여하게 될 뿐 아니라, 새 하늘과 새 땅을 다스리는 권세도 함께 누리게 됩니다. 고린도전서 6장에서는 이를 더 분명히 선포합니다. "성도가 세상을 판단할 것을 너희가 알지 못하느냐 세상도 너희에게 판단을 받겠거든 지극히 작은 일 판단하기를 감당하지 못하겠느냐 우리가 천사를 판단할 것을 너희가 알지 못하느냐 그러하거든 하물며 세상 일이랴"(2-3절). 즉 미래적 차원에서 '땅을 기업으로 받는다'라는 말씀은, 우리가 하나님의 자녀로서 예수님과 함께 상속자가 되어 최종적이고 영원한 유업을 받는다는 것입니다. 그뿐 아니라 온유한 자는 현재적 차원에서도 이미 '땅을 기업으로 받은 자'로 살아갑니다. 물론 여기서 말하는 땅은 앞서 언급했듯이 물질적이고 가시적인 땅을 의미하는 것이 아닙니다.

그렇다면 현재적 의미에서 '땅을 기업으로 받는다'는 것은 무엇입니까? 마치 온 세상을 소유한 것처럼 기쁨과 만족을 누리며 산다는 것입니다. 아브라함, 모세, 다윗이 그러했습니다. 사도 바울 역시 이렇게 고백합니다. "내가 궁핍하므로 말하는 것이 아니니라 어떠한 형편에든지 나는 자족하기를 배웠노니 나는 비천에 처할 줄도 알고 풍부에 처할 줄도 알아 모든 일 곧 배부름과 배고픔과 풍부와 궁핍에도 처할 줄 아는 일체의 비결을 배웠노라"(빌 4:11-12). 시편 23편의 다윗의 고백을 통해서도 같은 진리를 확인할 수 있습니다. "여호와는 나의 목자시니 내게 부족함이 없으리로다"(1절). 정말 온유한 자는 아무것도 없는 자 같으나 모든 것을 가진 자처럼 삽니다. 약한 것 같으나 가장 강한 자처럼 살아갑니다. 부족한 것 같으나 모든 것을 가진 자처럼 삽니다. 이것이 바로 온유한 자에게 주어지는 현재적인 복입니다. 즉 이 세상을 다 가진 자처럼 만족과 기쁨으로 살아가는 것입니다. 온 우주 만물과 세상의 주권자가 하나님이시며, 그분의 자녀 된 성도 역시 그분 안에서 모든 것을 소유한 자이기 때문입니다.

5장

의에 주리고 목마른 자는 복이 있나니

"의에 주리고 목마른 자는 복이 있나니 그들이 배부를 것임이요" (마 5:6).

앞서 말했듯 팔복의 전반부 네 개의 복은 하나님과 성도 개인의 관계, 후반부 네 개의 복은 성도와 이웃의 관계를 다루고 있습니다. 그리고 다시 말하지만 이것은 십계명의 구조와 유사합니다. 십계명의 전반부 네 개 계명은 하나님과의 관계, 후반부 여섯 개 계명은 이웃과의 관계를 규정하고 있기 때문입니다. 즉 본문은 하나님과 성도 개인의 관계를 다루는 네 번째 복으로, 전반부 복들의 마지막에 해당합니다. 팔복은 단순히 영적인 복을 언급하는 것에 그치지 않고, 그 순서 또한 매우 논리적이라는 사실을 우리는 본문을 통해서도 확인할 수 있습니다.

하나님의 존전에서 자신의 무능함과 무가치함을 인식할 뿐 아니라, 하나님 앞에 내세울 것이 자신에게 전혀 없다는 사실, 곧 심령이 완전히 파산 상태임을 깨달은 자는 자신의 죄악 된 모습을 보고 깊이 애통하며 슬퍼할 수밖에 없습니다. 성도는 죄인인 우리를 구원하시기 위해 독생자 예수 그리스도를 십자가에 내어주신 하나님의 거룩한 사랑을 아는 자이기 때문입니다. 그럼에도 성도는 자신의 내면에서 끊임없이 솟구쳐 오르는 죄의 잔재를 발견합니다. 바울이 절규하듯 고백했던 것처럼 말입니다. "오호라 나는 곤고한 사람이로다 이 사망의 몸에서 누가 나를 건져내랴"(롬 7:24).

이처럼 자기 내면에서 발견되는 수많은 죄악의 모습을 본 성도는 하나님 앞에서 낮아질 수밖에 없습니다. 그 결과 심령이 가난한 자가 되고, 애통하는 자가 되며, 결국 온유한 자가 됩니다. 성도는 다른 사람들이 자신에게 악한 말과 행동을 반복하더라도 보복하지 않고 절제하며 참아냅니다. 나아가 상대방의 연약함과 허물까지 받아들입니다. 자신 안에도 동일한 연약함과 죄악이 있음을 발견하기 때문입니다. 이렇게 심령이 가난한 자, 애통하는 자, 온유한 자가 된 사람은 이제 자연스럽게 '의에 주리고 목마른 자'가 될 수밖에 없습니다.

그렇다면 '의에 주리고 목마른 자'란 어떤 사람입니까? 먼저 여기서 말하는 '의'가 무엇인지 분명히 알아야 합니다. 성경에서 '의'는 대체로 하나님과의 바른 관계를 의미합니다. 그렇다면 성도는 누구입니까? 성도는 예수 그리스도께서 율법에 완전히 순종하심으로 획득하신 적극적인 의(적극적 순종)와 죄의 삯으로 하나님의 진노와 형벌을 받으시며 십자가에서 죽으신 소극적인 의(수동적 순종)를 믿음으로 전가받아 하나님께 의롭다 하심(칭의)을 얻은 자입니다. 그런데 우리가 흔히 간과하는 부분은 바로 예수님의 적극적인 순종입니다.

물론 복음의 핵심은 예수 그리스도의 십자가 대속, 즉 우리가 받을 죄의 형벌을 대신 지신 속죄 사역에 있습니다. 그러나 그에 못지않게 중요한 것은 예수님께서 이 땅에 계시는 동안 하나님의 율법에 완전히 순종하심으로 획득하신 적극적인 의입니다. 사람들이 하나님의 심판대 앞에서 영원한 형벌을 피할 수 없는 이유는 하나님의 율법을 완전하게 지키지 못했기 때문입니다. 그러나 예수님은 친히 사람이 되어 우리와 동일한 조건에서 율법에 온전히 순종하셨습니다. 그러므로 예수님을 믿는 자는 그분의 완전한 순종의 열매를 전가받아, 마치 율법을 다 지킨 사람이 된 듯 인정을 받습니다. 동시에 예수님은 우리의 모든 죄악을 친히 담당하시어 십자가에서 하나님의 진노를 받으셨습니다. 이것이 바로 '위대한 교환', 곧 이중 전가의 교리입니다. 우리의 죄가 예수님께 전가되고, 예수님의 의가 우리에게 전가됨으로 우리는 의롭다 하심을 받고 구원에 이르게 되는 것입니다.

그러므로 본문에서 말씀하는 '의'는 칭의와 무관하지 않지만, 그렇다고 칭의 그 자체를 가리키는 것은 아닙니다. 칭의는 인생에서 단 한 번 일어나는 하나님과 성도 간의 법적·관계적 선언이기 때문입니다. 본문의 '의에 주리고 목마른 자'라는 표현은 칭의로 시작된 하나님과의 바른 관계를 지속적으로 유지하고자 하는 갈망과 그 상태를 말합니다. 다시 말해, 이는 성화의 과정과 깊은 관련이 있습니다. 하나님과의 바른 관계를 유지하기 위해서는 날마다 우리 안에서 솟구쳐 오르는 죄의 욕망을 거절하고, 정결하고 거룩한 삶을 추구해야 하기 때문입니다.

성화란 무엇입니까? 성도는 예수님의 대속 사역을 믿음으로 아담으로부터 이어진 죄책에서 자유롭게 되었습니다. 그러나 여전히 날마다 죄의 오염에서 벗어나기 위한 과정을 거쳐야 합니다. 성화의 소극적인 측면은 세상의 불경건하고 부정한 것에서 구별되고 분리되는 것입니다. 즉 '의에 주리고 목마르다'는 것은 먼저 죄와 세속적 욕망에서 벗어나고자 몸부림치는 것을 의미합니다. 그러나 성화는 거기서 그치지 않습니다. 적극적으로는 성령의 은혜와 역사로 하나님 말씀에 순종하며, 그분의 거룩한 성품을 닮아가는 것입니다. 그러므로 '의에 주리고 목마르다'는 것은 한편으로는 죄에서 떠나고자 하는 갈망이며, 다른 한편으로는 하나님 말씀에 순종해 그분의 성품으로 빚어져 가고자 하는 열망입니다. 즉 하나님의 형상대로 창조된 인간이 타락으로 잃어버린 그 형상을 회복하기 위해 모든 관심과 열정을 쏟는 것입니다.

나아가 '의에 주리고 목마르다'는 것은 최초의 사람 아담과 하와가 타락 이전에 누렸던 하나님과의 온전한 관계를 다시 회복하고자 하는 갈망이며, 그 관계를 깊이 누리고자 하는 바람입니다. 이것이야말로 원죄에서 해방된 성도가 죄의 오염에서 벗어나고자 하는 복된 갈망입니다. 이런 갈망은 예수님을 알지 못하는 자는 전혀 이해할 수 없는 것입니다. 아니, 불가능한 일입니다. 의에 주리고 목마른 자는 하나님과의 바른 관계에서 절대적인 영적 궁핍을 느끼며, 그 결핍을 채우기 위해 하나님의 말씀을 가까이하고, 성령의 다스림을 구하며, 날마다 하나님을 더 알고자 합니다. 결국 의에 주리고 목마른 자는 이 땅에서 하나님께서 주신 영생(요 17:3)을 누리며 살아가는 자인 것입니다.

구원받은 성도에게 칭의는 일생에 단 한 번 일어나는 사건입니다. 물론 새관점(NPP) 학파나 그와 유사한 신학적 입장에서는 여러 번의 칭의를 주장하기도 합니다. 그들 나름대로 논리와 근거를 제시하지만, 분명한 것은 성경은 결코 여러 번의 칭의를 가르치지 않는다는 사실입니다. 즉 본문의 '의'는 칭의의 구원을 받은 자가 이 땅에서 살아가는 동안 하나님과의 바른 관계를 끊임없이 갈망하고 열망하는 것을 의미합니다. 다시 말해, 칭의 이후 구원의 여정, 곧 성화의 삶을 포함하는 개념으로 이해해야 합니다.

죄는 하나님과 인간 사이의 교제와 사귐을 가로막는 가장 큰 걸림돌이자 방해꾼입니다. 과거에 아무리 성령으로 충만했더라도 죄를 짓는 순간 하나님과의 관계는 반드시 소원해질 수밖에 없습니다. 이것이 죄의 무서운 속성입니다. 그러므로 성도는 일생 죄와 치열하게 싸우는 영적 전사가 되어야 합니다. 성경은 이에 대해 우리에게 이렇게 권면합니다. "끝으로 너희가 주 안에서와 그 힘의 능력으로 강건하여지고 마귀의 간계를 능히 대적하기 위하여 하나님의 전신 갑주를 입으라"(엡 6:10-11).

그러나 이 싸움은 절대 단순하지 않습니다. 한 번 승리했다고 다음에도 자동으로 승리하리라는 보장은 없습니다. 또 죄와 싸워 이길 수 있는 능력은 특정한 은사나 일회적인 체험으로 얻을 수 있는 것도 아닙니다. 오직 성령의 충만함을 힘입을 때만 죄와의 싸움에서 승리할 수 있습니다. 그러므로 성도는 무엇보다 죄를 멀리해야 하며, 동시에 하나님과의 바른 관계를 지속적으로 유지하기 위해 날마다 성령의 충만함을 간절히 구해야 합니다(엡 5:18). 그 간절함이 얼마나 절실해야 하는지를 강조하고자 주님께서는 '주리다'라는 표현에 '목마르다'라는 표현까지 덧붙이셨습니다.

'주리다'는 것은 먹을 것을 충분히 먹지 못해 배고픈 상태를 의미합니다. '목마르다'는 것은 갈증으로 인해 물이 필요한 상태를 가리킵니다. 인간이 생명을 유지하기 위해서는 충분한 음식과 물이 공급되어야 합니다. 둘 중 하나라도 채워지지 못하면 육체적 생존과 성장은 불가능합니다. 성도의 영적 생존과 성장도 이와 다르지 않습니다. 그러므로 이 땅을 살아가는 성도가 지속적으로 추구하고 갈망해야 하는 것은 단순히 육체적인 만족이나 세상적인 성공이 아닙니다. 가장 절실히 구해야 하는 것은 하나님과의 바른 관계, 곧 의에 대한 주림과 목마름입니다. 성도는 바로 이 복을 이미 받은 자입니다. 그래서 시편 기자는 이렇게 고백합니다. "하나님이여 사슴이 시냇물을 찾기에 갈급함같이 내 영혼이 주를 찾기에 갈급하니이다 내 영혼이 하나님 곧 살아 계시는 하나님을 갈망하나니 내가 어느 때에 나아가서 하나님의 얼굴을 뵈올까"(시 42:1-2).

그러나 오늘 우리의 모습은 어떠합니까? 하나님과의 바른 관계를 유지하고자 하는 갈망보다는 육체적 만족을 채우기 위해 하나님이 주신 은사와 시간과 힘을 허비하는 경우가 더 많지 않습니까? 지금까지 세상이 추구하는 가치와 성공을 좇느라 얼마나 많은 시간과 에너지를 쏟아부었습니까? 그것들이 하나님과의 바른 관계에는 아무런 도움이 되지 않고, 오히려 방해가 된다는 사실을 알면서도 말입니다. 그러면서도 우리는 여전히 그것을 포기하지 못하고 따라갑니다. 얼마나 안타깝고 어리석은 일입니까? 마치 밑 빠진 독에 물을 붓는 것처럼 헛된 노력을 반복하면서도 스스로 깨닫지 못한 채 살아가는 우리의 모습이 얼마나 한심합니까? 반면 의에 주리고 목말라하면서 하나님과의 바른 관계를 갈망하고 추구하는 일에는 얼마나 소홀합니까? 이것은 분명 의에 주리고 목말라하는 복을 받은 자에게 합당한 모습이 아닙니다.

그런데 의에 주리고 목마르다는 것은 단순히 일시적인 갈망에 그치지 않습니다. 육체적인 허기와 갈증이 한 번 해소된다고 해서 그것이 영원하지는 않은 것처럼, 영적인 갈망도 그와 같습니다. 시간이 지나면 다시 배고픔이 밀려오고 갈증이 일어납니다. 마찬가지로 성도라면 하나님을 향한 영적인 주림과 갈증이 매일매일 새롭게 일어나야 합니다. 그러나 어떤 이들은 몇 번 충족된 경험에 만족하며 거기서 멈추고 맙니다. 또 어떤 이들은 하나님과의 바른 관계를 갈망하는 것을 단지 신앙적인 행위를 더 열심히 하는 것으로 착각하기도 합니다. 물론 교회를 위해 봉사하고 헌신하며 이웃을 섬기는 행위는 매우 중요합니다. 그러나 그것은 의에 주리고 목마른 자에게서 결과적으로 드러나는 열매이지, 본질 그 자체는 아닙니다.

주님께서 말씀하신 것처럼 "영생은 곧 유일하신 참 하나님과 그가 보내신 자 예수 그리스도를 아는 것”(요 17:3)입니다. 그러므로 의에 주리고 목마르다는 것은 죄를 멀리하며 하나님과 그리스도를 더 깊이 알아가기 위해 몸부림치는 것을 의미합니다. 우리는 일평생 함께 살아가는 배우자조차, 또 태어날 때부터 온 정성과 사랑으로 키우는 자녀조차 완전히 이해하기가 어렵습니다. 서로 충분히 알고 있다고 생각하지만, 갈등과 오해는 끊임없이 반복됩니다. 하물며 창세 전부터 영존하시는 하나님을 알아가는 일에 어찌 끝이 있겠습니까? 하나님을 계속 알아가는 것, 곧 영생은 죄와 사망에서 구원받은 성도가 이 땅에서부터 시작하여 영원히 감당해야 할 여정입니다. 심지어 그 여정은 예수 그리스도의 재림 이후 새 하늘과 새 땅에서까지 계속 이어집니다. 이것이야말로 모든 성도의 영원한 과제이자 특권입니다. 따라서 의에 주리고 목마른 자가 받는 복은 단순한 감정적 열망이 아니라, 죄를 멀리하고 거룩함을 추구하며 영존하시는 하나님을 더 알아가는 ‘영생의 복’을 누린다는 사실의 또 다른 표현입니다. 곧 하나님과의 바른 관계를 갈망하고 그분을 향한 목마름 속에서 살아가는 성도가 이미 그 복을 받은 자라는 것입니다.

그런데 불행하게도 오늘날 많은 성도가 하나님을 알아가는 영생 자체에 별다른 관심을 보이지 않습니다. 심지어 영생을 물질적인 차원에서 이해하는 경향도 적지 않습니다. 곧 영생을 단지 악과 고통, 질병이 없는 곳에서 좋은 음식을 배불리 먹고, 좋은 사람들과 함께 즐겁게 지내며 영원히 사는 것 정도로 오해하는 것입니다. 그러나 그 모든 조건이 충족되었더라도, 그곳에 하나님의 임재 곧 하나님을 알아가고 그분과 교제하는 친밀한 사귐이 없다면, 그것은 사실상 이 땅에서 구원받지 못한 사람들이 살아가는 삶과 크게 다르지 않습니다. 오히려 그것은 또 다른 형태의 지옥이라고 할 수 있습니다.

따라서 성도가 의에 주리고 목마른 복을 받았다는 것은 곧 하나님을 더욱 사모하며, 그분을 더 깊이 알아가는 가운데 그분과의 진솔한 교제와 사귐을 갈망하는 복을 받았다는 뜻과 다르지 않습니다.

이 지점에서 우리는 의에 주리고 목마른 복과 관련해 또 하나의 중요한 사실을 생각해 보아야 합니다. 어떤 이들은 이를 지나치게 극적인 체험이나 비범한 은사와 연결 지어 이해하려 한다는 점입니다. 그러나 주님께서 말씀하신 의에 대한 주림과 목마름은 기이하고 특별한 체험을 좇으라는 뜻이 아닙니다. 예수님께서는 유대인들의 명절 끝 날에 이렇게 외치셨습니다. "누구든지 목마르거든 내게로 와서 마시라 나를 믿는 자는 성경에 이름과 같이 그 배에서 생수의 강이 흘러나오리라"(요 7:37-38). 이 말씀이 의미하는 바가 무엇입니까? 예수님께서는 이 세상의 성공이나 번영, 형통을 추구하다가 목마름을 느낄 때 자신에게 오라고 말씀하신 것이 아닙니다. 이것은 진실로 하나님을 알고자 하고, 그분과의 친밀한 사랑의 관계에서 온전한 사귐과 교제를 누리고자 하는 자는 주님께로 오라는 초청입니다. 성도는 이미 이러한 복을 받았고, 또 그렇게 하기를 갈망합니다. 예수님께서는 그렇게 오는 자에게 그 배에서 생수의 강이 흘러나오리라고 약속하셨습니다. 즉 성령의 충만함을 통해 영혼의 갈증과 배고픔이 해결되며, 동시에 하나님의 말씀에 순종할 힘이 공급된다는 것입니다. 나아가 어떤 상황과 조건에서도 하나님의 뜻에 합당하게 살 수 있으며, 그분 안에서 참된 안식과 평강을 누리는 복을 얻게 된다는 뜻입니다. 따라서 성도가 의에 주리고 목마른 복을 받았다는 것은, 하나님과의 바른 관계를 위해 성령의 충만함을 간구하고 추구하는 복을 받았다는 사실과 일맥상통합니다.

이는 다음과 같은 비유로 설명할 수 있습니다. 운전자가 차에 시동을 걸면 그 차는 이제 목적지를 향해 달려가야 합니다. 마찬가지로 예수님의 의가 전가됨으로 하나님과의 바른 관계가 시작된 성도는 그 관계를 지속적으로 유지하고 성숙시키기 위해 앞으로 달려가야 합니다. 바로 이 달려감이 의에 주리고 목마른 자의 모습입니다. 그리고 이런 자에게 예수님께서는 "그들이 배부를 것임이요"라고 약속하셨습니다.

그렇다면 의에 주리고 목마른 자에게 주어지는 배부름은 무엇을 의미할까요? 앞서 언급한 것처럼, 이는 곧 하나님과의 바른 관계가 지속적으로 유지되는 가운데 성도가 하나님의 참된 안식과 평강 그리고 은혜에 만족하게 됨을 가리킵니다. 이것은 의에 주리고 목마른 자가 마땅히 누리게 되는 결과입니다. 실제로 바울은 거의 모든 서신의 서두에서 편지를 받는 성도들에게 하나님의 은혜와 평강이 충만하기를 간절히 기원하고 있습니다. 죄로 가득한 세상에서 살아가는 성도에게 하나님의 은혜와 평강보다 더 큰 복이 어디 있겠습니까?

바울이 간절히 기원했던 평강은 단순히 상황이 좋아져서 누리는 평온함이 아닙니다. 그것은 어떤 조건과 환경에서도 흔들리지 않고 하나님 안에서 누리는 참된 평강입니다. 그래서 부활하신 예수님께서도 제자들에게 나타나셨을 때 가장 먼저 이 평강을 선포하셨습니다. "이날 곧 안식 후 첫날 저녁 때에 제자들이 유대인들을 두려워하여 모인 곳의 문들을 닫았더니 예수께서 오사 가운데 서서 이르시되 너희에게 평강이 있을지어다"(요 20:19). 주님께서는 두려움에 떨고 있는 제자들에게 하나님의 평강이 임하기를 기원하셨습니다. 바로 그 평강과 은혜가 의에 주리고 목마른 자에게 배부를 만큼 풍성히 임한다는 것입니다.

나아가 '배부름'은 죄에서 멀어지고 분리되는 은혜를 의미하기도 합니다. 혹 어떤 이는 그것이 어떻게 배부름과 연결되냐고 반문할지도 모릅니다. 그러나 이는 여전히 의에 주리고 목마른 자의 복을 물질적이고 현세적인 차원에서만 이해하기 때문에 생기는 의문입니다. 다시 한번 강조하지만, 팔복은 예수 그리스도를 믿는 자에게 주어지는 철저히 영적인 복입니다. 그러므로 여기서 '배부름'은 영적인 결과를 말합니다.

죄는 언제나 하나님과 우리의 관계를 소원하게 하고 멀어지게 만드는 가장 강력한 요소입니다. 아담과 하와는 타락하기 전까지 하나님과의 친밀한 교제와 사귐을 누렸습니다. 그러나 죄를 범한 순간 그들은 하나님의 낯을 피해 나무 뒤에 숨었습니다. 죄가 가진 속성이 바로 이것입니다. 이전에 아무리 하나님과 가까웠더라도 죄를 범하는 순간 그 관계는 단절과 소원함으로 바뀝니다. 그러므로 죄에서 멀어지고 그 영향에서 벗어나는 것이야말로 성도에게 가장 큰 은혜이자 복입니다. 물론 성도라도 이 땅에서 전혀 죄와 무관하게 살 수는 없습니다. 그러나 중요한 것은 성도가 점점 죄의 오염에서 벗어나며, 죄를 이길 힘을 지속적으로 공급받는다는 사실입니다. 이것이 바로 의에 주리고 목마른 자에게 주어지는 배부름의 놀라운 결과입니다.

또 이 '배부를 것'이라는 말씀은 하나님의 형상과 모양을 회복해 그분의 성품을 닮아가는 성화의 은혜가 풍성히 임할 것이라는 의미도 내포합니다. 하나님께서는 자신과의 바른 관계를 갈망하는 성도의 전 인격을 반드시 변화시키십니다. 그리고 그분의 형상과 모양을 회복시키시며, 거룩하게 하시는 배부름을 주십니다. 이것은 하나님께서 인간을 구원하신 궁극적인 목적이기도 합니다. 하나님의 형상과 모양대로 회복되지 않는다면, 우리는 결코 하나님의 영광을 드러낼 수 없습니다. 우리는 죄로 인해 심판과 멸망을 피할 수 없던 자들이었습니다. 그럼에도 하나님의 은혜로 구원받았을 뿐 아니라, 나아가 하나님의 형상을 닮아가는 존재가 되었다는 사실은 우리의 상상을 초월하는 은혜요 복입니다. 바로 우리가 그런 존재입니다.

예수님께서 '배부를 것'이라고 말씀하신 것은 또한 성령 하나님의 역사로 성령의 열매가 풍성히 맺히게 될 것이라는 의미이기도 합니다. 하나님과의 바른 관계를 누린다는 것은 곧 성령의 충만함과 그분의 다스리심을 사모하며 살아가는 것입니다. 그러므로 의에 주리고 목마른 자에게는 결과적으로 당연히 성령의 충만함과 열매가 나타날 수 밖에 없습니다. 성경은 이렇게 말씀합니다. "오직 성령의 열매는 사랑과 희락과 화평과 오래 참음과 자비와 양선과 충성과 온유와 절제니 이 같은 것을 금지할 법이 없느니라"(갈 5:22-23).

이 모든 사실에 비추어 볼 때, 우리는 과연 의에 주리고 목마른 복을 받았습니까? 만일 그렇다면 지금까지 살펴본 놀라운 복으로 인해 우리의 영혼은 반드시 배부를 것입니다. 그리고 그 배부름은 세상의 물질적 조건이나 상황에 좌우되지 않으므로 가장 가치 있고 영광스러운 것입니다.

6장

긍휼히 여기는 자는 복이 있나니

"긍휼히 여기는 자는 복이 있나니 그들이 긍휼히 여김을 받을 것 임이요"(마 5:7).

팔복 가운데 그리스도인과 하나님과의 관계를 다루는 전반부 내용을 살펴보았습니다. 이제는 후반부, 곧 그리스도인과 다른 사람들과의 관계를 다루는 내용이 시작됩니다. 예수님께서는 그 문을 "긍휼히 여기는 자는 복이 있나니 그들이 긍휼히 여김을 받을 것임이요"라는 말씀으로 여십니다. 다시 한번 강조하지만, 팔복은 단순히 나열된 것이 아니라 영적이고 논리적인 순서를 따라 배열되어 있습니다. 그러므로 본문은 앞에서 다룬 하나님 앞에서의 성품, 곧 '심령이 가난한 자', '애통하는 자', '온유한 자', '의에 주리고 목마른 자'와 긴밀히 연결되어 있습니다. 특히 '심령이 가난한 자'와 '긍휼히 여기는 자'는 서로 분리될 수 없는 관계이며, 전자가 후자의 원인이 되고, 후자가 전자의 결과입니다. 왜 그렇습니까? '심령이 가난하다'는 말은 거룩하시고 위대하시며 의로우신 하나님 앞에 섰을 때, 자신이 아무것도 내세울 수 없는 존재임을 깊이 깨닫는 것을 뜻합니다. 곧 자신이 하나님 앞에서 철저한 영적 파산 상태에 있다는 사실을 절감하는 겸손이 바로 심령이 가난한 자의 모습입니다. 따라서 하나님 앞에서 절대적인 겸손을 가진 자는 결코 다른 사람들의 죄와 그로 인한 비참함과 고통을 외면할 수 없습니다. 오히려 그 사람도 자신과 똑같은 절망적인 영적 파산 상태에 있음을 직시하기에, 그를 긍휼히 여기는 마음으로 다가가 반드시 도우려는 태도를 가지게 됩니다. 이런 점에서 '심령이 가난한 자'와 '긍휼히 여기는 자'의 관계는 생김새는 다르지만 같은 배에서 나온 쌍둥이와 같다고 할 수 있습니다.

여기서 우리가 주목해야 할 점이 있습니다. 왜 예수님께서는 다른 사람들과의 관계를 다루는 부분에서 첫 주제로 '긍휼'을 선택하셨을까요? 그것은 칭의로 하나님과의 바른 관계가 시작된 성도라면 가장 먼저 긍휼의 성품을 드러내기 때문입니다. 그렇습니다. 하나님과의 바른 관계에 들어선 사람은 무엇보다 죄가 불러오는 비참한 결과를 떠올리게 됩니다. 그러므로 성도는 멸망을 향해 달려가면서도 자신이 얼마나 심각한 죄인인지 알지 못하는 사람들에게 복음을 전하고, 그들의 구원을 위해 진실한 마음으로 기도하게 됩니다. 나아가 긍휼은 이어지는 팔복(마음이 청결한 자, 화평하게 하는 자, 의를 위하여 박해받는 자)의 중요한 출발점이 되기 때문입니다. 그러므로 우리는 예수님께서 왜 긍휼을 다른 사람과의 관계에 관한 첫 번째 성품으로 제시하셨는지에 주목해야 합니다.

그렇다면 '긍휼'이란 무엇입니까? 긍휼을 의미하는 헬라어 '엘레오스'는 죄의 결과로 초래된 고통과 불행과 비참함을 불쌍히 여기는 마음과 그것을 실제로 제거하려는 하나님의 자비로운 행동을 동시에 내포합니다. 따라서 죄인은 누구도 예외 없이 자신의 죄가 가져온 고통과 비참함에서 벗어나기 위해 하나님의 긍휼을 절대적으로 필요로 합니다. 그분의 긍휼 없이는 죄의 무시무시한 결과와 파괴적인 비참함에서 벗어날 길이 전혀 없기 때문입니다. 은혜가 죄 자체와 관련된다면, 긍휼은 죄가 가져온 결과, 곧 비참함이나 고통과 더 관련이 있습니다.

성경은 창세 전에 성부 하나님께서 그분의 기쁘신 뜻대로 우리를 예정하시고 택하셨다고 선포합니다(엡 1:4-5). 하나님께서는 자신의 형상과 모양대로 창조하신 아담과 하와가 타락할 것을 미리 아셨음에도 삼위 하나님 안에서 구속 언약, 곧 구원의 협정을 맺으셨습니다. 이는 인간이 범죄함으로 말미암아 비극과 고통과 참담함을 맞이할 것을 하나님께서 불쌍히 여기셨기 때문입니다. 그래서 택하신 백성을 은혜로 구원하기로 작정하시고, 성자 하나님을 이 땅에 보내 십자가에서 죽게 하신 것입니다. 그러므로 죄로 인해 영원한 고통과 비참함을 겪을 수밖에 없는 인간을 불쌍히 여기신 하나님의 긍휼이 없었다면, 이 세상 그 누구도 구원받을 수 없었을 것입니다. 하나님은 참으로 공의로우시면서 동시에 긍휼이 풍성하신 분이십니다.

이런 관점에서 보면 신학적으로 다소 조심스럽지만, 죄인이 구원에 이르는 과정에서 하나님의 긍휼이 은혜보다 먼저 드러난다고 할 수 있습니다. 죄로 인한 인간의 비참함과 고통을 불쌍히 여기신 하나님께서 그런 인간을 구원하기 위한 방도로 은혜의 언약을 세우셨다고 볼 수 있기 때문입니다. 따라서 긍휼과 은혜는 모두 하나님의 지극한 사랑이라는 동일한 뿌리를 가지고 있으며, 긍휼은 은혜의 원인이 되고, 은혜는 긍휼의 열매라고 말할 수도 있을 것입니다.

그렇다면 우리는 이 긍휼의 참모습을 누구에게서 가장 선명하게 확인할 수 있습니까? 바로 인간의 죄로 말미암아 임한 고통과 비참함을 제거하기 위해 이 땅에 오신 예수 그리스도입니다. 예수님의 공생애는 그야말로 죄와 그 결과로 인한 질병과 고통 가운데 있던 자들에게 한없는 긍휼을 베푸신 삶이었습니다. 삼십팔 년 된 병자, 날 때부터 맹인이었던 자, 세리 삭개오, 세 번이나 주님을 모른다고 했던 베드로 그리고 자신을 십자가에 못 박은 자들을 향한 주님이 보이신 반응은 모두 긍휼의 절정이었습니다. 인류 역사상 그 누구도 예수님처럼 죄인들을 긍휼히 여기며 다가간 이는 없습니다. 예수님의 걸음걸음마다 긍휼의 흔적이 가득했다고 해도 지나친 말이 아닙니다.

그런데 진정한 예수님의 긍휼은 단순한 동정심이 아니라, 죄로 인해 고통받고 아파하는 자들의 상황에 공감하시고, 그 고통을 실제로 덜어주기 위해 행동하신 데 있습니다. 그러므로 성경이 말하는 참된 긍휼은 단순히 불쌍히 여기는 감정이 아니라, 그 마음을 행동으로 옮기는 것입니다. 긍휼은 마음과 행함이 함께 있을 때만 온전해집니다. 우리는 어떻습니까? 예수님께서 보여주신 긍휼의 성품과 마음을 다른 사람들에게 실제로 드러내고 있습니까? 그리스도인은 이미 하나님의 복을 받아 이러한 긍휼의 성품과 기질을 소유하고 있습니다. 그러므로 우리는 우리 자신이 그러한 존재임을 알고, 실제 삶에서 예수님처럼 긍휼을 실천하며 살고 있는지 스스로에게 물어야 합니다.

이러한 맥락에서 우리는 예수님께서 말씀하신 선한 사마리아인 비유(눅 10:30-35)를 통해 긍휼의 삶이 구체적으로 무엇을 의미하는지 깊이 깨달아야 합니다.

예수님의 이 비유에 따르면, 어떤 사람이 예루살렘에서 여리고로 내려가던 중 강도들을 만났는데, 그들이 그의 옷을 벗기고 때려 거의 죽은 것을 버려두고 갔습니다. 마침 한 제사장이 그 길로 내려가다가 그를 보았으나 외면하고 지나갔습니다. 한 레위인도 마찬가지였습니다. 그러나 어떤 사마리아인은 여행 중이었음에도 그를 보고 불쌍히 여겼습니다. 그래서 가까이 다가가 기름과 포도주를 그 상처에 붓고 싸매어 주었습니다. 그리고 그를 자신의 짐승에 태워 주막으로 데리고 가서 돌보아 주었습니다. 다음 날에는 주막 주인에게 돈을 주면서, "이 사람을 돌보아 주십시오. 비용이 더 들면 내가 돌아올 때 갚겠습니다"라고 부탁했습니다.

우리는 이러한 사마리아인의 모습에서 예수님께서 친히 보여주신 긍휼의 모범을 발견할 수 있습니다. 또 그와 동시에 긍휼의 삶과 관련된 다음의 몇 가지 중요한 사실을 확인할 수 있습니다.

첫째, 긍휼의 대상에는 원수까지 포함됩니다. 강도 만난 사람은 어쩌면 평생 사마리아인을 멸시하고 혐오한 유대인이었을 수 있습니다. 당시 유대인들은 사마리아인을 같은 민족으로 여기기는커녕 개와 같이 취급하며 천대했습니다. 따라서 사마리아인 역시 유대인을 좋아할 이유가 없었을 것입니다. 양측은 서로를 적대시하며 원수처럼 지냈습니다. 이런 상황에 익숙한 사마리아인이 강도 만난 유대인을 돕는다는 것은 결코 쉬운 일이 아니었습니다. 그냥 모른 척하고 지나갔더라도, 누구도 그를 무정하거나 냉혹하다고 비난하지 않았을 것입니다. 그러나 그는 불쌍히 여기는 마음을 가졌을 뿐 아니라, 실제로 행동으로 옮겨 그 사람을 돌보았습니다. 이것이 진정한 긍휼입니다.

이처럼 하나님께서도 본래 그분을 거역하고 대적하며 무관심하게 살던 죄인인 우리를 긍휼과 은혜로 구원해 주셨습니다. 그러므로 긍휼의 대상은 특정한 사람이나 집단에 국한되지 않습니다. 심지어 자신을 싫어하고 대적하는 원수까지도 포함합니다. 그들조차 가엾이 여기고 불쌍히 여기는 마음이 긍휼입니다. 예수님께서는 십자가에서도 자신을 못 박은 자들을 위해 "아버지 저들을 사하여 주옵소서 자기들이 하는 것을 알지 못함이니이다"(눅 23:34)라고 기도하셨습니다. 초대교회의 첫 순교자 스데반 역시 예수님과 동일한 기도를 드렸습니다.

둘째, 긍휼은 단순히 고통당하는 타인을 불쌍히 여기는 마음에서 그치지 않고, 반드시 적극적인 행동으로 이어져야 합니다. 선한 사마리아인은 강도 만난 사람을 보고 그저 가슴 아파하며 발만 동동 구른 것이 아니었습니다. 그는 자신의 시간과 물질을 아낌없이 사용해 그를 돌보았습니다. 예수님께서도 그러셨습니다. 여리고로 가실 때 많은 무리가 따랐는데, 그 길가에 앉아 있던 두 맹인이 예수님께서 지나가신다는 소식을 들었습니다. 그들은 큰 소리로 "다윗의 자손이여, 우리를 불쌍히 여기소서!"라고 외쳤습니다. 예수님께서는 발걸음을 멈추시고 그들을 불쌍히 여겨 그들의 눈을 만지심으로 보게 하셨습니다. 단순히 동정심을 표현하신 것이 아니라, 실제로 그들의 삶을 변화시키신 것입니다. 무엇보다 예수님께서 보여주신 긍휼의 절정은 십자가 사건입니다. 주님은 단지 죄인들을 불쌍히 여기신 데서 그치지 않고, 그 긍휼을 행함으로 옮기기 위해 성부 하나님께 버림받음과 모든 관계의 단절과 끊어짐까지 감수하셨습니다. 십자가에서 예수님은 하나님의 긍휼을 가장 완전하게 드러내셨습니다.

셋째, 긍휼은 단회적인 사건이나 일시적인 선행이 아니라, 끝까지 그 사람을 돌보며 책임을 다하는 것입니다. 사마리아인은 강도 만난 사람을 단순히 일회적으로 돕고 떠난 것이 아니었습니다. 그는 마치 그것이 자신의 책임과 의무인 양 그를 지속적으로 돌보려 했습니다. 사실 그의 상처를 싸매고 주막까지 데려간 것만도 충분히 칭찬받을 만한 일이었습니다. 그러나 그는 거기서 멈추지 않았습니다. 주막 주인에게 그 사람을 부탁하며, 혹시 비용이 더 들면 자신이 돌아올 때 갚겠다고 약속했습니다. 이는 곧 "또 누구든지 너로 억지로 오 리를 가게 하거든 그 사람과 십 리를 동행하고"(마 5:41)라는 예수님의 교훈과 정확히 맞닿아 있습니다.

하나님께서 우리를 대하시는 것도 이와 같습니다. 하나님의 긍휼은 단지 우리를 죄와 사망에서 건져내 의롭다 하시고 하나님의 자녀로 삼으시는 데서 멈추지 않습니다. 하나님은 택하신 자녀들이 이 땅에서 거룩한 성품으로 성화되어 마지막 영화의 단계에 이르기까지 변함없는 긍휼로 돌보십니다. 예수님을 믿는 그리스도인이라도 여전히 사탄의 공격, 세상의 유혹, 육체의 욕심을 이기지 못해 넘어집니다. 그렇기에 하나님께서 지속적으로 긍휼을 베풀어 주시지 않는다면 그 누구도 구원에 이르지 못합니다. 이런 맥락에서 하나님의 긍휼은 창세 전에 기쁘신 뜻대로 우리를 예정하신 데서부터 시작해 영화의 완성에 이르기까지 끊임없이 나타나는 은혜의 성품입니다. 그러므로 긍휼은 하나님께서 구원의 역사를 시작하신 근본적인 원인이자, 그것을 끝까지 지속하고 완성에 이르게 하시는 하나님의 위대한 성품이라고 할 수 있습니다.

넷째, 긍휼은 가능한 한 자신의 모든 것을 희생하는 것입니다. 선한 사마리아인은 강도 만난 사람의 상처를 싸매주기 위해 자신의 옷을 사용했습니다. 당시 근동 지역에서 옷은 단순한 의복이 아니라 생명과도 같은 귀중한 재산이었습니다. 저녁이 되면 기온이 급격히 떨어지기 때문입니다. 밤에는 차가운 바람과 혹독한 추위로부터 생명을 보호하는 역할을 하고, 낮에는 작열하는 태양으로부터 몸을 지켜주는 것이 바로 옷이었습니다. 이러한 이유로 하나님께서는 모세를 통해 이스라엘 백성에게 "네가 만일 이웃의 옷을 전당 잡거든 해가 지기 전에 그에게 돌려보내라"(출 22:26)라고 명하셨습니다. 그런데 사마리아인은 자기 생명과도 같은 그 소중한 옷을 찢어 강도 만난 사람의 상처를 싸매 주었습니다. 한마디로 그는 타인을 살리기 위해 자신의 생명을 내어주는 희생을 감수한 것입니다. 그가 보여준 긍휼은 자신의 모든 것을 내어놓았다고 해도 과언이 아닐 만큼 지극한 것이었습니다.

그러나 가장 온전한 긍휼은 무엇보다 죄인들을 위해 이 땅에 오셔서 십자가에 달려 죽으신 예수 그리스도의 삶에서 확인할 수 있습니다. 성부 하나님과 동일한 본성을 가진 영원하신 성자 하나님께서 인간의 몸을 입고 이 땅에 오신 것 자체가 이미 상상할 수 없는 자기 희생이자 긍휼의 극치입니다. 더구나 예수님께서는 우리 죄인들을 죄와 사망에서 구원하시기 위해 온갖 모욕과 수치, 멸시와 능욕을 당하셨습니다. 그리고 십자가에서 우리를 대신해 몸이 찢기시고 피를 흘려주셨습니다. 예수님은 우리 죄인들을 위해 자신의 모든 것을 내어주셨고, 온전히 희생하셨습니다. 이것이 바로 가장 위대하고 완벽한 긍휼의 본보기입니다. 그러므로 그리스도인은 예수님의 이러한 긍휼의 삶을 본받아 사는 것이 마땅합니다.

그런데 예수님께서는 이렇게 긍휼의 삶을 사는 자들에게 어떤 결과가 주어진다고 말씀하십니까? "그들이 긍휼히 여김을 받을 것임이요"라고 선언하십니다. 여기서 우리는 한 가지 의문을 가질 수 있습니다. 이미 그리스도인은 하나님께 긍휼의 복을 받은 자들인데, 왜 또다시 긍휼히 여김을 받게 될 것이라고 말씀하시는가 하는 점입니다. 여기서 이 질문을 짚고 넘어가는 이유는 본문을 잘못 해석하는 경우가 종종 있기 때문입니다. 예를 들어, '다른 사람을 긍휼히 여겨야 하나님께서 그를 긍휼히 여기신다'라는 식의 조건부로 이해하는 것입니다. 그러나 그것은 잘못된 해석입니다. 본문은 조건절이 아닙니다. 다른 팔복과 마찬가지로 예수님의 말씀은 조건을 제시하는 것이 아니라 선언입니다. 즉 '다른 사람을 긍휼히 여겨야 하나님께 긍휼히 여김을 받을 수 있다'라는 말이 아니라, '다른 사람을 긍휼히 여기는 자는 이미 긍휼의 복을 받은 것이므로 지금도 긍휼을 누리고 있으며, 앞으로도 계속 누릴 것이다'라는 사실을 선언하신 것입니다. 만약 다른 사람에게 긍휼을 베푸는 것이 하나님의 긍휼을 받을 수 있는 조건이라면, 우리 중 그 누구도 구원받을 수 없을 것입니다.

하나님의 구원은 죄인의 의지나 노력, 공로나 자격에서 비롯된 것이 아닙니다. 전적으로 하나님의 긍휼에서 비롯된 것입니다. 만약 죄 가운데 있는 인간을 불쌍히 여기신 하나님의 긍휼이 없었다면, 그 누구도 구원에 이를 수 없었을 것입니다. 사실 어떤 인간도 처음부터 긍휼의 성품이나 기질을 가지고 태어나지 않습니다. 물론 우리 주변에는 훌륭한 도덕심과 고상한 윤리성을 지닌 사람이 적지 않습니다. 그리고 그들도 고통당하는 이들을 불쌍히 여기며 적극적으로 도우려고 합니다. 그러나 그들의 행위가 곧 성경이 말하는 긍휼이라고 단정할 수는 없습니다. 이유는 두 가지입니다.

첫째, 성경적 긍휼은 죄로 인해 발생한 고통 및 비참함과 깊이 관련되어 있기 때문입니다. 도덕적이고 윤리적인 마음에서 비롯된 연민과 행동이 반드시 죄의 결과와 연관되어 있다고 보기는 어렵습니다. 즉 불행한 상황에 놓인 이들을 불쌍히 여기는 마음이 인지상정에서 비롯된 것일 수는 있으나, 그것은 성경이 말하는 긍휼과는 본질적으로 다릅니다. 둘째, 모든 인간은 모태에서부터 죄인으로 태어났기에 타인을 긍휼히 여기는 마음을 스스로 가질 수 없습니다. 죄로 인한 전적 부패는 인간의 전 인격, 곧 지성, 감정, 의지를 비롯해 영혼의 모든 기능을 타락시켰습니다. 그래서 인간은 태어나면서부터 자기 중심성으로 철저히 무장되어 있으며, 본능적으로 자기만 보호하려 합니다. 자연인은 죄를 밥 먹듯 행하면서도 죄책감조차 느끼지 못합니다. 그런데 어떻게 스스로 타인의 죄로 인한 비참함을 긍휼히 여길 수 있겠습니까? 그것은 불가능한 일입니다. 따라서 인간은 본래의 상태로는 결코 긍휼의 마음을 가질 수 없습니다.

긍휼의 마음은 하나님께서 주셔야만 가능한 것입니다. 성령의 역사로 중생을 경험하고, 생명에 이르는 회개와 구원에 이르는 믿음을 얻은 자만이 하나님의 긍휼을 알 수 있으며, 긍휼의 성품과 기질을 지닐 수 있습니다. 결국 "긍휼히 여기는 자는 복이 있나니 그들이 긍휼히 여김을 받을 것임이요"라는 말씀은, 그리스도인은 이미 하나님의 긍휼을 입었으므로 행복한 사람이라는 것입니다. 그들은 이미 긍휼히 여김을 받았고, 지금도 받고 있으며, 앞으로도 계속 받을 것입니다. 그러므로 긍휼의 복을 받은 자가 긍휼의 삶을 살지 않는다면, 그것은 심각한 모순입니다. 야고보 사도는 "긍휼을 행하지 아니하는 자에게는 긍휼 없는 심판이 있으리라 긍휼은 심판을 이기고 자랑하느니라"(약 2:13)라고 경고합니다. 이는 곧 긍휼과 믿음이 깊은 관계가 있음을 보여줍니다. 믿음이 있다고 하면서 긍휼이 없다면, 그 믿음은 거짓이며 죽은 믿음일 뿐입니다.

그렇다면 왜 하나님의 긍휼이 계속 우리에게 임하는 것이 복인지 생각해 봐야 합니다. 우리가 이미 긍휼히 여김을 받아 구원에 이르렀다 할지라도, 만약 하나님의 긍휼이 그 이후에 멈춰 버린다면 우리는 곧 자연인과 다르지 않은 존재로 전락하고 말 것입니다. 칭의로 구원받은 성도라 할지라도, 하나님의 지속적인 긍휼이 없다면 성화는 불가능하고, 결국 영화에 이를 수도 없습니다.

우리는 모두 나약한 존재입니다. 이에 사도 바울은 "두렵고 떨림으로 너희 구원을 이루라"(빌 2:12)라고 권면했습니다. 이는 칭의로 구원받은 빌립보 성도들에게도 여전히 인간의 연약함이 있음을 알았기 때문입니다. 인간은 오늘 바로 선 듯 보이나 내일을 보장할 수 없으며, 사탄은 우는 사자처럼 삼킬 자를 찾습니다(벧전 5:8). 그래서 "선 줄로 생각하는 자는 넘어질까 조심하라"(고전 10:12)라고 바울이 경고한 것입니다. 그러나 아무리 조심한다 해도 우리는 반복적으로 넘어집니다. 과거에도 그랬고, 지금도 그러하며, 장래에도 그러할 것입니다. 이런 우리의 연약함에 하나님의 긍휼이 없다면 과연 구원이 가능하겠습니까? 칭의의 순간뿐 아니라 성화의 여정 전반에도 그리고 영화에 이를 때까지 하나님의 긍휼은 반드시 필요합니다. 그러므로 예수님의 이 말씀은 단순한 약속이 아니라, 우리의 존재를 규정하는 위대한 선언입니다.

여기서 우리는 중요한 사실을 기억해야 합니다. "긍휼히 여기는 자는 복이 있나니 그들이 긍휼히 여김을 받을 것임이요"라는 말씀은 단순한 위로가 아니라, 실제로 우리가 실천해야 할 구체적인 삶의 과제를 담고 있다는 것입니다. 예수님의 말씀은 이렇게 우리에게 묻고 있는 듯합니다. '너희는 긍휼의 복을 받은 자로서, 또 하나님의 긍휼을 계속 받을 자로서 과연 긍휼의 삶을 살아가고 있느냐?' 예수님은 우리가 이 사실을 기억하게 하시고, 이 질문 앞에 서도록 하십니다. 많은 그리스도인이 자신이 받은 엄청난 복을 잊고, 그와 전혀 상관없는 삶을 살기 때문입니다.

예수님은 마태복음 18장에서 한 비유를 들어 이 점을 엄중히 경고하십니다. 어떤 종이 자기 주인에게 일만 달란트라는 갚을 수 없는 엄청난 빚을 탕감받았음에도, 자기에게 백 데나리온 빚진 동료를 용서하지 않고 옥에 가두어버린 이야기입니다. 이 사실을 알게 된 주인은 분노하며 그 종을 책망했습니다. "악한 종아 네가 빌기에 내가 네 빚을 전부 탕감하여 주었거늘 내가 너를 불쌍히 여김과 같이 너도 네 동료를 불쌍히 여김이 마땅하지 아니하냐"(32-33절). 결국 주인은 그 종이 그 빚을 다 갚도록 옥졸들에게 넘겼습니다. 이 비유를 말씀하신 후 예수님께서는 "너희가 각각 마음으로부터 형제를 용서하지 아니하면 나의 하늘 아버지께서도 너희에게 이와 같이 하시리라"(35절)라고 경고하셨습니다.

그런데 혹시 우리도 이 종과 같은 모습은 아닙니까? 우리는 본래 하나님을 대적하며 영원한 심판을 받아야 할 자들이었습니다. 그런데 하나님은 아무런 조건도 요구하지 않으시고 그저 긍휼히 여기셔서 우리를 구원하셨습니다. 그렇다면 우리 역시 그 긍휼을 아는 자로서 타인의 허물과 잘못을 긍휼히 여기며 기꺼이 용서해야 하지 않겠습니까? 우리의 빚은 너무나 커서 독생자 예수 그리스도께서 십자가에서 피 흘리심으로만 갚을 수 있었습니다. 이런 우리가 다른 이들을 긍휼히 여기지 않는 것은 그리스도의 은혜를 망각한 어리석음에 지나지 않습니다.

결국 산상수훈의 원리는 일관적입니다. 먼저 그리스도인이 어떤 존재인지를 분명히 한 후, 그 존재로서 어떻게 행해야 하는지를 말씀하십니다. 그러므로 그리스도인은 먼저 무엇을 하기에 앞서 '나는 어떤 존재인가'를 깊이 자각해야 합니다. 행함의 진정한 가치는 존재 인식에서 비롯되기 때문입니다. 존재에 대한 인식은 삶을 바라보는 렌즈이자, 삶의 방향을 결정하는 나침반입니다.

우리는 이미 하나님의 긍휼을 입은 존재입니다. 다른 이들을 긍휼히 여겨야만 하나님의 긍휼을 얻는 것이 아니라, 본래부터 긍휼의 복을 받은 자입니다. 지금도 그 긍휼을 누리고 있으며, 장차 완성될 나라에서도 영원히 누릴 것입니다. 그러므로 우리는 존재(being)에 대한 자각을 기초로 구체적인 삶에서 긍휼을 실천하는 행함(doing)으로 나아가야 합니다. 물론 존재가 행함보다 우선합니다. 존재가 참된 행함을 가능케 하며, 그 방향을 결정하기 때문입니다.

이런 맥락에서 예수님께서 그리스도인과 다른 이들과의 관계를 다루시면서 '긍휼히 여기는 자는 복이 있다'고 가장 먼저 말씀하신 것은 결코 우연이 아닙니다. 긍휼을 모르는 자는 마음이 청결할 수 없고, 화평을 만들 수도 없으며, 더 나아가 의를 위한 박해를 감당할 수도 없습니다. 오직 하나님의 긍휼을 깊이 아는 자만이 그 이후의 모든 관계적 삶을 온전히 살아낼 수 있습니다.

7장

마음이 청결한 자는 복이 있나니

"마음이 청결한 자는 복이 있나니 그들이 하나님을 볼 것임이요"
(마 5:8).

우리 그리스도인에게 가장 큰 소망이 무엇입니까? 우리를 구원하시기 위해 아들 하나님까지 아낌없이 보내시어 십자가에 달려 죽게 하신 하나님을 뵙는 것입니다. 그 거룩한 사랑에 감동된 모든 그리스도인은 바로 이 소망을 붙들고 이 땅을 살아갑니다. 그리고 이 소망으로 인해 담대히 죽음을 맞이할 수 있습니다. 그런데 본문은 누가 하나님을 볼 수 있는 복을 받았다고 말합니까? 바로 마음이 청결한 자입니다. 이 구절 역시 조건절이 아닙니다. 곧 '마음이 청결해야만 하나님을 볼 것이다'라는 의미가 아닙니다. 오히려 이 말씀은 '그리스도인은 이미 마음이 청결한 복을 받은 자인데, 그것은 지금 하나님을 보고 있고, 장차 더욱 온전히 하나님을 볼 것이기 때문이다'라는 뜻입니다. 다시 말해, 그리스도인은 이미 마음이 청결한 성품과 기질을 부여받은 존재라는 것입니다.

팔복 간의 연관성을 다시 떠올려 보면, 마음이 청결한 자는 그리스도인과 하나님과의 관계에서 살펴본 두 번째 성품, 곧 애통하는 자와 깊은 연관이 있습니다. 애통하는 성품과 기질을 가진 자만이 결국 마음이 청결한 자가 되어 하나님을 볼 수 있기 때문입니다. 우리 자신을 한번 살펴보십시오. 예수를 믿으면서도 여전히 내면에서 솟아나는 수많은 죄악 된 생각과 판단, 탐심과 욕망 때문에 하나님 앞에서 애통해하지 않습니까? 그 과정에서 흘리는 눈물은 하나님을 보지 못하게 가로막고 있던 수많은 내적 군더더기와 더러운 장애물을 점차 씻어내며 마음을 정결케 하는 영적 안약과 같습니다. 이러한 애통의 눈물을 통해 마음속 탐심과 탐욕, 시기와 질투, 미움과 증오가 제거될 때 마음은 점점 깨끗해질 수밖에 없습니다. 그런 자는 분명 하나님을 볼 수 있습니다. 이런 측면에서 애통하는 자와 마음이 청결한 자의 관계는 전자가 원인이 되어 후자를 낳고, 후자가 전자의 결과로 나타난다고 할 수 있을 만큼 놀라운 논리적 연결성이 있습니다.

그렇다면 '그리스도인은 마음이 청결한 자의 복을 받았다'라는 말은 구체적으로 어떤 의미입니까? 여기서 먼저 집중적으로 살펴봐야 할 단어는 바로 '마음'과 '청결'입니다.

성경에서 '마음'은 단순히 인간의 감정만을 가리키지 않습니다. 그것은 생각과 도덕적 선택의 원천이며, 행동을 일으키는 추진력이자 성격을 형성하는 중심입니다. 다시 말해, 마음은 지적인 측면만이 아니라 감정과 의지를 포함한 전인격을 의미합니다. 따라서 마음은 인간의 말과 행동, 감정과 의지 등과 밀접하게 연결된 내적 존재의 총체라고 할 수 있습니다.

성경은 이 마음의 중요성을 여러 차원에서 강조합니다. 로마서 12장 2절에서는 "너희는 이 세대를 본받지 말고 오직 마음을 새롭게 함으로 변화를 받아 하나님의 선하시고 기뻐하시고 온전하신 뜻이 무엇인지 분별하도록 하라"라고 권면합니다. 즉 하나님의 뜻을 올바로 분별하기 위해서는 마음의 변화가 반드시 필요하다는 것입니다. 예수님께서도 "이스라엘아 들으라 주 곧 우리 하나님은 유일한 주시라 네 마음을 다하고 목숨을 다하고 뜻을 다하고 힘을 다하여 주 너의 하나님을 사랑하라"(막 12:29-30)라고 말씀하시며, 하나님 사랑의 첫째 되는 조건으로 마음을 강조하셨습니다. 마음은 눈으로 볼 수는 없지만, 신앙과 삶의 진실성과 참됨을 확인할 수 있는 가장 중요한 잣대입니다.

이러한 맥락에서 오늘날 인류가 직면한 문제의 근본 원인은 무엇입니까? 바로 죄로 인해 전인격이 타락해 마음이 병들고 곪아버린 데 있습니다. 세상 모든 문제의 뿌리는 죄악으로 타락해 병든 마음에 있습니다. 그래서 이 시대 사람들은 병든 마음을 치유하기 위해 온갖 방법을 동원합니다. 요가, 명상, 심리치료, 종교적 구도, 선행 등 인간이 사용할 수 있는 모든 수단을 활용해 마음을 고치려 합니다. 그러나 그것은 근본적인 해결책이 될 수 없습니다. 진정한 마음의 변화와 치유는 오직 하나님만 이루실 수 있습니다. 타락하고 병든 인간의 마음을 만지시고 새롭게 하시는 분은 하나님뿐입니다.

따라서 타락한 인간이 직면한 가장 비극적인 사실은 죄와 허물로 죽은 상태에서는 결코 하나님을 볼 수 없다는 것입니다. 하나님과의 어떤 교제나 사귐도 가질 수 없습니다. 오직 마음이 새롭게 되어야만 하나님을 볼 수 있으며, 그분과의 친밀한 관계를 시작할 수 있습니다. 본문은 이 사실을 분명히 말하고 있습니다. 참으로 복 있는 자는 마음이 청결한 자인데, 오직 그들만 하나님을 볼 수 있기 때문이라는 것입니다. 그런데 그리스도인은 이미 중생함으로 새로운 생명의 원리를 영혼과 마음, 인격에 부여받은 자입니다. 그러므로 그리스도인은 이미 마음이 청결한 자로서 지금 하나님을 보고 있으며, 또 장차 그분을 온전히 대면할 것입니다. 그렇기에 그리스도인은 참으로 복된 존재라고 말하는 것입니다.

그렇다면 '마음이 청결하다'는 것은 구체적으로 무엇을 뜻합니까? 이는 곧 마음이 깨끗하다는 것입니다. 깨끗하다는 것은 마음이 나누어지거나 분열되지 않고, 위선이나 간사함, 속임이 없이 진실하고 정직하다는 의미입니다. 더 나아가 부정하거나 불결하고 더러운 것이 전혀 없이 순결하며 흠이 없다는 뜻입니다. 이런 의미에서 하나님께서 그리스도인을 구원하신 목적은 마음을 청결하게 하시려는 것과 깊은 관련이 있습니다. 성경은 이 사실을 에베소서 1장 3-4절에서 분명히 선언합니다. "찬송하리로다 하나님 곧 우리 주 예수 그리스도의 아버지께서 그리스도 안에서 하늘에 속한 모든 신령한 복을 우리에게 주시되 곧 창세 전에 그리스도 안에서 우리를 택하사 우리로 사랑 안에서 그 앞에 거룩하고 흠이 없게 하시려고."

우리는 흔히 하나님께서 아들 예수 그리스도를 십자가에 달려 죽게 하신 이유를 우리를 죄와 사망에서 구원해 자유케 하시기 위함이라고 말합니다. 이는 성경이 분명히 밝히고 있는 진리이며, 부정할 수 없는 사실입니다. 그러나 거기에서 멈춘다면 하나님의 구원 계획을 온전히 이해한 것은 아닙니다. 그것만으로는 불충분합니다. 예수 그리스도의 완전한 대속적 죽음을 통한 속죄 사역은 단순히 우리를 죄와 사망에서 해방시키는 차원을 훨씬 넘어서는 위대한 사건입니다. 우리의 구원은 부분적이거나 지엽적인 것이 아니라, 완전하고 전인적인 것이기 때문입니다.

인간은 영혼과 몸으로 되어 있습니다(물론 삼분법적 관점에서는 영, 혼, 몸으로 구분하기도 합니다). 그런데 예수 그리스도를 믿는 모든 성도가 죄와 사망에서 구원받은 것은, 일차적으로 원죄의 죄책(일반적으로 원죄는 죄책과 죄의 오염으로 구분됩니다)이 제거됨에 따른 영혼의 구원과 깊은 관련이 있습니다. 곧 예수 그리스도를 구주로 믿고 영접한 사람은 그 영혼이 죄책에서 해방되어 자유하게 되는 구원을 받은 것입니다. 그러나 아직 몸의 완전한 구원은 이루어지지 않았습니다. 그것은 예수 그리스도께서 다시 오실 때에야 완성될 것입니다. 그때 우리의 영혼과 몸이 연합해 예수님처럼 신령한 몸으로 부활할 것입니다. 그러므로 우리의 몸이 이 세상에 머물러 있는 동안, 성도는 여전히 사탄과 이 세상의 영 그리고 육체의 소욕으로 인해 유혹을 받습니다.

물론 그리스도인은 이제 죄의 지배를 받거나 사탄의 종노릇을 하지 않습니다. 구원받은 모든 성도는 예수 그리스도와 연합하여 그분 안에 거하게 되었기 때문입니다. 하나님 나라 백성으로서 그리스도의 다스림과 통치를 받는 존재가 된 것입니다. 즉 그리스도인은 죄와 사탄이 지배하는 영역에서 하나님의 다스림을 받는 하나님 나라의 영역으로 완전히 옮겨진 자들입니다. 이것이 바로 그리스도인이 가진 놀라운 지위이자 특별한 신분입니다.

그럼에도 여전히 성도는 육신을 입고 이 땅에서 살아가는 동안 사탄과 세상의 영, 육체의 소욕으로 인해 끊임없이 유혹을 받습니다. 그러므로 영혼은 이미 구원받아 죄책에서 해방되었지만, 죄로 오염된 몸을 거룩하게 씻어내는 성화의 구원은 성도에게 과제로 남겨져 있습니다. 이를 통해 하나님 앞에서 거룩하고 흠 없는 존재로 세워지는 것입니다. 그런데 하나님 앞에서 거룩하고 흠 없는 존재로 서기 위해서는 반드시 마음이 청결한 자가 되어야 합니다. 마음이 청결한 자만이 하나님을 볼 수 있으며, 또 마음이 청결한 자만이 여전히 죄로 오염된 본성을 따라 움직이려는 육체를 말씀과 성령의 능력으로 거룩하게 빚어갈 수 있기 때문입니다.

이 사실을 잘 알고 있었던 사도 바울은 죄로 오염된 자기 몸을 두고 이렇게 절규합니다. “오호라 나는 곤고한 사람이로다 이 사망의 몸에서 누가 나를 건져내랴”(롬 7:24). 여기서 주목할 것은 바울이 ‘영혼과 몸'이 아니라 '사망의 몸'이라고 표현했다는 점입니다. 이 절규는 영혼은 이미 구원받아 원죄의 죄책에서 해방되었지만, 여전히 죄로 오염된 몸이 사탄과 세상과 육체의 소욕을 따라 끊임없이 움직이려 하는 현실에서 터져 나온 것입니다.

바울이 에베소서 1장에서 분명히 밝혔듯이, 하나님께서 우리를 구원하신 궁극적인 목적은 예수 그리스도 안에서 우리를 거룩하고 흠없는 존재로 세우시기 위함입니다. 예수 그리스도의 십자가 죽음의 궁극적인 목적도 여기에 있습니다. 본문의 표현을 옮기자면, 곧 우리를 마음이 청결한 자로 세우시기 위함입니다. 그런데 이 사실이 왜 중요합니까? 예수님께서는 "한 사람이 두 주인을 섬기지 못할 것이니 혹 이를 미워하고 저를 사랑하거나 혹 이를 중히 여기고 저를 경히 여김이라 너희가 하나님과 재물을 겸하여 섬기지 못하느니라"(마 6:24)라고 말씀하셨습니다. 왜 하나님과 재물을 동시에 섬길 수 없다고 말씀하셨습니까? 마음이 나뉘면 하나님을 온전히 섬길 수 없기 때문입니다. 그런 자는 하나님을 뵐 수도 없고, 참되게 섬길 수도 없습니다. 그 마음이 이미 세상과 재물에 빼앗겼기 때문입니다. 분열된 마음을 가진 자는 눈을 하나님께 돌리지 않고, 세상과 재물에 고정합니다. 이런 마음으로는 결코 하나님을 볼 수 없습니다. 이것이 바로 죄 된 본성을 가진 인간의 당연한 속성입니다.

예수님께서는 또 "눈은 몸의 등불이니 그러므로 네 눈이 성하면 온몸이 밝을 것이요 눈이 나쁘면 온몸이 어두울 것이니 그러므로 네게 있는 빛이 어두우면 그 어둠이 얼마나 더하겠느냐"(마 6:22-23)라고 말씀하십니다. 성경에서 '눈'은 종종 마음을 의미합니다. 따라서 눈이 밝다는 것은 곧 마음이 정결하고 깨끗하다는 뜻입니다. 눈이 우리의 몸이 가는 길을 비추듯이, 마음은 우리가 행하는 모든 일의 동기와 목적을 밝힙니다. 그러므로 마음이 깨끗한 사람은 무슨 일을 하든 속임수나 거짓으로 하지 않습니다. 탐심이나 간사함에 이끌려 행동하지 않습니다. 반면 마음이 정결하지 못한 사람, 곧 눈이 어두운 사람은 그 모든 행위가 어둠 속에 있는 것처럼 탐심과 거짓, 위선으로 가득 차게 됩니다. 즉 마음이 정결해야만 하나님을 제대로 섬길 수 있고, 진실하게 섬길 수 있습니다. 가식이나 거짓, 속임수가 없고, 자기 유익이나 영광을 구하지 않으며, 순수한 마음과 동기로 하나님을 섬길 수 있습니다. 그러므로 마음의 정결함은 성도의 신앙과 삶에서 매우 중요한 요소입니다.

그렇다면 어떻게 마음이 청결한 자가 될 수 있습니까? 인간적인 노력이나 수단으로는 결코 불가능합니다. 이것은 전적으로 하나님의 역사, 곧 성령 하나님의 새롭게 하심과 거룩하게 하심을 통해서만 가능합니다. 중생함으로 생명에 이르는 회심과 구원에 이르는 믿음을 소유한 자가 아니면 마음이 청결한 자가 될 수 없습니다. 따라서 마음이 깨끗한 자는 곧 중생해 회심한 자를 가리킨다고 해도 지나치지 않습니다.

신약성경에서 마음이 깨끗하지 않은 대표적인 사람은 바리새인들과 서기관들입니다. 이들은 마음이 전혀 깨끗하지 않았습니다. 그 말과 행동이 결코 순수한 동기와 목적에서 비롯되지 않았습니다. 오히려 자기 유익과 자랑을 추구하며, 다른 사람들의 인정과 이익을 얻고자 하는 탐심에서 비롯된 것이었습니다. 이것은 마음이 청결한 자의 모습이 아닙니다. 이들은 스스로 하나님을 잘 섬긴다고 생각했지만, 실제로는 하나님을 알지 못하는 자들이었습니다. 이들의 마음은 속임과 간사함, 거짓과 탐심으로 가득 차 있었습니다. 그러므로 예수님께서 "네 마음을 다하고 목숨을 다하고 뜻을 다하여 주 너의 하나님을 사랑하라"(마 22:37)라고 말씀하신 것은 바로 이러한 바리새인들과 서기관들의 모습을 염두에 두고 하신 것이라 할 수 있습니다. 이들의 모습을 보며 우리 또한 충분히 이들과 같이 될 수 있음을 경계해야 합니다.

반면 바울은 마음의 청결함과 관련해 데살로니가 성도들에게 다음과 같이 말합니다. "우리의 권면은 간사함이나 부정에서 난 것이 아니요 속임수로 하는 것도 아니라 오직 하나님께 옳게 여기심을 입어 복음을 위탁받았으니 우리가 이와 같이 말함은 사람을 기쁘게 하려 함이 아니요 오직 우리 마음을 감찰하시는 하나님을 기쁘시게 하려 함이라 너희도 알거니와 우리가 아무 때에도 아첨하는 말이나 탐심의 탈을 쓰지 아니한 것을 하나님이 증언하시느니라 또한 우리는 너희에게서든지 다른 이에게서든지 사람에게서는 영광을 구하지 아니하였노라"(살전 2:3-6).

바울은 당시 데살로니가 교회를 미혹하던 거짓 선지자들과 달리, 자신들은 간사함이나 부정, 속임수, 아첨하는 말, 탐심의 가면을 쓰지 않고 복음을 전했다고 증언합니다. 즉 겉으로 드러나는 모습뿐 아니라 그 마음의 동기와 목적이 정결했다는 것입니다. 그리고 그 증거가 바로 '사람에게서 영광을 구하지 않았다'는 사실입니다. 이것이야말로 마음이 청결한 자의 전형적인 모습입니다. 그러나 서기관들과 바리새인들은 하나님의 영광에는 관심이 없었습니다. 그보다는 오히려 자신들의 신앙 행위를 자랑하면서 사람들에게서 오는 영광을 구했습니다. 그러므로 그들은 스스로 자신이 마음이 청결한 자가 아님을 드러낸 것과 다름없습니다.

또 야고보 사도는 그의 서신에서 하늘에서 오는 지혜를 설명하면서 이렇게 말합니다. "오직 위로부터 난 지혜는 첫째 성결하고 다음에 화평하고 관용하고 양순하며 긍휼과 선한 열매가 가득하고 편견과 거짓이 없나니"(약 3:17). 야고보가 가장 먼저 강조한 것은 도덕적 성결과 정결, 곧 마음의 깨끗함입니다. 그러므로 마음의 청결은 단순히 인간의 노력으로 얻을 수 있는 것이 아니라, 위로부터 주어지는 지혜이자 하나님의 전적인 역사로 주어지는 은혜입니다. 중생이 하늘로부터 오는 새로운 생명의 역사이듯, 마음의 청결함 또한 하나님께서 부어주시는 은혜의 역사인 것입니다. 그렇기에 성도가 복된 자인 이유는 이미 하나님의 은혜로 마음이 청결한 자의 복을 받았기 때문입니다. 즉 그것을 성도의 중요한 기질과 성품으로 소유하고 있기 때문입니다.

그리고 예수님께서는 본문에서 마음이 청결한 자에게 주어지는 복으로 '그들이 하나님을 볼 것이다'라고 말씀하십니다. 성도에게 이보다 더 큰 복이 어디 있겠습니까? 하나님을 보는 것, 이것이야말로 복 중의 복입니다. 그렇다면 '하나님을 볼 것이다'라는 말씀은 무슨 뜻일까요? 분명 이것은 미래에 하나님을 대면하게 될 것을 강하게 시사하는 표현입니다. 그러나 동시에 현재적인 의미도 내포하고 있습니다. 물론 하나님을 육안으로 보거나, 물리적으로 본다는 의미는 아닙니다. 지면에서 가장 온유한 자였던 모세조차 하나님 영광의 일부분밖에 보지 못했습니다. 하나님은 영광과 빛 그 자체이시기에, 그 어떤 인간도 가시적으로 그분을 온전히 볼 수는 없습니다. 바울도 다메섹 도상에서 그 영광의 빛을 보고 눈이 멀고 말았습니다.

그러므로 우리가 이 땅에서 하나님을 본다는 것은 곧 영적인 눈이 열려 그분을 인식하고 경험하는 것을 의미합니다. 예수님께서는 니고데모에게 이렇게 말씀하셨습니다. "진실로 진실로 네게 이르노니 사람이 거듭나지 아니하면 하나님의 나라를 볼 수 없느니라"(요 3:3). 예수님께서는 이처럼 하늘로부터 새로운 생명의 원리가 주어진 중생한 자가 아니면 하나님의 나라를 볼 수 없다고 단언하셨습니다. 그러므로 하나님 나라를 본다는 것은 곧 하나님을 본다는 말의 다른 표현입니다. 이는 곧 그분의 다스림과 통치를 영적으로 경험하는 것입니다. 히브리서 기자도 이렇게 말합니다. "믿음이 없이는 하나님을 기쁘시게 하지 못하나니 하나님께 나아가는 자는 반드시 그가 계신 것과 또한 그가 자기를 찾는 자들에게 상 주시는 이심을 믿어야 할지니라" (11:6).

따라서 이 땅에서 하나님을 본다는 것은 영적인 눈이 열려 그분의 다스림과 통치와 임재를 경험하고, 그분이 우리와 함께하심을 믿고 누리는 것입니다. 그래서 예수님께서는 이렇게 말씀하십니다. "또 여기 있다 저기 있다고도 못 하리니 하나님의 나라는 너희 안에 있느니라" (눅 17:21). 즉 마음이 청결한 자의 내면에 하나님이 계시며, 그들이 하나님을 보게 되는 것입니다.

그러나 하나님을 볼 것이라는 약속은 여기에서 멈추지 않습니다. 그것은 현재적인 차원과 더불어 미래적인 차원을 동시에 내포합니다. 사도 바울은 이에 대해 이렇게 말합니다. "우리가 지금은 거울로 보는 것같이 희미하나 그때에는 얼굴과 얼굴을 대하여 볼 것이요 지금은 내가 부분적으로 아나 그때에는 주께서 나를 아신 것같이 내가 온전히 알리라"(고전 13:12).

사도 요한도 그의 서신에서 이렇게 말합니다. "사랑하는 자들아 우리가 지금은 하나님의 자녀라 장래에 어떻게 될지는 아직 나타나지 아니하였으나 그가 나타나시면 우리가 그와 같을 줄을 아는 것은 그의 참모습 그대로 볼 것이기 때문이니 주를 향하여 이 소망을 가진 자마다 그의 깨끗하심과 같이 자기를 깨끗하게 하느니라"(요일 3:2-3). 이처럼 요한 역시 우리가 언젠가 반드시 그분의 참모습을 보게 될 날이 올 것임을 확언합니다. 그리고 그날을 소망하는 자에게 자기를 깨끗하게 하라고 권면합니다. 즉 죄를 멀리하고 대적하며, 또 죄에서 돌이켜야 합니다. 무엇보다 자신의 마음을 정결하게 지켜야 합니다. 그렇습니다. 마음이 청결한 자가 복된 이유는 하나님을 볼 자격과 약속이 주어졌기 때문입니다. 그 눈으로 직접 하나님을 뵙는 날이 반드시 올 것이기 때문입니다. 얼굴과 얼굴을 맞대어 주님을 뵐 날이 다가오고 있는 것입니다. 물론 그것은 새 하늘과 새 땅이 임할 때야 가능합니다.

우리는 지금 그날을 손꼽아 기다리고 있습니까? 창세 전부터 우리를 아시고 택해 주신 하나님, 독생자를 보내시어 죄와 사망에서 구원하신 하나님, 우리를 자녀로 삼으시고 거룩하고 흠 없는 자로 세우실 그 하나님을 뵐 날을 학수고대하고 있습니까? 그날을 묵상할 때마다 우리는 감당할 수 없는 전율에 휩싸여야 합니다. 이 소망이야말로 현재의 고난과 역경 그리고 장차 닥쳐올 어떤 시련 앞에서도 흔들리지 않는 믿음을 붙들게 하는 강력한 동력입니다. 성도는 바로 이 소망을 품고 이 땅에서 살아가며, 또 이 소망 가운데 죽음을 두려워하지 않는 것입니다.

8장

화평하게 하는 자는 복이 있나니

"화평하게 하는 자는 복이 있나니 그들이 하나님의 아들이라 일컬음을 받을 것임이요"(마 5:9).

가인이 동생 아벨을 죽인 인류 최초의 살인사건은 타락한 인간이 만든 첫 번째 비극이라고 할 수 있습니다. 가인은 동생 아벨을 시기하고 질투하고 증오했으며, 결국 그 마음은 살인이라는 끔찍한 결과로 이어졌습니다. 이 사건 이후로 인류의 역사는 이러한 비극의 연속이라 해도 과언이 아닙니다. 아담과 하와의 타락 이후 세상은 끊임없이 민족과 민족, 나라와 나라, 인종과 인종 간의 갈등을 반복해 왔습니다. 심지어 같은 나라 안에서도 집단과 집단, 개인과 개인 사이에 시기와 질투, 미움과 증오로 인한 다툼이 그치지 않았습니다. 그야말로 인류의 역사는 전쟁과 다툼, 증오와 갈등으로 점철된 어두운 역사라 해도 지나치지 않습니다.

따라서 인간은 평생 단 한 순간도 완전한 평화를 경험한 적이 없습니다. 심지어 일분일초조차도 온전한 평화를 누린 존재는 아무도 없었습니다. 이러한 현상은 세상의 역사가 끝날 때까지 멈추지 않고 계속될 것입니다. 성경은 안타깝게도 세상의 종말이 가까워질수록 이러한 모습이 더욱 심해지고 격해질 것이라고 경고합니다. 바울도 디모데에게 이렇게 말했습니다. "너는 이것을 알라 말세에 고통하는 때가 이르러 사람들이 자기를 사랑하며 돈을 사랑하며 자랑하며 교만하며 비방하며 부모를 거역하며 감사하지 아니하며 거룩하지 아니하며 무정하며 원통함을 풀지 아니하며 모함하며 절제하지 못하며 사나우며 선한 것을 좋아하지 아니하며"(딤후 3:1-3).

그렇다면 왜 이러한 현상이 인류 역사에서 지금까지 끊임없이 이어져 왔고, 앞으로도 멈추지 않으며, 심지어 더 심각해지는 것입니까? 그 답은 바로 팔복 중 일곱 번째 복, 곧 예수님의 말씀에 있습니다. "화평하게 하는 자는 복이 있나니 그들이 하나님의 아들이라 일컬음을 받을 것임이요." 앞서 언급한 모든 불행의 원인은 단도직입적으로 말해 인류가 화평하지 못하기 때문입니다. 세상에서 발생하는 모든 갈등과 다툼, 증오와 미움, 분열과 전쟁은 바로 상호 간에 화평이 깨졌기 때문에 빚어진 결과입니다. 화평이 깨진 자리에는 언제나 다툼과 눈물, 불행의 흔적만 처참하게 남습니다.

그러나 예수님께서는 중생하여 회심한 모든 그리스도인은 바로 이 화평의 복을 받은 자라고 말씀하십니다. 그렇다면 성도는 화평의 복을 받은 자로서 먼저 화평을 깨뜨리거나 분열과 다툼이 생기지 않도록 주의해야 합니다. 더 나아가 화평이 이미 깨져 극심한 분열과 증오와 전쟁이 난무하는 곳에 화평을 심고 전하는 사람이 되어야 합니다. 이 세상에서 이러한 일을 감당할 수 있는 존재는 오직 그리스도인뿐입니다. 하나님께서 우리를 바로 그런 존재로 부르셨으며, 성도인 우리에게는 반드시 그 부르심에 합당하게 살아야 할 사명이 있습니다. 하나님께서는 화평의 복을 우리에게 주심으로, 우리가 예수님처럼 깨어진 세상에 화평을 회복시키는 하나님의 아들로 살아가기를 원하십니다. 따라서 화평의 복만큼 그리스도인과 자연인을 분명하게 구분해 주는 성품도 없습니다. 화평의 복은 하나님의 자녀 된 성도의 정체성을 세상 앞에 선명하게 드러내는 중요한 표지입니다. 그러므로 우리는 이 화평의 복을 제대로 알아야 합니다.

앞서 언급했듯, 팔복은 영적이고 논리적인 순서에 따라 배열되어 있습니다. 이에 '화평하게 하는 자'는 앞서 살펴본 그리스도인과 하나님과의 관계에 관한 네 가지 복 중 '온유한 자'와 깊은 관련이 있습니다. 왜 그렇습니까? 온유란 하나님 앞에서 낮아지고 가난한 마음을 가진 자의 겸손을 의미합니다. 그러므로 하나님 앞에서 온유한 자는 다른 사람에게도 불평과 불만, 시기와 질투, 증오와 반목으로 대하지 않습니다. 오히려 세상이 결코 흉내 낼 수 없는 겸손과 가난한 마음으로 다가갑니다. 온유한 자는 분쟁을 싫어하며, 나아가 어둡고 증오가 가득한 곳에 평화를 심고자 합니다. 그야말로 온유는 화평과 가장 잘 어울리는 성품입니다. 그러므로 하나님 앞에서 온유한 자는 다른 사람들과의 관계에서 화평하게 하는 자로 세워질 수 있습니다.

또 화평하게 하는 자는 마음이 청결한 자와도 깊은 관련이 있습니다. 마음이 청결한 자의 특징 중 하나는 마음이 분열되지 않는 것이기 때문입니다. 즉 거짓과 속임수, 간사함과 탐심으로 다른 사람을 대하지 않는 것입니다. 한번 생각해 보십시오. 만약 어떤 사람이 마음에 거짓과 속임수, 탐심이 가득하다면 어떻게 그곳에 화평이 존재할 수 있겠습니까? 화평은커녕 오히려 갈등과 분열만 조장하게 될 것입니다. 이러한 사실을 분명히 알고 있었던 야고보 사도는 이렇게 말합니다. "오직 위로부터 난 지혜는 첫째 성결하고 다음에 화평하고 관용하고 양순하며 긍휼과 선한 열매가 가득하고 편견과 거짓이 없나니 화평하게 하는 자들은 화평으로 심어 의의 열매를 거두느니라"(약 3:17-18).

그러나 인간은 본성적으로 화평과는 거리가 먼 존재입니다. 죄로 인해 철저히 자기중심적이고 이기적이기 때문입니다. 그래서 선하고 의로운 행실은 아무리 가르쳐주어도 쉽게 행하지 못하면서, 시기하고 질투하고 다투고 분열하는 일은 배우지 않아도 너무나 자연스럽게 행합니다. 사람들이 가장 싫어하고 어려워하는 일이 바로 자기 부정이라는 사실은 부인할 수가 없습니다. 그러나 화평은 자기 부정 없이는 불가능합니다. 화평은 자기 권리와 유익을 내려놓고, 다른 사람의 권리와 유익을 존중할 때만 가능하기 때문입니다.

그렇다면 성도가 다른 사람들과 화평하기 위해서는 어떻게 해야 합니까? 우선 두 가지 관점의 변화가 전제되어야 합니다. 하나는 자신에 대한 관점의 변화이고, 다른 하나는 타인에 대한 관점의 변화입니다.

인간은 어머니의 태에서부터 죄 된 본성을 지닌 채 태어나기에, 그 본성에 이미 교만과 자기 자랑이 깊이 뿌리내리고 있습니다. 아무리 도덕적으로 탁월하고 겸손해 보이는 사람이라 할지라도, 겉으로 드러내지 않을 뿐 속으로는 자신을 남보다 더 낫게 여기는 마음을 은연중에 가지고 있습니다. 무엇보다 타락 이후 모든 인간은 삶의 모든 영역에서 자기 유익과 이익을 추구하며, 자신의 권리를 최대한 확장하려고 온갖 노력을 기울입니다. 한번 획득한 것은 절대 놓치지 않고 움켜쥐려 합니다. 심지어 분명히 자신이 잘못했음에도 그것을 진심으로 인정하기보다 다른 사람의 책임으로 돌리려는 태도를 보입니다.

이것은 최초의 인간 아담과 하와의 타락 직후의 반응에서도 분명히 드러납니다. 아담은 자신의 죄를 인정하기보다 하와 탓으로 돌렸고, 하와는 다시 뱀에게 책임을 전가했습니다. 이것은 단지 그들만의 문제가 아니라, 타락한 모든 인간이 공통으로 갖는 본성입니다. 물론 정도의 차이는 있겠지만, 모든 인간은 본성적으로 이러한 성향에서 벗어나지 못합니다. 그렇기에 이런 본성을 지닌 인간이 자연스럽게 다른 사람과 화평을 이룬다는 것은 그야말로 기적과 같은 일입니다. 인간이 모인 곳에 화평보다 시기와 질투, 미움과 다툼이 일어나는 것이 오히려 당연합니다. 그러므로 자기 자신에 대한 관점의 변화 없이는 결코 다른 사람과 화평할 수 없습니다.

팔복의 첫째 복인 '심령이 가난한 자'와 셋째 복인 '온유한 자'에 관한 부분에서 살펴본 것처럼, 우리가 스스로 하나님 앞에서 아무것도 내세울 것이 없는 무능력하고 무가치한 존재임을 인정하지 않으면, 다른 사람과의 화평은 요원합니다. 다시 말해, 다른 사람과 화평하기 위한 가장 중요한 전제는 바로 하나님 앞에서의 분명한 자기 인식, 곧 자신의 무가치성과 무능력에 대한 진실한 수용입니다. 이것이 기본적인 전제와 출발점이 되지 않으면, 비록 표면적이고 일시적인 화평은 가능할지라도 진정한 화평은 결코 이루어질 수 없습니다.

사실 우리가 다른 사람과 화평하지 못하는 이유는 자신이 다른 사람보다 더 낫다고 여기는 교만이 마음 깊숙이 자리 잡고 있기 때문입니다. 이러한 교만은 자신이 더 많은 권리와 유익을 누리는 것이 당연하며, 그것을 양보하는 것은 어리석은 일이라고 생각하게 만듭니다. 그러므로 교만과 자기 과시는 화평을 가로막는 가장 큰 장애물입니다. 따라서 다른 사람과 화평하려면 반드시 낮아지고 가난한 마음과 겸손함을 가져야 합니다.

모든 인간은 하나님을 대적하며 하나님과 원수로 살아가던 자들이었습니다. 그럼에도 예수님께서는 우리를 원수로 대하지 않으셨습니다. 오히려 죄로 말미암아 하나님과 인간 사이에 가로막힌 담을 허물고, 십자가에서 참된 화평을 이루셨습니다. 그러므로 우리 역시 예수님처럼 막힌 담을 헐고 다른 사람들과 화평하려면, 반드시 자기 자신에 대한 관점에 변화가 있어야 합니다. 다시 말해, 자신을 다른 사람보다 더 낫게 여기는 교만과 자기 자랑이 아니라, 하나님 앞에서 철저한 죄인임을 분명히 인식해야 하는 것입니다. 이것이 바로 화평을 이루는 데 반드시 요구되는 자기 인식이요, 화평으로 나아가는 자기 성찰의 첫 관문입니다.

이러한 자기 성찰은 자신의 판단과 생각, 행동이 다른 사람보다 더 옳고 합리적이며 타당하다는 교만을 내려놓게 만듭니다. 그리고 그런 사람만이 진정으로 다른 사람과 화평할 수 있습니다. 결과적으로 그런 사람은 자신의 권리와 유익만을 내세우지 않고, 오히려 다른 사람의 유익과 권리를 존중하며 모든 일에서 화평을 추구하려 합니다. 이런 측면에서 우리는 예수님의 자기 비하와 겸손을 깊이 배워야 합니다. 빌립보서 2장에서는 예수님의 겸손을 이렇게 말씀합니다. "그는 근본 하나님의 본체시나 하나님과 동등 됨을 취할 것으로 여기지 아니하시고 오히려 자기를 비워 종의 형체를 가지사 사람들과 같이 되셨고 사람의 모양으로 나타나사 자기를 낮추시고 죽기까지 복종하셨으니 곧 십자가에 죽으심이라"(6-8절).

우리 인간이 아무리 겸손하다 해도 예수님의 겸손에 비할 수는 없습니다. 하나님과 동등한 본체이신 예수님께서 자신의 존귀와 영광을 뒤로하신 채 인간의 몸을 입고 이 땅에 오셨다는 사실은 온 우주와 인류 역사 어디에서도 찾아볼 수 없는 최고의 겸손과 자기 비하입니다. 이것은 온 우주가 진동할 사건이며, 천사들조차 놀라워할 경이로운 일입니다. 그런데 예수님의 이 겸손과 자기 비하는 그분이 하나님으로서 당연히 누리실 권리와 특권을 기꺼이 내려놓으셨기에 가능했습니다. 그리고 예수님은 그 겸손과 자기 비하를 통해 마침내 하나님이 택한 백성을 죄와 사망에서 구원하는 구세주가 되셨습니다. 그리고 지금은 하나님 우편에서 온 우주 만물을 다스리며 영광과 존귀를 누리고 계십니다.

심지어 예수님은 십자가에 달리실 때도 자신의 권리를 주장하지 않으셨습니다. 오히려 "나의 하나님, 나의 하나님, 어찌하여 나를 버리셨나이까!"라고 절규하며 하나님께 버림받으심을 철저히 감당하셨습니다. 예수님은 하나님의 아들로서 그 권리와 특권을 충분히 주장하실 수 있었지만 그렇게 하지 않으셨습니다. 왜입니까? 그분이 하나님과 인간 사이에서 화평의 중보자가 되기를 원하셨기 때문입니다. 그렇습니다. 그리스도인이 예수님처럼 화평의 도구가 되어 다른 사람과 화평하려면, 먼저 자기 권리와 유익을 붙드는 것을 멈추어야 합니다. 그리고 기꺼이 자신의 특권을 내려놓아야 합니다. 그렇다면 누가 그렇게 할 수 있습니까? 바로 자기 자신에 대한 관점이 변화된 사람입니다. 자신이 심령이 가난한 자이며, 예수님을 믿으면서도 여전히 죄와 허물이 삶과 영혼에 깊이 자리하고 있는 비참한 존재임을 자각하는 사람만이 그렇게 할 수 있습니다. 자신은 결코 다른 사람보다 나은 존재가 아니며, 하나님 앞에서 무능력하고 무가치하여 아무것도 내세울 수 없는 자임을 인정하는 사람만이 화평을 이룰 수 있는 것입니다.

더 나아가 다른 사람들과 화평하려면, 자신이 하나님께 화평을 전하는 자로 부름받았다는 분명한 소명 의식을 반드시 가져야 합니다. 이러한 자기 인식은 단순히 자기 자신에 대한 이해에서 그치지 않고, 자신의 말과 행동으로 발생할 수 있는 수많은 부정적인 결과와 파급효과까지 염두에 두게 만듭니다. 만약 자기로 인해 화평이 무너진다면, 그것이 교회 공동체나 사회에 어떤 영향을 끼칠지 진지하게 성찰하게 됩니다. 이러한 자각이 있을 때, 우리는 기꺼이 자신의 권리를 내려놓을 수 있으며, 자신의 유익만을 좇지 않고 화평을 세워가는 사람이 될 수 있습니다.

그러나 다른 사람들과 화평을 이루려면, 자기 자신에 대한 관점의 변화만으로는 충분하지 않습니다. 그와 더불어 반드시 타인에 대한 관점의 변화가 수반되어야 합니다. 이것이 의미하는 바는 무엇입니까? 우리는 대체로 자신의 잘못과 실수에 대해서는 너그럽습니다. 반면 타인의 잘못에 대해서는 훨씬 더 가혹하고 엄격한 잣대를 들이대는 경향이 있습니다. 그 결과 다른 사람의 잘못된 말이나 행동에 대해 쉽게 참지 못하고 분노를 터뜨림으로 갈등과 불화를 일으킵니다. 상대방이 자신의 마음을 상하게 하는 언행을 보일 때, 곧바로 화를 내고 노여움을 표출합니다. 이러한 우리의 성향을 잘 알고 있던 야고보는 그의 서신에서 이렇게 교훈합니다. "내 사랑하는 형제들아 너희가 알지니 사람마다 듣기는 속히 하고 말하기는 더디 하며 성내기도 더디 하라 사람이 성내는 것이 하나님의 의를 이루지 못함이라"(약 1:19-20).

그렇다면 성도는 자신을 거칠게 대하고 마음에 상처를 주는 타인의 말과 행동에 어떻게 반응해야 합니까? 때로는 그들의 언행에 악의가 있을 수도 있고, 그들이 우리가 상상하는 것 이상으로 사악할 수도 있습니다. 이런 상황에서 그들과 화평을 이룬다는 것은 정말 쉽지 않습니다. 그러나 성경은 그런 사람들과도 화평을 이루라고 분명히 말씀합니다. 그렇다면 우리는 어떻게 해야 합니까? 먼저 그들의 실존에 대해 올바르게 이해해야 합니다. 우리 역시 예수 그리스도를 믿기 전에는 그들과 다르지 않았기 때문입니다.

자연인의 실존은 무엇입니까? 모든 인간은 사탄과 마귀, 세상의 영, 육체의 소욕을 따라 살아가는 존재입니다. 그 이상도, 그 이하도 아닙니다. 사람들은 마치 자신이 주체적으로 자기 뜻과 판단에 따라 살아가는 것처럼 착각하지만, 실상은 영적으로 철저히 얽매여 있는 상태입니다. 성경은 이에 대해 단호히 선언합니다. "그는 허물과 죄로 죽었던 너희를 살리셨도다 그때에 너희는 그 가운데서 행하여 이 세상 풍조를 따르고 공중의 권세 잡은 자를 따랐으니 곧 지금 불순종의 아들들 가운데서 역사하는 영이라"(엡 2:1-2). 그리고 육체를 따르는 자들의 삶을 이렇게 묘사합니다. "육체의 일은 분명하니 곧 음행과 더러운 것과 호색과 우상 숭배와 주술과 원수 맺는 것과 분쟁과 시기와 분 냄과 당 짓는 것과 분열함과 이단과 투기와 술 취함과 방탕함과 또 그와 같은 것들이라 전에 너희에게 경계한 것같이 경계하노니 이런 일을 하는 자들은 하나님의 나라를 유업으로 받지 못할 것이요"(갈 5:19-21).

이처럼 예수 믿지 않는 사람들은 단순히 도덕적으로 결핍된 것이 아니라, 그 배후에서 역사하는 보이지 않는 영적 세력인 사탄과 마귀의 지배와 조종을 받으며 살아갑니다. 이 악한 세력은 끊임없이 육체의 소욕을 자극하며 하나님의 뜻대로 살지 못하도록 훼방합니다. 그러므로 성도는 타인의 악한 행동 뒤에 이러한 영적 세력이 작용하고 있음을 분명히 알아야 합니다. 이 사실을 인식할 때 우리는 그들을 단순히 미워하고 원수로 대하는 것이 아니라, 오히려 불쌍히 여기는 마음을 갖게 됩니다. 그들이 아무리 우리를 괴롭히고 대적하더라도, 어느새 우리는 마치 자동문이 저절로 열리듯 그들을 위해 무릎 꿇고 기도하는 자신을 발견하게 됩니다.

이처럼 다른 사람들과 화평을 이루려면 그들을 바라보는 관점이 근본적으로 바뀌어야 합니다. 눈앞에 드러나는 성격이나 태도, 말, 행동만 보고 판단해서는 안 됩니다. 그렇게 말하고 행동할 수밖에 없는 깊은 이유와 그 배후의 영적 실체를 보아야 합니다. 이러한 통찰은 악의적인 말과 행동을 일삼는 사람일지라도, 그들을 무조건 미워하거나 적대시하는 성급함에서 우리를 지켜줍니다. 또 타인이 심각한 갈등을 일으키고 자신이 생각하는 권리와 유익을 집요하게 요구할 때, 그것이 결국 타락한 인간 본성에서 기인한 자연스러운 결과임을 깨닫게 됩니다. 하나님께서는 이 사실을 깨달은 성도가 그들을 미워하는 대신 불쌍히 여기는 마음으로 품고 기도하도록 이끄십니다. 나아가 하나님께서는 단순히 그러한 행태를 참는 수준을 넘어, 오히려 어떻게 해서든 화평을 이루고자 하는 강한 동기를 성도의 마음에 불어넣으십니다.

결국 진짜 화평하게 하는 자는 자신과 타인에 대한 관점이 완전히 변화된 사람입니다. 자신의 자아를 부정하며, 동시에 타인 역시 죄로 오염된 존재임을 기억하고 긍휼히 여기는 마음을 품을 때, 비로소 우리는 화평하게 하는 자로 살아갈 수 있습니다.

그렇다면 왜 예수님께서는 '화평하게 하는 자는 복이 있다'고 선언하셨습니까? 그것은 그들이 '하나님의 아들'이라 일컬음을 받기 때문입니다. 이것은 실로 놀랍고 경이로운 약속입니다. 피조물에 불과한 인간이 하나님의 아들로 불린다는 것은 결코 상상할 수 없는 은혜입니다. 사실 예수님께서는 영원 전부터 하나님과 동일한 본질을 지닌 분이시며, 본래부터 하나님의 아들이었습니다. 그러나 하나님께서는 십자가에서 죽으신 예수님을 죽은 자 가운데서 다시 살리시어, 능력으로 그분을 하나님의 아들로 선포하셨습니다. 바울은 이에 대해 이렇게 증언합니다. "이 복음은 하나님이 선지자들을 통하여 그의 아들에 관하여 성경에 미리 약속하신 것이라 그의 아들에 관하여 말하면 육신으로는 다윗의 혈통에서 나셨고 성결의 영으로는 죽은 자들 가운데서 부활하사 능력으로 하나님의 아들로 선포되셨으니 곧 우리 주 예수 그리스도시니라"(롬 1:2-4).

예수님께서 이 땅에 오신 이유는 죄로 인해 하나님께 나아갈 수 없게 된 인간을 하나님과 화목하게 하시기 위함이었습니다. 그분은 십자가에서 화목제물로 자신을 내어 주심으로 하나님과 인간 사이를 가로막고 있던 담을 완전히 허무셨습니다. 그러므로 하나님께서 그분을 부활하게 하시어 하나님의 아들로 선포하신 것입니다. 이와 같이 하나님께서는 예수님을 본받아 화평을 이루는 성도를 하나님의 아들이라고 불러 주십니다. 이것은 말로 다 형용할 수 없는 놀라운 복입니다. 화평하게 하는 그리스도인은 단순히 하나님의 아들이라고 불릴 뿐 아니라, 예수 그리스도와 함께 상속자로서 하나님의 영광과 권세를 함께 누릴 것이기 때문입니다. 바울은 이에 대해 분명히 선포하고 있습니다. "자녀이면 또한 상속자 곧 하나님의 상속자요 그리스도와 함께한 상속자니 우리가 그와 함께 영광을 받기 위하여 고난도 함께 받아야 할 것이니라"(롬 8:17).

그러나 이 부분에서 우리는 한 가지 사실을 분명히 해야 합니다. 사실 예수 그리스도를 믿는 자는 모두 의롭다 함을 받고 하나님의 양자가 되는 은혜를 이미 받았습니다. 그러나 동시에 하나님께서는 성도의 화평하게 하는 삶을 통해 그를 세상 앞에서 부정할 수 없는 자신의 자녀로 확증하고 선포하십니다. 이는 단순히 교리적 지위로서의 자녀 됨이 아니라, 실제적인 삶의 열매로서 드러나는 자녀 됨입니다. 아담과 하와조차 누리지 못했던 이 영광을 그리스도 안에서 성도가 누리게 된 것입니다.

성경은 예수님을 '평강의 왕'이라 부릅니다. 죄로 말미암아 단절된 인간과 하나님과의 관계를 회복시키기 위해 친히 화평의 제물이 되셨기 때문입니다. 그러므로 예수로 말미암아 하나님의 자녀가 된 성도 역시 반드시 화평을 이루는 자가 되어야 합니다. 이것이 바로 하나님께서 우리를 창세 전부터 택하시고 예정하신 목적이며, 하나님의 기쁘신 뜻입니다. 그러므로 화평하게 하는 일은 단순한 관계 회복 차원을 넘어, 예수님처럼 죽어가는 사람들을 살리고 그들에게 참된 유익을 끼치는 사역입니다. 이것이야말로 하나님께서 우리에게 원하시고 바라시는 진정한 그리스도인의 삶입니다.

9장

의를 위하여 박해를 받은 자는 복이 있나니

> "의를 위하여 박해를 받은 자는 복이 있나니 천국이 그들의 것임이라"(마 5:10).

이제 팔복의 마지막 부분을 살펴보겠습니다. 일반적으로 어떤 행사나 중요한 자리에서 마지막에 등장하는 인물이 가장 유명하고 주목을 받습니다. "의를 위하여 박해를 받은 자는 복이 있나니 천국이 그들의 것임이라"라는 이 여덟 번째 복도 그렇습니다. 다른 복들과 비교해 결코 비중이 작지 않을뿐더러, 오히려 그리스도인의 신앙생활과 가장 직접적으로 맞닿아 있는 복이라고 할 수 있습니다. 또 다른 복들보다 훨씬 더 현실적이고 실제적이기에, 우리는 이 말씀을 더욱 사려 깊고 신중하게 대해야 합니다.

본문의 "의를 위하여 박해를 받은 자는 복이 있나니 천국이 그들의 것임이라"라는 말씀을 들으면 어떤 생각이 가장 먼저 떠오릅니까? 개인적으로는 앞서 살펴본 다른 복들보다 훨씬 더 무겁고 부정적인 감정이 영혼을 압도하는 것을 느낍니다. 이 말씀이 그리스도인에게 요구되는 진리임은 분명한데, 왠지 모를 강한 거부감도 생기는 듯합니다. 도대체 어떻게 박해를 받는 것이 복이 된다는 말입니까?

사실 지금까지 살펴본 다른 복들도 인간적인 관점에서는 이해하거나 받아들이기가 쉽지 않습니다. 그러나 여덟 번째 복, 곧 '의를 위하여 박해를 받은 자는 복이 있다'는 말씀은 그중에서도 가장 받아들이기 힘들다고 할 수 있습니다. 팔복의 말씀 하나하나가 다 수수께끼 같은 역설로 가득 차 있지만, 이 마지막 복은 그중에서도 가장 심오하고 도전적입니다. 이 구절은 그리스도인들에게 엄청난 부담과 중압감을 안겨주기에 충분합니다. 그러나 동시에 역설적으로 이 말씀은 기독교가 왜 다른 종교와 근본적으로 다른지, 그 독특성과 진정성을 더욱 분명하게 깨닫게 해줍니다. 이 복을 통해 기독교가 참으로 길이요 진리요 생명이라는 사실을 더욱 확고히 붙들 수 있게 됩니다.

사실 팔복의 성품을 진실하게 지니고 하나님과의 바른 관계를 지속적으로 추구하는 성도라면 누구나 박해를 받는 것은 피하기 힘든 결과일 수 있습니다. 본질적으로 그리스도인은 세상과 다른 영역에 속해 있기 때문입니다. 세상과 구별된 삶을 추구하며 살아가기에, 필연적으로 세상은 그들을 낯설게 여기고 대적하게 됩니다. 따라서 의를 위하여 박해를 받는다는 사실을 이상하거나 낯설게 여길 이유가 전혀 없습니다.

앞서 살펴본 것처럼 팔복은 영적이고 논리적인 순서로 되어 있습니다. 그리고 이 여덟 번째 복인 '의를 위하여 박해를 받은 자'는 앞에서 언급된 복들, 특히 '의에 주리고 목마른 자'와 깊은 관련이 있습니다. 왜 그렇습니까? 칭의의 은혜를 입은 성도는 끊임없이 의를 사모하며, 하나님과의 바른 관계를 지속적으로 누리기 위해 죄를 멀리하고 말씀에 순종하며 살고자 합니다. 그러나 이런 삶은 반드시 세상의 저항과 박해를 불러옵니다. 그러므로 의에 주리고 목마른 사람이라면 누구나 이 말씀을 자신의 신앙과 삶에서 실제로 경험할 수 있으며, 이는 성경이 말하는 진리이자 당연한 영적 이치입니다.

또 본문을 유심히 살펴보면, 이 복이 다른 복들과 깊은 연결고리를 지니고 있으면서도 동시에 중요한 차이점이 있음을 발견하게 됩니다. 예컨대 바로 앞에서 살펴본 '화평하게 하는 자'는 필연적으로 의로 인해 박해를 받게 됩니다. 이것은 예수님의 생애에서도 극명하게 드러납니다. 예수님은 하나님과 인간 사이의 화평을 이루기 위해 이 땅에 오셨습니다. 그러나 사람들은 그분을 거부하고 박해했으며, 결국 십자가에 못 박아 죽였습니다. 이처럼 화평을 이루려는 자는 반드시 의로 인해 박해를 당할 수밖에 없습니다.

그런데 본문에는 몇 가지 독특한 특징이 있습니다. 첫째, 첫 번째 복과 마찬가지로 '천국이 그들의 것임이라'라고 약속합니다. 즉 동일한 약속으로 팔복을 시작하고 마무리합니다. 팔복 전체에서 '천국이 그들의 것이다'라는 약속은 오직 두 번, 곧 '심령이 가난한 자'와 '의를 위하여 박해를 받은 자'에게만 주어졌습니다. 이는 매우 의미심장한 사실입니다. 하나님 앞에서 철저히 자신을 낮추며 아무것도 내세울 수 없는 무능하고 무가치한 존재임을 자각하는, 심령이 가난한 자에게 천국이 임하는 것은 당연한 결과입니다. 그렇다면 의를 위하여 박해를 받은 자에게 천국이 약속된 이유는 무엇입니까? 이 부분은 뒤에서 더 구체적으로 살펴보고자 합니다.

둘째, 이 복은 다른 복들과 달리 성품이나 기질과 직접적으로 연관되어 있지 않다는 점입니다. 앞선 일곱 가지 복은 심령의 가난함, 온유함, 긍휼, 마음의 청결 등 성도의 내적 성품과 자질을 다루고 있습니다. 그러나 '의를 위하여 박해를 받는 것'은 심령이 가난하거나 온유하거나 청결한 마음처럼 곧바로 성품으로 규정하기에는 조금 어색합니다. 사실 박해를 받는다는 것은 어떤 내적 성품이라기보다는, 그러한 성품과 자질을 실제로 드러내며 살아가는 과정에서 따라오는 필연적 결과이기 때문입니다. 다시 말해, 이 여덟 번째 복은 앞선 일곱 가지 복을 삶으로 살아내는 자에게 나타나는 구체적인 삶의 현상이라고 할 수 있습니다. 그러므로 이 말씀은, 앞에서 언급된 일곱 가지 복을 신실하게 지니며 살아가는 그리스도인은 반드시 의를 위하여 박해를 받게 된다는 의미로 이해하는 것이 바람직합니다. 따라서 이 복은 비록 성품과 직접적으로 연결되기는 어렵지만, 그 모든 성품을 아우르는 결론적 성격을 지닌다고 할 수 있습니다.

그렇다면 '의를 위하여 박해를 받은 자'라는 말씀은 무엇을 의미합니까? 우리는 먼저 예수님께서 단순히 '박해를 받은 자'가 아니라 '의를 위하여 박해를 받은 자'라고 명확히 집어서 말씀하셨다는 사실에 주목해야 합니다. 이 부분을 간과하면 크게 두 가지 오류에 빠질 수 있습니다. 첫째는 '의를 위하여'라는 전제를 무시하고, 모든 종류의 박해를 곧바로 이 말씀에 적용하는 오류입니다. 둘째는 '의를 위하여'라는 말을 나름대로 강조하면서도, 본래 성경이 말하는 '의'와는 전혀 다른 의미로 이를 해석하는 오류입니다. 따라서 우리는 반드시 예수님께서 말씀하신 '의를 위하여'라는 구절의 본래 의미를 깊이 살펴본 뒤에 이 구절을 해석해야 합니다.

오늘날 기독교는 첫 1세기와 비교할 수 없을 정도로 훨씬 넓은 지역에서 그리고 훨씬 더 다양한 인종이 믿는 세계적인 종교가 되었습니다. 지금도 이름 없는 수많은 선교사가 미전도 종족과 복음에 문이 닫힌 나라로 나아가 복음을 전하며 헌신하고 있습니다. 따라서 오늘날의 그리스도인은 초대교회 당시보다 복음 전파 지역의 범위가 훨씬 더 확장된 만큼, 그에 비례해 훨씬 더 다양한 형태의 박해와 핍박을 경험하고 있습니다. 각 나라와 민족 그리고 사회적 상황에 따라 그리스도인이 처한 현실이 모두 다르기 때문입니다. 그러므로 초대교회 시대에 비해 육체적인 박해와 고통을 경험하는 일은 상대적으로 적을 수 있지만, 그 양상은 훨씬 더 복잡하고 집요한 형태로 나타나고 있습니다.

예를 들어, 북한과 같은 공산주의 국가에서는 단지 예수를 믿는다는 이유만으로 생명의 위협과 혹독한 탄압을 받습니다. 그럼에도 끝까지 기독교 신앙을 버리지 않는 사람은 모진 고문과 핍박을 당하며, 심지어는 순교까지 각오해야 합니다. 또 어떤 나라에서는 그리스도인들의 정치적 관점이 다르다는 이유만으로 직접적인 박해까지는 아니더라도 반대 세력으로부터 배척을 당하거나 멸시를 감수해야 하기도 합니다. 오늘날 우리나라에서 비교적 큰 사회적 논쟁거리 중 하나인 포괄적 차별금지법 문제도 그 대표적인 예입니다. 포괄적 차별금지법의 핵심 중 하나는 성별을 하나님께서 주신 생물학적 구분이 아닌 사회적 개념으로 규정하려는 것입니다. 나아가 이 법은 개인의 성적 지향을 스스로 선택할 수 있다고 전제합니다. 따라서 이 법이 시행된다면 동성애나 동성혼을 성경적 가치관에 근거해 비판하는 사람은 타인의 성적 지향을 차별했다는 이유로 처벌받을 수 있습니다. 그뿐 아니라 사이비 종교 집단이나 이단을 경계하는 발언조차 타 종교를 차별한다는 이유로 제재를 받을 수 있습니다. 결국 이 법은 겉으로는 소수자의 권리를 보호한다는 명분을 내세우지만, 실제로는 건전한 비판과 표현의 자유를 심각하게 침해하는 결과를 초래합니다. 그렇기에 그리스도인들이 이 법을 하나님의 창조 질서를 파괴하고 사회를 극심한 혼란으로 몰고 갈 수 있는 악법으로 규정하며, 그 제정에 반대하고 있는 것입니다.

그러나 이러한 법안의 문제점에 별다른 관심이 없는 일반인들에게는 그 통과 여부가 크게 중요하지 않을 수 있습니다. 오히려 일부 지지 세력은 그리스도인들의 강한 반대와 거부 행위를 보며 혐오감을 드러내거나 적대적인 태도를 보이기도 합니다. 심지어 이 법안을 적극적으로 지지하지 않는 사람들조차, 그리스도인들의 이러한 태도를 불편하게 여기거나 곱지 않은 시선으로 바라보며, 때로는 보이지 않는 방식으로 압박을 가하기도 합니다.

또 다른 사례로 이슬람 국가를 들 수 있습니다. 그곳에서 기독교로 개종한다는 것은 목숨을 걸어야 하는 일입니다. 단지 개종했다는 이유만으로 가족이나 친족에게서 심한 핍박을 받고, 심지어 목숨을 잃는 경우도 드물지 않습니다. 물론 그들 대부분은 진실로 예수 그리스도를 구주로 영접했겠지만, 아직 확실한 믿음을 갖지 못했음에도 그러한 비극을 당하기도 합니다. 사실 과거 불교와 유교의 전통이 강했던 우리나라에서도 비슷한 일이 많았습니다. 새벽기도에 나가거나 주일에 교회에 간다는 이유만으로 가족들에게서 모욕과 멸시, 심지어는 직접적인 핍박까지 당하기도 했습니다.

또 어떤 경우는 박해가 이런 모습으로 나타나기도 합니다. 어떤 성도들은 가정의 일보다 교회 봉사와 헌신, 이웃 섬김에 더 열정을 쏟습니다. 아마 대부분의 교회에 이런 분들이 있을 것입니다. 우리는 보통 그런 분들을 보며 감동하고, 진심으로 존경하는 마음을 갖습니다. 그러나 만약 그 가족이 예수를 믿지 않는 사람들이라면 우리와 같은 마음으로 보지 않을 것입니다. 오히려 광신적이라고 매도하며 핀잔을 주거나, 심지어는 박해를 가하기도 할 것입니다.

그런데 여기서 한 가지 생각해 볼 것이 있습니다. 지금 언급한 이런 사례들이 본문이 말하는 '의를 위하여 박해를 받는 것'에 해당한다고 할 수 있습니까? 아닙니다. 이런 경우들은 '의를 위하여 박해를 받는 것'과 직접적으로 연결될 수도 있고, 그렇지 않을 수도 있습니다. 즉 다양한 상황과 이유로 박해와 핍박을 경험할 수 있지만, 그것이 반드시 본문이 말씀하는 바와 일치하는 것은 아닙니다. 앞서 살펴본 대로,

본문을 잘못 해석하면 이러한 오류에 쉽게 빠질 수 있습니다. 따라서 '의를 위하여 박해를 받는다'라는 말씀을 예수님이 본래 의도하신 의미대로 해석하는 것은 절대 단순하지 않습니다.

그렇다면 예수님이 말씀하신 '의를 위하여 박해를 받는다'는 것은 무엇을 뜻합니까? 앞서 '의에 주리고 목마른 자'라는 말씀과 관련해 살펴보았듯, 성경에서 말하는 '의'는 일반적으로 하나님과의 바른 관계를 가리킵니다. 그런데 사람이 어떻게 하나님과 바른 관계를 맺을 수 있습니까? 그것은 결코 우리의 행위나 공로 때문이 아닙니다. 오직 예수 그리스도께서 하나님의 율법에 완전히 순종하심으로 율법이 요구하는 의를 성취하셨기 때문입니다. 그리고 예수님께서 십자가에서 대속적 죽음을 통해 우리의 죄를 담당하셨기 때문입니다. 하나님께서는 그리스도의 순종과 십자가의 공로를 믿는 자들에게 전가해 주심으로 우리를 의롭다 하십니다. 이것이 바로 칭의의 복음입니다. 따라서 '의를 위하여 박해를 받는다'라는 말씀의 일차적인 의미는 바로 이 복음의 진리, 곧 하나님과의 바른 관계로 들어가게 하는 참된 의와 관련되어 있습니다. 다시 말해, 예수님과 사도들이 증거한 이 복음의 진리를 유일하고 참된 것으로 믿고 고백할 때 반드시 따라오는 박해가 있다는 것입니다.

이는 바로 요한계시록에 나오는 다음과 같은 사람들을 두고 하는 말입니다. "또 내가 보니 예수를 증언함과 하나님의 말씀 때문에 목 베임을 당한 자들의 영혼들과…"(20:4). 요한이 환상 중에 본 목 베임을 당한 자들은 분명 예수를 증언함과 하나님의 말씀 때문에 그렇게 된 것이었습니다. 즉 하나님과의 바른 관계, 복음의 진리를 위해 목 베임을 당한 것입니다. 이것이 바로 의를 위하여 박해를 받는 것입니다. 사람들은 죄와 허물로 죽은 인생이 구원받을 유일한 길은 예수 그리스도를 믿는 믿음뿐이라는 사실을 거부합니다. 그러므로 이 복음을 전심으로 붙드는 성도들을 달가워하지 않고, 때로는 노골적인 적대감을 드러내며 온갖 방법으로 공격하기도 합니다.

그렇다면 이 본문에서 말하는 박해는 누가 하는 것일까요? 단순히 예수를 믿지 않는 사람들이 하는 경우도 있지만, 사실상 더 심각한 것은 하나님을 섬긴다고 하면서도 성경의 진리에서 이탈한 자들이 하는 박해입니다. 바른 복음을 붙드는 성도는 오히려 같은 신앙을 고백한다고 주장하는 사람들에게서도 거센 저항과 박해를 당할 수 있습니다. 이것이 바로 '의를 위하여 박해를 받는다'라는 말씀의 중요한 일차적 의미입니다.

또 이 말의 이차적인 의미는 앞에서 언급한 그 '의'를 굳게 붙드는 가운데, 하나님과의 바른 관계를 지속적으로 유지하려고 몸부림치는 신앙과 삶의 여정에서 박해를 받는 것을 가리킵니다. 따라서 이런 경우는 반드시 하나님의 말씀과 관련해 이해해야 합니다. 예수님께서 마태복음 13장의 씨 뿌리는 자 비유에서 본문을 해석하는 데 필요한 중요한 단서를 주셨기 때문입니다. 곧 "돌밭에 뿌려졌다는 것은 말씀을 듣고 즉시 기쁨으로 받되 그 속에 뿌리가 없어 잠시 견디다가 말씀으로 말미암아 환난이나 박해가 일어날 때에는 곧 넘어지는 자요"(20-21절)라는 말씀입니다. 따라서 이런 박해와 핍박은 앞서 말한 경우와 달리, 예수를 믿지 않는 사람들에게서 받는 것일 가능성이 훨씬 크다고 볼 수 있습니다.

하나님과의 바른 관계는 시작부터 끝까지 하나님의 말씀을 떠나서는 결코 성립할 수 없으며 불가능합니다. 아무리 신실하고 진실해 보이는 성도라 할지라도, 말씀으로 인해 믿지 않는 사람들에게서 환난이나 박해를 당할 때 끝까지 견디지 못하고 결국 결실하지 못한다면, 그는 처음부터 하나님과 바른 관계를 맺지 않았을 가능성이 높습니다. 곧 예수님께서 말씀하신 가시떨기에 떨어진 씨와 같은 자입니다. 이런 사람은 처음에는 하나님의 말씀으로 인해 일시적인 기쁨과 감격을 맛보더라도 결국에는 배교하거나 믿음을 떠날 가능성이 큽니다. 결국 '의를 위한 박해'는 예수를 믿지 않는 사람들만이 아니라, 때로는 아이러니하게도 예수를 믿는다고 말하는 이들에게서도 받을 수 있다는 사실을 간과해서는 안 됩니다. 이러한 사례는 신약성경에서 수없이 찾을 수 있습니다.

예컨대 바울이 동족 유대인에게서 수많은 박해와 고초를 당한 이유가 무엇입니까? 그것은 행위와 율법의 의로 구원을 얻을 수 있다고 여긴 그들에게, 오직 예수 그리스도를 믿음으로만 구원을 얻을 수 있다고 담대히 선포했기 때문입니다. 이는 당시 유대인들의 신앙과 전통을 완전히 부정하고 뒤집는 내용이었습니다. 그래서 유대인들이 바울의 복음 선포에 반발해 그를 핍박한 것입니다. 그들은 율법을 지킴으로 의를 얻을 수 있다고 생각했지만, 바울은 오직 예수 그리스도의 의가 믿음을 통해 전가되어야만 하나님 앞에서 의롭다 함을 받을 수 있다고 주장했습니다.

오늘날도 1세기 당시와 비교하면 그 양태와 양상은 다르지만, 본질적으로는 유사한 영적 현실에 처해 있습니다. 예수님의 이름을 말하면서도 실제로는 다른 길을 제시하는 이단과 사이비 집단들은 말할 것도 없습니다. 심지어 소위 복음주의 진영에서도 오직 예수 그리스도를 믿음으로 말미암는 의를 주장하지 않고, 여기에 무언가를 더하거나 빼는 경우가 있습니다. 이 같은 오늘날의 불행한 영적 현실은 당시 바울이 여러 서신에서 신랄하게 비판하고 경계했던 유대인들, 거짓 교사들, 거짓 선지자들의 모습을 떠올리게 합니다. 따라서 의를 위하여 받는 박해에는 단순히 예수님을 믿지 않는 사람들만이 아니라, 예수님을 믿는다고 공언하지만 진실성이 부족한 명목상의 그리스도인들에게서 받는 박해도 포함될 수 있습니다.

그러나 진실한 그리스도인들은 성경이 증언하는 순전한 복음, 곧 원색적인 복음과 진리에 대해 어떤 상황에서도 타협하거나 양보하지 않습니다. 성경이 말하는 진리와 복음을 굳게 지키기 위해 이러한 단호한 태도를 견지하는 이들은 반드시 반대 세력들의 비난과 비판의 표적이 될 수밖에 없습니다. 때로는 현실 감각이 없고, 시대의 흐름을 읽지 못하는 사람이라고 손가락질을 받습니다. 혹은 예수님께서 말씀하신 화평하게 하는 자에 대해 제대로 이해하지 못하는 어리석은 자라고 비난받기도 합니다. 또 매사에 적당히 타협하면 무난히 넘어갈 텐데 도무지 타협을 모르는 외골수라며 조롱당하기도 합니다. 심지어 반대 세력에 대해 지나치게 강경하다며 생명과 신상의 위협까지 당할 수 있습니다. 그러나 이것이 바로 '의를 위하여 박해를 받는 자'의 전형적인 모습입니다. 즉 성경에서 말하는 그 '의', 곧 예수 그리스도를 믿음으로 말미암아 주어진 의 때문에 모욕과 멸시와 핍박을 받는 것이 바로 의를 위하여 박해를 받는 것입니다.

나아가 의를 위하여 받는 박해는, 예수를 믿음으로 이미 전가받은 그 의를 자신의 신앙과 삶에서 끝까지 지켜내려 할 때 반드시 따르게 되는 멸시와 모욕과 핍박을 포함합니다. 따라서 생명에 이르는 회개와 구원에 이르는 참된 믿음을 소유하지 못한 자, 곧 교회에 출석하지만 아직 예수님을 자신의 구주로 영접하지 않은 사람이 단지 교회에 나간다는 이유로 가족이나 친지에게서 받는 박해는 본문이 말하는 박해와는 구별되어야 합니다.

또 어떤 그리스도인이 단순히 포괄적 차별금지법을 반대한다는 이유로 그 법의 지지 세력에게서 모욕과 멸시를 받는다고 해서, 그것이 곧 의를 위하여 받는 박해라고 말할 수는 없습니다. 마찬가지로, 종교의 자유가 없는 공산주의 국가에서 하나님을 믿고 예수를 따른다는 이유만으로 받는 박해 역시 본문이 말하는 '의를 위해 받는 박해'와는 직접적으로 일치하지 않을 수 있습니다. 즉 의를 위해 받는 박해는 단순히 환경적·정치적 상황에서 발생하는 고난이 아니라, 적극적으로 자신의 신앙과 삶에서 하나님과의 바른 관계를 유지하려는 과정에서 오는 박해를 뜻합니다.

주지하다시피 하나님과의 바른 관계를 끝까지 지켜내기 위해서는 우선 죄를 멀리하고 미워하며 대적해야 합니다. 그러나 오늘날 많은 그리스도인이 죄에 대해 무감각하며 예민하지 않습니다. 심지어 죄를 대수롭지 않게 여기거나, 죄에 대한 인식이 예수를 믿지 않는 사람들과 크게 다르지 않은 경우도 있습니다. 더 안타까운 것은, 어떤 이들은 성경이 요구하는 참된 신앙과 삶을 지향한다고 하면서도, 소극적인 측면을 건너뛰고 곧장 적극적인 측면으로 달려가려는 성급함을 보인다는 사실입니다. 이는 소극적인 측면이 적극적인 측면보다 덜 중요하다고 생각하기 때문입니다. 그러나 성경은 이런 모습을 절대 지지하지 않습니다. 소극적인 측면에서 실패하면 결국 적극적인 측면에서도 실패할 수밖에 없습니다. 성경은 일관되게 신앙과 삶의 원리를 제시할 때, 먼저 '무엇을 하지 말라'라는 부정적인 요구를 하고, 그 후에 '무엇을 하라'라는 적극적인 요구를 덧붙입니다. 이것이 바로 성경이 제시하는 원리입니다.

이와 관련해 대표적인 성경 구절이 바로 로마서 12장 2절입니다. "너희는 이 세대를 본받지 말고 오직 마음을 새롭게 함으로 변화를 받아 하나님의 선하시고 기뻐하시고 온전하신 뜻이 무엇인지 분별하도록 하라." 바울의 이러한 진술 방식은 예수님의 방식과도 일맥상통합니다. 예수님께서는 제자들에게 "누구든지 나를 따라오려거든 자기를 부인하고 자기 십자가를 지고 나를 따를 것이니라"(막 8:34)라고 말씀하셨습니다. 이처럼 성경은 일관되게 동일한 원리를 제시합니다.

그럼에도 이러한 성경적 원리를 간과하는 경우가 '의를 위하여'라는 부분에서도 나타납니다. 죄를 멀리하고 대적하는 소극적인 부분을 건너뛰고, 단지 그리스도의 성품을 닮는 것만을 강조하려는 경향이 있는 것입니다. 물론 예수님의 성품을 닮고자 하는 간절한 소망과 열망은 매우 중요한 신앙의 태도입니다. 그러나 그런 적극적인 성화의 과정은 죄를 멀리하고 대적하는 소극적인 과정이 선행되지 않고서는 절대 가능하지 않습니다. 어떤 그리스도인은 이러한 소극적인 부분을 무시한 채 곧바로 적극적인 부분만 붙들고 열심히 신앙생활하면, 그것 또한 의를 위한 삶이라고 생각합니다. 그러나 그것은 큰 착각입니다. 먼저 죄를 멀리하고 대적하는 소극적인 태도가 있어야 하나님과의 바른 관계를 유지할 수 있으며, 그다음에야 비로소 그리스도를 주로 삼고 거룩함으로 나아가는 적극적인 신앙과 삶이 가능한 것입니다.

그렇다면 그리스도인이 죄를 멀리하고 미워할 때, 세상 사람들은 어떻게 반응할까요? 때로는 사람들의 차가운 시선과 따가운 눈초리를 피할 수 없습니다. 특히 이러한 부정적인 반응은 예수님을 믿지 않는 사람들만이 아니라, 심지어 스스로 그리스도인이라고 말하는 이들에게서도 나타날 수 있습니다. 예를 들어, “나도 교회에 다니는데, 마치 자기만 교회 다니는 것처럼 잘난 척을 하는군”, “이 정도가 무슨 죄라고 저렇게 예민하게 반응하지?”, “너무 교회 다니는 티를 내는 거 아니야?”, “괜히 문제 만들 게 뭐가 있어. 그냥 좋은 게 좋은 거지” 하며 은근히 비난하고 시기하며 질투하기도 합니다. 물론 이러한 태도와 행동을 보이는 사람은 참으로 신실한 그리스도인이라고 할 수 없습니다.

이와 관련해 우리도 그 주인공이 될 수 있는 ‘의를 위하여 박해를 받는 자’의 한 전형적인 사례를 생각해 보고자 합니다. 죄를 멀리하고 대적하려고 애쓰는 한 그리스도인이 근무하는 회사에 그런 그를 못

마땅하게 여기는 상사가 있다고 가정해 봅시다. 그 상사는 그를 직원들의 단합이나 친목, 혹은 회사의 발전에 도움이 되지 않는 사람으로 여기며 은근히 따돌리거나 승진에서 불이익을 줄 수도 있습니다. 더 나아가 극단적인 경우, 그를 싫어하는 다른 사람들과 의기투합하고 온갖 부정적인 방법을 동원해 그를 해고하려 할 수도 있습니다. 그럼에도 그 사람이 다가오는 수많은 유혹과 술책에 끝까지 타협하지 않고 하나님과의 바른 관계를 유지하려 한다면, 바로 이것이 '의를 위하여 박해를 받는 자'의 전형적인 모습입니다. 그래서 바울이 "무릇 그리스도 예수 안에서 경건하게 살고자 하는 자는 박해를 받으리라"(딤후 3:12)라고 말한 것입니다.

다시 강조하지만, 우리가 살아가는 시대는 하나님과의 바른 관계를 방해하고 가로막는 장애물이 너무 많습니다. 그러나 그리스도인은 죄를 멀리하며, 끊임없이 하나님의 거룩한 성품을 닮아가고자 하는 열망으로 살아가야 합니다. 하나님과의 바른 관계를 목숨처럼 소중히 여기며 어떤 고난과 역경도 기꺼이 감수해야 합니다. 예수님께서 그렇게 사셨고, 신약의 사도들도 그렇게 살았습니다.

특히 구약성경의 다윗은 의를 위하여 박해받은 대표적인 사람입니다. 다윗은 하나님에게서 이스라엘의 다음 왕으로 기름 부음을 받았으나, 사울에게 끊임없이 생명의 위협을 받으며 오랜 세월을 두려움 속에서 살아야 했습니다. 그가 이러한 박해를 받은 이유는 단 하나, 바로 의를 위해서였습니다.

사실 다윗에게는 자신을 죽이려는 사울을 제거할 기회가 여러 번 있었습니다. 그러나 그는 이렇게 말하며 사울을 살려 주었습니다. "내가 손을 들어 여호와의 기름 부음을 받은 내 주를 치는 것은 여호와께서 금하시는 것이니 그는 여호와의 기름 부음을 받은 자가 됨이니라"(삼상 24:6). 만일 좋은 기회가 왔을 때 사울을 죽였다면, 다윗은 그 이후 사울에게 쫓기지 않았을 것입니다. 박해도, 고난도 더는 당하지 않았을 것입니다. 그러나 다윗은 하나님의 법을 어기지 않으려 했습니다. 그는 모든 심판과 징계를 하나님께 맡겼습니다. 이러한 다윗의 태도는 훗날 그의 아들 압살롬이 반역해 그를 죽이려 쫓던 상황에서도 발견됩니다. 그때 자신을 저주하고 모욕하던 시므이를 살려준 일이 바로 그것입니다. 이러한 다윗의 판단과 행동은 그가 하나님이 어떤 분이신지, 하나님의 마음을 기쁘시게 하는 방법이 무엇인지 잘 알았기에 가능했습니다. 즉 공의로우신 하나님을 확실히 의지하고 신뢰했기에 다윗은 그처럼 행동할 수 있었습니다. 그런 의미에서 우리는 다윗의 성품을 탐구해 볼 필요가 있습니다.

다윗은 마음이 청결한 자로서 하나님을 보았기에 원수에게 보복하거나 직접 대적하지 않았습니다. 그는 모든 심판을 하나님께 맡겼습니다. 또 그는 다른 사람들을 긍휼히 여기는 온유한 마음을 지녔으며, 자신을 대적하는 자라 할지라도 그들과 화평하기를 원했습니다. 이처럼 다윗의 삶에서 우리는 팔복에서 예수님께서 말씀하신 그리스도인의 성품과 자질을 충분히 발견할 수 있습니다. 심지어 다윗은 끊임없이 자신을 괴롭히던 사울이 죽었다는 소식을 듣고도 이렇게 애통해했습니다. "이스라엘 딸들아 사울을 슬퍼하여 울지어다 그가 붉은 옷으로 너희에게 화려하게 입혔고 금 노리개를 너희 옷에 채웠도다"(삼하 1:24). 다윗은 자신의 원수인 사울이 죽었다는 소식에 기뻐하기는커녕, 오히려 진심으로 슬퍼하며 눈물을 흘렸습니다. 참으로 역설적이지 않습니까? 그러나 이것이 바로 영적 세계의 비밀입니다.

성경은 진실한 그리스도인에게는 반드시 고난과 핍박이 따른다고 말합니다. 그리스도인이 박해를 받는다는 것은 그가 하나님 앞에서 의롭게 살았다는 증거이기 때문입니다. 세상과 전혀 다른 가치관과 세계관, 물질관, 인생관을 갖고서 복음과 진리를 해치는 그 어떤 것과도 타협하지 않고 하나님 앞에서 의를 따라 사는 자에게는 반드시 고난과 박해가 따릅니다. 그러나 그리스도인은 베드로의 권면처럼, 그렇게 의를 위하여 고난을 받을 때 오히려 복이 있음을 알고 두려워하거나 근심하지 말아야 합니다(벧전 3:14).

반면 세상과 적당히 타협하며 살아가면 박해와 고난은 찾아오지 않습니다. 나아가 세상 사람들은 그런 사람을 좋아하고 환영합니다. 그래서 바울은 데살로니가 교회 성도들에게 이렇게 말했습니다. "형제들아 너희가 그리스도 예수 안에서 유대에 있는 하나님의 교회들을 본받은 자 되었으니 그들이 유대인들에게 고난을 받음과 같이 너희도 너희 동족에게서 동일한 고난을 받았느니라"(살전 2:14). 이처럼 고난과 핍박은 진실한 그리스도인의 삶의 일부이자, 구원의 길에서 반드시 겪어야 하는 필연적인 과정입니다.

그런데 우리는 이 박해와 핍박이 단지 믿지 않는 사람들에게서만 오는 것이라고 생각해서는 안 됩니다. 물론 그런 경우가 많습니다. 그러나 모순되게도 명목상의 그리스도인, 곧 예수님 시대의 서기관과 바리새인들처럼 외식하는 이들에게서도 받을 수 있습니다. 그들은 겉모습은 신실한 것처럼 보이지만 속은 그렇지 않습니다. 그래서 참되고 의롭게 살고자 하는 성도를 보면 은근히 시기하고 질투합니다. 비록 1세기 당시와 같은 신체적 박해는 아닐지라도, 오늘날 그들은 갖가지 방법으로 진실한 그리스도인들을 모욕하고 따돌리며 고통을 줍니다. 우리는 이 사실 또한 잊지 말아야 합니다.

그렇다면 예수님께서 "의를 위하여 박해를 받는 자는 복이 있다"라고 말씀하신 이유는 무엇입니까? 바로 천국이 그들의 것이기 때문입니다. 예수님은 하나님의 의롭다 하심을 통해 받은 그 의를 귀하게 여기며, 하나님과의 바른 관계를 위해 그 어떤 것과도 타협하지 않는 자들에게 천국이 주어진다고 말씀하십니다. 곧 하나님 자신이 그들의 것이고, 영생이 그들의 것이며, 그들의 심령에는 세상의 그 어떤 것도 아닌 오직 하나님으로 충만한 복이 임한다는 것입니다. 물론 이 복은 분명 현재적인 의미가 있지만, 당연히 미래적인 복을 의미하기도 합니다. 요한계시록에서는 이들이 누릴 영광을 다음과 같이 묘사합니다. "또 내가 보좌들을 보니 거기에 앉은 자들이 있어 심판하는 권세를 받았더라 또 내가 보니 예수를 증언함과 하나님의 말씀 때문에 목 베임을 당한 자들의 영혼들과 또 짐승과 그의 우상에게 경배하지 아니하고 그들의 이마와 손에 그의 표를 받지 아니한 자들이 살아서 그리스도와 더불어 천 년 동안 왕 노릇 하니"(20:4). 이들이 지금 어디에 있다고 말합니까? 심판하는 권세를 가지고 하늘 보좌에 앉아 있다는 것입니다. 마치 왕처럼 말입니다. 그리고 살아서 그리스도와 더불어 천 년 동안 왕 노릇 한다고 말합니다. 이 영광의 실체를 아는 자는 정말 복 있는 사람입니다.

사실 하나님만을 간절히 열망하는 자에게 하나님의 다스림과 통치 그리고 임재가 있는 것은 당연한 일입니다. 천국이 이러한 자의 것이 아니면 누구의 것이겠습니까? 그들에게는 의를 위하여 받는 박해와 고난보다 하나님의 다스림과 임재가 훨씬 더 큽니다. 그것이 바로 그들의 삶의 가치이며, 가장 소중하고 영광스러운 삶의 목적입니다.

그리스도인이 이 사실을 분명히 깨닫고, 의를 위하여 받는 박해를 오히려 기쁨으로 받아들일 때, 세상 사람들은 결국 우리가 소망하는 것, 곧 우리 안에 있는 소망의 이유를 묻게 될 것입니다(벧전 3:15). 그뿐 아니라 하나님께서는 이러한 신앙의 삶을 살아가는 그리스도인에게 이 땅에서부터 이미 그분의 임재와 다스림을 풍성히 누리는 복을 허락하십니다.

10장

나로 말미암아 너희를 욕하고 박해할 때에는 복이 있나니

"나로 말미암아 너희를 욕하고 박해하고 거짓으로 너희를 거슬러 모든 악한 말을 할 때에는 너희에게 복이 있나니 기뻐하고 즐거워하라 하늘에서 너희의 상이 큼이라 너희 전에 있던 선지자들도 이같이 박해하였느니라"(마 5:11-12).

본문의 "나로 말미암아 너희를 욕하고 박해하고 거짓으로 너희를 거슬러 모든 악한 말을 할 때에는 너희에게 복이 있나니"라는 말씀은 바로 앞 절의 "의를 위하여 박해를 받은 자는 복이 있나니"라는 말씀의 연장선상에서 이해해야 합니다. 이 11절 말씀 또한 10절과 마찬가지로 우리가 쉽게 납득하기 어려운 매우 역설적인 내용입니다. 이 말씀 역시 세상에서 통용되는 복의 개념과 전혀 다른 내용을 담고 있기 때문입니다. 사실 팔복 전체가 그러한 성격과 특성이 있습니다. 그러나 특히 10절과 11절의 복은 다른 복들보다 역설적인 성격이 더욱 두드러집니다.

사실상 이유를 불문하고 다른 사람들에게 욕을 먹고 박해를 받는 일을 좋아할 사람이 어디 있겠습니까? 만일 자기의 잘못이나 허물로 인한 욕이나 박해라면 어느 정도는 납득할 수 있을 것입니다. 그러나 하나님의 백성으로서 누구보다 신실하고 정직하게 살았음에도 그런 취급을 받는다면 누가 그것을 기뻐하겠습니까? 그런데 예수님께서는 바로 자신 때문에 다른 사람들에게 그러한 취급을 받는다면 오히려 복 있는 사람이라고 선언하십니다. 심지어 그것을 기뻐하며 즐거워하라고 말씀하십니다. 여기서 기독교와 세상의 극명한 가치관의 차이가 다시 한번 드러납니다. 곧 그리스도인이 비그리스도인과 추구하는 삶의 목적, 인생관, 가치관이 얼마나 달라야 하는지를 목격하게 됩니다.

그런데 예수님께서는 10절과 마찬가지로 이런 욕과 박해, 악한 말을 듣는 경우를 한 가지로 한정하셨습니다. 바로 '나로 말미암아'라는 조건입니다. 그러므로 오늘날 일부 그리스도인이 몰상식하고 잘못된 신앙과 삶으로 인해 세상에서 받는 온갖 모욕과 비난과 질책은 여기에 해당하지 않습니다. 그것은 오히려 부끄러운 일입니다. 즉 우리가 이 본문에서 가장 먼저 주목해야 할 점은, 예수님께서 그리스도인이 예수님 자신 때문에 욕을 당하고 박해를 받으며 악한 말 듣는 것을 하나의 기정사실처럼 말씀하신다는 것입니다. 물론 모든 그리스도인이 예외 없이 그런 상황에 직면한다고 하신 것은 아닙니다. 그러나 부정할 수 없는 사실은 비록 모든 그리스도인은 아닐지라도 반드시 어떤 그리스도인에게는 그런 일이 일어난다는 점입니다. 여기서 우리는 한 가지 의문을 품게 됩니다. 왜 다른 이유가 아니라, 하필 예수님 때문에 사람들이 그리스도인을 그런 식으로 대하는가 하는 것입니다. 이 질문에 대한 답은 세상 사람들이 바라보는 그리스도인의 신앙과 삶의 모습에 초점을 맞추면 비교적 쉽게 이해할 수 있습니다. 그리고 그 이유를 크게 두 가지로 요약할 수 있습니다.

첫째, 세상 사람들은 그리스도인이 그 신앙과 삶에서 예수 그리스도에 대한 믿음의 증거를 적극적으로 드러내며 사는 것을 절대 달가워하지 않습니다. 이 시대를 지배하는 가치관과 문화, 시대정신과 타협하지 않고 오직 성경대로 신실하게 살아가는 그리스도인을 한번 생각해 보십시오. 그는 세상과는 전혀 다른 삶의 목적과 방향, 가치관과 인생관을 가지고 살아갑니다. 물론 그리스도인에게 이런 삶은 너무도 당연합니다. 그리스도인은 자신을 죄와 사망에서 구원하신 예수 그리스도와 복음의 진리를 증거하며 사는 것을 의무이자 특권으로 여기기 때문입니다. 무엇보다 진실한 그리스도인은 야고보가 그의 서신에서 분명히 선언했듯이, 행함이 없는 믿음은 죽은 것이라는 사실을 성경의 진리로 받아들이기 때문입니다.

그러나 이러한 신앙과 삶은 자신이 하나님께 이 사명을 위해 부름받았다는 사실을 깊이 인식하는 사람만이 가능하며, 또 자신의 신앙과 삶을 통해 그 믿음이 진실하다는 증거를 풍성히 드러내기를 원하는 사람만이 가능합니다. 그러나 이런 그리스도인은 필연적으로 세상에서 오는 온갖 부정적인 결과(모욕이든, 박해든)를 감수해야 합니다. 세상은 자신들과 전혀 다른 삶을 살아가는 그리스도인을 결코 이해할 수 없기 때문입니다. 마치 어둠과 빛이 공존할 수 없듯이, 그들은 자신들의 죄악 된 모습을 드러내는 그리스도인을 본능적으로 미워하고 거부합니다.

둘째, 사람들이 예수님 때문에 그리스도인을 적대하는 더 근본적인 이유는 인간의 타락한 죄성 때문입니다. 앞서 언급한 이유도 무시할 수 없지만, 이 점에 더 큰 방점이 찍힙니다. 성경은 죄로 말미암아 하나님과 단절된 인간의 비참한 실상을 가감 없이 드러냅니다. 동시에 하나님께서 그러한 인간을 구원하시기 위해 세우신 계획과 그것을 역사에서 성취해 가시는 하나님의 사역을 선명히 증언합니다. 이처럼 성경은 죄인 된 인간의 실상과 하나님의 구원 역사를 씨줄과 날줄처럼 엮어내며 한 편의 장엄한 파노라마를 펼쳐 보입니다. 그것은 바로 죄인들을 향한 하나님의 위대한 사랑 이야기입니다. 그러나 타락한 인간은 죄 된 본성 때문에 끊임없이 하나님을 거역하고 대적하며, 그분과 맞서려고 합니다.

이러한 타락한 죄성을 가진 인간은 하나님을 섬기고 예수 그리스도를 믿는 그리스도인에게조차 결코 호의적이지 않습니다. 예수님께서 친히 말씀하신 대로, 사람들이 그리스도인을 미워하는 이유는 단순히 그들을 싫어하기 때문이 아닙니다. 더 깊은 차원에서 보면, 그것은 바로 그들이 하나님과 예수님 자신을 미워하기 때문입니다. 아담과 하와의 타락 이후, 예수 그리스도를 믿기 전의 모든 인간은 사탄의 권세 아래 종노릇하며 살아가는 존재가 되었기 때문입니다. 그래서 성경은 이렇게 증언합니다. "그는 허물과 죄로 죽었던 너희를 살리셨도다 그때에 너희는 그 가운데서 행하여 이 세상 풍조를 따르고 공중의 권세 잡은 자를 따랐으니 곧 지금 불순종의 아들들 가운데서 역사하는 영이라"(엡 2:1-2).

사탄과 마귀는 하나님을 직접적으로 대적합니다. 그리고 그의 지배를 받는 모든 자연인은 그의 도구가 되어 역시 하나님을 싫어하고 대적합니다. 따라서 그리스도인이 예수님 때문에 욕을 먹고 박해를 당하며 온갖 악한 말을 듣는 것은, 결국 세상 사람들의 눈에 비친 그들의 신앙과 삶 때문일 뿐 아니라, 더 깊이 들어가면 그 배후에 있는 죄악 된 본성과 사탄의 지배 때문인 것입니다. 이와 관련해 바울은 로마서에서 이렇게 말합니다. "또한 그들이 마음에 하나님 두기를 싫어하매 하나님께서 그들을 그 상실한 마음대로 내버려두사 합당하지 못한 일을 하게 하셨으니"(1:28).

이처럼 사람들은 본질상 그 마음에 하나님 두기를 싫어합니다. 이것은 모든 타락한 인간이 타고난 죄 된 본성이며, 부정할 수 없는 사실입니다. 그래서 사도 요한도 이렇게 증언합니다. "그 정죄는 이것이니 곧 빛이 세상에 왔으되 사람들이 자기 행위가 악하므로 빛보다 어둠을 더 사랑한 것이니라 악을 행하는 자마다 빛을 미워하여 빛으로 오지 아니하나니 이는 그 행위가 드러날까 함이요"(요 3:19-20). 어둠과 빛은 물과 기름처럼 결코 섞일 수 없습니다. 어둠에 속한 세상은 빛을 싫어하고 멀리하려 합니다. 그것은 빛 가운데서 자신들의 죄악 된 모습과 치부가 낱낱이 드러나는 것이 두렵기 때문입니다. 그래서 그들은 빛으로 오는 것을 거부하며, 어떻게든 빛 되신 하나님에게서 도망가려 합니다.

반면 그리스도인은 누구입니까? 빛 되신 예수 그리스도를 구주로 믿고 따르는 사람입니다. 그래서 예수님께서는 "너희는 세상의 빛이다"라고 말씀하셨습니다. 그러나 세상은 빛으로 오신 예수 그리스도를 싫어하고 미워할 뿐 아니라, 그분을 따르는 그리스도인까지도 박해하고, 그들을 거슬러 온갖 악한 말을 합니다. 이는 그리스도인이 특별히 어떤 잘못을 저질렀거나 허물을 드러냈기 때문이 아닙니다. 정도의 차이는 있겠지만, 설령 세상 사람들이 존경할 만하게 살아가더라도 결과는 마찬가지입니다. 세상 사람과 그리스도인은 소속이 다르고, 지위와 신분이 다릅니다. 겉으로는 같은 세상에서 같은 길을 걷는 것처럼 보일지라도, 실상은 전혀 다른 생각을 하고, 전혀 다른 길을 가고 있는 것입니다. 따라서 이 세상은 하나님의 주권적인 역사와 절대적인 은혜의 개입이 없다면 결코 스스로 빛으로 나아올 수 없습니다.

무엇보다도 그리스도인은 어떤 길을 가는 사람들입니까? 세상 사람들이 가는 넓고 편한 길이 아니라, 좁고 힘든 길을 자처하여 걷는 사람들입니다. 그리스도인은 바울이 "말세에 고통이 따르리니"라고 말하며 열거한 죄악의 목록이 자신과는 전혀 상관이 없음을 삶으로 드러내는 사람들입니다. 곧 자기를 사랑하지 않고, 돈을 사랑하지 않으며, 교만하거나 남을 비방하지 않습니다. 자만하지 않고, 쾌락을 하나님보다 더 사랑하지 않으며, 오히려 말씀대로 경건하게 살려고 몸부림칩니다. 특히 그리스도인은 그리스도와 함께 살리심을 받아 위의 것을 찾고, 위의 것을 생각하며 살아가는 사람들입니다. 또 새사람을 입고 옛사람의 모습을 벗어버린 자들입니다. 과거에 행했던 분노와 노여움, 악의와 비방 그리고 부끄러운 말을 이미 다 버렸습니다. 하나님을 찬양하고 경배하는 입술로 더는 거짓을 말하지 않습니다. 그러므로 세상 사람들은 자신들과 너무도 다른 삶을 살아가는 그리스도인을 싫어합니다. 단순히 싫어하는 정도가 아니라, 박해하고 욕하며 거슬러 악한 말을 퍼붓습니다. 물이 위에서 아래로 흐르는 것이 자연의 이치이듯, 어둠 속에 사는 사람들이 빛 가운데 행하는 자들을 미워하는 것도 영적인 이치라 할 수 있습니다.

그런데 우리가 예수님 때문에 이런 고초와 어려움, 박해를 받는 것과 관련하여 몇 가지 더 생각해야 할 점이 있습니다. 그것은 그리스도인은 단지 세상과 다른 가치관을 추구하고 다른 삶을 사는 데 그치지 않는다는 사실입니다. 그리스도인은 진리를 거슬러 하나님을 대적하며 성경의 말씀과 하나님의 뜻을 거역하는 비그리스도인을 올바르게 깨우쳐 주고, 그들을 생명의 길로 인도하기 위해 애쓰는 사람들입니다. 그러나 세상은 이런 그리스도인의 말과 행동을 합당하게 여기지 않습니다. 오히려 그것을 불편해하며 온갖 박해와 욕을 가합니다. 차라리 가만히 있었더라면 그런 험한 일을 당하지 않았을지도 모릅니다.

더 나아가 복음을 전하는 일은 어떻습니까? 바울이 자신을 복음에 빚진 자라고 고백했듯이, 하나님의 은혜와 사랑으로 복음을 듣고 구원받은 모든 그리스도인도 마찬가지입니다. 빚진 자는 채무자로서 반드시 그 빚을 갚아야 합니다. 이것은 너무도 당연한 이치입니다. 그러므로 그리스도인은 복음에 빚진 자로서 자신이 믿는 진리와 복음을 전하는 일을 사명으로 알고 감당합니다. 복음의 진리가 그를 가만히 두지 않고 끊임없이 복음을 전하도록 재촉하기 때문입니다. 이 사실을 예레미야는 이렇게 고백합니다. "내가 다시는 여호와를 선포하지 아니하며 그의 이름으로 말하지 아니하리라 하면 나의 마음이 불붙는 것 같아서 골수에 사무치니 답답하여 견딜 수 없나이다"(렘 20:9).

이처럼 그리스도인 역시 자신이 믿고 아는 진리와 복음을 전하지 않으면 마치 마음이 불붙는 것 같아 도저히 견딜 수 없는 사람입니다. 성령으로 거듭나고 성령의 충만함을 받은 그리스도인은 누가 강제로 시켜서가 아니라, 성령 하나님께서 그의 내면에서 자극하시고 격려하시기 때문에 복음을 전합니다. 그리고 복음 전하는 일을 인생의 가장 중요한 사명으로 알고 게을리하지 않습니다. 그러나 그 숭고한 사명을 감당하는 대가가 어떻습니까? 예레미야는 이렇게 말합니다. "여호와여 주께서 나를 권유하시므로 내가 그 권유를 받았사오며 주께서 나보다 강하사 이기셨으므로 내가 조롱거리가 되니 사람마다 종일토록 나를 조롱하나이다 내가 말할 때마다 외치며 파멸과 멸망을 선포하므로 여호와의 말씀으로 말미암아 내가 종일토록 치욕과 모욕거리가 됨이니이다"(렘 20:7-8).

이와 같이 예레미야는 자신이 전한 하나님의 말씀 때문에 동족 유대인들에게 종일토록 조롱당하고, 치욕과 모욕을 겪어야 했습니다. 이 시대를 살아가는 그리스도인 역시 언제든 예레미야와 같은 상황에 놓일 수 있다는 사실을 알고 각오해야 합니다. 이런 일을 당하는 것은 이상한 일이 아닙니다. 그리스도인은 처음 예수를 믿을 때 이미 그러한 상황이 닥칠 것을 충분히 예상하고도, 모든 것을 감내하겠다는 각오로 그 길에 들어선 사람들입니다. 이런 점에서 인간적인 관점으로 본다면, 그리스도인은 세상에서 가장 어리석고 바보 같은 사람일 수 있습니다. 그러나 그리스도인은 결코 그것을 부끄러워하거나 거부하지 않습니다. 오히려 세상 사람들의 눈에 어리석게 보이는 그 길을 묵묵히 걸어갑니다. 그 이유가 무엇입니까? 바로 예수님 때문입니다.

그리스도인은 자신을 구원하기 위해 보혈을 흘리신 예수님 때문이라면 어떤 고난도 기꺼이 감내하고자 합니다. 그들은 사도 바울처럼 다음과 같이 고백하며 살아가는 사람들입니다. "헬라인이나 야만인이나 지혜 있는 자나 어리석은 자에게 다 내가 빚진 자라 그러므로 나는 할 수 있는 대로 로마에 있는 너희에게도 복음 전하기를 원하노라 내가 복음을 부끄러워하지 아니하노니 이 복음은 모든 믿는 자에게 구원을 주시는 하나님의 능력이 됨이라"(롬 1:14-16).

이처럼 세상 사람들의 생각은 그리스도인과 다릅니다. 우리의 삶과 모습을 보고 그들도 기뻐하고 환영할 것 같지만, 실제로는 그렇지 않습니다. 오히려 시기하고 질투합니다. 그들은 그리스도인의 삶에서 하나님을 발견하고, 하나님의 살아 계심을 분명히 보면서도 예수 그리스도를 구주로 영접하지 않기 때문입니다.

이 사실은 창세기에 등장하는 보디발의 사례를 통해서도 확인할 수 있습니다. "여호와께서 요셉과 함께하시므로 그가 형통한 자가 되어 그의 주인 애굽 사람의 집에 있으니 그의 주인이 여호와께서 그와 함께하심을 보며 또 여호와께서 그의 범사에 형통하게 하심을 보았더라"(창 39:2-3). 보디발은 분명히 요셉과 함께하시어 그를 형통하게 하신 하나님을 보았습니다. 그럼에도 그는 하나님 알기를 원하지 않았고, 믿지도 않았습니다. 모든 인간은 본질상 영적으로 죽어 있기 때문입니다. 그래서 세상 사람들은 그들과 전혀 다른 길을 걷는 그리스도인의 삶을 결코 이해하지 못합니다. 또 거기서 그치지 않고 그들을 박해하고 욕하고 거슬러 거짓을 말하며 대적하기까지 합니다. 그러나 그들 스스로는 자신들의 그런 행위가 죄라는 사실조차 알지 못합니다. 그래서 예수님께서 자신을 십자가에 못 박은 사람들을 보며 "저들이 하는 것을 알지 못하나이다"라고 기도하셨던 것입니다.

그런데 여기서 한 가지 우리가 분명히 알아야 할 사실이 있습니다. 앞서 언급했듯, 그리스도인을 욕하고 박해하는 자들이 단지 비그리스도인만은 아니라는 점입니다. 오늘날 소위 복음주의 진영에서도 진리와 복음을 왜곡하는 사례가 점점 빈번해지고 있습니다. 순전한 복음을 지키고자 하는 참된 그리스도인은 교회 안에서도 저항을 받고, 거친 말을 들으며, 심지어 배척당하기도 합니다. 설교도 대중의 기호와 관심을 고려하여 사람들이 좋아하고 듣기 원하는 주제만을 선택하는 경우가 점점 늘어나고 있으며, 그 정도 또한 심각해지고 있습니다.

그러나 한편으로는 이러한 시대적 조류와 사조에 휩쓸리지 않고, 구약의 참된 선지자들처럼 하나님의 마음을 품고 이 시대를 섬기려는 사람들도 있습니다. 그들은 예수를 믿지만 여전히 영적으로 무감각한 사람들을 흔들어 깨우고자 합니다. 하지만 안타깝게도 그들 역시 구약의 참선지자들처럼 사람들에게 긍정적인 평판을 얻거나 인정받지 못합니다. 오히려 조롱과 비난을 받으며, 악한 말을 듣기까지 합니다. 이러한 현상은 시대와 장소에 따라 조금씩 다르게 나타나지만, 오늘날 대부분의 그리스도인이 경험하는 분명한 현실입니다.

그렇다면 참된 그리스도인은 예수님 때문에 욕을 당하고, 박해를 받고, 거스르는 모든 악한 말을 들을 때 어떻게 반응해야 합니까? 성경은 오히려 그런 상황을 기뻐하고 즐거워하라고 말씀합니다. 그런 일을 당하는 자가 복 있는 자이기 때문입니다. 참된 그리스도인은 자신을 죄와 사망에서 구원하신 빛 되신 예수 그리스도를 본받아 사는 것 자체가 참으로 복되고 행복하다는 사실을 잘 알고 있습니다. 또 그러한 삶이 바로 "누구든지 나를 따라오려거든 자기를 부인하고 자기 십자가를 지고 나를 따를 것이니라"(마 16:24)라고 하신 예수님의 말씀에 순종하는 분명한 표징임을 압니다.

그럼 왜 예수님께서는 그리스도인이 세상에서 수모와 박해를 겪는 것을 오히려 기뻐하고 즐거워하라고 하셨을까요? 그것은 바로 하늘에서 받을 상이 크기 때문입니다. 예수님의 이 말씀에는 구원의 확신과 관련된 깊은 의미가 담겨 있습니다. 대부분의 그리스도인은 흔들리지 않는 구원의 확신을 가지고 살기를 원합니다. 그런데 현실에서는 여러 이유로 그렇게 살지 못하는 이들도 있습니다. 자신의 죄 문제 때문이든, 신학적 관점 때문이든, 그리스도인으로서 확신 없이 사는 것은 절대 바람직하지 않습니다. 물론 예수 그리스도를 구주로 영접한 사람은 구원의 확신이 부족해도 천국에 이를 수 있습니다. 그러나 성경은 그러한 영적 상태는 바람직하지 않다고 말합니다. 하나님께서는 모든 성도가 분명하고 흔들리지 않는 구원의 확신 가운데 기쁨과 감사로 살기를 원하시기 때문입니다. 그래서 예수님은 세상에서 욕과 박해를 당하는 일이 결코 좌절하거나 실망할 이유가 아니라고 하십니다. 오히려 그것은 기뻐하고 즐거워할 이유라는 것입니다. 예수님 때문에 당하는 고난이야말로 자신의 구원을 확신할 수 있는 중요한 증거이기 때문입니다.

그러나 안타깝게도 어떤 이들은 성경이 말하는 이런 객관적인 근거가 아니라, 주관적이고 감정적인 체험이나 은사 같은 것에서 구원의 확신을 얻으려 하기도 합니다. 하지만 예수님은 분명히 말씀하십니다. 예수님 때문에 욕을 당하고 박해를 받는 자는 하늘에서 상이 크다고 말입니다. 우리는 그 상이 구체적으로 무엇인지 알 수 없지만, 예수님께서는 분명히 상급이 있음을 강조하셨습니다. 요한계시록에서도 이렇게 말씀하십니다. "불의를 행하는 자는 그대로 불의를 행하고 더러운 자는 그대로 더럽고 의로운 자는 그대로 의를 행하고 거룩한 자는 그대로 거룩하게 하라 보라 내가 속히 오리니 내가 줄 상이 내게 있어

각 사람에게 그가 행한 대로 갚아주리라"(22:11-12).

그럼에도 어떤 그리스도인은 예수님의 이 말씀을 다른 사람들에게는 적용하면서도 정작 자신은 달가워하지 않습니다. 본문의 말씀을 중요하게 여기면서도 여전히 세상에서 인정과 칭찬을 받고 싶어 하는 마음을 버리지 못하는 것입니다. 그러나 예수님은 바로 이런 사람들을 경계하시며 이렇게 말씀하십니다. "그러므로 구제할 때에 외식하는 자가 사람에게서 영광을 받으려고 회당과 거리에서 하는 것같이 너희 앞에 나팔을 불지 말라 진실로 너희에게 이르노니 그들은 자기 상을 이미 받았느니라"(마 6:2). 즉 이 땅에서 사람들의 칭찬과 보상을 추구하는 자는 이미 자기 상을 받았다는 것입니다.

혹 예수님 때문에 이런 고초와 고난을 겪어본 적이 있습니까? 또는 지금 그러한 상황을 겪고 있습니까? 만약 그것이 예수님 때문이라면, 곧 그분을 닮고자 하고 그분의 말씀에 순종하고자 함으로 받은 어려움이라면, 이는 구원의 확신을 뒷받침하는 중요한 근거를 가진 것입니다. 이에 관해 베드로는 이렇게 말합니다. "너희가 그리스도의 이름으로 치욕을 당하면 복 있는 자로다 영광의 영 곧 하나님의 영이 너희 위에 계심이라 너희 중에 누구든지 살인이나 도둑질이나 악행이나 남의 일을 간섭하는 자로 고난을 받지 말려니와 만일 그리스도인으로 고난을 받으면 부끄러워하지 말고 도리어 그 이름으로 하나님께 영광을 돌리라"(벧전 4:14-16).

그리스도인이 자신의 악행이나 죄가 아니라 오직 그리스도의 이름 때문에 고난을 받는다면 그것은 결코 부끄러운 일이 아닙니다. 오히려 하나님께 영광이 되는 일입니다. 천국이 바로 이런 자들의 것이 아니라면 누구의 것이겠습니까?

11장

너희는 세상의 소금이라

"너희는 세상의 소금이니 소금이 만일 그 맛을 잃으면 무엇으로 짜게 하리요 후에는 아무 쓸데 없어 다만 밖에 버려져 사람에게 밟힐 뿐이니라"(마 5:13).

하나님 및 다른 사람들과의 관계에서 그리스도인이 가져야 할 성품과 자질, 곧 팔복을 말씀하신 예수님께서는 이제 또 다른 국면으로 나아가십니다. 그것은 바로 팔복의 성품과 특성을 가진 그리스도인의 정체성, 곧 그리스도인이 이 세상에서 감당해야 할 역할과 책임 그리고 영향력에 대한 것입니다.

사실 이와 같은 서술 방식은 신약성경의 거의 모든 서신서에서 공통으로 보이는 것이기도 합니다. 서신서들을 보면, 일반적으로 전반부에서는 하나님이 누구신지(하나님의 존재와 성품), 그 하나님께서 죄인을 구원하시기 위해 무엇을 행하셨는지(하나님의 사역)에 대해 다룹니다. 그리고 후반부에서는 흔히 '그러므로'라는 접속사를 통해, 그것을 근거로 성도가 어떻게 살아야 하는지, 곧 신앙과 삶에서의 구체적인 적용을 제시합니다. 보통 전자를 직설법, 후자를 명령법이라고 합니다.

산상수훈의 전개 방식 역시 이와 유사합니다. 큰 틀에서 보면, 마태복음 5장 3-12절에 기록된 팔복은 직설법에 해당합니다. 그리고 13절부터 이어지는 말씀은 명령법에 해당하는, 곧 삶의 적용과 관련된 부분입니다. 물론 좀더 구체적인 삶의 지침은 5장 21절부터 본격적으로 전개됩니다. 이런 점에서 신약성경 서신서들의 전개 방식은 사실상 예수님의 산상수훈에서 그 기원을 찾을 수 있다고 볼 수 있습니다.

그렇다면 그리스도인의 정체성과 이에 따른 역할, 책임, 영향력과 관련해 예수님께서 가장 먼저 언급하신 내용은 무엇입니까? 바로 본문의 "너희는 세상의 소금이니 소금이 만일 그 맛을 잃으면 무엇으로 짜게 하리요 후에는 아무 쓸데 없어 다만 밖에 버려져 사람에게 밟힐 뿐이니라"라는 말씀입니다.

여기서 우리는 왜 예수님께서 '너희는 세상의 빛이다'라는 말씀보다 '너희는 세상의 소금이다'라는 말씀을 먼저 하셨는지에 주목할 필요가 있습니다. 그 단서는 소금의 역할과 특성에서 찾을 수 있습니다. 소금은 음식의 맛을 내며, 동시에 음식의 부패를 방지하는 방부제 역할을 합니다. 그러므로 예수님께서 제자들에게 "너희는 세상의 소금이다"라고 말씀하신 이유는 분명합니다. 그리스도인은 소금처럼 그리스도인만의 독특한 맛을 내야 하고, 동시에 세상이 죄로 인해 부패하는 것을 막아내야 한다는 것입니다. 우리가 살아가는 이 세상은 여전히 죄가 가득하여 여기저기서 썩은 냄새가 진동합니다. 그러나 그리스도인은 이런 세상에서 그리스도인 고유의 독특한 맛을 내면서 살아가야 합니다. 이것은 하나님께서 우리를 죄와 사망에서 구원하신 궁극적인 목적과도 연결됩니다. 하나님께서 우리를 멸망에서 건지신 목적은 단순히 죄와 사망에서 구원하시고자 함만이 아닙니다. 그분의 은혜로 구원받은 우리가 이 세상에서 선한 영향력을 발휘하며 살도록 하기 위함입니다. 따라서 예수님의 이 말씀에는 두 가지 중요한 전제가 내포되어 있습니다. 하나는 그리스도인과 관련된 것이고, 다른 하나는 세상과 관련된 것입니다.

먼저 그리스도인과 관련된 전제는 이것입니다. 음식의 맛을 내기 위해서는 반드시 소금이 필요합니다. 이처럼 죄악이 만연한 세상에서 그리스도인이 참된 기쁨과 생명의 맛을 내기 위해서는 세상 사람들이 결코 가질 수 없는 고유하고 독특한 맛을 지녀야 합니다. 그 맛은 다름 아닌 팔복의 성품과 자질입니다. 이것은 단순한 윤리적 미덕이나 도덕적 수양에서 얻을 수 있는 것이 아니며, 거듭나지 못한 사람은 결코 가질 수 없습니다. 오직 성령으로 중생한 그리스도인만이 소유할 수 있는 고유한 맛입니다. 세상과 관련된 다른 하나의 전제는, 아담과 하와가 범죄한 이후 이 세상은 전적으로 부패하고 타락한 상태에 있다는 사실입니다.

이제 우리는 본문에서 예수님께서 특별히 강조하신 소금의 맛과 관련된 내용을 집중해서 살펴볼 필요가 있습니다. 예수님은 소금의 여러 성질 가운데 '맛을 낸다'는 측면을 부각시키십니다. 소금이 맛을 잃어버리면 아무 쓸모가 없습니다. 단지 버려져 사람들에게 밟히는 신세가 되고 맙니다. 그러므로 소금은 반드시 그 맛을 유지해야 합니다. 따라서 먼저 소금의 맛과 관련된 역할을 살펴보려 합니다. 그리고 이어서 소금의 부패를 방지하는 역할을 생각해 본 후, 이러한 소금의 역할과 영향력이 그리스도인에게 주는 교훈을 살펴보고자 합니다.

어떤 사람들은 동의하지 않을 수 있지만, 사실 이 세상은 아담이 하나님께서 주신 언약을 어기고 범죄한 이후, 참생명과 그 생명이 자아내는 참된 삶의 맛을 상실한 상태에 놓여 있습니다. 그리고 인간은 그야말로 언제 죽을지 모르는 시한부 인생을 살아가는 존재가 되었습니다. 사람이 아무리 좋은 음식을 먹고, 규칙적인 운동을 통해 건강을 관리하더라도 결국은 나이가 들고 병이 들며 늙게 마련입니다. 그 누구도 하나님께서 정하신 육체적인 죽음을 피할 수는 없습니다. 그리고 그 죽음 이후에 기다리고 있는 것은 영원한 죽음, 곧 최후 심판에서 선고받게 될 둘째 사망입니다.

이처럼 인간은 어머니의 태에서부터 죄 가운데 태어나, 하나님과 상관없이 죄를 지으며 살다가 마침내 영원한 죽음으로 향할 수밖에 없습니다. 그러나 인간은 하나님께서 자신의 형상과 모양을 따라 창조하신 영적인 존재입니다. 그렇기에 거듭나지 않은 인간은 누구도 하나님을 볼 수도, 알 수도 없습니다. 즉 중생하지 못한 인간은 하나님과의 인격적인 관계에서 그분이 주시는 참생명과 참기쁨을 알지 못한 채, 결국은 예외 없이 죽음을 향해 가는 존재일 뿐입니다. 비록 이 땅에서 온갖 부귀영화를 누리고 막강한 권세를 가졌더라도, 시간이 흐르면 모든 것은 한 줌의 재와 같이 사라지고 맙니다. 인간은 바로 그런 존재이고, 세상은 바로 그런 곳입니다. 이런 인간에게 무슨 소망이 있으며, 무슨 참된 삶의 맛이 있겠습니까? 그러나 세상 사람들은 이 사실을 제대로 깨닫지 못합니다. 그저 잠시 주어지는 일시적인 성공과 번영에서 오는 한순간의 즐거움과 쾌락을 진정한 행복으로 착각하며 살아갈 뿐입니다.

그러나 거듭나서 구원받은 그리스도인은 하나님의 생명과 은혜 그리고 그것이 자아내는 삶의 참맛을 알고 이 땅을 살아갑니다. 그리고 나아가 그리스도인은 이제 자신이 가진 고유한 속성과 성품 그리고 거기에서 나오는 참맛을 세상 사람들에게 풍성히 드러내고 나누어야 합니다. 삶의 궁극적인 목적과 참된 맛을 상실한 채 이 땅을 살아가고 있는 사람들에게, 머지않아 다가올 비참한 운명만이 아니라 그와 전혀 다른 생명의 삶이 있음을 알려야 합니다. 또 참된 기쁨과 만족, 영생과 평강이 무엇이며, 그것이 누구에게서 주어지는지 분명히 전해야 합니다. 나아가 그것을 얻는 방법이 무엇인지 정확히 드러내야 합니다. 이런 역할과 책임은 복음과 진리를 알고, 팔복의 성품과 자질을 소유한 그리스도인만이 감당할 수 있습니다. 그러므로 소금이 맛을 잃지 않아야 음식에 필요한 짠맛을 낼 수 있듯이, 그리스도인도 팔복의 성품과 자질에서 비롯되는 고유한 참맛을 잃지 않아야 세상을 살리는 맛을 낼 수 있습니다. 참으로 그리스도인은 참된 생명과 은혜의 참맛을 풍성히 흘려보내는 존재가 되어야 합니다. 그래야 삶의 의미를 잃고 방황하는 세상 사람들에게 참생명의 맛을 제공할 수 있기 때문입니다. 바로 이런 선한 영향력을 행사하는 그리스도인을 두고 예수님께서는 "너희는 세상의 소금이다"라고 말씀하신 것입니다.

바울은 이 '그리스도인의 맛'을 고린도후서 2장에서 '그리스도의 향기'라고 표현하고 있습니다. "우리는 구원받는 자들에게나 망하는 자들에게나 하나님 앞에서 그리스도의 향기니 이 사람에게는 사망으로부터 사망에 이르는 냄새요 저 사람에게는 생명으로부터 생명에 이르는 냄새라"(15-16절). 예수님께서는 바로 이처럼 맛을 내고 향기를 발하는 것이야말로 이 시대를 살아가는 그리스도인의 책무이며, 세상에서 발휘해야 할 선한 영향력이라고 선포하십니다.

그런데 이 세상 사람들의 불행과 아픔은 단순히 참생명을 알지 못하고 삶의 의미를 잃어버린 데만 있지 않습니다. 성경은 이 세상이 근본적으로 심각한 부패 상태에 있다고 선언합니다. 그럼에도 사람들은 부패한 세상과 타협하거나 거기에 동화되어 참된 기쁨과 감사도 모른 채 하루하루를 허망하게 살아갑니다. 어떤 이들은 세상의 성공과 성취가 주는 순간적인 보상에 도취해 가짜 기쁨과 만족감을 누리기도 합니다. 그러나 시간이 지나면 그들에게는 다시금 허무와 절망이 몰려옵니다. 그것은 하나님을 알지 못하는 모든 인간이 피할 수 없는 숙명과도 같은 것입니다. 이 사실은 특정한 시대나 장소에 사는 사람들에게만 국한되지 않습니다. 아담과 하와의 타락 이후로 지금까지 항상 그러했으며, 예수님께서 이 땅에 다시 오실 날까지 이 상황은 변함없이 지속될 것입니다. 오늘날 이 세상은 심각한 부패 상태에 있습니다. 그리고 그 부패의 범위와 정도가 점점 더 심각해지고 있습니다. 물론 일부 사람들은 이에 동의하지 않을 수도 있습니다. 그러나 이것이 부정할 수 없는 사실임은 지나온 인류의 역사가 분명하게 보여주고 있습니다.

계몽주의 시대 이후 인간의 이성에 대한 계속된 계발과 그 발전은 인류에게 머지않아 유토피아가 도래할 것이라는 꿈을 꾸게 했습니다. 그 기대를 부추긴 가장 큰 요인은, 중세 시대 신(神) 중심 사상과 철학에 억눌려 있던 인간 이성과 능력에 대한 무한한 신뢰와 확신이었습니다. 당시 사람들은 불합리한 사회 제도와 구조를 개선하면 정치·경제·사회 전반에서 과거보다 훨씬 더 발전하고 공정한 세상이 올 것으로 생각했습니다. 또 국민의 인권을 보장하고, 남녀 차별을 철폐하며, 신분 제도를 타파하면 정의로운 사회가 세워질 것이라고 믿었습니다.

그러나 인류는 곧 이러한 부푼 기대와 꿈이 결국 한낱 이상에 불과했다는 사실을 뼈저리게 경험했습니다. 절대 빈곤에 허덕이는 사람의 수는 줄어들지 않았고, 빈부격차는 오히려 더 심화했습니다. 정치 또한 국민 삶의 질을 개선하고 공공의 유익을 도모하기보다는, 권력자들이 권력을 유지하고 사리사욕을 채우는 수단으로 사용되는 경우가 많았습니다. 인간의 양심은 어떻습니까? 마치 심각한 가뭄으로 메마른 들판처럼 점점 더 일그러지고 부패해 갔습니다. 또 범죄는 점점 더 악랄하고 파렴치한 형태로 발전했습니다. 그 결과 인간 사회는 이전보다 훨씬 더 각박하고 무서운 현실에 직면하게 되었습니다. 이제 인간의 숭고한 가치와 존엄성은 점차 힘을 잃어가고 있습니다.

무엇보다도 과학 기술의 비약적인 발전은 인간의 삶을 질적으로 향상시키기보다 오히려 전쟁의 위험과 인류의 종말을 앞당기는 부작용을 낳았습니다. 결국 인류는 역사상 한 번도 경험하지 못한 두 차례의 세계대전을 통해 인간이 얼마나 잔혹하고 무서운 존재인지를 절실히 깨닫게 되었습니다. 이성의 무한한 발전을 통해 유토피아를 꿈꾸었던 인류의 이상은 결실을 얻지 못한 채 이처럼 하루아침에 산산조각이 났습니다. 이로써 계몽주의 시대 이후 신의 자리를 대신할 정도로 가장 신뢰받던 인간 이성은 더는 믿을 수 없는 것으로 전락하게 되었습니다. 한마디로 인간 이성에 대한 확고한 신뢰가 뿌리째 흔들리며 무너져내린 것입니다.

왜 이런 일이 일어났습니까? 인간에 대한 근본적인 이해, 곧 인간 실존과 본질에 대한 정확한 고찰이 부족했기 때문입니다. 인간은 하나님의 행위 언약을 어긴 아담과 하와의 원죄를 그대로 물려받아 태어납니다. 그 결과 인간의 전인격과 영혼은 철저히 타락하고 부패했습니다. 그러므로 인간은 아무리 이성을 계발하고 노력해도 스스로의 힘과 의지로는 결코 하나님을 알 수 없습니다. 로마서 1장은 바로 이러한 인간의 실상을 이렇게 분명하게 증언합니다. "또한 그들이 마음에 하나님 두기를 싫어하매 하나님께서 그들을 그 상실한 마음대로 내버려두사 합당하지 못한 일을 하게 하셨으니 곧 모든 불의, 추악, 탐욕, 악의가 가득한 자요 시기, 살인, 분쟁, 사기, 악독이 가득한 자요 수군수군하는 자요 비방하는 자요 하나님께서 미워하시는 자요 능욕하는 자요 교만한 자요 자랑하는 자요 악을 도모하는 자요 부모를 거역하는 자요 우매한 자요 배약하는 자요 무정한 자요 무자비한 자라" (28-31절).

인간이 마음에 하나님 두기를 싫어하자, 하나님께서 그들을 그 상실한 마음대로 내버려두셨다는 것입니다. 우리가 믿는 하나님은 분명 죄인을 긍휼히 여기시고 자비와 사랑으로 먼저 찾아오시는 분이십니다. 그럼에도 인간의 마음이 완악하고 부패하여 하나님 두기를 거부하자, 하나님은 그들을 그냥 내버려두셨습니다. 이것이야말로 가장 두렵고 끔찍한 심판입니다.

예레미야 선지자는 인간의 마음을 이렇게 정확히 묘사합니다. "만물보다 거짓되고 심히 부패한 것은 마음이라 누가 능히 이를 알리요마는"(렘 17:9). 우리가 인정하든 하지 않든 만물보다 더 부패한 것이 인간의 마음입니다. 그런데 안타깝게도 인간은 이 사실을 잘 알지도 못하고, 또 인정하려 하지도 않습니다. 더 심각한 문제는 이러한 인간의 부패성이 주님이 재림하실 때까지 점점 더 심화, 악화된다는 사실입니다. 세월이 흐를수록 그 양상은 더욱 두드러질 것이며, 결국에는 고삐 풀린 망아지처럼 걷잡을 수 없는 상황으로 치닫게 될 것입니다. 그래서 예수님께서는 팔복의 성품과 자질을 소유한 그리스도인들에게 이 세상의 부패를 막는 방부제의 역할을 하라고 당부하셨습니다. 이 역할은 오직 복음을 알고 팔복의 성품과 특질을 지닌 그리스도인만이 감당할 수 있습니다.

그러나 세상 사람들은 세상의 부패를 막고자 애쓰며 살아가는 그리스도인의 모습과 삶을 절대 달가워하지 않습니다. 자신들과 다른 생각과 가치관, 다른 이상과 목적을 추구하며 전혀 다른 삶을 사는 그리스도인을 시기하고 질투하기 때문입니다. 또 오히려 그들은 그리스도인을 자신의 삶에 걸림돌과 방해가 되는 존재로 여깁니다. 비록 그리스도인이 직접적으로 그들을 정죄하지는 않더라도, 그들과 상반된 거룩한 삶이 그들의 잘못과 허물을 고스란히 드러내기 때문입니다. 그러므로 세상 사람들은 그리스도인의 존재를 불편해하며 절대 반기지 않습니다. 성경도 이를 분명히 말씀합니다. "악을 행하는 자마다 빛을 미워하여 빛으로 오지 아니하나니 이는 그 행위가 드러날까 함이요"(요 3:20).

이러한 현상은 채소나 생선에 소금을 뿌렸을 때 나타나는 반응을 통해 쉽게 이해할 수 있습니다. 김치를 담그기 위해 배추를 절이는 과정에서 가장 중요한 것은 일정량의 소금을 넣는 것입니다. 그 순간 어떤 일이 일어납니까? 소금이 배추에 스며들며 절여지기 시작하면, 하늘을 찌를 듯 빳빳하던 배추가 점차 힘을 잃고 시들어 갑니다. 이렇게 되는데 배추가 소금을 좋아하겠습니까? 절대 그렇지 않습니다. 자기 몸 구석구석에 파고들어 결국 자기를 변화시키는 소금을 절대 반길 리 없습니다. 이처럼 심령이 가난하고 온유하며 죄악에 대해 애통해하는 그리스도인의 고유한 맛이 이기적이고 자기중심적인 삶에 젖어 있는 세상 사람들의 마음에 스며들 때, 그들이 어떤 반응을 보이겠습니까? 그리스도인의 영향력을 기뻐하며 감사할까요? 그리스도인이 드러내는 고유한 맛을 좋아하며 닮아가려 할까요? 절대 그렇지 않습니다. 오히려 인간의 본성인 이기심과 자기중심성을 지키기 위해 온갖 방법으로 저항할 것입니다.

혹 갓 잡은 미꾸라지에 소금을 뿌려본 경험이 있습니까? 그때 미꾸라지가 어떻게 반응합니까? 소금의 짠 성분이 피부에 파고들면 미꾸라지는 미친 듯이 몸부림칩니다. 이처럼 그리스도인만이 드러낼 수 있는 팔복의 고유한 맛이 부패한 세상의 구석구석에 스며들면, 세상 사람들은 당황하고 불편해하며, 때로는 마치 전혀 다른 세상에 들어온 듯한 혼란을 겪을 것입니다. 그럼에도 그들은 그리스도인에게 곱지 않은 시선을 던지고, 그들을 거부하며 심지어 증오하기까지 할 것입니다. 그러나 세상이 극렬히 대적하고 미워할지라도 그리스도인은 이 일을 멈추어서는 안 됩니다. 이것이야말로 세상의 부패함을 막기 위해 절실히 요구되는 소금 같은 그리스도인의 역할과 책임이기 때문입니다. 소금이 음식에 녹아들어 그 맛을 내고 부패를 막듯이, 그리스도인도 자신을 희생하며 세상에 스며들어 팔복의 성품과 자질을 드러낼 때 세상의 부패를 막을 수 있습니다.

지금까지 살펴본 바와 같이, 예수님께서는 소금과 관련하여 그리스도인의 정체성과 역할을 다소 소극적인 측면에서 말씀하십니다. 즉 그리스도인은 소금처럼 본래의 맛과 성질을 잃지 않는 것이 무엇보다 중요합니다. 그래야 세상에서 참된 생명과 기쁨, 평안을 전할 수 있으며, 부패를 방지할 수 있습니다. 그러나 다음에 살펴볼 '빛'의 역할에서는 더 적극적인 측면이 강조됩니다. 어두운 세상을 비추어야 하기 때문입니다. 이런 맥락에서 예수님께서는 "너희는 세상의 소금이다"라는 말씀을 "너희는 세상의 빛이다"라는 말씀보다 먼저 하신 것입니다. 소극적인 기능과 역할을 먼저 감당할 수 있어야 적극적인 기능과 역할도 감당할 수 있기 때문입니다. 이것이 성경적 원리이며, 그리스도인이 하나님의 말씀을 삶에 적용할 때의 중요한 원칙입니다.

그런데 우리는 예수님의 이 말씀에서 한 가지 반드시 주목해야 할 부분이 있습니다. 예수님께서는 "너희는 '세상'의 소금이니"라고 말씀하셨습니다. 이는 곧 그리스도인이 세상으로부터 부르심을 받아 구별된 삶을 살아야 하지만, 동시에 세상과 결코 분리될 수 없는 존재임을 강조하는 것입니다. 그럼에도 중세 시대 어떤 사람들은 하나님을 더 잘 섬기고 죄와 단절된 정결한 삶을 살겠다며 산속이나 외딴곳에 거처를 마련해 집단생활을 했습니다. 그것이 제도화된 것이 수도원입니다. 그러나 수도원 제도는 "너희는 세상의 소금이다"라는 예수님의 말씀과 정면으로 배치되며, 결코 성경적이지 않습니다. 그것은 하나님의 능력에 대한 불신이자, 예수님의 말씀의 진정한 의도를 오해한 결과일 뿐입니다.

다시 말하지만, 그리스도인은 '세상'의 소금입니다. 비록 세상과 구별되어 거룩하게 살아야 하지만, 결코 세상과 단절되어 살아가는 존재가 아닙니다. 그래서 어떤 이들은 기독교를 '시장 종교'라 부르기도

합니다. 그런데 오늘날에도 일부 이단과 사이비 집단은 자신들만의 공동체를 세워 폐쇄적인 집단생활을 이어가고 있습니다. 이는 중세 수도원과 크게 다르지 않은, 현대판 수도원 제도에 불과합니다. 그러나 예수님은 단 한 번도 그리스도인에게 세상을 떠나 살라고 하신 적이 없습니다. 오히려 세상에서 믿지 않는 이들과 함께 살아가며 생명의 맛을 알리고, 세상의 부패를 막는 영향력을 행사하라고 말씀하셨습니다.

그렇다면 그리스도인이 세상에서 소금으로서 선한 영향력을 발휘하기 위해서는 어떻게 살아야 합니까? 먼저 하나님의 말씀에 철저히 순종하며 세상 사람들을 위한 희생과 섬김의 삶을 살아야 합니다. 소금이 음식에 녹아들어야 맛을 내고 부패를 막을 수 있듯이, 그리스도인도 세상에 녹아들어야 참된 맛을 낼 수 있습니다. 즉 우리를 죄와 사망에서 구원하기 위해 십자가에서 몸을 찢고 피 흘리신 예수님처럼, 희생과 섬김과 나눔을 실천해야 합니다. 그뿐 아니라 세상의 부패를 방지하고 더욱 공의롭고 정의로운 사회를 세우기 위해 바른 제도가 마련되도록 목소리를 내야 합니다. 필요하다면 그런 법과 제도를 위한 지혜와 의견을 적극적으로 제시해야 합니다. 하지만 오늘날 급격히 변화하는 사회와 포스트모더니즘적 사고는 이러한 삶이 절대 쉽지 않게 만듭니다.

오늘날 우리는 그 어느 때보다도 개인주의가 팽배한 삭막한 시대를 살아가고 있습니다. 옆집에 누가 사는지도 모르고, 심지어 옆집에서 사람이 죽어도 관심조차 갖지 않습니다. 나와 상관없다면 다른 사람의 아픔과 고통을 외면하는 것이 당연하게 여겨지는 시대입니다. 그러나 예수님께서는 애통하는 자가 복이 있다고 말씀하시며, 그리스도인을 바로 그런 자로 부르셨습니다. 그러므로 세상 사람들이 모두 그렇게 살아간다 해도 그리스도인은 그렇게 살 수 없습니다. 오히려 이웃의 아픔과 슬픔을 자신의 것처럼 여기며 함께 애통해야 합니다. 또 세계 곳곳에서 겪고 있는 아픔과 고통에도 관심을 기울여야 합니다. 그리스도인은 자기 일과 자기 나라만을 위해 사는 존재가 아니라, 하나님의 뜻을 따라 세상을 섬기는 존재이기 때문입니다.

그러나 그리스도인이 이러한 선한 영향력을 발휘하기 위해서는 반드시 기억해야 할 사실이 있습니다. 소금이 불순물과 섞이면 제 기능을 하지 못하듯, 그리스도인도 세상의 가치와 사상에 동화되어서는 안 됩니다. 그리스도인은 세상을 본받는 존재가 아니라, 세상을 변화시키는 존재입니다. 그러므로 그리스도인은 세상의 가치가 자신의 마음과 영혼을 오염시키지 못하도록 철저히 경계해야 합니다. 이를 위해서는 끊임없이 팔복에서 말하는 성품과 자질을 사모하며 하나님 안에 거해야 합니다. 또 그리스도를 닮아가기 위해 부단히 애써야 합니다. 이것이 바로 세상에서 그리스도인만의 고유한 맛을 드러내고, 부패를 막기 위해 반드시 염두에 두어야 할 원칙입니다.

나아가 그리스도인은 온갖 부정과 부패, 거짓과 간사함이 만연한 세상에서 청렴하고 정직하게 살아야 합니다. 비록 그러한 삶이 손해와 불이익을 가져오더라도 결코 타협하거나 동조해서는 안 됩니다. 그리스도인은 의에 주리고 목마른 자이지, 세상의 부귀영화나 지위와 신분, 물질에 가치를 두는 자가 아니기 때문입니다. 또 그리스도인은 위로부터 난 지혜를 구하며 살아야 합니다. 이에 대해 야고보 사도는 이렇게 말합니다. "오직 위로부터 난 지혜는 첫째 성결하고 다음에 화평하고 관용하고 양순하며 긍휼과 선한 열매가 가득하고 편견과 거짓이 없나니 화평하게 하는 자들은 화평으로 심어 의의 열매를 거두느니라"(약 3:17-18). 그러므로 그리스도인은 마음이 청결하고, 의에 주리고 목마르며, 화평하게 하는 자가 되어야 합니다. 예수님께서 당부하신 대로 세상의 부패를 막는 방부제이자, 참생명과 기쁨의 맛을 전하는 소금으로 살아가야 합니다.

이러한 맥락에서 예수님께서 소금의 역할을 감당하지 못하는 그리스도인이 맞이할 결과에 대해 하신 말씀은 더욱 주목할 만합니다. "후에는 아무 쓸데 없어 다만 밖에 버려져 사람에게 밟힐 뿐이니라." 듣기만 해도 소름이 끼칠 정도로 끔찍한 결과입니다. 그런데 안타깝게도 오늘날 한국 교회의 현실이 본문의 상황과 유사합니다.

사실 오늘날 많은 교회가 과거와 비교할 수 없을 정도로 크고 화려한 건물과 안락한 시설을 갖추고 있습니다. 또 풍성한 인적·물적 자원을 자랑합니다. 그러나 외적인 성장과 달리, 세상에서 교회가 끼치는 영향력은 예전보다 오히려 줄어들었다고 해도 과언이 아닙니다. 오히려 교회와 관련한 불미스러운 소식이 반복해서 들려오며, 세상에서 교회의 입지가 점점 좁아지고 있습니다. 교회의 이런 민낯은 교회가 이제 세상에서 영향력을 잃고 쓸모없는 존재로 추락하고 있음을 보여줍니다. 그래서 본문의 말씀이 오늘날 조국 교회의 현실을 그대로 드러내는 것 같아 마음이 아픕니다. 교회와 그리스도인이 밖에 버려져 이리저리 짓밟히는 것 같은 현실이 참으로 안타깝습니다.

혹자는 이러한 생각이 지나치게 비관적이라고 생각할지도 모릅니다. 그러나 오늘날 교회의 현실을 진심으로 걱정하는 이라면 충분히 공감할 것입니다. 무엇보다 세상에 죄악이 더욱 관영하고 타락이 깊어지는 이유는 교회와 그리스도인이 세상을 향한 책임과 역할을 다하지 못했기 때문입니다. 그러므로 우리는 지금이라도 더 늦지 않게 예수님의 말씀을 기억해야 합니다. 우리는 이 세상의 소금입니다!

12장

너희는 세상의 빛이라

> "너희는 세상의 빛이라 산 위에 있는 동네가 숨겨지지 못할 것이요 사람이 등불을 켜서 말 아래에 두지 아니하고 등경 위에 두나니 이러므로 집 안 모든 사람에게 비치느니라 이같이 너희 빛이 사람 앞에 비치게 하여 그들로 너희 착한 행실을 보고 하늘에 계신 너희 아버지께 영광을 돌리게 하라"(마 5:14-16).

우리는 지금 팔복의 성품을 소유한 그리스도인의 정체성이 무엇이며, 세상에서 어떤 기능과 역할을 하고, 또 어떤 영향력을 발휘해야 하는지 살펴보고 있습니다. 예수님께서는 먼저 "너희는 세상의 소금이다"라고 말씀하신 후, 또 다른 정체성을 말씀하십니다. 바로 "너희는 세상의 빛이다"라는 것입니다. 여기서 조금 엉뚱할 수도 있는 질문 하나를 하고자 합니다. 그리스도인의 정체성으로 내세울 만한 중요한 여러 항목 중 왜 하필 예수님께서는 '너희는 세상의 소금이다', '너희는 세상의 빛이다'라는 이 두 가지로만 표현하셨을까 하는 것입니다. 그것은 이 두 가지가 그리스도인의 정체성을 설명할 수 있는 수많은 내용을 가장 압축적이고 본질적으로 요약한 것이기 때문입니다. 마치 십계명이 크게 두 부분, 즉 하나님 사랑과 이웃 사랑으로 요약될 수 있듯이, '소금'과 '빛'이라는 두 가지 표현 역시 그리스도인의 정체성을 대표하는 핵심적이고 종합적인 언어라고 할 수 있습니다. 이 두 가지 표현은 그야말로 수많은 진리의 진액 중의 진액이라고 해도 과언이 아닙니다. 무엇보다도 이 말씀은 태초부터 성부 하나님과 함께 계셨던 말씀 자체이신 예수 그리스도의 깊은 비밀을 담고 있으며, 동시에 인간의 이해와 이성의 수준을 고려하신 예수님의 탁월한 교육적 의도와 전략이 숨어 있습니다. 그러므로 우리는 "너희는 세상의 빛이다"라는 내용을 본격적으로 살펴보기 전에, 먼저 이 두 가지 정체성의 중요성을 다시 한번 상기할 필요가 있습니다.

앞서 살펴본 것처럼, 예수님께서는 그리스도인의 정체성과 사명을 말씀하실 때 먼저 '소금'을 언급하시고, 그다음 '빛'을 말씀하십니다. 그렇다고 해서 소금의 역할이 빛보다 더 중요하거나, 빛의 영향력이 소금보다 덜 중요하다는 뜻은 아닙니다. 그렇다면 왜 순서가 이렇게 되었을까요? 다시 한번 강조하지만, "너희는 세상의 소금이다"라는 말씀은 그리스도인의 역할 중 소극적인 측면을 강조하는 것입니다. 소금은 다른 불순물과 섞이지 않고 고유한 맛을 유지할 때만 제 역할을 할 수 있습니다. 그래야 음식의 간을 제대로 맞추고, 부패를 막을 수 있습니다. 그러므로 소금의 가장 중요한 역할은 '그 맛을 잃지 않는 것'입니다.

반면 "너희는 세상의 빛이다"라는 말씀은 그리스도인의 정체성의 적극적인 측면을 드러냅니다. 빛의 본질적인 기능은 어둠을 밝히 비추는 데 있습니다. 예수님께서도 "너희 빛이 사람 앞에 비치게 하여"라고 말씀하셨습니다. 곧 그리스도인은 복음이 자아내는 생명의 빛을 어둠 가운데 있는 사람들에게 드러내야 합니다. 그러므로 소금과 빛은 모두 똑같이 중요한 정체성이지만, 소금은 부패를 막고 맛을 지키는 소극적 사명, 빛은 어둠을 밝히고 드러내는 적극적 사명으로 이해해야 합니다.

그러나 성경의 이러한 논리적인 전개에도 많은 사람이 흔히 범하는 잘못이 있습니다. 그것은 소금의 소극적인 사명을 건너뛰고 곧바로 빛의 적극적인 역할만 하려 한다는 것입니다. 하지만 이것은 성경이 지지하는 신앙의 모습이 아닙니다. 그러한 태도는 결국 자기 방식과 자기 주관에 따른 신앙생활로 흐르기 쉽고, 그 결과 신앙의 왜곡과 잘못된 신념으로 이어질 위험이 큽니다. 그러므로 우리는 먼저 소금으로서의 정체성을 확실히 지키며, 복음의 고유한 맛을 잃지 않아야 합니다. 그런 후에야 비로소 그 맛을 보존한 채, 빛 된 그리스도인의 적극적인 삶을 살아가야 합니다. 이것이 바로 건강한 신앙의 모습입니다.

그런데 "너희는 세상의 빛이다"라는 말씀을 본격적으로 살펴보기 전에 반드시 기억해야 할 두 가지 사실이 있습니다.

첫째, 우리는 빛 그 자체가 아니라는 사실입니다. 빛은 오직 하나님과 예수 그리스도만이 본질적으로 가지신 속성입니다. 요한1서에서는 이렇게 말씀합니다. "우리가 그에게서 듣고 너희에게 전하는 소식은 이것이니 곧 하나님은 빛이시라 그에게는 어둠이 조금도 없으시다는 것이니라"(1:5). 이처럼 오직 성부 하나님과 성자 예수님만이 어둠이 전혀 없는 참빛이십니다. 그렇다면 예수님께서 왜 제자들에게 "너희는 세상의 빛이다"라고 말씀하셨을까요? 이는 바로 그리스도와의 연합의 교리와 깊이 관련이 있습니다. 예수님은 "나는 포도나무요 너희는 가지라 그가 내 안에, 내가 그 안에 거하면 사람이 열매를 많이 맺나니 나를 떠나서는 너희가 아무것도 할 수 없음이라"(요 15:5)라고 말씀하셨습니다. 곧 성도가 그리스도를 믿고 영접하는 순간, 빛 되신 예수님과

연합하게 되고 그로 인해 참 빛을 소유하게 되는 것입니다. 그러므로 그리스도인은 빛 자체가 아니라, 예수 그리스도의 빛을 비추는 반사체입니다.

둘째, 이 세상은 본질적으로 어둠 가운데 있다는 사실입니다. 요한복음은 이렇게 말합니다. "그 안에 생명이 있었으니 이 생명은 사람들의 빛이라 빛이 어둠에 비치되 어둠이 깨닫지 못하더라"(1:4-5). 아담과 하와의 타락 이후, 인류는 영적으로 눈이 멀어 하나님을 알지도, 깨닫지도 못하는 어둠 가운데 놓였습니다. 육체적으로는 눈을 떠서 세상을 볼 수 있으나, 영적으로는 철저히 눈먼 상태가 된 것입니다. 그러므로 타락한 인간이 보고, 듣고, 추구하는 모든 것은 참된 생명과 진리가 아니라 어둠 속에 있는 사망과 죄악뿐입니다. 그러므로 우리는 이 전체적인 맥락을 충분히 이해하고 본문 말씀을 깊이 묵상해야 합니다. "너희는 세상의 빛이다"라는 선언은, 세상은 어둠 가운데 있으며 그 속에서 오직 그리스도와 연합한 자들만이 빛을 비추는 존재임을 드러내는 것입니다.

그런데 안타깝게도 많은 사람이 이 세상은 어둠 가운데 있으며, 자신들 또한 영적으로 완전히 눈이 먼 상태에 있다는 사실을 쉽게 인정하지 않습니다. 그뿐 아니라, 우리가 아무리 그들의 마지막 종착지가 영원한 멸망이라고 말해주어도 그 사실을 받아들이려 하지 않습니다. 이것이 바로 예수님을 믿지 않은 자연인들의 가장 큰 비극이자 불행입니다. 그럼에도 이런 영적 어둠 가운데 있는 사람들에게 참된 생명의 빛을 비추어, 그들이 얼마나 큰 죄와 어둠 속에 있는지를 밝히 드러낼 수 있는 존재는 바로 빛 된 그리스도인밖에 없습니다. 또 영원한 죽음과 멸망에서의 완전한 해방과 자유 그리고 영원한 생명의 길이 있음을 분명히 보여줄 수 있는 존재도 오직 빛 된 그리스도인뿐입니다. 이 세상에 오신 참빛, 곧 예수 그리스도의 빛을 소유한 그리스도인만이 진리와 생명의 빛을 비추어 어둠 속에 감추어진 모든 더럽고 추한 것을 낱낱이 드러낼 수 있습니다.

그러나 그리스도인이 이런 역할과 사명을 제대로 감당하기 위해서는 반드시 세 가지 전제 조건을 기억해야 합니다.

첫째, 그리스도인은 하나님께서 자신에게 허락하신 복음과 진리가 자아내는 참된 생명의 빛을 절대 소멸시키지 말아야 합니다. 기름이 떨어지면 등불이 꺼지듯, 성령 하나님의 통치를 받지 않는다면 그리스도인도 결코 선한 영향력을 발휘할 수 없습니다. 또 팔복으로 무장한 빛 된 성품과 자질을 절대 약화시키지 않아야 합니다. 예수님께서는 앞선 말씀에서 소금이 그 맛을 잃는 것에 대해 엄중히 경고하셨습니다. 마찬가지로 그리스도인이 스스로 빛으로서의 존재임을 망각하고, 빛인지 어둠인지 구별되지 않는 상태로 전락하는 일을 경고하신 것입니다. 그리스도인이란 누구입니까? 그는 바로 하나님께서 어둠에서 불러내어 그의 기이한 빛 가운데로 인도하신 거룩한 존재입니다. 그런데도 여전히 세상의 가치관과 세속적 복의 개념, 왜곡된 세계관을 따르며 세상 사람들과 다를 바 없이 살아간다면, 그는 결코 팔복의 성품을 지닌 빛 된 존재로 이 세상에 설 수 없습니다. 어둠과 빛은 단순히 조금 다른 정도가 아닙니다. 그것은 완전히 정반대의 성질을 가진 상극의 관계입니다. 그래서 사도 바울은 로마서에서 이렇게 권면합니다. "너희는 이 세대를 본받지 말고 오직 마음을 새롭게 함으로 변화를 받아 하나님의 선하시고 기뻐하시고 온전하신 뜻이 무엇인지 분별하도록 하라"(12:2).

둘째, 빛 된 그리스도인은 스스로 그 빛을 가려버리는 죄악 된 삶을 살아서는 안 됩니다. 이것이야말로 예수님께서 주신 더 강력한 경고입니다. 사실 그리스도인이 빛을 제대로 발하지 못하는 경우는 외부의 힘 때문이 아니라, 스스로 빛을 가려버릴 때입니다. 이와 관련해 예수님께서는 이렇게 말씀하셨습니다. "너희는 세상의 빛이라 산 위에 있는 동네가 숨겨지지 못할 것이요"(마 5:14). 여기서 말씀하신 빛은 태양의 빛임이 분명합니다. 태양이 떠오르면 아무리 깊은 어둠 속에 숨어 있던 산 위의 동네라 해도 그 모습을 감출 수 없습니다. 물론 태양이 높이 떠 있는 한낮이라도 빛이 제대로 비치지 못할 때가 있습니다. 바로 먹구름 같은 장애물이 태양을 가릴 때입니다. 그러나 이런 예외적인 상황을 제외하면, 아무리 짙은 어둠이 세상을 덮고 있어도 태양이 떠오르면 모든 만물은 제 모습을 드러내지 않을 수 없습니다. 이처럼 빛 된 그리스도인이 죄로 인해 하나님과의 인격적인 관계가 단절되거나, 그분께 나아가는 길이 가로막힌다면, 그 빛은 가려질 수밖에 없습니다. 죄는 그리스도인이 하나님께 담대히 나아가는 것을 방해하는 가장 큰 걸림돌이며, 하나님과의 친밀한 교제를 깨뜨리는 장애물입니다. 또 죄는 다른 사람들과의 관계에서도 그리스도인이 발해야 할 빛을 가려, 세상을 밝히 비추는 역할을 무력하게 만듭니다.

셋째, 빛 된 그리스도인은 어떤 상황에서도 자신이 마땅히 있어야 할 자리를 지켜야 합니다. 예수님께서 "사람이 등불을 켜서 말 아래에 두지 아니하고 등경 위에 두나니"(마 5:15)라고 말씀하신 사실에서 이 점을 알 수 있습니다. 집 안을 밝히기 위해 켠 등불을 누가 곡식 되를 재는 말 아래에 두겠습니까? 그런 일은 있을 수 없습니다. 그것은 등불이 필요한 이유조차 알지 못하는 어리석은 행동입니다. 등불은 반드시 등경 위에 두어야 하며, 가능하다면 집 안 곳곳을 환히 비출 수 있는 높은 곳에 두어야 합니다. 그래야 집 안 사람들이 길을 잃지 않고 자유롭게 움직이며, 맡은 일을 실수 없이 할 수 있습니다.

그러므로 소금이 그 맛을 잃지 않는 것이 중요하다면, 등불은 마땅히 있어야 할 자리를 지키는 것이 중요합니다. 최대한 멀리 그리고 밝게 비출 수 있도록 그 자리를 굳게 지키는 것이 등불의 사명입니다.

이처럼 빛 된 그리스도인은 세상의 온갖 유혹과 미혹 속에서도 자신이 있어야 할 자리를 분명히 알고 그 자리를 지켜야 합니다. 그리스도인이 있어야 할 자리는 죄로 물든 어둠의 자리가 아니라, 팔복과 성령으로 충만한 거룩한 빛의 자리이기 때문입니다. 시편 기자는 이 사실을 이렇게 말합니다. "복 있는 사람은 악인들의 꾀를 따르지 아니하며 죄인들의 길에 서지 아니하며 오만한 자들의 자리에 앉지 아니하고 오직 여호와의 율법을 즐거워하여 그의 율법을 주야로 묵상하는도다" (1:1-2).

그러므로 그리스도인이 빛 된 존재로 이 세상에서 자신의 역할과 사명을 온전히 감당하기 위해서는 반드시 이 세 가지 전제를 마음에 새겨야 합니다.

이제 우리는 본문 14-15절을 통해 예수님께서 강조하신 핵심을 조금 더 깊이 살펴볼 필요가 있습니다. "너희는 세상의 빛이라 산 위에 있는 동네가 숨겨지지 못할 것이요"라는 말씀은 빛의 본질과 속성을 드러냅니다. 빛이 비치면 어둠 속에 감추어져 있던 동네라 할지라도 환히 드러나지 않을 수 없습니다. 즉 빛의 속성은 모든 것이 드러나게 한다는 것입니다. 그렇다면 이 말씀이 의미하는 바는 무엇입니까? 그것은 빛 된 존재인 그리스도인이 있는 곳마다 세상의 어두운 부분, 곧 죄악이 반드시 드러난다는 사실입니다. 이것은 자연의 법칙이며 필연적인 결과입니다. 빛이 비치면 어둠 때문에 보이지 않던 사물과 형상이 자연스럽게 드러나는 것과 같습니다.

그리스도인의 존재도 바로 그러합니다. 그리스도인이 빛으로 존재하는 한, 그 자체만으로도 세상 사람들의 죄 된 본성과 실상 그리고 세상에 만연한 죄악이 드러납니다. 그리스도인이 빛으로 있는 동안, 세상 사람들은 누가 따로 가르쳐주지 않아도 자신들과 이 세상 안에 숨겨진 어둠의 실체를 깨닫게 됩니다. 그들은 자신들이 지금까지 빛과 진리, 생명과 복, 참된 선이라고 믿고 추구했던 것(세상의 철학, 문화, 과학, 도덕과 윤리, 학문, 예술, 물질, 사회 제도 등)이 모두 거짓이며, 결국은 어둠 속에 감추어진 헛된 것들이었다는 사실을 알게 됩니다. 그리고 그 깨달음은 단지 그리스도인이 빛으로 존재한다는 사실 하나만으로도 가능하게 되는 것입니다.

그런데 우리는 "사람이 등불을 켜서 말 아래에 두지 아니하고 등경 위에 두나니 이러므로 집 안 모든 사람에게 비치느니라 이같이 너희 빛이 사람 앞에 비치게 하여"(15-16절)라는 말씀을 또 다른 차원에서 이해할 필요가 있습니다. 15절의 강조점은 14절과 분명히 다르기 때문입니다. 사실 이 말씀에서 예수님은 이 땅에 살아가는 그리스도인이 단순히 빛 된 정체성과 성품을 소극적으로 간직하는 수준에 머무는 것이 아니라, 오히려 적극적으로 그 빛을 드러내며 살아야 함을 강조하고 계십니다.

빛은 본래 어둠 속에 감추어진 대상을 비추어 드러내는 기능과 속성을 가지고 있습니다. 그래서 빛을 받은 대상은 빛으로 말미암아 자신의 실제 모습과 본질을 나타내게 됩니다. 그러나 그 대상이 제 모습을 드러내도록 하는 주체는 언제나 빛입니다. 그런데 빛이라고 모두 같은 빛이 아닙니다. 이 세상에는 그 밝기와 강도, 비추는 범위에 따라 다양한 종류의 빛이 존재합니다. 태양이 발하는 강렬한 빛이 있는가 하면, 형광등의 인공적인 빛이나 작은 호롱불 빛, 심지어 다 꺼져가는 촛불의 희미한 빛도 있습니다. 이처럼 빛 된 그리스도인들이 발하는 빛의 영향력과 기능 또한 절대 동일하지 않습니다. 어떤 그리스도인은 마치 꺼져가는 촛불같이 희미한 빛을 발하여 어둠 속에서 그저 윤곽만 어렴풋이 드러낼 뿐입니다. 반면 어떤 그리스도인은 태양과 같이 강렬하고 분명한 빛을 발하여 그 영향력이 매우 크고도 뚜렷하게 드러납니다. 당연히 모든 성도는 전자의 빛이 아니라 후자의 빛

된 삶을 추구해야 합니다.

그렇다면 "사람이 등불을 켜서 말 아래에 두지 아니하고 등경 위에 두나니 이러므로 집 안 모든 사람에게 비치느니라"라는 말씀에서 드러나는 예수님의 의도는 무엇일까요? 예수님은 그리스도인이 단순히 어둠 속에 감추어진 죄악의 실상을 드러내는 정도에서 머무르기를 원치 않으십니다. 주님께서 요구하시는 것은, 집 안 모든 사람에게 빛을 비추어 그들이 어둠 속에서도 분명히 사물을 분별하게 하고, 마땅히 해야 할 일을 바르게 행하게 하는 적극적이고 실질적인 역할입니다. 다시 말해, 그리스도인은 단순히 세상의 죄악을 폭로하는 정도가 아니라, 참된 신앙과 진실한 삶의 태도를 통해 더 깊고 강력한 영향력을 발휘해야 함을 강조하시는 것입니다.

이 같은 예수님의 의도는 이어지는 말씀에서 더욱 분명히 확인할 수 있습니다. "이같이 너희 빛이 사람 앞에 비치게 하여 그들로 너희 착한 행실을 보고 하늘에 계신 너희 아버지께 영광을 돌리게 하라"(16절). 이것이 바로 팔복의 성품을 지니고, 소금과 빛 된 정체성을 가진 성도에게 예수님이 요구하시는 신앙과 삶의 궁극적인 목표입니다. 그리스도인은 자신의 착한 행실, 곧 빛 된 성품과 영향력에서 흘러나오는 거룩한 행실을 세상 사람들이 보도록 해야 합니다.

이와 같은 맥락에서 사도 베드로도 이렇게 권면합니다. "너희가 이방인 중에서 행실을 선하게 가져 너희를 악행한다고 비방하는 자들로 하여금 너희 선한 일을 보고 오시는 날에 하나님께 영광을 돌리게 하려 함이라"(벧전 2:12). 그렇습니다. 구원받은 모든 그리스도인의 신앙과 삶의 궁극은 하나님의 영광입니다. 성도가 거룩하고 정결하게 살아야 하는 이유는 자신을 드러내거나 자랑하기 위함이 아닙니다. 성도의 모든 선한 행위와 삶은 오직 하나님의 은혜와 그분의 능력으로 가능하기 때문입니다. 인간의 힘과 지혜와 의지로는 결코 이룰 수 없습니다. 그러므로 그리스도인은 먼저 자신의 빛 된 신앙과 삶을 통해 어둠 속에 있는 사람들이 자신들의 실상을 깨닫도록 도와야 합니다. 그리고 더 나아가 그들의 심령을 감동시켜 하나님을 알게 하고, 결국 하나님께 영광을 돌리는 자리로 나아가게 해야 합니다. 본문에서 말하는 하나님께 영광을 돌린다는 것은 단순히 하나님을 인정하는 것만을 말하지 않습니다. 그것은 궁극적으로 하나님을 믿고 고백하며, 하나님을 예배하고 섬기는 삶에 이르는 것입니다. 그러므로 만일 그리스도인이 이러한 빛의 역할과 사명을 감당하지 못한다면, 그것은 성도 개인뿐 아니라 이 세상 전체에도 심각한 불행과 손실입니다.

따라서 모든 그리스도인은 자신이 빛 되신 예수 그리스도의 거룩한 빛을 반사하는 존재임을 결코 잊어서는 안 됩니다. 그러나 오늘날 많은 성도가 자신이 그리스도인이라는 사실을 밝히는 것조차 주저하거나, 심지어 부끄러워합니다. 어떤 이는 의도적으로 그 사실을 숨기기도 합니다. 그러나 이것은 주님의 말씀과는 정반대의 모습입니다. 예수님은 분명히 경고하셨습니다. "누구든지 사람 앞에서 나를 시인하면 나도 하늘에 계신 내 아버지 앞에서 그를 시인할 것이요 누구든지 사람 앞에서 나를 부인하면 나도 하늘에 계신 내 아버지 앞에서 그를 부인하리라"(마 10:32-33).

그러므로 그리스도인은 자신에게 주어진 빛 된 정체성과 사명을 결코 숨겨서는 안 됩니다. 그것을 감추는 것은 자신에게 해악일 뿐 아니라 교회 공동체 전체에도 큰 손실입니다. 하나님은 독생자 예수 그리스도를 십자가에 내어 주기까지 우리를 사랑하셨습니다. 그러므로 우리는 하나님께서 주신 빛 된 정체성과 사명이 얼마나 소중하고 절대적인지를 깊이 인식해야 합니다.

그렇다면 그리스도인이 "너희는 세상의 빛이다"라는 말씀에 따라 이 세상에서 그 역할과 영향력을 감당하기 위해서는 무엇을 어떻게 해야 합니까?

먼저 성도는 이 사명에 대한 경각심을 결코 낮추어서는 안 됩니다. 이 세상에는 그리스도인이 빛 된 자리에 충실히 서지 못하도록 방해하는 장애물이 곳곳에 도사리고 있기 때문입니다. 사탄과 세상의 영, 육체의 정욕은 끊임없이 성도의 신앙을 흔들며 그 자리에서 넘어뜨리려 합니다. 그러므로 그리스도인은 이러한 유혹을 단호히 경계하고 죄를 멀리하며, 성령을 근심케 하는 어떠한 죄에도 빠져들지 않도록 주의해야 합니다. 혹시라도 일시적으로 죄에 넘어졌다 할지라도, 즉시 회개하고 다시 성령의 조명과 인도하심을 따라야 합니다.

또 성도가 빛 된 정체성을 따라 살아가기 위해서는 하나님께서 주신 은혜의 방편들(말씀과 기도와 성례)을 부지런히 사용해야 합니다. 이를 통해 하나님과 친밀한 교제를 누리고, 신앙의 성장을 도모하며, 성령의 충만함을 입어야 합니다. 그때야 비로소 팔복의 성품이 실제 삶에서 드러나고, 복음의 빛을 세상에 전하는 사명을 힘 있게 감당하게 됩니다. 이러한 빛 된 삶은 세상 사람들에게 긍정적인 감동과 변화를 일으킵니다. 그들은 그런 그리스도인의 삶을 통해 지금까지 자신들이 추구해 온 모든 것이 헛되고 허망한 가짜였음을 깨닫고, 참된 빛이신 하나님께 눈을 돌리게 됩니다.

사실 오늘날처럼 이 거룩한 빛이 절실히 요구되는 시대는 없었습니다. 그러나 세상은 그 빛을 잘못된 곳에서 찾으려 합니다. 학문과 과학, 문화와 철학 등을 마치 참된 빛처럼 여겼던 적도 있었으나, 참빛이신 예수 그리스도의 빛 앞에서는 모두 가짜 빛에 불과합니다. 오직 예수 그리스도의 거룩한 빛과 그 빛을 반사하는 성도의 삶만이 세상의 어둠을 몰아내고, 인류가 직면한 문제의 근본적 해결책을 제시할 수 있습니다. 그러므로 성도는 자신의 존재가 얼마나 고귀하고 특별한지를 인식해야 합니다. 성도의 빛은 세상의 어떤 발광체와도 비교할 수 없을 만큼 소중합니다. 그리스도인이 이 빛을 사랑하고 드러내며 살지 않는다면, 그것은 곧 하나님의 영광을 가리는 일이 됩니다.

왜 그리스도인은 반드시 그렇게 살아야 합니까? 그 궁극적인 이유는 하나님의 영광 때문입니다. 하나님은 성도의 거룩한 삶을 통해 직접 영광을 받으시며, 또 그 삶을 본 세상 사람들이 하나님께 영광을 돌리도록 하십니다. 다니엘과 함께하신 하나님을 보고 다리오 왕이 고백했던 것처럼, 또 스바 여왕이 솔로몬을 보고 하나님을 찬양했던 것처럼, 오늘도 성도의 삶을 통해 세상은 하나님을 인정하고 영광을 돌리게 됩니다. 그러므로 "너희 빛이 사람 앞에 비치게 하여 그들로 너희 착한 행실을 보고 하늘에 계신 너희 아버지께 영광을 돌리게 하라"라는 예수님의 명령은 오늘 우리에게도 여전히 유효합니다. 성도의 착한 행실은 자기 과시의 수단이 아니라, 하나님의 영광을 드러내는 도구와 통로여야 합니다.

결국 예수님께서 "너희는 세상의 빛이다"라고 선언하신 말씀에는 놀랍고 위대한 실체가 담겨 있습니다. 물론 성도가 완전할 수는 없습니다. 그러나 성도는 빛 된 삶을 거부할 수 없습니다. 그것은 곧 하나님의 신적 역사와 특권이기 때문입니다. 우리는 지금 자신이 이런 빛 된 존재라는 사실을 알고 있습니까? 그 사실을 붙들고 신앙생활을 하고 있습니까?

13장

그리스도와 율법 : 율법을 폐하러 온 것이 아니다

"진실로 너희에게 이르노니 천지가 없어지기 전에는 율법의 일점 일획도 결코 없어지지 아니하고 다 이루리라 그러므로 누구든지 이 계명 중의 지극히 작은 것 하나라도 버리고 또 그같이 사람을 가르치는 자는 천국에서 지극히 작다 일컬음을 받을 것이요 누구든지 이를 행하며 가르치는 자는 천국에서 크다 일컬음을 받으리라"(마 5:18-19).

예수님께서는 지금까지 팔복을 통해 그리스도인의 성품과 자질에 대해 말씀하셨습니다. 그리고 그 팔복을 바탕으로 그리스도인의 정체성, 나아가 이 세상에서 감당해야 할 역할과 기능 그리고 영향력에 대해 언급하셨습니다. 그런데 본문 마태복음 5장 17-20절에서는 갑자기 율법과 의에 관해 말씀하십니다. 사실 여기서 의에 대한 내용은 이미 팔복에서도 언급된 바 있으므로 어느 정도 자연스럽게 받아들일 수 있습니다. 그러나 율법에 대한 언급은 문맥상 다소 어색하게 느껴집니다.

그렇다면 왜 예수님께서는 이 시점에서 율법과 의에 대해 말씀하신 것일까요? 우리는 그렇게 말씀하신 예수님의 의도와 목적을 신중하게 탐구해야 합니다. 본문은 이미 앞에서 말씀하신 내용과 뒤이어 전개될 내용을 연결해 주는 중요한 가교 역할을 하기 때문입니다. 동시에 이 본문이 예수님의 존재와 정체성 그리고 앞으로 선포하실 모든 말씀의 권위와 능력에 대한 결정적인 근거이자 토대가 되기 때문입니다.

아마도 예수님께서 이것을 말씀하신 가장 큰 이유는 하나님 나라의 복음과 율법의 관계, 즉 그리스도와 율법 그리고 그리스도인과 율법의 관계를 분명히 정리해야 할 필요가 있었기 때문일 것입니다. 실제로 당시 어떤 이들은 예수님의 가르침이 구약의 율법을 무시하거나 무가치하게 여기는 것처럼 오해했습니다. 그 대표적인 부류가 바로 서기관들과 바리새인들이었습니다. 그뿐 아니라, 예수를 따르는 제자들과 초기 그리스도인들조차 자신들이 지금까지 생명처럼 지켜온 구약의 율법과 전통을 어떻게 이해해야 할지 큰 혼란과 고민 속에 있었을 것입니다. 당시 유대인들은 하나님의 율법을 지키는 것이 곧 구원의 길이며, 복을 받는 방법이라고 확신하고 있었습니다. 이에 그들의 신앙과 삶은 율법과 결코 분리될 수 없는 관계에 있었던 것입니다.

그런데 예수님께서는 팔복을 통해 구약적 배경과 전혀 다른 차원의 복을 선언하셨습니다. 사람들은 한편으로는 예수님의 지혜와 권위 있는 말씀에 놀라 감탄했지만, 다른 한편으로는 큰 혼란에 빠졌습니다. 자신들이 기대하던 메시아상과 예수님께서 선포하신 하나님 나라의 실제 모습 사이에서 오해와 왜곡이 생겼고, 그로 인해 심한 혼란이 빚어진 것입니다. 비록 모두가 즉시 그렇게 반응하지는 않았더라도 앞으로 이러한 혼란은 충분히 예상될 수 있는 상황이었습니다. 실제로 예수님의 공생애 기간 내내 이 문제는 논란과 논쟁의 중심에 있었습니다. 서기관들과 바리새인들, 유대 종교 지도자들은 물론, 심지어 예수님의 제자들과 그를 따르는 무리조차 이 문제에 대해 끊임없이 질문을 던졌던 것입니다.

더 나아가 본문 이후 예수님께서는 바리새인들과 서기관들의 잘못된 율법 해석을 지적하시며 교정하십니다. 이는 당시 사람들이 율법에 대해 가진 왜곡된 이해와 오류를 반드시 바로잡아야 했기 때문입니다. 사실 이것이야말로 예수님께서 이 땅에 오신 중요한 목적 중 하나였습니다. 이러한 여러 이유로 예수님께서는 당시 무리에게 율법의 절대적인 불변성과 연속성 그리고 그 가치와 중요성을 분명히 가르치실 필요가 있었던 것입니다. 예수님은 율법의 제정자이시며 주권적 수여자이시기 때문입니다. 예수님은 율법 아래 나셔서 인간이 결코 온전히 지킬 수 없는 율법에 완전히 순종하셨고, 십자가에서 자기 백성을 위한 대속 사역을 이루셨습니다. 이것이 곧 예수님의 메시아적 사명이자 구속 사역의 핵심이었습니다. 그러므로 이러한 전제를 염두에 두고 본문을 깊이 살펴보아야 합니다.

앞서 언급했듯 마태복음 5장 17-20절에서 핵심 주제는 '율법'(혹은 계명)과 '의'입니다. 따라서 자연스럽게 제기되는 질문은 다음과 같습니다. '그리스도와 율법은 어떤 관계에 있는가?' '그리스도인과 율법은 어떤 관계에 있는가?' 이 질문은 또한 신약과 구약, 복음과 율법 사이의 관계라는 신학적 주제를 불러옵니다. 예수님은 본문에서 이 질문들에 대한 답을 주십니다. 17-18절은 첫 번째 질문, 곧 그리스도와 율법의 관계를 다루고, 19-20절은 두 번째 질문, 즉 그리스도인과 율법의 관계를 다룹니다.

이 본문 역시 직설법과 명령법의 구조로 되어 있습니다. 17-18절은 직설법, 19-20절은 명령법입니다. 즉 예수님이 누구신지 그분의 인격을 올바르게 이해하지 못한다면 그분의 사역도 명확히 이해할 수 없습니다. 예수님의 인격과 사역을 제대로 알지 못하면 그리스도인의 신앙과 삶 또한 뿌리 없는 허상이 되고 맙니다. 그리스도인의 삶을 가능케 하는 근거와 이유를 알지 못하면, 신앙은 중심을 잃고 방황하며 길을 잃을 수밖에 없습니다. 그러므로 예수님께서는 먼저 자신과 율법과 선지자들의 관계를 말씀하신 후, 그에 근거해 그리스도인과 율법의 관계를 말씀하신 것입니다. 특히 "너희 의가 서기관과 바리새인보다 더 낫지 못하면 결코 천국에 들어가지 못하리라"라는 말씀을 통해, 그리스도인의 의는 기존 서기관과 바리새인들의 의보다 나아야 함을 강조하십니다. 이는 소극적으로는 의에 대한 그들의 왜곡된 이해를 지적하는 것이고, 적극적으로는 하나님의 말씀에 순종하며 선한 행실을 하는 '참된 의'가 무엇인지를 신약의 관점에서 보여주는 말씀입니다.

이제 먼저 예수님과 율법의 관계를 살펴봅니다.

예수님께서는 "내가 율법이나 선지자를 폐하러 온 줄로 생각하지 말라 폐하러 온 것이 아니요 완전하게 하려 함이라"라고 말씀하십니다. 여기서 '완전하게 하다'라는 말은 '성취하다' 혹은 '채우다'라는 뜻입니다. 이 말씀은 놀라울 만큼 영광스럽습니다. 예수님께서 스스로 이 땅에 오신 목적을 밝히신 대표적인 성경 구절은 마태복음 9장 13절과 마가복음 10장 45절입니다. "나는 의인을 부르러 온 것이 아니요 죄인을 부르러 왔노라"(마 9:13). "인자가 온 것은 섬김을 받으려 함이 아니라 도리어 섬기려 하고 자기 목숨을 많은 사람의 대속물로 주려 함이니라"(막 10:45). 그리고 본문 또한 예수님이 이 땅에 오신 목적을 매우 분명하고 선명하게 드러내는 구절 중 하나입니다. 기독교 복음 전체를 요약하는 구절이라 해도 과언이 아닙니다. 그리스도인을 위한 '대헌장'이라 불러도 손색이 없는 복음의 핵심 진술입니다.

무엇보다 이 말씀은 죄로 인해 영원한 멸망에 이를 수밖에 없는 인류에게 가장 큰 자유와 해방, 기쁨과 위로를 주는 복된 선언입니다.

이는 참된 그리스도인의 마음을 감격시키며, 그 풍성함과 역동성으로 우리 영혼을 뜨겁게 흔드는 말씀입니다. 만일 이 말씀을 접하고도 하나님께 찬양과 영광을 올려 드리고자 하는 마음이 일어나지 않는다면, 그는 아직 복음을 제대로 알지 못하는 사람일 것입니다. 그런 사람은 기독교 신앙의 기초와 교리를 다시 배워야 합니다. 성경 전체에서 이 구절만큼 영광스럽고 놀라운 진술은 찾아보기 어렵기 때문입니다. 왜 그렇습니까?

"내가 율법이나 선지자를 폐하러 온 줄로 생각하지 말라 폐하러 온 것이 아니요 완전하게 하려 함이라"라는 이 구절은, 이 땅에 하나님과 인간을 화해시키기 위해 중보자로 오신 예수 그리스도의 삼중직(선지자, 제사장, 왕)을 떠올리게 합니다. 예수님께서는 이 삼중직을 온전히 감당하심으로 하나님과 인간 사이의 유일한 중보자가 되셨습니다. 그리고 구속받은 모든 하나님의 백성을 영원한 생명과 구원으로 인도하시어, 아담의 타락으로 잃어버린 하나님의 형상과 모양을 회복하게 하셨습니다. 이러한 측면에서 예수님은 지금 자신이 구약의 율법 및 선지자와 결코 분리될 수 없다는 사실을 분명히 선언하고 계십니다. 오히려 그분의 사역은 구약을 계승하여 온전히 품으면서, 동시에 신약 시대를 여는 그리스도의 구속 사역임을 드러내고 있는 것입니다.

율법은 구약을 상징합니다. 그래서 예수님은 자신이 오심으로 도래한 하나님 나라와 율법의 관계를 반드시 말씀하셔야 했습니다. 다시 말해, 구약의 제사법을 비롯한 율법과 그리스도의 관계, 율법의 본질과 기능, 그리고 구약 율법과 신약 복음의 관계를 제자들에게 명확히 가르쳐 주셔야 했던 것입니다. 물론 본문의 문맥과 이어지는 5장 21절 이후의 내용을 보면 제사법 등 의식법과 직접적인 관련은 없는 것처럼 보일 수도 있습니다. 그러나 구약의 모든 제사법이 예수 그리스도를 예표한다는 사실은 분명합니다. 죄와 허물로 죽었던 인간이 구원받기 위해서는 반드시 죄책에서 해방되어 자유함을 얻어야 하기 때문입니다. 구약에서는 제사장이 율법에 규정된 절차에 따라 짐승을 잡아 하나님께 제사를 드림으로써 그 일을 감당했습니다.

이와 같이 예수님께서는 언약의 대제사장으로 오셔서 짐승이 아니라 자신의 몸과 피를 희생 제물로 드림으로써 우리를 모든 죄책에서 완전히 해방되게 하셨습니다. 히브리서 기자는 이를 다음과 같이 증언합니다. "예수께서 만일 땅에 계셨더라면 제사장이 되지 아니하셨을 것이니 이는 율법을 따라 예물을 드리는 제사장이 있음이라 그들이 섬기는 것은 하늘에 있는 것의 모형과 그림자라…이제 그는 더 아름다운 직분을 얻으셨으니 그는 더 좋은 약속으로 세우신 더 좋은 언약의 중보자시라"(8:4-6). 따라서 예수 그리스도께서 육신을 입고 오셔서 십자가에서 죽으신 사건은 곧 율법에 계시된 그리스도의 그림자요 모형이었던 모든 제사의 실체와 의미를 드러내신 것입니다. 바로 그 일 때문에 예수님께서는 십자가에서 자신의 몸과 피를 내어주셨습니다. 이런 점에서 예수님께서 "내가 율법을 폐하러 온 것이 아니요 완전하게 하려 함이라"라고 말씀하신 것입니다.

바울도 이 사실을 로마서 10장 4절에서 이렇게 말합니다. "그리스도는 모든 믿는 자에게 의를 이루기 위하여 율법의 마침이 되시니라." 이 말씀 또한 너무나 크고 위대한 선언입니다. 이 말씀을 접할 때 그 안에서 주체할 수 없는 감격과 감사가 솟아나는 것이 정상적인 그리스도인의 반응일 것입니다. 예수 그리스도를 믿는 것이 곧 율법의 마침이며, 그분을 믿는 모든 자가 하나님의 의를 이루는 자로 인정받기 때문입니다. 그러므로 자기 몸을 온전히 드리심으로 율법의 완성자가 되신 예수 그리스도를 아는 것은 참된 복 중의 복입니다.

그러나 어떤 이들은 기적이나 은사 혹은 감정을 자극하는 체험을 더 중요하게 여기기에 이러한 위대한 말씀의 진리와 복음에 크게 감격하지 못합니다. 물론 단순히 교리와 진리를 머리로만 알고, 그것으로 만족하는 사람도 문제가 있습니다. 그러나 성경은 결코 말씀보다 주관적 감정을 우선시하는 신앙을 지지하지 않습니다. 성경이 말하는 바른 신앙생활은 언제나 하나님의 말씀을 중심에 두고, 그 말씀을 기준으로 이성과 감정이 조화를 이루는 것입니다. 그러므로 예수님께서 "내가 율법을 폐하러 온 것이 아니요 완전하게 하려 함이라"라고 하신 말씀은 단순히 율법 완성의 선언만을 의미하지 않습니다. 그 안에는 더 깊은 의도와 의미가 담겨 있습니다.

인간은 아무리 탁월한 이성과 지혜를 가졌다 해도 스스로 하나님을 알 수 없습니다. 그래서 하나님께서는 은혜로 다양한 방법을 통해 자신을 계시해 주셨습니다. 대표적인 것이 하나님의 이름 '여호와'를 계시하신 사건입니다. 사실 하나님은 굳이 자신의 이름을 인간에게 알려주실 필요가 없었습니다. 이미 하나님께서는 창세로부터 자신을 알 만한 것을 인간의 마음과 양심에 두셨기 때문입니다(롬 1:19). 그의 보이지 않는 속성, 곧 영원하신 능력과 신성이 그가 만드신 만물을 통해 분명히 드러나 알려졌기 때문입니다(롬 1:20).

그럼에도 하나님께서는 자신의 이름을 계시해 주셨습니다. 이는 하나님의 입장에서 참으로 놀랍고 또 위험한 사건입니다. 하나님의 이름은 인간이 아무리 지혜롭고 뛰어난 언어와 수식어를 다 동원한다 해도 온전히 설명하거나 규정할 수 없기 때문입니다. 설령 우주 만물을 가득 채울 정도의 말과 문장으로 정의하려 해도, 하나님의 이름은 결코 그 안에 가둘 수 없습니다. 그분의 존재는 우주보다 크고 무한하시기 때문입니다. 그런데도 하나님께서는 자신의 백성을 구원하기 위해 기꺼이 자신의 이름을 계시해 주셨습니다.

이 사실을 생각할 때, 예수님께서 "영생은 곧 유일하신 참 하나님과 그가 보내신 자 예수 그리스도를 아는 것이니이다"(요 17:3)라고 하신 말씀의 의미가 더욱 깊이 다가옵니다. 영생은 단순히 죽은 이후에 천국에 들어가는 차원이 아니라, 하나님의 이름과 영광 곧 그분의 존재 자체를 영원토록 알아가고 교제하는 것이라 할 수 있습니다. 그런데 하나님의 이름처럼 율법도 동일한 성질을 가지고 있습니다. 율법 또한 하나님의 구속 계획을 담고 있는 계시이기 때문입니다. 요한복음은 "태초에 말씀이 계시니라 이 말씀이 하나님과 함께 계셨으니 이 말씀은 곧 하나님이시니라"(1:1)라고 말합니다. 곧 성자 하나님이신 예수 그리스도는 율법의 창시자이시며, 수여자이십니다. 예수님께서는 모세를 통해 이스라엘에게 율법을 주셨는데, 이는 궁극적으로 하나님의 구원 계획과 직결된 사건입니다. 그러므로 우리는 하나님께서 이스라엘에게 주신 율법의 성격에 대해 반드시 숙고해야 합니다.

사실 겉으로 보기에는 율법이 단지 이스라엘이 지켜야 할 명령과 금지 조항을 담고 있는 듯합니다. 그러나 그 율법에는 하나님의 존재 자체가 담겨 있습니다. 율법은 하나님의 긍휼과 사랑 그리고 무궁한 지혜와 지식이 녹아든 계시입니다. 또 율법에는 하나님의 인격과 거룩한 성품 그리고 구원 계획이 고스란히 담겨 있습니다. 다시 말해, 율법은 하나님의 존재와 성품을 가장 선명하게 드러내는 통로입니다. 이에 하나님은 율법을 통해 자신의 존재와 인격을 나타내셨고, 자기 백성과 인격적인 교제와 친밀한 교통을 나누고자 하셨습니다. 그러나 구약의 율법은 여전히 완전하지 않았습니다. 그것은 실체이신 예수 그리스도와 그분을 통한 구원을 그림자처럼 희미하게 보여주는 것에 불과했기 때문입니다. 율법은 그리스도를 대망하며 기다리도록 인도하는 역할을 한 것입니다.

그러나 하나님의 때가 차매, 율법의 실체이신 예수 그리스도께서 이 땅에 오심으로 이제 율법은 완전하게 되었습니다. 그래서 예수님은 당시 사람들이 가지고 있던 율법에 대한 잘못된 해석과 오류를 바로잡으셨습니다. 예수님은 율법의 유일한 수여자이시기에, 사람들의 그릇된 이해와 왜곡된 적용을 교정하시고 율법의 참된 의미와 본질을 드러내심으로 율법이 본래 지니고 있는 의도와 목적을 분명하게 밝혀 주셨습니다. 더 나아가 예수님은 율법의 불변성과 계속성, 그 중요성과 가치를 드러내셨습니다. 이를 위해 예수 그리스도는 친히 율법 아래에서 나셨습니다. 그리고 모든 하나님의 율법을 온전히 지키시고 그에 순종하심으로 율법이 요구하는 완전한 의를 이루셨습니다. 이런 의미에서 예수님은 결코 율법과 대립하거나 그에 반목한 적이 없으십니다. 예수님은 율법을 부정하거나 폐기하지 않으셨으며, 오히려 율법을 완전히 성취하시고, 그 영속성과 권위가 계속되어야 함을 선포하셨습니다.

본래 하나님께서 이스라엘 백성에게 율법을 주신 이유는 그것을 통해 의에 이르게 하려 하심이었습니다. 그러나 타락한 인간은 그 누구도 율법의 행위로는 구원의 의를 얻을 수 없습니다. 그렇기에 예수님께서 친히 율법이 요구하는 모든 것에 순종하심으로 완전한 의를 이루셔야만 했던 것입니다. 이에 예수님은 "내가 율법을 폐하러 온 것이 아니라 완전하게 하려 함이라"라고 말씀하셨습니다. 그러므로 그리스도인은 자기 행위로 의를 세우려는 어리석음을 멈추어야 합니다. 예수 그리스도께서 율법의 요구를 완전히 만족시키심으로 그분 자신이 율법의 마침이자 하나님의 의가 되셨기 때문입니다. 앞서 언급했듯, 하나님의 율법은 하나님의 거룩한 성품과 인격, 속성과 본성이 반영된 것이기에 결코 단순한 규범이나 형식적인 것이 아닙니다. 예수님께서는 그 율법의 요구에 완전히 순종하심으로 하나님의 의를 온전히 성취하셨습니다. 그래서 그분이 바로 율법의 마침과 완성이 되신 것입니다. 이는 타락한 인간으로서는 율법을 완전히 성취하는 것이 절대로 불가능하기 때문입니다. 이를 이룰 수 있는 유일한 분은 죄 없으신 하나님의 아들이십니다. 그분께서 율법 아래에서 나셔서 모든 것을 성취하셨기에 가능한 일입니다.

그러므로 그리스도인은 예수님께서 율법의 의를 완성하셨다는 사실을 믿기에, 율법에 대한 관점 또한 서기관이나 바리새인들과 달라야 합니다. 이런 맥락에서 예수님은 "너희 의가 서기관과 바리새인보다 더 낫지 못하면 결코 천국에 들어가지 못하리라"라고 말씀하신 것입니다. 이 부분은 뒤에서 좀더 상세히 다룰 것입니다. 이에 우리는 예수님께서 십자가에서 마지막으로 하신 "다 이루었다"(요 19:30)라는 말씀의 의미를 깊이 이해할 필요가 있습니다. 이 말씀은 단순한 죽음의 선언이 아니라, 율법에 대한 완전한 만족과 성취를 선포하는 말씀입니다. 이 말씀에는 구속사적 의미와 함께, 오늘날 우리가 사탄의 유혹을 이기고 마지막 심판대 앞에서도 담대히 설 수 있는 근거가 담겨 있습니다. 하나님의 최후 심판대 앞에서 우리가 정죄받지 않는 이유도 바로 예수 그리스도께서 율법의 모든 요구를 다 이루셨기 때문입니다.

사실 그리스도인에게 이보다 더 놀라운 진리는 없습니다. 아무리 큰 능력과 기적이 있다고 해도, 이 사실 앞에서는 부차적이고 사소한 것에 지나지 않습니다. 그리스도인의 참된 감격과 감사는 바로 여기서 비롯되어야 합니다. 우리는 지금 예수님께서 율법이 요구하는 모든 조건에 완전히 순종하심으로써 획득한 그 의가 믿음으로 우리에게 전가되었다는 사실을 확실히 알고 있습니까? 그리고 이로써 하나님 앞에서 완전히 다른 신분과 지위를 가진 존재가 되었다는 사실을 알고 신앙생활하고 있습니까?

그런데 우리는 때때로 예수님께서 율법의 요구를 이루셨다는 사실을 단순히 피상적이고 추상적으로 이해하는 오류를 범합니다. 그러나 예수님의 순종은 공생애 사역의 일부분만이 아니라, 성육신에서 죽으심과 부활까지 전 생애에 걸쳐 이루어진 것입니다. 곧 예수님이 이 땅에 육신으로 오신 순간부터 십자가에서 죽으시고 부활하신 그 모든 과정이 바로 "내가 율법을 폐하러 온 것이 아니요 완전하게 하려 함이라"라는 말씀을 성취한 것입니다. 바울도 갈라디아서에서 이 사실을 이렇게 설명합니다. "때가 차매 하나님이 그 아들을 보내사 여자에게서 나게 하시고 율법 아래에 나게 하신 것은 율법 아래에 있는 자들을 속량하시고 우리로 아들의 명분을 얻게 하려 하심이라"(4:4-5). 고린도후서에서도 바울은 이렇게 증언합니다. "하나님이 죄를 알지도 못하신 이를 우리를 대신하여 죄로 삼으신 것은 우리로 하여금 그 안에서 하나님의 의가 되게 하려 하심이라"(5:21).

그렇다면 "선지자를 폐하러 온 것이 아니라 완전하게 하려 함이라"라는 말씀은 무엇을 의미합니까? 이는 구약의 예언이 예수님에게서 성취되었음을 뜻합니다. 창세기 3장 15절의 원시 복음, 이사야의 처녀 탄생과 임마누엘 예언(사 7:14), 평강의 왕으로 오실 메시아에 대한 선언(사 9:6), 십자가의 고난을 예언한 이사야 53장은 모두 예수님에게서 이루어졌습니다. 베들레헴에서 왕이 나신다는 미가의 예언(미 5:2) 또한 예수님께서 성취하셨습니다. 특히 예수님께서는 이 땅에서 자신의 삼중직 가운데 선지자직을 수행하셨습니다. 구약의 선지자들이 하나님의 말씀을 받아 백성을 교훈하고 경고했듯이, 예수님께서도 하나님의 나라와 복음의 비밀을 선포하시며, 당시 왜곡된 율법 해석을 바로잡으셨습니다. 신명기 18장 15절에서 모세가 "너희 가운데 네 형제 중에서 너를 위하여 나와 같은 선지자 하나를 일으키시리니 너희는 그의 말을 들을지니라"라고 예언한 바로 그 선지자가 예수님이십니다. 예수님은 성육신 이전에도 언약의 사자로 역사하셨고, 성육신 이후에는 친히 말씀 자체로 오셔서 하나님 나라를 선포하셨습니다.

예수님의 가르침은 서기관과 바리새인들의 가르침과 달리 권세가 있었습니다(막 1:21-22). 또 말씀을 통해 병자를 고치고 귀신을 내쫓으셨으며, 죄 사함을 선포하셨습니다. "내가 진실로 진실로 너희에게 이르노니"라는 말씀은 예수님께서 성부 하나님과 동일한 권위를 가지셨음을 보여줍니다. 이것은 예수님이 단순한 예언자가 아니라, 구약의 모든 예언을 성취한 참선지자이심을 드러냅니다. 결국 예수님은 구약의 율법을 온전히 이루시고, 선지자들의 예언을 완전히 성취하셨습니다. 그러므로 "내가 율법이나 선지자를 폐하러 온 줄로 생각하지 말라 폐하러 온 것이 아니요 완전하게 하려 함이라"라는 말씀은 그분의 사역 전체를 요약하는 선언입니다.

한편, 예수님은 율법과 선지자의 연속성을 강조하시며, "진실로 너희에게 이르노니 천지가 없어지기 전에는 율법의 일점일획도 결코 없어지지 아니하고 다 이루리라"라고 선포하십니다. 이는 율법의 절대적인 불변성과 하나님 말씀의 무오함을 강조하는 말씀입니다. 하나님의 말씀은 점 하나, 획 하나까지도 변함이 없으며, 인간의 기호나 선택에 따라 취사선택할 수 없습니다. 말씀을 왜곡하거나 무시하는 것은 결국 아담과 하와처럼 사탄의 유혹에 빠져 멸망에 이르는 길이기 때문입니다.

성경은 분명히 지금의 하늘과 땅은 장차 없어지고 새 하늘과 새 땅이 임한다고 말씀합니다. 그러나 그때가 오기 전까지는 율법의 권위와 가치가 절대 폐해지지 않습니다. 이미 성취된 예언도 있지만, 아직 이루어지지 않은 예언이 남아 있습니다. 그러나 천지가 없어지기 전에 그 모든 것이 반드시 성취될 것입니다. 그러므로 예수님은 율법의 절대적인 불변성과 지속적인 가치를 다시금 확증하시며, 그 말씀이 끝까지 이루어지리라고 선포하신 것입니다.

14장

그리스도인과 율법 : 서기관과 바리새인보다 더 나은 그리스도인의 의

"내가 너희에게 이르노니 너희 의가 서기관과 바리새인보다 더 낫지 못하면 결코 천국에 들어가지 못하리라"(마 5:20).

앞서 이 땅에 오신 목적이 율법을 폐하기 위함이 아니라 완전하게 하기 위함이라고 강조하신 예수님께서는 곧바로 화두를 바꾸어 또 다른 주제를 말씀하십니다. 바로 그리스도인과 율법의 관계입니다. 예수님께서는 그리스도 자신과 율법의 관계를 근거로 제자들이 율법을 어떻게 대해야 하는지, 또 율법과 어떤 관계에 있어야 하는지를 가르쳐 주십니다. 그런데 예수님께서 강조하신 그리스도인과 율법의 관계는 가히 혁명적이라고 할 수 있습니다. 예수님께서는 제자들에게 그들의 의가 율법을 목숨보다 더 소중히 여기며 철저히 순종했던 서기관과 바리새인의 의보다 더 나아야 한다고 말씀하시기 때문입니다. 예수님께서 요구하신 순종은 단순히 율법 조항 하나하나를 지키는 차원을 넘어, 바리새인들의 수준보다 훨씬 더 깊고 본질적이며 영적인 순종이었습니다. 더 충격적이고 놀라운 사실은, 만약 그렇지 못하다면 결코 천국에 들어갈 수 없다는 것입니다. 아마 당시 제자들은 이 말씀을 듣고 큰 충격을 받았을 것이며, 당혹감과 두려움에 휩싸였을지도 모릅니다.

서기관과 바리새인이 누구입니까? 그들은 율법과 떼려야 뗄 수 없는 관계를 맺고 살며, 당시 유대 사회에서 가장 율법을 철저하게 지킨다고 소문난 사람들이었습니다. 그런 그들의 의보다 더 나아야 천국에 들어갈 수 있다고 하신 예수님의 말씀은 제자들에게 실로 엄중하고도 충격적인 선언이었을 것입니다. 어쩌면 제자들은 그 순간 큰 좌절과 실망감을 느꼈을지도 모릅니다. 그러므로 우리는 예수님께서 '그들의 의보다 더 나아야 한다'라고 하신 말씀의 의미가 무엇인지, 또 여기서 말하는 '의'가 무엇인지 정확히 이해할 필요가 있습니다. 그렇지 않으면 이 구절을 잘못 해석하여 행위 구원을 주장하는 근거로 오해할 위험이 있기 때문입니다. 즉 어떤 사람들은 이 말씀을 서기관과 바리새인보다 더 철저히 율법을 지켜야 천국에 들어갈 수 있다는 뜻으로 곡해할 수 있습니다. 그러나 이것은 기독교의 구원론, 곧 오직 믿음으로 구원받는다는 복음의 진리와 정면으로 배치되는 해석입니다. 그러므로 우리는 먼저 예수님의 이 말씀이 결코 그런 의미가 아님을 명확히 해야 합니다.

나아가 그리스도인과 율법의 관계에서 말하는 의가 무엇인지 제대로 파악하기 위해서는 먼저 서기관과 바리새인들이 이해했던 율법과 그들이 주장했던 의가 무엇이었는지를 면밀히 고찰할 필요가 있습니다. 예수님께서 바로 그들의 의를 언급하셨기 때문입니다. 이는 곧 그들 나름대로 '의'에 대한 규정과 구원관이 있었다는 뜻입니다. 그러므로 우리는 우선 이 부분에 대한 올바른 이해가 필요합니다.

그렇다면 서기관과 바리새인들은 율법을 어떻게 이해했으며, 또 어떻게 의를 얻을 수 있다고 생각했을까요? 그들은 율법을 행위언약적 차원에서 이해했습니다. 즉 율법의 모든 조항을 하나도 빠짐없이 지켜야만 의를 얻을 수 있고, 또 그렇게 해야 구원에 이를 수 있다고 생각했습니다. 교회에 오래 다닌 사람이라면 단박에 이들의 생각이 잘못되었다고 말할 것입니다. 그러나 조금 더 깊이 살펴보면, 그들의 생각이 완전히 틀린 것은 아닙니다. 어떤 사람들은 이에 대해 의아해하거나 반박할 수 있으나, 여기에는 충분한 설명이 필요합니다.

하나님께서 '의에 이르는 방법'으로서 이스라엘 백성에게 율법을 주신 것은 분명 맞습니다. 레위기 18장에서는 이렇게 말합니다. "너희는 내 규례와 법도를 지키라 사람이 이를 행하면 그로 말미암아 살리라 나는 여호와이니라"(5절). 바울 역시 이 구절을 인용하며 "모세가 기록하되 율법으로 말미암는 의를 행하는 사람은 그 의로 살리라 하였거니와"(롬 10:5)라고 말합니다. 즉 하나님께서는 분명한 목적을 가지고 이스라엘에게 율법을 주셨습니다. 그래서 유대인들은 율법을 철저히 지키려 했던 것입니다. 그들은 율법을 통해 자기 의를 세우고, 그 의를 근거로 구원을 얻고자 했습니다. 그러므로 율법과 의, 율법과 구원에 대한 유대인들의 기본적인 이해를 반드시 분명히 알아야 합니다.

그러나 문제는 그들이 구원의 조건으로 생각했던 '율법의 의'를 잘못 이해하고, 잘못 적용했다는 데 있습니다. 그들은 율법의 조항들을 하나하나 철저히 지키기는 했지만, 그것은 단지 겉으로 드러나는 외적인 행위에 불과했습니다. 하나님께서 원하시는 순종은 단순히 외적인 행동에 국한되지 않고, 마음의 동기와 내면의 중심까지 아우릅니다. 그래서 예수님께서는 그들을 향해 '외식하는 자들'이라고 질책하셨습니다. 하나님께서 원하시는 것은 단순한 형식적 순종이 아니라, 마음과 뜻과 정성을 다한 사랑과 진실한 헌신이기 때문입니다.

이런 차원에서 본다면, 단언컨대 그 어떤 인간도 하나님의 율법에 완전히 순종할 수 없습니다. 그래서 바울은 "그러므로 율법의 행위로 그의 앞에 의롭다 하심을 얻을 육체가 없나니 율법으로는 죄를 깨달음이니라"(롬 3:20)라고 선언합니다. 아무리 능력이 있다고 해도 타락한 인간은 결코 율법의 완전한 순종을 통해 의에 이를 수 없습니다. 성경은 오직 죄 없으신 예수 그리스도 한 분만이 율법의 완전한 의를 성취하실 수 있다고 증언합니다. 그러므로 하나님께서 구약에서 율법을 통해 의에 이르는 길을 말씀하신 것은, 결국 예수 그리스도께서 이 땅에 오셔서 우리를 대신해 율법의 요구를 완전히 이루실 것을 예표하신 것입니다.

물론 바리새인과 서기관들처럼 율법의 조항을 하나하나 지키는 외적인 순종은 가능할지 모릅니다. 그러나 하나님께서 요구하시는 내적인 동기와 마음의 순종까지 온전히 충족시킬 수 있는 인간은 단 한 사람도 없습니다. 그럼에도 그들은 율법이 명령하는 것을 하고, 금하는 것을 하지 않으면 그것으로 충분하다고 여겼습니다. 그렇게 함으로써 율법의 의를 충족시켰다고 착각했습니다. 그러나 그것은 스스로 만든 기준과 착각에 갇힌 신앙이었으며, 하나님께서 전혀 인정하지 않는 자기만의 의에 불과했습니다.

더욱 안타까운 것은 오늘날에도 이런 오류가 반복된다는 사실입니다. 어떤 그리스도인들은 예수 그리스도를 믿음으로 구원을 받는다고 고백하면서도 여전히 율법을 자신의 의를 세우는 도구로 삼으며 신앙생활합니다. 바리새인들의 외식적인 태도를 비판하면서 정작 자신들도 구원의 조건을 율법 준수에 두는 것입니다. 그래서 예수 그리스도의 완전한 대속이 주는 기쁨과 자유를 누리지 못한 채, 율법의 짐에 얽매여 힘겹게 신앙생활을 이어갑니다. 그러나 이것은 예수님께서 율법을 완전히 성취하시고 십자가에서 우리의 죄를 대속하신 그 공로를 온전히 신뢰하지 않는 태도입니다. 그 결과 그리스도 안에서 주어지는 참된 자유와 감격, 기쁨과 안식을 누리지 못하게 됩니다. 하지만 예수님께서는 분명히 "내가 율법을 완전하게 하려 왔노라"라고 말씀하셨습니다. 그러므로 성도는 율법을 자신의 의를 세우는 수단으로 삼아서는 안 됩니다.

분명 성경은 타락한 인간은 그 누구도 하나님의 율법을 온전히 지킬 수 없다고 선언합니다. 하나님의 형상대로 창조된 완전한 인간이었던 아담과 하와조차 하나님의 언약을 지키지 못하고 범죄했음을 기억해야 합니다. 하물며 그들의 후손인 타락한 인간은 더더욱 불가능합니다. 야고보 사도도 이에 대해 분명히 말합니다. "누구든지 온 율법을 지키다가 그 하나를 범하면 모두 범한 자가 되나니"(약 2:10). 그러므로 율법을 행위언약적인 차원에서 이해하면 율법은 언제나 인간에게 무거운 짐과 멍에가 될 수밖에 없습니다. 실제로 서기관과 바리새인들은 외적으로 율법을 지키려 했지만, 그들의 내면에는 기쁨과 감사가 없었습니다. 율법은 그들에게 족쇄와 멍에로 작용하여 영혼을 억눌렀습니다. 어쩌면 그들은 겉으로는 순종하는 척하면서도, 마음으로는 오히려 하나님을 원망하거나 불평했을지도 모릅니다. 그럼에도 그들은 그렇게라도 순종해야 하나님께서 칭찬하시고 구원을 주실 것이라고 착각했습니다. 결국 율법의 의를 획득함으로 구원받을 수 있다고 믿은 것입니다.

그런데 여기서 본문이 말하는 그리스도인의 순종과 관련해 반드시 짚고 넘어가야 할 부분이 있습니다. 곧 성경이 말하는 참된 순종과는 다른 왜곡된 순종에 대한 문제입니다. 예를 들어, 신율법주의적 관점에서 말하는 순종은 참된 신앙의 열매로서의 순종이 아닙니다. 그들은 예수 그리스도를 믿음으로 얻은 의에 계속 머물러 있기 위한 도구로서 순종을 강조합니다. 청교도 신학자 리처드 박스터가 말한 소위 '이중적 의' 사상도 이러한 맥락에서 이해할 수 있습니다. 그러나 그들이 말하는 순종에는 마음 깊은 곳에서 우러나오는 기쁨과 감사, 진정한 감격이 없습니다. 그것은 결국 또 다른 행위언약적 차원에서의 순종일 뿐입니다.

성경이 말하는 참된 그리스도인의 순종은 행위언약적 차원의 순종이 아닙니다. 또 예수 그리스도를 믿음으로 얻은 의를 유지하기 위한 도구적 차원의 순종도 아닙니다. 오히려 그것은 구원받은 자에게 반드시 나타나는 열매로서의 순종입니다. 참된 그리스도인의 순종은 결코 로마 가톨릭이 말하는 바와 같이, 구원을 얻기 위한 공로로서의 순종도 아닙니다. 따라서 공로로서의 순종을 강조하는 로마 가톨릭과 의를 유지하기 위한 도구로서 순종을 강조하는 신율법주의는 서로 다른 것처럼 보이지만 결국 같은 오류를 공유합니다. 두 입장 모두 자기 의를 구원의 조건으로 내세운다는 점에서 바리새인과 서기관들이 주장한 의와 본질적으로 겹치는 부분이 있습니다.

둘째, 그리스도인의 의가 바리새인과 서기관의 의보다 더 나아야 한다는 말씀은, 하나님의 율법을 기계적이고 행위론적으로 대하지 않고, 존재론적으로 대해야 함을 의미합니다. 사실 그리스도인은 예수님께서 율법에 완전히 순종하심(적극적·능동적 순종과 수동적 순종을 통해 이루신 완전한 의)과 고난과 십자가 죽음을 통해 획득하신 의를 믿음으로 전가받아 하나님의 의를 소유하게 되었습니다(칭의). 그렇다고 율법이 폐지되거나 무의미해진 것은 절대 아닙니다. 예수 그리스도께서 오셔서 율법을 완성하셨다고 해서 율법이 파기되었다거나, 더는 필요 없다고 말하는 것은 잘못된 이해입니다. 오히려 성경은 타락한 인간이 결코 만족시킬 수 없는 율법의 요구를 예수 그리스도께서 완전히 만족시키심으로 자기 백성을 죄와 사망에서 구원하셨다고 증거합니다. 그러므로 율법이 폐지되었다고 말할 수는 없습니다.

여기서 우리는 칼빈이 말하는 율법의 세 가지 용도(기능)에 주목해야 합니다. 율법의 제1 용도는 정죄의 기능입니다. 율법은 모든 사람,

심지어 성도들에게도 하나님의 말씀을 비추는 거울이 되어, 자신이 얼마나 하나님과 어그러져 있는지, 얼마나 심각한 죄인인지를 절실히 깨닫게 합니다. 율법의 제2 용도는 억제의 기능입니다. 율법은 사람들의 죄 된 본성이 제멋대로 발현되는 것을 막고, 사회 질서가 무너지지 않도록 억제합니다. 만약 이 기능이 작동하지 않는다면 세상은 걷잡을 수 없는 혼란과 무질서에 빠질 것입니다. 우리가 오늘 비교적 안전하고 질서 있는 사회에서 살아가는 것도, 사실은 율법의 억제 기능이 여전히 작동하기 때문입니다. 따라서 율법의 제1, 제2 용도는 신자와 불신자를 막론하고 모든 사람에게 적용됩니다. 물론 거듭나지 못한 자연인에게는 제1 용도의 효력이 뚜렷하지 않을 수 있습니다. 세상은 죄에 대해 무감각하고, 죄에 대한 하나님의 관점과 세상의 관점은 전혀 다르기 때문입니다.

그렇다면 율법의 제3 용도는 무엇입니까? 그것은 바로 그리스도인이 이제 율법을 존재론적으로 받아들이고 순종한다는 것입니다. 곧 더는 율법을 유대인들처럼 기계적이고 행위언약적인 차원에서 대하지 않습니다. 오히려 율법에 하나님의 성품과 속성, 인격, 곧 하나님의 전 존재가 반영되어 있다는 사실을 깨닫고, 율법을 통해 하나님을 알고, 그분의 뜻과 사랑을 경험합니다. 그러므로 율법의 제3 용도는 그리스도인에게만 해당하는 기능이라고 할 수 있습니다. 율법은 자기 백성을 향한 하나님의 사랑과 뜻의 구현이며, 하나님의 마음을 담은 증거입니다. 우리는 율법을 통해 하나님의 거룩하심과 선하심을 배우고, 그분의 사랑과 인도하심을 체험합니다. 그러므로 그리스도인은 율법을 단지 의무적으로나 기계적으로 대하지 않습니다. 오히려 그것을 그리스도의 법으로 알고, 자발적으로 기쁘게 순종합니다. 곧 그리스도인은 유대인들과 달리 마음과 감정, 의지 등 전 인격을 다하여 기꺼이 순종하는 것입니다.

셋째, 그리스도인의 의가 바리새인과 서기관의 의보다 더 나아야 한다는 말은, 한편으로는 하나님의 마음을 아프게 하지 않기 위해, 다른 한편으로는 하나님을 기쁘시게 하고 그분께 영광을 돌리기 위해 율법에 자발적으로 순종한다는 의미입니다. 이를 쉽게 이해하기 위해 서로 사랑하는 연인의 관계를 생각해 볼 수 있습니다. 연인들은 서로의 기대와 요구가 있을 때, 마지못해 따르지 않습니다. 진정한 사랑의 관계라면 상대방이 원하고 바라는 것을 기쁨으로 이루어주려 할 것입니다. 만약 마음은 전혀 동하지 않은 채, 계산적으로 억지로 따르거나 상황과 조건, 유익과 손해에 따라 언제든 변할 수 있다면 그것은 참된 연인 관계가 아닙니다. 진짜 연인은 상대를 정말 사랑하기 때문에 그의 마음을 상하게 하지 않고, 오히려 기쁘게 하기 위해 자발적이고 즐거운 마음으로 요구를 받아들입니다.

그리스도인과 하나님의 관계 그리고 그리스도인과 율법의 관계도 동일합니다. 참된 그리스도인은 소극적으로는 하나님과의 친밀한 사랑의 관계에서 그분의 마음을 상하게 하지 않기 위해 율법에 기꺼이 순종합니다. 동시에 적극적으로는 하나님을 기쁘시게 하고, 그분께 영광을 돌리기 위해 율법을 지킵니다. 또 하나님을 진정으로 사랑하기에 그 사랑의 관계를 계속 유지하고, 나아가 더 깊고 넓게 확장하기 위해 그분의 말씀을 따릅니다. 자신이 할 수 있는 한 최선을 다해 감사와 기쁨으로 지키려는 것입니다. 무엇보다 참된 그리스도인은 하나님의 말씀에 순종할 때 단순히 동기의 순수성만을 고려하지 않습니다. 왜 순종하는지, 그 목적까지 깊이 생각합니다. 그 목적은 결코 보상을 얻기 위함이 아닙니다. 오직 순종 자체가 하나님께 영광이 되고, 자기 자신에게는 그 말씀에 담긴 하나님의 성품을 닮아가는 과정이라고 믿으며 기쁨으로 순종하는 것입니다.

이러한 맥락에서 그리스도인이 하나님의 말씀과 율법에 순종하는 것은 위대한 성화의 교리와 깊은 관련이 있습니다. 바울은 빌립보서에서 "항상 복종하여 두렵고 떨림으로 너희 구원을 이루라"(2:12)라고 권면합니다. 여기서 말하는 구원은 장차 완성될 영화(glorification)가 아니라, 현재적으로 진행되고 있는 성화(sanctification)의 구원을 가리킵니다. 그렇다면 왜 바울은 성화를 두렵고 떨림으로 이루어가야 한다고 말했을까요? 여기서 말하는 두려움과 떨림은 노예가 주인을 무서워하는 듯한 억압적이고 공포스러운 것이 아닙니다. 오히려 자녀가 아버지를 진심으로 사랑하기 때문에 혹시라도 아버지의 마음을 아프게 하거나 실망하게 하지 않으려는 경외심에서 비롯된 두려움과 떨림입니다. 즉 자신의 연약함을 늘 의식하며 하나님을 경외하는 태도로 순종하라는 것입니다.

넷째, 그리스도인의 의가 바리새인과 서기관의 의보다 더 나아야 한다는 말은, 율법을 지키고 순종하는 것이 결코 구원의 조건이 아니라 하나님과의 참된 관계를 증명하는 차원에서 이루어져야 한다는 뜻입니다. 어떤 사람들은 예수 그리스도께서 율법의 마침이 되셨기 때문에 이제 율법은 전혀 필요하지 않다고 주장하며, 이른바 율법폐기론을 내세우기도 합니다. 그러나 그것은 성경의 가르침과 전혀 맞지 않습니다. 예수 그리스도께서 율법의 완성이 되셨다는 사실은 율법이 폐지되었다는 의미가 아니라, 그분에게서 율법의 본래 의도와 목적이 온전히 성취되었다는 뜻입니다. 그러므로 하나님의 말씀과 계명은 여전히 중요하고 소중합니다. 만약 율법이 더는 필요하지 않다면, 신약성경에 기록된 사도들의 수많은 교훈과 권면은 아무런 의미가 없고, 폐기되어야 할 것입니다. 그러나 그렇지 않습니다. 그리스도인은 예수 그리스도의 완전한 의를 믿음으로 전가받아 하나님과의 관계에서 의롭다 하심을 누리며, 동시에 그 관계의 진실성을 삶으로 증명해야 합니다.

행위 언약으로 주어진 율법은 인간을 정죄하지만, 그리스도의 법으로 주어진 율법은 오히려 그리스도인에게 사랑스럽고 친근하며 소중한 삶의 지표가 됩니다. 이런 율법의 은혜로운 성격은 그리스도인을 억지로가 아니라 자발적으로, 형식적으로가 아니라 진심으로 율법에 온전히 순종하도록 이끕니다. 그리스도인이 율법에 순종한다는 것은 단순한 규칙 준수가 아니라, 은혜의 방편인 기도와 같이 하나님과의 교제와 사귐의 행위입니다. 율법은 하나님의 성품과 인격이 담겨 있는 것이므로, 율법에 대한 순종은 곧 그분과의 교제이며 사랑의 교감인 것입니다.

이 점에서 그리스도인의 율법관은 바리새인과 서기관의 율법관과 근본적으로 다릅니다. 그들은 율법을 구원의 조건으로 삼아 자기 의를 세우려 했습니다. 그들의 순종은 영혼과 마음은 전혀 움직이지 않은 채, 무거운 멍에를 짊어진 사람처럼 억지로 몸만 따르는 것이었습니다. 그들은 율법을 지키면 복을 받고, 지키지 않으면 벌을 받는다는 조건적이고 기계적인 율법관을 가졌습니다. 그러므로 그들에게 율법은 참된 사랑과 교제의 수단이 아니라, 자기 의를 세우는 도구에 불과했습니다. 이런 율법관은 결코 그리스도인의 신앙과 삶에 어울리지 않습니다.

무엇보다 중요한 것은, 예수님께서 친히 말씀하셨듯이 율법은 천지가 없어지기 전까지 반드시 존속하며, 그 효력을 발휘한다는 사실입니다(마 5:18). 주님께서 재림하시고 새 하늘과 새 땅이 도래할 때까지 율법은 여전히 살아 있고, 또 완성되어야 합니다. 불신자들은 마지막 심판대에서 율법이 요구하는 의에 따라 심판받을 것입니다. 그러나 그리스도인은 예수님께서 이루신 의를 믿음으로 전가받았기에 더는 율법의 정죄 아래 있지 않습니다. 그렇다고 그리스도인이 율법과 무관하게 사는 것은 아닙니다. 오히려 그리스도인은 하나님과의 관계를 증명하는 차원에서, 그분의 은혜에 대한 감사와 사랑의 표현으로 말씀에 순종해야 합니다.

그러므로 그리스도인은 단순히 '무엇을 하고, 무엇을 하지 말라'라는 규칙들의 집합으로만 율법을 이해해서는 안 됩니다. 율법의 핵심 정신은 사랑에 있습니다. 곧 하나님 사랑과 이웃 사랑입니다. 이 사랑의 정신을 잃어버린 율법 순종은 하나님이 기뻐하시지 않는 헛된 행위에 불과합니다. 마태복음 23장에서 예수님께서 바리새인들을 향해 "화 있을진저"라고 책망하신 이유도 바로 여기에 있습니다. 그들은 십일조를 철저히 드렸지만, 거기에는 하나님을 향한 진실한 사랑과 감사가 빠져 있었습니다. 문자적 계명 준수에는 열심이 있었지만, 그 내면에 사랑이 없었기에 하나님 보시기에는 아무런 가치가 없었습니다. 이런 율법 순종은 결국 외식과 위선으로 흐르게 됩니다. 그러나 그리스도인은 그리스도의 신부로서 신랑 되신 예수님을 사랑하고 존경하는 마음으로 율법을 지켜야 합니다. 사랑 없는 순종은 결코 참된 순종이 될 수 없습니다.

다섯째, 그리스도인의 의가 바리새인과 서기관의 의보다 더 나아야 한다는 말은, 율법에 순종하는 것이 하나님과의 끊임없는 교제와 사귐을 통해 그분과의 사랑의 관계를 더욱 확장해 나가는 차원에서 이루어져야 한다는 것입니다. 예를 들어, 어떤 그리스도인이 성경과 교회가 요구하는 모든 신앙 행위를 철저히 따르고 있다고 가정해 봅시다. 그는 율법과 계명을 성실히 지켰습니다. 그러나 만약 그 모든 신앙 행위와 순종이 하나님과의 인격적인 교제를 더 진실하게 만들지 못하고, 그분과의 관계를 더 깊고 친밀하게 발전시키지 못한다면, 그 모든 것은 기독교 신앙과 아무런 관련이 없습니다. 그것은 단지 가식적이고 외식적인 행위에 불과하며, 결과적으로 바리새인과 서기관의 모습과 다르지 않습니다.

율법에는 하나님의 성품과 인격, 본성과 뜻이 담겨 있습니다. 그러므로 율법을 읽고 묵상하며 순종하는 것은 곧 하나님과 교제하는 행위입니다. 율법에 대한 순종의 깊이와 넓이가 더해질수록 하나님을 더 알아가고 사랑하게 되는 것이 당연한 이치입니다. 만약 이런 사랑의 증거가 없다면 그것은 하나님의 뜻대로 행한 것이 아닙니다. 예수님께서 말씀하신 대로 말로만 "주여, 주여" 하는 자일 뿐입니다. 그런 자는 결코 하나님의 나라에 들어갈 수 없습니다.

그러므로 그리스도인이 율법과 계명에 순종한다는 것은 억지로 끌려가듯이 굴종적인 태도로 하는 것이 아닙니다. 그것은 하나님의 자녀로서 아버지를 닮아가는 성화의 과정이며, 하나님의 영광을 세상에 드러내는 복된 길입니다. 동시에 율법에 대한 순종은 그리스도인이 영적으로 성장하여 "그리스도의 장성한 분량"(엡 4:13)에 이르도록 이끄는 필수적인 과정입니다. 그러므로 우리는 율법을 지키는 일을 단순히 최소한의 조건을 채우는 행위로 여겨서는 안 됩니다. 오히려 진실한 사랑과 기쁨, 감사로 순종해야 합니다. 바로 이러한 관점에서 율법에 순종하는 것이 바리새인과 서기관의 의보다 더 나은 의이며, 참된 그리스도인의 의인 것입니다.

15장

살인하지 말라, 노하지 말라

"옛사람에게 말한바 살인하지 말라 누구든지 살인하면 심판을 받게 되리라 하였다는 것을 너희가 들었으나 나는 너희에게 이르노니 형제에게 노하는 자마다 심판을 받게 되고 형제를 대하여 라가라 하는 자는 공회에 잡혀가게 되고 미련한 놈이라 하는 자는 지옥 불에 들어가게 되리라"(마 5:21-22).

앞서 우리는 말씀 그 자체이신 예수님께서 단지 지나가는 소리로 허공을 향해 던진 것이 아니라, 누구도 범접할 수 없는 말씀의 권위와 권세를 가지고 선포하신 놀라운 말씀을 살펴보았습니다. 그것은 제자들에게 하신, "너희 의가 서기관과 바리새인보다 더 낫지 못하면 결코 천국에 들어가지 못하리라"라는 말씀이었습니다. 이 말씀은 당시 제자들만이 아니라 오늘 우리 그리스도인들에게도 똑같이 적용됩니다. 그러므로 우리 역시 그때 그 말씀을 들었던 제자들이 느꼈을 법한 당혹감과 충격을 함께 느껴야 합니다. 아마 그들은 상당히 놀라고 당황했을 것입니다. 주체할 수 없는 두려움과 겁에 질려 어찌할 바를 몰랐을 것입니다. 그런 그들에게 예수님께서는 그들이 가장 익숙히 알고 있던 계명을 사례로 들어, 서기관과 바리새인의 의보다 더 나은 의가 무엇인지를 친절히 설명해 주십니다.

그런데 예수님의 이러한 설명을 듣기에 앞서 반드시 유념해야 할 중요한 원칙이 있습니다. 이는 율법의 진정한 의미와 그와 관련한 예수님의 올바른 해석을 이해함에서 결코 놓쳐서는 안 되는 핵심이며, 더 나아가 성경 전체를 읽고 묵상할 때도 항상 붙들어야 하는 대단히 중요한 원리입니다.

사실 과거 서기관과 바리새인뿐 아니라 오늘날에도 어떤 사람들은 하나님의 말씀을 문자 그대로만 받아들이고, 그 문자적인 표현에만 얽매여 더 깊은 의미로 나아가지 못한 채, 그 안에서만 해석하고 판단하려고 합니다. 이러한 태도는 자칫 하나님의 말씀을 전체적인 문맥과 흐름, 관계성 속에서 이해하지 못하는 심각한 오류를 범하게 만듭니다. 이는 결국 말씀을 주신 하나님의 의도를 바로 파악하지 못하고, 그로 인해 말씀 본래의 의미와 본질을 놓치거나 왜곡하여 잘못된 신앙생활로 흘러갈 위험이 있습니다. 그렇다면 하나님의 말씀, 특별히 율법을 올바르게 이해하기 위해 어떤 관점과 원리로 해석해야 할까요?

율법을 비롯한 하나님의 말씀에는 하지 말라고 금지하는 부분이 있는가 하면, 적극적으로 하라고 명령하는 부분도 있습니다. 그렇다면 이런 계명의 말씀을 어떻게 이해해야 할까요? 무엇보다 성경에서 어떤 악을 금할 때는 그 반대되는 선을 명령하고 있는 것이며, 반대로 어떤 선을 명령할 때는 그 반대되는 악을 금하는 의미가 함께 내포되어 있다는 사실을 항상 유념해야 합니다. 본문 이후에 이어지는 예수님의 말씀도 반드시 이러한 사실을 염두에 두고 살펴봐야 합니다.

예수님께서는 마태복음 5장 21-48절에서 제자들이 이미 잘 알고 있었던 여섯 가지 계명과 관련해 서기관과 바리새인들의 잘못된 가르침이 무엇인지를 지적하시고, 그 계명에 담긴 참된 의미를 밝히심으로 그들의 오류를 바로잡아 주십니다. 첫 번째로, "옛사람에게 말한바 살인하지 말라 누구든지 살인하면 심판을 받게 되리라 하였다는 것을 너희가 들었으나 나는 너희에게 이르노니"라고 말씀하십니다. 이것은 십계명의 여섯 번째 계명으로, 출애굽기 20장과 신명기 5장에 나오는 내용입니다. 그러나 거기에는 "살인하지 말라"라는 계명만 기록되어 있을 뿐 다른 설명은 덧붙여져 있지 않습니다.

즉 당시 유대인들은 조상들로부터 전해 내려오는 바와 같이, 살인을 단지 사람의 생명을 앗아가는 실제적인 범죄 행위로만 이해했을 가능성이 큽니다(영어 성경에는 "commit murder"로 번역되어 있습니다). 그러므로 서기관과 바리새인들도 "살인하지 말라"라는 계명을 그렇게만 이해하고 가르쳤던 것입니다. 예수님께서는 바로 이 사실을 "옛사람에게 말한바…너희가 들었으나"라는 표현으로 지적하신 것입니다. 결국 예수님의 이 지적은 서기관과 바리새인들이 하나님께서 살인에 관한 계명을 주신 본래 의미와 의도를 제대로 알지 못했음을 보여줍니다. 그래서 그들은 계명을 왜곡하여 사람들에게 가르쳤습니다. 그럼에도 당시 사람들은 그것을 조상 대대로 이어온 전통으로 여기며 그대로 받아들였습니다. 그러나 이러한 왜곡된 가르침은 '실제로 살인만 하지 않으면 계명을 지킨 것이다'라는 잘못된 생각을 갖게 했습니다. 즉 무엇인가를 하지 않으면 계명을 범하지 않은 것으로 여겼기 때문에 계명이 담고 있는 더 본질적이고 참된 의미를 망각하게 된 것입니다. 그 결과 그들은 단지 실제로 살인하지 않았다는 사실만으로 스스로 만족하며 자기 의를 세우고자 했습니다.

그러나 하나님께서는 사람이 마음과 행위를 분리한 채, 단지 외적으로만 계명을 지키는 것을 참된 순종으로 보시지 않습니다. 하나님의 율법은 단순히 세상의 도덕규범과 같은 것이 아니기 때문입니다.

세상의 도덕규범은 최소한의 예의나 사회적 질서를 지키는 정도이면 되기 때문에 마음과 동기까지 따지지 않습니다. 그러나 하나님의 율법과 계명은 성령 하나님이 내주하시는 그리스도인들에게 요구되는 것으로, 본질적으로 영적이며, 마음과 영혼 그리고 인격 전체와 깊은 관련이 있습니다. 무엇보다 하나님은 우리의 내면 가장 깊은 곳까지 살피시는 분이십니다. 그러므로 성경이 "마음을 다하고, 뜻을 다하고, 힘을 다하여 하나님을 사랑하라"라고 말씀할 때, 그것은 단지 감정이나 의지뿐 아니라 우리의 전인격과 영혼 전체로 사랑하라는 것입니다.

그럼에도 바리새인과 서기관들은 자신들의 편의와 유익을 따라 율법을 자의적으로 해석하여 살인의 본래 의미를 제한하는 오류를 범했습니다. 단지 외적인 행위만으로 하나님의 계명을 충족시킬 수 있다고 착각했던 것입니다. 그러므로 우리 그리스도인들도 이와 같은 오류에 빠지지 않도록 항상 주의해야 합니다. 이러한 잘못된 생각은 결국 자신을 속이고 기만하는 치명적인 결과를 가져옵니다. 그러므로 성도는 하나님께서 우리의 신앙과 삶을 보실 때 단순히 무엇을 했는지만이 아니라, 그것을 어떤 동기와 자세로 했는지도 함께 보신다는 사실을 잊지 말아야 합니다. 우리의 신앙적 행위는 그 목적뿐 아니라 수단과 과정까지도 하나님의 뜻에 합당해야 합니다. 하나님의 계명에 대한 참된 순종은 단순히 결과적인 행위만이 아니라, 그 행위에 이르게 하는 동기와 방법까지도 포괄하기 때문입니다. 따라서 하나님의 말씀에 순종할 때, 자신의 유불리나 처한 상황 혹은 인간적인 판단과 계산을 앞세워 편법을 사용해서는 결코 안 됩니다.

사실 하나님의 계명과 율법은 그리스도인의 신앙과 삶에서 중요한 기준이며, 순종이 요구되는 것이 정당합니다. 그러므로 그리스도인은 하나님께서 명령하시고 금하신 대로 행할 뿐 아니라, 하나님께서 그 말씀을 주신 동기와 목적을 바르게 깨달아 순종해야 합니다. 우리가 말씀을 묵상할 때마다 반드시 기억해야 할 것은 말씀에 담긴 하나님의 의중입니다. 하나님의 의중을 올바르게 아는 것이야말로 우리가 말씀에 온전히 순종할 수 있는 절대적 동기가 되기 때문입니다. 만일 우리가 단지 겉으로 보이는 형식적이고 외적인 행위만으로 하나님의 말씀에 순종한다면, 하나님께서는 그러한 우리의 행위를 기뻐하지 않으실 것입니다. 그런데 바로 이것이 바리새인과 서기관들이 범했던 심각한 오류였습니다.

그러므로 하나님의 말씀과 계명에서 '하지 말라'라는 부정의 표현이 나올 때는, 단순히 소극적으로 하지 말라는 의미만 있는 것이 아니라, 그 안에 반드시 적극적인 의미도 함께 있다는 사실을 알아야 합니다. 즉 악을 금하는 계명에는 동시에 선을 행하라는 의미가 포함되어 있다는 점을 결코 망각해서는 안 됩니다. 그러나 당시 바리새인과 서기관들은 이 중요한 사실을 놓치고 있었습니다. 예수님께서는 살인에 관한 계명뿐 아니라, 앞으로 다루실 다른 계명과 율법에 대해서도 그들이 이와 같이 왜곡되게 가르쳐 왔음을 지적하십니다. 그래서 예수님께서는 각 계명의 본질과 참된 의미를 밝히고자 특별히 정성을 기울여 설명하신 것입니다.

그렇다면 예수님께서 어떤 방식으로 그들의 잘못을 바로잡으셨습니까? 먼저, "너희가 들었으나"라는 말씀으로 그들의 율법 해석에 심각한 문제가 있음을 드러내십니다. 그리고 이어서 "나는 너희에게 이르노니"라는 선언으로 자신의 말씀에 절대적인 권위가 있음을 강조하십니다. 이 표현은 바리새인과 서기관들의 잘못된 해석을 교정하는 일련의 말씀에서 계속 반복되며, 예수님의 권위가 단순한 교사나 선생의 권위가 아님을 보여줍니다. 예수님은 단순히 자신의 사견을 제시하시는 것이 아니라, 말씀 그 자체이자 율법의 창시자요 완성자이신 분으로서, 성부 하나님과 동일한 말씀의 권위를 가지고 사람들을 가르치고 계십니다. 그리고 살인의 본래적 의미와 그 내포된 뜻을 이렇게 밝히십니다. "형제에게 노하는 자마다 심판을 받게 되고 형제를 대하여 라가라 하는 자는 공회에 잡혀가게 되고 미련한 놈이라 하는 자는 지옥 불에 들어가게 되리라"(마 5:22).

이 말씀을 들은 당시 서기관과 바리새인들이 얼마나 놀라고 당황했을까요? 아마 그들은 지금까지 자신들이 알고 가르쳐온 것과 너무도 다른 예수님의 말씀에 경악했을 것입니다. 심지어 섬뜩한 두려움마저 느꼈을 것입니다. 예수님께서 그토록 확신에 차서 말씀하시니, 그들은 자신들의 구원 문제 및 율법을 통한 의의 문제와 직결된 충격적인 혼란을 피할 수 없었을 것입니다.

사실 '미련한 놈'이라고 말하는 것조차 지옥 불에 들어가는 죄가 된다는 이 말씀이 얼마나 충격적인 선언입니까? 개인적으로도 이 말씀을 묵상하면서 깊은 두려움과 충격을 느꼈습니다. 지나온 시간을 돌아볼 때, 감정적으로나 지적으로 다른 사람을 비방하고 업신여겼던 적이 수도 없이 많기 때문입니다. 예수님의 말씀대로라면 이미 지옥 불에 수천 번이나 던져져야 마땅했을 정도입니다. 아마 대부분의 사람이 비슷한 생각을 할 것입니다. 만약 아무런 두려움이나 찔림을 느끼지 못한다면, 그 사람은 하나님의 말씀에 정상적인 반응을 하고 있지 않은 것일지도 모릅니다. 우리는 예수님의 말씀에 예민하게 반응해야 합니다.

그런데 본문에서 예수님께서는 살인과 같은 행위로 세 가지를 언급하십니다. 첫째는 형제에게 노하는 것, 둘째는 형제에게 '라가'라고 말하는 것, 셋째는 형제에게 '미련한 놈'이라고 말하는 것입니다. 여기서 '라가'는 '쓸모없는 놈'이라는 뜻입니다.

그렇다면 왜 예수님께서는 이러한 말들을 살인 행위와 동일시하실까요? 우리는 성경의 다른 구절들을 통해 그 이유를 확인할 수 있습니다. 예컨대 마태복음 15장 18-19절에서 예수님께서는 제자들에게 이렇게 말씀하십니다. "입에서 나오는 것들은 마음에서 나오나니 이것이야말로 사람을 더럽게 하느니라 마음에서 나오는 것은 악한 생각과 살인과 간음과 음란과 도둑질과 거짓 증언과 비방이니." 사람이 무심코 내뱉는 모든 말이 사실은 마음에서 비롯된 것이며, 그것이 사람을 더럽힌다고 말씀하십니다. 그렇기에 예수님께서 지적하신 세 가지 말 역시 단순한 말실수가 아니라 마음 깊은 곳에서 솟아난 살인의 정신과 다름없다는 것입니다. 형제에게 노하는 것, 미련한 놈이라고 말하는 것, 쓸모없는 놈이라 말하는 것은 결국 살인 행위입니다.

세 가지 표현을 더 세밀히 살펴보면, '노하는 것'은 감정적 측면과 관련이 있고, '미련한 놈'은 지적인 멸시와 관련이 있으며, '쓸모없는 놈'은 특별히 어느 한 요소로 한정하기 어렵지만, 분명히 인간의 가치와 존엄을 무시하고 모독하는 말이라는 점에서 심각합니다. 즉 이 세 가지 말은 모두 사람의 인격과 존엄성을 훼손하는 행위라는 공통점이 있습니다. 그러므로 '살인하지 말라'는 계명의 본래 의미와 하나님의 의중을 올바로 이해할 때, 두 가지를 반드시 기억해야 합니다.

첫째, 살인과 관련된 악한 말을 금하실 때, 본문에 언급된 세 가지 말만 금하신 것으로 한정해서는 안 됩니다. 그러면 또다시 문자주의로 회귀하는 잘못을 범하게 됩니다. 하나님께서 어떤 계명을 주실 때는 그와 동일한 성격과 본질을 지닌 모든 말과 행위가 포함되어 있기 때문입니다. 그러므로 본문에 언급된 세 가지 표현은 대표적인 예에 불과합니다. 이 원리는 살인 금지 계명뿐 아니라 다른 계명과 율법을 해석할 때도 똑같이 적용됩니다.

둘째, 사람의 인격과 존엄을 훼손하는 말은 상대적이라는 사실을 명심해야 합니다. 내가 보기에는 평범하고 대수롭지 않은 말도, 상대방은 전혀 다르게 받아들일 수 있습니다. 말의 의미와 무게는 상대방의 성격, 상황, 당시의 분위기에 따라 달라질 수 있기 때문입니다. 내가 별 뜻 없이 건넨 말이라도, 상대방에게는 깊은 상처와 모욕으로 느껴질 수 있습니다. 그러므로 우리가 내뱉는 말이 누군가의 마음을 아프게 하고 상처를 남겼다면, 그것은 곧 살인에 해당하는 악한 말임을 잊지 말아야 합니다. 누군가에게는 작은 돌멩이에 불과할지라도 연못 속 개구리에게는 치명적인 상처를 입힐 수 있습니다. 우리의 무심코 던진 말 한마디가 상대방에게는 그렇게 작용할 수 있습니다.

이러한 맥락에서 상대방의 인격과 존엄성을 훼손하는 말은 곧 그 사람의 마음과 영혼을 서서히 죽이는 살인 행위입니다. 그런 말을 자주 듣는 사람은 지금 당장은 멀쩡해 보여도 점점 마음과 영혼이 무너져 내립니다. 또 분노에 사로잡혀 상대방을 향해 격한 말을 쏟아낼 때, 비록 행동으로 살인을 저지르지는 않더라도 이미 마음속에서는 여러 차례 그 사람을 죽이는 것과 다름없는 상태가 됩니다. 분노가 풀리지 않으면, 마음속에서 그 사람을 죽이고 싶은 생각을 반복하는 무섭고 끔찍한 악순환이 일어나게 됩니다.

더 심각한 것은, 이런 모욕과 멸시를 당한 사람도 가만히 있지 않는다는 것입니다. 그 역시 받은 대로 되갚으며 똑같이 상대방을 향해 분노와 멸시를 퍼붓습니다. 결국 서로를 살인하는 악순환이 반복됩니다. 이것이 우리가 사는 인간 사회의 현실입니다. 서로가 서로에게 분노를 쏟아내고, 멸시와 조롱을 주고받으며, 결과적으로 형제와 자매, 이웃을 끊임없이 죽이는 자리에 우리가 서 있는 것입니다.

이러한 의미에서 예수님께서는 비록 직접적으로 생명을 빼앗는 살인을 저지르지 않았더라도, 형제에게 감정적인 분노를 폭발시키거나, 지적인 멸시와 모욕을 가했다면, 이미 마음속에서 살인을 저지른 것과 다르지 않다고 말씀하십니다. 얼마나 명확하고 본질을 꿰뚫는 진단입니까? 그러므로 그리스도인은 바리새인과 서기관들처럼 겉으로 드러나는 행위만을 문제 삼는 수준에 머물러서는 안 됩니다. 행동은 물론이고 마음속 깊은 곳에서조차 살인에 해당하는 생각과 마음을 품어서는 안 됩니다. 이것이 바로 바리새인과 서기관들의 의보다 더 나은 의이자, 하나님께서 우리에게 요구하시는 참된 의입니다. 실로 하나님은 우리의 내면 가장 깊은 곳까지 낱낱이 살피시며, 그 속에 숨겨진 동기와 의도를 다 보고 계십니다.

인간은 영혼과 몸으로 되어 있습니다. 몸은 눈으로 볼 수 있지만, 영혼은 눈으로 직접 볼 수 없습니다. 그래서 많은 사람이 몸을 죽이는 것만 살인으로 이해하지만, 성경은 그렇게 말하지 않습니다. 성경은 모든 사람이 어머니의 모태에서부터 죄성을 가지고 태어나, 외적으로는 살아 있는 것처럼 보이지만 실제로는 영혼이 이미 죽어 하나님을 알지 못하는 존재라고 선포합니다(엡 2:1). 이런 사실을 고려할 때, 눈에 보이는 몸보다 눈에 보이지 않는 영혼이 훨씬 더 중요하다고 할 수 있습니다. 바로 이러한 이유에서 예수님께서는 형제에게 노를 발하고, '라가'라고 부르며, '미련한 놈'이라고 하는 것 자체가 형제의 영혼과 마음을 병들게 하고 죽이는 심각한 살인 행위라고 말씀하시는 것입니다.

무엇보다 인간은 하나님의 형상과 모양대로 창조된 존귀하고 소중한 존재입니다. 물론 아담과 하와의 범죄 이후 그 존귀한 모습이 심각하게 손상되고 변질되었지만, 예수님께서는 믿는 자들을 새롭게 하셔서 타락 이전의 본래 모습을 회복시키시고, 새로운 피조물이 되게 하셨습니다(고후 5:17). 그러므로 그리스도인은 이제 사탄의 지배 아래 죄에 종노릇하던 옛사람의 모습을 벗어버리고, 하나님의 성품을 닮아가는 새사람으로 살아가야 합니다. 이러한 차원에서 새사람이 된 그리스도인의 가장 분명하고 직접적인 증거가 바로 언어생활의 변화입니다. 언어는 가장 쉽게 드러나고, 누구나 확인할 수 있는 영역이기 때문입니다. 거듭난 사람은 과거의 언어, 곧 형제를 해치고 죽이는 말을 버리고 이제는 천국의 언어, 곧 형제를 세우고 살리는 말을 사용합니다.

야고보 사도는 이와 관련해 이렇게 말합니다. "우리가 다 실수가 많으니 만일 말에 실수가 없는 자라면 곧 온전한 사람이라 능히 온몸도 굴레 씌우리라"(약 3:2). 그러므로 거듭난 그리스도인은 의식적으로든, 무의식적으로든 말의 실수에 주의해야 합니다. 소극적인 차원에서는 상대방의 영혼과 마음을 상하게 하거나 상처 주는 말을 하지 말아야 합니다. 야고보 사도는 또 이렇게 강조합니다. "혀는 곧 불이요 불의의 세계라 혀는 우리 지체 중에서 온몸을 더럽히고 삶의 수레바퀴를 불사르나니 그 사르는 것이 지옥 불에서 나느니라"(약 3:6). 이는 혀가 가진 무서운 파괴력을 생생하게 보여주는 말씀입니다.

그러나 여기서 멈추어서는 안 됩니다. 하나님께서 이스라엘에게 "살인하지 말라"라는 계명을 주신 의도를 적극적인 차원에서 이해해야 합니다. 곧 이는 단순히 살인을 금하는 부정적인 명령만이 아니라, 형제의 영혼과 마음을 살리는 생명의 말을 하라는 긍정적인 명령이기도 합니다. 예수님은 이것이 바로 하나님께서 이 계명을 주실 때 담아두신 본래의 의미와 정신이라고 설명해 주시는 것입니다.

사실 하나님께서는 말씀으로 천지를 창조하셨습니다. 말씀에는 우리가 다 헤아릴 수 없는 창조적인 능력이 있습니다. 예수님께서 공생애 기간에 행하신 세 가지 중요한 사역(복음 전파, 가르침, 치유) 역시 말씀의 권능으로 이루어졌습니다. 사도들의 사역도 마찬가지였습니다. 하나님의 형상으로 지음받은 인간 역시 그 말에 큰 힘이 있습니다. 말은 사람의 생명을 살리기도 하고, 죽이기도 합니다. 그러므로 바리새인과 서기관들의 살인에 대한 협소하고 왜곡된 해석과 예수님께서 제시하신 살인의 참된 의미 사이에는 본질적이고 근본적인 차이가 있습니다.

예수님께서는 형제의 마음과 영혼을 죽이는 말을 하는 자에게 주어지는 결론을 분명히 말씀하십니다. 곧 심판을 받고, 공회에 잡혀가며, 지옥 불에 들어가게 된다는 것입니다. 첫 번째와 두 번째는 이 땅에서 당하게 될 사회적·법적 결과를 가리키고, 세 번째는 궁극적으로 하나님의 최후 심판과 관련됩니다. 여기서 우리는 바리새인과 서기관들의 가르침과 예수님의 말씀 사이의 차이를 분명히 볼 수 있습니다. 그들은 단지 "누구든지 살인하면 심판을 받게 되리라"라고 말했는데, 여기서 말하는 심판은 단지 세상 법정의 판결일 뿐이었습니다. 그들은 살인을 오직 겉으로 드러나는 행위로만 국한했고, 그 결과도 단순히 인간 법정의 처벌로 제한했습니다. 이것이야말로 계명의 본질을 심각하게 왜곡하고 축소한 것입니다.

반면 예수님께서는 살인은 단순히 세상 법정에서 끝나는 문제가 아니라, 궁극적으로 하나님의 심판대에서 영원한 형벌, 곧 지옥 불로 이어질 문제임을 분명히 하셨습니다. 이것은 살인에 대한 경각심을 한층 더 강하게 일깨워주는 말씀입니다. 사실 바리새인과 서기관들의 전통적 해석은 언뜻 들으면 그럴듯하고, 깊이 살펴보지 않으면 오류를 발견하기 어렵습니다. 그러나 거기에는 치명적인 왜곡이 숨어 있습니다. 오늘날에도 성경을 이런 식으로 교묘하게 해석하여 사람들을 혼란과 잘못된 신념으로 이끄는 경우가 많습니다. 때로는 너무 정교하고 치밀하게 포장되어 있어, 자세히 분별하지 않으면 도저히 그 속임수를 간파하기 어렵습니다.

그러므로 우리는 예수님께서 살인에 대한 왜곡된 해석을 여섯 가지 계명의 첫 사례로 말씀하시는 모습을 보면서, 이후 이어질 가르침들 또한 더욱 경각심을 가지고 주의 깊게 들어야 합니다. 마치 베뢰아 성도들처럼 말입니다. "베뢰아에 있는 사람들은 데살로니가에 있는 사람들보다 더 너그러워서 간절한 마음으로 말씀을 받고 이것이 그러한가 하여 날마다 성경을 상고하므로"(행 17:11).

16장

살인하지 말라 : 더 적극적으로 요구하시는 무엇

"그러므로 예물을 제단에 드리려다가 거기서 네 형제에게 원망 들을 만한 일이 있는 것이 생각나거든 예물을 제단 앞에 두고 먼저 가서 형제와 화목하고 그 후에 와서 예물을 드리라 너를 고발하는 자와 함께 길에 있을 때에 급히 사화하라 그 고발하는 자가 너를 재판관에게 내어주고 재판관이 옥리에게 내어주어 옥에 가둘까 염려하라 진실로 네게 이르노니 네가 한 푼이라도 남김이 없이 다 갚기 전에는 결코 거기서 나오지 못하리라"(마 5:23-26).

바리새인과 서기관들의 살인에 대한 왜곡된 율법 해석을 교정해 주신 예수님께서는 거기서 멈추지 않으십니다. 이와 관련해 본문과 같은 더 깊은 차원의 가르침을 덧붙이십니다.

어떤 사람들은 의문을 품습니다. '이 말씀은 살인하지 말라는 계명이나 형제에게 노하지 말라는 교훈과 어떤 관련이 있는가? 이 말씀이 실제로 의미하는 바는 무엇인가?' 이러한 질문이 생긴다면 앞서 우리가 확인했던 중요한 원리를 다시금 떠올려야 합니다. 곧 하나님의 계명은 언제나 부정적인 차원의 금령(禁令)만 담고 있는 것이 아니라, 동시에 그것과 반대되는 긍정적인 차원의 명령을 함께 내포하고 있다는 사실입니다. 그러므로 본문은 앞 구절에서 다룬 "살인하지 말라", "노하지 말라"라는 소극적인 금지 명령과 달리, 적극적으로 선을 행해야 함을 가르치는 내용으로 이해할 수 있습니다. 이러한 관점에서 본문을 살펴보면, 예수님의 의도가 훨씬 더 선명하게 드러납니다.

본문의 두 가지 사례를 면밀히 살펴보면, 네 가지 공통점을 발견할 수 있습니다. 첫째, 두 사례 모두 '노하는 문제'와 밀접한 관련이 있으며, 화해의 중요성을 강조합니다. 앞서 언급했듯, 노함은 상대방의 인격을 파괴하는 일종의 살인 행위에 해당하기 때문입니다. 둘째, 두 사례 모두 중요한 인간관계와 얽혀 있으며, 갈등이 해결되지 않은 채 방치될 경우에는 결국 돌이킬 수 없는 비극으로 이어질 수 있음을 보여줍니다. 셋째, 두 사례 모두 당사자가 자신의 잘못으로 다른 형제의 마음을 상하게 하고, 그로 인해 원망과 비방을 듣게 된 상황을 전제합니다. 넷째, 두 사례 모두 다른 어떤 일보다 먼저 상대방과 화해하는 데 온 힘을 기울여야 함을 말합니다. 그것이 바로 하나님께서 기뻐하시고 원하시는 뜻이기 때문입니다.

그러나 이 두 사례는 다음과 같은 차이점도 있습니다.

먼저 첫 번째 사례는 신앙생활, 곧 예배와 관련된 상황을 다루고 있는 반면, 두 번째 사례는 일상생활에서 흔히 발생할 수 있는 채무자와 채권자의 관계를 언급합니다. 이를 통해 살인(노함)의 문제와 화해의 중요성이 단지 종교적인 영역에만 국한되지 않고, 우리의 신앙생활과 일상생활 전반에 깊이 관련되어 있음을 강조하십니다.

다음으로 두 사례 모두 신속한 화해의 필요성을 강조하지만 강조점이 다소 다릅니다. 첫 번째 경우는 아무리 소중한 시간이나 중요한 상황일지라도 화해하는 일이 더 우선임을 강조합니다. 이 사실을 드러내기 위해 예수님께서는 유대인의 삶에서 가장 핵심적이고 중요한 행위, 곧 예배의 한 장면을 들어 설명하십니다. 그것도 예배 중 가장 절정에 해당하는, 제단에 예물을 드리는 순간을 가정하시면서 화해가 더 급선무임을 선언하십니다. 반면 두 번째 경우는 재판관에게 끌려가는 상황을 예로 들어 화해의 시급성과 긴박성을 강조합니다. 고발자가 아직 재판관에게 넘기지 않고 함께 길 위에 있을 때, 마지막 기회를 놓치지 말고 화해하라는 것입니다. 그렇지 않으면 결국 재판관과 옥리를 거쳐 감옥에 갇히게 되고, 그 이후에는 빚을 다 갚기 전까지는 결코 풀려날 수 없기 때문입니다. 이는 화해의 기회를 미루다 보면 영영 돌이킬 수 없는 상황에 놓일 수 있음을 경고하신 말씀입니다.

우리는 이러한 기본적인 이해를 바탕으로, 예수님께서 말씀하시는 두 가지 사례를 '노하지 말라'는 교훈과 연결해 그 의미를 깊이 묵상해야 합니다.

사실 유대인들에게 예배는 그 어떤 것과도 비교할 수 없는 가장 중요한 신앙 행위였습니다. 그들의 신앙과 삶 전체가 예배를 중심으로 이루어졌다고 해도 과언이 아닙니다. 예배는 곧 그들의 생명과도 같았으며, 삶과 예배는 바늘과 실처럼 결코 분리될 수 없는 관계였습니다. 이러한 사실은 우리 그리스도인에게도 똑같이 적용됩니다. 그런데 예수님께서는 예물을 제단에 드리려다 형제에게 원망 들을 만한 일이 생각나거든 어떻게 하라고 말씀하십니까? 예물을 제단 앞에 두고 먼저 가서 형제와 화목하라고 명령하십니다. 그리고 그 후에 와서 예물을 드리라고 하십니다. 이 말씀이 의미하는 바는 무엇입니까?

예수님께서는 아무리 중요한 예배의 순간일지라도, 심지어 제단에 예물을 드리는 절정의 순간일지라도, 형제와의 화해가 더 우선임을 선언하십니다. 만약 이 명령에 순종하지 않고 화해하지 않은 채 예배를 드린다면 하나님께서 그 예배와 예물을 받지 않으신다고 경고하십니다. 아무리 정성껏 예배를 드리고 있다고 확신한다 해도, 또 다른 사람들보다 더 값지고 많은 예물을 드린다 해도, 형제와 화목하지 않은 채 드리는 예배와 예물은 하나님 앞에서 아무런 의미가 없다는 것입니다. 시편 기자도 이 사실을 분명히 말합니다. "내가 나의 마음에 죄악을 품었더라면 주께서 듣지 아니하시리라"(66:18).

그렇다면 왜 예수님께서는 유대인들에게 목숨처럼 소중한 예배, 그 중에서도 예물을 드리는 행위보다 형제와의 화목을 더 우선시하라고 말씀하신 것일까요? 예배는 하나님을 알고 믿어 구원받은 자가 하나님을 경배하는 가장 본질적이고 중요한 행위입니다. 그리스도인은 마음과 뜻과 정성을 다해 하나님을 예배해야 합니다. 예배는 구약 시대부터 하나님께서 자기 백성에게 요구하신 가장 중요한 신앙 행위였으며, 하나님을 기쁘시게 하고 경외하는 삶의 중심 통로였습니다. 또 예물은 하나님의 사랑과 구원의 은혜에 감사하는 표현이며, 자신의 모든 것이 하나님에게서 왔음을 인정하고 하나님과의 관계를 고백하는 신앙적 행위였습니다.

그럼에도 예수님께서는 예배와 예물을 드리는 그 절정의 순간에조차 형제의 마음을 아프게 하고 상처를 주어 원망 들을 만한 일이 생각나거든 모든 것을 멈추고 즉시 그에게 가라고 말씀하십니다. 여기서 우리는 자연스럽게 이런 질문을 던질 수 있습니다. '어차피 지금은 예배 중이니, 형제와의 문제를 하나님 앞에 회개하고 기도로 해결하면 되지 않을까?' '예배를 다 드린 후에 그 형제를 찾아가 화해하면 되지 않을까?' 이 같은 질문은 매우 현실적이고 실제적인 문제를 반영합니다. 형제가 가까이 있다면 당장 찾아가 화해할 수 있겠지만, 만약 물리적으로 먼 곳에 있다면 현실적인 제약이 따를 것입니다. 심지어 그 형제를 찾아갔다가 돌아왔을 때는 이미 예배가 끝나 더는 제단에 예물을 드릴 수 없는 상황이 될 수도 있습니다. 그러나 예수님께서는 이런 물리적 거리나 시간, 상황적 조건을 고려하라고 말씀하시지 않습니다. 그저 단호하게 "먼저 가서 형제와 화목하라"라고 명령하십니다. 그 후에 예배를 드리라는 것입니다. 우리는 예수님께서 이 말씀을 통해 전하고자 하신 의미를 깊이 살펴야 합니다. 형제와의 화해를 이렇게까지 강조하신 이유는 두 가지로 집약할 수 있을 것입니다.

먼저 어떤 사람이 형제에게 원망 들을 만한 일이 있었다는 것은 분명 두 사람 사이에 갈등이나 다툼, 분쟁이 있었음을 짐작하게 합니다. 그 시점이 정확히 언제였는지는 알 수 없지만, 그 일로 인해 상대방의 마음속에는 이 사람을 향한 증오와 분노의 불길이 여전히 활활 타오르고 있었을 것입니다. 그리고 이 사람의 마음 역시 다르지 않았을 것입니다. 지금까지 겉으로는 자신의 감정과 증오를 드러내지 않았을지라도, 마음 깊은 곳에는 여전히 그 형제를 향한 분노와 원망이 자리잡고 있었으며, 그로 인해 늘 불편한 마음을 가지고 있었음이 분명합니다.

그런데 하나님께서는 바로 이 중요한 순간, 곧 그가 예물을 제단에 드리려 할 때 형제에게 원망 들을 만한 일이 있었다는 사실이 떠오르게 하신 것입니다. 이것이야말로 하나님의 전적인 은혜라고 할 수 있습니다. 하나님께서 그 일을 기억하게 하신 것은 절대 우연이 아니라, 그 예배자의 마음을 정결케 하시려는 하나님의 은혜로운 개입인 것입니다. 만약 어떤 사람이 그러한 분노와 원망을 마음에 품은 채 하나님께 예배드린다면 과연 하나님께서 그 예배를 기뻐하실 수 있겠습니까? 더욱이 친히 그에게 그 사실이 기억나게 하셨는데도 그것을 덮어둔 채 예배를 드린다면, 하나님께서 그 예배를 받으실 수 있겠습니까? 그러므로 예수님께서 이 말씀을 하신 이유는 예배자의 외형적인 행위보다 그 마음 상태가 얼마나 중요한지를 강조하시기 위함입니다.

그러나 본문은 단순히 예배자의 마음 상태만 강조하는 데서 그치지 않고 더 본질적인 주제를 다루고 있습니다. 예수님께서는 이 말씀을 단순한 예배 지침으로 주신 것이 아니라, "노하지 말라"라는 교훈과 긴밀히 연결하여 말씀하고 계시기 때문입니다. 그러므로 우리는 이 말씀을 분석할 때 반드시 그 맥락, 곧 분노와 원망의 문제에 초점을 맞추어 이해해야 합니다. 그렇다면 예수님께서 정말 말씀하고자 하신 핵심은 무엇입니까? 그것은 자신에게 아무리 소중한 시간, 중요한 순간, 귀한 행사와 의식, 의미 있는 모임이 있다고 해도, 하나님께서 형제와의 갈등과 원망 들을 일을 생각나게 하셨다면 지체하지 말고 즉시 모든 것을 내려놓고 먼저 화해해야 한다는 것입니다. 상대방과의 화해 문제는 자신이 정말 소중히 여기는 일보다 앞서야 하며, 결코 뒤로 미루거나 후차적인 일로 취급해서는 안 됩니다. 그 이유는 인간의 죄 된 본성에 있습니다.

타락한 인간의 마음은 시시각각 변하고 흔들립니다. 불과 몇 분 전까지만 해도 굳게 결심하고 다짐했던 일도 시간이 조금만 지나면 마치 없었던 일처럼 대수롭지 않게 여겨 버립니다. 심지어 아예 기억조차 못하거나, 전혀 필요 없는 일로 치부해 버리기도 합니다. 이것이 바로 죄 된 인간의 연약함입니다. 그러므로 '지금은 예배가 우선이니, 예배를 드린 후 반드시 화해하겠다'라는 결심은 겉으로는 경건해 보일지 몰라도, 실제로는 그 순간만 모면하겠다는 얄팍한 자기기만일 수 있습니다. 설령 진심으로 다짐했더라도, 인간은 시간이 지나면 그 결심을 잊거나 뒤로 미루기 일쑤입니다. 심하면 그 일 자체를 아예 우선순위에서 제외하거나 없었던 일로 치부해 버립니다. 인간의 죄 된 본성과 자기중심성은 언제나 모든 일을 자기 위주로 만들기 때문입니다.

인간은 본성적으로 타인의 아픔이나 고통보다는 자신의 문제를 먼저 생각합니다. 이런 이유로 예수님께서는 하나님께서 은혜로 우리에게 형제에게 원망 들을 일이 기억나게 하셨을 때, 그 즉시 화해하러 가라고 명령하신 것입니다. 절대 미루지 말라는 것입니다. 이것이야말로 서로 원망하고 분노하는 가운데 마음과 인격을 죽이는 '영적 살인'에서 벗어날 수 있는 가장 중요한 길입니다. 동시에 이것은 상대방에게 죄를 짓게 하는 빌미를 제공하지 않게 하고, 자신도 형제를 향한 죄에 빠지지 않게 되는 하나님의 처방입니다. 그러므로 예수님께서는 이런 다양한 이유로 화해의 절대적인 중요성을 강조하시며 반드시 순종할 것을 명령하시는 것입니다. 성경은 이 원리를 "순종이 제사보다 낫고 듣는 것이 숫양의 기름보다 나으니"(삼상 15:22)라고 힘주어 말합니다.

교회 공동체라고 해서 이러한 문제에서 예외가 될 수는 없습니다. 세상에서 부름받은 거룩한 성도들이 모여 하나님께 예배드리는 교회에도 알곡과 가라지, 양과 염소가 함께 있습니다. 겉으로는 하나님을 경외하는 것처럼 보이지만 실제로는 전혀 경외심 없이 단지 예배당에 앉아 시간을 채우는 것만으로 만족하는 사람들이 있습니다. 또 누구보다 뜨겁게 찬양하고 눈물로 예배드렸더라도, 하나님께서 받지 않으시는 예배를 드렸을 수도 있습니다. 어떤 이들은 교회가 요구하는 종교적 의무를 성실히 수행했다는 사실만으로 스스로 만족하며 안도합니다. 그러나 그런 태도는 바리새인과 서기관들의 신앙 자세와 다를 바 없습니다. 하나님께서는 가인의 제사를 받지 않으셨던 것을 통해 이 사실을 분명히 보여 주십니다.

가인은 자신의 예배와 제물은 받지 않으시고 아벨의 제사만 받으신 하나님을 원망했습니다. 또 동생 아벨을 시기하고 질투했으며, 그 마음속에는 분노와 증오가 타올랐습니다. 결국 그 분노는 폭발하여 인류 최초의 살인이라는 비극으로 이어졌습니다. 이것이 바로 하나님께서 형제를 미워하고 증오하는 마음을 품은 예배를 받지 않으시는 결정적인 이유입니다. 그런 마음으로 드리는 예배는 아무리 신실해 보여도, 실상은 위선이며 거짓일 뿐입니다. 바리새인과 서기관들의 신앙이 그러했던 것처럼, 겉으로는 경건해 보이나 실상은 회칠한 무덤과 같은 것입니다. 그러므로 예수님께서 하나님께 드리는 예물보다 더 우선되는 것은 형제에게 화해의 선물을 건네는 일임을 강조하신 것입니다.

그러나 화해의 선물을 건네는 일은 절대 쉽지 않습니다. 심령이 가난하고, 애통하며, 마음이 온유하고, 의에 주리고 목마른 팔복의 성품을 가진 자가 아니면 불가능합니다. 자신의 자아를 부정하지 않는 한, 진정으로 상대방과 화해할 수 없기 때문입니다. 반대로 말하면, 하나님께서는 자아를 부정하지 않는 예배를 절대 기뻐하지 않으시며, 받지도 않으신다는 뜻입니다. 자아를 부정하지 않는 예배는 결국 하나님이 아니라 자기 자신이 중심이 된 자기 만족적인 예배이기 때문입니다. 우리는 다른 사람의 내면을 알 수 없기에 누가 어떤 마음으로 예배드리는지 판단할 수 없습니다. 그러나 하나님께서는 우리의 마음 깊은 곳까지 살펴보시며 감찰하십니다. 그렇기에 예수님께서는 "네 마음을 다하여 하나님을 사랑하라"라고 말씀하신 것입니다.

또 그리스도인이 화해의 중요성과 시급성을 생각할 때 반드시 기억해야 할 중요한 진리가 있습니다. 그것은 바로 하나님께서 예수 그리스도를 통해 인간의 죄로 인해 단절된 하나님과 인간 사이의 관계를 화목하게 하시고 회복시키셨다는 사실입니다. 그러므로 예수 그리스도를 믿어 하나님과 화목한 자는 반드시 다른 형제와도 화목해야 합니다. 이것이야말로 성경이 가르치는 화해의 원리이자 진리입니다. 형제와 화목한 것은 예수 그리스도로 인해 하나님과 화목하게 된 자의 가장 분명한 표징이며, 그의 믿음이 진실함을 드러내는 증거입니다. 예수님께서 팔복에서 "화평하게 하는 자는 복이 있나니 그들이 하나님의 아들이라 일컬음을 받을 것임이요"(마 5:9)라고 말씀하신 것도 같은 맥락입니다. 그리스도인은 이미 화평하게 하는 복을 받은 존재입니다. 그러므로 다른 형제와 화목하지 않는 것은 곧 팔복의 은혜를 저버리는 것이며, 나아가 자기 믿음의 진실성을 스스로 의심케 하는 행위입니다. 그것은 곧 자신의 믿음이 거짓됨을 스스로 드러내는 것과 다름이 없습니다.

무엇보다 그리스도인은 자신이 어떤 형제에게 원망 들을 만한 행동을 했음에도, 여전히 그와 화목하지 않은 채로 지낼 때 나타날 수 있는 비참한 결과를 반드시 기억해야 합니다. 그것은 단순히 관계의 단절에 머무는 것이 아니라, 그 형제에게 마음속으로 살인을 저지르게 할뿐더러 죄를 짓도록 빌미를 제공할 수 있다는 사실입니다. 이유가 무엇이든 자신 역시 그 형제를 향한 증오와 분노의 감정을 끝내 버리지 못하고 품게 될 것입니다. 그 결과 자신의 내면에서 끊임없이 형제를 미워하고 정죄함으로써 마치 마음으로 살인을 거듭하는 것과 같은 어처구니없는 상황에 빠질 수 있습니다. 만일 이러한 문제를 조기에 바로잡지 않고 그대로 방치한다면, 결국 실제적인 살인이라는 끔찍한 불상사로까지 이어질 수도 있는 것입니다.

바로 이러한 이유로 예수님께서는 우리에게 "살인하지 말라"라는 금지 계명이 단순히 '하지 말라'는 부정적인 의미만을 담고 있는 것이 아님을 깨우쳐 주십니다. 이 계명은 단순히 살인을 금하는 것에서 멈추지 않고, 그와 정반대되는 선한 행위, 곧 형제와의 화목을 이루라는 적극적이고 능동적인 의미도 함께 내포하고 있는 것입니다. 그러므로 그리스도인은 결코 외적인 행동으로 살인을 저질러서는 안 되지만, 그것으로 끝이 아닙니다. 직접 손에 칼을 들지 않았다고 안전한 것이 아닙니다. 형제를 향해 마음속 깊은 곳에서 분노를 품거나, 지적으로 멸시하거나 모욕하며, 인격적으로 무시하고 모독하는 것 또한 모두 금해야 합니다. 이런 생각과 태도는 단지 겉으로 드러나지 않았을 뿐,

하나님 보시기에는 이미 마음으로 살인한 것과 다를 바 없기 때문입니다. 만일 이러한 소극적인 의미에서의 살인 금지가 계명의 본래 의미라면, 형제와 화목하는 일은 그 계명의 적극적인 완성으로서 반드시 행해야 할 의무라 할 수 있습니다.

다시 강조하지만 그리스도인이 자신의 잘못으로 인해 상대방에게 원망 들을 만한 행동을 했다면, 반드시 화해의 길로 나아가야 합니다. 이때 그리스도인은 두 가지 사실을 깊이 인식해야 합니다.

첫째, 화해는 자신에게 가장 중요한 일, 곧 어떤 모임이나 종교적 행사, 의식, 사업상 회의 등이 있다고 해도, 그것들보다 앞서 가장 우선순위에 두고 처리해야 한다는 것입니다. 이것이 바로 화해의 절대적인 중요성입니다. 둘째, 상대방과 화해할 수 있는 기회는 그 순간을 놓치면 다시 오지 않을 수도 있다는 사실입니다. 그러므로 화해의 문제는 언제나 시급하고 절박한 일이라는 사실을 반드시 명심해야 합니다. 이것이 바로 화해의 긴급성과 절박성입니다.

17장

간음하지 말라

"또 간음하지 말라 하였다는 것을 너희가 들었으나 나는 너희에게 이르노니 음욕을 품고 여자를 보는 자마다 마음에 이미 간음하였느니라"(마 5:27-28).

앞서 예수님께서는 십계명의 여섯 번째 계명인 "살인하지 말라"라는 명령의 본래 의미와 그 속에 담긴 하나님의 의도를 밝히 드러내 주셨습니다. '살인하지 말라'는 계명에는 두 가지 측면이 있습니다. 곧 금지하는 부정적인 측면과 권장하는 능동적인 측면입니다. 예를 들어, 부정적인 측면은 단순히 직접 행동으로 살인을 범하는 일뿐 아니라, 상대방의 인격을 짓밟는 지적인 멸시와 모욕, 감정적인 분노와 화, 인간의 존엄을 무시하는 그 어떤 말과 행동도 금지한다는 것입니다. 반면 능동적인 측면은 만약 자신이 어떤 행동이나 말로 상대방에게 원망을 품게 했다면, 즉 그를 노하게 했다면, 적극적으로 그와 화해하라는 것입니다. 본문은 '살인하지 말라'는 계명에 이어 십계명의 일곱 번째 계명인 "간음하지 말라"에 대한 예수님의 교훈입니다. 예수님은 이 계명에 대한 서기관과 바리새인들의 잘못된 해석을 지적하시면서 이 계명의 본래 의미가 무엇인지 친히 가르쳐 주십니다.

오늘날처럼 성적인 죄와 유혹이 일상적으로 노출되고 있는 시대는 일찍이 없었습니다. 과학 기술의 눈부신 발전과 다양한 매체의 발달로 이전보다 훨씬 더 많은 사람이 특정 계층이나 연령, 신분이나 지위를 막론하고, 시간과 장소를 가리지 않고 성적인 자극과 유혹의 환경에 노출되어 있습니다. 게다가 과거와 달리 소위 결혼 적령기에 접어든 청년들이 이런저런 이유로 결혼을 미루거나 아예 결혼 자체를 회피하려는 분위기가 대세가 되어 가고 있습니다. 이러한 현상은 필연적으로 가까운 미래에 심각한 사회 문제를 불러올 것이 자명하며, 이미 그로 인한 불안과 염려가 점점 더 증대되고 있습니다.

그러나 이런 시대적 현상을 직간접적으로 목도하고 있는 한 신앙인으로 더 큰 우려는 다음과 같은 점입니다. 곧 이러한 조류로 인해 믿지 않는 자연인뿐 아니라 그리스도인조차 '간음하지 말라'는 계명에 순종하는 것이 점점 더 어려워지고 있다는 사실입니다. 무엇보다 안타까운 점은 적지 않은 그리스도인이 이러한 부정적 현상을 적극적으로 거부하기보다, 오히려 하나의 사회적·문화적 흐름으로 수용하며 그 조류에 편승하고 있다는 것입니다. 그러므로 이 간음의 문제는 오늘 우리가 직면한 시대적 상황을 고려할 때, 다른 어떤 주제보다 현실적으로 가장 시급하고 적실한 주제라 할 수 있습니다.

성경을 보면 하나님께서는 창세로부터 결혼을 통해 남자와 여자가 합법적이고 정결하게 성적인 기쁨과 관계를 누리도록 허락하셨습니다. 그러나 오늘날 결혼에 대한 바른 인식은 점점 희미해지고 있으며, 심지어 결혼한 자들조차 이혼을 너무도 가볍게 생각하는 풍조에서 비합법적 성적 관계와 간음은 도처에 만연한 현실이 되고 말았습니다. 그렇기에 이 문제는 앞서 다루었던 살인의 문제 못지않게 심각하게 고민하고 성찰해야 할 주제입니다.

본문에서 예수님께서는 이렇게 말씀하십니다. "또 간음하지 말라 하였다는 것을 너희가 들었으나 나는 너희에게 이르노니 음욕을 품고 여자를 보는 자마다 마음에 이미 간음하였느니라." 그러므로 이 계명 역시 '하지 말라'라는 금지 명령으로 주어진 것입니다. 그러나 앞서 살펴본 원리를 기억해야 합니다. 금지 계명에는 언제나 반대되는 선을 적극적으로 행하라는 명령이 함께 내포되어 있다는 것입니다. 그러므로 이 본문을 해석할 때도 그 원칙을 견지해야 합니다. 그런데 예수님께서 바리새인과 서기관들에게 "또 간음하지 말라 하였다는 것을 너희가 들었으나"라는 말씀으로 시작하시는 것을 보면, 그들이 '간음하지 말라'는 계명의 본래 의미와 의도를 이미 왜곡된 형태로 들어 왔음을 전제하고 있습니다.

그렇다면 그들은 과연 이 계명을 어떻게 들어 왔고, 또 어떻게 가르쳤을까요? 신명기 22장을 보면, 그들이 전통적으로 이해하고 가르쳐 온 간음의 의미를 알 수 있습니다. 그들은 이 계명을 단순히 남자가 배우자가 아닌 다른 여자와 성적 관계를 맺는 것을 금하는 것으로만 제한했습니다. 다시 말해, 이 계명의 의미를 자신들에게 유리하게 축소한 것입니다. 더 심각한 문제는 단지 행위로 옮기지만 않으면 그 계명을 지킨 것으로 만족했고, 나아가 그것을 자기 의로 여겼다는 사실입니다. 예수님께서는 바로 그 지점을 정면으로 지적하시면서 선언하십니다. "나는 너희에게 이르노니 음욕을 품고 여자를 보는 자마다 마음에 이미 간음하였느니라." 즉 예수님께서는 남자가 여자를 보고 마음속으로 음욕을 품는 그 자체가 이미 간음이라고 규정하십니다. 물론 이 말씀은 여자가 남자를 보고 음욕을 품는 경우에도 똑같이 적용됩니다. 그러므로 예수님께서 강조하시는 요점은 간음을 단순히 외적인 행위로만 국한할 수 없다는 것입니다. 이미 마음으로 그러한 음욕을 품고 상상했다면 그 자체가 곧 간음입니다. 따라서 '간음하지 말라'는 계명을 마음의 차원에서 성찰하면, 이 계명은 우리가 흔히 생각하는 것보다 훨씬 더 포괄적인 의미가 있습니다. 다시 말해, 이 계명은 나와 타인의 순결을 더럽히고 해치는 모든 말과 행동은 물론, 이성을 향한 마음속의 음욕과 탐심 그리고 그와 관련된 온갖 상상과 생각까지도 다 포함합니다. 그리고 더 나아가 내면에서부터 간음을 부추기고 자극하는 모든 환경과 상황, 조건도 포함됩니다.

그뿐 아니라 '간음하지 말라'는 명령은 성적 자극을 일으키는 외설적인 표정과 눈짓, 음욕을 부추기는 희롱과 추행의 말까지 금하라는 것입니다. 그런 모든 것은 결국 마음속에 품은 음욕과 탐심에서 비롯되기 때문입니다. 참으로 놀랍고 혁신적인 말씀 아닙니까? 이렇게 볼 때, 간음의 본질은 단지 외적인 행위에 국한되지 않고, 내면의 마음과 동기 그리고 탐심과 깊이 연결되어 있다는 사실을 알 수 있습니다. 이런 관점에서 '간음하지 말라'는 계명은 십계명의 마지막 계명인 "네 이웃의 집을 탐내지 말라"(출 20:17)와 깊이 연관됩니다.

사실 "네 이웃의 집을 탐내지 말라"라는 계명은 좁은 의미로는 제5계명에서 제9계명을 진실한 마음과 성실함으로 지키는 기준 역할을 합니다. 그러나 더 넓은 의미에서는 제1계명에서 제9계명까지 모든 계명을 완성하는 종합, 곧 십계명의 마침표라고 할 수 있습니다. 그리스도인이 십계명의 모든 계명을 지킬 때, 단지 외적인 행동에서만 그치는 것이 아니라 내면의 마음, 특히 탐심을 다스리는 데까지 나아가야 하기 때문입니다. 즉 "네 이웃의 집을 탐내지 말라"라는 계명의 본래 의미는 이웃에게 속한 어떤 대상에도 자신의 마음과 욕망을 두지 말라는 것입니다. 내면에서 시작된 죄악 된 탐심은 그 어떤 대상도 가리지 않으며 결국 행동으로 연결되기 때문입니다. 그 대상이 유형물이든 무형물이든, 물건이든 사람이든, 사상이든 이념이든 모두 똑같습니다. 예를 들어, 마음속 탐심은 부모 공경을 소홀히 하게 만들고, 도둑질하게 만들며, 심지어 살인으로 이끌 수도 있습니다. 그러므로 "네 이웃의 집을 탐내지 말라"라는 계명은, 간음을 단지 외적인 행위로만 한정시켰던 서기관과 바리새인들의 잘못된 해석을 전면적으로 뒤집는 중요한 단서가 됩니다. 결국 그들의 해석은 "간음하지 말라"라는 계명뿐 아니라, "네 이웃의 집을 탐내지 말라"라는 계명까지 제대로 지키지 못한 것이 되고 맙니다.

이처럼 간음의 문제를 다룰 때는 지금까지 살펴본 차원만이 아니라 훨씬 더 포괄적인 시각이 필요합니다. 간음은 단순히 행위 당사자들만의 문제가 아니라, 그러한 행동과 마음과 탐심을 불러일으키고 자극하는 수많은 환경적 요인까지 포함하기 때문입니다. 다시 말해, 간음의 문제는 우리의 일상생활과 너무도 밀접하게 연결되어 있는 습관이나 생활 방식, 문화와도 직간접적으로 관련이 있다는 사실을 잊지 말아야 합니다. 그 대표적인 예가 방탕과 술 취함입니다. 우리나라 회식 문화를 보면, 단순히 저녁 식사에서 끝나지 않고 흔히 2차, 3차로 이어지며, 주로 술집이나 노래방 등 유흥업소와 연결됩니다. 그 과정에서 남녀가 자연스럽게 뒤섞이고, 이는 간음을 부추기는 환경적 요인으로 작용하게 됩니다. 사실 마음에서 일어나는 성적인 유혹과 탐심을 억제할 수 있는 가장 좋은 방법은 아예 그런 것을 부추기는 장소에 가지 않는 것입니다. 즉 할 수만 있다면 처음부터 그런 장소 자체를 회피하는 것이 가장 바람직합니다. '견물생심'이라는 말이 있지 않습니까? 타락한 인간은 눈으로 보면 본능적으로 그것을 가지고 싶어 합니다. 마찬가지로 음란과 음욕을 자극하는 장소에 가게 되면, 인간의 마음은 자연스럽게 음탕한 생각과 간음의 유혹에 흔들리기 마련입니다. 따라서 처음부터 그런 장소를 피하거나 신속히 그 자리를 떠나는 것이 음욕과 간음을 비롯한 온갖 죄를 범할 수 있는 상황에서 벗어나는 가장 지혜로운 방법입니다.

또 이 간음의 문제를 다룰 때 '게으름'이라는 생활 습관도 빼놓을 수 없습니다. 혹자는 게으름과 간음이 어떻게 연관될 수 있는지 의아해할 수 있습니다. 그러나 다윗이 밧세바와 범죄한 사건을 떠올려 보면 이해가 될 것입니다. 다윗은 요압과 그의 군대를 전쟁터로 내보낸 후, 홀로 예루살렘에 남아 있었습니다. 그리고 어느 날 저녁 무렵, 침상에서 일어나 한가롭게 왕궁 옥상을 거닐다가 목욕하는 밧세바를 보게 됩니다. 물론 다윗이 그 시간에 침상에서 일어난 것이나 옥상을 거닌 것 자체는 죄가 아닙니다. 그러나 전시 상황에서 온 나라가 긴장하고 있을 때 왕으로서 합당한 모습은 아니었습니다. 한마디로 다윗은 모든 것이 귀찮고 무기력한 게으름 상태에 빠져 있었던 것입니다. 그 게으름은 자신이 누구인지, 나라가 지금 어떤 상황에 있는지에 대한 분별력이 흐려지게 했습니다. 결국 그러한 복합적인 상황이 밧세바와의 불행한 사건으로 이어지게 된 것입니다. 그러므로 그리스도인은 게으름 또한 간음과 깊이 관련되어 있다는 사실을 명심해야 합니다.

더 나아가 과도하게 배를 채우는 것도 간음을 자극하는 요인이 될 수 있습니다. 지나친 음식 섭취는 잡다한 생각과 헛된 상상을 부추기고, 결국 음탕하고 난잡한 생각, 외설적인 행위 등 더 강한 쾌락을 추구하는 단계로 치닫게 만듭니다. 이는 인간의 타락한 본성이 가진 자연스러운 경향입니다. 그뿐 아니라, 선정적인 옷차림이나 화장 역시 타인에게 음욕을 품도록 자극할 수 있습니다. 지나친 신체 노출이나 현란한 춤사위 또한 다른 이들의 마음을 유혹하고 음욕을 불러일으키는 원인으로 작용합니다. 이처럼 간음과 관련된 금지 명령에는 우리가 대수롭지 않게 여기거나 쉽게 간과할 수 있는 수많은 요소가 포함되어 있습니다. 한마디로 간음의 문제는 우리가 일상에서 깊이 생각하지 않는 부분까지도 매우 포괄적이고 광범위하게 아우르고 있는 것입니다. 이런 관점에서 본다면, 이 세상에 간음하지 않은 사람은 아마 한 명도 없을 것입니다.

그러나 간음과 관련해 결코 간과해서는 안 될 더 중요한 부분이 있습니다. 앞서 살펴본 것처럼, 계명의 '하지 말라'라는 말에는 부정적인 측면과 동시에 적극적으로 '하라'라는 의미를 내포하고 있습니다. 그렇다면 예수님께서 '간음하지 말라'는 계명을 통해 우리에게 적극적으로 요구하시는 바는 무엇입니까? 그것은 단순히 외적인 행동을 삼가는 것에서 그치는 것이 아니라, 자신은 물론 다른 사람들의 몸과 영혼의 순결을 지키기 위해 마음속에서 일어나는 모든 성적 유혹을 이기는 것입니다.

우리는 종종 '하지 말라'는 그것만 하지 않으면 그 계명을 지킨 것이라고 착각합니다. 그러나 그것은 하나님의 말씀을 바르게 이해하지 못한 것입니다. 그런 생각은 바리새인과 서기관들의 사고방식과 다를 바가 없습니다. 그들은 계명 지키는 것을 단지 외적인 차원으로 한정하고, 그렇게 지킨 것을 자신들의 의로 삼으며 교만하게 자랑했습니다. 그러나 예수님께서는 "너희 의가 서기관과 바리새인보다 더 낫지 못하면 결코 천국에 들어가지 못하리라"(마 5:20)라고 선언하셨습니다. 그러므로 우리가 하나님의 말씀을 대하는 태도가 바리새인들과 같다면, 결국 천국에 들어가지 못하는 비극적인 결과에 이를 수 있습니다. 물론 그런 경우는 본질적으로 중생하지 못하고 진정한 회심에 이르지 못한 사람일 가능성이 큽니다. 그러나 하나님의 은혜로 구원받은 성도라 할지라도 여전히 우리는 죄의 오염 가운데 살아갑니다. 따라서 마음에서부터 일어나는 성적 유혹을 이기는 것은 결코 쉬운 일이 아닙니다.

이 사실을 잘 보여주는 사람이 다윗입니다. 다윗은 하나님께서 '내 마음에 합한 자'라고 하실 만큼, 하나님의 뜻을 따르며 하나님을 기쁘시게 했던 인물이었습니다. 그러나 그런 그도 밧세바와의 사건에서 무너졌습니다. 이 사실은 인간의 죄성이 얼마나 무섭고, 또 우리가 얼마나 쉽게 죄의 유혹에 넘어가는 연약한 존재인지를 여실히 보여줍니다.

그러므로 '간음하지 말라'는 계명의 적극적 측면, 곧 자신과 타인의 몸과 영혼의 순결을 지키기 위해서는 반드시 다음의 몇 가지 원칙을 기억해야 합니다.

첫째, 자신의 연약함과 불완전함을 명확히 인식하고, 성령 하나님의 도우심과 인도하심을 간절히 구해야 합니다. 성령의 능력을 풍성히 입어야만 합니다. 사실 우리의 영혼은 예수 그리스도의 완전한 대속 사역을 믿음으로 죄책에서 해방되었습니다. 그리고 하나님께서는 우리를 자녀로 삼으시고, 멸망과 죽음에서 건져내 영원한 생명, 곧 하나님 나라로 옮겨 주셨습니다. 그러나 여전히 우리는 죄로 오염된 몸을 입고 살아가고 있으며, 사탄과 세상의 영과 육신의 소욕으로 언제든지 넘어질 수 있는 연약한 존재입니다. 게다가 베드로의 말처럼 사탄은 우는 사자처럼 삼킬 자를 찾아 두루 다니고 있습니다. 그렇기에 아무리 신실한 성도라도 이 영적 전쟁에서 승리하는 것은 쉽지 않습니다. 그러므로 다음과 같은 바울의 권면을 마음 깊이 새겨야 합니다. "선 줄로 생각하는 자는 넘어질까 조심하라"(고전 10:12). "두렵고 떨림으로 너희 구원을 이루라"(빌 2:12). 무엇보다 항상 성령 하나님의 도우심과 다스리심을 간절히 구하며, 그분을 온전히 의지해야 합니다.

둘째, 자신의 몸을 더는 불의의 무기가 아니라 하나님의 의의 무기로 사용해야 한다는 사실을 분명히 기억해야 합니다. 바울은 이에 대해 이렇게 말합니다. "그러므로 너희는 죄가 너희 죽을 몸을 지배하지 못하게 하여 몸의 사욕에 순종하지 말고 또한 너희 지체를 불의의 무기로 죄에게 내주지 말고 오직 너희 자신을 죽은 자 가운데서 다시 살아난 자같이 하나님께 드리며 너희 지체를 의의 무기로 하나님께 드리라"(롬 6:12-13). 바울은 사역과 삶의 모든 영역에서 아무 목적 없이 행동하지 않았습니다. 그는 끊임없이 일어나는 죄의 유혹을 이기기 위해 자신의 몸을 철저히 쳐서 복종시키는 훈련을 했습니다. 물론 이러한 과정에 반드시 성령 하나님의 주도하심이 필요합니다. 동시에 성도의 전인격적 반응, 곧 의지와 결단도 수반되어야 합니다. 그러므로 모든 성도는 바울처럼 자신의 몸을 절제하며, 하나님이 기뻐하시는 의의 무기로 드리는 성화의 과정을 성실히 따라야 합니다. 그럴 때 비로소 마음에서부터 일어나는 성적 유혹을 이기며, 자신과 타인의 몸과 영혼의 순결을 지킬 수 있습니다.

셋째, 하나님께서 주신 은혜의 방편을 적극적으로 활용해야 합니다. 특히 기도는 마음속에서 일어나는 성적 유혹과 탐심을 이기게 하는 가장 중요한 은혜의 수단입니다. 예수님께서는 "구하라 그리하면 너희에게 주실 것이요 찾으라 그리하면 찾아낼 것이요 문을 두드리라 그리하면 너희에게 열릴 것이니"(마 7:7)라고 약속하셨습니다. 흔히 우리는 이 세상에서의 성공과 번영, 건강과 물질을 얻고자 할 때 구하고 찾으며 문을 두드리는 간절한 기도를 드리곤 합니다. 또 당면한 여러 문제를 해결하고, 장래의 소망과 바람을 성취하고자 간절히 기도하는 경우도 많습니다. 사실 우리의 신앙과 삶에는 이러한 기도 역시 필요합니다. 예수님께서도 주기도문에서 '일용할 양식'을 구하라고 가르치셨습니다. 그러나 문제는 내면에서 끊임없이 일어나는 탐심과 유혹 그리고 죄를 이기기 위한 성령 하나님의 능력과 도우심을 구하는 기도가 상대적으로 너무 부족하다는 데 있습니다. 분명히 예수님께서 죄 용서를 구하는 기도를 주기도문에서 강조하셨음에도 말입니다.

성경은 하나님께서 우리를 구원하신 궁극적인 목적이 무엇이라고 말씀합니까? 바로 우리를 하나님 앞에 거룩하고 흠 없으며 점 없는 존재로 세우시기 위함이라고 증거합니다. 다시 말해, 하나님께서는 타락으로 인해 상실한 하나님의 형상과 모양을 회복하게 해주셔서, 자신과의 영원한 사귐과 교제와 사랑의 관계에서 참된 영생을 누리도록 우리를 구원하신 것입니다. 그러므로 그리스도인은 날마다 자신의 죄를 씻고 성화를 이루어가기 위해 성령 하나님의 능력과 도우심을 간절히 구해야 합니다. 이것이 바로 "간음하지 말라"라는 계명의 적극적인 측면을 올바르게 실천하는 데 필요한 영적 태도입니다. 하나님께서는 우리가 죄를 자복하고 죄 씻음의 은혜를 간구할 때, 또 죄로 오염된 우리 존재를 끊임없이 정결케 하여 순결과 거룩함으로 나아가고자 할 때, 반드시 성령 하나님의 도우심과 능력을 풍성히 허락해 주십니다.

18장

간음하지 말라 : 오른눈이 너로 실족하게 하거든

> "만일 네 오른눈이 너로 실족하게 하거든 빼어 내버리라 네 백체 중 하나가 없어지고 온몸이 지옥에 던져지지 않는 것이 유익하며 또한 만일 네 오른손이 너로 실족하게 하거든 찍어 내버리라 네 백체 중 하나가 없어지고 온몸이 지옥에 던져지지 않는 것이 유익하니라"(마 5:29-30).

앞서 우리는 십계명의 일곱 번째 계명인 "간음하지 말라"에 대한 예수님의 교훈을 살펴보았습니다. 이 계명은 "살인하지 말라"라는 계명과 마찬가지로, 단순히 소극적인 측면만이 아니라 적극적인 측면도 동시에 지니고 있습니다. 다시 말해, 소극적인 측면은 실제적인 행위뿐 아니라 마음에서 일어나는 음욕, 상스러운 말, 음흉한 눈빛까지도 금지한다는 것입니다. 반면 적극적인 측면은 자신을 비롯해 다른 사람들의 몸과 영혼의 순결을 지키고 보존하기 위해 마음에서부터 솟구쳐 오르는 모든 성적 유혹을 이겨야 한다는 의미를 담고 있습니다. 그래서 우리의 영혼과 몸을 성결하게 유지하는 데 도움이 되는 은혜의 방편들을 잘 활용해야 합니다.

그럼에도 간음의 문제를 다룰 때는 좀더 포괄적인 관점이 필요합니다. 곧 간음 자체의 행위와 마음의 상태뿐 아니라, 탐심을 불러일으키고 음욕을 자극하는 수많은 문제 상황까지 함께 고려해야 한다는 것입니다. 즉 간음은 단순한 행위의 차원에서 그치지 않고, 우리의 일상생활에서 너무나 익숙한 습관이나 삶의 방식, 나아가 문화와도 직간접적으로 연결되어 있다는 사실을 간과해서는 안 됩니다. 예컨대 방탕함, 술 취함, 게으름, 과도한 음식 섭취 등도 모두 간음을 자극하고 부추기는 중요한 요인으로 작용할 수 있습니다.

그런데 본문을 보면 예수님께서 매우 인상적인 비유를 통해 이 문제를 다루십니다. 그것은 바로 "만일 네 오른눈이 너로 실족하게 하거든 빼어 내버리라 네 백체 중 하나가 없어지고 온몸이 지옥에 던져지지 않는 것이 유익하며"라는 말씀입니다. 이 말씀은 그 자체로 듣기만 해도 참혹하고 끔찍하게 느껴집니다. 그러므로 우리는 이 말씀을 대할 때 반드시 예수님께서 이 비유를 통해 전하고자 하신 진의(眞意)가 무엇인지를 올바르게 파악해야 합니다.

그렇지만 불행하게도 교회 역사에서는 이 말씀을 문자 그대로 해석하여 실제로 자신의 눈을 빼버리는 어리석은 선택을 한 이들도 있었습니다. 죄를 짓지 않고 정결하게 살고자 한 그들의 열망과 결단은 분명 칭찬할 만합니다. 그리고 자신의 소중한 눈을 제거하는 처절한 고통을 감수하면서까지 정결을 추구한 그 마음과 용기는 충분히 높이 평가할 만합니다. 그러나 안타깝게도 그것은 예수님의 말씀을 오해한 데서 비롯된 극단적 결과이자, 성경적이지 않은 잘못된 해석이었습니다. 이러한 행위는 주로 말씀을 문자적으로만 수용한 극단적 금욕주의자들에게서 나타났습니다.

오늘날에는 이와 같은 일이 드물지만, 여전히 이 말씀을 잘못 이해한 채 빗나간 신앙생활을 이어가는 사람이 적지 않습니다. 그러므로 우리는 균형을 상실한 신앙 태도를 경계해야 합니다. 아무리 그들의 열심과 충성, 헌신이 일반 신자들이 감히 흉내 낼 수 없는 수준이라 할지라도, 성경적 균형을 잃은 신앙생활은 결국 자신과 공동체를 불행으로 몰아가고 맙니다. 그런가 하면 어떤 이들은 예수님의 이 말씀을 아예 현실성 없는 허무맹랑한 소리로 치부해 버리고 진지하게 다가가려는 시도조차 하지 않습니다. 그들에게는 이 말씀이 그저 실현 불가능한 비현실적 가르침처럼 들릴 뿐입니다. 그래서 말씀의 본래 의도와 의미를 탐구하려는 겸손한 노력조차 하지 않은 채 쉽게 건너뛰어 버립니다. 그러나 이런 태도 역시 앞서 언급한 극단적 금욕주의자들과 본질적으로 다르지 않습니다. 두 부류 모두 하나님의 말씀을 겸손히 대하며 진지하게 숙고하지 않고, 결국 자기 입맛에 맞게 자의적으로 해석하거나 배척했기 때문입니다.

결국 이들은 서로 다른 방식으로 나타났을 뿐, 모두 하나님의 말씀을 자기 판단과 기호에 따라 재단하려는 오류를 범한 것입니다. 그러나 이러한 태도로 하나님의 말씀을 대하는 것은 절대 바람직하지 않습니다. 그리스도인은 성경이 말하는 건강하고 신실한 신앙을 위해 이런 양극단을 철저히 경계해야 합니다. 그리고 이 말씀이 담고 있는 본래의 의미와 본질을 부지런히 탐구하고 깊이 묵상하는 데 온 힘을 기울여야 합니다.

사실 예수님의 이 말씀은, 눈이 실족하게 하면 차라리 그것을 제거하여 장애인이 되는 편이 더 낫다는 식의 가르침이 아닙니다. 곧 죄를 짓게 하는 눈을 실제로 빼어 버리는 것이 죄를 피하는 최선이라는 뜻이 아니라는 것입니다. 만일 그것이 참뜻이라면, 주님은 아마 오른눈뿐 아니라 왼눈까지도 모두 빼어 버리라고 말씀하셨을 것입니다. 오른눈을 제거해도 왼눈은 여전히 남아 있어 죄를 범하게 만들 수 있기 때문입니다. 더 나아가 욕망이 일어날 때마다 눈과 손과 발을 잘라낸다면 어떻게 하나님의 일을 감당할 수 있겠습니까? 그런 해석은 결국 세상을 극심한 혼란에 빠뜨리고 맙니다. 이것은 마치 아기를 씻긴 물을 버리려다 아기까지 함께 내버리는 어리석은 행동과 같습니다.

무엇보다 중요한 것은 아무리 우리의 신체 일부를 제거한다고 해도 마음 깊은 곳에서 일어나는 탐심과 음욕은 여전히 존재한다는 사실입니다. 제아무리 육체에 고통을 가하고 극도의 금욕적 수행을 한다고 해도, 그런 방식으로는 죄의 근원인 마음의 생각과 욕망을 차단할 수 없습니다. 죄는 본질적으로 인간의 마음에서 시작되기 때문입니다. 그러므로 우리는 예수님의 이 말씀을 문자적으로 이해하는 것이 아니라, 그 안에 담긴 본질적 의미를 바르게 해석해야 합니다.

예수님의 이 말씀에는 네 가지 중요한 의미가 있습니다. 이것이 바로 주님께서 이 말씀을 통해 우리에게 가르치고자 하신 궁극적 의도를 이해하는 열쇠입니다.

첫째, 예수님께서는 간음의 문제를 예로 드셨지만, 사실상 이 말씀은 간음뿐 아니라 모든 죄의 심각성을 일깨우시는 것입니다. 즉 다른 사람을 범하고 하나님의 뜻을 거스르는 죄가 얼마나 파렴치하고 경멸스러운 일인지를 강조하신 것입니다. 그러므로 그리스도인은 간음은 물론, 세상에서 흔히 사소하게 여기는 죄일지라도 죄가 지닌 심각성과 파괴성을 결코 가볍게 여기지 말아야 합니다. 생각해 보면 자신의 눈을 제거한다는 것은 상상할 수 없는 고통과 아픔을 수반하는 일입니다. 예수님께서는 바로 이 극단적인 비유를 사용하시면서, 죄를 대하는 그리스도인의 태도가 어떠해야 하는지를 강조하신 것입니다. 즉 간음을 비롯한 모든 죄와 맞서 싸울 때 눈을 빼어 내버릴 각오 이상의 단호한 결단과 치열한 대적의 태도를 가져야 한다는 뜻입니다. 또 아무리 큰 아픔과 손해를 감수하게 되더라도 죄를 혐오하고 멀리해야 한다는 것입니다. 다시 말해, 죄가 얼마나 심각한 것인지를 바로 알고 피 흘리기까지 싸우며 대적해야 한다는 것입니다.

죄의 파괴력과 영향력이 얼마나 심각한지는 인류 최초의 인간 아담과 하와의 타락 사건에서 분명히 확인할 수 있습니다. 아담을 무너뜨린 것은 다름 아닌 안목의 정욕, 육신의 정욕, 이생의 자랑이었습니다. 그 죄가 바로 하나님과 인간 사이를 완전히 단절시킨 장본인이었습니다. 그런데 이 단절은 단순히 그 정도의 차원이 아니라, 질적인 단절을 낳았습니다. 그 간극이 얼마나 깊고 넓은지, 온 인류가 한마음으로 하늘에 닿을 만한 선행과 공로를 쌓는다 해도 결코 메울 수 없는 정도가 되었습니다. 거룩하신 하나님과 죄인인 인간 사이의 단절은 결코 인간의 양적 노력이나 공로로는 메워질 수 없는 성격의 것이기 때문입니다. 심지어 수많은 현자나 뛰어난 도덕가가 온 우주를 가득 채울 만큼의 지혜와 덕을 쌓는다 해도, 인간이 지은 죄의 단 하나의 티끌조차 속죄할 수 없습니다. 죄의 본질은 인간의 능력으로 결코 해결할 수 없는 것이기 때문입니다.

무엇보다 수많은 위인이 아무리 고상하고 거룩한 죽음을 통해 희생한다 해도, 단 한 사람의 죗값조차 결코 갚을 수 없습니다. 죄로 인해 하나님과 인간 사이에 놓인 간극은 단순히 양적인 차원이 아니라, 전혀 다른 성질의 질적인 간극이기 때문입니다. 바로 이 때문에 하나님께서는 죄가 전혀 없으신 예수 그리스도를 이 땅에 보내셨습니다. 그리고 죄로 말미암아 단절된 하나님과 인간 사이의 깊은 골을 메우시기 위해 그분을 십자가에 달려 처참하게 죽게 하셨습니다.

그뿐 아니라, 하늘이 곧 그분의 보좌요, 땅이 발등상일 정도로 크고 광대하신 예수 그리스도께서는 우리의 죄 때문에 인간의 역사로 들어오셔야 했습니다. 영원 속에 계신 분께서 시공간의 제약 안으로 들어오셔서 우리와 똑같이 33년간 살아가셨습니다. 우주보다 더 광대하신 분이 시간과 공간에 갇혀 사셔야 했다는 사실은, 인간의 이성과 지식으로는 도저히 헤아릴 수 없는 시험이자 고통이었습니다. 그것은 피조물인 인간이 겪는 제한과는 비교할 수 없는 차원의 고통이었으며, 그분이 한 번도 경험하지 않으셨던 엄청난 자기 비하와 낮아짐 그 자체였습니다.

더 나아가 십자가에서 그분이 당하신 고통은 단지 육체적인 고통에 국한되지 않았습니다. 물론 십자가의 육체적 고통도 상상을 초월하는 것이었지만, 그보다 더 깊고 심각한 고통은 영원부터 교제하셨던 아버지 하나님과의 단절을 경험하셔야 했다는 점입니다. 그분은 십자가에서 "엘리 엘리 라마 사박다니"(나의 하나님, 나의 하나님, 어찌하여 나를 버리셨나이까)라고 절규하시며 하나님과의 완전한 단절과 버림받으심을 경험하셨습니다. 이는 그 누구도 경험하지 못했던 영원한 어둠이자, 하나님의 일반은총마저 끊어진 완전한 멸망의 상태였습니다. 그리고 그 모든 것이 바로 우리의 죄 때문에 그분이 당하셔야 했던 비참한 결과였습니다.

그러나 우리는 종종 예수님의 고통을 생각할 때, 그분이 육신을 입고 이 땅에 오셨다는 성육신 자체가 이미 얼마나 크고 놀라운 고통이었는지를 간과합니다. 본래 하나님은 영원히 육체라는 그 어떤 형상에도 제약받을 수 없는 영적 존재이십니다. 그런 분이 친히 육신을 입고 이 땅에 오셨다는 사실은 우리의 이성이 아무리 애써 이해하려 해도 도저히 다 헤아릴 수 없는 신비입니다. 비유하자면 그것은 도저히 어울리지 않는 옷을 억지로 입고 살아가야 하는 것과 같습니다. 아무리 화려하고 값진 옷일지라도 그분에게는 불편하고 어울리지 않는 옷에 불과했습니다. 그분의 성육신은 바로 그와 같이 영광을 포기하고 낮아지심으로 마치 고통의 옷을 입으신 것과 같았습니다. 그러므로 예수님의 성육신은 천지창조보다 더 놀랍고 경이로운 기적 중의 기적이라 할 수 있습니다.

그렇다면 그분이 누구 때문에 이 땅에 오셔서 성육신하시고 십자가 고난을 당하셔야 했습니까? 바로 우리의 죄 때문입니다. 우리가 대수롭지 않게 여긴 작은 죄, 아무렇지 않게 품었던 음욕과 불순종 때문에 하나님의 아들이 육신을 입으시고 십자가에서 죽으셔야 했습니다. 이것은 죄가 그만큼 심각하고 중대하다는 사실을 웅변적으로 보여줍니다. 그러므로 그리스도인은 간음은 물론이고, 아무리 작은 죄라 할지라도 그것이 얼마나 심각한 것인지를 결코 망각해서는 안 됩니다.

성경은 또한 그리스도인의 몸은 이제 성령 하나님이 거하시는 성전이라고 말합니다(고전 6:19). 그렇다면 성령의 전인 우리의 몸을 어떻게 간음과 죄로 더럽힐 수 있겠습니까? 그러므로 "네 오른눈이 너로 실족하게 하거든 빼어 내버리라"라고 말씀하신 것은, 죄의 심각성과 파괴성을 무엇보다 강력하게 경고하신 것입니다. 동시에 이 말씀은, 구원받은 모든 성도가 영혼과 몸을 더럽히는 죄를 대적할 때, 자신의 목숨과 뜻과 힘을 다해 피 흘리기까지 싸워야 한다는 사실을 강조하는 경고입니다(히 12:4).

그러나 이 죄와 맞서 싸울 때, 우리가 반드시 경계해야 할 잘못된 태도가 있습니다.

하나는 반율법주의적 사고입니다. 어떤 이들은 하나님의 은혜로 이미 모든 구원이 다 이루어졌으니(칭의) 죄를 대수롭지 않게 여겨도 된다고 주장합니다. 심지어 예수님을 믿는 사람이 저지르는 죄는 이제 죄가 아니며, 단순한 실수나 약점 정도라고 생각합니다. 그러나 이것은 성경적이지 않습니다. 하나님의 구원은 영원 속에서 작정되었으나 시간 속에서 우리의 믿음과 순종을 통해 실제적으로 이루어져야 합니다(빌 2:12-13). 그러므로 그리스도인은 하나님의 작정을 근거로 현재 삶에서 죄와 치열하게 싸워야 하며, 그 책임이 우리에게 있다는 사실을 결코 잊어서는 안 됩니다.

다른 하나는 신율법주의적 사고입니다. 어떤 이들은 자신의 힘과 노력으로만 죄를 이기려 하다 죄책감과 패배감으로 무너집니다. 이들은 영원 속에서 이미 완성된 하나님의 작정을 무시하고, 자신만의 의지와 능력으로 죄와 싸우려 하기에 끊임없이 좌절하게 됩니다. 그러나 성경은 우리에게 분명히 말씀합니다. 성령 하나님의 내주하심과 삼위 하나님의 연합 사역으로 우리가 죄를 능히 이기고 담대히 대적할 수 있다고 말입니다.

그리고 예수님의 이 비유에 담긴 두 번째 의미는 분명합니다. 아무리 자신에게 목숨보다 소중하고 귀한 것이라도, 그것이 죄를 부추기고 간음으로 이끄는 요인이 된다면 과감히 끊어내야 한다는 것입니다. 인간에게는 여러 감각 기관이 있지만 그중에서도 눈은 몸의 등불이라 불릴 만큼 중요합니다. 그러나 예수님은 이렇게 중요한 기관조차 죄로 이끈다면 과감히 제거하라고 말씀하십니다. 즉 우리에게 목숨처럼 소중한 대상(사람, 물질, 가치관, 철학, 심지어 문화적 성취라 할지라도) 그것이 우리를 하나님에게서 멀어지게 하고 음욕과 탐심을 불러일으킨다면 과감히 내려놓아야 한다는 것입니다. 바울도 "무엇이든지 내게 유익하던 것을 내가 그리스도를 위하여 다 해로 여길뿐더러"(빌 3:7)라고 고백한 바 있습니다.

예수님의 이 비유에 담긴 세 번째 의미는 눈으로 보는 것 자체가 죄를 자극할 수 있다는 것입니다. 그러므로 음욕과 정욕을 일으키는 대상을 아예 보지 말고, 그 기회를 차단해야 합니다. 눈을 빼어 내버린 자가 더는 볼 수 없는 것처럼, 우리도 죄를 불러일으키는 시각적 자극을 철저히 피하고 차단해야 합니다. 이것이 바로 "네 오른눈이 너로 실족하게 하거든 빼어 내버리라"라는 말씀의 핵심적 의미 중 하나입니다. 결국 '오른눈을 빼어 내버리라'라는 말씀은 문자 그대로 육체의 눈을 도려내라는 뜻이 아닙니다. 이는 음욕을 품게 하고 간음을 일으키는 자극제가 있다면 그것이 무엇이든 반드시 눈에서 완전히 떼어 내버리라는 강력한 명령입니다. 다시 말해, 마치 눈이 없어 더는 볼 수 없는 사람처럼, 죄를 불러일으키는 대상을 철저히 멀리하고 아예 보지 말라는 것입니다. 그리스도인은 소극적으로는 그러한 부정적이고 유해한 것에서 자신을 지켜 멀리해야 하며, 적극적으로는 자신의 영적 성장과 성화에 유익을 주는 것을 가까이해야 합니다.

따라서 "네 오른손이 너로 실족하게 하거든 찍어 내버리라"라는 말씀 역시 동일한 맥락에서 이해할 수 있습니다. 곧 실족하게 만드는 그 오른손으로 결코 음행이나 죄악 된 행위를 하지 말라는 것입니다. 물론 사람마다 조금씩 차이가 있겠지만, 그것이 평소 몸에 밴 습관이나 반복해 왔던 행동이라면, 그것을 끊는 일은 절대 쉽지 않을 것입니다. 그럼에도 자기 오른손이 음욕을 불러일으키고 죄를 짓게 한다면, 마치 그 손이 잘린 사람처럼 단호히 거부하고, 다시는 그 손으로 그러한 죄악 된 행위를 하지 말아야 합니다.

더 나아가 비록 본문에는 언급되어 있지 않지만, 만일 예수님께서 "네 오른발이 너로 실족하게 하거든 찍어 내버리라"라고 말씀하셨다면, 역시 같은 맥락으로 적용할 수 있을 것입니다. 곧 오른발을 찍어내어 마치 그 발이 없는 사람처럼, 음욕과 정욕을 불러일으키는 유해한 장소, 죄악의 길로 인도하는 그 어떤 자리에도 발길을 내딛지 말라는 뜻입니다. 다시 말해, 그 발걸음을 철저히 끊어내고 절대 가지 말라는 것입니다.

예수님의 이 말씀에 담긴 네 번째 중요한 의미는 이것이 내세의 영원한 생명이 얼마나 소중하고 고귀한지를 드러내고 있다는 점입니다. 우리 사회에서 선천적이든 후천적이든 장애를 안고 살아간다는 것은 절대 쉽지 않은 일입니다. 몸이 성한 사람이 도저히 상상할 수 없는 불편함과 어려움이 곳곳에 도사리고 있습니다. 물론 오늘날은 과거에 비해 장애가 있는 이들을 위한 제도와 시설이 크게 개선되었고, 여러 법적·사회적 장치가 마련되어 있습니다. 그럼에도 장애가 있는 사람이 실제 삶에서 겪어야 하는 불편과 어려움은 이루 말할 수 없습니다. 더구나 보이지 않는 곳에서 느껴지는 사회적 편견과 차별의 시선은 여전히 무시할 수 없는 고통입니다.

물론 이러한 상황은 장애인을 바라보는 사회적 인식이나 국가의 정치적·경제적 상황, 복지 제도의 수준 등에 따라 큰 차이가 있을 수 있습니다. 아무리 제도가 완벽하게 갖추어지고 최고의 환경이 마련된다 해도 장애가 있는 삶은 여전히 녹록하지 않습니다. 그러나 내세의 영원한 나라에서는 이 모든 조건과 모습이 전혀 문제가 되지 않습니다. 내세에서는 장애도 없고, 아픔도 없으며, 고통과 슬픔, 눈물과 비극이 완전히 사라집니다. 그 모든 것은 죄에서 비롯된 타락의 결과이기 때문입니다. 이에 죄가 완전히 해결된 내세에서는 타락으로 인해 생겨난 모든 부정적 요소가 완전히 사라지고, 전적으로 새롭게 회복될 것입니다. 그곳은 지극히 정상적이고 완전한 상태이며, 우리가 상상할 수 없는 완전한 선과 진리, 생명만이 충만한 곳입니다.

그런데 이러한 사실을 누구보다 잘 아시는 예수님께서 "네 백체 중 하나가 없어지고"라고 말씀하십니다. 내세에서 영원한 생명을 누릴 때는 결코 우리의 지체가 하나라도 부족하거나 상실되는 일이 없을 텐데 말입니다. 그러므로 예수님의 이 말씀은 이렇게 이해해야 합니다. 곧 내세에서의 영원한 생명은 이 세상의 어떤 부귀영화, 건강, 번영, 성공 그리고 인간이 추구하는 그 어떤 복과도 비교할 수 없을 정도로 존귀하고 고상하며 귀하다는 것입니다. 설령 어떤 사람이 이 세상의 모든 부와 영광을 소유하고, 인간이 누릴 수 있는 최고의 복을 누리며, 수백 년을 장수한다고 해도, 내세의 영원한 생명과 비교하면 한낱 먼지에 불과합니다. 이 땅의 복과 내세의 영생은 단순한 양적 차이가 아니라, 본질적으로 전혀 다른 질적 차이가 있습니다.

요컨대 예수님께서는 우리에게 이렇게 말씀하십니다. 설령 죽음을 무릅쓰면서까지 붙잡고 싶은 유·무형의 소중한 것이 있더라도, 그것이 우리를 죄로 이끌고 음욕과 간음을 부추긴다면 단호히 잘라내고 버려야 한다는 것입니다. 비록 자신의 백체를 다 찍어내 아무것도 남지 않은 빈털터리처럼 이 땅에서 비참하게 살더라도, 내세의 영원한 생명은 그 모든 것을 압도하고도 남는 참된 행복이요, 지복(至福)입니다.

그렇다면 지금 우리의 삶에서 간음과 음욕을 불러일으키고 죄를 짓게 만드는 것은 무엇입니까? 그것이 일시적 행복과 쾌락을 보장해 주는 것처럼 보일지라도, 또 지금 그것을 버리는 일이 죽기보다 어려운 것처럼 느껴질지라도, 반드시 찍어 내버리십시오. 그것은 잠시 있다가 안개처럼 사라지는 덧없는 것일 뿐이며, 내세의 영원한 복과 비교하면 타다 남은 나뭇가지보다도 못한 하찮은 것입니다. 지금 이 사실을 알고 믿음으로 이 땅을 살아가고 있습니까?

19장

이혼하지 말라

"또 일렀으되 누구든지 아내를 버리려거든 이혼증서를 줄 것이라 하였으나 나는 너희에게 이르노니 누구든지 음행한 이유 없이 아내를 버리면 이는 그로 간음하게 함이요 또 누구든지 버림 받은 여자에게 장가드는 자도 간음함이니라"(마 5:31-32).

예전과 달리 오늘날은 이혼이 결코 흠이나 부끄러운 일이 아닌 시대가 되었습니다. 그래서인지 이제는 우리 주변에서 이혼한 가정을 찾는 일이 그리 어렵지 않습니다. 물론 이혼의 이유는 다양합니다. 흔히 성격 차이, 경제적 문제, 부부 중 한쪽의 외도, 시부모와의 갈등 등이 가장 중요한 원인으로 지목됩니다. 그런데 문제는 이혼이 단순히 부부 당사자만의 문제로 끝나는 것이 아니라 심각한 가정 문제를 야기하며, 나아가 연쇄 다발적으로 사회 전반에 상당한 부정적인 영향을 끼친다는 점입니다.

그럴 수밖에 없는 것이 가정은 하나님께서 친히 제정하신 가장 작은 단위의 생활 공동체이자, 한 인간이 태어나 가장 먼저 경험하게 되는 중요한 조직이자 공간입니다. 따라서 이혼은 단지 부부 당사자만의 문제가 아니라 그들을 둘러싼 자녀와 주변 사람들, 나아가 사회 전체에도 적지 않은 파급 효과를 미칩니다. 실제로 이혼으로 인한 가정 붕괴는 자녀들의 인격 형성, 육체적 발육, 심리·정서적 발달, 사회적 관계 형성 등에 심각한 부정적 영향을 끼칩니다. 그래서 이혼은 자살, 가출, 범죄, 학교 일탈 등 수많은 청소년 문제의 직간접적 원인이 되기도 합니다.

더욱 안타까운 사실은 오늘날 이혼이 비단 예수를 믿지 않는 세상 사람들만의 문제가 아니라는 점입니다. 이제는 그리스도인 가정에서도 다양한 이유로 이혼하는 사례가 점점 늘어나고 있습니다. 물론 그 비율은 세상 사람들에 비해 상대적으로 낮다고 할 수 있지만, 그렇다고 해도 이 추세는 개인적인 차원을 넘어 교회 공동체에도 결코 가볍게 여길 수 없는 심각한 문제입니다. 바로 이러한 시대적 상황에서, 본문은 오늘날 그리스도인이 이혼에 대해 어떠한 관점을 가져야 하는지를 명확하게 제시해 줍니다.

본문에서 예수님께서는 앞서 살인과 간음에 대한 계명을 다루실 때와 마찬가지로, 먼저 바리새인과 서기관들이 따르고 있던 이혼에 관한 전통을 언급하십니다. 곧 "또 일렀으되 누구든지 아내를 버리려거든 이혼증서를 줄 것이라 하였으나"라는 말씀으로 그들의 잘못된 해석과 관점을 지적하신 것입니다. 그런데 이 본문을 제대로 이해하려면, 예수님께서 마태복음 19장에서 이혼에 대해 더 구체적으로 언급하신 말씀을 함께 살펴볼 필요가 있습니다. "바리새인들이 예수께 나아와 그를 시험하여 이르되 사람이 어떤 이유가 있으면 그 아내를 버리는 것이 옳으니이까 예수께서 대답하여 이르시되 사람을 지으신 이가 본래 그들을 남자와 여자로 지으시고 말씀하시기를…그런즉 이제 둘이 아니요 한몸이니 그러므로 하나님이 짝지어 주신 것을 사람이 나누지 못할지니라 하시니 여짜오되 그러면 어찌하여 모세는 이혼증서를 주어서 버리라 명하였나이까"(마 19:3-7).

이 말씀을 근거로, 바리새인과 서기관들의 이혼에 대한 전형적인 태도와 관심을 세 가지로 요약할 수 있습니다.

첫째, 그들의 관심은 오직 이혼이 성립하는 합법적인 조건과 이유에만 집중되어 있었습니다. 이는 그들이 예수님께 "사람이 어떤 이유가 있으면 그 아내를 버리는 것이 옳으니이까"라고 질문한 데서 잘 드러납니다. 이들은 남편이 아내가 마음에 들지 않을 때 이혼증서만 써주면 무조건 이혼이 가능하다고 생각했습니다. 실제로 그들에게는 이혼 사유가 무엇인지는 크게 중요하지 않았습니다. 즉 이들은 아내를 버리고 싶다는 생각만 들면 이유 여하를 막론하고 이혼할 권리가 자신들에게 있다고 여긴 것입니다. 이에 이들의 관심은 단지 이혼증서를 써주느냐 마느냐 여부에 불과했습니다. 그래서 이혼증서만 써주면 합법적으로 이혼한 것이며, 동시에 모세의 율법까지 지킨 것이라고 생각했습니다.

그러나 뒤에서 다시 언급하겠지만, 이들이 주장한 이혼 사유, 즉 아내의 부도덕한 행실이나 음행 등은 사실상 핑계에 불과했습니다. 그 진짜 이유는 자기들의 유익, 곧 정욕과 탐심, 욕망을 채우기 위함이었습니다. 그래서 흔히 말하는 '여성의 인권을 보호하기 위해 이혼증서가 필요했다'라는 것도, 당시 상황에서는 거의 형식적인 명목에 불과했습니다. 결국 예수님 당시 이혼증서는 본래의 의미와 취지를 잃어버리고, 오히려 남편이 자기 욕망을 정당화하여 다른 여자와의 결혼을 합법적으로 가능하게 하는 수단으로 전락하고 말았습니다.

둘째, 바리새인과 서기관들은 이혼을 일종의 '명령'으로 오해했습니다. 곧 어떤 사유가 발생하면 반드시 이혼해야 한다고 여겼습니다. 이는 "그러면 어찌하여 모세는 이혼증서를 주어서 버리라 명하였나이까"라는 그들의 질문에서도 분명히 드러납니다. 즉 이들은 부부 사이에 문제가 생기면, 그것을 해결하거나 보류할 수 있는 선택권이 자신들에게 없다고 생각했습니다. 이혼이 모세의 명령이라고 확신했기 때문입니다. 그러므로 만약 이혼하지 않는다면 오히려 모세의 율법을 어기는 것이라고 여겼습니다. 결국 이들에게서 모세 율법의 가장 중요한 의미는 이혼 사유가 있으면 반드시 이혼해야 한다는 잘못된 확신이었습니다.

셋째, 서기관과 바리새인들의 이혼에 대한 관점은 이혼당하는 아내를 바라보는 그들의 태도와 관련됩니다. 이들은 아내를 마치 쓸모를 다한 물건처럼 여겼습니다. 한마디로 아내를 자신들의 소유물로 취급한 것입니다.

이처럼 바리새인과 서기관들의 잘못된 태도와 그릇된 해석을 지적하신 예수님께서는 이제 이혼에 대한 올바른 해석과 하나님의 본래 의도를 말씀하십니다. 그런데 그 말씀을 살펴보기 전에 먼저 짚고 넘어가야 할 중요한 부분이 있습니다. 그것은 바리새인과 서기관들이 주장의 근거로 삼았던 모세 율법이 과연 이혼에 대해 어떻게 말씀하고 있는가 하는 것입니다.

우리는 먼저 모세 율법이 말하는 이혼의 본래 의미를 확인할 필요가 있습니다. 예수님께서는 마태복음 19장에서 바리새인들의 질문에 이렇게 대답하십니다. "모세가 너희 마음의 완악함 때문에 아내 버림을 허락하였거니와 본래는 그렇지 아니하니라"(8절).

앞서 언급했듯, 바리새인들은 모세의 율법에 따라 이혼증서를 써주기만 하면 남편이 아내를 버릴 수 있다고 생각했습니다. 그러나 예수님께서는 그것이 결코 진리가 아니라고 말씀하십니다. 또 이들은 부부 사이에 어떤 문제가 생기면 모세가 이혼을 명령했다고 주장했는데, 예수님께서는 그것 역시 잘못된 해석이라고 지적하십니다. 모세는 단지 특정한 이유, 곧 아내의 음행이나 부도덕한 행실 같은 경우에만 이혼을 '허락'했을 뿐, 결코 그것을 '명령'하지 않았습니다. 즉 예수님은 모세의 율법을 근거로 자기들의 주장을 합리화하던 이들의 생각을 정면으로 부정하신 것입니다. 이들은 모세 율법의 본래 의도와 정신은 무시한 채, 단지 절차와 형식만 따르면 계명을 지킨 것이라고 착각했던 것입니다.

물론 이혼하려면 반드시 이혼증서를 써주어야 한다는 모세의 규정 자체는 예수님께서 부정하지 않으셨습니다. 그러나 남편이 아내에게 이혼증서만 써주면 무조건 이혼이 가능하다고 믿은 그들의 왜곡된 해석은 단호히 부정하셨습니다. 모세가 이혼을 허락한 것은 다만 이스라엘 백성의 완악한 마음을 억제하기 위함이었습니다. 다시 말해, 무분별한 이혼을 막고 특별한 사유 없이 아내를 버리려는 악한 마음을 제지하려는 차원에서 어쩔 수 없이 허락한 것일 뿐, 본래 하나님의 창조 질서는 그렇지 않다는 것입니다. 따라서 예수님께서는 이혼에 대한 바리새인과 서기관들의 이해가 모세 율법의 본래 의도와 얼마나 큰 괴리가 있는지 분명히 드러내주신 것입니다.

그렇다면 이혼과 관련한 하나님의 본래 의도는 무엇일까요? 사실 이 질문은 그리 적절하지 않을 수도 있습니다. 자칫 하나님께서 남자와 여자를 창조하시고 가정을 세우실 때, 원래부터 이혼을 전제하셨다는 오해를 불러일으킬 수 있기 때문입니다. 그러므로 우리는 이혼과 관련한 계명을 살필 때 언제나 결혼제도를 함께 고려해야 합니다. 하나님의 본 관심은 이혼이 아니라 결혼제도와 그 의미에 있기 때문입니다. 다시 강조하지만, 우리는 이혼 문제를 다룰 때, 결혼 본래의 중요성과 의미를 배제한 채 이혼에만 집중함으로써 주객이 전도되는 우를 범하지 않도록 해야 합니다. 바로 이것이 예수님께서도 강조하신 중요한 논리이며, 우리가 반드시 유념해야 할 내용입니다.

마태복음 19장을 보면, 바리새인들이 예수님을 시험하여 "사람이 어떤 이유가 있으면 그 아내를 버리는 것이 옳으니이까"라고 묻습니다. 이에 예수님께서는 다음과 같이 대답하십니다. "사람이 그 부모를 떠나서 아내에게 합하여 그 둘이 한몸이 될지니라 하신 것을 읽지 못하였느냐 그런즉 이제 둘이 아니요 한몸이니 그러므로 하나님이 짝지어주신 것을 사람이 나누지 못할지니라"(5-6절). 본문에서 알 수 있듯이, 예수님께서는 결혼의 본래 의미를 '남자와 여자가 한몸이 되는 연합'이라고 말씀하십니다.

성경에서 '연합'이라는 교리는 매우 중요한 위치를 차지합니다. 아담이 범한 죄의 책임과 오염, 곧 원죄가 왜 모든 인류에게 똑같이 적용됩니까? 그것은 아담이 인류의 대표일 뿐 아니라, 인류 전체가 아담과 연합되어 있기 때문입니다. 예수 그리스도의 십자가 사역으로 말미암은 속죄가 그를 믿는 모든 이에게 동일하게 적용되는 것도, 바로 그리스도와 성도의 연합과 대표성의 원리 때문입니다. 이처럼 연합의 원리는 원죄와 구속을 이해함에서 기독교 신학의 핵심 중 핵심입니다. 바로 이러한 맥락에서, 예수님께서는 결혼제도가 단순히 남자와 여자가 함께 사는 관계가 아니라, 둘이 연합하여 '한몸'을 이루는 깊은 의미가 있다고 말씀하시는 것입니다. 그러므로 사람이 하나님께서 연합하게 하신 그 결혼의 의미를 가볍게 여기고 임의로 깨뜨리는 것은 심각한 잘못입니다. 이는 곧 하나님께서 친히 제정하신 제도의 본래 의미를 무시하는 행위이기 때문입니다.

그러나 타락한 인간은 이러한 결혼의 의미를 제대로 헤아리지 못하고 아내를 쉽게 버렸습니다. 그래서 예수님께서는 모세가 어쩔 수 없이 사람들의 완악함 때문에, 이혼증서를 조건으로 이혼을 허락했다고 말씀하십니다. 다시 말해, 하나님께서는 애초부터 이혼을 전제하고 결혼제도를 세우신 것이 아닙니다. 다만 인간의 죄성과 완악함 때문에 모세를 통해 제한적으로 이혼을 허용하셨을 뿐입니다. 결국 하나님께서 한발 물러나 양보하신 것입니다.

그럼에도 모세의 율법은 이혼의 조건으로 단 하나의 이유만을 분명히 제시했습니다. 바로 배우자의 음행입니다. 그러므로 남자가 이혼증서를 써주었더라도, 그 이유가 음행이 아닌 다른 것이라면 그 여인과 결혼하는 자는 간음한 것이 되고, 또 그 여인까지도 간음에 빠지게 되는 것입니다. 이렇게 예수님께서는 모세의 율법이 말하는 이혼에 대한 바리새인과 서기관들의 왜곡된 해석을 교정하시며, 올바른 의미를 밝혀주신 것입니다.

그러므로 우리는 예수님께서 말씀하신 사실을 중심으로 두 가지 질문을 던져야 합니다. 첫째, 성경이 말하는 결혼제도의 의미와 이혼에 대한 올바른 관점은 무엇인가? 둘째, 그것이 오늘 이 시대를 살아가는 우리에게 무엇을 시사하는가? 이 두 가지 질문에 대해 다음의 세 가지 측면에서 답을 정리해 보고자 합니다.

첫째, 부부는 결혼제도의 목적과 의도를 바로 알고 서로를 존귀하게 여겨야 합니다. 창세기를 보면, 하나님께서는 천지를 창조하신 후 남자와 여자를 지으시고 그들에게 복을 주셨습니다. '생육하고 번성하여 땅에 충만하라'는 복입니다. 이처럼 결혼제도는 하나님의 창조계획 안에서 그분의 복을 이루는 중요한 통로이며, 단순한 제도가 아니라 하나님의 위대한 창조 질서의 한 부분입니다. 그러므로 하나님께서는 한몸으로 맺어 주신 남편과 아내가 어떤 이유에서든지 쉽게 갈라지는 것을 절대 원하지 않으십니다.

이 관점에서 보면, 이혼은 곧 하나님의 창조 의도와 복을 거스르는 것이 됩니다. 물론 모세는 인간의 완악함 때문에 음행의 경우에 한해 이혼을 허락했지만, 하나님께서는 가능하다면 이마저도 용서와 인내로 극복하기를 원하십니다. 배우자가 음행을 저질렀더라도, 하나님의 마음은 여전히 화해와 긍휼에 있습니다. 이것이 팔복을 받은 그리스도인의 성품이자 태도이기 때문입니다. 그러므로 남편과 아내는 단순히 우연히 만나 결혼한 존재가 아니라, 하나님이 섭리 가운데 한몸이 되도록 맺어주신 귀한 동반자임을 기억해야 합니다.

그럼에도 바리새인과 서기관들은 결혼의 거룩한 의미를 알지 못하고, 아내를 물건처럼 취급하며 업신여겼습니다. 오늘날도 사정은 크게 다르지 않습니다. 물론 지금은 배우자를 물건처럼 취급하는 경우는 드물지만, 이혼을 너무 가볍게 여기거나 쉽게 결정하는 추세는 심각한 문제입니다. 그러나 성경적 관점에서 결혼은 하나님께서 특별히 짝지어 주신 신비한 연합입니다. 결혼한 이들이 이 의미를 바로 안다면, 결코 이혼을 가볍게 생각할 수 없을 것입니다.

사실 결혼의 신성함과 이혼에 대한 경계의 중요성은 창세기의 첫 인간인 아담과 하와의 관계에서도 분명하게 드러납니다. 성경은 이렇게 기록합니다. "여호와 하나님이 아담에게서 취하신 그 갈빗대로 여자를 만드시고 그를 아담에게로 이끌어 오시니 아담이 이르되 이는 내 뼈 중의 뼈요 살 중의 살이라 이것을 남자에게서 취하였은즉 여자라 부르리라 하니라 이러므로 남자가 부모를 떠나 그의 아내와 합하여 둘이 한몸을 이룰지로다"(창 2:22-24). 창세기의 이 본문은 결혼이 단순한 인간적 계약이 아니라, 하나님께서 친히 제정하신 창조 질서의 일부임을 보여줍니다. 하나님께서는 아담의 갈빗대로 하와를 지으신 후, 직접 그를 아담에게로 이끌어 오셨습니다. 이 짧은 표현에는 깊은 신학적 의미가 있습니다. 즉 남자와 여자를 만나게 하시고 결합하게 하신 분이 바로 하나님 자신이라는 사실입니다. 그러므로 결혼은 인간의 선택이나 감정의 산물이 아니라, 하나님의 주권적인 섭리와 계획으로 이루어진 언약적 연합입니다. 이러한 이유로 예수님께서도 "하나님이 짝지어 주신 것을 사람이 나누지 못할지니라"(마 19:6)라고 말씀하셨습니다. 즉 결혼의 주체는 언제나 하나님이시며, 인간은 그분이 세우신 질서를 깨뜨릴 권한이 없습니다.

앞의 창세기 본문에서 우리가 주목해야 할 두 가지 표현이 있습니다. 바로 "부모를 떠나"와 "그의 아내와 합하여"라는 구절입니다. 먼저 '떠나다'(히브리어, ʿāzab)라는 단어는 구약성경에서 언약을 저버릴 때 자주 사용되는 용어입니다. 예를 들어, 이스라엘 백성이 하나님을 '떠났다'라고 말할 때, 이는 그들이 하나님과의 언약 관계를 깨뜨렸다는 신학적 표현이었습니다(신 28:20; 사 1:4). 반면 '합하다'(히브리어, dāḇaq)라는 단어는 언약의 충실함과 지속성을 나타내는 단어로 '매달리다', '밀착되다'라는 의미입니다. 즉, 부부가 서로에게 '합한다'라는 것은 단순한 감정적 결속이 아니라, 언약적 충성(faithfulness)을 의미합니다.

이처럼 '부모를 떠나 아내와 합한다'라는 말씀은, 결혼을 통해 남편이 이제 부모와의 관계보다 새로운 언약적 관계(아내와의 관계)를 최우선으로 삼아야 함을 의미합니다. 그는 이제 이전에 부모에게 보여주었던 사랑, 충성, 헌신의 마음을 아내에게 전적으로 쏟아야 하며, 그 관계를 하나님 앞에서 신실하게 지켜야 합니다. 그뿐 아니라, 창세기 2장 25절에서는 "아담과 그의 아내 두 사람이 벌거벗었으나 부끄러워하지 아니하니라"라고 덧붙입니다. 이것은 단순히 육체적인 상태를 묘사하는 구절이 아니라, 범죄하기 이전의 순수한 관계와 완전한 신뢰를 상징합니다. 즉 부부는 서로에게 감출 것이 없는 투명한 관계, 신뢰와 진실이 바탕이 된 연합을 이룬다는 뜻입니다.

결국 결혼은 단순히 두 사람이 함께 사는 제도가 아니라, 서로의 연약함을 덮어주고, 있는 그대로의 존재를 받아들이며, 신실함과 정직함으로 살아가는 언약 관계입니다. 따라서 결혼은 인류 최초의 관계이자, 하나님께서 창조 질서 안에 두신 가장 근본적인 관계입니다. 하나님께서 친히 아담과 하와를 결합시키신 사건은 오늘날 우리에게도 동일한 메시지를 전합니다. 결혼은 인간의 편의나 사회적 필요로 형성된 관계가 아니라, 하나님께서 친히 세우신 신적 언약입니다. 그리고 그 언약을 지키기 위해 남편과 아내는 서로에게 정직하고 성실해야 하며, 무엇보다 하나님 앞에서 서로를 향한 사랑과 책임을 다해야 합니다. 창세기의 결혼 서사는 단순히 한 남자와 여자의 만남이 아니라, 하나님께서 친히 이루신 언약적 사랑의 모형이며, 그 안에서 인간의 삶과 공동체가 시작되었다는 사실을 증언합니다. 그러므로 결혼을 가볍게 여기거나 이혼을 쉽게 결정하는 것은 단순한 도덕적 문제를 넘어, 하나님의 창조 질서 자체를 거스르는 행위가 됩니다.

둘째, 하나님은 본래 이혼을 원하지 않으십니다. 마태복음 19장에서 예수님께서는 "하나님이 짝지어주신 것을 사람이 나누지 못할지니라"(6절)라고 말씀하셨습니다. 또 말라기 2장 16절에서 하나님은 "나는 이혼하는 것과 옷으로 학대를 가리는 자를 미워하노라"라고 분명히 선언하십니다. 하나님은 이혼으로 발생하는 가정의 파괴, 상처, 불신을 미워하십니다. 물론 부득불 이혼해야 하는 경우는 단 한 가지, 배우자의 음행으로만 제한하셨습니다. 이 외의 이유로 하는 이혼은 하나님의 뜻을 어기는 것입니다. 하지만 바리새인과 서기관들은 단지 이혼증서만 있으면, 언제든 이혼이 가능하다고 생각했습니다. 이는 율법을 지극히 인간적이고 형식적인 관점에서 오해한 결과였습니다. 오늘날에도 상황은 크게 다르지 않습니다. 현대 사회에서 자기중심적이고 개인주의적인 문화가 강해지면서, 부부간에 갈등이 생기면 인내하지 않고 쉽게 이혼을 선택하는 경우가 많습니다. 그러나 성경은 결혼을 단순한 계약이 아니라 하나님의 거룩한 언약으로 봅니다. 그러므로 이혼은 마지막 수단일 뿐, 결코 쉽게 선택할 수 있는 해결책이 되어서는 안 됩니다.

셋째, 예수님은 오직 '간음'을 유일한 이혼 사유로 말씀하셨습니다.

왜 그러셨을까요? 그것은 결혼이 단순한 결합이 아니라 '하나 됨'이기 때문입니다. 그 하나 됨은 예수 그리스도와 교회의 영적 연합을 반영합니다. 구약에서 이스라엘은 신랑 되신 하나님을 버리고 우상을 섬김으로 끊임없이 영적 음행을 저질렀습니다. 그러나 하나님께서는 그들을 완전히 버리지 않으시고, 징계하시면서도 긍휼을 베푸셨습니다. 신약에서도 야고보는 세상을 사랑하는 그리스도인을 두고 '간음한 여인들'이라고 표현합니다(약 4:4). 이는 곧 하나님과의 연합을 깨뜨리는 중대한 죄라는 것입니다. 마찬가지로 부부간에 간음을 저지르는 것은 하나님께서 친히 맺어주신 연합을 무너뜨리는 행위입니다. 그래서 모세 율법은 간음을 단순한 도덕적 잘못이 아니라, 돌로 치라고 할 정도의 심각한 범죄로 규정했습니다. 바로 이러한 이유로 하나님께서는 이혼을 원치 않으심에도 간음에 대해서만은 제한적으로 이혼을 허용하신 것입니다.

그러나 오늘날의 사람들은 음행 이외의 이유로도 쉽게 이혼합니다. 그리스도인은 이러한 시대적 흐름을 단순히 사회적 현상으로 치부해서는 안 됩니다. 그것은 하나님의 창조 질서를 무너뜨리고, 결혼이라는 신적 제도를 경시하는 행위이기 때문입니다. 그러므로 우리는 오늘의 현실에서 더욱더 예수 그리스도의 십자가와 신랑 되신 주님의 사랑 그리고 팔복의 은혜로 돌아가야 합니다. 바로 이런 맥락에서 예수님께서 팔복을 먼저 선포하신 것입니다.

20장

함부로 맹세하지 말라

"또 옛사람에게 말한바 헛맹세를 하지 말고 네 맹세한 것을 주께 지키라 하였다는 것을 너희가 들었으나 나는 너희에게 이르노니 도무지 맹세하지 말지니 하늘로도 하지 말라 이는 하나님의 보좌임이요 땅으로도 하지 말라 이는 하나님의 발등상임이요 예루살렘으로도 하지 말라 이는 큰 임금의 성임이요 네 머리로도 하지 말라 이는 네가 한 터럭도 희고 검게 할 수 없음이라 오직 너희 말은 옳다 옳다, 아니라 아니라 하라 이에서 지나는 것은 악으로부터 나느니라"(마 5:33-37).

하나님의 형상과 모양대로 지음받은 인간이 타락으로 인해 상실한 것 중 가장 대표적인 것은 아마 '말의 진실성'일 것입니다. 곧 타락한 인간은 다른 사람에게 한 약속은 물론, 자신이 마음속으로 굳게 다짐한 생각과 결심조차 제대로 지키지 못하는 존재가 되었습니다. 우리 주변에는 아직도 흡연하는 사람이 많이 있습니다. 그들이 새해가 되면 빠지지 않고 하는 단골 결심이 있습니다. 바로 금연입니다. 그들 중에는 자신의 결심을 단단히 하기 위해 다른 사람들에게 공개적으로 선언하는 사람도 있습니다. 심지어 금연에 실패하면 이렇게 하겠다, 저렇게 하겠다 맹세하듯 다짐하면서 자신이 한 말의 진실성을 증명하려고 애를 씁니다. 그 결과 가끔은 금연에 성공하는 이들도 있습니다.

그러나 안타깝게도 뼈아픈 실패를 반복하는 사람도 적지 않습니다. 그럼에도 그들은 새해가 되면 또다시 같은 결심을 반복합니다. 실패로 인한 좌절을 경험할 것을 뻔히 알면서도 그런 일을 계속 되풀이하는 것이 바로 인간입니다. 이처럼 사람들은 아무리 굳게 결심하고 다짐했더라도 시간이 조금 지나면 온갖 이유를 들어 그것을 잊거나 대수롭지 않게 여기기 일쑤입니다. 더 심각한 문제는 자신과 타인을 속이는 거짓말을 마치 습관처럼 반복하면서도 별다른 죄책감조차 느끼지 않는 사람이 의외로 많다는 사실입니다.

그런데 거짓말은 단순히 개인적인 관계에서만 발생하지 않습니다. 수많은 공적 영역도 예외가 아닙니다. 예컨대 우리는 주변에서 가족이나 친척, 지인을 위해 보증을 섰다가 전 재산을 잃고 몰락하는 사람들을 심심찮게 봅니다. 보증이 무엇입니까? 어떤 사람이나 물건에 문제가 생길 경우, 보증을 선 사람이 그 책임을 일정 부분 대신 지도록 하는 제도입니다. 본질적으로 보증은 상대방의 말을 전적으로 신뢰하지 못하기 때문에 생긴 안전장치이자, 일종의 법적 맹세라고 할 수 있습니다.

또 우리는 재판정이나 국회 청문회, 국정조사 현장에서 증인이나 참고인이 선서하는 장면을 종종 봅니다. 그 선서는 자신이 진술할 내용이 한 치의 거짓도 없음을 공적으로 보증하는 맹세입니다. 그렇다면 왜 법정이나 국회에서 굳이 이런 선서를 요구할까요? 한마디로 사람의 말을 신뢰할 수 없기 때문입니다. 실제로 자신이 알고 있는 진실을 그대로 말하지 않는 사람이 적지 않기 때문입니다. 사람들은 자신의 말로 발생할 유불리나 여러 가지 이해관계 때문에 거리낌 없이 거짓을 말합니다. 이런 사실은 우리 사회가 얼마나 불신과 거짓으로 가득한지를 단적으로 보여줍니다. 그리고 그것은 부정할 수 없는 현실입니다. 그렇기에 이런 시대를 살아가는 그리스도인들은 스스로 돌아보며 자신도 무의식중에 이런 불신과 거짓의 현실에 동조하고 있는 것은 아닌지 깊이 성찰해야 합니다.

또 하나 예를 들어, 부모가 자녀에게 거짓말을 가르치거나 시킨 적이 없음에도 어느 날 갑자기 자녀가 거짓말을 하여 부모를 속이는 경우가 있습니다. 그때 많은 부모가 마치 뒤통수를 세게 얻어맞은 것과 같은 큰 충격을 받습니다. 그러나 성경은 이것을 단지 우연한 사건이나 환경의 탓으로 설명하지 않습니다. 오히려 타락한 인간의 죄 된 본성에서 비롯된 당연한 결과라고 말씀합니다. 왜 그렇습니까?

모든 인간은 태어날 때부터 사탄과 마귀의 지배 아래 있습니다. 성경은 마귀를 '거짓의 아비'라고 부릅니다. 요한복음에서는 이에 대해 이렇게 말합니다. "너희는 너희 아비 마귀에게서 났으니 너희 아비의 욕심대로 너희도 행하고자 하느니라 그는 처음부터 살인한 자요 진리가 그 속에 없으므로 진리에 서지 못하고 거짓을 말할 때마다 제 것으로 말하나니 이는 그가 거짓말쟁이요 거짓의 아비가 되었음이라"(8:44). 또 요한계시록에서는 그를 이렇게 묘사합니다. "큰 용이 내쫓기니 옛 뱀 곧 마귀라고도 하고 사탄이라고도 하며 온 천하를 꾀는 자라 그가 땅으로 내쫓기니 그의 사자들도 그와 함께 내쫓기니라"(12:9).

이 말씀을 통해 볼 때, 타락한 인간이 거짓말을 하고 다른 사람을 속이는 것은 전혀 이상한 일이 아닙니다. 단지 거짓말을 한 사람은 자신이 숨기고 싶었던 것을 운 나쁘게 들킨 것뿐이고, 다른 사람은 상대방의 속임수를 우연히 발견한 것에 지나지 않습니다. 바로 이런 인간의 진실하지 못함, 거짓과 불신의 문제와 관련해 본문은 중요한 교훈을 줍니다. 바로 맹세에 관한 계명입니다. 예수님께서는 먼저 당시 서기관과 바리새인들이 맹세에 대해 잘못 해석하고 있었음을 지적하십니다. "또 옛사람에게 말한바 헛맹세를 하지 말고 네 맹세한 것을 주께 지키라 하였다는 것을 너희가 들었으나." 예수님의 말씀에 따르면, 당시 서기관과 바리새인들의 맹세에 대한 태도와 관점은 무엇이었습니까? 우리는 맹세의 본질을 살펴보기 전에 먼저 이 부분을 분명히 이해할 필요가 있습니다.

첫째, 그들의 주된 관심은 오직 하나님께 한 맹세, 곧 하나님의 이름으로 한 맹세에 있었습니다. 예수님께서 인용하신 "헛맹세를 하지 말고 네 맹세한 것을 주께 지키라"라는 말씀은 '맹세를 함부로 깨뜨리지 말라. 하나님께 한 맹세는 반드시 지켜야 한다'라는 뜻이었습니다. 이에 본문에서 우리는 두 가지 사실을 확인할 수 있습니다. 하나는 소극적인 측면에서 맹세를 파기하지 말라는 것이고, 다른 하나는 적극적인 측면에서 하나님께 한 맹세는 반드시 지키라는 것입니다. 그런데 이 두 가지 가운데 그들이 특히 강조하고 중요하게 여긴 것은 하나님께 한 맹세만은 반드시 지켜야 한다는 점이었습니다.

그러나 구약성경 어디에도 '헛맹세를 하지 말라'라는 표현은 나오지 않습니다. 맹세에 관한 대표적인 구절을 살펴보면, 신명기에서는 "네 하나님 여호와를 경외하며 그를 섬기며 그의 이름으로 맹세할 것이니라"(6:13)라고 말씀합니다. 또 레위기에서는 "너희는 내 이름으로 거짓 맹세함으로 네 하나님의 이름을 욕되게 하지 말라 나는 여호와이니라"(19:12)라고 말씀합니다. 이 구절들에서 '헛맹세'라는 표현은 없습니다. 아마도 그들은 레위기의 '거짓 맹세'를 그들의 전통에서 '헛맹세'라는 개념으로 바꾸어 사용했을 가능성이 큽니다. 그리고 그들이 가장 중요하게 여긴 것은 하나님께 한 맹세만큼은 반드시 지켜야 한다는 것이었습니다. 이것이 바로 그들의 주된 관심사였습니다. 반면 사람에게 한 맹세는 단지 파기하지만 않으면 된다고 여겼습니다. 즉 그들의 관점에서 사람에게 한 맹세는 하나님께 한 맹세에 비해 상대적으로 덜 중요하고 부차적인 것이었습니다.

그러나 이러한 생각은 말라기 선지자를 통해 선포된 하나님의 말씀에 명백히 배치됩니다. "내가 심판하러 너희에게 임할 것이라 점치는 자에게와 간음하는 자에게와 거짓 맹세하는 자에게와 품꾼의 삯에 대하여 억울하게 하며 과부와 고아를 압제하며 나그네를 억울하게 하며 나를 경외하지 아니하는 자들에게 속히 증언하리라 만군의 여호와가 말하였느니라"(말 3:5). 하나님께서는 간음과 억압을 비롯하여 거짓 맹세하는 자들을 반드시 심판하겠다고 경고하십니다. 주목할 점은 여기서 언급된 모든 심판의 대상이 사회의 불의와 부정을 조장하고 윤리를 무너뜨리는 행위라는 사실입니다. 하나님께서는 이러한 행위들을 절대 방치하지 않으시며, 공의로운 성품을 따라 정의를 세우실 것입니다. 거짓 맹세 역시 사회적 신뢰와 정의를 붕괴시키는 중대한 악행이기에 하나님께서는 결코 이를 간과하지 않으십니다. 그러므로 바리새인과 서기관들처럼 '하나님께 한 맹세는 반드시 지켜야 하지만, 사람에게 한 맹세는 파기만 하지 않으면 된다'는 생각은 맹세에 대한 하나님의 의도와 뜻에서 크게 벗어난 잘못된 해석입니다.

둘째, 이들은 하나님께 맹세한다는 것을 단순히 하나님의 이름을 직접적으로 사용하는 경우에만 해당한다고 여겼습니다. 그래서 하나님의 이름으로 맹세하지 않는 한, 그것은 하나님께 한 맹세가 아니라고 판단했습니다. 그러나 예수님께서는 이어지는 말씀에서 '하늘로도, 땅으로도, 예루살렘으로도 맹세하지 말라'고 경고하심으로, 당시 사람들이 교묘하게 하나님의 이름을 회피하여 하늘이나 땅, 혹은 예루살렘으로 맹세했던 사실을 폭로하십니다. 그들이 이렇게 한 이유는, 직접 하나님의 이름으로 맹세한 것은 반드시 지켜야 한다고 생각했기 때문입니다.

그러나 이러한 태도는 맹세에 대한 하나님의 본래 의도를 완전히 왜곡한 어리석은 판단에 불과합니다. 그들의 태도는 하나님의 말씀에 대해 최소한의 형식과 절차만 지키면 순종한 것으로 여기려는 궤변이었습니다. 결국 그들의 순종은 마음에서 우러난 진실한 동기에 의한 것이나 기쁨이 아니라, 부담스럽고 억압적인 의무로서의 행위에 불과했습니다. 따라서 아무리 긍정적으로 평가한다 해도, 그것은 본질을 놓친 형식적인 순종에 지나지 않습니다.

한편, 예수님께서는 맹세에 대해 왜곡된 해석을 일삼던 바리새인과 서기관들의 태도를 지적하신 후, 맹세의 본래 의미와 하나님의 의도를 밝혀 주십니다. 먼저 예수님께서는 "도무지 맹세하지 말지니라"라고 말씀하십니다. 당시 서기관과 바리새인들은 물론, 오늘날 우리에게도 이 말씀은 황당하고 극단적으로 들릴 수 있습니다. 어떤 이들은 예수님의 말씀이 지나치게 엉뚱하거나 비현실적이라고 느낄지도 모릅니다. 그러나 이는 예수님의 말씀의 본질과 그 의도를 제대로 이해하지 못한 결과입니다. 예수님의 말씀은 결코 맹세 자체를 전적으로 부정하는 것이 아닙니다. 만일 그렇게 해석한다면, 이것은 곧 성경에서 하나님께서 자신의 이름으로 맹세하신 사건들과 모순이 됩니다. 하나님께서 왜 직접 자신의 이름으로 맹세하셨습니까? 그것은 인간의 불신과 완고함 때문입니다. 타락한 인간은 하나님마저 자신들과 같은 불완전한 존재로 여기며 신뢰하지 않으려 하기 때문입니다. 그래서 하나님께서는 자신의 말에 확실한 신뢰와 권위를 부여하시기 위해 친히 자신의 이름으로 맹세하신 것입니다. 이것은 전적으로 인간을 향한 하나님의 배려와 사랑에서 비롯된 것입니다.

즉 예수님께서 "도무지 맹세하지 말라"라고 말씀하신 것은 맹세 자체를 금지하려는 것이 아니라, 맹세 여부와 상관없이 그리스도인의 모든 말이 항상 진실해야 함을 강조하신 것입니다. 곧 맹세하지 않았다고 해서 말을 가볍게 여기거나 책임을 피하는 태도를 책망하신 것입니다. 이처럼 예수님은 당시 사람들이 맹세 여부에 따라 말의 무게를 달리하고, 특히 하나님의 이름으로 맹세했을 때만 더 큰 의무감을 가지려 했던 그릇된 태도를 지적하셨습니다.

이러한 잘못은 오늘날 우리에게도 나타납니다. 우리 역시 맹세 여부나 상황에 따라 말의 책임을 다르게 생각하는 경향이 있습니다. 그러나 예수님께서는 그리스도인이라면 맹세 여부와 무관하게 언제나 자신의 말에 책임을 지고 진실해야 한다고 말씀하십니다. 그리스도인은 세상 기준에 따라 사는 사람이 아니라, 보이지 않는 하나님 앞에서 사는 사람이기 때문입니다. 이에 대해 사도 바울은 "그런즉 누구든지 그리스도 안에 있으면 새로운 피조물이라 이전 것은 지나갔으니 보라 새것이 되었도다"(고후 5:17)라고 증거합니다. 야고보도 "우리가 다 실수가 많으니 만일 말에 실수가 없는 자라면 곧 온전한 사람이라 능히 온몸도 굴레 씌우리라"(약 3:2)라고 말합니다. 즉 그리스도인은 이제 거짓의 아비인 마귀의 종이 아니라, 그리스도 안에서 새 생명과 새로운 품성을 입은 존재입니다. 그러므로 성령의 인도하심을 따라 점점 더 온전하고 진실한 삶으로 나아가야 합니다.

그리스도인은 굳이 외적인 맹세를 하지 않더라도, 언제나 자신의 말과 행동에 책임을 지고 진실성을 드러내야 합니다. 본문의 "오직 너희 말은 옳다 옳다, 아니라 아니라 하라 이에서 지나는 것은 악으로부터 나느니라"라는 예수님의 말씀은 그리스도인의 말은 불필요한 과장이나 축소, 변명이나 거짓 없이 언제나 진실해야 함을 가르쳐 줍니다. 하나님께서 십계명 제9계명에서 "네 이웃에 대하여 거짓 증거하지 말라"(출 20:16)라고 명령하신 이유도 바로 여기에 있습니다. 거짓은 단지 이웃만 해치는 것이 아니라, 하나님의 이름과 영광을 욕되게 하는 것이기 때문입니다. 그리스도인은 자기 자신을 향해, 또 이웃을 향해서도 언제나 진실해야 하며, 이웃의 명예를 지키고 존중해야 합니다. 우리가 믿고 섬기는 하나님은 언약에 신실하신 분이시기 때문입니다. 영원 전부터 구속 언약을 세우신 하나님께서 지금도 변함없이 그 언약을 이루어가시는 이유는 그 신실하신 성품 때문입니다. 그러므로 하나님의 자녀 된 우리는 그분의 성품을 닮아 말의 진실성과 신실함을 드러내며 살아야 합니다. 그것이 바로 성화의 길이며, 하나님께서 우리를 부르신 목적에 합당한 삶입니다.

21장

악한 자를 대적하지 말라

"또 눈은 눈으로, 이는 이로 갚으라 하였다는 것을 너희가 들었으나 나는 너희에게 이르노니 악한 자를 대적하지 말라 누구든지 네 오른편 뺨을 치거든 왼편도 돌려 대며"(마 5:38-39).

우리는 지금 예수님께서 당시 유대인들에게 익숙했던 몇 가지 핵심 계명에 대해 바리새인과 서기관들이 왜곡하여 이해했던 부분을 바르게 해석해 주시는 말씀을 살펴보고 있습니다. 그런데 그 계명들을 자세히 들여다보면, 거의 모든 내용이 직간접적으로 이웃과 형제를 사랑하는 문제와 깊이 연결되어 있음을 확인할 수 있습니다. 이러한 맥락에서 본문 말씀은 이웃과 형제 사랑에 관한 예수님의 가르침 가운데 최정점이라고 해도 과언이 아닙니다. 예수님께서는 "살인하지 말라"라는 계명을 시작으로 사랑의 산맥을 계속 오르시다가, 마침내 정상에 이르러 본문을 말씀하시고 있는 듯합니다. 복음의 심장부를 관통하며 흐르는 하나님의 사랑은, 하나님께서 자기 백성에게 주신 모든 율법과 계명에서 '이웃 사랑'이라는 굵직한 연결 고리를 가지고 장

엄하게 흐르고 있습니다. 그러므로 본문은 반드시 이러한 관점에서 해석해야 예수님께서 말씀하시고자 하신 참된 의미와 의도를 온전히 파악할 수 있으며, 바리새인과 서기관들처럼 잘못된 신념에 빠지지 않고 건전한 신앙생활을 할 수 있습니다.

본문을 구체적으로 살펴보기 전에 하나님의 계명과 율법을 해석할 때 반드시 기억해야 할 몇 가지 원칙을 다시금 상기할 필요가 있습니다.

첫째, 하나님의 계명과 율법은 언제나 소극적인 측면과 적극적인 측면을 동시에 내포하고 있다는 사실입니다. 어떤 계명이 적극적인 의미를 강조하는 것처럼 보여도, 거기에는 반드시 부정적인 의미가 포함되어 있습니다. 반대로 그것이 소극적인 명령이라도, 그 안에는 반드시 적극적인 의미가 함께 담겨 있습니다. 예를 들어, 십계명의 제2계명은 '너를 위하여 새긴 우상을 만들지 말라'고 말씀합니다. 이 계명은 분명 부정적인 명령, 즉 우상을 섬기지 말라는 금지 조항을 담고 있습니다. 그러나 동시에 이 말씀에는 오직 여호와 하나님만이 참되신 하나님이시므로, 그분만을 섬기고 예배해야 한다는 적극적인 의미가 내포되어 있습니다.

둘째, 하나님의 율법과 계명을 해석할 때 결코 지나친 확대 해석이나 축소 해석의 오류에 빠져서는 안 됩니다. 지금까지 살펴본 바리새인과 서기관들의 왜곡된 해석은 바로 이 오류에서 비롯된 것이었습니다. 그들은 하나님의 말씀을 자기 입장과 필요에 맞게 아전인수식으로 확대하거나 축소해 해석했습니다. 그들의 문제는 단순히 계명을 잘못 이해한 데 있지 않고, 하나님의 말씀을 하나님의 뜻대로 지키는 것이 아니라 자기 뜻과 판단대로 지키려 했다는 데 있었습니다. 심지어 그런 행위를 두고 자신이 하나님의 말씀에 순종했다고 착각했으며, 그것을 자기 의의 근거로 삼았습니다. 더 나아가 자신의 행위를 사람들에게 과시했고, 심지어는 그러한 의로운 행위가 구원에 이를 수 있는 조건과 자격이 된다고 착각했습니다.

그러나 문제는 이러한 잘못된 경향이 그들만의 전유물이 아니라는 사실입니다. 우리 역시 '나는 바리새인들과 다르다'라는 착각에 빠져 동일한 오류를 범할 수 있습니다. 곧 우리 내면에도 바리새적 경향성이 잠재되어 있으며, 이를 깊이 성찰하지 않는다면 그러한 경향성이 언제든 드러날 수 있습니다. 그러므로 본문을 예수님께서 말씀하신 본래의 의도대로 이해하기 위해서는, 앞서 언급한 원칙과 더불어 '이웃과 형제 사랑'이라는 두 가지 해석의 렌즈를 동시에 적용해야 합니다.

다시 강조하지만, 하나님의 말씀을 자기 생각과 판단에 따라 확대하거나 축소하여 해석하는 오류를 범하지 말아야 합니다. 그렇지 않으면 본문의 말씀은 현실과 아무런 관련이 없는, 그저 허공에 맴도는 말장난이나 비현실적인 이상론처럼 보일 수 있습니다. 그러나 본문은 결코 허무맹랑한 이상이 아니라, 현실을 똑바로 꿰뚫어 보시는 하나님의 말씀입니다.

우리는 이러한 전체적인 맥락과 이해에서 "또 눈은 눈으로, 이는 이로 갚으라 하였다는 것을 너희가 들었으나 나는 너희에게 이르노니 악한 자를 대적하지 말라"라는 본문 말씀을 살펴보아야 합니다. 그렇다면 여기서 예수님께서 지적하신 바리새인과 서기관들의 잘못된 해석은 무엇입니까? 사실 이 말씀은 구약성경 레위기 24장 20절과 신명기 19장 21절에서도 나타납니다. 그러나 먼저 살펴봐야 할 것은, 모세가 이스라엘 백성에게 이 말씀을 전할 때 의도했던 본래의 의미입니다.

어느 시대와 사회를 막론하고 인간 공동체에서는 시기와 질투, 미움으로 인한 다툼이 끊임없이 발생합니다. 이는 출애굽 당시뿐 아니라, 하나님의 놀라운 표적과 이적을 직접 경험했던 이스라엘 백성에게조차 예외가 아니었습니다. 다툼이 격화되면 상대방의 눈이나 치아 혹은 다른 신체 부위에 심각한 상해를 입히는 불상사가 생기곤 했습니다. 서로 원만히 합의하면 다행이지만, 그렇지 못하면 피해자는 가해자에 대한 원한과 복수심을 품게 됩니다. 시간이 흐르면서 그 감정이 쌓이면, 결국 피해자는 기회를 엿보다가 복수를 실행하려 할 것입니다. 피해자로서는 이러한 행동이 부당한 것이 아니라, 오히려 정당한 권리 행사라고 여길 수 있기 때문입니다.

그러나 인간은 신이 아니기에 아무리 공정해지려 해도 자신이 입은 피해와 정확히 동일하게 상대방에게 되갚아주는 것은 불가능합니다. 이런 집행은 애당초 실현될 수 없습니다. 셰익스피어의 명작 《베니스의 상인》에 나오는 한 장면이 이를 잘 보여줍니다. 유대인 대부업자 샤일록은 안토니오에게 돈을 빌려주면서, 만약 기한 내에 갚지 못하면 그의 살 1파운드를 베어 가기로 계약합니다. 그런데 안토니오의 배가 파선하면서 빚을 갚지 못하자 두 사람은 법정에 서게 됩니다. 판사는 샤일록에게 계약대로 안토니오의 살 1파운드를 베어가되, 피는 한 방울도 흘려서는 안 된다고 판결합니다. 그러나 살만 베고 피를 흘리지 않는 것이 과연 가능합니까? 애초부터 불가능한 일입니다.

마찬가지로 피해자가 아무리 자신이 입은 피해와 똑같이 되돌려주려 해도, 인간의 한계로 인해 그것은 불가능합니다. 게다가 인간의 죄된 본성은 공평하게 갚기보다, 자신이 당한 것보다 조금이라도 더 되갚아 주고자 하는 복수심으로 가득 차 있습니다. 이것이 바로 죄 가운데 태어난 모든 인간의 본성입니다. 설령 피해자가 객관적으로 판단하려 한다 해도, 본능적으로 자기 쪽으로 더 유리하게 기울 수밖에 없습니다. "팔은 안으로 굽는다"라는 말처럼, 인간은 자신에게 유리한 방향으로 기울어질 수밖에 없는 존재입니다.

더욱이 인간은 어떤 상황이나 사건을 동시에, 또 입체적으로 바라볼 능력이 없습니다. 아무리 정밀하게 보더라도 인간의 시각은 결국 제한적이고 단편적일 수밖에 없습니다. 그 결과 판단은 왜곡될 수밖에 없고, 주관에서 완전히 벗어날 수 없습니다. 즉 인간이 완전히 공정하고 객관적으로 판단하고 처벌한다는 것은 불가능에 가깝습니다. 오직 하나님만이 모든 사건과 사람을 완전하게 보시고, 동서남북과 위아래까지 입체적으로 판단하실 수 있는 분이십니다. 따라서 성도는 아무리 악한 대적자라 할지라도, 직접 원수를 갚으려 한다면 결국 하나님의 이름과 영광을 오히려 욕되게 할 수 있다는 사실을 명심해야 합니다. 그러므로 원수 갚는 일은 반드시 하나님께 맡겨야 합니다.

이러한 태도를 보여주는 대표적인 인물이 다윗입니다. 그는 아무런 잘못이 없음에도, 단지 사울의 시기와 질투심 때문에 심한 핍박과 고난을 겪었습니다. 그러나 자신의 생사와 사울에 대한 처분을 보이지 않는 하나님께 전적으로 맡겼습니다. 기회가 여러 번 있었음에도 그는 스스로 원수를 갚지 않았고, 오히려 하나님의 공의로운 판단에 모든 것을 위탁했습니다. 이는 결코 쉬운 일이 아닙니다. 하나님께서 모든 상황을 다스리시고 통치하신다는 사실을 굳게 믿지 않는다면 도저히 내릴 수 없는 결단입니다.

하나님께서는 모든 일을 자신의 완전한 공의로 정확히 판단하시며, 결국 자신의 이름과 영광을 드러내십니다. 하나님의 공의는 너무도 명확하고 공정하여, 성도들뿐 아니라 대적들조차 인정하지 않을 수 없습니다. 하나님께서는 온 우주와 역사를 자신의 공의로 다스리시고 심판하십니다. 이것은 하나님께만 있는 고유한 권세입니다. 그러므로 우리는 결코 대적자들에게 '내가 당한 만큼 되갚겠다'라는 생각조차 품어서는 안 됩니다. 그 모든 일은 전적으로 하나님께 맡겨야 합니다.

그렇다면 본문의 올바른 해석은 무엇입니까? 성경은 이러한 상황에서 피해자에게 어떻게 하라고 가르칩니까? 피해자가 복수심과 원한을 품기만 하고, 그 아픔과 상처는 고스란히 안고 살아가라는 것일까요? 그렇지 않습니다. 만일 그렇다면 구약에서 분명히 언급된 '눈은 눈으로, 이는 이로 갚으라'는 말씀은 무의미할 것입니다. 그러므로 우리는 모세가 이 말씀을 선포했을 때의 그 본래의 의도를 지금까지와는 전혀 다른 시각에서 바라볼 필요가 있습니다.

지금까지 살펴본 바에 의하면, "눈은 눈으로, 이는 이로 갚으라 하였다는 것을 너희가 들었으나"라는 모세의 말은 결코 개인적인 보복 차원에서 그렇게 행하라는 권면이 아닙니다. 오히려 그가 전한 본래의 의미는 이러한 일들이 반드시 공적인 영역, 곧 법과 재판의 차원에서 공정과 공평의 원리에 따라 처리되어야 한다는 것입니다. 만약 이러한 '되갚음'의 원리가 공적인 차원이 아니라 개인의 복수심에 의해 남용되는 상황을 생각해 보십시오. 그 사회는 곧 걷잡을 수 없는 혼란에 빠질 것이 분명합니다. 결국 질서가 무너지고, 누구도 통제할 수 없는 무법천지가 될 것입니다. 나아가 사람들의 마음은 끝없는 악의와 복수심에 사로잡히고, 증오와 독살스러운 기운이 가득 차서 사랑과 화평의 온기는 어디서도 찾아볼 수 없는 그야말로 아수라장이 될 것입니다. 그러므로 온 세상을 자신의 창조 질서와 법칙에 따라 운행하시는 하나님께서 그와 같은 무질서와 무법을 조장하고 부추기는 말씀을 하실 리가 없습니다.

이 사실은 예수님께서 이어서 하신 다음 말씀에서 분명히 드러납니다. "나는 너희에게 이르노니 악한 자를 대적하지 말라." 복수심에 불타는 마음으로 악한 자를 직접 대적하면 당장은 속이 후련하고 자신의 권리를 정당하게 행사했다고 생각할 수 있습니다. 심지어 그 보복으로 문제가 깨끗이 해결되었다고 착각할 수도 있습니다. 그러나 실제로는 그렇지 않습니다. 복수는 또 다른 복수를 낳을 뿐, 결코 문제 해결의 합리적인 수단이나 방법이 될 수 없습니다. 그러므로 모세가 전한 '눈은 눈으로, 이는 이로 갚으라'는 말씀의 본래 의도는 피해자가 개인적인 차원에서 동일한 보복을 행해서는 안 된다는 것입니다.

우리는 이미 팔복에서 '온유한 자'의 성품을 살펴본 바 있습니다. 온유한 자는 자신을 비방하고 모욕하며 능욕하는 자들을 향해 직접 나서서 맞서 싸우지 않는 사람입니다. 오히려 모든 상황을 하나님께 맡겨드리는 사람입니다. 심지어 자신이 옳고 상대방이 분명히 잘못했더라도, 그 자리에서 대적하지 않고 하나님께서 반드시 공의로 심판하실 것이라 믿고 그분께 의탁하는 것이 온유한 자의 모습입니다. 그러한 온유의 성품을 가진 사람에게 '눈은 눈으로, 이는 이로'라는 보복은 가당치도 않은 일입니다.

무엇보다 이 말씀은 단순히 행동만 금하는 것이 아니라, 상대방을 향한 복수심이나 원한까지도 마음에 품어서는 안 된다는 것을 의미합니다. 그렇게 되면 이미 예수님께서 말씀하신, "형제에게 노하는 자마다 심판을 받게 되고 형제를 대하여 라가라 하는 자는 공회에 잡혀가게 되고 미련한 놈이라 하는 자는 지옥 불에 들어가게 되리라"(마 5:22)라는 내용에 정면으로 어긋나기 때문입니다. 주님께서는 이런 내적인 분노와 비난조차도 살인과 같은 것으로 간주하십니다. 그러므로 이러한 문제는 반드시 개인적인 차원이 아니라 공적인 법과 질서를 따라 공정하게 다루어져야 합니다.

그럼에도 바리새인과 서기관들은 이 말씀을 단지 공적 차원만이 아니라 개인적인 차원까지 확대하여 적용했습니다. 그 결과 사람들이 복수심을 더 크게 키우도록 부추겼습니다. 본래는 복수와 보복을 억제하고 제약하기 위해 주어진 말씀을, 오히려 개인의 당연한 권리와 의무인 양 가르치고 권장했던 것입니다. 이것이 바로 예수님께서 그들의 잘못을 지적하신 핵심적인 이유였습니다.

하나님께서는 자신의 일반은총 가운데 인간 사회의 유익과 안전을 위해 국가와 사회 제도, 법과 규칙을 허락하셨습니다. 이에 국가는 합리적인 법과 제도를 제정하여 개인의 법적 문제를 공정하게 처리할 의무가 있습니다. 그러나 국가가 아무리 공정하게 문제를 다루더라도 당사자로서는 불만족스러울 수 있습니다. 그럼에도 성경은 개인이 복수로 되갚으려 하는 행위를 절대 지지하지 않습니다. 바울 역시 로마서에서 이렇게 말합니다. "내 사랑하는 자들아 너희가 친히 원수를 갚지 말고 하나님의 진노하심에 맡기라 기록되었으되 원수 갚는 것이 내게 있으니 내가 갚으리라고 주께서 말씀하시니라"(12:19).

결국 원수 갚는 것은 개인의 몫이 아니라 하나님의 영역입니다. 하나님께서는 최후 심판대에서 각 사람에게 그 행한 대로 보응하겠다고 분명히 약속하셨습니다. 그러므로 개인적인 복수는 하나님의 주권적 영역을 침범하는 죄에 해당합니다. 그리스도인은 이 땅에서 억울한 일을 당할지라도, 하나님의 공의와 심판을 신뢰하며 살아야 합니다. 지금 당장은 손해를 보았다고 여겨질지라도, 원한과 복수심을 품고 되갚으려 해서는 안 됩니다. 그것은 주를 모르는 세상 사람들과 다를 바 없는 행동입니다.

무엇보다 하나님께서는 악을 악으로 갚는 것을 절대 용납하지 않으십니다. 오히려 "아무에게도 악을 악으로 갚지 말고 모든 사람 앞에서 선한 일을 도모하라 할 수 있거든 너희로서는 모든 사람과 더불어 화목하라"(롬 12:17-18)라고 명령하십니다. 그리고 더 나아가 "악에게 지지 말고 선으로 악을 이기라"(롬 12:21)라고 말씀하십니다. 그러나 이러한 명령을 현실에서 실천하는 일은 너무도 어렵습니다. 이는 인간의 본성을 거스르는 일이며, 육적인 차원을 넘어 영적인 삶에 속하는 것이기 때문입니다. 그럼에도 예수님께서는 뒤이은 말씀에서, 심지어 악한 자가 우리에게 갑절의 손해를 끼친다고 할지라도 그것을 감내하라고 명령하십니다. 어떻게 이런 일이 가능하겠습니까? 확실한 것은 성령으로 거듭나지 않은 사람은 그렇게 할 수 없다는 것입니다. 특별히 하나님의 은혜와 사랑 가운데 자아가 철저히 무너진 사람이 아니면, 결코 진심으로 그렇게 살 수 없습니다. 흉내는 낼 수 있을지 몰라도, 마음 깊은 곳에서 우러나오는 순종은 불가능합니다.

그뿐 아니라, 예수님께서 걸어가신 십자가의 길을 알지 못하고 의식하지 못하는 사람은 절대로 이렇게 살 수 없습니다. 십자가를 지신 예수 그리스도의 성품을 닮아가며, 그분 앞에 흠 없고 점 없는 거룩한 사람으로 세워지기를 힘쓰는 그리스도인만이 이 길을 따를 수 있습니다. 예수님께서는 모욕과 멸시와 능욕을 받으시면서도 보복하지 않으시고 오히려 선으로 응대하셨습니다. 그러므로 예수님과 같은 신앙과 삶은 자신이 하나님 안에서 어떤 존재인지 분명히 깨닫고, 우리의 구원을 위해 온갖 수모를 인내하신 예수님의 사랑과 은혜를 깊이 아는 사람에게서만 가능합니다. 다윗의 삶이 그 증거입니다. 다윗은 자신을 죽이려는 사울을 죽일 기회가 여러 번 있었음에도 그렇게 하지 않았을뿐더러 이렇게 고백합니다. "여호와께서 살아 계심을 두고 맹세하노니 여호와께서 그를 치시리니 혹은 죽을 날이 이르거나 또는 전장에 나가서 망하리라"(삼상 26:10). 다윗은 사울을 향해 원수 갚는 일을 자신이 직접 하지 않고, 철저히 하나님께 맡겼습니다. 이러한 결단은 인간의 힘과 의지만으로는 결코 불가능합니다. 즉 그리스도인이 본문의 말씀대로 악한 자를 대적하지 않기 위해서는 예수님이 어떤 분이신지와 그분의 십자가 사역을 더욱 깊이 알고 붙드는 것이 필요합니다. 요한복음 17장은 "영생은 곧 유일하신 참 하나님과 그가 보내신 자 예수 그리스도를 아는 것이니이다"(요 17:3)라고 말씀합니다. 바로 이 말씀을 진실하게 깨달은 사람만이 본문 말씀에 순종하며 살아갈 수 있습니다.

22장

권리는 내려놓고 의무는 더하라

"누구든지 네 오른편 뺨을 치거든 왼편도 돌려 대며 또 너를 고발하여 속옷을 가지고자 하는 자에게 겉옷까지도 가지게 하며 또 누구든지 너로 억지로 오 리를 가게 하거든 그 사람과 십 리를 동행하고 네게 구하는 자에게 주며 네게 꾸고자 하는 자에게 거절하지 말라"(마 5:39-42).

개인적인 차원의 보복을 금하신 예수님께서는 이제 형제와 이웃 사랑의 관점에서 한층 더 적극적인 요구를 하십니다. 사실 악한 자에게 보복하거나 복수의 마음을 품지 않는 것, 곧 개인적인 차원의 복수를 금하시는 예수님의 명령에 순종하는 것만도 웬만한 사람은 쉽게 할 수 없는 실로 놀라운 일입니다. 그런데 예수님께서는 거기서 멈추지 않으시고, 우리의 이성으로는 도저히 이해하기 힘든 말씀을 이어 가십니다. 마치 인간의 본성과 세상 이치에 전혀 무관심하신 분처럼, 너무나 과도해 보이는 요구를 하시는 듯합니다. 그래서 어떤 이들에게는 이 말씀이 이상 세계에나 존재할 법한 비현실적이고 추상적인 가르침처럼 들릴 수도 있습니다.

그러나 우리는 하나님의 말씀을 그렇게 가볍게 여기거나, 아무 의미 없고 생명력 없는 것으로 생각해서는 안 됩니다. 다시 한번 강조하지만, 이 말씀이 예수를 믿지 않는 세상 사람들에게는 얼토당토않게 들릴 수 있으나, 예수님께서는 지금 분명히 우리 그리스도인에게 말씀하고 계십니다. 그리스도인이 지킬 수 있고, 또 지켜야만 하는 당위적이고 선언적인 명령입니다. 그러므로 이 부분을 읽을 때 반드시 명심해야 할 사실이 있습니다. 그것은 중생한 자, 곧 그 심령에 새로운 생명의 원리를 부여받은 그리스도인에게 이 말씀을 하셨다는 점입니다. 산상수훈의 말씀 전체는 성도들에게 감당할 수 없는 짐을 지워 낙심케 하려고 주신 것이 아닙니다. 오히려 성도가 얼마나 위대하고 특별한 존재인지, 하나님 나라 백성의 삶이 얼마나 고귀한지를 밝혀주는 가장 위대한 가르침입니다. 이러한 사실을 기초로, 예수님께서 악한 자를 대적하지 말라는 차원을 넘어 한층 더 적극적으로 요구하시는 네 가지 구체적인 내용을 살펴보고자 합니다.

먼저 예수님께서는 "누구든지 네 오른편 뺨을 치거든 왼편도 돌려 대며"라고 말씀하십니다. 사실 누군가 자신의 오른뺨을 치면 즉시 마음속에서 보복하고 싶은 생각이 불길처럼 치솟는 것이 자연스러운 반응입니다. 더구나 당시 근동 지방에서는 상대방에게 오른뺨을 맞는 것을 극심한 인격적 모욕과 멸시를 당하는 것으로 여겼습니다. 누가 보아도 아무 이유가 없는데 그런 일을 당한다면 그 모멸감은 더 클 것입니다. 특히 분별력이 충분히 있는 사람이 단지 순간적인 분노를 이기지 못해 그런 행동을 한다면, 그것을 참고 넘어가기는 쉽지 않습니다. "굼벵이도 밟으면 꿈틀거린다"라는 말처럼, 정상적인 사람이라면 당연히 되갚아주고 싶은 마음이 일어날 것입니다. 더구나 그런 상황에서 왼빰까지 돌려 댄다는 것은 인간적으로 거의 불가능해 보입니다. 대부분의 사람은 똑같이 상대방의 뺨을 맞받아 칠 것이고, 더 나아가 극도의 분노에 휩싸이면 상대방의 얼굴뿐 아니라 다른 신체 부위까지 공격할 것입니다. 그런데 예수님께서는 오히려 자신을 멸시하고 모욕하는 자에게 복수하기는커녕 왼뺨까지 돌려 대라고 하십니다. 도대체 어떻게 이런 일이 가능하단 말입니까?

물론 여기서 말하는 모욕은 단순히 육체적 차원에만 국한되지 않습니다. 경멸적인 표정과 눈빛, 헛소문과 뒷담화, 억울한 비방 등 정신적·정서적 모욕까지도 다 포함됩니다. 예수님께서는 바로 이러한 신체적·정신적 모욕을 당하더라도, 맞대응하거나 복수하려는 마음을 내려놓아야 한다고 말씀하십니다. 오히려 왼뺨을 돌려 대라는 것입니다. 즉 상대방이 자신을 깔보고 모욕하는 행동을 할지라도, 그 일에 전혀 관심 없는 사람처럼 반응하라는 것입니다. 심지어 마치 그런 모욕쯤은 아예 신경조차 쓰지 않는 사람처럼, 상대방이 계속 그래도 상관없다고 여기는 수준까지 나아가라고 요구하십니다. 과연 이것이 가능합니까? 정상적인 사람이라면 누구나 감정이 있고 자존심이 있는데, 어떻게 그런 식으로 반응할 수 있단 말입니까? 따라서 우리는 예수님께서 이 말씀을 통해 진정 우리에게 전하시려는 요점이 무엇인지 반드시 질문해야 합니다.

그 대답은 명확합니다. 팔복의 성품을 지닌 그리스도인은 철저하게 자아가 깨지고 자아를 부정하는 사람이라는 사실입니다. 여전히 자아가 살아 있고 자아를 부정하지 않은 사람은 결코 모욕과 멸시를 참고 견딜 수 없습니다. 자아가 무너진 사람만이 진정으로 형제와 이웃을 사랑할 수 있으며, 악을 악으로 갚지 않고 오히려 선으로 대할 수 있습니다. 그리고 그런 사람만이 진정으로 예수 그리스도를 구주로 따를 수 있습니다. 그래서 예수님께서 "누구든지 나를 따라오려거든 자기를 부인하고 자기 십자가를 지고 나를 따를 것이니라"(마 16:24)라고 말씀하신 것입니다.

특히 우리는 예수님께서 악한 자가 자신을 모욕하는 상황에서 취해야 할 네 가지 태도 중 가장 먼저 '자기 부정'을 언급하셨다는 점에 주목해야 합니다. 이것은 자기 부정이 다른 모든 것의 기초이자 핵심임을 다시 한번 보여줍니다. 자기 부정이 이루어지지 않으면 예수님께서 요구하시는 나머지 세 가지 내용도 결코 온전히 실천할 수 없습니다. 결국 모든 것이 공허한 구호에 그치고 맙니다. 그러므로 우리는 먼저 자기 부정의 중요성을 깊이 깨닫고 인식해야 합니다.

사실 하나님이신 예수님께서 인간의 몸을 입고 이 땅에 오신 성육신 사건 자체가 자기 부정을 잘 보여주는 증거입니다. 율법의 창시자이시며 주관자이신 그분이 친히 율법 아래 나셔서 완전히 순종하신 삶 역시 자기 부정의 가장 단적인 예입니다. 십자가를 지고 골고다 언덕을 오르시며 무수한 모욕과 조롱을 당하신 사건은 또 어떻습니까? 무엇보다 죄인들을 구원하기 위해 하나님의 뜻에 전적으로 순종하셔서 기꺼이 십자가의 길을 택하신 죽음이야말로 자기 부정의 극치입니다.

그러나 자기 부정은 인간 스스로의 의지나 결심만으로는 결코 이룰 수 없습니다. 오직 성령 하나님의 역사로만 가능합니다. 그러므로 자기 부정은 중생하여 새로운 피조물이 된 자, 곧 예수 그리스도를 구주로 믿고 성령 하나님을 그 마음에 모신 그리스도인만이 맺을 수 있는 성령의 열매입니다. 요컨대 자기 부정은 성령께서 우리 안에 내주하신다는 가장 강력한 증거입니다. 예수 그리스도 안에서 새 자아를 소유한 그리스도인은 과거 죄와 허물로 범벅되어 있던 옛 자아가 철저히 무너진 자입니다. 이제 더는 자신의 견해와 권리를 내세우며 살지 않습니다. 이것이 곧 심령이 가난하고, 온유하며, 의에 주리고 목마른 자의 모습입니다. 이는 하나님 나라가 그 심령에 임한 자의 전형적인 특징입니다.

사실 예수를 믿기 전 우리는 모두 사탄과 세상의 영 그리고 육체의 본성을 따라 살던 존재였습니다. 한마디로 내 자아가 전부였고, 내가 주인이며 신인 양 내 권리와 주장을 내세우며 살았습니다. 그러나 예수 그리스도를 믿고 하나님 나라에 들어온 순간, 내 안에 내주하시는 성령께서는 더는 그러한 옛사람의 방식을 허용하지 않으십니다. 그것은 이미 지나간 옛사람의 방식이자, 멸망할 세상의 방식이기 때문입니다. 하나님 나라의 방식은 빌립보서 2장에서 바울이 증거하듯, 자신을 한없이 낮추신 예수 그리스도의 마음을 품고 사는 것입니다.

한편, 예수님께서는 자기 부정을 통해 악한 자를 대적하지 말라고 말씀하신 후 곧바로 다음과 같은 상황을 제시하십니다. "너를 고발하여 속옷을 가지고자 하는 자에게 겉옷까지도 가지게 하며." 과거 유대 율법에 따르면, 특정한 경우에 상대방의 속옷을 요구하며 고발할 수 있었습니다. 그러나 여기서 예수님께서 말씀하신 상황은 단순히 합법적인 절차에서 일어난 일이 아닙니다. 문맥상 악한 자가 부당한 의도를 가지고 속옷을 요구하며 고발하는 경우입니다. 비록 구체적인 배경은 분명하지 않지만, 적어도 악의적이고 불공정한 상황임은 분명합니다. 그런데 예수님께서는 그런 자에게 속옷을 내어주는 것에 그치지 않고 겉옷까지도 내어주라고 하십니다. 이 말씀을 바르게 이해하기 위해서는 당시 유대 사회에서 '겉옷'이 가지는 의미를 먼저 알아야 합니다.

근동 지방은 낮과 밤의 기온 차가 매우 큰 지역입니다. 낮에는 뜨겁게 달아오르지만, 밤에는 기온이 급격히 떨어져 영하로 내려가는 경우도 종종 있다고 합니다. 이에 이들에게 겉옷은 단순히 의복이 아니라 때로는 생명을 지켜주는 방패와도 같은 필수품이었습니다. 나그네들에게는 더욱더 그러했습니다. 이와 관련해 모세는 신명기에서 다음과 같이 말합니다. "해 질 때에 그 전당물을 반드시 그에게 돌려줄 것이라 그리하면 그가 그 옷을 입고 자며 너를 위하여 축복하리니 그 일이 네 하나님 여호와 앞에서 네 공의로움이 되리라"(24:13).

이처럼 어떤 사람이 피치 못할 사정으로 겉옷을 전당 잡혔더라도 해 질 무렵에는 반드시 돌려주어야 했습니다. 이는 곧 겉옷이 단순한 소유물이 아니라 생존과 직결된 필수적 도구였음을 보여줍니다. 그런데 예수님께서는 여기서 더 나아가 누군가가 악의를 품고 고발하여 속옷까지 빼앗으려 할 때, 그에게 겉옷까지 내어주라고 명령하십니다. 이것은 인간의 이성과 일반적인 상식으로는 도저히 수용하기 힘든 극단적인 말씀입니다. 그럼에도 우리는 예수님께서 이 말씀을 통해 의도하신 바를 깊이 살펴야 합니다.

신명기 24장에서 알 수 있듯, 사람이 설령 자기 겉옷을 전당 잡혔더라도 해 질 무렵이 되면 되찾을 권리가 있었습니다. 그런데 예수님은 오히려 당연히 주장할 수 있는 권리마저도 포기하라고 말씀하십니다. 그 의도는 분명합니다. 곧 그리스도인은 다른 사람의 유익을 위해서라면 기꺼이 자신의 권리조차 내려놓을 수 있어야 한다는 것입니다. 이러한 맥락에서 사도 바울도 원수에게조차 먹을 것과 마실 것을 주라고 권면합니다. "네 원수가 주리거든 먹이고 목마르거든 마시게 하라 그리함으로 네가 숯불을 그 머리에 쌓아 놓으리라"(롬 12:20) 이것이야말로 세상의 어떤 고상한 도덕이나 윤리에서도 찾아볼 수 없는, 오직 기독교 신앙에서만 발견되는 독특한 진리입니다.

오늘날의 사회를 살펴보면, 사회주의나 공산주의 체제 혹은 내전 중이거나 빈부 격차가 극심한 일부 나라를 제외하고는 인류 역사상 이처럼 개인의 권리가 보장되고 신장한 시대는 없었습니다. 그러나 사람들은 여전히 더 많은 권리를 보장받기 위해 기관에 압력을 넣거나, 때로는 로비를 하기도 합니다. 사실 우리 주변에서 발생하는 수많은 갈등과 다툼을 자세히 살펴보면 권리 충돌에서 비롯된 경우가 많습니다. 주차 문제, 노사 간 분쟁, 환경 문제, 교사의 교수권과 학생의 학습권 다툼, 아파트 층간 소음, 흡연 구역 문제 등 거의 모든 갈등은 권리를 둘러싼 충돌에서 비롯됩니다. 그만큼 인간은 본능적으로 자신의 권리를 최대한 보장받고자 합니다.

그러나 예수님은 전혀 다른 길을 제시하십니다. 심지어 자신을 멸시하고 모욕하는 악한 자 앞에서도 당연히 요구할 수 있는 권리마저 기꺼이 내려놓으라고 말씀하십니다. 그리스도인은 그렇게 살아야 한다는 것입니다. 예수님께서 앞서 산상수훈에서 이미 말씀하신 것처럼, 그리스도인은 세상의 소금과 빛으로 부름받은 존재입니다. 그러므로 이 말씀은 결코 불합리한 요구가 아니라, 그리스도인의 정체성과 사명에 부합하는 요구입니다. 그럼에도 우리 인간의 눈으로 보기에는 여전히 지나치고 불가능해 보이는 요구일 수 있습니다. 아마 어떤 이는 '그리스도인도 결국 사람인데, 어떻게 자신의 권리마저 포기하면서 살아갈 수 있단 말인가?'라고 반문할지도 모릅니다. 그러나 우리는 이 모든 초점을 예수님께 맞추어야 합니다.

예수님께서는 성부 하나님과 동일한 본체이십니다. 그럼에도 하늘 보좌의 영광을 모두 내려놓고, 인간의 연약한 몸을 입으셨습니다. 그 분은 하나님으로서 누리실 권리는커녕, 사람들에게서 온갖 멸시와 모욕을 당하시며 십자가의 길을 걸으셨습니다. 그 길은 결코 예수님 자신의 유익을 위한 길이 아니었습니다. 오직 죄로 죽을 수밖에 없는 우리를 구원하시고, 영원한 생명을 주시기 위한 길이었습니다. 예수님께서 이처럼 자신의 모든 권리를 내려놓으셨기에 그분을 따르는 그리스도인 또한 마땅히 같은 길을 걸어야 하는 것입니다.

그리고 우리는 여기서 한 가지 중요한 사실을 잊지 말아야 합니다. 하나님께서 그렇게 자신을 낮추고 권리를 포기하신 예수님을 어떻게 높이셨는가 하는 것입니다. 이에 대해 바울은 빌립보서 2장에서 이렇게 증언합니다. "이러므로 하나님이 그를 지극히 높여 모든 이름 위에 뛰어난 이름을 주사 하늘에 있는 자들과 땅에 있는 자들과 땅 아래에 있는 자들로 모든 무릎을 예수의 이름에 꿇게 하시고 모든 입으로 예수 그리스도를 주라 시인하여 하나님 아버지께 영광을 돌리게 하셨느니라"(9-11절). 하나님께서는 예수님을 모든 이름 위에 뛰어난 이름으로 높이셨으며, 그분께 무한한 영광을 주셨습니다. 바로 이것이 그리스도인이 예수님처럼 살아야 하는 가장 강력한 근거입니다.

그러므로 예수님께서 본문에서 말씀하신 것처럼, 우리 그리스도인이 소금과 빛으로서 착한 행실을 드러낼 때, 하나님께서는 우리 또한 영광으로 인도하실 것입니다. 아무리 악한 자라도 그리스도인의 삶에서 하나님의 빛을 보게 될 때, 결국 하나님께 영광을 돌리게 될 것입니다. 그리스도인은 단순히 세상 사람들과 조금 다른 존재가 아니라, 본질적으로 전혀 다른 존재입니다.

그런데 예수님께서는 여기서 그치지 않고 다음과 같은 말씀을 계속하십니다. "또 누구든지 너로 억지로 오 리를 가게 하거든 그 사람과 십 리를 동행하고." 당시 로마 군인들은 무거운 짐을 옮겨야 할 때 식민지 백성들에게 억지로 오 리 정도 짐을 지게 했습니다. 이는 거부할 수 없는 강제적인 의무였습니다. 그런데 예수님께서는 억지로 오 리를 가게 하거든 오히려 자발적으로 십 리를 동행하라고 명하십니다. 즉 다른 사람의 유익을 위해 자신이 감당해야 할 의무 이상을 기꺼이 감당하라는 것입니다.

모든 나라의 국민은 각각 누려야 할 권리와 감당해야 할 의무가 있습니다. 그러나 사람들은 권리는 최대한 누리고 싶어 하지만, 의무는 최소한으로 줄이고 싶어 합니다. 특히 개인주의와 권리 의식이 강한 현대 사회에서는 의무를 짐과 족쇄로 여기는 경우가 많습니다. 그러나 예수님은 정반대의 길을 가르치십니다. 그리스도인은 권리는 최소한으로 주장하되, 의무는 최대한으로 감당해야 한다는 것입니다. 즉 이 모든 말씀은 결국 형제 사랑과 이웃 사랑으로 귀결됩니다. 그리스도인은 자신의 권리와 물질, 심지어 의무의 문제에서도 철저히 예수님의 십자가를 바라보아야 합니다. 우리의 모든 이웃, 심지어 우리가 외면하고 싶은 사람들조차 예수 그리스도께서 자신의 피로 값 주고 사신 귀한 존재이기 때문입니다. 그래서 이어서 "네게 구하는 자에게 주며 네게 꾸고자 하는 자에게 거절하지 말라"라고 말씀하십니다. 여기서 '주라'는 것은 단순한 호의가 아니라, 마치 자신이 빚진 자로서 반드시 갚아야 할 의무가 있는 것처럼 주라는 뜻을 담고 있습니다. 그것도 아무 대가나 이자를 바라지 말고 거저 주라는 것입니다.

사실 이 말씀은 우리에게 불편하고 어려운 요구처럼 들릴 수 있습니다. 그러나 예수님께서 말씀하신 의도는 분명합니다. 물질의 참된 주인은 하나님이시며, 우리는 그분께서 맡겨주신 것을 관리하는 청지기에 불과합니다. 그러므로 물질과 건강, 시간까지도 이웃과 하나님 나라를 위해 사용해야 합니다. 성경은 이에 대해 분명히 말씀합니다. "무릇 많이 받은 자에게는 많이 요구할 것이요 많이 맡은 자에게는 많이 달라 할 것이니라"(눅 12:48). 우리의 모든 은사와 재물은 하나님의 것입니다. 그러므로 그리스도인은 거저 받은 것을 거저 나누어야 합니다. 이것이 곧 팔복에서 말씀하는 애통하는 자의 삶이며, 요한1서에서 말하는 구원의 증거인 형제 사랑의 구체적인 표현입니다.

결국 예수님께서 주시는 이 모든 명령의 근원에는 한 가지 중요한 전제가 있습니다. 그것은 바로 자아에 대한 철저한 부정입니다. 자신의 자아가 무너진 자만이 권리를 포기할 수 있고, 의무를 더 감당할 수 있으며, 물질을 기꺼이 나눌 수 있습니다. 그리고 그 모든 것은 결국 형제와 이웃을 향한 사랑으로 나타나야 합니다. 참된 그리스도인은 단순히 말과 혀로 사랑을 고백하는 자가 아니라, 행함과 진실함으로 사랑을 실천하는 자입니다. 그는 세상의 소금과 빛으로서, 또 팔복의 성품을 지닌 자로서, 하나님께서 맡기신 모든 것을 이웃 사랑과 하나님의 영광을 위해 사용합니다. 이것이 바로 산상수훈이 가르치는 제자의 길이며, 우리가 반드시 걸어가야 할 십자가의 길입니다.

23장

원수를 대적하지 말고 사랑하라

"또 네 이웃을 사랑하고 네 원수를 미워하라 하였다는 것을 너희가 들었으나 나는 너희에게 이르노니 너희 원수를 사랑하며 너희를 박해하는 자를 위하여 기도하라 이같이 한즉 하늘에 계신 너희 아버지의 아들이 되리니 이는 하나님이 그 해를 악인과 선인에게 비추시며 비를 의로운 자와 불의한 자에게 내려주심이라" (마 5:43-45).

우리는 예수님께서 지금까지 하신 말씀을 통해 그리스도인이 자연인과 얼마나 다르고 특별한 존재인지를 충분히 확인할 수 있습니다. 그 다름은 단순히 양적이거나 육적인 차원이 아니라, 본질적으로 질적이고 영적인 차원에서의 다름입니다. 물론 그리스도인도 자연인과 동일한 외모를 가지고, 똑같이 먹고 마시며 이 세상을 살아갑니다. 그러나 그리스도인은 자연인과 달리 하늘나라 시민으로 부름받았기에 전혀 다른 가치관과 인생관, 물질관, 세계관을 가지고 살아갑니다. 그리스도인은 단순히 자신이 발을 딛고 사는 이 땅의 국적만 가진 것이 아니라, 동시에 하늘나라의 국적까지 소유한 자입니다. 한마디로 그리스도인은 이중 국적을 가진 사람입니다.

그것이 가능한 이유는, 하나님께서 타락한 우리의 본성에 새로운 생명의 원리를 심어 주심으로 새로운 피조물로 거듭나게 하셨기 때문입니다. 물론 우리는 여전히 이전과 동일한 인격과 영혼의 구성 요소를 가지고 있습니다. 그러나 그 기능과 경향 그리고 방향은 완전히 달라졌습니다. 예수를 믿기 전에는 우리가 인격과 영혼의 주인이 되어 본성의 욕망을 따라 살았습니다. 그러나 이제는 예수님께서 우리의 인격과 영혼의 주인이 되시어, 그 본성을 자신의 뜻대로 다스리고 인도하십니다. 참된 그리스도인이라면 이 사실을 자기 내면 깊은 곳에서 분명히 확인할 수 있습니다.

본문은 바로 이러한 특별한 존재로 부름받은 그리스도인에게 주어진 말씀입니다. 본문에서 예수님은 "네 이웃을 사랑하고 네 원수를 미워하라 하였다는 것을 너희가 들었으나"라고 말씀하시며, 바리새인과 서기관들이 전통적으로 가르쳐온 계명을 지적하십니다. 그런데 주목할 것은 이러한 계명은 구약성경 어디에도 존재하지 않는다는 사실입니다. 곧 이들은 하나님의 계명을 자기 나름대로 왜곡하여 설정한 것입니다. 이는 곧 하나님의 말씀을 왜곡한 불법이요, 하나님 앞에 죄를 범한 것입니다. 물론 이들이 그렇게 규정한 데는 나름의 이유와 배경이 있었을 것입니다.

그렇다면 이들은 어떤 근거로 이 계명을 정립했을까요? 여기서 이웃은 기본적으로 유대인, 원수는 이방인을 가리키는 것으로 보입니다. 이러한 맥락에서 보면, 이들의 계명은 하나님께서 출애굽 후 이스라엘이 가나안을 정복할 때 그들에게 명하신 말씀을 잘못 적용한 결과라 할 수 있습니다.

하나님께서는 이스라엘 백성에게 가나안 일곱 족속을 멸절하라고 명령하셨습니다. 그들이 이스라엘을 대적했을 뿐 아니라, 우상 숭배에 빠져 있었기 때문입니다. 즉 장차 이스라엘이 가나안에 들어가 정착하게 될 때, 그들은 마치 눈엣가시 같은 원수와 다름없는 존재였습니다. 실제로 구약성경 곳곳에서 가나안 족속을 원수로 표현하기도 합니다. 그러나 예수님께서는 이러한 해석을 바로잡으십니다. 예수님은 바리새인과 서기관들이 규정한 것처럼 이웃을 유대인으로만, 원수를 이방인으로만 한정하지 않으셨습니다. 다윗의 시편만 보아도, 동족 유대인조차 자신을 대적하는 원수로 표현하는 경우가 많습니다. 또 유대인은 동족임에도 사마리아인을 원수로 여겼습니다. 물론 사마리아인들이 여러 민족과의 혼혈로 인해 선민 이스라엘의 순수성을 상실한 것은 사실이지만, 같은 동족임에는 틀림이 없습니다. 따라서 예수님의 의도를 바르게 이해하기 위해서는 이웃과 원수의 개념을 훨씬 더 광범위하고 포괄적으로 생각할 필요가 있습니다.

실상 바리새인과 서기관들의 가르침은 세상의 일반적인 기준으로 보면 충분히 수용이 가능하고 납득할 만한 것이었습니다. 예수를 믿지 않는 사람이라면 그렇게만 살아도 사회적으로 흠잡을 데 없는 것처럼 보일 수 있습니다. 그러나 예수님의 가르침은 근본적으로 다릅니다. 즉 "너희 원수를 사랑하며 너희를 박해하는 자를 위하여 기도하라"라고 명령하십니다. 이는 앞서 예수님께서 "나는 너희에게 이르노니 악한 자를 대적하지 말라"(마 5:39)라고 하신 말씀과 깊이 연결되어 있습니다. 소극적인 측면에서 자신을 모욕하고 멸시하는 자를 대적하지 않는 사람만이, 적극적인 측면에서 그를 사랑하고 그를 위해 기도할 수 있기 때문입니다. 자신을 괴롭히고 능욕하는 자를 대적하는 사람은 결코 그를 위해 기도할 수 없습니다. 이것이 성경의 중요한 원리 중 하나입니다.

여기서 우리가 놓치지 말아야 할 더 중요한 사실이 있습니다. 성도가 원수에게 선을 베풀 때, 그것은 단지 원수에게 유익이 될 뿐 아니라 성도 자신에게도 놀라운 복과 자유를 가져온다는 것입니다. 원수를 미워하며 복수하려는 마음에 사로잡힌 사람은 결코 자유롭지 못합니다. 오히려 그에게 선을 베풀고 그를 위해 기도할 때, 성도는 복수의 굴레에서 벗어나 참된 자유와 평안을 누리게 됩니다. 비록 마음 한 구석에는 여전히 분노와 상처가 남아 있을 수 있지만, 원수에게 선을 행하는 순간 복수심에서 벗어나는 놀라운 일을 경험하게 됩니다. 그때 성도는 하늘에서 내려오는 평안과 기쁨을 맛보게 됩니다. 바로 이것이 "너희 빛이 사람 앞에 비치게 하여 그들로 너희 착한 행실을 보고 하늘에 계신 너희 아버지께 영광을 돌리게 하라"(마 5:16)라는 예수님의 말씀을 실천하는 삶입니다. 이러한 과정을 반복하다 보면 성도의 믿음과 신앙은 그리스도의 장성한 분량이 충만한 데까지 성장하게 됩니다.

그렇다면 예수님의 "원수를 사랑하라"라는 명령을 어떻게 받아들여야 합니까? 이 문제를 생각할 때, 무엇보다 하나님께서 주신 가장 큰 계명 두 가지를 떠올려야 합니다. 곧 하나님 사랑과 이웃 사랑입니다. 여기서 말하는 '이웃'에 원수까지 포함됨은 두말할 필요가 없습니다. 예수님의 선한 사마리아인 비유가 이를 잘 보여줍니다. 강도 만난 사람은 유대인이었고, 그를 도운 사람은 사마리아인이었습니다. 유대인과 사마리아인은 원수 관계였습니다. 그럼에도 사마리아인은 자신의 원수를 도왔습니다. 그러나 자신을 모욕하고 괴롭히는 사람을 사랑하고 그를 위해 기도하는 일이 과연 쉬운 일입니까? 탁월한 도덕성과 윤리성을 지닌 사람이라면 원수를 대적하지 않는 것까지는 가능할 수 있습니다. 그러나 사랑하고 기도하는 것은 전혀 다른 차원의 일입니다.

그렇다면 그리스도인은 어떻게 이 명령에 순종할 수 있습니까? 그

답은 두 가지 인식에 있습니다. 첫째는 우리가 어떤 존재인지에 대한 인식입니다. 둘째는 우리를 모욕하고 멸시하는 상대가 어떤 존재인지에 대한 인식입니다.

먼저 그리스도인은 어떤 존재입니까? 예수를 믿기 전 우리는 하나님을 대적하며 무시하고, 죄만 짓고 살았습니다. 하나님을 섬기는 자들을 조롱했고, 하나님을 모욕했습니다. 결국 죄로 인해 영원한 심판을 받아야 할 저주받은 자들이었습니다. 그러나 우리를 불쌍히 여기신 하나님께서 독생자 예수 그리스도를 보내시어 우리 대신 십자가에 달려 죽게 하셨습니다. 우리가 받아야 할 저주와 멸망을 그분께서 지게 하시고, 우리를 죄와 사망에서 구원하셨습니다. 그리스도인은 바로 이 은혜를 입은 자들입니다. 우리는 도저히 씻을 수 없는 죄를 예수 안에서 완전히 용서받은 자들입니다. 우리는 죄인을 위해 자신의 영광과 권리를 모두 버리시고 저주의 십자가에서 피 흘리신 예수 그리스도를 아는 자들입니다. 또 세상의 어떤 영광과 부귀와도 바꿀 수 없는 그리스도의 은혜를 경험한 자들입니다. 우리는 이제 하나님을 아버지라 부르며, 그분의 성품을 닮아가는 자녀가 되었습니다. 그리스도 안에서 하나님의 영원한 기업을 물려받을 특별하고도 영광스러운 존재가 된 것입니다.

그뿐입니까? 우리 그리스도인은 역설적이지만 의를 위하여 박해를 받는 것이 얼마나 큰 복인지 아는 자들입니다. 또 예수 그리스도의 이름으로 당하는 욕과 박해를 오히려 즐거워하며 기뻐하는 자들입니다. 그리스도인의 마음에는 누구도 빼앗을 수 없는 하나님의 나라, 곧 천국이 이미 임하여 풍성히 자리 잡고 있기 때문입니다. 이런 놀라운 사실을 세상 사람들이 어찌 알고, 또 어떻게 이해할 수 있겠습니까? 그래서 그리스도인은 이 세상에서 특별하고 독특한 존재일 수밖에 없는 것입니다.

진실로 자신이 이러한 독특하고 특별한 존재임을 자각하며 이 땅을 살아가는 그리스도인이라면, 과연 용서하지 못할 사람이 어디 있겠습니까? 비록 그 상대가 우리를 모욕하고 멸시하는 원수라고 하더라도 말입니다. 과거 하나님과 원수였던 우리가 그분의 사랑을 힘입어 구원받았다는 사실을 깊이 깨닫고 진심으로 감사할 줄 아는 성도라면, 자신을 모욕하고 멸시하는 상대방의 말과 행동도 충분히 인내하고 용서할 수 있습니다.

무엇보다 하나님의 사랑과 예수 그리스도의 은혜를 아는 그리스도인은 바울이 로마서 1장 14절에서 다음과 같이 고백한 것처럼, 교회 공동체의 지체들뿐 아니라 세상의 많은 사람에게 사랑의 빚을 진 자들입니다. "헬라인이나 야만인이나 지혜 있는 자나 어리석은 자에게 다 내가 빚진 자라"(롬 1:14). 그러므로 그리스도인은 하나님의 사랑을 받은 자로서 그 사랑을 이웃에게 나누어 주어야 할 의무를 지닌 존재입니다. 그래서 바울은 "피차 사랑의 빚 외에는 아무에게든지 아무 빚도 지지 말라 남을 사랑하는 자는 율법을 다 이루었느니라"(롬 13:8)라고 말합니다. 이 말씀은 그리스도인에게서 율법의 완성은 곧 이웃 사랑이라는 사실을 선포하는 것입니다.

그렇다면 '사랑이 율법의 완성이다'라는 말의 의미가 무엇입니까? 여기서 '완성'이란 단순히 '끝'이나 '마침'을 의미하는 것이 아닙니다. 그것은 '채움', '충만', 곧 율법의 참된 목적이 온전히 이루어지는 것을 뜻합니다. 즉 그리스도인이 율법을 충만히 이루기 위해서는 먼저 이웃에게 악을 행하지 않아야 합니다. 그러나 거기서 멈추어서는 안 됩니다. 그 이웃을 자신처럼 사랑하는 자리까지 나아가야 합니다. 그 정점은 바로 원수까지 사랑하는 것입니다. 그러므로 원수를 사랑하는 것이야말로 율법을 참으로 채우는 것이며, 충만하게 하는 것입니다. 다시 말해, 율법의 완성은 곧 원수를 사랑하는 데 있습니다. 성도가 하나님의 말씀에 순종하고 율법을 지킨다는 것은 단순히 윤리적이거나 도덕적인 차원에서 무엇인가를 행하는 문제가 아닙니다. 그것은 성도가 주님을 얼마나 사랑하는지를 드러내는 문제입니다.

나아가 성경은 우리 그리스도인을 예수 그리스도의 빛을 본받아 빛 가운데 거하는 존재라고 말합니다. 그렇다면 빛 가운데 거하는 존재의 가장 두드러진 특징은 무엇입니까? 그것은 바로 형제를 미워하지 않고 사랑하는 것입니다. 심지어 원수까지도 말입니다. 그래서 예수님께서는 성도가 자기를 미워하는 원수에게 보복하거나 앙갚음하지 않는 데서 그치지 않고, 오히려 그것을 넘어 그에게 선을 행하며 살아가야 한다고 가르치십니다. 반면 성경은 형제를 미워하는 자는 여전히 어둠에 거하는 자라고 말씀합니다. 왜 그렇습니까? 어둠 가운데 거하는 자는 눈이 멀어 하나님의 참사랑을 알지 못하고, 마땅히 행할 길을 깨닫지 못하기 때문입니다. 어둠에 거하는 자는 자신이 누구인지, 하나님께서 자신에게 기대하시는 궁극적인 뜻이 무엇인지, 그리고 형제와 이웃이 얼마나 소중하고 귀한 존재인지조차 알지 못합니다. 그러므로 형제를 사랑하지 않고 미워하는 자는 영적으로 눈이 멀어 여전히 어둠에 있는 자이며, 자신이 받은 크신 사랑과 은혜를 망각한 자입니다. 한마디로 교회에 다니기는 하지만 거듭나지 않은 자연인의 특징을 그대로 가지고 있는 것입니다. 성경은 "그 형제를 미워하는 자마다 살인하는 자니"(요일 3:15)라고 선언합니다. 이는 단순히 물리적으로 형제를 죽이는 행위만이 살인이 아니라, 형제를 사랑하지 않고 미워하는 마음 자체가 이미 살인이라는 뜻입니다.

이러한 맥락에서 성경은 살인하는 자마다 영생이 그 속에 거하지 않는다고 단언합니다. 이 얼마나 끔찍하고 소름 끼치는 말씀입니까? 우리는 형제나 원수를 사랑하지 않고 미워하는 것을 얼마나 자연스럽고 당연한 일로 여기며 살아왔습니까? 그런데 성경은 그것이 곧 살인과 다름없고, 영생이 그 속에 없다는 절망적이고 무서운 결과로 이어진다고 말씀합니다. 이 사실을 깨달은 사람이라면 당장 기도의 골방에 들어가 가슴과 마음을 찢으며 회개하지 않을 수 없을 것입니다.

그런데 우리는 흔히 성경에서 원수를 사랑하라는 말씀을 접하면, 막연히 불특정 다수를 떠올리곤 합니다. 예컨대 우리나라를 식민 지배했던 일본 혹은 더 큰 단위의 민족이나 국가를 생각한다는 것입니다. 물론 성경의 원수 사랑에 그런 대상까지 포함될 수 있습니다. 그러나 성경이 말하는 원수는 무엇보다 지금, 이 순간 우리와 직접적으로 관계되어 있는 특별한 존재입니다. 즉 내 인격을 모독하고 비방하며 대적하는 사람을 가리킵니다. 그렇다면 우리가 어떻게 그런 사람을 사랑할 수 있단 말입니까?

우리가 예수를 믿기 전 자연인이라면 죽었다 깨어나도 불가능한 일입니다. 그러나 예수님을 믿고 거듭난 후에는 가능합니다. 아니, 그렇게 해야만 합니다. 하나님을 향하여 열린 마음을 가진 그리스도인은 이미 원수를 향하여도 마음을 열 수 있는 자세를 소유한 자이기 때문입니다. 무엇보다 하나님께서 원수 된 우리를 사랑하셨다는 사실을 분명히 알고 깨달았기 때문입니다. 그리고 성령 하나님께서는 성도에게 날마다 이 사실을 상기시켜 주심으로 원수 된 자라도 사랑으로 품게 하십니다. 성령 하나님께서 우리 안에서 그렇게 역사하시지 않으면, 사랑으로 율법을 완성하는 일은 불가능하기 때문입니다. 그러므로 "나는 그 사람은 도저히 사랑할 수 없어"라고 말하는 것은 하나님 말씀의 생명력을 짓밟는 것이요, 성령 하나님의 역사와 인도하심을 부정하는 것입니다. 우리는 말씀을 단순히 지식적으로만 아는 것에 머물러서는 안 됩니다. 실천적인 삶의 영역에서 율법과 사랑을 결코 분리해서는 안 됩니다.

물론 이웃 사랑을 통해 율법을 완성하는 삶은, 오직 예수 그리스도의 피로 죄 사함을 받고 성령 하나님의 구속의 은혜를 누린 자에게만 가능합니다. 타락한 인간에게는 결코 불가능한 율법의 완성을 예수 그리스도께서 십자가에서 이미 다 이루셨기 때문입니다. 바로 이 은혜의 토대가 선행되었기에, 오늘 우리 그리스도인도 이웃 사랑을 통해 율법을 완성할 수 있는 것입니다. 물론 그 과정에서 개인마다 정도의 차이가 있고, 여전히 부족함도 드러납니다. 그러나 그리스도인은 바로 이 조건에서 사랑의 빚을 지고, 남을 사랑할 수 있는 은혜를 받은 존재입니다. 그리고 이 사랑의 빚은 우리가 아무리 최선을 다한다 해도 평생 갚을 수 없을 만큼 크고 무겁습니다. 영원한 멸망 가운데 있어야 했던 우리를 구원해 주신 그 사랑을 어떻게 다 갚을 수 있겠습니까? 예수님께서 말씀하신 것처럼, 영생이란 곧 유일하신 하나님과 그가 보내신 예수 그리스도를 아는 것이기에 그 사랑을 다 안다고, 또 다 갚는다고 할 수도 없습니다. 우리는 이 사랑의 빚을 지고 평생을 살아가는 자들임을 결코 망각해서는 안 됩니다. 그리스도인은 하나님뿐 아니라 모든 사람에게 사랑이라는 영구적인 빚을 진 존재입니다.

그런데 그 사랑의 빚은 특정한 사람에게만 지고 있는 것이 아닙니다. 우리를 모욕하고 멸시하는 원수에게도 똑같이 지고 있는 빚입니다. 그래서 바울은 "헬라인이나 야만인이나 지혜 있는 자나 어리석은 자에게 다 내가 빚진 자라"(롬 1:14)라고 고백했던 것입니다. 지금 우리는 우리 그리스도인이 바로 이런 존재라는 사실을 진심으로 인식하고 있습니까? "피차 사랑의 빚 외에는 아무에게든지 아무 빚도 지지 말라 남을 사랑하는 자는 율법을 다 이루었느니라"(롬 13:8).

24장

그리스도인, 더 하는 사람의 대명사

> "너희가 너희를 사랑하는 자를 사랑하면 무슨 상이 있으리요 세리도 이같이 아니하느냐 또 너희가 너희 형제에게만 문안하면 남보다 더하는 것이 무엇이냐 이방인들도 이같이 아니하느냐 그러므로 하늘에 계신 너희 아버지의 온전하심과 같이 너희도 온전하라"(마 5:46-48).

예수님께서 말씀하신 형제 사랑과 이웃 사랑에 관한 모든 교훈은 단순히 인간적인 노력으로 가능한 것이 아닙니다. 그것은 오직 예수 그리스도께서 십자가에서 성취하신 구속의 은혜로 말미암아 율법의 속박에서 해방된 그리스도인만이 누릴 수 있는 특권이며, 그 은혜 안에서만 실천할 수 있는 삶입니다. 그럼에도 우리는 예수님의 명령, 곧 "네 원수를 사랑하라"라는 말씀 앞에 설 때마다 과연 우리가 세상이 감당할 수 없는 이 거대한 사랑을 실제로 행할 수 있을지에 대해 수많은 질문과 의문을 스스로에게 던지곤 합니다. 그리고 어떤 성도는 이 말씀을 실천하려는 과정에서 반복되는 실패와 넘어짐을 경험하면서 깊은 낙심에 빠지기도 합니다. 또 어떤 성도는 신앙의 연륜이 늘어나고 교회에서 맡은 직분과 책임이 점점 더 확장됨에도, 원수를 사랑하고 그를 위해 기도하라는 말씀 앞에서는 여전히 제자리에 머물러 있는 자신의 모습을 발견하고 뼈가 마르는 듯한 고통을 겪기도 합니다.

그러나 성경은 분명히 선언합니다. 원수를 사랑하는 것은 결코 인간의 본성과 능력으로 되는 일이 아니지만, 예수 그리스도께서 율법에 완전하게 순종하심으로 율법의 의를 이루시고, 또 십자가에서 우리 죄를 대신 지시고 완전한 대속의 형벌을 담당하셨기에, 그분의 속죄 사역을 근거로 이제 우리도 원수를 사랑하는 것이 가능하다고 말입니다. 그리고 나아가 하나님의 성품을 닮아 원수까지 사랑하는 자야말로 진정 하나님의 아들이라 불릴 수 있다고 말합니다.

본문에서도 예수님께서는 이러한 맥락을 이어 가시면서, 그리스도인과 자연인의 근본적인 차이를 분명히 대조하시며, 그리스도인만이 감당할 수 있는 또 다른 차원의 이웃 사랑을 요구하십니다. 여기서 강조하시는 것은 그리스도인은 세리와 이방인보다 더 깊고, 더 넓고, 더 특별한 사랑을 해야 한다는 점입니다. 이는 앞서 말씀하신 그리스도인의 권리와 의무의 문제와도 맞닿아 있습니다. 예수님께서는 40-41절에서 자연인이 생각하는 것과 전혀 다른 관점에서 그리스도인의 권리와 의무를 가르치셨습니다. 즉 그리스도인은 자기 권리는 줄이고, 자신의 의무는 더욱 확장해야 한다는 것입니다. 우리는 예수 그리스도께서 십자가에서 완성하신 속죄 사역과 그분의 완전한 순종을 통해 얻으신 의를 믿음으로 말미암아 하나님의 자녀가 되었기 때문입니다. 그러므로 그리스도인은 하나님의 아들로서 예수 그리스도의 삶을 본받아야 하며, 주님의 성품과 행실을 우리 신앙과 삶의 최종적인 기준이자 근거로 삼아야 합니다.

이러한 맥락에서 예수님께서 강조하시는 '더 하는 사랑'이란 무엇입니까? 예수님께서 말씀하십니다. “너희가 너희를 사랑하는 자를 사랑하면 무슨 상이 있으리요 세리도 이같이 아니하느냐 또 너희가 너희 형제에게만 문안하면 남보다 더하는 것이 무엇이냐 이방인들도 이같이 아니하느냐.” 예수님께서는 여기서 두 가지 서로 다른 사례를 제시하시고 있지만 모두 동일한 대명제, 곧 “원수를 사랑하라”라는 말씀을 전제로 한 권면입니다.

먼저 “너희가 너희를 사랑하는 자를 사랑하면 무슨 상이 있으리요 세리도 이같이 아니하느냐”라는 말씀을 살펴보면, 예수님께서 이 말씀을 하신 의도는 아마 이와 같을 것입니다. 세리를 예로 들며 ‘사랑하는 자’를 언급하신 것으로 보아, 여기서 ‘사랑하는 자’는 가족이나 친척, 혹은 친분이 두터운 친구와 지인 등을 의미하는 듯합니다. 당시 세리는 누구입니까? 죄인의 대명사로 불리던 자들입니다. 로마 제국의 앞잡이가 되어 세금을 거두던 그들은 동족 유대인들에게 매국노라 지탄받았고, 멸시와 조롱의 대상이 되었습니다. 그 때문에 세리들은 대개 자신을 업신여기고 모욕하는 동족 유대인들을 적대시했을 것입니다. 그러나 가족이나 가까운 친척 혹은 자신에게 호의적인 지인들과는 다정하게 지내며 사랑을 나누었을 것입니다. 그들은 자기를 죄인으로 여기지 않고 사랑으로 대했기 때문입니다. 즉 자신을 사랑하는 자를 사랑하는 것은 특별할 것 없는 자연스러운 반응입니다. 예수님께서는 심지어 세리조차도 이 정도의 사랑은 한다고 말씀하십니다. 그러므로 그것은 특별한 사랑도, 하나님께서 원하시는 차별된 사랑도 아닙니다. 누구나 할 수 있는 평범한 사랑일 뿐입니다. 바로 이런 맥락에서 예수님께서는 제자들에게 날카로운 일침을 가하십니다. 세상 사람들, 심지어 죄인의 대명사인 세리조차도 자신을 사랑하는 자를 사랑하는데, 하나님의 자녀인 그리스도인이 그 정도 수준에 머무른다면 그것이 과연 하나님의 영광을 드러내는 사랑이 될 수 있겠느냐는 것입니다.

그러나 안타깝게도 오늘날 우리의 현실은 이마저도 당연히 여기지 못하는 경우가 많습니다. 일반적인 인간적 사랑조차 점점 희미해지는 세상에서 성도들도 그저 이 정도의 사랑에 만족하며 살아갑니다. 그러나 예수님께서 요구하시는 사랑은 결코 거기에 머무르지 않습니다. 세리도 행하는 정도의 사랑에 머무른다면, 그리스도인다운 특별한 사랑이라 할 수 없기 때문입니다. 즉 주님의 이 말씀은 '세리도 그러하거든, 하나님의 자녀인 너희의 사랑은 어떠해야 하겠느냐?'는 근본적인 질문을 우리에게 던지시고 있는 것입니다. 예수님께서 우리에게 요구하시는 사랑은 자기중심적인 사랑을 넘어서는 것입니다. 그것은 자기 유익과 이익을 위해서라면 동족조차 배신하는 세리의 사랑과는 차원이 다른 사랑입니다. 그리스도인은 하나님의 자녀로서 더 고귀하고 더 특별한 사랑, 곧 원수까지도 사랑하는 그런 사랑을 해야 합니다. 이것이 바로 세리나 이방인은 결코 할 수 없는, 하나님을 닮은 사랑입니다.

그런데 여기서 분명히 알아야 할 사실이 있습니다. 예수님을 믿지 않는 자연인은 자신을 향한 하나님의 놀라운 참사랑을 알지 못하기에, 제아무리 세상적으로 존경받을 만한 탁월한 사랑을 행하더라도 결국 인간적인 차원의 사랑일 뿐이라는 것입니다. 그것은 아무리 고귀하고 숭고해 보일지라도 하나님의 사랑과는 본질적으로 다릅니다. 그들의 사랑은 인간적 한계 안에서 가능한 최고의 선일 수는 있지만, 하나님께서 인정하시는 참사랑은 아닙니다. 반면 그리스도인은 하나님에 의해 완전히 새롭게 된 존재입니다. 그들은 자신의 정체성을 분명히 알고, 하나님의 성품을 닮은 사랑을 실천할 수 있는 은혜를 입은 자입니다. 그렇기에 예수님께서는 이런 사랑을 행하지 않는 그리스도인에게는 천국의 상이 없다고 말씀하십니다. 물론 이 '상'이 구원을 의미하는 것은 절대 아닙니다. 참으로 예수 그리스도를 믿고 거듭난 성도는 결코 구원에서 떨어질 수 없습니다. 그러나 하나님은 구원받은 성도라 할지라도, 이 땅에서 행한 대로 반드시 보응하십니다. 우리가 그 상의 구체적인 내용은 다 알 수 없지만, 하나님께서 분명히 그에 합당한 보상을 주신다는 사실은 확실합니다.

더 나아가 예수님께서는 "너희가 너희 형제에게만 문안하면 남보다 더 하는 것이 무엇이냐 이방인들도 이같이 아니하느냐"라고 말씀하십니다. 이는 곧 성도의 인간관계에 관한 말씀입니다. 오늘날 세상 사람들의 뚜렷한 특징 가운데 하나는 철저한 자기중심성입니다. 사람들과의 교제나 관계도 자신의 유익에 따라 결정합니다. 조금이라도 유익이 되면 약간의 불편을 감수하면서까지 관계를 유지하지만, 유익이 없으면 대놓고 또는 은밀하게 관계를 끊어 버립니다. 또 자신과 비슷한 사회적·경제적 지위에 있는 사람들과만 교류하려는 경향이 강합니다. 더 안타까운 사실은 이런 세상적 가치와 태도가 어느새 교회에도 깊이 스며들었다는 점입니다. 어떤 교회는 특정 직업군이나 계층이 중심이 되어 모이고, 그렇지 않은 이들은 은연중에 배제되기도 합니다. 그러나 이것은 결코 성경적인 모습이 아닙니다. 심지어 어떤 사람은 자신이 다니는 교회에 의사나 판·검사 등 소위 '사'(士) 자가 들어간 전문직 종사자가 많다고 자랑하기도 합니다. 그러나 그런 사람은 교회의 본질과 교회의 거룩한 영광이 무엇인지 아직 제대로 알지 못하는 사람입니다. 그는 여전히 교회 공동체의 참된 성격을 이해하지 못하고, 하나님의 교회가 어떤 곳인지에 대한 지식이 부족한 사람입니다.

과거 초대교회는 유대인과 이방인, 종과 자유인, 로마인과 식민지 백성 등 신분과 지위, 사회적 위치의 고하(高下)를 막론하고 하나의 교회 공동체를 이루었습니다. 그것이 가능했던 이유는 교회가 세상의 모임이나 조직과는 본질적으로 다른 성격을 지녔기 때문입니다. 교회는 한 하나님, 한 성령 안에서 구원받은 사람들의 거룩한 모임이요, 새로운 피조물들의 공동체입니다. 사도행전 2장에 기록된 오순절 성령 강림 사건은 이전의 유대 공동체와는 전혀 다른, 이러한 성격과 특징을 지닌 교회의 탄생을 명확히 보여주는 획기적인 전환점이 되었습니다.

예수님께서 지금 본문에서 말씀하시는 것은 바로 이 점입니다. 예수님께서는 그리스도인이 소위 '형제'라 할 만한 사람들, 즉 가까운 관계에 있는 이들과만 교제하고 안부를 묻는 수준에 머문다면, 그것이 과연 이방인들의 인간관계와 무엇이 다르냐고 반문하십니다. 결국 이것은 "너희 의가 서기관과 바리새인보다 더 낫지 못하면 결코 천국에 들어가지 못하리라"(마 5:20)라는 말씀을 다시금 상기시킵니다. 그러므로 그리스도인의 문안과 교제, 인간관계는 세상 사람들의 수준과 범위에 머물러서는 안 됩니다. 오히려 세상이 알지 못하는 더 넓고 깊은 차원으로 나아가야 합니다. 단순히 형제에게만 문안하는 정도의 사랑은 하나님을 알지 못하는 자연인도 충분히 할 수 있는 일이기 때문입니다. 그리스도인은 존재 자체가 이방인과는 전혀 다른 특별한 사람입니다. 예수 그리스도의 은혜와 하나님의 절대적인 사랑으로 구원받은 그리스도인은 단순히 인간적인 차원에 머물지 않고 더 깊은 차원에서 사랑을 실천해야 합니다.

그렇다면 이러한 차원에서 예수님께서 우리에게 궁극적으로 기대하시는 것은 무엇입니까? 바로 "그러므로 하늘에 계신 너희 아버지의 온전하심과 같이 너희도 온전하라"라는 것입니다. 이 말씀은 그리스도인의 신앙과 삶의 가장 중요한 토대이자 기준이 되며, 또 그 방향성을 명확히 제시해 줍니다. 그리고 무엇보다 그리스도인과 세상 사람들의 차이가 어디에 근거하는지를 분명히 드러내 줍니다. 그러므로 우리는 마태복음 5장을 마무리하면서 지금까지의 내용을 이 말씀의 의미와 연결하여 고찰해야 합니다. 이 구절이 '그러므로'라는 접속사로 시작되는 것은 이것이 앞선 내용과 깊이 연관되어 있음을 보여주기 때문입니다. 이 '그러므로' 이하의 구절은 넓은 의미에서는 5장 전체의 결론일 수 있고, 좁은 의미에서는 43절부터 시작되는 "네 원수를 사랑하라"라는 명령의 결론일 수도 있습니다.

그러나 어느 쪽이든 우리가 반드시 명심해야 할 점은, 이 말씀을 단순히 윤리적·도덕적 강령 정도로 축소해서는 안 된다는 사실입니다. 만약 그렇게 이해하면, 하나님의 위대한 성품인 '온전하심'을 단지 세상 윤리나 도덕의 수준으로 격하해 버리는 결과를 낳고 맙니다. 그러므로 우리는 이 말씀을 더 깊이 탐구해야 하며, 또 그 의미를 깨달을 때 참된 그리스도인이라면 누구든 두려움과 떨림으로 반응할 수밖에 없습니다. 동시에 감격과 감사가 영혼 깊은 곳에서 흘러나와야 합니다.

그리스도인은 하나님 아버지의 자녀로서 그분의 성품을 닮아가도록 부름받았습니다. 그러나 대부분의 그리스도인에게 이 말씀은 두 가지 상반된 감정을 불러일으킵니다. 하나는 닮아가야 할 대상이 단순히 세상의 위대한 인물이 아니라 전능하신 하나님 아버지라는 사실에서 오는 중압감입니다. 다른 하나는, 그럼에도 하나님께서 우리를 창조주이시며 만유의 주이신 그분의 성품을 닮아가도록 높여주셨다는 사실에서 오는 놀라운 감격과 감사입니다. 어떻게 죄인 된 우리가 하나님의 온전하심을 닮아갈 수 있다는 말입니까? 정상적인 신앙을 가진 그리스도인이라면 누구든 이런 두 가지 감정으로 말씀을 깊이 묵상할 것입니다. 성경은 분명히 선언합니다. 그리스도인은 하나님의 자녀이기에 반드시 그렇게 되어가며, 또 그렇게 될 수밖에 없는 존재라는 것을 말입니다.

그렇다면 "너희 아버지의 온전하심과 같이 너희도 온전하라"라는 말씀은 구체적으로 무엇을 의미합니까?

첫째, 하나님의 자녀 된 그리스도인은 하나님의 온전하신 뜻을 알아야 한다는 것입니다. 그리고 그 뜻이 계시된 하나님의 말씀과 계명을 선히 여기고 사랑해야 한다는 것입니다. 바울은 로마서 12장 2절에서 이렇게 말합니다. "너희는 이 세대를 본받지 말고 오직 마음을 새롭게 함으로 변화를 받아 하나님의 선하시고 기뻐하시고 온전하신 뜻이 무엇인지 분별하도록 하라." 그러므로 하나님과 같이 온전해지기 위해 가장 우선되어야 하는 것은 그분의 뜻을 아는 것입니다. 그러나 오늘날 많은 그리스도인이 그분의 뜻을 알려 하지 않고, 세상의 흐름과 문화에 쉽게 휩쓸려 갑니다. 이것이 바로 그리스도인과 세상 사람의 본질적인 차이를 드러내지 못하는 중요한 이유 중 하나입니다. 마치 운전대 없이 차를 몰듯 하나님의 뜻을 알지 못한 채 무모하게 신앙생활을 이어간다면 그 종국은 멸망일 수밖에 없습니다.

그러나 성령께서 거듭나게 하신 자는 마음이 새롭게 되어 하나님의 뜻 알기를 힘씁니다. 그는 이제 세상이나 자기 육체를 따라 사는 것이 아니라, 하나님을 아버지로 알고 살기 때문입니다. 그래서 베드로와 요한처럼 사람의 말보다 하나님의 말씀 듣는 것이 옳다고 고백하며, 그분이 기뻐하시는 삶을 살아가려 애씁니다(행 4:19). 이것이 그리스도인과 서기관이나 바리새인들의 차이를 분명히 보여주는 지점입니다.

둘째, "너희도 온전하라"라는 말씀은 하나님의 계명을 단순히 외적으로만 지키는 것이 아니라, 그 계명을 주신 하나님의 의중까지 생각하며 지키라는 의미입니다. 여기서 '온전하라'라는 말은 '완벽하라'(perfect)라는 뜻이 아니라, 자신의 인격과 진실성을 다해 하나님의 뜻에 순종하라는 의미입니다. 바울도 빌립보서에서 "내가 이미 얻었다 함도 아니요 온전히 이루었다 함도 아니라"(3:12)라고 고백하며, 신앙의 여정이 지속적인 성화 과정임을 분명히 했습니다.

그렇다면 예수님은 왜 우리가 온전할 수 없다는 사실을 아시면서도 그렇게 말씀하셨을까요? 그것은 하나님께서 자신의 자녀들이 그분의 뜻을 알고 진심을 담아 순종하기를 원하시기 때문입니다. 부모가 자녀의 미숙한 순종조차 기쁘게 받아들이듯이, 하나님 아버지께서도 그 자녀들의 진정성 있는 순종을 기뻐하십니다. 그러므로 성숙한 그리스도인은 억지로나 의무적으로 순종하지 않고, 진정함과 기쁨으로 하나님을 섬깁니다. 결국 그리스도인의 순종은 단순한 행위가 아니라, 아버지와 자녀 사이의 인격적이고 진실한 관계에서 이루어집니다. 비록 우리는 여전히 불완전하고 부족하지만, 하나님의 말씀을 진심으로 사모하고 그 말씀에 순종하려 애쓸 때 그 자체가 하나님께 영광이 됩니다. 이것이 바로 "너희 아버지의 온전하심과 같이 너희도 온전하라"라는 말씀의 참된 의미입니다.

물론 하나님의 온전하심을 닮아가는 최종적 완성은 장차 우리가 주님 앞에 서게 될 때 이루어질 영광스러운 결말입니다. 그러나 예수님께서는 그 영광의 삶을 단지 미래의 소망으로만 남겨두지 말고 지금 이 땅에서부터 누리도록 우리에게 요구하십니다. 그러므로 이 말씀은 결코 무거운 멍에가 아니라, 오히려 우리가 하나님의 자녀로 부름 받았음을 확인케 하는 영광의 선포이자, 기쁨의 선언입니다. 세상은 지극한 사랑을 표현할 때 "눈에 넣어도 아프지 않다"라고 말합니다. 하나님께서는 우리를 그보다 더 존귀하게 여기십니다. 그렇기에 단순히 외적인 완벽한 순종보다, 하나님의 뜻을 헤아리며 진정성 있게 순종하려는 마음을 더 기뻐하십니다. "순종이 제사보다 낫고 듣는 것이 숫양의 기름보다 나으니"(삼상 15:22)라는 사무엘의 말처럼, 하나님께서는 우리의 마음 깊은 곳에서 우러나오는 순전한 순종을 가장 귀하게 받으십니다.

25장

구제할 때 이렇게 하라

> "그러므로 구제할 때에 외식하는 자가 사람에게서 영광을 받으려고 회당과 거리에서 하는 것같이 너희 앞에 나팔을 불지 말라 진실로 너희에게 이르노니 그들은 자기 상을 이미 받았느니라 너는 구제할 때에 오른손이 하는 것을 왼손이 모르게 하여 네 구제함을 은밀하게 하라 은밀한 중에 보시는 너의 아버지께서 갚으시리라"(마 6:2-4).

예수님께서는 마태복음 5장 21-48절에서 바리새인과 서기관들의 의와 그리스도인의 의가 어떻게 달라야 하는지를 집중적으로 말씀하셨습니다. 이는 그리스도인의 삶은 단순한 율법 준수 차원을 넘어, 마음 깊은 곳에서 하나님의 뜻에 순종하는 내적 의로 나아가야 함을 교훈하신 것입니다. 그리고 이어지는 6장에서도 비록 다루는 영역과 주제는 조금 다르지만, 여전히 그리스도인의 의라는 동일한 대주제에 대해 말씀을 이어 가십니다. 이 지점에서 우리는 6장의 위치와 의미를 다시금 점검할 필요가 있습니다. 특히 앞서 언급했듯 산상수훈을 일종의 교육과정으로 이해할 때, 6장은 그 전체 구조에서 어떤 자리를 차지하는지를 살펴보고자 합니다.

교육학적으로 교육과정은 흔히 '총론'과 '각론'으로 나눌 수 있습니다. 이를 산상수훈에 적용해 보면, 마태복음 5장 3-20절은 교육과정의 총론에 해당한다고 볼 수 있습니다. 그리고 그 이후 부분은 각론이라 할 수 있습니다. 이를 조금 더 구체적으로 살펴보면 다음과 같습니다.

5장 초반부의 팔복은 교육과정 총론 중에서 '추구하는 인간상'이라고 할 수 있습니다. 하나님 나라의 백성은 어떤 성품과 태도를 지녀야 하는지를 보여주기 때문입니다. 이어지는 '소금과 빛'의 교훈은 그리스도인의 세상에서의 정체성, 곧 교육과정의 '목적 및 목표'에 해당합니다. 또 그리스도와 율법의 관계 그리고 그리스도인의 율법 이해에 관한 부분은 '교과 편제'라고 할 수 있습니다. 마지막으로, "너희 의가 서기관과 바리새인보다 더 낫지 못하면 결코 천국에 들어가지 못하리라"(20절)라는 말씀은 교육과정의 '평가 기준'에 해당한다고 볼 수 있습니다.

그리고 5장 21절부터는 본격적으로 교육과정의 각론이 시작됩니다. 예를 들어, 21-48절은 '그리스도인과 율법'이라는 큰 교과에 속한 여러 과목을 다루십니다. 즉 살인, 간음, 이혼, 맹세, 보복, 원수 사랑의 여섯 가지 사례를 통해 율법의 본질적 의미와 그리스도인의 의를 가르치십니다. 마찬가지로, 6장 1-18절은 '그리스도인의 종교 생활'이라는 교과에서 세부 과목, 즉 구제, 기도, 금식이라는 주제를 다루십니다. 이어지는 6장 19-34절에서는 '그리스도인과 일상생활'이라는 교과에서 의식주와 재물, 염려에 대한 올바른 태도를 다루십니다. 이렇게 교육과정의 관점에서 5장과 6장을 조망하면 전체 구조가 한눈에 들어옵니다.

그러나 6장을 본격적으로 살펴보기에 앞서, 바로 앞의 5장 21-48절 내용과 6장의 내용의 공통점과 차이점을 먼저 정리하는 것이 중요합니다. 이는 그리스도인의 신앙과 삶을 입체적이고 통합적으로 이해하는 데 큰 도움이 되기 때문입니다. 예수님은 산상수훈에서 단지 율법과 계명에 대한 순종만 말씀하지는 않으셨습니다. 즉 구제, 기도, 금식 등 종교 생활에 대해서도 구체적으로 말씀하셨습니다. 왜 그렇습니까? 신앙과 삶은 결코 분리될 수 없기 때문입니다. 또 온전하고 건강한 그리스도인의 생활을 이해하려면 신앙과 삶의 두 측면을 통합적이고 전체적으로 바라보아야 하기 때문입니다.

오늘날 교회에서는 이런 통합이 부족한 모습이 종종 발견됩니다. 어떤 분들은 기도, 구제, 금식 같은 종교적 행위에는 열심히 참여하지만, 일상의 삶은 무너져 있습니다. 반면 윤리적으로는 흠잡을 데 없이 사는 것 같은데 종교적 경건 생활에는 무관심한 사람도 있습니다. 그러나 어느 한쪽만으로는 하나님이 기뻐하시는 삶이라 할 수 없습니다. 신앙과 삶이 분리된 그리스도인의 모습은 성경이 요구하는 바와 거리가 멀기 때문입니다. 바로 이러한 이유에서 5장과 6장의 공통점과 차이점을 잘 이해하는 것이 필요합니다. 그럼 어떤 공통점이 있을까요?

첫째, 두 장 모두 그리스도인의 의를 주제로 다룬다는 점입니다. 5장 21-48절에서는 바리새인과 서기관들의 의와 대조되는 참된 의를 강조합니다. 마찬가지로 6장에서도 외식하는 자들의 의를 지적하면서, 그리스도인의 의는 그것과 어떻게 달라야 하는지를 분명히 가르칩니다.

둘째, 두 장 모두 비교·대조의 서술 방식을 사용합니다. 5장 전반부에서는 율법 순종과 관련해 바리새인과 서기관들의 의와 그리스도인의 의를 비교합니다. 후반부에서는 이방인과의 비교를 통해 그리스도인의 순종은 어떤 차이가 있어야 하는지를 보여줍니다. 6장에서도 동일한 구조를 볼 수 있습니다. 전반부에서는 예수님께서 외식하는 자들(바리새인과 서기관들)의 잘못된 구제와 기도를 지적하고, 참된 경건의 모습을 교훈하십니다. 그리고 이어서 곧바로 이방인의 기도를 언급하시면서, 그리스도인의 기도는 그들과 달라야 함을 강조하십니다.

셋째, 두 장 모두 경건, 절제, 자기 부정 그리고 하나님의 주권이라는 주제를 함께 다룹니다. 5장의 살인, 간음, 이혼 문제는 경건과 절제와 연결됩니다. 원수를 사랑하고 보복하지 않는 태도는 자기 부정과 깊은 관련이 있습니다. 꾸려는 자에게 거절하지 말고, 구하는 자에게 주라는 말씀은 하나님의 주권과 그에 따른 물질관을 보여줍니다. 6장에서도 이와 같은 흐름이 이어집니다. 금식은 경건과 절제를 드러내는 행위입니다. 구제와 기도는 자기 부정과 관련됩니다. 하늘에 보물을 쌓으라는 교훈이나 의식주 문제로 염려하지 말라는 말씀은 하나님의 주권과 그에 따른 물질관을 분명히 보여줍니다.

이처럼 두 장은 내용상 긴밀히 연결되어 있습니다. 그러나 차이점도 분명히 존재합니다.

첫째, 다루는 영역의 차이입니다. 5장 21-48절에서는 율법과 계명에 대한 순종과 관련된 '의'를 다룹니다. 특히 도덕법 차원에서, 곧 윤리·도덕적 실천과 관계된 내용을 강조합니다. 반면 6장은 윤리·도덕의 차원이 아니라, 그리스도인의 종교적 생활(구제, 기도, 금식)이라는 영역에 집중합니다.

둘째, 비판의 초점이 다릅니다. 5장에서는 예수님께서 바리새인과 서기관들의 잘못된 율법 해석을 지적하시고, 그 본래의 의미를 회복시키십니다. 그러나 6장에서는 잘못된 해석 자체보다는 그들의 외식적인 태도를 꾸짖으십니다. 곧 경건 행위를 자기 과시와 자랑의 수단으로 삼는 것을 책망하십니다.

정리하면, 5장과 6장은 모두 그리스도인의 의를 다루지만, 한쪽은 윤리적 삶의 차원에서, 다른 한쪽은 종교적 경건의 차원에서 다룹니다. 그러나 이 둘은 결코 분리될 수 없습니다. 신앙과 삶, 경건과 일상은 함께 어우러져야 비로소 하나님이 기뻐하시는 온전한 그리스도인의 삶이 됩니다. 그러므로 우리는 5장과 6장을 함께 묵상하면서, 내적 의와 경건, 윤리와 신앙을 통합적으로 붙잡아야 합니다. 그래야 우리가 삶에서 균형을 이루고, 하나님 나라 백성답게 온전히 설 수 있습니다.

이제 이러한 맥락을 바탕으로, 6장의 내용을 구체적으로 살펴보고자 합니다.

예수님께서 '그리스도인의 종교 생활'을 말씀하시면서 가장 먼저 경고하신 것이 무엇입니까? "사람에게 보이려고 그들 앞에서 너희 의를 행하지 않도록 주의하라 그리하지 아니하면 하늘에 계신 너희 아버지께 상을 받지 못하느니라"(마 6:1). 바로 이것입니다. 이 말씀은 이어지는 구제, 기도, 금식에 관한 교훈 전체를 지배하는 핵심 명제입니다. 예수님은 바로 이 대원칙을 바탕으로, 그리스도인의 구제와 기도와 금식이 어떠해야 하는지를 구체적으로 명령하십니다. 여기서 주의할 점은 예수님의 이 말씀을 '선한 행위 자체를 하지 말라'라는 식으로 오해하면 안 된다는 것입니다. 예수님은 이미 앞서 '너희는 세상의 소금과 빛이다'라고 하시면서 이렇게 말씀하셨기 때문입니다. "이같이 너희 빛이 사람 앞에 비치게 하여 그들로 너희 착한 행실을 보고 하늘에 계신 너희 아버지께 영광을 돌리게 하라"(마 5:16). 그러므로 우리는 5장 16절과 6장 1절을 동시에 붙들어야 합니다. 그리스도인은 세상에서 빛과 소금으로서 선한 영향력을 극대화해야 합니다. 그러나 동시에 그 선행이 자기 과시와 명예욕으로 변질되지 않도록 '사람에게 보이려는 의'는 철저히 극소화해야 합니다.

그렇다면 이것이 어떻게 가능합니까? 예수님이 그 비결을 가르쳐주십니다. 그것은 바로 성도가 빛과 소금의 정체성을 가진 자로서 자기 삶의 모든 행위를 자기 영광의 수단으로 삼지 말고, 오직 하나님의 영광을 위한 방편으로 삼으라는 것입니다. 그러나 불행하게도, "사람에게 보이려고 하지 말라"라는 예수님의 말씀 자체가 보여주듯이 인간은 누구나 본능적으로 자기를 드러내고 과시하려고 합니다. 이것은 특별히 배우거나 훈련받아서 생긴 것이 아닙니다. 본성적으로 자연스럽게 발현되는 타락한 성향입니다. 마치 바늘이 가면 실이 따라가는 것처럼 인간 존재와 자기 과시는 떼려야 뗄 수 없는 관계입니다.

그러나 어떤 분들은 이렇게 반론할 수 있습니다. "그렇지 않습니다. 세상에는 정말 도덕적으로 훌륭하고 겸손한 인격을 지닌 사람이 많습니다. 우리가 보기에도 '어떻게 저렇게 겸손할 수 있을까?' 싶을 정도의 사람들이 있지 않습니까?"라고 말입니다. 물론 실제로 그런 분들이 있습니다. 그러나 문제는 내면 깊은 곳의 동기입니다. 그들의 마음을 면밀히 들여다보면, 단지 그것을 외부로 드러내지 않았을 뿐 여전히 자기 자신에 대한 자랑스러움과 만족이 자리한 경우가 많습니다. 다시 말해, 남에게는 겸손하게 보일 수 있지만, 내면에서는 스스로 흐뭇해하며 자부심을 느낍니다. 설령 다른 사람과 자신은 속일 수 있을지라도, 하나님은 속일 수 없습니다. 하나님은 우리의 마음 깊은 곳까지 감찰하시는 전지전능한 분이시기 때문입니다. 이에 사도 요한은 이렇게 경고합니다. "이는 세상에 있는 모든 것이 육신의 정욕과 안목의 정욕과 이생의 자랑이니 다 아버지께로부터 온 것이 아니요 세상으로부터 온 것이라"(요일 2:16). 그런데 이러한 자기 자랑과 과시는 믿지 않는 사람들만의 이야기가 아닙니다. 안타깝지만 신자에게서도 동일하게 발견됩니다. 예수님은 바로 이런 우리의 심령을 겨냥해 말씀하십니다.

사실 자기 과시는 본질적으로 자기만족과 자기 영광을 추구하는 태도입니다. 나아가 바리새인과 서기관들이 그랬듯이, 자기 의를 드러내려는 수단이 되기도 합니다. 그들은 선한 행위를 하면서 사람들에게 칭찬과 인정을 받으려고 했습니다. 겉으로는 하나님께 영광을 돌리는 것 같았지만, 실제로는 자기만족과 자기 위안을 얻으려 했습니다. 그런데 여기서 우리가 명심해야 할 사실이 있습니다. 사람에게 보이려는 의는 단순한 습관이나 성향의 문제가 아니라, 하나님 앞에서 심각한 영적 문제라는 것입니다. 그것은 범사에 하나님을 인정하지 않고, 하나님의 영광 대신 자기 영광을 구하는 교만이기 때문입니다. 잠언은 교만의 결말에 대해 분명히 말합니다. "교만은 패망의 선봉이요 거만한 마음은 넘어짐의 앞잡이니라"(16:18). "무례하고 교만한 자를 이름하여 망령된 자라 하나니 이는 넘치는 교만으로 행함이니라"(21:24). 그러므로 우리는 항상 하나님 앞에서 자신이 아무것도 내세울 수 없는 '심령이 가난한 자'임을 자각해야 합니다. 철저하게 자기를 낮추고 겸손해야 합니다.

혹 우리에게 선한 행위나 삶의 모습이 조금이라도 있다면, 그것은 결코 우리의 공로가 아닙니다. 하나님이 주셨기에 가능한 것입니다. 하나님이 마음을 움직이시고, 지혜를 주시며, 은혜를 부어주셔서 가능한 것입니다. 그러므로 선한 행위의 일차 원인자는 우리 자신이 아니라 하나님이십니다. 우리의 본성은 본래 자기중심적이고 교만하기에 타인을 향한 사랑과 하나님의 영광과는 결코 양립할 수 없습니다. 그러므로 그리스도인은 교만과 자기 과시의 싹이 조금이라도 보이면 즉시 십자가 앞에서 자신을 낮추어야 합니다. 이와 관련해 바울은 이렇게 고백했습니다. "그러나 내게는 우리 주 예수 그리스도의 십자가 외에 결코 자랑할 것이 없으니"(갈 6:14). 그렇습니다. 그리스도인의 자랑은 예수 그리스도의 십자가뿐입니다.

그렇다면 왜 그리스도인은 자기 자랑과 과시를 삼가야 합니까? 예수님은 분명히 말씀하십니다. "사람에게 보이려고 그들 앞에서 너희 의를 행하지 않도록 주의하라 그리하지 아니하면 하늘에 계신 너희 아버지께 상을 받지 못하느니라"(마 6:1). 이 말씀은 단순한 윤리적 경고가 아닙니다. 그리스도인의 삶의 목적과 지향점이 무엇인지를 밝혀주는 대선언입니다. 사도 바울은 빌립보서에서 이렇게 고백했습니다. "뒤에 있는 것은 잊어버리고 앞에 있는 것을 잡으려고 푯대를 향하여 그리스도 예수 안에서 하나님이 위에서 부르신 부름의 상을 위하여 달려가노라"(3:13-14). 이처럼 바울의 관심은 사람의 칭찬에 있지 않았습니다. 그는 하나님의 뜻을 따라 살아감으로 장차 주님 앞에서 받을 상급에 마음을 두었습니다.

그러나 안타깝게도 오늘날 많은 성도가 바울의 고백과는 정반대로 살아갑니다. 하나님께서 주실 상보다 지금 당장 눈에 보이는 사람의 칭찬을 더 소중히 여깁니다. 왜 그렇습니까? 미래에 있을 하나님의 상급에 대한 기대와 소망이 희미하기 때문입니다. 그러므로 우리는 날마다 바울의 고백을 붙들고 묵상해야 합니다. 우리의 목표는 이 땅에서의 인정과 존경이 아니라, 하나님께서 주실 영광의 상입니다. 그 부름의 상을 사모하며 달려가는 삶, 그것이 바로 예수님이 요구하시는 참된 경건의 삶입니다. 오늘 우리는 무엇을 더 중요하게 여기며 살고 있습니까? 사람의 칭찬입니까 아니면 하나님의 인정입니까? 우리의 유일한 자랑은 십자가이며 우리의 유일한 상은 하나님께서 주실 상급임을 잊지 말아야 합니다.

원래 바울은 겸손하거나 자기를 낮추는 사람이 아니었습니다. 다메섹 도상에서 부활하신 예수 그리스도를 만나기 전까지만 해도, 그는 바리새인적인 삶에 몰두한 사람이었습니다. 다시 말해, 교만과 자기 자랑과 자기 의를 최고의 가치로 여기며 그것을 얻기 위해 모든 힘을 기울였습니다. 그는 누구보다 자신의 행위와 업적을 자랑하고자 했으며, 사람들에게서 칭찬과 존경을 얻으려고 애썼습니다. 그러나 부활하신 주님을 만나는 그 결정적인 사건 이후, 그의 삶은 근본적으로 그리고 전적으로 변화되었습니다. 그의 세계관과 가치관, 인생관이 송두리째 바뀐 것입니다.

오늘의 우리 역시 바울과 같은 관점과 삶의 태도를 가지려면 반드시 살아계신 예수 그리스도를 만나야 합니다. 또 단순히 눈에 보이는 현실 세계만을 의식하며 살아가는 것이 아니라 눈에는 보이지 않지만 항상 우리와 동행하시며 우리의 마음과 행위를 감찰하시는 하나님 앞에서의 신앙, 곧 '코람 데오'(coram Deo)의 신앙으로 살아가야 합니다. 사도 바울이 고린도후서 5장 10절에서 말한 것처럼, 모든 인간은 결국 그리스도의 심판대에서 자기 몸으로 행한 바에 따라 선악 간에 심판을 받기 때문입니다.

성경이 증거하는 하나님은 어떤 분이십니까? 우리의 모든 행위를 하나도 빠짐없이 책에 기록해 두시는 분입니다. 인간은 망각하지만 하나님은 잊지 않으십니다. 하나님은 결코 실수하거나 간과하지 않으시며 그분의 계산은 완전하고 오류가 없습니다. 그렇기에 성경은 우리에게 믿음의 조상들이 걸어간 길을 본받으라고 권면합니다. 그들의 신앙과 삶은 고난과 어려움을 극복할 수 있는 원동력이 되었을 뿐 아니라, 종국적으로 하나님께만 영광을 올려드리는 강력한 동력이 되었기 때문입니다. 히브리서 11장은 바로 이 점을 강조합니다. "믿음은 바라는 것들의 실상이요 보이지 않는 것들의 증거니 선진들이 이로써 증거를 얻었느니라"(1-2절).

이제 예수님께서는 그 원칙을 실제 신앙생활의 영역인 '구제'에 적용하십니다. 주님은 말씀하십니다. "그러므로 구제할 때에 외식하는 자가 사람에게서 영광을 받으려고 회당과 거리에서 하는 것같이 너희 앞에 나팔을 불지 말라 진실로 너희에게 이르노니 그들은 자기 상을 이미 받았느니라"(2절). 여기서 '나팔을 분다'라는 표현은 문자 그대로 실제 나팔을 불었다는 뜻이 아니라, 당시 바리새인들이 회당이나 거리 같은 공적 공간에서 사람들을 불러모아 놓고 구제를 행했다는 의미입니다. 이는 최대한 많은 사람이 자신들의 선행을 보게 하려는 의도적 행위였습니다. 본질적으로 그들의 목적은 하나님께 영광을 돌리기 위함이 아니라, 자기 자랑과 영광을 추구하기 위함이었습니다.

사실 인간의 본성은 원래부터 자발적으로 재물을 나누거나 다른 사람 돕기를 좋아하지 않습니다. 타인을 긍휼히 여기는 마음은 우리 안에 자동으로 발생하지 않습니다. 어떤 사람이 진심으로 다른 이를 구제하고 돕는다면, 그것은 전적으로 하나님의 은혜가 그의 마음에 임했기 때문입니다. 즉 그 행위의 일차적 원인은 언제나 하나님께 있습니다. 그렇다면 당연히 모든 영광은 하나님께 돌려야 합니다.

그러나 문제는 바리새인과 서기관들이 이런 영광을 하나님께 돌리지 않고 자신이 차지하려 했다는 데 있습니다. 성경은 하나님을 '질투하시는 하나님'(출 34:14)이라고 말씀합니다. 하나님께서는 하나님께 돌아가야 할 영광을 피조물이 가로채는 것을 절대 용납하지 않으십니다. 그러므로 예수님께서는 이런 자들을 향해 '외식하는 자'라고 선언하시며, 그들이 이미 자기 상을 다 받았다고 경고하십니다.

여기서 '상을 받았다'라는 말은 상거래에서 총액을 다 받고 영수증을 받았다는 의미입니다. 다시 말해, 바리새인들은 이미 사람들에게서 박수와 칭찬을 다 받았기에 하나님께 받을 상은 이제 남아 있지 않다는 것입니다. 그러므로 우리는 예수님의 이 말씀을 가볍게 여겨서는 안 됩니다. 성경은 분명히 이렇게 경고합니다. "지으신 것이 하나도 그 앞에 나타나지 않음이 없고 우리의 결산을 받으실 이의 눈앞에 만물이 벌거벗은 것같이 드러나느니라"(히 4:13). 따라서 우리는 구제

활동에서 외적인 차원과 내적인 차원, 두 가지 모두의 유혹을 경계해야 합니다. 외적인 차원에서는 우리의 선행을 드러내 자랑하거나 떠벌려서는 안 됩니다. 내적인 차원에서는 더 깊은 경계가 필요합니다. 어떤 이들은 외적으로는 겸손해 보이지만, 내적으로는 '나는 이것을 아무에게도 알리지 않았다'라는 사실을 스스로 대견하게 여기며 자기만족을 얻기 때문입니다. 예수님께서는 이런 이중적 태도 역시 바리새인들의 외식과 본질적으로 다르지 않다고 지적하십니다. 그러므로 우리는 구제할 때 사람들의 칭찬을 기대해서는 안 되며, 혼자만의 자화자찬 또한 해서는 안 됩니다. 우리의 눈은 오직 하나님께만 고정되어야 합니다. 하나님이 우리에게 그런 마음과 행할 수 있는 은혜를 주셨음을 기억하며 감사하고 겸손해야 합니다. 또 다른 이들이 우리의 착한 행실을 보고 하나님께 영광을 돌릴 때, 그 사실로 인해 기뻐해야 합니다.

그렇다면 하나님께서 인정하시고 기뻐하시는 구제는 어떤 것입니까? 예수님은 이렇게 말씀하십니다. "너는 구제할 때에 오른손이 하는 것을 왼손이 모르게 하여 네 구제함을 은밀하게 하라 은밀한 중에 보시는 너의 아버지께서 갚으시리라"(3-4절). 여기서 '오른손이 하는 일을 왼손이 모르게 하라'라는 말은 문자 그대로의 뜻이 아니라, 우리의 마음과 관련된 표현입니다. 곧 우리의 선행을 마음에 새기거나 기억해 두지 말라는 것입니다. 그러지 않으면 언젠가는 그것을 드러내고 싶은 유혹이 생기기 때문입니다. 그래서 아예 잊어버리고 없던 일처럼 여기라는 것입니다. 그러나 우리가 하나님의 은혜와 복음에 빚진 자라는 사실은 죽을 때까지 기억해야 합니다. 다른 이들이 우리에게 베푼 사랑도 오래 기억해야 합니다. 반면 우리가 다른 사람에게 베푼 선행은 가능한 한 빨리 잊어야 합니다. 그것이 성도의 겸손한 태도입니다.

예수님은 여기서 '하나님' 대신 '너의 아버지'라는 표현을 사용하셨습니다. 이는 아버지와 자녀 사이의 친밀성과 무조건적인 사랑을 강조하기 위함입니다. 육신의 아버지도 자녀를 조건 없이 사랑합니다. 하물며 우리를 위해 독생자를 내어주신 하나님 아버지의 사랑은 어떠하겠습니까? 하나님은 우리를 은혜로 구원해 주셨을 뿐 아니라, 우리의 선한 행위마저도 은밀히 보시고 갚아 주십니다. 사실 우리로서는 하나님의 은혜에 빚진 자로서 당연히 순종하고 감사하며 살아야 합니다. 그런데 하나님께서는 오히려 우리에게 빚진 자처럼 갚아 주겠다고 말씀하십니다. 이것이야말로 놀라운 은혜요, 사랑입니다. 이제 우리는 선택해야 합니다. 이 땅에 잠시 있다가 사라지는 사람들의 칭찬과 찬사를 좇으며 살 것인지, 아니면 은밀한 중에 보시는 하나님 아버지께서 영원히 갚아주실 상을 바라보며 살 것인지를 말입니다.

사람의 칭찬은 유통기한이 있습니다. 아무리 화려하고 찬란해도 시간이 지나면 빛이 바래고 사라집니다. 그러나 하나님께서 주시는 상은 영원합니다. 좀과 동록이 해하지 못하고, 도둑도 빼앗을 수 없습니다. 그 상은 우리의 상상을 초월하는 영광과 기쁨을 동반할 것입니다. 그러므로 우리는 지혜롭고 현명한 선택을 해야 합니다. 바울이 고백했던 것처럼, 우리는 예수 그리스도의 십자가 외에는 결코 자랑할 것이 없는 사람들입니다(갈 6:14). 그러므로 오직 하나님의 영광만을 바라보며, 은밀한 중에 보시는 하나님 아버지 앞에서 구제하며 살아가야 할 것입니다.

26장

이렇게 기도하라

"또 너희는 기도할 때에 외식하는 자와 같이 하지 말라 그들은 사람에게 보이려고 회당과 큰 거리 어귀에 서서 기도하기를 좋아하느니라 내가 진실로 너희에게 이르노니 그들은 자기 상을 이미 받았느니라 너는 기도할 때에 네 골방에 들어가 문을 닫고 은밀한 중에 계신 네 아버지께 기도하라 은밀한 중에 보시는 네 아버지께서 갚으시리라 또 기도할 때에 이방인과 같이 중언부언하지 말라 그들은 말을 많이 하여야 들으실 줄 생각하느니라 그러므로 그들을 본받지 말라 구하기 전에 너희에게 있어야 할 것을 하나님 너희 아버지께서 아시느니라"(마 6:5-8).

앞 장에서 예수님은 그리스도인의 종교 생활과 관련하여 가장 먼저 구제에 대해 말씀하셨습니다. 곧 그리스도인의 구제는 외식하는 자들의 구제와는 본질적으로 달라야 함을 강조하신 것입니다. 외식하는 자들은 다른 사람들에게 자신의 구제 활동을 은근히 자랑하면서 자기 영광과 의를 추구합니다. 비록 적극적으로 사람들에게 드러내지는 않는다 해도, 스스로 그런 자신을 자랑스럽게 여기고, 오히려 겸손하다고 착각하면서 내심 흐뭇해하고 만족합니다. 그러나 예수님께서는 그런 자들은 이미 자기 상을 받았다고 단언하십니다.

나아가 예수님께서는 그리스도인의 구제는 타인뿐 아니라 자기 자신조차 의식하지 않고 해야 한다고 경고하십니다. 곧 그리스도인은 구제할 때 오른손이 하는 일을 왼손도 모르게 하라고 말씀하십니다. 이는 구제를 오직 은밀히 보시는 하나님만을 의식하며 행해야 함을 의미합니다. 예수님은 이러한 구제가 하나님의 뜻에 합당하며, 그분께 영광을 올려드리는 진정한 구제라고 가르치십니다. 그리고 그렇게 구제하는 자에게는 모든 것을 아시고 살피시는 하나님 아버지께서 친히 갚아 주신다고 약속하십니다.

이제 예수님께서는 그리스도인의 종교 생활과 관련된 또 다른 주제를 다루십니다. 바로 기도입니다. 그런데 구제의 경우와 달리, 기도에 관해서는 비교와 대조의 범위를 더 확장하십니다. 외식하는 자들뿐 아니라 이방인들의 기도까지 함께 사례로 드십니다. 예수님께서 이처럼 기도의 주제를 더 폭넓게 다루신 이유는 두 가지로 설명할 수 있습니다. 첫째, 기도는 기독교뿐 아니라 모든 이방 종교에서도 결코 소홀히 할 수 없는 핵심적 종교 행위이기 때문입니다. 이에 그리스도인의 기도가 이방 종교의 기도와 어떻게 달라야 하는지 비교하는 것은 대단히 중요합니다. 둘째, 기도가 모든 종교에서 가장 보편적이고 중요한 신앙 행위라는 사실은, 동시에 그것이 가장 쉽게 왜곡될 수 있는 위험이 있다는 점을 시사합니다. 우리는 이러한 사실을 염두에 두고 예수님의 말씀을 더욱 민감하게 듣고 깊이 묵상해야 합니다.

예수님께서는 먼저 5-6절에서 외식하는 자들의 기도의 성향과 태도를 지적하십니다. 곧 그들이 기도할 때 의식하는 대상, 기도의 장소 그리고 그 결과를 말씀하십니다. 그렇다면 예수님께서는 외식하는 자들의 기도에 대해 무엇이라고 하십니까? "그들은 사람에게 보이려고 회당과 큰 거리 어귀에 서서 기도하기를 좋아하느니라"라고 말씀하십니다. 이 말씀이 의미하는 바는 무엇입니까? 곧 그들이 기도하는 과정에서 의식해야 할 참된 대상이 심각하게 왜곡되었다는 사실을 지적하신 것입니다. 물론 그들에게 "지금 누구에게 기도하고 있습니까?"라고 물으면, 아마 대부분은 버럭 화를 내며 "당신 눈에는 내가 하나님의 이름을 부르며 기도하는 것이 보이지 않습니까?"라고 반응할 것입니다. 어떤 이는 불쾌해하는 눈빛을 보낼 수도 있고, 심한 경우 온갖 악담을 퍼부으며 상대를 조롱할 수도 있습니다. 그들은 실제로 하나님의 이름을 부르며 열심히 기도했기 때문입니다. 그러나 예수님께서는 그 거룩하고 신성한 시간에도 그들이 진정으로 의식한 대상은 하나님이 아니라 사람이라고 지적하십니다. 기도는 본질적으로 오직 하나님만 의식하며 하나님께 드려야 하는데, 그들은 하나님이 아닌 사람들의 시선과 평가를 더 의식한 것입니다. 그래서 예수님께서는 "네 아버지께 기도하라"라고 말씀하십니다. 사실 그들은 누구보다 뜨겁게 기도했을 것입니다. 멀리 있는 사람들조차 들을 수 있을 만큼 큰 소리로 기도했을 수도 있고, 눈물과 콧물을 쏟아내며 온몸이 땀에 젖도록 기도했을지도 모릅니다. 그러나 안타깝게도 그 모든 기도는 하나님보다 사람을 더 의식하는 잘못에 빠져 있었습니다.

여기서 우리가 주의해야 할 것이 있습니다. 예수님께서 회당이나 큰 거리 어귀에서 기도하기를 좋아하는 서기관과 바리새인들을 외식하는 자들이라고 하셨다고 해서, 우리가 회중 앞에서 드리는 공중 기도를 무가치하거나 불필요한 것으로 여기면 안 된다는 것입니다. 그런 극단적인 해석은 예수님의 의도를 전혀 파악하지 못한 것입니다. 예수님의 초점은 장소 자체가 아니라, 기도의 본질이 사람의 시선을 의식하는 것이나 자기 영광을 위한 통로가 되어서는 안 된다는 데 있습니다.

혹 우리는 지금 이 말씀이 당시 바리새인과 서기관들에게만 해당할 뿐, 자신과는 무관하다며 쉽게 지나치고 있지는 않습니까? 만약 그렇다면 그것은 예수님의 진정한 의도를 놓치고 있는 것입니다. 물론 어떤 이는 다른 사람들을 의식하지 않으려고 애쓰며 나름 철저히 그 유혹을 배제하려고 노력할 수도 있습니다. 그러나 우리의 기도를 잘 살펴보면, 바리새인과 서기관들의 기도 못지않게 위험하고 치명적인 문제가 도사리고 있습니다.

그중 하나가 바로 기도하는 자기 자신을 의식하는 것입니다. 이는 사실상 자신을 경배하는 것과 다름없습니다. 어떤 사람은 "자신을 의식하지 않고 어떻게 기도할 수 있습니까? 살아 있는 사람이라면 당연히 자기 자신을 의식할 수밖에 없지 않습니까?"라고 반문할 수도 있습니다. 물론 의식이 있는 한 자신을 전혀 의식하지 않는 것은 불가능합니다. 그러나 여기서 말하는 '기도하는 자기 자신을 의식한다'라는 것은 그런 의미가 아닙니다. 이는 기도하는 자신의 모습을 바라보며 은근히 뿌듯해하고 자랑스러워하며 만족하는 태도를 가리킵니다. 예를 들어, 다른 사람보다 더 열심히 기도한 자신, 더 많은 시간을 투자한 자신, 더 화려하고 정돈된 언어와 미사여구로 기도한 자신을 자랑스럽게 여기고, 그것을 자기만족과 자기 의의 근거로 삼는 것입니다. 이런 경우 자신이 다른 사람보다 신앙생활을 더 잘한다고 생각하면서 은근히 교만해지고, 심지어 다른 사람을 정죄하거나 비난하기까지 합니다. 바로 바리새인들이 그러했습니다. 누가복음 18장은 이렇게 증언합니다. "바리새인은 서서 따로 기도하여 이르되 하나님이여 나는 다른 사람들 곧 토색, 불의, 간음을 하는 자들과 같지 아니하고 이 세리와도 같지 아니함을 감사하나이다 나는 이레에 두 번씩 금식하고 또 소득의 십일조를 드리나이다"(11-12절). 그들의 기도는 외적인 행위에 집착했고, 그것을 자기 의로 삼아 자신을 높였습니다. 하나님이 아닌 자기 자신을 더 의식한 것입니다. 이것이 바로 '자기를 의식하는 기도'입니다.

이러한 기도는 아무리 내용과 형식이 탁월하고 다른 사람에게 존경을 받는다 해도, 하나님은 안중에도 없고 오히려 자기 의를 내세우는 도구가 될 뿐입니다. 그러나 기독교의 기도는 하나님과의 진실한 교제와 사귐, 만남의 시간입니다. 또 그리스도인의 기도는 전 인격과 영혼을 다해 오직 하나님만 의식하며, 그분의 뜻을 구하고 그분을 경배하는 시간이 되어야 합니다. 그러므로 우리는 하나님만 바라보아야 하는 경건하고 엄숙한 기도의 시간조차 은근히 자신을 드러내고 자랑하는 자기 경배의 시간으로 전락시킬 수 있음을 깊이 경계해야 합니다.

그렇다면 그리스도인은 어떻게 기도해야 합니까? 예수님께서는 "너는 기도할 때에 네 골방에 들어가 문을 닫고 은밀한 중에 계신 네 아버지께 기도하라"라고 말씀하십니다. 이는 곧 그리스도인은 많은 사람이 모인 회당이나 큰 거리에서 기도하기를 좋아하는 외식하는 자들과 달리, 은밀히 계신 하나님을 의식하며 기도해야 한다는 뜻입니다.

그러나 어떤 이는 이 말씀을 문자적으로만 해석하여, '나는 은밀한 곳에서 기도했으니 예수님의 말씀에 순종했다'라고 생각할 수 있습니다. 또 어떤 이는 '나는 회당이나 큰길 어귀에서 기도할 일이 없으니 이 말씀은 나와 무관하다'라고 여길 수 있습니다. 심지어 어떤 이는 '나는 골방이 없어서 그 말씀대로 실천할 수 없다'고 하소연할 수도 있습니다. 그러나 이러한 생각은 모두 예수님의 말씀을 잘못 이해한 데서 비롯된 오해입니다. 회당, 큰길 어귀, 골방을 단순히 물리적 공간 개념으로만 제한하여 해석하는 것은 말씀의 본뜻을 놓치는 것입니다. 물론 '골방'이라고 할 때, 그 공간적 의미를 전혀 배제할 수는 없습니다. 만약 자신만 알고 있는 은밀한 장소나 골방에서 하나님 앞에 조용히 기도할 수 있다면, 그것만큼 복된 일도 없을 것입니다.

그러나 골방에서 기도하라고 하신 말씀은 단순히 실제적인 은밀한 장소를 찾아 기도하라는 뜻만을 담고 있지 않습니다. 이 말씀의 진정한 의미는, 우리가 의식할 수 있는 모든 존재로부터 거리를 두고, 그것들을 철저히 배제한 채 오직 하나님께만 나아가 기도하라는 것입니다. 곧 기도할 때 우리가 진정으로 의식해야 할 분은 하나님 한 분뿐이라는 것입니다. 따라서 '골방에 들어가 기도하라'는 말씀을 단순히 자기 집에 특별한 공간을 마련해 그곳에서만 기도하라는 의미로 이해한다면, 그것은 말씀의 본질을 놓치는 어리석은 해석입니다.

이 말씀에서 강조되는 골방은 '오른손이 하는 일을 왼손이 모르게 하라'는 예수님의 가르침과 맥을 같이합니다. 즉 그리스도인의 기도는 다른 사람들에게 자신을 드러내거나 자랑하는 도구가 되어서는 안 됩니다. 그런 기도는 기도의 유일한 대상이신 하나님을 의식하는 것이 아니라 사람을 의식하는 기도가 되기 때문입니다. 따라서 '골방에 들어가 기도하라'는 말은 의도적이고 의식적으로 자신의 기도 행위를 다른 이들에게 보이려 하지 말라는 뜻입니다.

그리고 예수님께서는 거기서 멈추지 않고 한 걸음 더 나아가십니다. 곧 그 골방의 문까지 굳게 닫으라는 것입니다. 사실 골방에 들어간다는 것 자체가 이미 다른 사람들을 의식하지 않고 기도하는 것을 의미합니다. 그런데 왜 예수님께서는 굳이 문까지 닫으라고 하셨을까요? 그 말씀은 단순히 물리적으로 문을 닫으라는 것뿐 아니라, 훨씬 더 깊은 영적 의미를 내포하고 있습니다. 바로 기도할 때 자기 자신마저 의식하지 말라는 것입니다. 자신을 배제하고 오직 하나님께만 집중하라는 것입니다.

그러므로 그리스도인은 기도할 때 다른 사람은 물론이고, 심지어 기도하는 자기 자신조차 의식하지 않고 오직 은밀히 보시는 하나님만 바라보아야 합니다. 오직 하나님만 의식하며, 그분께만 들리는 기도를 드려야 합니다. 이런 차원에서 예수님의 말씀은 하나님께 드리는 올바른 기도가 무엇인지 분명하게 보여주고 있습니다. 그러므로 우리는 우리 자신의 기도가 과연 이 말씀에 얼마나 합당하고 일치하는지 진지하게 돌아보아야 합니다. 이렇게 볼 때 예수님께서 요구하시는 기도의 모습은 마치 비밀 첩보 작전과도 같은 긴장감과 은밀성을 띠고 있는 듯합니다. 올바른 기도는 두 겹의 의식적인 배제를 전제하기 때문입니다. 개인적으로는 이것을 '겹겹이 된 이중창(二重窓)'이라고 표현하고 싶습니다. 그렇다면 첫 번째 창과 두 번째 창은 각각 무엇입니까? 먼저 첫 번째 창은 '골방에 들어가 기도하라'는 말씀입니다. 즉 기도할 때 철저히 다른 사람들을 의식하지 말라는 것입니다. 사람을 의식하는 순간, 기도는 자기 과시와 자랑, 교만의 도구로 변질될 위험이 크기 때문입니다. 그리고 두 번째 창은 '문을 닫고 기도하라'는 말씀입니다. 이는 기도할 때 자기 자신조차 의식하지 말라는 뜻입니다. 자신을 의식하는 순간, 기도는 자기 위안이나 자기만족에 머무를 가능성이 높기 때문입니다.

그런데 이러한 기도의 경향성에 대한 경고는 결코 당시의 바리새인과 서기관들에게만 국한된 것이 아닙니다. 아담과 하와의 타락 이후 죄의 성격은 역사에서 더욱 교활하고 집요하게 발전해 왔습니다. 그리고 자기 교만, 자기 자랑, 자기 과시의 모습은 시대를 거듭하며 점점 더 정교해지고 있습니다. 그리고 이러한 경향은 세상뿐 아니라 교회와 그리스도인의 신앙생활에서도 동일하게 나타나고 있습니다.

오늘날 외식하는 자와 같은 기도의 모습에서 완전히 자유로운 사람은 많지 않을 것입니다. 우리가 의식적으로 그런 모습을 거부하지 않는다면, 어느 날 문득 그 길로 달려가고 있는 자신을 발견하게 될 것입니다. 이것이 바로 타락한 인간 본성의 자연스러운 결과입니다. 이러한 죄의 성향은 마치 몸에 붙어 좀처럼 떨어지지 않는 거머리처럼, 죽을 때까지 우리 내면에 붙어 끊임없이 우리를 괴롭힙니다.

더 나아가 우리는 기도할 때 다른 방식으로도 자기 자신을 과시하려는 유혹에 빠집니다. 예컨대 특별한 방식이나 독특한 내용으로 기도하면서 스스로 우월감을 느끼는 경우가 그렇습니다. 또는 방언 기도나 예언 기도의 은사를 받아 다른 이들과 구별되는 특별한 체험을 했다고 자랑한다면, 그것 역시 바리새인들의 외식적인 기도와 크게 다르지 않습니다. 참된 기도는 자신이나 다른 사람을 드러내는 것이 아니라, 오직 하나님만 바라보는 것입니다. 베드로, 야고보, 요한이 변화산에서 경험했던 것도 이와 같은 것입니다. 그들이 예수님의 변형된 모습과 더불어 모세와 엘리야를 보았지만, 결국 오직 예수 외에는 아무도 보이지 않았던 것처럼(마 17:8), 기도하는 자의 시야에는 오직 예수님만 남아야 합니다.

사실 피조물이 창조주 하나님 앞에서 두 손 모아 기도하는 것만큼 거룩하고 겸손한 행위는 없을 것입니다. 그러나 그 거룩한 기도의 자리에서도 여전히 교만과 자기 자랑은 힘을 잃지 않고 은밀하게 고개를 듭니다. 그런 상황에서도 모든 것을 은밀히 보시는 하나님은 다른 모든 방해 요소를 배제한 채 기도하는 자와 인격적인 교제를 나누기를 원하십니다. 하나님께서는 우리가 기도할 때 타인의 시선이나 자기 과시의 욕심을 다 내려놓고, 오직 진실한 마음으로만 자신에게 나아오기를 원하십니다.

그러므로 왜곡된 기도의 모습에서 벗어나기 위해 우리는 반드시 다른 사람이나 자기 자신을 의식하지 않고, 오직 은밀한 중에 계신 하나님만 바라보아야 합니다. 하나님은 영이시며 편재하시는 분이십니다. 우리가 눈으로 그분을 볼 수는 없지만, 그분이 실제로 존재하시고 우리의 기도를 들으신다는 사실을 믿고 의식해야 합니다. '은밀한 중에 계신다'라는 말씀은 하나님이 숨어서 몰래 지켜보신다는 뜻이 아닙니다. 하나님은 어디나 계시기에 우리는 어디서든 기도할 수 있습니다. 길을 걸을 때도, 샤워할 때도, 책을 읽거나 차를 타고 갈 때도 우리의 마음은 곧바로 기도의 골방이 될 수 있습니다. 심지어 공중 앞에서 드리는 기도 중에도 마음으로는 은밀한 골방에 들어갈 수 있습니다. 예수님께서는 "은밀한 중에 보시는 네 아버지께서 갚으시리라"라고 약속하셨습니다. 하나님은 그런 기도를 기쁘게 받으시며 응답하십니다.

그러나 그리스도인의 참된 기도는 단지 외식적인 기도를 경계하는 것에서 멈추지 않습니다. 예수님께서는 우리의 기도가 이방인의 기도와도 달라야 한다고 말씀하십니다. "또 기도할 때에 이방인과 같이 중언부언하지 말라 그들은 말을 많이 하여야 들으실 줄 생각하느니라"(7절). 이 말씀은 능력주의와 성과 중심적 사고에 빠진 오늘날의 사회 현실과도 밀접하게 연결되어 있습니다.

자본주의 사회의 특징은 노력한 만큼 결과를 얻는다는 것입니다. 더 노력하면 더 좋은 성과와 성공이 따른다는 논리입니다. 그런데 이런 사고방식이 신앙생활로 들어와, 기도의 양이나 시간에 집착하는 태도로 이어집니다. "지성이면 감천"이라는 속담처럼, 많은 사람이 더 많이 기도하고 더 열심히 기도해야 하나님이 들어주신다고 생각합니다. 같은 맥락에서 이방인들은 같은 말을 반복하거나 미사여구로 가득한 기도문을 통해 신을 설득하려 했습니다. 그러나 그 근저에는 기도의 대상인 신에 대한 신뢰 부족이 자리하고 있습니다. 만약 그리스도인의 기도도 이런 방식과 유사하다면, 그것은 하나님을 이방 신 정도로 격하시키는 불신앙의 태도입니다. 우리가 아무리 기도의 양을 늘린다 해도 그것은 결국 인간적인 기준일 뿐입니다. 하나님의 기준과 시각으로 본다면, 우리가 하루 종일 기도만 한다 해도 결코 그분을 만족시킬 수 없습니다.

솔직히 만약 그동안 하나님께서 우리의 기도 시간과 양에 비례하여 응답하셨다면, 우리는 아마 지금까지 거의 아무것도 받지 못했을 것입니다. 그러나 실제로는 우리가 기도한 것보다 훨씬 크고 풍성한 은혜와 사랑을 누려 왔습니다. 이것이 바로 하나님의 전적인 은혜입니다. 그러므로 하나님을 이방 신처럼 생각하며 '더 많이 기도하면 더 많이 응답받을 것'이라는 식으로 접근하는 것은, 하나님의 무한하신 은혜와 사랑을 인간적인 사고로 제한하는 행위입니다. 그것은 불신앙일 뿐 아니라 배은망덕한 태도입니다. 그래서 예수님께서 "구하기 전에 너희에게 있어야 할 것을 하나님 너희 아버지께서 아시느니라"(8절)라고 단언하신 것입니다. 결국 이방인들이 중언부언하는 이유는 자신들의 신을 신뢰하지 못하기 때문입니다. 그들은 신이 자신들의 필요를 알지 못한다고 생각합니다. 그래서 온갖 사소한 것까지 반복해서 말해야 신이 들어줄 것이라고 믿었습니다. 그러나 그들의 신은 실제로 존재하지 않기에 그런 기도는 아무 의미가 없습니다.

반면 우리가 믿는 하나님은 전능하시고 전지하신 인격적 하나님이십니다. 그분은 우리가 구하기 전에 이미 우리의 필요를 아시고 채워주십니다. 지금까지 그렇게 하셨고, 앞으로도 그렇게 하실 것입니다. 그러므로 우리는 이 사실을 확신하며, 더욱 담대히 기도의 골방으로 들어가야 합니다. 그뿐 아니라 하나님은 우리가 잠자는 순간에도 일하십니다. 우리는 아무리 긴급한 문제가 있어도 잠을 전혀 자지 않고 기도만 할 수는 없지만, 하나님은 언제나 우리를 위해 일하십니다. 무엇보다 하나님은 어느 공간에도 제약받지 않는 분이십니다. 그러므로 우리가 전심으로 그분과의 인격적인 교제를 사모한다면 어떤 장소든 기도의 골방이 될 수 있습니다.

또 이방인의 중언부언은 단순히 말을 반복하는 것만을 의미하지 않습니다. 화려한 문장과 수사로 기도하면 신이 더 잘 들어줄 것이라고 믿는 태도도 포함됩니다. 이에 많은 이방 종교는 정형화된 기도문과 절차를 중요하게 여겼습니다. 그러나 하나님께 드리는 기도는 형식이나 절차보다 마음이 더 중요합니다. 사도 바울은 "항상 기도하라"(살전 5:17)라고 권면합니다. 만약 기도가 형식과 절차에 매여 있다면 어떻게 항상 기도할 수 있겠습니까? 그러므로 항상 기도하라는 말씀은 일상에서 늘 하나님을 의식하며 그분께 집중하는 삶의 태도를 가지라는 뜻입니다. 물론 정해진 시간과 장소에서 기도하는 것도 중요하지만, 예수님께서 말씀하신 기도의 골방은 결국 영적인 상태를 가리킵니다. 즉 어디서든 오직 하나님만을 바라보는 집중과 전심의 태도가 곧 기도의 골방입니다. 그러므로 우리는 특별한 장소가 아니더라도, 살아가는 모든 삶의 현장을 기도의 골방으로 만들어야 합니다.

그렇다면 그리스도인의 기도는 이방인의 기도와 어떻게 달라야 할까요? 이방인의 기도는 주로 '무엇을 먹을까, 마실까, 입을까' 하는 물질적 필요에 집중됩니다. 그러나 그리스도인의 기도는 그것을 넘어서야 합니다. 즉 시편 121편의 고백과 같아야 합니다. "여호와께서 너를 지켜 모든 환난을 면하게 하시며 또 네 영혼을 지키시리로다 여호와께서 너의 출입을 지금부터 영원까지 지키시리로다"(7-8절). 이 시편 기자의 기도는 단순히 물질적 문제나 외부의 어려움만을 염두에 둔 것이 아닙니다. 여기서 환난은 외부에서 오는 악뿐 아니라, 우리 내면에서 일어나는 악까지 포함합니다. 많은 사람이 외부의 어려움에는 관심을 가지면서도 내면에서 솟구치는 죄악은 덜 중요하게 여깁니다. 그러나 실제로는 내면의 죄악이 우리 삶을 더 파괴적으로 망가뜨립니다.

우리 안에서 비롯된 악은 삶 전체를 황폐하게 만들고, 때로는 절망의 깊은 나락으로 우리를 몰아넣습니다. 그러므로 우리는 외부로부터의 악뿐 아니라 내면의 악에서도 보호해 달라고 기도해야 합니다. 이것이야말로 참된 그리스도인의 기도입니다. 그러므로 이방인의 기도와 달리 그리스도인의 기도는 단순히 삶의 문제 해결에 머무르지 않고, 우리의 영혼을 모든 악에서 보호하고 지켜 주시기를 간구하는 것입니다. 이것이 이미 이 땅에 도래한 하나님의 나라를 누리는 길이며, 영원히 계시는 하나님과의 참된 교제에서 영생을 맛보는 복된 삶의 태도입니다. 그리스도인은 이러한 기도의 복됨과 그 안에서 누리는 참된 기쁨을 알고 살아가야 합니다.

27장

하늘에 계신 우리 아버지여

"그러므로 너희는 이렇게 기도하라 하늘에 계신 우리 아버지여 이름이 거룩히 여김을 받으시오며"(마 6:9).

앞서 우리는 그리스도인의 기도가 서기관과 바리새인들의 외식적인 기도 그리고 이방인들의 중언부언하는 기도와 어떻게 달라야 하는지를 살펴보았습니다. 예수님께서는 그리스도인이 기도할 때 반드시 지켜야 할 마음의 동기, 기도의 장소와 방법, 이유 등을 분명하게 말씀해 주셨습니다. 그럼에도 어쩐지 아직 무엇인가 부족하다고 생각되는 것은, 지금까지 예수님께서 말씀하신 내용은 주로 기도의 전반적인 개요, 곧 '어떻게'(how), '어디서'(where), '왜'(why)에 해당하기 때문입니다. 다시 말해, 기도의 방법과 태도, 이유는 말씀해 주셨지만, 정작 기도의 내용, 곧 '무엇'(what)을 기도해야 하는지에 대해서는 직접적으로 언급하시지 않았습니다. 본문은 바로 그 '무엇'에 해당하는 내용을 다루고 있습니다.

성경은 종종 그리스도인을 영적 전쟁에 나서는 용사로 비유합니다.

영적 전쟁에서 승리하기 위해서는 분명한 전략과 전술이 필요합니다. 즉 앞에서 다룬 내용이 전략에 해당한다면, 본문은 그 전략을 실제로 실행하기 위한 구체적인 전술에 해당한다고 볼 수 있습니다. 이제 예수님께서 제자들에게 기도와 관련된 전술을 어떻게 가르쳐 주셨는지를 함께 살펴보고자 합니다.

주기도문은 마태복음과 누가복음 두 복음서에만 기록되어 있습니다. 그런데 누가복음에서는 마태복음과 다른 맥락에서 예수님께서 제자들에게 주기도문을 가르쳐 주셨습니다. 한 제자가 예수님께 나아와 세례 요한이 자기 제자들에게 기도를 가르친 것처럼 자신들에게도 기도를 가르쳐 달라고 요청합니다. 누가는 이를 다음과 같이 기록합니다. "예수께서 한 곳에서 기도하시고 마치시매 제자 중 하나가 여짜오되 주여 요한이 자기 제자들에게 기도를 가르친 것과 같이 우리에게도 가르쳐 주옵소서"(눅 11:1). 이런 상황에서 예수님께서 주기도문을 가르쳐 주셨습니다.

이처럼 동일한 사건이지만, 복음서마다 기록 방식이 조금씩 다른 경우가 있습니다. 그 이유는 단순합니다. 동일한 사건이더라도 각 복음서 기자가 처한 상황과 사역하던 공동체의 필요 그리고 그 복음서 독자들의 상황에 따라 강조점이 달랐기 때문입니다. 다시 말해, 복음서 기자들은 동일한 사건을 자신들의 시각과 목회적 관점에서 해석하고 기록했습니다. 이에 우리는 복음서를 읽을 때 이런 점을 반드시 염두에 두어야 합니다. 그런데 현재 우리가 공예배에서 사용하는 주기도문은 마태복음에 기록된 것을 따릅니다. 이는 우리 신앙의 선배들이 마태복음의 주기도문이 내용과 형식, 문체 면에서 공적 예배에 더 적합하다고 판단했기 때문입니다.

사실 대부분의 이방 종교도 저마다 독특한 기도문이 있습니다. 그리고 그 기도문에는 그 종교의 정체성과 본질이 담겨 있습니다. 그러므로 한 종교의 기도문은 단순한 종교적 문구를 넘어, 그 종교가 지향하는 핵심 가치와 세계관을 고스란히 드러내는 중요한 상징이며, 그 종교의 얼굴이자 간판이라고 해도 과언이 아닙니다. 이처럼 예수님께서 제자들에게 가르쳐주신 주기도문 역시 당시 예수 공동체의 정체성을 보여줍니다. 곧 기독교의 핵심 가치, 사상, 사명과 비전, 지향성과 신앙적 철학이 담겨 있는 것입니다. 그리고 이러한 주기도문의 중요성은 산상수훈 전체 구조에서 차지하는 위치를 고려할 때 더욱 분명하게 드러납니다.

산상수훈은 크게 서론(마 5:1-16), 본론(마 5:17-7:12), 결론(마 7:13-29)으로 나눌 수 있습니다. 그중 본론은 그리스도인의 신앙생활 전반과 의에 대한 내용을 다룹니다. 그런데 주기도문(마 6:5-15)은 본론의 중심부에 위치할 뿐 아니라, 산상수훈 전체에서도 거의 정중앙에 자리하고 있습니다. 산상수훈은 전체가 111절인데, 주기도문은 그 가운데 57절부터 시작됩니다. 그러므로 주기도문은 산상수훈의 정점이자 절정에서 선포되는 예수님의 핵심 가르침이라고 할 수 있습니다.

그런데 주기도문이 산상수훈 전체에서 차지하는 중요한 위치와 관련해 한 가지 강조하고 싶은 것이 있습니다. 마태복음 6장에 등장하는 주기도문과 그 이후의 6장 후반부와 7장의 상당 부분이 매우 긴밀한 관련을 맺고 있다는 점입니다. 곧 그 부분을 성도의 신앙과 삶에서 주기도문의 핵심 주제들을 어떻게 실제로 실천하고 구현해야 하는가를 구체적으로 보여주는 심층적인 해설과 확장으로 이해할 수 있기 때문입니다. 여기서 그 주제들이란 하나님의 통치와 하나님 나라의 도래, 하나님의 뜻 성취, 성도의 용서와 화해의 영성, 일상의 모든 필요를 오직 하나님께 의탁하는 겸손, 하나님의 영적인 보호와 구원, 모든 영광을 하나님께 드리는 삶 등입니다. 예를 들어, 마태복음 6장 14-15절은 타인을 용서하라는 명령으로, 주기도문 중 "우리가 우리에게 죄지은 자를 사하여 준 것같이 우리 죄를 사하여 주시옵고"라는 간구와 직접적으로 맞닿아 있습니다. 즉 용서와 화해의 영성이 신자의 삶에서 어떻게 구현되어야 하는지를 설명하고 있는 것입니다.

또 6장 19-34절은 '보물을 하늘에 쌓으라, 두 주인을 섬길 수 없다, 무엇을 먹을까, 마실까, 입을까 염려하지 말라, 먼저 그의 나라와 의를 구하라' 등의 가르침으로 되어 있습니다. 곧 성도의 신앙과 삶의 우선순위가 자기 자신이나 세속적 유익이 아니라 하나님의 통치와 뜻이 이 땅에서 이루어지기를 바라는 삶 그리고 일상의 모든 필요를 오직 하나님께 의탁하는 겸손한 신앙이어야 함을 드러냅니다. 그런데 이는 주기도문의 "나라가 임하시오며 뜻이 하늘에서 이루어진 것같이 땅에서도 이루어지이다"라는 간구의 실제적 구현이라 할 수 있습니다.

더 나아가 '타인을 함부로 판단하지 말라'(마 7:1-5)는 말씀과 '남에게 대접받고자 하는 대로 너희도 남을 대접하라'(마 7:12)는 황금률 역시 주기도문의 용서와 화해의 정신을 구체적으로 확장한 내용으로 이해할 수 있습니다. 즉 주기도문의 공동체적 윤리가 실천적 차원에서 펼쳐진 예입니다. 또 '좁은 문으로 들어가라'(마 7:13-14)는 교훈과 '거짓 선지자를 삼가라'(마 7:15-20)는 경고는 "우리를 시험에 들게 하지 마시옵고 다만 악에서 구하시옵소서"라는 간구와 연결됩니다. 이는 성도가 세상의 유혹과 악한 영의 미혹에도 영적으로 깨어 하나님의 보호와 구원을 구해야 함을 상기시킵니다.

그리고 "나더러 주여 주여 하는 자마다 다 천국에 들어갈 것이 아니요"(마 7:21)라는 말씀은 겉으로는 진실한 신앙 행위를 하는 것처럼 보이지만, 실상은 자기 의와 공로를 의지하는 신앙을 경계하며, 오직 하나님께 영광을 돌리는 겸손한 믿음만이 참된 신앙임을 강조합니다. 즉 이 내용은 주기도문의 마지막 부분, "나라와 권세와 영광이 아버지께 영원히 있사옵나이다"와 신학적으로 맞닿아 있습니다.

마지막으로, 반석 위에 집을 짓는 사람(마 7:24-27)의 비유는 하나님의 말씀을 듣고 행하는 삶이야말로 참된 신앙의 토대이며, 하나님께 영광을 돌리는 삶의 실제적 조건임을 보여줍니다. 즉 주기도문으로 드러난 하나님 중심의 신앙이 삶의 구체적인 기초로 세워질 때만 흔들리지 않는 믿음의 집이 세워진다는 것으로 연결될 수 있습니다.

이처럼 주기도문 이후의 산상수훈 전체는 주기도문의 다양한 주제를 실제적인 삶의 장으로 확장하고, 그 의미를 구체적으로 해설하는 구조로 이루어져 있습니다. 그만큼 주기도문은 산상수훈의 중심축이며, 그 이후의 교훈은 모두 그 기도의 정신을 실천적으로 풀어내는 설명이라 할 수 있습니다. 그러므로 우리는 주기도문의 각 구절을 이해할 때, 그것이 단순한 기도의 문장이나 암송 구절이 아니라 하나님의 나라와 뜻, 인간의 삶, 공동체 윤리 그리고 구원의 여정 전체를 포괄하는 중심적인 신학적 선언임을 잊지 말아야 합니다. 이처럼 산상수훈에서 주기도문이 차지하는 중요성은 아무리 강조해도 지나치지 않습니다. 그러므로 주기도문의 각 내용을 해석할 때마다 그것이 우리 신앙과 삶 전체를 향한 하나님의 뜻을 드러내는 핵심 문맥임을 깊이 기억해야 합니다.

그렇다면 주기도문은 어떻게 구성되어 있을까요? 주기도문의 전체 구조를 살펴보면, 먼저 하나님을 부르는 호칭으로 시작합니다. 이어서 세 가지 '당신 간구'(하나님을 향한 간구)와 세 가지 '우리 간구'(인간을 위한 간구)가 나오고, 마지막에 송영으로 마무리됩니다. 즉 주기도문은 크게 네 부분으로 구성되어 있습니다. 흥미로운 점은 십계명과 구조적으로 유사하다는 것입니다. 십계명은 전반부가 하나님 사랑에 관한 계명이고, 후반부가 이웃 사랑에 관한 계명인데, 주기도문도 이와 비슷하게 하나님을 향한 간구와 우리를 위한 간구로 나뉩니다.

특히 주목할 부분은 세 가지 '당신 간구'입니다. 우리말 성경에는

“이름이 거룩히 여김을 받으시오며” “나라가 임하시오며” “뜻이 하늘에서 이루어진 것같이 땅에서도 이루어지이다”라고 번역되어 있습니다. 그런데 헬라어 원문에는 각각의 간구 앞에 ‘당신의’(σοῦ)라는 단어가 덧붙어 있습니다. 일부 학자들은 이 세 간구가 헬라어 문맥상 하나의 문장으로 이어져 있으므로 하나의 간구로 보아야 한다고 주장하기도 합니다. 그러나 주기도문을 올바르게 이해하려면 반드시 산상수훈 전체의 맥락에서 보아야 합니다. 산상수훈의 중심 주제는 하나님 나라입니다. 따라서 주기도문 역시 하나님 나라의 관점에서 이해해야 합니다. 이런 맥락에서 주기도문의 세 가지 ‘당신 간구’가 모두 하나님 나라의 도래와 관련되어 있다는 사실은 결코 우연이 아닙니다.

이어서 세 가지 ‘우리 간구’가 등장합니다. 곧 일용할 양식, 죄 사함, 시험과 악으로부터의 보호에 관한 간구입니다. 이 간구들 역시 하나님 나라와 긴밀히 연결되어 있습니다. 이는 단순히 개인적 필요 충족에 관한 청원이 아니라, 이미 임한 하나님 나라를 이 땅에서 더욱 풍성하게 누리도록 돕는 기도입니다. 예를 들어 ‘일용할 양식’은 단순히 육신의 양식만이 아니라 영적인 양식까지 포함합니다. 죄 사함과 악으로부터의 보호에 대한 간구도 하나님 나라 백성으로서 마땅히 누려야 할 영적 풍성함과 관련되어 있습니다. 따라서 세 가지 ‘우리 간구’는 이 땅을 살아가는 그리스도인에게 필수적인 요소입니다.

그러나 동시에 주목할 것은, 세 가지 ‘당신 간구’와 세 가지 ‘우리 간구’가 구분은 가능하지만 결코 분리될 수 없다는 사실입니다. 이는 마치 칭의와 성화가 구별은 되지만 분리될 수 없는 것과 같습니다. 곧 ‘당신 간구’가 하나님 나라의 도래를 바라보는 기도라면, ‘우리 간구’는 그 하나님 나라를 실제 삶에서 누리게 해달라는 기도입니다. 결국 두 간구는 서로 긴밀히 맞물려 있습니다.

이처럼 주기도문은 하나님의 은혜로 구원받은 성도가 이 땅에서 추구해야 할 참된 가치가 무엇인지를 분명하게 보여줍니다. 하나님의 나라는 영원 전부터 하나님께서 계획하신 것이 분명하지만, 그것이 역사에서 구체적으로 실현되는 과정에는 하나님의 백성인 그리스도인의 기도와 순종이 중요한 역할을 한다는 사실을 주기도문은 우리에게 가르쳐 줍니다.

그렇다면 예수님께서는 왜 제자들에게 주기도문을 가르쳐 주셨을까요? 누가복음의 맥락에서 보면, 제자 중 한 명이 기도를 가르쳐 달라고 요청했기 때문입니다. 여기서 한 가지 의문이 생길 수 있습니다. 예수님의 제자라면 기도를 이미 잘 알고 있어야 하지 않겠습니까? 그러나 이는 제자들이 기도에 대해 무지했던 것이 아니라 유대교의 전통적 기도 방식은 익숙했지만 새롭게 도래한 하나님 나라의 백성으로서는 어떻게 기도해야 하는지, 곧 기독교적 기도의 본질과 내용을 알지 못했던 것입니다. 그래서 예수님께서 그들에게 주기도문을 통해 새 시대 공동체가 지향해야 할 기도의 방향과 내용을 가르쳐주신 것입니다.

반면 마태복음의 맥락에서는 상황이 조금 다릅니다. 예수님은 기도를 통해 자신의 의를 드러내려 했던 서기관과 바리새인들의 외식적인 기도를 책망하시며, 그와 대조되는 것으로 주기도문을 제자들에게 가르쳐 주셨습니다. 또 기도의 본질을 외면한 채 기도의 분량이나 문구 자체에 집착하며 중언부언하던 이방인의 기도 방식에 대한 대안으로 주셨습니다. 이처럼 두 복음서의 맥락은 다르지만, 여기서 공통으로 드러나는 중요한 진리가 있습니다. 그것은 곧 하나님의 은혜로 거듭난 성도라면, 이방 종교와 전혀 다른 본질적인 기도의 내용과 방식을 반드시 알아야 한다는 사실입니다. 바로 이것이 올바른 신앙생활을 위한 중요한 기준이자 방향이 되기 때문입니다.

이 세상에는 다양한 종교가 존재합니다. 그런데 어떤 종교든 경건을 위한 가장 중요한 수단과 방편은 단연 기도일 것입니다. 흔히 세상에서 가장 평화로운 모습이 아기가 잠든 모습이라고 한다면, 가장 거룩한 모습은 무릎을 꿇고 하늘을 향해 간절히 기도하는 사람의 모습이라고 할 수 있습니다. 자신이 믿는 신을 향해 진심으로 기도하는 사람을 보면 절로 고개가 숙여지고 마음이 경건해지며, 때로는 존경심까지 일어납니다. 그래서 다른 이가 경건하게 기도하는 모습을 바라보다가, 고요히 다가오는 평안과 안식으로 자신도 모르게 눈을 감게 되기도 합니다. 하나님을 알고 믿는 사람이라면, 누구나 자신만의 기도의 골방에서 마음을 다해 기도할 때 찾아오는 말로 다할 수 없는 기쁨과 희열을 경험했을 것입니다.

기도하는 사람의 경건한 모습은 우리가 흔히 생각하는 다른 어떤 신앙 행위(구제, 금식, 선행 등)보다 더 큰 힘과 능력을 드러냅니다. 기도는 다른 모든 신앙적 행위가 지닌 가치를 압도하며, 그 모든 것을 상대적으로 희미하게 만듭니다. 그러나 신앙생활에서 이런 감격과 기쁨을 누리는 것이 중요하더라도, 우리는 때때로 자신의 기도를 점검할 필요가 있습니다. 과연 내가 성경이 말하는 건강하고 올바른 기도의 방법과 내용을 알고 기도하고 있는가 살펴보는 것입니다. 성도의 바른 기도는 하나님을 올바로 아는 지식에서 비롯됩니다. 만일 그 지식이 부족하거나 왜곡된다면, 아무리 열정적으로 뜨겁게 기도해도 그 결과는 우리가 생각하는 것 이상으로 저주스럽고 절망적일 수 있습니다.

이에 우리는 기도와 관련해 예수님과 제자들 사이에서 오간 다음의 대화를 반드시 기억해야 합니다. "집에 들어가시매 제자들이 조용히 묻자오되 우리는 어찌하여 능히 그 귀신을 쫓아내지 못하였나이까 이르시되 기도 외에 다른 것으로는 이런 종류가 나갈 수 없느니라 하시니라"(막 9:28-29). 왜 제자들이 능히 귀신을 쫓아내지 못했는지에 대해 야고보 사도는 이렇게 설명합니다. "너희가 얻지 못함은 구하지 아니하기 때문이요 구하여도 받지 못함은 정욕으로 쓰려고 잘못 구하기 때문이라"(약 4:2-3).

예수님의 이러한 말씀을 고려할 때 우리가 가장 먼저 경계해야 할 것은 기도하지 않는 나태함과 게으름입니다. 나태함과 게으름은 기도뿐 아니라 모든 신앙생활을 병들게 하는 암적인 요소입니다. 그러나 그에 못지않게 주의해야 할 것이 있습니다. 그것은 바로 기도의 내용입니다. 하나님의 뜻대로 기도하지 않는 것은 단순한 실수가 아니라, 대단히 심각한 문제입니다. 하나님의 뜻대로 기도하지 않는 사람은 결국 하나님의 뜻대로 살지 않을 가능성이 높기 때문입니다. 예수님께서는 그런 신앙생활이 불러올 치명적인 결과를 이렇게 경고하십니다. "나더러 주여 주여 하는 자마다 다 천국에 들어갈 것이 아니요 다만 하늘에 계신 내 아버지의 뜻대로 행하는 자라야 들어가리라"(마 7:21).

오늘날 적지 않은 그리스도인이 잘못 생각하는 것이 있습니다. 그것은 단순히 나름의 기도 형식을 갖추어 열심히 기도하면 기도에 큰 문제가 없다고 여기며, 심지어 신앙생활을 잘하고 있다고 착각하는 것입니다. 그러나 그리스도인이라 할지라도 외식하는 기도와 중언부언하는 기도에서 자유롭지 못합니다. 무엇보다 올바르지 못한 기도의 내용은 결국 건강하지 못한 신앙과 삶으로 연결됩니다. 그러므로 우리는 이런 경각심을 가지고, 주님께서 직접 가르쳐주신 주기도문을 살펴봐야 합니다.

예수님께서는 다음과 같은 말씀으로 주기도문의 서두를 여십니다. "그러므로 너희는 이렇게 기도하라 하늘에 계신 우리 아버지여"(마 6:9). '그러므로 이렇게 기도하라'라는 말씀에서 알 수 있듯이, 주기도문은 단순한 권유나 선택 사항이 아닙니다. 이것은 기도의 본질적 원리이자 원칙이며, 성도의 기도에 반드시 담겨야 할 핵심적인 내용과 모범적인 방법을 가르치는 것입니다. 주기도문은 모든 기도의 뼈대와 같습니다. 그러므로 성도는 기도할 때 주기도문의 내용을 충분히 그리고 풍성히 반영해야 하며, 주기도문의 각 청원을 참고하여 구체적인 상황에서 기도 내용을 확장해 가야 합니다.

주기도문의 이 같은 중요성과 가치를 고려할 때, 우리는 한 가지 잘못을 반드시 피해야 합니다. 그것은 주기도문을 아무런 생각 없이 단순히 암송하는 수준으로 반복하는 것입니다. 그렇게 한다면 주기도문을 하루에 수십 번 외운다 해도, 이는 주기도문을 가르쳐주신 예수님을 모독하는 행위에 지나지 않습니다. 그것은 이방 종교에서 주문을 외우듯 하는 비인격적인 태도이며, 하나님께서는 자신의 이름을 망령되게 부르는 죄를 결코 가볍게 여기지 않으십니다. 그러므로 성도는 공중 기도든 개인 기도든, 주기도문의 의미와 내용을 깊이 생각하며 진지하게 기도해야 합니다. 특별히 예배나 모임, 행사를 마치면서 주기도문을 드릴 때는 그 의미와 의도를 더욱 신중히 되새기며 기도해야 합니다.

예수님께서는 먼저 기도의 대상이신 하나님을 어떻게 부를지를 가르치십니다. 즉 하나님을 '아버지'라 부르며 기도를 시작하라고 하셨습니다. 당시 유대 사회에서 이것은 실로 혁명적이고 충격적인 말씀이었습니다. 유대인들에게는 결코 상상할 수 없는 표현이었으며, 감히 입에 올릴 수조차 없는 획기적인 말씀이었을 것입니다.

그렇다면 왜 예수님께서는 하나님을 아버지라 부르며 기도하라고 하셨을까요?

첫 번째 이유는 하나님과 성도 사이에 새롭게 세워진 관계성과 하나님의 속성에서 찾을 수 있습니다. 성경은 하나님의 계시를 인간이 이해할 수 있도록 우리의 경험 세계에 맞추어 표현하는 경우가 많습니다. 성부 하나님과 동일 본성을 지니신 성자께서 육신을 입고 세상에 오신 것도 바로 이러한 원리에 따른 사건입니다. 하나님을 아버지라 부르며 기도를 시작하라는 예수님의 말씀도 같은 맥락에서 이해할 수 있습니다. 곧 성도와 하나님과의 관계를 세상에서 가장 친밀하고 익숙한 아버지와 자녀의 관계로 비유하신 것입니다. 세상의 아버지가 자녀를 사랑하고 보호하듯이, 성도는 하나님께서 그러한 분이심을 확신하며 기도로 나아가야 합니다.

사실 본래 하나님을 아버지라 부를 수 있는 이는 오직 성자 예수 그리스도뿐입니다. 성경은 예수님께서 하나님을 아버지라 부르며 기도하신 장면을 자주 보여줍니다. 예컨대 겟세마네 동산에서 예수님께서는 이렇게 기도하셨습니다. "내 아버지여 만일 할 만하시거든 이 잔을 내게서 지나가게 하옵소서"(마 26:39). 예수님은 평소에도 하나님을 아버지라 부르셨고, 그 때문에 유대 종교 지도자들은 예수님을 신성모독자로 정죄했습니다. 요한복음에는 이렇게 기록되어 있습니다. "유대인들이 이로 말미암아 더욱 예수를 죽이고자 하니 이는 안식일을 범할 뿐만 아니라 하나님을 자기의 친 아버지라 하여 자기를 하나님과 동등으로 삼으심이러라"(5:18).

하나님을 아버지라 부를 수 있는 분은 본질적으로 오직 성자뿐인데, 어떻게 피조물인 우리가 하나님을 아버지라 부를 수 있겠습니까? 심지어 하나님의 형상대로 창조된 아담과 하와도 그렇게 부르지 못했는데 말입니다. 그러므로 성도가 하나님을 아버지라 부르며 기도할 수 있다는 것은 그야말로 놀랍고 영광스러운 특권입니다. 이는 전적으로 예수 그리스도의 구속 사역 덕분입니다. 예수님께서는 십자가 대속의 죽음을 통해 하나님과 인간 사이의 단절된 관계를 회복하셨습니다. 성경은 이 사실을 믿는 자에게 하나님의 자녀가 되는 권세를 주셨다고 말씀합니다(요 1:12; 요일 3:1). 곧 성도는 예수 그리스도와 연합함으로 하나님의 자녀로 입양된 것입니다.

여기서 중요한 점은 예수님과 성도의 아들 됨은 본질적으로 다르다는 사실입니다. 예수님은 존재론적으로 성부와 본질을 같이하시는 독생자이지만, 성도는 법적으로 양자로 입양된 자녀입니다. 성도의 아들 됨은 은혜에 근거한 법적 신분이지만, 그럼에도 예수님 안에서 우리는 참되게 하나님을 아버지라 부를 수 있는 권세를 받은 것입니다.

둘째, 예수님께서 하나님을 아버지라 부르라고 하신 이유는 하나님께서 지극히 인격적인 분이심을 알게 하시기 위함입니다. 세상에는 수많은 종교가 있지만, 신을 아버지라 부르며 인격적으로 기도하는 종교는 찾아보기 어렵습니다. 그러나 성도는 어디서든, 어떤 상황에서든 하나님을 아버지라 부르며 기도할 수 있습니다. 하나님은 눈에 보이지 않는 영이시지만, 지성, 감정, 의지를 지니신 인격적인 분입니다. 그래서 하나님의 형상대로 지음받은 인간 역시 인격적 존재인 것입니다(창 1:26). 참된 기도는 하나님을 인격적으로 인식하고, 그분 앞에 선 자신을 바르게 인식할 때 가능합니다.

셋째, 예수님께서 하나님을 아버지라 부르라 하신 이유는, 하나님께서 우리의 기도를 반드시 들으시고 응답하실 것이라는 확신을 갖고 기도하도록 하기 위해서입니다. 하나님은 이미 우리의 필요를 아시며, 그분의 뜻과 나라를 위해 구하는 성도의 기도를 들으십니다. 그러므로 성도는 하나님 아버지께서 자녀의 기도에 신실하게 응답하신다는 확고한 믿음으로 기도해야 합니다.

넷째, 예수님께서 하나님을 아버지라 부르라 하신 이유는, 하나님께서 우리 안에 성령으로 내주하신다는 사실을 믿고 기도하도록 하기 위함입니다. 거듭난 성도 안에는 성령께서 내주하시며, 그에게 성부와 성자를 알게 하시고, 성경의 말씀을 조명해 주십니다. 성령의 내주하심은 곧 하나님의 내재성을 보여줍니다. 그런데 동시에 예수님께서는 하나님이 '하늘에 계신 아버지'라고 말씀하십니다. 헬라어 원문에는 '하늘들'이라는 복수가 쓰였는데, 이는 단순히 눈에 보이는 하늘(sky)이 아니라, 하나님이 거하시는 초월적 영역을 가리킵니다. 이것은 곧 하나님의 초월성을 의미합니다. 즉 하나님은 한편으로는 성령으로 우리 안에 내주하시지만, 다른 한편으로는 초월적인 존재로서 영원성, 불변성, 편재성, 전능성, 무소부재 등 오직 하나님만의 비공유적 속성을 지니고 계십니다.

그러므로 예수님께서 성도가 기도할 때 하나님을 '하늘에 계신 아버지'라고 부르도록 하신 것은, 하나님의 내재성과 초월성을 모두 인식하고 기도로 나아가라는 뜻입니다. 그러나 우리는 종종 하나님의 내재성만 강조하다가 그분의 초월성을 소홀히 여기고, 또 친밀함에 치우쳐 경외심을 잃고 무례하게 기도할 때가 있습니다. 반면 하나님의 초월성만 의식하면 그분이 우리 삶에 개입하시고 역사하신다는 사실을 놓칠 위험이 있습니다. 따라서 성도는 하나님의 초월성과 내재성 모두를 균형 있게 인식해야 합니다. 이것이 바로 건강한 신앙과 기도의 토대입니다. 초월성만 강조하면 이슬람과 같은 이신론적 관점에 빠져 하나님의 섭리를 부정하게 되고, 내재성만 강조하면 범신론적 관점으로 흐를 위험이 있습니다.[1] 그러나 성경이 가르치는 구원은 전적으로 하나님의 은혜와 사랑에서 시작됩니다(선택, 중생, 칭의). 동시에 그 구원은 성화와 성도의 견인 가운데 성도의 인격적 반응과 함께 신비롭게 이루어집니다. 결국 기독교의 구원론은 하나님의 초월성과 내재성이 함께 전제될 때만 가능합니다.

1) 최영인, 《주기도문》(서울: 예사람, 2018).

28장

이름이 거룩히 여김을 받으시오며

"그러므로 너희는 이렇게 기도하라 하늘에 계신 우리 아버지여 이름이 거룩히 여김을 받으시오며"(마 6:9).

앞서 살펴봤듯, 주기도문은 첫 번째 부름과 마지막 송영을 제외하면 크게 세 가지 '당신 간구'와 세 가지 '우리 간구'로 되어 있습니다. 여기서 주목할 점은 바로 간구의 순서입니다. 주기도문은 우리의 삶에 아무리 다급하고 중대한 문제가 있더라도, 하나님을 향한 간구(당신 간구)를 먼저 할 것을 요청합니다. 이것이 바로 예수님께서 모든 그리스도인에게 기도의 모범으로 가르쳐주신 원칙이자 원리입니다. 따라서 우리는 기도할 때 이러한 순서를 의식해야 합니다.

그러나 안타까운 사실은 우리의 실제 기도를 돌아보면, 주기도문이 가르치는 순서와 큰 괴리감이 있다는 점입니다. 대부분의 기도는 '당신 간구'보다 '우리 간구'에 훨씬 더 많은 분량과 관심이 집중되어 있습니다. 설령 '당신 간구'에 대한 기도를 한다 해도, 그 의미를 깊이 깨닫고 드리는 경우는 드뭅니다. 많은 그리스도인이 '당신 간구'의 의미를 단순히 피상적인 수준에서 이해하는 데 그치고, 결과적으로 주기도문을 그저 암송하는 정도에 머물 뿐 자신의 기도에 적극적으로 반영하지 못하고 있습니다.

우리는 흔히 기도를 하나님과의 영적 대화라고 말합니다. 그러나 기도가 진정으로 하나님과의 교제이자 대화가 되려면, 예수님께서 가르쳐주신 것처럼 그분의 나라와 영광을 구하는 기도가 충만해야 합니다. 그래야 믿음의 선진들이 누렸던 기도의 참된 맛을 경험할 수 있고, 하나님과의 깊은 영적 교제로 들어갈 수 있습니다. 또 그것이야말로 우리의 신앙과 삶에 획기적인 변화를 가져오는 올바른 기도입니다.

그럼에도 지금까지의 우리의 기도를 돌아보면, 과연 기도의 본질을 올바로 알고 기도했는지 의심하지 않을 수 없습니다. 하나님과의 친밀한 교제라기보다 주로 우리의 필요와 문제 해결을 위한 일방적인 요청으로 채워졌기 때문입니다. 오늘날 적지 않은 그리스도인이 기복신앙에 치우치는 것도 이와 무관하지 않습니다. 우리의 기도는 하나님의 뜻과 영광보다 자신의 필요와 형편을 우선시하는 기도로 가득 차 있습니다. 결국 하나님의 마음에 합한 기도가 아니라, 자기중심적이고 세속적인 기도로 일관해 왔음을 부정할 수 없습니다.

만일 우리의 기도가 지금까지 이런 어린아이 수준에 머물러 있었다면, 이제부터라도 주기도문을 올바르게 이해하고 하나님께서 기뻐하시는 기도를 드려야 합니다. 이것이야말로 오늘날 조국 교회가 직면한 안타까운 영적 현실과 규모 없는 신앙 그리고 타 종교의 기복적 성향과 다를 바 없는 신앙 풍토를 극복할 수 있는 중요한 길입니다. 이와 관련해 로이드 존스 목사는 이렇게 말했습니다. "영혼들의 구원을 위한 우리의 관심사마저도, 말씀을 전파하는 일에 하나님의 복을 구하는 우리의 관심사마저도, 우리와 가장 가깝고 소중한 사람들이 참된 그리스도인이 되었으면 하는 우리의 관심사마저도, 기도의 첫 자리에 와서는 안 됩니다."[2] 그러므로 우리는 기도할 때 우리 자신의 필요와 유익을 요청하기 전에 먼저 하나님의 이름과 영광, 그 뜻과 관심사를 구해야 합니다. 심지어 영혼 구원과 같이 시급하고 중대한 문제라 할지라도, 그 원칙은 변할 수 없습니다. 그리스도인의 삶의 가장 궁극적인 목적은 오직 하나님의 영광이기 때문입니다.

결국 규모 있는 신앙과 진실한 삶은 하나님의 마음을 먼저 헤아리고, 그분의 뜻에 합한 기도를 드릴 때 가능합니다. 우리가 그분의 존귀한 이름과 뜻이 이 땅 가운데 충만히 드러나기를 기도할 때, 우리의 신앙과 삶 역시 방향과 목적을 잃지 않을 수 있습니다. 그것은 장차 완성될 하나님 나라에 대한 간절한 소망과 영화의 구원에 대한 갈망이 현재의 성화와 균형 잡힌 신앙생활을 가능하게 하기 때문입니다.

이러한 맥락에서 우리는 주기도문의 세 가지 '당신 간구' 가운데 첫 번째 간구의 중요성을 깊이 살펴봐야 합니다. 곧 "그러므로 너희는 이렇게 기도하라 하늘에 계신 우리 아버지여 이름이 거룩히 여김을 받으시오며"(마 6:9)라는 기도입니다. 예수님께서는 하나님을 향한 간구의 첫 번째로 하나님의 이름이 거룩히 여김을 받도록 기도하라고 가르치셨습니다. 여기서 '거룩히'라는 말은 '구별되다', '존경받다', '영화롭게 되다'라는 의미입니다.

그렇다면 하나님의 이름이 무엇으로부터 구별된다는 것일까요? 바로 모든 피조물과 구별된다는 의미입니다. 하나님은 만물의 창조주요 주권자이시며, 지금도 모든 것을 섭리하시고 다스리시는 통치자이시기에 피조 세계와 철저히 구별된 분이십니다. 그러므로 하나님의 이름은 인간뿐 아니라 모든 피조물에게 존경과 찬양을 받으시는 것이 마땅합니다. 이것이 바로 "거룩히 여김을 받으시오며"라는 기도의 본질적인 의미입니다. 그러나 오늘날 하나님의 이름은 종종 이방 신들

2) 마틴 로이드 존스, 《산상수훈 상》, 문창수 역(서울: 베드로서원, 2018).

과 동등하거나 그 이하의 수준으로 취급되기 일쑤입니다. 믿지 않는 자들은 하나님의 이름을 조롱하거나 망령되게 부르며, 심지어 하나님을 믿는다고 하는 이들조차 자신도 모르게 하나님의 이름을 가볍게 여기는 경우가 적지 않습니다.

여기서 눈여겨볼 점은 예수님께서 제자들에게 '여호와여, 거룩히 여김을 받으시오며'가 아니라, "(당신의) 이름이 거룩히 여김을 받으시오며"라고 가르치셨다는 사실입니다. 왜 '여호와'라는 이름을 직접 언급하시지 않고, '이름'이라고 표현하셨을까요? 이는 당시 유대인들의 종교적·문화적 정서를 고려한 것이었습니다. 유대인들은 하나님의 거룩한 이름, 곧 '야훼'(YHWH)를 감히 입에 올리지 않았습니다. 대신 '주'(Lord, 아도나이)라는 존칭을 사용했습니다. 예수님께서는 바로 그들의 이러한 정서를 존중하시어, 하나님을 지칭하는 고유한 이름 대신 '이름'이라고 말하도록 가르치신 것입니다. 나아가 이는 단순한 문화적 배려 차원을 넘어, 하나님의 이름이 곧 그분의 존재와 성품 전체를 나타낸다는 사실을 드러냅니다.

구약 시대 유대인들은 '여호와'라는 이름을 매우 경외하고 신성시했습니다. '여호와'라는 이름을 너무도 두려운 마음으로 대했기에, 그 이름만 들어도 긴장감으로 안절부절못할 정도였습니다. 성경을 필사할 때도 '여호와'라는 이름이 나오면 몸을 깨끗이 씻고 마음을 정결하게 한 뒤에야 필사를 계속했습니다. 그뿐 아니라 그동안 사용하던 붓을 내려놓고 새 붓으로 바꾸어 기록했습니다. 나아가 그들은 '여호와'라는 이름을 직접 기록하지 않고, 대신 '주님'이라는 뜻의 '아도나이'라는 단어를 사용했습니다.

그만큼 유대인들은 '여호와'라는 이름을 거룩하게 여겼습니다. 그 이름을 함부로 부르거나 망령되이 일컫는 것을 극도로 경계했습니다. 앞서 살펴본 바와 같이, 그들은 하나님의 이름으로 맹세하는 일도 크게 두려워했습니다. 이러한 반응은 하나님의 초월성, 곧 그분의 위대하심과 광대하심, 거룩하심과 경외하심에 대한 깊은 인식에서 비롯된 것입니다.

그렇다면 하나님의 이름이란 무엇이며, 하나님께서는 어떤 방식으로 그 이름을 계시하고 드러내셨을까요? 모든 인간의 이름은 자신이 아니라 다른 사람에 의해 붙여집니다. 그러나 하나님은 두 가지 방식으로 자신의 이름을 계시하셨습니다.

첫째, 하나님께서는 자신의 이름을 직접 계시하셨습니다. '여호와'라는 이름은 인간이 만들어낸 것이 아니라, 하나님께서 모세에게 직접 알려주신 이름입니다. "하나님이 모세에게 이르시되 나는 스스로 있는 자이니라 또 이르시되 너는 이스라엘 자손에게 이같이 이르기를 스스로 있는 자가 나를 너희에게 보내셨다 하라"(출 3:14). 즉 '여호와'라는 이름은 '스스로 있는 자'라는 뜻입니다. 이 이름을 통해 하나님은 자신이 피조물처럼 누군가에 의해 지음을 받은 존재가 아니라, 스스로 존재하시는 절대자임을 드러내셨습니다. 그분은 영원히 살아 계신 분이시며, 그 어떤 것에도 의존하시지 않는 지존자이십니다. 동시에 '여호와'라는 이름은 '언약에 신실하신 하나님'이라는 의미도 내포하고 있습니다.

둘째, 하나님은 구속사의 수많은 사건을 통해 자신의 이름을 계시하셨습니다. 이는 바로 '언약에 신실하신 하나님'과 직결됩니다. 하나님은 이스라엘 백성을 가나안으로 인도하시고, 그들을 이방 민족의 위협에서 구원하시는 사건을 통해 자신의 이름을 드러내셨습니다. '여호와 이레'(준비하시는 하나님), '여호와 라파'(치료하시는 하나님), '여호와 닛시'(승리의 깃발이 되시는 하나님), '여호와 샬롬'(평강이 되시는 하나님), '여호와 로이'(목자 되시는 하나님), '여호와 치드케누'(의로우신 하나님), '여호와 삼마'(거기 계시는 하나님), '여호와 체바오트'(만군의 하나님) 등의 이름이 바로 그것입니다. 이 사실은 곧 하나님의 이름이 그분의 성품과 속성 그리고 그분의 언약적 사역과 깊이 연관되어 있음을 보여줍니다. 하나님은 자신의 백성을 향한 구원과 언약의 성취 과정에서 자신의 이름을 계시하셨습니다. 다시 말해, 하나님께서 자신의 이름을 계시하신 이유는 단순히 부를 수 있는 호칭을 주신 것이 아니라, 자신이 다른 피조물과 전혀 다른 분이심을, 언약을 끝까지 지키는 신실한 분이심을 드러내기 위함이었습니다.

여기서 하나님의 이름이 '언약에 신실하신 하나님'을 뜻한다는 사실은 그리스도인에게 특별히 신학적으로 중요한 의미를 지닙니다. 그리스도인은 하나님의 은혜로 거듭나고 새 생명을 얻은 존재이지만, 여전히 이 땅에서의 성화 과정에서 자신의 연약함과 부족함, 죄성으로 인한 한계를 드러낼 수밖에 없는 나약한 존재이기도 합니다. 그럼에도 그리스도인이 최종적인 영화의 구원에 이를 수 있는 이유는 바로 언약에 신실하신 하나님 때문입니다. 하나님은 구원하기로 작정하신 자기 백성을 그들의 불신앙과 실패에도 끝까지 붙드십니다. 그리고 그들을 마침내 영광의 자리로 인도하십니다. 이처럼 우리의 구원은 전적으로 언약에 신실하신 하나님께 달려 있으며, 결코 우리의 공로나 자격에서 비롯되지 않습니다. 그러므로 모든 그리스도인은 언약에 신실하신 하나님께 마땅히 감사와 찬양과 영광을 돌려야 합니다.

그렇다면 믿음의 선진들은 주기도문의 첫 번째 간구, 곧 "이름이 거룩히 여김을 받으시오며"라는 구절을 어떻게 이해했을까요? 하이델베르크 교리문답은 이 간구의 의미를 크게 두 가지로 요약합니다.

첫째, 이 기도는 "우리가 하나님을 바르게 알게 해주시고, 그분의 전능하심과 지혜와 선하심과 의로우심과 자비와 진리가 그분의 모든 사역에서 드러나도록 하여, 그로 인해 하나님이 영광과 찬양을 받으시게 해주소서"[3]라는 의미를 지닙니다. 그리스도인은 기도할 때 무엇

3) 윤석준, 《하이델베르크 교리문답 설교 3》(서울: 부흥과개혁사, 2016).

보다 하나님을 바르게 알기를 구해야 합니다. 믿음의 선진들은 구속사의 사건에서 계시된 하나님의 이름을 단순히 지식적으로 아는 데서 그치지 않고, 삶에서 직접 경험하며 더 깊이 알기를 원했습니다. 우리 또한 예수님의 가르침을 따라 하나님을 더 정확하게, 더 풍성하게 알고자 하는 열망으로 기도해야 합니다. 성경 역시 이를 강조합니다. "여호와를 경외하는 것이 지식의 근본이거늘 미련한 자는 지혜와 훈계를 멸시하느니라"(잠 1:7). "영생은 곧 유일하신 참 하나님과 그가 보내신 자 예수 그리스도를 아는 것이니이다"(요 17:3). 물론 여기서 말하는 '영생'은 단순히 끝없이 사는 시간적 개념이 아닙니다. 영생은 생명 자체이신 하나님과의 인격적 관계를 의미합니다. 즉 영생의 본질은 시간의 길이가 아니라, 하나님과 맺는 바른 관계입니다. 그러므로 예수 그리스도를 믿는 사람은 이미 지금 이 땅에서부터 그 영생을 누리며 살아가야 합니다. 바울 사도도 이렇게 고백합니다. "또한 모든 것을 해로 여김은 내 주 그리스도 예수를 아는 지식이 가장 고상하기 때문이라 내가 그를 위하여 모든 것을 잃어버리고 배설물로 여김은 그리스도를 얻고 그 안에서 발견되려 함이니"(빌 3:8-9).

둘째, "이름이 거룩히 여김을 받으시오며"라는 기도는 '하나님의 이름이 우리 때문에 더럽혀지지 않고, 오히려 우리의 생각과 말과 행동을 통해 항상 높임을 받게 하소서'라는 의미입니다. 그리스도인은 하나님이 스스로 영광을 받으시도록 기도할 뿐 아니라, 동시에 자신의 삶을 통해 그 영광이 드러나도록 간구해야 합니다. 예수님께서 이 땅에 계실 때 친히 그렇게 사셨습니다. "아버지께서 내게 하라고 주신 일을 내가 이루어 아버지를 이 세상에서 영화롭게 하였사오니…세상 중에서 내게 주신 사람들에게 내가 아버지의 이름을 나타내었나이다"(요 17:4, 6). 사도 바울 역시 이렇게 권면합니다. "그런즉 너희가 먹든지 마시든지 무엇을 하든지 다 하나님의 영광을 위하여 하라"(고전 10:31).

결국 주기도문의 첫 번째 간구는 단순한 형식적인 기도가 아니라, 하나님의 이름이 바르게 알려지고, 그 이름이 우리의 삶과 세상에서 존귀하게 드러나도록 간절히 구하는 것입니다. 이는 곧 하나님이 스스로 자신의 영광을 드러내시면서도, 동시에 우리를 그 영광의 통로로 사용하신다는 놀라운 사실을 보여줍니다. 구약의 인물 가운데 하나님의 영광을 위해 살았던 대표적인 사람은 아마 다윗일 것입니다. 그는 하나님의 이름을 조롱하며 욕되게 한 골리앗 앞에서 하나님의 거룩한 분노를 드러낸 인물로 유명합니다. 다윗은 골리앗을 향해 이렇게 선포했습니다. "너는 칼과 창과 단창으로 내게 나아오거니와 나는 만군의 여호와의 이름 곧 네가 모욕하는 이스라엘 군대의 하나님의 이름으로 네게 나가노라"(삼상 17:45). 그리스도인은 소극적으로는 하나님께서 친히 자신의 이름과 영광을 충분히 드러내시도록 간구해야 합니다. 그러나 여기서 멈춰서는 안 됩니다. 중생한 성도의 간구는 더 적극적이어야 합니다. 곧 자신의 신앙과 삶을 통해 하나님의 이름과 영광이 나타나도록 기도해야 합니다.

그리스도인에게 이러한 간구를 원하시는 하나님의 마음을 한번 깊이 생각해 보십시오. 이 얼마나 영광스럽고 놀라운 일입니까? 우리가 무엇이기에 하나님께서 우리를 사용하시겠습니까? 그러나 이것이 바로 하나님께서 일하시는 방식이며, 그분이 자기 백성을 사랑하시고 빚어가시는 방식입니다. 물론 성도가 자신의 말과 행동과 삶으로 하나님의 이름과 영광을 드러내기 위해 아무리 힘쓴다고 해도 그 노력에는 분명 한계가 있습니다. 더 나아가 세상 모든 신실한 성도의 사역과 삶을 다 모아 산더미처럼 쌓는다 해도 하나님께서 친히 자신의 이름을 드러내시고 영광을 나타내시는 것과 비교하면, 그것은 새 발의 피에 불과할 만큼 미미하고 초라할 것입니다.

여기서 우리가 반드시 기억해야 할 분명한 사실이 있습니다. 하나님께서는 우리의 찬양과 기도에 의존하지 않으셔도, 자신이 창조한 수많은 피조물을 통해 충분히 영광을 받으실 수 있다는 것입니다. 예수님께서 친히 이렇게 말씀하셨습니다. "만일 이 사람들이 침묵하면 돌들이 소리 지르리라"(눅 19:40). 우리가 다른 이들에게 선한 영향을 끼칠 만큼 바르게 말하고 행동한다 해도, 여전히 우리는 죄 가운데 살며 수많은 잘못과 실수를 저지르는 연약한 존재입니다. 이런 사실을 고려한다면, 우리의 부족한 삶과 하찮은 모습이 하나님의 이름과 영광을 높이는 데 얼마나 보탬이 되겠습니까? 그럼에도 주님은 우리에게 명령하십니다. 그리스도인이라면 누구나 하나님께 간구하되, 자신의 삶을 통해 그분의 이름과 영광이 드러나도록 기도하라고 말입니다. 이는 참으로 놀라운 은혜입니다.

그렇다면 왜 하나님께서 성도에게 이와 같은 기도를 하라고 요구하실까요? 그 이유는 하나님 자신 안에 있습니다. 하나님은 우주 만물의 창조주이시며, 피조 세계와 근본적으로 구별되는 거룩하신 분이십니다. 그러므로 하나님은 그리스도 안에서 하나님의 자녀가 된 성도들이 그분의 거룩한 성품을 닮아감으로써 자연인과 구별되기를 원하십니다. 바로 이런 맥락에서 예수님께서 제자들에게 골방에서 하나님께 나아가 기도할 때, 먼저 이 간구를 드리라고 가르치신 것입니다.

그러나 지금까지의 우리의 기도를 돌아보면 어떻습니까? 하나님의 이름과 영광이 아니라, 우리의 일용할 양식과 영광을 위해 기도한 적이 얼마나 많습니까? 성경은 분명히 "너희는 먼저 그의 나라와 그의 의를 구하라"(마 6:33)라고 말씀합니다. 만약 우리가 먼저 하나님의 이름과 영광이 높아지기를 간절히 구했다면, 우리 자신과 교회가 전인격적으로 하나님의 영광을 위해 살게 해달라고 기도했다면, 오늘날 조국 교회가 세상으로부터 이토록 손가락질당하는 비극은 피할 수 있었을지도 모릅니다. 성경은 분명히 이렇게 말씀합니다. "이같이 너희 빛이 사람 앞에 비치게 하여 그들로 너희 착한 행실을 보고 하늘에 계신 너희 아버지께 영광을 돌리게 하라"(마 5:16).

그럼에도 작금의 조국 교회의 현실은 어떻습니까? 자신을 위한 간구와 청원에 매몰되어 있다면 하나님께서 얼마나 애통해하시고 탄식하시겠습니까? 우리는 하나님의 이름과 명예가 짓밟히는 현장을 목격할 때마다, 또 우리로 인해 하나님의 영광이 가려지는 현실을 경험할 때마다, 다윗처럼 거룩한 분노로 반응해야 합니다. "이름이 거룩히 여김을 받으시오며"라고 기도할 때마다, 나는 과연 그렇게 살아가고 있는지 진지하게 돌아보아야 합니다. 만일 그렇지 못하다면 하나님 앞에서 회개해야 합니다. 그리고 겸비한 마음으로 다시 하나님께 은혜를 구하며, 그분의 힘과 능력으로 살기를 간절히 기도해야 합니다. 이제 우리의 기도는 반드시 달라져야 합니다. 우리가 아무리 절망적인 상황에 있다고 해도, 오히려 그럴수록 잠시 멈추어 호흡을 고르고, 우리의 시선을 하나님께로 돌려야 합니다. 진정 하나님께서 원하시는 기도가 무엇인지 묻고, 그 어려움조차 하나님의 섭리 안에서 허락된 것임을 인정하며, 그 속에서 하나님의 이름과 영광을 드러낼 길을 찾아야 합니다. 모든 상황을 그분의 이름을 영화롭게 할 기회로 삼아 기도로 나아가야 합니다.

세상은 여전히 조국 교회를 향해 많은 질책과 비난을 쏟아내고 있습니다. 그러나 동시에 조국 교회에 칭찬할 만한 부분도 있습니다. 그중 가장 대표적인 것은 교회가 여전히 기도한다는 점입니다. 특히 새벽기도는 세계 교회사 어디에서도 찾아보기 힘든, 조국 교회만의 독특한 전통으로 자리 잡았습니다. 과거에 비해 기도의 양과 열정이 줄어들었다고는 하지만, 여전히 조국 교회 성도들은 기도에 열심을 다하고 있습니다. 오늘날 조국 교회의 놀라운 성장 뒤에는 하나님의 은혜가 있었음이 분명하지만, 동시에 성도들의 눈물 어린 기도가 그 밑바

탕이 되었음도 결코 간과할 수 없습니다.

이러한 기도의 열정이 있음에도 조국 교회에는 반드시 해결해야 할 과제 또한 존재합니다. 역설적이게도 오늘날 조국 교회가 직면한 비참하고 암울한 현실은 일정 부분 기도의 왜곡에서 비롯된 것이기도 합니다. 주기도문의 원리에서 벗어난 기도의 내용과 방법은 이제 일부 교회만의 문제가 아니라, 광범위하게 나타나는 현상입니다. 그래서 많은 성도가 과연 성경이 말하는 건강한 교회가 무엇인지, 하나님께서 원하시는 올바른 기도가 무엇인지를 알지 못한 채 방황하고 있습니다. 예를 들어, 일부 대형 교회에서는 직분자를 세울 때 마땅한 기준이 부족하다는 이유로, 예배 출석률이나 기도회 참석 여부, 새벽기도 출석 등 외적인 요소를 중요한 평가 기준으로 삼기도 합니다. 또 각종 프로그램과 과정을 이수한 사람만 직분자로 세우는 경우도 흔합니다. 물론 각 교회의 형편상 어쩔 수 없는 부분이 있겠지만, 그렇더라도 이런 방식으로 직분자를 세우는 것은 교회가 성도의 신앙생활 전반을 왜곡시키는 결과를 낳습니다. 이런 모습은 의도하지 않았을지라도 결과적으로 현대판 바리새인과 서기관을 양산하게 됩니다. 교회 안에서는 여전히 이러한 모습이 사라지지 않고 활개를 치고 있습니다.

더 큰 문제는 오늘날 많은 그리스도인이 예배와 기도를 드리는 동기와 목적조차 과거 바리새인들과 크게 다르지 않다는 점입니다. 예배와 기도의 중심에 하나님이 계시기보다, 다른 사람의 시선을 의식하거나 목회자의 압력에 못 이겨 예배와 기도에 임하는 경우가 없지 않습니다. 우리의 중심을 보시는 하나님께서 진심과 자발성이 부족한 기도와 신앙생활을 기뻐하실 리 없다는 것은 너무나 자명합니다. 그 결과 예배는 하나님을 경배하는 거룩한 자리에서 단순한 의무적 행위로 전락하고, 기도는 하나님과의 친밀한 대화에서 벗어나, 자신의 경건을 과시하기 위한 얄팍한 수단으로 변질되고 맙니다. 이는 성도들을 은연중에 위선적인 기도와 신앙생활로 이끌 뿐 아니라, 교회를 바리새주의로 물들이는 심각한 문제를 야기합니다.

이처럼 오늘날 많은 교회가 성도들이 왜곡된 신앙생활을 하고 외식적인 삶을 살도록 부추기고 있습니다. 성도들을 하나님의 구원의 은혜와 사랑에 기쁜 마음으로 자발적으로 헌신하도록 이끌어야 함에도, 교회가 오히려 불필요한 경쟁과 갈등을 조장하기도 합니다. 이는 성도들을 은연중에 율법주의로 몰아넣고, 하나님께서 기뻐하시지 않는 길로 인도하는 것입니다. 이 같은 사례들은 조국 교회에 여전히 바리새주의가 살아 있음을 보여줍니다. 그렇다고 해서 단순히 그들을 비난하는 데서 멈춰서는 안 됩니다. 우리 또한 조금만 방심하면 그렇게 될 수 있기 때문입니다. 사실 지금 이 순간에도 우리는 자신도 모르는 사이에 바리새적인 신앙생활을 하고 있을지도 모릅니다. 그러므로 성경은 우리에게 경고합니다. "어찌하여 형제의 눈 속에 있는 티는 보고 네 눈 속에 있는 들보는 깨닫지 못하느냐…외식하는 자여 먼저 네 눈 속에서 들보를 빼라 그 후에야 네가 밝히 보고 형제의 눈 속에 있는 티를 빼리라"(눅 6:41-42).

신앙의 영역은 세상의 영역과 다릅니다. 신앙생활은 목적과 방향뿐 아니라 과정과 절차까지도 하나님 앞에서 거룩하고 정결해야 합니다. 그런데 오늘날 일부 교회는 성도에게 반드시 가르쳐야 할 것을 스스로 외면하거나, 성도가 원치 않는다는 이유로 배제하기도 합니다. 시대와 맞지 않는다는 생각으로 가르치기를 꺼리는 경우도 적지 않습니다. 더욱 심각한 문제는, 어떤 경우에는 의도성을 가지고 특정한 신앙 행위를 강조하며 그로 인한 잠재적 효과를 노리기도 한다는 점입니다. 물론 참된 신앙은 반드시 외적인 행위로 나타나야 합니다. 그러나 만일 그 행위가 성도들의 신앙 전반에 부정적 영향을 끼친다면, 아무리 좋은 의도가 있더라도 그것은 철저히 배격해야 합니다.

29장

나라가 임하시오며

"나라가 임하시오며 뜻이 하늘에서 이루어진 것같이 땅에서도 이루어지이다"(마 6:10).

마태복음에 기록된 주기도문의 세 가지 '당신 간구' 중 두 번째는 "(당신의) 나라가 임하시오며"입니다. 물론 여기서 말하는 나라는 일반적인 영토 개념이 아닙니다. 하나님의 나라는 하나님께서 주권적으로 다스리시고 통치하시는 통치적·영적 개념입니다. 그러므로 "(당신의) 나라가 임하시오며"라는 간구는 곧 하나님께서 주권적으로 다스리시는 그 나라가 이 땅에 실현되기를 기도하는 것입니다.

여기서 우리는 중요한 기도의 본질을 발견할 수 있습니다. 그것은 성경과 기독교가 말하는 기도는 이미 이 땅에서부터 하나님의 통치에 동참하는 위대한 신앙 행위라는 것입니다. 다시 말해, 기도는 우주의 주권자이신 하나님과 교통하면서 그분의 뜻이 이 땅에 이루어지는 데 참여하는 영광스러운 통치 행위입니다. 그러므로 성도의 기도는 결코 이방인이나 유대 종교지도자들의 자기중심적 기도와 같은 차원에 머무를 수 없습니다. 우리는 이러한 기도의 본질을 알고 본문을 살펴야 합니다.

이 말씀에서 먼저 살펴봐야 할 중요한 주제는 두 가지입니다. 첫째는 "(당신의) 나라가 임하시오며"라는 간구와 첫 번째 간구인 "(당신의) 이름이 거룩히 여김을 받으시오며"라는 기도의 관계입니다. 둘째는 "(당신의) 나라가 임하시오며"라는 요청이 또 다른 영적 나라, 즉 하나님 나라와 대립하는 사탄의 나라가 있음을 전제하고 있다는 사실입니다. 그러므로 우리는 하나님 나라와 사탄의 나라를 비교하며 살펴볼 필요가 있습니다.

먼저 두 간구의 관계를 생각해 봅시다. 주기도문의 전체 주제는 하나님 나라와 그분의 영광입니다. 즉 세 가지 '당신 간구' 모두가 이 주제를 중심으로 긴밀히 연결되어 있습니다. 그중에서 예수님께서는 "(당신의) 이름이 거룩히 여김을 받으시오며"라는 간구를 가장 먼저 말씀하셨습니다. 그런데 하나님의 이름이 거룩히 여김을 받기 위해서는 필연적인 전제 조건이 있습니다. 그것은 기도하는 자의 심령에 하나님의 나라가 실제로 임해야 한다는 것입니다. 오직 하나님의 통치를 받아들이는 자만이 그분의 이름을 거룩히 여기며, 자신의 삶을 통해 그 거룩함을 드러낼 수 있습니다. 그러므로 "(당신의) 나라가 임하시오며"라는 간구는 첫 번째 간구가 이루어지기 위한 필수 조건이며, 신앙의 논리적 순서상 반드시 뒤따라야 할 기도입니다.

다음으로, 이 간구가 전제하는 또 다른 나라의 존재를 살펴봐야 합니다. 성경은 모든 인간은 예외 없이 두 가지 영역 중 하나에 속한다고 분명히 선언합니다. 하나는 하나님의 통치 아래 있는 하나님 나라이고, 다른 하나는 사탄이 지배하는 어둠의 영역입니다. 중간 지대는 없습니다. 이것이 성경이 말하는 절대적인 영적 진리입니다. 그러므로 하나님 나라가 임하기를 기도한다는 것은 동시에 사탄의 나라가 무너지고 패배하기를 기도하는 것이기도 합니다. 요한계시록은 사탄의 권세가 자리 잡은 곳을 분명히 언급합니다. "네가 어디에 사는지를 내가 아노니 거기는 사탄의 권좌가 있는 데라…사탄이 사는 곳에서 죽임을 당할 때에도 나를 믿는 믿음을 저버리지 아니하였도다"(2:13).

그렇다면 사탄은 언제부터 인간에게 영향을 끼쳤을까요? 성경은 그 시작을 창조와 타락 사건에서 찾습니다. 최초의 인간 아담과 하와는 하나님의 형상과 모양대로 지음을 받아 에덴동산에서 하나님과 교제하며 참된 복락을 누렸습니다. 그러나 사탄의 간계에 속아 하나님께서 명하신 언약을 어기고 타락하게 되었습니다. 그 결과 그들은 하나님의 심판을 받았고, 인류 전체는 원죄 아래 놓이게 되었습니다. 창세기 3장 15절은 이 사실을 원시복음(Protoevangelium)으로 증언합니다. "내가 너로 여자와 원수가 되게 하고 네 후손도 여자의 후손과 원수가 되게 하리니 여자의 후손은 네 머리를 상하게 할 것이요 너는 그의 발꿈치를 상하게 할 것이니라 하시고."

아담과 하와의 타락은 모든 후손에게 돌이킬 수 없는 결과를 남겼습니다. 인간은 태어나는 순간부터 원죄 아래 있는 죄인이 되었고, 사탄의 권세 아래 놓이게 되었습니다. 이로써 사탄은 인간을 지배하며 종으로 삼고, 끊임없는 유혹과 계략으로 하나님을 대적하게 합니다. 심지어 신자들조차 미혹하여 하나님께 가까이 나아가지 못하게 방해합니다. 그 결과 하나님의 이름을 거룩히 여기기는커녕, 인간 스스로가 하나님의 영광을 찬탈하려 드는 비극이 벌어집니다. 바로 이러한 이유로 예수님께서는 "(당신의) 나라가 임하시오며"라고 기도하라고 가르치셨습니다. 이 땅이 사탄의 권세에 종속되지 않고, 하나님의 온전한 통치 아래 있도록 기도해야 하기 때문입니다. 실제로 이것은 예수님께서 이 땅에 오신 가장 궁극적인 목적과 직결됩니다.

그렇다면 "(당신의) 나라가 임하시오며"라는 간구에는 어떤 의미가 있을까요? 신학자들은 이 요청을 과거, 현재, 미래라는 삼 시제로 설명해 왔습니다. 또 그 의미는 이미 하나님 나라 백성이 된 성도와 아직 그렇지 않은 자들 그리고 교회 공동체와 세계 선교라는 차원에서 다양하게 확장됩니다.

먼저 과거 시제를 중심으로 살펴보면, 구약성경은 철저히 오실 메시아를 예언하는 계시의 책이었습니다. 수많은 선지자의 메시지와 제사 제도, 제사의 대상과 희생 제물, 제사장 모두가 장차 오실 메시아를 예표했습니다. 성경은 그 메시아가 바로 하나님의 독생자 예수 그리스도임을 분명히 증언합니다. 그리고 실제로 그분은 하나님의 때에, 하나님의 방법으로 성육신하셔서 이 땅에 오셨습니다. 그분은 "때가 찼고 하나님의 나라가 가까이 왔으니 회개하고 복음을 믿으라"(막 1:15)라고 선포하시며 공생애를 시작하셨습니다. 이후 십자가에서 죽으시기까지 하나님 나라의 복음을 전파하셨습니다. 예수님께서는 단순히 선지자의 역할을 넘어, 죄인을 구원하시는 구세주로, 동시에 만물의 주(Lord)로 이 땅에 오신 것입니다. 중요한 점은 예수 그리스도의 성육신 사건을 통해 하나님의 나라가 이미 이 땅에 도래했다는 사실입니다. 신학적으로 흔히 '이미 그러나 아직'(already, not yet)이라고 부르는 이 진리는 예수님이 역사로 들어오실 때 하나님의 나라를 함께 가지고 오셨음을 의미합니다. 그러므로 하나님 나라는 이미 시작되었으나 아직 완성되지 않은 상태로 현세에 존재합니다. 이것은 단순한 상징이나 비유가 아니라 부인할 수 없는 역사적 사건이자 성경이 증거하는 객관적 진리입니다.

그러므로 "(당신의) 나라가 임하시오며"라는 간구는 이미 과거 역사에 임한 하나님의 나라가 모든 중생한 그리스도인의 심령에 현재적으로 충만히 임하기를 바라는 요청입니다. 다시 말해, 예수 그리스도의 성육신과 사역을 통해 객관적인 사실로 세상에 나타난 그 하나님의 나라가 지금 이 순간 우리의 심령에서 주관적인 확신과 내적인 증거로 풍성히 드러나기를 기도하라는 것입니다. 사실 우리 그리스도인도 여전히 죄로 가득한 세상에서 살아가고 있습니다. 그러나 예수님은 우리가 하나님의 다스림과 통치, 인도하심을 받으며 그분의 주권을 인정하는 삶을 충실히 살아가도록 기도하라고 가르치십니다. 결국 제자들에게 주신 이 기도는 과거에 이미 임한 하나님 나라(예수 그리스도의 성육신과 함께 세상에 들어온 그 나라)와 깊은 관련이 있습니다.

둘째, "(당신의) 나라가 임하시오며"라는 간구는 예수님을 믿지 않는 자연인, 즉 우리의 가족, 친척, 이웃 등에게도 하나님의 다스림과 통치가 속히 임하기를 구하는 것입니다. 성경은 자연인을 예외 없이 죄와 사망의 권세 아래 놓인 자들, 곧 사탄의 종노릇을 하며 영적으로 포로 된 자들로 묘사합니다. 그들은 타락으로 인해 하나님의 존재와 영적 세계에 대해 눈이 멀어, 하나님의 나라와 그 실체를 전혀 보지도, 깨닫지도 못합니다. 그뿐 아니라 세상의 근심과 염려에 짓눌려 진리와 죄 사함이 주는 자유를 누리지 못한 채 억눌려 살아갑니다. 우리 역시 예수님을 믿기 전에는 그렇게 비참하게 살았습니다.

그렇기에 예수님의 사역은 눌린 자를 자유롭게 하시고, 포로 된 자를 해방하게 하는 구원의 사역이었습니다. "주의 성령이 내게 임하셨으니 이는 가난한 자에게 복음을 전하게 하시려고 내게 기름을 부으시고 나를 보내사 포로 된 자에게 자유를, 눈먼 자에게 다시 보게 함을 전파하며 눌린 자를 자유롭게 하고 주의 은혜의 해를 전파하게 하려 하심이라 하였더라"(눅 4:18-19). 그러므로 "(당신의) 나라가 임하시오며"라는 기도는 영적 어둠에 사로잡혀 사는 이들이 예수 그리스도를 자신의 참된 주님이자 왕으로 모시게 해달라는 간구입니다. 그들도 하나님의 통치와 다스림을 받아 참된 자유와 복을 누리게 해달라는 것입니다.

더 나아가 이 간구는 세계 선교적 관점에서도 중요한 의미가 있습니다. 오늘날 지구촌 곳곳에는 여전히 복음을 듣지 못한 미전도 종족들이 존재합니다. 예수님은 교회에 세계 선교를 통해 하나님이 택하신 자들이 복음을 듣고 구원에 이르도록 기도하고 헌신하라고 명하셨습니다. 그들에게도 하나님의 주권적인 통치와 구원의 은혜가 풍성히 임하도록 기도하라는 것입니다. "그러므로 너희는 가서 모든 민족을 제자로 삼아 아버지와 아들과 성령의 이름으로 세례를 베풀고 내가 너희에게 분부한 모든 것을 가르쳐 지키게 하라"(마 28:19-20).

셋째, "(당신의) 나라가 임하시오며"라는 간구는 교회 공동체와도 깊은 관련이 있습니다. 이 기도는 곧 모든 교회에 하나님의 다스림과 통치가 충만히 임하게 해달라는 요청입니다. 특히 오늘날 한국 교회의 현실을 생각할 때 이 기도는 어느 시대보다 시의적절합니다. 성경이 말하는 건강한 교회 찾기가 점점 어려워지고 있기 때문입니다. 그 이유 중 하나는 왜곡된 교회론입니다.

오늘날 우리는 종종 교회의 본질을 오해합니다. 성도들의 거듭남과 참된 믿음을 철저히 확인하기보다, 겉으로 드러나는 헌신이나 봉사, 섬김이 활발한 교회를 좋은 교회라 생각합니다. 목회자의 권위에 무조건 복종하거나, 문제없이 평온해 보이는 교회, 다양한 프로그램과 전도 활동으로 지역 사회에 선한 영향을 끼치는 교회를 건강한 교회라 여깁니다. 물론 이런 모습이 필요 없다는 뜻은 아닙니다. 그러나 성경이 말하는 참된 교회가 되려면 반드시 충족되어야 할 세 가지 표징이 있습니다. 그것은 곧 바른 말씀 선포(특히 복음의 원색적 선포), 바른 성례 시행, 바른 권징 집행입니다. 이 모든 것에 교회의 머리이신 예수 그리스도가 중심이 되지 않는다면, 어떤 외적 열심도 무용지물입니다. 그뿐 아니라, 모든 성도가 성령의 다스림 안에서 하나님을 아는 지식과 믿음에서 성장하는 공동체가 되어야 합니다. 그러나 조국 교회는 교회론에 대한 체계적 가르침이 부족하여 교회의 영광과 복됨을 피상적으로 아는 경우가 많습니다. 이제라도 성경적 교회론을 깊이 배우고 가르쳐야 합니다. 그럴 때 비로소 우리는 예수 그리스도의 피 값으로 세우신 교회의 존귀와 영광을 깨닫고, 교회가 이 땅에 존재하는 이유와 목적을 알게 됩니다.

사실 교회는 불완전합니다. 알곡과 가라지가 섞여 있기 때문입니다. 그러나 교회는 여전히 이 세상에 하나님 나라를 드러내는 유일무이한 공동체입니다. 지상의 교회는 궁극적으로 장차 완성될 하나님 나라와 연결되어 있습니다. 그러므로 성도는 교회를 통해 하나님의 살아 계심과 섭리를 세상에 증거하고, 하나님 나라의 모습을 미리 보여주어야 합니다. "(당신의) 나라가 임하시오며"라는 간구는 곧 교회에 하나님의 주권적 통치가 충만히 임하게 해달라는 기도입니다. 우리는 한국 교회가 성경이 말하는 교회의 본질을 왜곡하지 않았는지, 기능과 본질을 전도하고 있지는 않은지 진지하게 점검해야 합니다.

넷째, "(당신의) 나라가 임하시오며"라는 간구는 미래적 의미를 담고 있습니다. 곧 예수 그리스도의 재림으로 완성될 하나님의 나라, 새 하늘과 새 땅이 속히 임하기를 구하는 것입니다. 성경은 예수님의 재림의 때를 오직 아버지 하나님만 아신다고 가르칩니다(마 24:36). 아직 재림이 이루어지지 않은 이유는 크게 두 가지입니다. 하나는 세상의 악이 아직 하나님의 심판을 받을 만큼 관영하지 않았기 때문입니다(창 6:5-7, 15:16). 다른 하나는 하나님이 택하신 백성들이 아직 다 구원에 이르지 않았기 때문입니다.

그럼에도 성경은 재림이 속히 그리고 도둑같이 임할 것을 반복해서 강조합니다. 요한계시록에서는 "내가 진실로 속히 오리라 하시거늘"(22:20)이라고 증언합니다. 재림은 곧 타락으로 잃어버린 에덴의 회복이며, 하나님의 백성이 하나님과 영원히 교제하며 참된 사랑과 복락을 누리는 영광의 나라의 완성입니다. 예수님은 제자들에게 이 재림이 속히 임하여 완전한 하나님의 나라가 도래하도록 기도하라고 가르치셨습니다. 그날에는 모든 눈물이 씻기고, 고통이 사라지며, 하나님과의 완전한 교제가 이루어질 것입니다.

오늘의 교회와 성도는 이 기도의 네 가지 의미(과거에 이미 도래한 하나님 나라의 현재적 충만, 아직 믿지 않는 자들에게 임할 하나님 나라, 교회 공동체 안에 임할 하나님 나라, 장차 재림으로 완성될 하나님 나라)를 깊이 묵상하며 간구해야 합니다. 특히 이천 년 전 성육신을 통해 이미 시작된 하나님 나라가 지금 여기 한국 교회 모든 성도의 심령에 충만히 임하도록 기도해야 합니다. 그렇게 할 때 조국 교회는 하나님이 원하시는 참된 영적 부흥을 경험할 것입니다. 동시에 장차 완성될 하나님 나라가 속히 도래하도록, 온 피조 세계가 허무와 썩음의 종노릇에서 해방되어 하나님의 영광의 자유에 이르기를 간구해야 합니다(롬 8:20-22). 결국 "(당신의) 나라가 임하시오며"라는 기도는, 하나님의 주권이 과거·현재·미래의 모든 차원에서 충만히 드러나기를 구하는 가장 거룩한 간구입니다.

30장

뜻이 하늘에서 이루어진 것같이

"나라가 임하시오며 뜻이 하늘에서 이루어진 것같이 땅에서도 이루어지이다"(마 6:10).

이제 주기도문의 세 가지 '당신 간구' 중 세 번째 청원, 곧 "(당신의) 뜻이 하늘에서 이루어진 것같이 땅에서도 이루어지이다"라는 구절을 살펴보고자 합니다. 앞서 확인했듯이, 첫 번째 간구와 두 번째 간구가 논리적인 연결고리를 갖고 있는 것처럼, 이 세 번째 간구 역시 앞선 두 간구와 깊은 연관성이 있습니다. 다시 말해, "(당신의) 뜻이 하늘에서 이루어진 것같이 땅에서도 이루어지이다"라는 기도는 이미 전제된 첫 번째와 두 번째 간구를 토대로 이해해야 합니다. 그 이유는 분명합니다. 하늘에서는 이미 하나님의 이름이 모든 천사에게서 거룩히 여김을 받고 있으며, 또 하나님의 나라가 완벽하게 이루어져 있기 때문입니다. 즉 이 세 번째 청원은 하늘에서 완성된 그 영광스러운 모습이 이 땅에서도 속히 그리고 완전하게 이루어지기를 구하는 기도입니다.

그러므로 성도들은 하나님의 뜻이 이 땅에서 온전히 이루어질 때까지 이 기도를 멈출 수 없습니다. 하나님의 가장 큰 기쁨은 하늘에서 완벽하게 성취된 그분의 뜻이 이 땅에서도 온전히 이루어지는 데 있기 때문입니다. 이제 이러한 전제를 토대로 "(당신의) 뜻이 하늘에서 이루어진 것같이 땅에서도 이루어지이다"라는 간구를 조금 더 구체적으로 살펴봅시다.

무엇보다 먼저 주목해야 할 것은 '(당신의) 뜻'이 무엇을 의미하는지입니다. 이를 바르게 이해해야 우리의 기도가 정말로 하나님의 뜻을 구하는 기도가 될 수 있고, 하나님을 기쁘시게 하는 참된 기도가 될 수 있습니다. 더구나 성도들이 하나님의 뜻을 올바르게 아는 것은 단순한 지적 이해를 넘어, 우리의 구원과 직간접적으로 깊이 연결되어 있기에 매우 중요한 주제입니다. 주님께서 친히 이렇게 선언하셨습니다. "나더러 주여 주여 하는 자마다 다 천국에 들어갈 것이 아니요 다만 하늘에 계신 내 아버지의 뜻대로 행하는 자라야 들어가리라"(마 7:21).

그렇다면 하나님의 뜻은 무엇일까요? 가장 넓은 의미에서 하나님의 뜻은 하나님의 생각과 마음을 가리킵니다. 그러나 성경에서 '하나님의 뜻'이라는 표현이 가장 직접적으로 가리키는 것은 선지자들과 사도들을 통해 계시하신 하나님의 말씀입니다. 그러므로 그리스도인은 하나님의 뜻을 배우고자 늘 성경을 읽고, 듣고, 묵상하고, 연구해야 합니다.

그런데 성경에 명확히 기록되지 않은, 또 다른 차원의 '하나님의 뜻'이 있습니다. 우리는 그것을 흔히 하나님의 섭리라 부릅니다. 섭리란 하나님께서 모든 피조 세계를 다스리고 운행하시는 방식이며, 우주를 향한 하나님의 지속적 통치의 원리입니다. 자연 세계에 대한 섭리는 어느 정도 인간의 이성으로 설명하거나 예측할 수 있습니다. 그러나 인간 사회와 역사를 향한 섭리는 인간의 지성을 초월합니다. 그러므로 우리는 그 실체를 온전히 파악할 수 없고, 다만 시간이 흐르며 드러나는 단편들을 통해서만 알 수 있습니다. 요셉이 형들에게 고백한 말이 이를 잘 보여줍니다. "그런즉 나를 이리로 보낸 이는 당신들이 아니요 하나님이시라 하나님이 나를 바로에게 아버지로 삼으시고 그 온 집의 주로 삼으시며 애굽 온 땅의 통치자로 삼으셨나이다"(창 45:8).

이처럼 하나님의 섭리는 어떤 사건이 일어나는 순간에는 이해하기 어렵습니다. 이는 무한하신 하나님의 존재와 유한한 인간의 한계가 극명하게 대비되기 때문입니다. 그래서 오늘날처럼 과학과 문명이 발달한 시대에도 많은 사람이 여전히 점집을 찾거나 미신적 방법을 의지합니다. 이는 미래와 운명을 알고자 하는 인간의 본능적 갈망을 보여줍니다. 그러나 성경은 명확히 증언합니다. 하나님은 역사의 궁극적인 주권자이시며, 그분이 택한 백성들의 구원을 중심으로 인류 역사를 인도하신다고 말입니다. 결국 지금까지의 역사는 하나님의 구원 역사이며, 그 섭리의 초점은 하나님의 백성을 향한 구속 계획에 있습니다. 이 사실은 이사야의 선언에서도 드러납니다. "여호와께서 그의 기름 부음을 받은 고레스에게 이같이 말씀하시되 내가 그의 오른손을 붙들고 그 앞에 열국을 항복하게 하며"(45:1). 따라서 우리는 성경에 나타난 하나님의 뜻을 크게 세 가지 범주로 나누어 살펴볼 수 있습니다. 곧 하나님의 구속 사역, 성도의 구원의 여정 그리고 성도의 신앙생활입니다.

먼저 하나님의 구속 사역과 관련한 뜻을 생각해 봅시다. 하나님께서는 창세 전부터 이미 인류의 구속을 계획하시고, 예수 그리스도를 통해 성취하실 것을 정하셨습니다. 이에 대해 사도 바울은 이렇게 선포합니다. "곧 창세 전에 그리스도 안에서 우리를 택하사 우리로 사랑 안에서 그 앞에 거룩하고 흠이 없게 하시려고 그 기쁘신 뜻대로 우리를 예정하사"(엡 1:4-5). 사실 구약성경은 아담과 하와가 타락했을 때 이미 최초의 복음을 선포하신 하나님을 증언합니다. 그 후 하나님께서는 아브라함을 부르시고, 이스라엘을 택하시어 자신의 구속 역사를 이어 가셨습니다.

신약 시대에 이르러서는 교회를 통해 그 구속 사역을 계속 진행하셨습니다. 그 중심에는 언제나 예수 그리스도가 계셨습니다. 삼위 하나님께서 영원 속에서 세우신 구속 언약을 성취하기 위해 이천 년 전 하나님의 아들이 성육신하셨습니다. 그리고 자기 백성의 죄를 대속하기 위해 십자가에서 희생 제물이 되셨습니다. 이렇게 하나님은 창세 전부터 계획하시고 구약의 선지자들을 통해 예언하신 놀라운 구속 사역을 성취하셨습니다. 다만 그 완성은 주께서 재림하실 때 이루어질 것입니다.

하나님의 구속 사역은 하늘에서는 이미 완전히 성취되었습니다. 그러나 이 땅에서는 아직 진행 중입니다. 새 하늘과 새 땅이 임할 때 비로소 그 사역은 완전히 결실하게 됩니다. "(당신의) 뜻이 하늘에서 이루어진 것같이 땅에서도 이루어지이다"라는 청원을 드릴 때, 우리는 바로 그 완성을 바라보며 기도하는 것입니다. 곧 창조의 회복, 이스라엘과 열방 그리고 모든 피조물의 구원이 완성되기를 바라는 간구입니다(롬 8:19-22). "내게 이르시되 너는 나의 종이요 내 영광을 네 속에 나타낼 이스라엘이라 하셨느니라"(사 49:3). 그러므로 우리는 하나님의 구원 계획이 반드시 성취될 것을 믿고 기도해야 합니다.

특히 하나님은 이 구속 사역의 중심에 교회를 두셨습니다. 교회는 그리스도의 몸이며, 하나님께서는 교회를 통해 자신의 뜻을 역사에서 이루어 가십니다. 그러므로 성도들은 교회가 이 사명을 충실히 감당하여 하나님의 뜻이 이 땅에서도 온전히 이루어지도록 기도해야 합니다. 하나님의 구속 사역은 다양한 방식으로 미리 계시된 후 점진적으로 성취됩니다. 삼위 하나님의 연합 사역에서 계시와 성취가 함께 진행되는 것입니다. 그러므로 우리는 하나님께서 말씀하신 대로 계시의 점진성과 삼위 하나님의 완전한 연합을 따라 이루어질 구속 사역을 바라며 기도해야 합니다. "너희는 내게 가까이 나아와 이것을 들으라 내가 처음부터 비밀히 말하지 아니하였나니 그것이 있을 때부터 내가 거기에 있었노라…이제는 주 여호와께서 나와 그의 영을 보내셨느니라"(사 48:16).

이제 이 구속 사역과 관련해 두 가지 중요한 주제를 함께 살펴봐야 합니다. 바로 하나님의 예정과 예수 그리스도의 재림입니다.

성경은 창세 전에 하나님의 백성들을 예정하신 것이 하나님의 뜻임을 분명히 선포합니다. 그러나 안타깝게도 오늘날 예정 교리는 마치 구식 교리처럼 취급되거나, 강단에서 거의 다루어지지 않습니다. 심지어 일부 목회자는 예정 교리가 너무 딱딱하고, 현대 성도들의 관심을 끌지 못한다고 생각하여 가르치기를 주저합니다. 그러나 예정은 성경이 분명히 증거하고 있는 핵심 교리입니다. 곧 구원의 출발점이자 토대이기에 반드시 알아야 합니다. 시대적 상황과 분위기에 맞지 않는다는 이유로 이를 배제한다면, 구원 교리에 심각한 왜곡이 발생할 수 있습니다.

하나님의 예정이 그분의 기쁘신 뜻대로 이루어졌다는 것은, 예정에는 인간의 어떤 조건이나 공로가 개입할 여지가 전혀 없다는 사실을 뜻합니다. 오직 하나님의 주권과 뜻 그리고 자유로운 의지로 이루어진 것입니다. 만일 인간의 조건이나 공로가 조금이라도 작용한다면 그것은 더 이상 하나님의 절대적인 뜻이라 말할 수 없습니다. 그렇다고 해서 인간의 이성이 이 교리를 온전히 이해할 수 있는 것은 아닙니다. 예정은 우리의 이해를 넘어서는 비밀이지만 성경이 분명히 증언하는 하나님의 뜻입니다. 그러므로 성도는 예정 교리를 부정하거나 외면해서는 안 됩니다. 오히려 하나님의 기쁘신 뜻에 따라 이루어진 예정이 이 땅에서도 온전히 드러나도록 간절히 기도해야 합니다.

또 성도는 예수님의 재림에 관한 것을 결코 소홀히 다룰 수 없습니다. 요한 사도는 요한계시록의 마지막 부분에서 이렇게 기도합니다. "이것들을 증언하신 이가 이르시되 내가 진실로 속히 오리라 하시거늘 아멘 주 예수여 오시옵소서 주 예수의 은혜가 모든 자들에게 있을지어다 아멘"(22:20-21). 그는 왜 이토록 간절하게 "주 예수여 오시옵소서"라고 기도했을까요? 그 이유는 분명합니다. 하나님의 완전한 뜻이 하늘에서 이미 이루어졌듯이 이 땅에서도 온전히 성취되는 것이 바로 예수님의 재림을 통해서이기 때문입니다. 예수님의 십자가 죽음과 부활로 사탄과 이 세상의 영은 이미 결정적으로 패배했습니다. 그러나 여전히 사탄은 그 권세가 완전히 소멸하지 않은 채 제한적으로 영향력을 행사하고 있습니다. 그러므로 성도는 예수님의 재림(파루시아)을 통해 사탄과 죄악으로 관영한 세상이 마침내 하나님의 완전한 통치 아래 회복될 그날을 소망하며 기도해야 합니다. 이것이 곧 하늘에서 이루어진 하나님의 뜻이 이 땅에서도 이루어지기를 기도하라는 주님의 요청의 깊은 의미입니다.

다음으로, 성도의 구원 여정과 관련된 하나님의 뜻을 살펴봅시다. 그 출발점에서 가장 먼저 언급해야 할 것은 성도의 성화입니다. 신약성경의 방대한 내용 가운데 상당 부분이 성도의 성화와 직결됩니다. 사실 직설법으로 진술된 하나님의 존재와 사역에 관한 교리적 진술도 궁극적으로는 명령법으로 제시된 성화의 삶을 가능케 하기 위한 전제 조건입니다. 예를 들어, 바울의 서신서를 보면 서두에 교리적인 내용이 집중적으로 나타나고, 후반부에는 그러한 교리를 실제 삶에 적용하는 구체적인 권면이 이어집니다. 이것이 바로 성화와 연결되는 부분입니다. 바울은 성도들에게 이렇게 직접 권면합니다. "그러므로 나의 사랑하는 자들아 너희가 나 있을 때뿐 아니라 더욱 지금 나 없을 때에도 항상 복종하여 두렵고 떨림으로 너희 구원을 이루라"(빌 2:12). 여기서 '구원을 이루라'는 말은 이미 칭의로 주어진 구원을 지켜내라는 차원이 아니라, 성령의 은혜 안에서 성화의 과정을 끝까지 감당하라는 의미입니다. 하나님께서는 택하신 백성을 구원하신 후 그저 지켜보시기만 하는 분이 아닙니다. 비록 그 여정이 느리고 더딜지라도 하나님은 반드시 자기 백성을 성화의 길로 인도하셔서 마침내 그분의 성품을 닮아가도록 이끄십니다. 이에 대해 바울은 이렇게 선포합니다. "곧 창세 전에 그리스도 안에서 우리를 택하사 우리로 사랑 안에서 그 앞에 거룩하고 흠이 없게 하시려고 그 기쁘신 뜻대로 우리를 예정하사"(엡 1:4-5).

결국 성경이 말하는 하나님의 예정의 목적은 단순히 그 백성을 천국으로 인도하는 것에 그치지 않습니다. 오히려 그들이 하나님 나라에 들어갈 수 있도록 거룩하고 흠 없는 자로 세우는 것이 하나님의 기쁘신 뜻입니다. 이에 사도 바울은 데살로니가 교회에 다음과 같이 선언합니다. "하나님의 뜻은 이것이니 너희의 거룩함이라 곧 음란을 버리고 각각 거룩함과 존귀함으로 자기의 아내 대할 줄을 알고 하나님을 모르는 이방인과 같이 색욕을 따르지 말고 이 일에 분수를 넘어서 형제를 해하지 말라"(살전 4:3-6). 여기서 말하는 '거룩함'은 하나님의 대표적인 성품이자 속성입니다. 동시에 구약 율법의 대강령이기도 합니다. "너희는 거룩하라 이는 나 여호와 너희 하나님이 거룩함이니라"(레 19:2). 바울은 당시 데살로니가 공동체에 만연했던 도덕적·성적 타락의 습속을 단호히 끊고 거룩함을 추구하라고 명령합니다.

그러나 성화의 구원은 결코 성도 홀로 이룰 수 없습니다. 성부 하나님께서는 성자 예수 그리스도의 이름으로 성령 하나님을 보내셔서 믿는 자들의 마음에 내주하게 하셨습니다. 성령은 우리에게 예수 그리스도를 더욱 깊이 알게 하시고, 그분의 성품을 닮아가도록 역사하십니다. 칭의는 오직 하나님의 전적인 은혜로만 이루어지지만, 성화는 성령의 역사와 성도의 인격적 순종이 함께 작용하는 영역입니다. 그러므로 하늘에서 이루어진 하나님의 뜻이 이 땅에서도 이루어지기를 기도한다는 것은, 곧 성도들이 이 땅에서 성화의 구원을 끝까지 이루어 가도록 간구하는 것과 깊은 관련이 있습니다.

성도의 구원의 여정과 관련해 두 번째로 살펴볼 하나님의 뜻은 성도의 견인과 영화입니다. 참으로 거듭난 성도는 그 안에 내주하시는 성령의 인도하심과 보호하심으로 인해 결코 하나님의 사랑에서 끊어질 수 없습니다. 하늘이나 땅의 그 어떤 것도 이를 막을 수 없습니다. 예수님께서는 이렇게 말씀하십니다. "내가 하늘에서 내려온 것은 내 뜻을 행하려 함이 아니요 나를 보내신 이의 뜻을 행하려 함이니라 나를 보내신 이의 뜻은 내게 주신 자 중에 내가 하나도 잃어버리지 아니하고 마지막 날에 다시 살리는 이것이니라"(요 6:38-39). 즉 창세 전에 택하신 자들은 성령의 돌보심과 보호하심으로 끝까지 인내하며, 마지막 날에는 영화의 구원에 이르게 됩니다. 여기서 우리가 유념해야 할 점은, 구원은 철저히 하나님의 주권적인 역사라는 사실입니다. 인간의 공로나 노력으로 되는 것이 아니라 오직 하나님께서 시작하시고 하나님께서 완성하십니다. 그러나 성도는 이 땅에서 수많은 환난과 고난, 핍박을 당하며 믿음을 시험받습니다. 때로는 신앙 자체가 흔들릴 만큼의 위기를 경험하기도 합니다. 그렇기에 성도는 끝까지 믿음을 지키며, 하나님의 뜻이 온전히 이루어지도록 인내하며 기도해야 합니다.

다음으로 성도의 신앙생활과 관련한 하나님의 뜻을 살펴보면서 가장 먼저 생각해야 할 것은 항상 기뻐하고, 쉬지 말고 기도하며, 범사에 감사하는 것입니다. "항상 기뻐하라 쉬지 말고 기도하라 범사에 감사하라 이것이 그리스도 예수 안에서 너희를 향하신 하나님의 뜻이니라”(살전 5:16-18). 바울은 이 세 가지 덕목을 단순한 권면이 아니라 명령으로 제시합니다. 이는 거듭난 성도의 삶의 본질이 기쁨과 기도, 감사 위에 세워져 있음을 뜻합니다. 물론 성도가 항상 기뻐하고 감사해야 하는 이유는 외적인 상황이나 조건 때문이 아닙니다. 그것은 하나님의 전적인 구원의 은혜 때문입니다. 성도는 이미 하나님의 자녀로 인침을 받은 존재로 이 세상에서는 잠시 나그네로 살아가지만, 구원의 은혜 안에서 영원한 소망을 품고 있습니다. 그러므로 그 어떤 상황도 이 기쁨과 감사를 빼앗을 수 없습니다. 성도는 이미 하나님 나라의 복락을 부분적으로 누리며 살아갑니다. 하나님과의 깊은 교제와 그분의 사랑 안에서 참된 자유와 위로를 경험합니다. 설령 삶에 고난이 닥칠지라도, 그 모든 일이 하나님의 섭리와 주권 안에서 이루어진다는 사실을 믿습니다. 그래서 모든 일이 합력하여 선을 이룰 것을 확신하며 기쁨과 감사로 살아갑니다.

또 성도는 쉬지 말고 기도해야 합니다. 이는 단순히 시간적으로 끊임없이 기도하라는 의미가 아니라, 삶 전체를 하나님 앞에서 기도의 정신으로 살아가라는 뜻입니다. 기쁨과 감사의 삶은 결국 하나님과의 지속적인 교통을 통해 가능하기에 성도는 하나님께 은혜를 구하며 늘 기도해야 합니다. 예수님께서 가르치신 “뜻이 하늘에서 이루어진 것같이 땅에서도 이루어지이다”라는 기도의 요청은 바로 이러한 기도하는 삶을 가리킵니다.

마지막으로 성도의 신앙생활과 관련한 하나님의 뜻은 하나님의 뜻을 분별하는 것입니다. “너희는 이 세대를 본받지 말고 오직 마음을 새롭게 함으로 변화를 받아 하나님의 선하시고 기뻐하시고 온전하신 뜻이 무엇인지 분별하도록 하라”(롬 12:2). 성도는 구원받은 하나님의 자녀로 이 땅에서 살아가지만, 여전히 세상의 가치관과 문화, 사상에 영향을 받습니다. 인간의 지성이 아무리 뛰어나더라도 타락 이후 죄로 오염된 상태에 있기 때문에 그 산물은 불완전하며, 때로는 하나님의 뜻을 거스릅니다. 그러므로 성경은 '이 세대를 본받지 말라'고 경고합니다. 그리고 오직 성령을 통한 내적 변화를 통해 하나님의 뜻을 분별하라고 명령합니다. 곧 성도는 선하신 뜻(윤리적 기준), 기뻐하신 뜻(하나님의 통치에서 누리게 되는 기쁨), 온전하신 뜻(조금도 부족함 없는 실천의 기준)을 분별해야 합니다.

오늘날 교회 안팎에서 분별력 부재로 인해 수많은 성도가 방황하거나 심지어 믿음에서 떠나기도 합니다. 거짓 교훈과 이단의 미혹은 갈수록 강력해지고 있습니다. 예수님께서 경고하신 대로(눅 21:7-8), 마지막 시대에는 많은 사람이 주님의 이름으로 와서 자기가 그리스도라 하며 성도를 미혹할 것입니다. 그러므로 성도는 오직 성령의 도우심으로 마음을 새롭게 하여 하나님의 뜻을 바르게 분별하고 그 뜻에 순종하며 살아야 합니다. 바로 이것이 주님께서 가르치신 기도의 요청, 곧 '하늘에서 이루어진 하나님의 뜻이 땅에서도 이루어지기를' 바라는 간절한 기도의 핵심이며, 우리를 향한 하나님의 마음입니다.

31장

오늘 우리에게 일용할 양식을 주시옵고

"오늘 우리에게 일용할 양식을 주시옵고"(마 6:11).

이제 주기도문의 세 가지 '당신 간구'에 이어 세 가지 '우리 간구'를 살펴보고자 합니다. '우리 간구'는 곧 일용할 양식, 죄 사함, 시험과 악에서의 보호에 대한 요청으로 구성되어 있습니다. 본격적으로 각 간구를 들여다보기에 앞서, 먼저 이 세 가지 간구가 지닌 구조와 의미를 개괄적으로 살펴봅시다.

초대 교부들은 이 부분에서 적지 않은 의문을 제기했습니다. 앞의 세 가지 '당신 간구'는 하나님의 이름, 나라, 뜻과 같이 철저히 영적이고 하나님 중심적인 내용인데, 왜 갑자기 이방인들이나 구할 법한 일용할 양식, 즉 물질적 필요에 관한 기도가 등장하는가 하는 것이었습니다. 그래서 많은 교부가 이 구절을 영적인 의미로 해석하려 했습니다. 예컨대 '양식'을 성만찬의 떡이나 하나님의 말씀으로 보는 것입니다. 그러나 두 가지 관점을 고려할 때, 오히려 주기도문이 얼마나 체계적이고 조직적인 기도인지 확인할 수 있습니다. 나아가 예수님께서 제자들에게 얼마나 치밀하고 세심하게 기도의 틀을 가르치셨는지 발견할 수 있습니다. 그 두 가지 증거는 바로 세 가지 '우리 간구'의 순서와 그 안에 존재하는 삼위일체 하나님과의 관계입니다.

먼저 간구의 순서에 관해 살펴보면, 첫 번째 간구는 육적인 필요(양식)에 관한 것이고, 두 번째와 세 번째 간구는 영적인 필요(죄 사함, 시험과 악에서의 보호)에 관한 것입니다. 즉 예수님은 '우리 간구'가 육적인 필요에서 시작하여 영적인 차원으로 나아가도록 인도하십니다. 특히 두 번째와 세 번째 간구는 단순히 '영적 필요'라는 차원을 넘어, 성도의 구원의 여정과 깊이 연결됩니다. '죄 사함'은 곧 칭의와 성화를 의미하며, '시험에 들지 않게 하시고 악에서 구하심'은 성도의 견인과 관련됩니다.

사실 "우리가 우리에게 죄지은 자를 사하여 준 것같이 우리 죄를 사하여 주시옵고"라는 기도를 할 수 있는 사람이 누구입니까? 이는 아무나 할 수 있는 기도가 아닙니다. 오직 그리스도의 의를 믿음으로 의롭다 하심을 받은 자, 곧 칭의의 은혜를 누린 성도만 할 수 있는 간구입니다. 예수님께서 우리의 모든 죄를 짊어지시고 십자가에서 하나님의 형벌과 저주를 대신 담당하심으로 이룬 그 의를 믿음으로 전가받은 자만 이렇게 기도할 수 있습니다. 그러나 칭의받은 자라고 해서 곧바로 완전한 의인이 되는 것은 아닙니다. 여전히 죄와 싸우며 성화를 이루어가야 합니다. 그래서 성도는 날마다 자신의 죄를 하나님 앞에 가져가 용서를 구합니다. 이에 죄 사함을 구하는 기도는 칭의와 성화의 실제적 삶과 깊이 연관됩니다.

또 "우리를 시험에 들게 하지 마시옵고 다만 악에서 구하시옵소서"라는 기도는 성도의 견인과 관련됩니다. 이는 단순히 시험을 피하게 해달라는 소극적 기도가 아니라, 이미 구원받은 성도들이 사탄의 시험과 세상의 유혹에 무너지지 않도록 지켜달라는 간구입니다. 동시에 하나님께서 끝까지 성도를 붙드셔서 믿음의 길을 완주하도록 보호해 달라는 고백입니다. 결국 예수님은 우리가 육적인 필요에서 영적인 필요로, 나아가 구원의 여정 전체(칭의, 성화, 견인)를 따라 기도하도록 인도하시는 것입니다.

더 나아가 이 세 가지 '우리 간구'는 삼위일체 하나님과도 긴밀하게 연관됩니다. 일용할 양식에 대한 간구는 모든 피조 세계를 창조하시고 섭리하시며 다스리시는 성부 하나님과 관련됩니다. 죄 사함에 대한 간구는 우리의 죄를 십자가에서 대속하신 성자 하나님과 연결됩니다. 시험과 악에서의 보호를 간구하는 것은 성도 안에 내주하시며 거룩하게 인도하시는 성령 하나님과 직결됩니다.

그런데 앞서 살펴본 세 가지 '당신 간구' 역시 이와 같은 방식으로 삼위 하나님과 연결됩니다. 하나님의 이름이 거룩히 여김받기를 구하는 것은 성부 하나님과 연관되고, 하나님의 나라가 임하기를 구하는 것은 성자 하나님, 하나님의 뜻이 땅에서도 이루어지기를 구하는 것은 성령 하나님과 관련됩니다. 이처럼 주기도문은 처음부터 끝까지 삼위 하나님의 사역을 반영하고 있습니다. 참으로 놀라운 비밀입니다.

이제 첫 번째 '우리 간구', 곧 "오늘 우리에게 일용할 양식을 주시옵고"라는 기도를 살펴봅시다. 여기서 세 가지 핵심에 주목해야 합니다.

첫째, '오늘'이라는 단어입니다. 예수님은 '여러 날'이나 '여러 달', 혹은 '여러 해'의 양식을 구하라고 하시지 않았습니다. '오늘 필요한 양식'을 구하라고 하셨습니다. 이는 구약성경의 만나 사건을 떠올리게 합니다. 하나님은 광야의 이스라엘 백성에게 날마다 필요한 만큼만 만나를 거두게 하셨습니다(출 16:4). 그리고 하루치 이상 거두면 벌레가 생겨 먹을 수 없게 하셨습니다. 광야 40년 동안 그들을 매일 시험하시며, 그분의 말씀을 신뢰하도록 훈련하신 것입니다. 광야 생활은 욕심도, 근심도 허락되지 않았습니다. 하루치 만나만 허락되었기에 이스라엘은 날마다 하나님만 의지해야 했습니다. 약간의 방심조차 생존을 위협하는 상황에서 그들의 유일한 소망은 하나님의 약속과 공급뿐이었습니다. 예수님도 이 사실을 알고 계셨기에, 제자들에게 동일한 원리를 가르치십니다. 성도 역시 오늘 필요한 양식을 구하며, 하나님께 전적으로 의탁하는 삶을 살아야 합니다. 필요 이상을 채우려는 탐심과 탐욕은 하나님을 의지하는 삶을 방해합니다. 물론 이 기도가 단지 '하루 생존할 최소한의 양식만 구하라'는 의미로 제한될 필요는 없습니다. 여기서 강조하는 핵심은 우리의 육적 필요를 공급하시는 하나님께 날마다 의탁하며 살아가라는 것입니다. 이것이 곧 믿지 않는 자들과 성도의 삶을 구분하는 표지입니다. 성도는 양식 자체보다 그 양식을 공급하시는 하나님을 의지하며 살아갑니다.

그러므로 "오늘 우리에게 일용할 양식을 주시옵고"라는 간구는 단순히 물질적 필요를 위한 기도가 아닙니다. 이는 곧 하나님 나라와 그의 영광을 구하는 길에서, 육적인 필요조차 하나님의 은혜에 의존해야 함을 보여주는 기도입니다. 완전한 인간으로 오신 예수님께서는 우리의 연약함을 아시기에, 하나님 나라를 구하는 삶에서 일용할 양식이 얼마나 중요한지를 분명히 아셨습니다.

누가복음 12장에서 주님께서 말씀하신 한 어리석은 부자의 이야기에는 그리스도인의 삶과 완전히 상반되는 모습이 나타납니다. "또 이르되 내가 이렇게 하리라 내 곳간을 헐고 더 크게 짓고 내 모든 곡식과 물건을 거기 쌓아두리라 또 내가 내 영혼에게 이르되 영혼아 여러 해 쓸 물건을 많이 쌓아두었으니 평안히 쉬고 먹고 마시고 즐거워하자 하리라 하되 하나님은 이르시되 어리석은 자여 오늘 밤에 네 영혼을 도로 찾으리니 그러면 네 준비한 것이 누구의 것이 되겠느냐"(18-20절). 이 부자는 자신이 거둔 수많은 곡식과 쌓아둔 재물이 하나님께서 주신 은혜의 결과라는 사실을 전혀 인정하지 않았습니다. 그는 단지 자신의 노력과 수고로 모든 것을 얻었다고 착각했습니다. 이에 그는 여러 해 동안 쓸 곡식과 물건을 창고에 쌓아두고, 자기 영혼에게 "평안히 쉬고 먹고 마시고 즐거워하자"라고 말했습니다. 그러나 그가 결정적으로 놓친 것이 있습니다. 바로 그가 소유한 곡식과 물질이 보이지 않는 하나님의 은혜와 돌보심에서 비롯되었다는 사실입니다. 하나님은 일반은총을 통해 곡식이 자라는 데 필요한 햇빛과 비, 공기 등을 공급하셨습니다. 인간이 씨앗을 심고 물을 주며 곡식을 거두는 일은 할 수 있지만, 씨앗이 자라게 하는 햇빛과 공기, 비 자체는 인간의 능력으로는 도저히 얻을 수 없는 것입니다. 부자가 보지 못한 것이 바로 이것이었습니다. 더 나아가 이 부자는 물질적으로 풍요하면 영혼의 참된 평안과 안식까지 누릴 수 있다고 생각했습니다. 곡식이 쌓이면 영혼도 만족할 것이라고 착각한 것입니다. 그러나 그는 육적인 만족과 영혼의 안식을 동일시하는 치명적인 오류를 범했습니다.

영혼의 참된 안식은 결코 육적인 만족으로 얻을 수 없습니다. 그것은 물질, 권력, 명예, 부귀영화, 취미, 여가와 같은 이 세상 그 어떤 것으로도 채워질 수 없습니다. 심지어 온 우주 만물을 소유한다 해도 마찬가지입니다. 영혼의 안식은 오직 그 영혼의 창조자이신 하나님께서만 주실 수 있는 고유하고 신비한 영역이기 때문입니다. 그분과의 인격적인 만남과 친밀한 교제에서만 누릴 수 있는 신령하고 영광스러운 선물이 바로 영혼의 안식입니다. 그러나 부자는 이 사실을 깨닫지 못했습니다. 그래서 그는 스스로 자기 삶과 영혼의 주인인 양 행세했습니다. 이에 대해 하나님은 단호히 선언하십니다. "오늘 밤에 네 영혼을 도로 찾으리니 그러면 네 준비한 것이 누구의 것이 되겠느냐." 곧 인간의 생사화복이 인간 자신이 아니라 오직 하나님께 달려 있음을 분명히 하십니다. 결국 예수님께서는 첫 번째 '우리 간구'를 통해 우리의 매일의 삶이 전적으로 하나님께 달려 있음을 자각하게 하십니다.

그뿐 아니라 삶의 주인이 하나님이심을 인정하고, 날마다 그분만을 온전히 의지하라고 요구하십니다. 그래서 주님이 "오늘 우리에게 일용할 양식을 주시옵고"라는 기도를 가르치신 것입니다.

첫 번째 '우리 간구'에서 주목해야 할 또 하나의 부분은 '우리에게'(공동체적 성격)라는 표현입니다. 예수님은 단지 '나에게'가 아니라 '우리에게' 필요한 양식을 구하라고 가르치십니다. 이는 기도가 결코 개인적 필요만을 위한 것이 아님을 보여줍니다. 자기 자신뿐 아니라 교회 공동체와 더 나아가 온 인류를 위해 간구하라는 뜻입니다. 성경은 언제나 하나님과의 관계 회복과 이웃과의 관계 회복을 분리하지 않습니다. 하나님과의 관계가 온전히 회복되면 자연스럽게 이웃과의 관계도 회복됩니다. 다시 말해 하나님 나라가 우리의 심령에 임하면, 당연히 이웃을 돌아보고 그들을 위해 기도하게 됩니다. 이는 동전의 양면과 같습니다. 한쪽 면만 가진 동전은 화폐로서 무용지물이듯이, 하나님과의 관계만 있고 이웃과의 관계는 무너진 신앙은 성경적으로 성립할 수 없습니다.

더군다나 교회는 그리스도를 머리로 한 유기적 생명체, 곧 그리스도의 몸입니다. 참되게 거듭나 교회 공동체에 속한 성도는 자연스럽게 다른 지체들의 필요를 자신의 필요로 여기며 사랑하고 아낍니다. 이에 성도는 자기 자신이나 가족만을 위해 기도하지 않습니다. 오히려 공동체의 다른 성도들을 돌아보며 그들의 필요를 위해 간구합니다. 예수님은 바로 이런 그리스도인을 향해 이웃의 아픔과 결핍을 위해 기도하라고 요청하십니다. 결국 이웃을 사랑하지 않는 자, 공동체를 돌보지 않는 자는 참으로 거듭난 성도라 보기 어렵습니다. 또 하나님과의 관계가 진정으로 회복되지 않았을 가능성이 큽니다.

세 번째로 주목할 부분은 예수님께서 구하라고 하신 '일용할 양식'(육적 필요와 영적 의미)의 의미입니다. 앞서 언급했듯이 초대 교부들은 이를 성만찬이나 하나님의 말씀 같은 영적 양식으로 해석하기를 좋아했습니다. 그러나 우리는 이를 단지 영적 의미로만 제한해서는 안 됩니다. 그리스도인이 이 세상을 살아감에는 육적인 양식도 필수적입니다. 예수님께서도 우리의 육적 필요가 하나님 나라를 구하는 삶에 반드시 필요하다는 사실을 인정하셨습니다. 따라서 이 간구는 육적인 양식을 포함하면서도, 그것을 통해 날마다 하나님께 의탁하고 교제하라는 영적 의미도 동시에 내포합니다. 곧 우리 삶의 참된 주인이 하나님이심을 고백하며, 날마다 삶을 그분께 맡기라는 요청입니다.

그렇다면 일용할 양식이란 구체적으로 무엇을 의미할까요? 협의로는 먹고 마시는 생존의 필수품을 뜻합니다. 그러나 광의로는 우리의 삶을 유지하는 데 없어서는 안 될 모든 것, 즉 가족, 공동체, 직장, 건강, 물질, 시간, 관계까지 포함합니다. 그렇다면 여기서 한 가지 중요한 질문이 제기됩니다. 하나님은 우리의 필요를 이미 다 아시는데, 왜 굳이 일용할 양식을 구하라고 하셨을까요? 예수님은 기도에 대해 가르치실 때, 이방인의 기도를 본받지 말라고(이방인의 기도와의 차이) 하셨습니다(마 6:8). 이방인의 기도는 주로 무엇을 먹고, 마시고, 입을까에 집중된 기도였습니다. 그렇다면 '우리 간구'는 이방인의 기도와 무엇이 달라야 할까요? 그 답은 요한복음에 있습니다. "영생은 곧 유일하신 참 하나님과 그가 보내신 자 예수 그리스도를 아는 것이니이다"(17:3).

우리가 하나님의 자녀가 되었다는 것은, 단지 우리의 필요가 자동으로 충족되거나 만사가 형통한다는 의미가 아닙니다. 그것은 하나님과의 관계가 회복되었다는 것입니다. 그러므로 하나님께서는 우리가 날마다 필요를 구하러 그분께 나아오기를 원하십니다. 그렇게 함으로써 하나님과의 관계가 더 깊어지고, 참된 자유와 평안, 기쁨과 감사가 넘치게 됩니다. 하나님은 자녀들의 필요를 이미 아십니다. 그럼에도 우리가 날마다 그 앞에 나아와 친밀하게 대화하며 교제하기를 기뻐하십니다. 하나님은 매일의 양식조차 그분의 손길 없이는 불가능하다는 사실을 우리가 깨닫기를 원하십니다. 그러므로 이 간구는 단순히 육적 필요를 구하는 것을 넘어 하나님과의 교제를 심화시키고, 영생을 더욱 풍성히 누리는 영적 기도가 됩니다. 결국 "오늘 우리에게 일용할 양식을 주시옵고"라는 첫 번째 '우리 간구'는 육적인 필요를 구하는 가운데 자연스럽게 하나님과의 친밀한 교제를 이루어가는 기도입니다. 만약 이것을 놓친다면, 이 기도는 단지 세속적 필요만을 구하는 이방인의 기도와 다르지 않게 됩니다.

32장

우리 죄를 사하여 주시옵고

"우리가 우리에게 죄지은 자를 사하여 준 것같이 우리 죄를 사하여 주시옵고"(마 6:12).

마태복음의 주기도문에서 두 번째 '우리 간구'는 "우리가 우리에게 죄지은 자를 사하여 준 것같이 우리 죄를 사하여 주시옵고"(마 6:12)라는 요청입니다. 예수님께서는 우리의 매일의 삶을 위한 첫 번째 간구, 즉 "오늘 우리에게 일용할 양식을 주시옵고"라는 기도 후 곧바로 영적인 차원의 간구로 옮겨 가십니다. 그것은 다름 아니라 죄 사함을 구하는 기도입니다.

앞서 주기도문의 세 가지 '당신 간구'를 살펴보면서 언급했듯, 죄 사함의 간구는 단순히 도덕적인 차원을 넘어 칭의와 성화라는 구원의 핵심 교리와 깊이 맞닿아 있습니다. 그런데 본문을 자세히 들여다보면 자칫 잘못 이해할 수 있는 여지가 있습니다. 그것은 곧 마치 우리가 먼저 다른 사람을 용서하는 행위를 하나의 조건이나 공로로 삼아 그 대가로 하나님께 죄 사함을 받는 것처럼 보일 수 있다는 점입니다.

즉 우리가 다른 사람을 용서해야 하나님도 우리를 용서하신다는 조건적 논리로 오해될 수 있다는 것입니다.

그러나 성경이 말하는 죄 사함은 결코 인간의 행위나 공로에 근거하지 않습니다. 본문 역시 인간이 자신의 의를 쌓아 하나님 앞에서 의로움을 얻는다는 율법주의적 논리를 말하는 것이 아닙니다. 오히려 이 기도는 이미 하나님께 칭의(의롭다 하심)를 받은 사람만 드릴 수 있는 기도입니다. 즉 죄 사함의 간구는 아직 구원받지 못한 자가 구원의 조건으로 드리는 기도가 아니라, 이미 은혜로 구원받은 자가 성화의 과정에서 매일 드리는 기도라고 이해해야 합니다.

그렇다면 먼저 칭의가 무엇인지, 곧 칭의의 의미와 그 신학적 중요성을 분명히 이해해야 합니다. 칭의는 기독교 복음의 핵심이며, 기독교를 다른 모든 종교와 구별하게 하는 가장 중요한 교리입니다. 마르틴 루터는 칭의를 "교회의 흥망성쇠를 결정하는 조항"이라고 했을 정도입니다.

기독교를 제외한 모든 종교의 구원론은 인간 편에서 출발합니다. 인간의 자격, 노력, 공로, 의로움이 하나의 조건이 되어야 비로소 신의 호의를 얻고 구원에 이른다고 말합니다. 그러나 성경이 증거하는 기독교의 구원론은 완전히 다릅니다. 기독교는 구원이 전적으로 하나님 편에서 주어지는 은혜임을 강조합니다. 그것은 타락한 인간의 실존이 자신의 힘으로는 도저히 구원에 이를 수 없는 상태에 있기 때문입니다. 성경은 모든 인간이 어머니의 태로부터 죄인으로 태어나며(시 51:5), 전적 부패와 전적 무능력 가운데 놓여 있다고 가르칩니다. 이는 곧 아담의 타락과 직접적인 연관이 있습니다. 아담은 인류의 대표로서 하나님 앞에 불순종했고, 그 결과 그의 죄는 모든 인류에게 전가되었습니다. 이로써 모든 사람은 태어날 때부터 원죄[죄책(罪責, guilt)과 죄 오염(汚染, corruption)]를 지니고 있습니다.

여기서 중요한 신학적 논점이 있습니다. 어떤 사람들은 아담의 타락으로 인한 죄의 오염은 인정하지만 죄책은 인정하지 않으려 합니다. 아담이 죄를 지을 때 우리는 거기에 있지 않았으니 그 죄의 책임은 아담 개인에게만 해당한다는 주장입니다. 그러나 성경은 분명히 말합니다. "그러므로 한 사람으로 말미암아 죄가 세상에 들어오고 죄로 말미암아 사망이 들어왔나니 이와 같이 모든 사람이 죄를 지었으므로 사망이 모든 사람에게 이르렀느니라"(롬 5:12). 즉 아담의 죄책은 모든 인류에게 전가되었고, 그 결과 모든 사람은 죄인으로 태어나며, 죄의 삯인 사망을 피할 수 없게 된 것입니다. 이것은 단순히 신학적인 논리가 아니라 인간 실존의 근본적인 진단입니다. 우리는 본성적으로 하나님의 의로움을 잃어버린 상태[원 의(義) 상실]에서 태어나며, 또 죄를 향한 성향을 본능적으로 가지고 살아갑니다. 이것이 바로 '전적 부패'(total depravity)와 '전적 무능력'(total inability)입니다.

그런데 많은 사람이 전적 부패라는 개념을 오해합니다. 전적 부패란 단순히 인간이 가장 악한 상태, 최악의 수준까지 타락했다는 의미가 아닙니다. 그것은 인간의 인격과 영혼 그리고 몸의 모든 기능까지 죄의 영향을 받는다는 것을 의미합니다. 다시 말해, 우리의 지성, 감정, 의지 등 인간의 전 존재가 죄로 오염되어 있다는 것입니다. 그래서 인간은 자기 힘으로는 하나님을 기쁘시게 할 만한 어떤 영적인 선도 행할 수 없습니다. 왜 죄로 오염된 인간은 하나님을 기쁘시게 할 수 없습니까? 여기에는 세 가지 이유가 있습니다.

첫째, 전적 부패 상태의 인간은 육신을 따라 살기 때문입니다. 영적인 가치보다 눈에 보이는 것, 세상의 쾌락과 욕망을 따르는 것이 삶의 방향이 됩니다. 둘째, 전적으로 부패한 인간은 본질적으로 하나님을 중심으로 살지 않습니다. 오직 자신을 위해, 자기 욕망과 만족을 위해 살아갑니다. 셋째, 전적으로 부패한 인간은 하나님께서 주신 모든 능력과 재능조차 그분의 영광이 아니라 자기 영광을 위해 사용합니다. 바로 이 세 가지 이유로, 죄에 오염된 인간은 하나님께 인정받을 수 있는 선, 곧 구원에 이를 수 있는 선을 결코 행할 수 없습니다.

그러므로 인간의 공로나 자격으로 구원을 얻는다는 주장은 도저히 성립될 수 없습니다. 그렇다고 해서 전적으로 부패한 인간이 선과 악의 차이를 전혀 알지 못하거나, 도덕적 선행을 전혀 할 수 없다는 뜻은 아닙니다. 인간은 여전히 양심을 가지고 있고, 사회적으로나 도덕적으로 선한 행위를 할 수 있습니다. 그러나 하나님 앞에서 의롭다 인정받을 수 있는 선, 곧 구원에 이를 만한 의는 단 한 조각도 스스로 만들어낼 수 없습니다. 이 점이 바로 모든 종교적 행위와 기독교 복음의 결정적인 차이입니다.

그렇다면 이런 인간이 어떻게 의롭다 칭함을 받을 수 있습니까? 그것은 예수 그리스도의 대속 사건과 의의 전가로 가능합니다. 사도 바울은 분명히 말합니다. “한 사람이 순종하지 아니함으로 많은 사람이 죄인 된 것같이 한 사람이 순종하심으로 많은 사람이 의인이 되리라”(롬 5:19). 바로 예수 그리스도의 완전한 순종과 십자가의 대속 사건을 믿음으로 우리는 의롭다 칭함을 받습니다. 구약의 속죄 제사는 이 진리를 미리 보여주는 모형이었습니다. 제물이 죄인의 죄를 대신 짊어지고 죽음으로 나아가듯이, 예수 그리스도께서는 우리 모두의 죄악을 친히 담당하셨습니다(사 53:6). 가장 공의로우시고 의로우신 분께서 가장 불의하고 부당한 재판을 받으셨습니다. 그러나 그분은 그 불의에 저항하지 않으시고, 묵묵히 십자가를 지셨습니다. 바로 그 고난과 죽음을 통해 죄인을 구원하기를 간절히 원하셨기 때문입니다.

그러므로 우리는 예수님께서 단순히 우리의 죄를 위해 죽으셨다는 사실만 기억해서는 안 됩니다. 거기서 더 나아가 죄 없으신 예수님께서 죄인인 우리와 하나 되심으로, 우리의 죄책을 친히 짊어지셨음을 기억해야 합니다. 이 놀라운 사실을 믿는 자에게는 아담에게서 물려받은 죄책이 완전히 사라지고, 그 대신 예수 그리스도의 완전한 의가 전가됩니다. 이것이 바로 복음입니다.

전적 무능력 역시 인간이 지적인 측면이나 사회적 능력에서 아무것도 못 한다는 뜻은 아닙니다. 실제로 인간은 탁월한 지성과 능력을 발휘해 놀라운 과학 문명과 뛰어난 문화를 이룩해 왔습니다. 즉 전적 무능력은 영적인 차원에서 말하는 개념입니다. 타락한 인간은 아무리 뛰어난 지적 능력이 있어도 스스로는 결코 하나님을 알 수 없고, 하나님께서 기뻐하실 만한 일을 행할 수도 없다는 것입니다.

이 사실은 매우 중요한 교훈을 줍니다. 인간이 아무리 선하고 훌륭한 일을 한다 해도, 하나님 앞에서는 그저 수많은 죄의 목록 가운데 하나에 불과할 뿐입니다. 사람들이 존경할 만한 선행조차 하나님의 거룩 앞에서는 부족하고 불완전할 뿐입니다. 즉 하나님을 알지 못하는 사람은 오래 살면 살수록, 사실은 더 많은 죄만 쌓아가게 되는 것입니다. 또 전적 무능력 상태의 인간은 스스로 자신의 본성을 바꿀 수 없습니다. 영적인 진리를 깨닫거나, 구원을 스스로 마련할 능력도 전혀 없습니다. 그렇기에 아담의 타락 이후 모든 인간은 하나님의 은혜와 사랑이 아니고서는 결코 구원에 이를 수 없습니다. 이것이야말로 기독교가 다른 모든 종교와 가장 근본적으로 다른 점입니다.

그러므로 앞의 주제로 돌아가 "우리가 우리에게 죄지은 자를 사하여 준 것같이 우리 죄를 사하여 주시옵고"라는 기도는 우리의 행위를 근거로 하나님께 용서를 구하는 조건문이 아닙니다. 오히려 하나님의 은혜로 칭의를 받은 사람이 매일의 삶에서 죄를 자백하며 성화를 이루어가는 과정에서 드리는 기도입니다. 다시 말해, 우리가 다른 사람을 용서하는 것은 결코 우리의 공로가 아니며, 이미 하나님께 용서를 받은 자로서 자연스럽게 나타나는 삶의 열매입니다. 곧 용서받은 자가 용서하는 것입니다. 하나님의 은혜를 경험한 자가 다른 이에게 그 은혜를 흘려보내는 것입니다. 그러므로 이 기도는 하나님께 의를 얻기 위한 조건적 행위를 말하는 것이 아니라, 은혜로 칭의받은 자가 매일의 성화 과정에서 드리는 겸손한 고백입니다.

다른 사람을 용서하는 것은 구원의 조건이 아니라 이미 용서받은 자에게서 나타나는 은혜의 열매입니다. 즉 이 기도는 인간의 공로나 조건이 아니라 전적으로 하나님의 은혜에 기초한 고백입니다. 우리가 매일 죄 사함을 구하는 기도를 드릴 때마다, 우리는 단순히 과거의 죄 사함을 확인하는 것을 넘어 현재적이고 실제적인 성화의 은혜를 경험하게 됩니다. 이것이 바로 주기도문 두 번째 '우리 간구'의 깊은 의미이자 모든 그리스도인이 날마다 새롭게 붙들어야 할 복음의 진리입니다. 따라서 "우리가 우리에게 죄지은 자를 사하여 준 것같이 우리 죄를 사하여 주시옵고"라는 기도는 "우리가 우리에게 죄지은 자들을 반드시 용서하며 살겠습니다. 그러니 하나님께서 우리 죄도 용서해 주옵소서"라는 신앙 고백이 담겨 있는 것입니다.

그렇다면 왜 예수님은 성도들에게 타인을 용서하겠다고 다짐하며 기도하라고 가르치셨을까요? 그 이유는 바로 성화와 관련이 있습니다. 성화의 핵심은 죄를 철저히 대적하고, 죄와 끊임없이 싸우며, 죄에서 벗어나 거룩을 추구하는 삶입니다. 그런데 타인을 용서하는 것은 바로 이 성화의 과정에서 매우 중요한 부분을 차지합니다. 타인을 용서한다는 것은 곧 자기중심성을 내려놓고, 자기 부정을 실천하는 일이기 때문입니다. 인간의 본성은 원한을 갚고 싶어 하지만, 성화의 삶은 그 본성을 거슬러 사랑과 용서를 선택하는 것입니다.

여기서 우리가 잊지 말아야 할 사실이 있습니다. 만약 하나님께서 우리의 죄를 용서하지 않으셨다면, 우리는 마땅히 하나님의 심판과 저주와 형벌을 받아야 했다는 것입니다. 그렇다면 우리 또한 다른 사람을 용서하며 살아야 하지 않겠습니까? 이 진리를 잘 보여주는 것이 바로 예수님께서 마태복음 18장에서 말씀하신 용서할 줄 모르는 종의 비유입니다. 임금에게서 엄청난 빚을 탕감받은 종이 자기에게 빌려 간 작은 돈을 갚지 않는 동료의 목을 조른 사건입니다. 이 비유를 통해 예수님은, 하나님의 엄청난 용서를 경험한 자가 타인을 용서하지 않는 것은 절대 합당하지 않다는 사실을 분명히 가르쳐 주셨습니다. 결국 주기도문의 이 간구는 단순히 용서를 구하는 기도가 아니라, 용서받은 자로서 용서하며 살겠다는 다짐이며, 동시에 성화의 삶을 실천하겠다는 고백입니다.

예수 그리스도께서는 완전한 인성을 입고 이 땅에 오셨습니다. 그것은 물론 구속 사역을 이루기 위함이었을 뿐 아니라, 인간으로서 전 생애를 통해 성도들에게 본보기가 되기 위함이었습니다. 그러므로 그리스도인의 삶은 예수 그리스도께서 걸어가신 발자취를 따라가는 여정입니다. 그 가운데서도 죄 용서의 삶은 결코 부차적인 덕목이 아니라 본질적인 핵심이라고 할 수 있습니다. 그리스도인의 삶과 용서는 분리될 수 없는 불가분의 관계에 있습니다. 사도 요한은 이 사실을 이렇게 강조합니다. "다시 내가 너희에게 새 계명을 쓰노니 그에게와 너희에게도 참된 것이라 이는 어둠이 지나가고 참 빛이 벌써 비침이니라 빛 가운데 있다 하면서 그 형제를 미워하는 자는 지금까지 어둠에 있는 자요"(요일 2:8-9). 즉 그는 형제 사랑을 그리스도인이 구원을 확신할 수 있는 중요한 시금석으로 제시합니다.

그렇다면 참된 용서란 과연 무엇일까요? 단순히 마음속으로 '용서한다'라고 다짐하거나, 말로 '괜찮다'라고 하는 것이 용서일까요? 그러나 마음과 말로는 그렇게 한다 해도, 실제로는 그 사람을 은근히 무시하거나 냉대한다면 그것이 진정한 용서일 수 있습니까? 혹은 아예 죄를 덮어 버리거나 없는 일처럼 얼버무리는 것을 참된 용서라 할 수 있습니까? 우리는 참된 용서가 무엇인지를 예수님과 스데반의 기도에서 배울 수 있습니다. 두 기도의 공통점은 자신을 모욕하고 죽이는 자들을 위해 하나님께 간구했다는 점입니다. "아버지 저들을 사하여 주옵소서 자기들이 하는 것을 알지 못함이니이다"(눅 23:34). 이것이 예수님의 기도였습니다. 그리고 스데반은 이렇게 기도했습니다. "주여 이 죄를 그들에게 돌리지 마옵소서"(행 7:60).

여기서 우리는 참된 용서의 깊이를 발견합니다. 참된 용서는 단순히 마음으로 '없던 일로 하자'는 결심이 아니라, 자신을 부정하고 깨뜨려 상대방을 위해 하나님께 진실한 용서의 기도를 드리는 것입니다. 나아가 그 기도의 내용은 단순한 무죄 방면이 아니라, 그 죄를 그에게 돌리지 말아달라고 긍휼을 요청하는 것입니다. 그가 그런 죄를 지은 배후에는 사탄과 마귀의 세력이 작용하고 있기 때문입니다. 참된 용서는 단순히 외적인 태도의 변화가 아니라, 마음 깊은 곳에서 불쌍히 여기는 마음을 가지고, 상대방이 사탄의 올무에서 벗어나 하나님의 구원을 얻도록 기도하는 데까지 나아가는 것입니다.

사도 요한도 이러한 맥락에서 이렇게 말합니다. "누구든지 형제가 사망에 이르지 아니하는 죄 범하는 것을 보거든 구하라 그리하면 사망에 이르지 아니하는 범죄자들을 위하여 그에게 생명을 주시리라"(요일 5:16). 이처럼 형제를 위해 기도하는 것이야말로 참된 형제 사랑이자, 성경적 의미의 진정한 용서입니다. 진정한 용서가 있는 곳에는 시기와 질투, 미움과 갈등이 사라지고, 그 대신 하나님의 화평과 사랑이 충만하게 임합니다. 그러므로 "주님, 우리가 우리에게 죄지은 자를 용서하며 살겠습니다"라는 기도는 단순한 윤리적 다짐이 아니라, 주기도문의 주제인 하나님의 나라와 영광을 위한 핵심 기도입니다.

예수님께서는 거기서 더 나아가 "이제 우리가 타인을 용서하였으니, 우리의 죄를 사하여 주옵소서"라고 기도하라고 가르치십니다. 왜 예수님은 이미 칭의로 의롭다 함을 받은 성도들에게 날마다 죄 용서를 구하라고 요청하실까요? 그 이유는 성도의 존재론적 실존에 있습니다. 그리스도인은 예수 그리스도를 믿어 의롭다 함을 받았지만, 여전히 육신을 입은 채 이 땅에서 살아갑니다. 그러므로 육신의 정욕, 안목의 정욕, 이생의 자랑, 세상의 영, 사탄의 유혹에 넘어지고 죄를 지을 수밖에 없습니다. 곧 성도는 구원받은 자이지만, 여전히 성화의 과정에 있습니다. 이 때문에 성도는 날마다 자신이 범한 죄를 회개하고 하나님의 용서를 구해야 합니다.

예수님께서 제자들의 발을 씻어주신 사건이 이를 잘 보여줍니다. 예수님은 베드로에게 이렇게 말씀하셨습니다. "이미 목욕한 자는 발밖에 씻을 필요가 없느니라 온몸이 깨끗하니라"(요 13:10). 이 말씀은 성도가 이미 칭의로 구원받았으나, 여전히 성화의 과정에서 날마다 발을 씻듯 죄를 자백해야 한다는 의미입니다. 그래서 사도 요한도 이렇게 증언합니다. "만일 우리가 우리 죄를 자백하면 그는 미쁘시고 의로우사 우리 죄를 사하시며 우리를 모든 불의에서 깨끗하게 하실 것이요"(요일 1:9).

여기서 반드시 기억해야 할 중요한 사실이 두 가지 있습니다.

첫째, 죄 용서의 기도에는 반드시 타인을 향한 용서의 실천이 선행되어야 한다는 것입니다. 자신은 타인을 용서하지 않으면서 하나님께서 자신을 용서해 주시기를 구하는 것은 앞뒤가 맞지 않습니다. 공의로우신 하나님께서 그런 기도를 받으실 리가 없습니다.

둘째, 참된 죄 용서의 기도는 믿음을 통해서만 가능합니다. 믿음이 없이는 하나님의 자비와 그리스도의 속죄를 신뢰할 수 없고, 따라서 진정한 회개와 용서도 불가능합니다. 물론 성경은 믿음이 하나님의 선물임을 가르칩니다. 그러나 동시에 하나님께서 주신 믿음을 성도가 실제로 발휘해야만 구속의 은혜가 삶에서 적용됩니다. 역사적으로 이 부분을 부정하는 오류가 있었습니다. 17세기의 존 이튼(John Eaton)은 '무상 칭의'를 주장하며, 믿음을 구원의 수단적 원인으로서 불필요하다고 여겼습니다. 그에 따르면 성화 과정에서 회개 기도는 의미가 없습니다. 그러나 이로 인해 사회에 도덕적 방종과 무책임이 만연했습니다. 18세기 하이퍼 칼빈주의자들은 '영원 칭의'를 주장하며, 선택된 자의 칭의는 이미 영원 속에서 다 끝났으므로 시간 속에서의 믿음과 성화의 여정은 불필요하다고 했습니다. 그러나 만일 그들의 말이 옳다면, 성경이 반복해서 강조하는 회개와 성화, 나아가 산상수훈의 교훈은 아무 의미도 없게 될 것입니다.

그러므로 분명 믿음은 성화에 필수 불가결인 수단이자 통로입니다. 성도는 믿음을 통해 예수 그리스도를 구주로 영접하고, 지금도 믿음을 통해 날마다 회개하며 성화의 길을 걸어갑니다. 따라서 그리스도인은 타인을 용서하며, 동시에 자신의 죄를 고백하고 믿음을 통해 하나님의 용서를 받아 누리면서 성화의 길을 걸어가야 합니다. 이것이 바로 예수님께서 주기도문에서 우리에게 가르치신 죄 용서의 기도의 핵심입니다.

33장

우리를 시험에 들게 하지 마시옵고 다만 악에서 구하시옵소서

"우리를 시험에 들게 하지 마시옵고 다만 악에서 구하시옵소서
(나라와 권세와 영광이 아버지께 영원히 있사옵나이다 아멘)"(마 6:13).

성경은 모든 시대와 장소를 초월하는 만고불변의 객관적 진리입니다. 아담의 허리에서 난 모든 인간은 예외 없이 원죄, 곧 원죄책과 원오염을 지닌 죄인이라는 사실 역시 부정할 수 없는 진리입니다. 시대마다 죄가 드러나는 양상과 양태가 조금씩 다를 뿐, 죄책과 죄로 오염된 인간의 죄성이 자아내는 비참한 실상은 과거나 지금이나 본질적으로 변함이 없습니다. 그러나 이러한 사실을 충분히 고려하더라도, 오늘날 우리가 직면하고 있는 죄의 양상과 양태는 그 정도와 범위 면에서 과거와 비교할 수 없을 만큼 심각하고 광범위합니다. 교회에 다니는 사람이든 아니든, 그 누구를 막론하고 오늘 이 시대를 '말세지말'(末世支末)이라 규정하는 데 조금의 망설임도 없을 지경입니다. 이는 우리가 얼마나 죄악이 관영한 시대를 살고 있는지를 잘 보여줍니다. 동시에 우리가 죄에 대하여 얼마나 무감각하고 무뎌졌는지를 방증합

니다.

이러한 측면에서 예수님께서 주기도문의 마지막 부분에서 기도하라고 요청하신 세 번째 '우리 간구'는 오늘 이 시대에 너무나 적실성 있는 말씀입니다. 그것은 곧 "우리를 시험[temptation]에 들게 하지 마시옵고 다만 악[evil]에서 구하시옵소서"(마 6:13)라는 기도입니다.

본문에서 예수님께서는 먼저 "우리를 시험에 들게 하지 마시옵고"라는 기도를 요청하십니다. 그런데 야고보 사도는 이렇게 말합니다. "내 형제들아 너희가 여러 가지 시험[trial]을 당하거든 온전히 기쁘게 여기라 이는 너희 믿음의 시련이 인내를 만들어내는 줄 너희가 앎이라"(약 1:2-3). 본문에서는 시험에 들지 않게 해달라고 기도하라고 하는데, 야고보서에서는 시험을 당하거든 기쁘게 여기라고 합니다. 그렇다면 상반된 것처럼 보이는 이 말씀들을 어떻게 이해해야 할까요? 균형 잡힌 해석을 위해서는 성경에서 우리말로 번역된 '시험'이라는 단어가 지닌 세 가지 의미를 구분할 필요가 있습니다.

성경에서 '시험'은 보통 '유혹'(temptation), '시련'(trial), '시험'(test)으로 쓰입니다.

'유혹'은 죄를 범하도록 부추기는 것이며 본질적으로 부정적인 의미가 있습니다. 바로 본문에서 사용된 의미입니다. 이 유혹은 하나님께 속한 것이 아닙니다. 오히려 하나님을 대적하는 존재가 성도를 넘어뜨리기 위해 불러일으키는 미혹입니다. '시련'과 '시험'은 신앙을 더욱 견고하게 하기 위해 하나님께서 허락하시는 것입니다. 긍정적인 의미가 강합니다. 예컨대 창세기에는 이렇게 기록되어 있습니다. "그 일 후에 하나님이 아브라함을 시험[test]하시려고 그를 부르시되 아브라함아 하시니 그가 이르되 내가 여기 있나이다"(22:1). 따라서 시련과 시험은 하나님께서 성도의 믿음을 연단하시기 위해 허락하시는 과정인 반면, 유혹은 하나님과 무관하며 오히려 대적자에 의해 주어지는 위험입니다.

특히 본문에서 '시험'으로 번역된 헬라어 '페이라스모스'(πειρασμος) 는 단순한 유혹을 넘어, 신자가 배교에 이를 정도로 혹독한 시련을 의미합니다. 즉 예수님께서 가르치신 이 기도는 종말론적인 성격이 있다고 볼 수 있습니다. 그런데 우리가 종말을 말할 때 흔히 미래적 종말, 곧 최후 심판과 궁극적인 구원만을 생각하는 경향이 있습니다. 그러나 이 기도의 초점은 미래의 종말이라기보다 현재적 종말에 있습니다. 예수 그리스도의 초림으로 이미 종말은 시작되었습니다. 그러므로 본문에서 요청하는 기도는 현재를 살아가는 우리에게 가장 절실한 기도입니다. 성도는 장차 다시 오실 예수 그리스도의 재림을 소망하면서, 동시에 이미 시작된 종말의 현재를 살아가야 하는 존재입니다.

여기서 우리는 예수님께서 말씀하신 종말의 징조를 반드시 기억할 필요가 있습니다. 제자들이 "주의 임하심과 세상 끝에는 무슨 징조가 있겠습니까?"라고 묻자, 예수님은 가장 먼저 이렇게 말씀하셨습니다. "너희가 사람의 미혹을 받지 않도록 주의하라 많은 사람이 내 이름으로 와서 이르되 나는 그리스도라 하여 많은 사람을 미혹하리라"(마 24:4-5). 예수님은 또한 산상수훈 말미에서도 이렇게 경고하십니다. "거짓 선지자들을 삼가라 양의 옷을 입고 너희에게 나아오나 속에는 노략질하는 이리라"(마 7:15). 즉 종말을 살아가는 성도가 가장 경계해야 할 것은 바로 사람의 미혹입니다.

예수님은 마지막 때에 일어날 전쟁과 기근, 지진 등 자연 재앙에 대해서도 말씀하셨습니다. 이는 요한계시록에서 말하는 일곱 인, 일곱 나팔, 일곱 대접과도 긴밀히 연결됩니다. 그러므로 "사람의 미혹을 받지 않도록 주의하라"라는 명령은, 어떤 난리와 재앙이 일어나더라도, 혹은 어떤 이가 '내가 그리스도다' 하며 놀라운 기적을 행하더라도, 거기에 미혹되지 말라는 경고입니다. 이러한 징조들은 재림이 가까울

수록 더 심해지겠지만 사실 이미 지금도 우리 삶에 존재합니다. 우리는 직간접적으로 날마다 이 현상들을 경험합니다. 그러므로 이 기도를 드릴 때, 장차 닥쳐올 큰 시험과 유혹만 생각해서는 안 됩니다. 매일의 삶에서 현재적으로 직면하는 미혹과 배교에 이를 만한 시련에서 보호해 달라는 간구로 드려야 합니다.

예수님께서는 또 이렇게 교훈하십니다. "시험에 들지 않게 깨어 기도하라"(마 26:41). 예수님의 이 당부는 아무리 거듭난 성도라도 믿음의 길을 가는 동안 충분히 유혹에 직면할 수 있다는 사실을 전제합니다. 그러므로 성도는 날마다 각성하고, 매 순간 깨어 기도해야 합니다. 동시에 하나님의 절대적인 주권과 그리스도의 사랑을 확고히 붙잡아야 합니다. 이에 대해 바울은 로마서에서 이렇게 선포합니다. "죽으실 뿐 아니라 다시 살아나신 이는 그리스도 예수시니 그는 하나님 우편에 계신 자요 우리를 위하여 간구하시는 자시니라 누가 우리를 그리스도의 사랑에서 끊으리요 환난이나 곤고나 박해나 기근이나 적신이나 위험이나 칼이랴"(롬 8:34-35). 이 말씀은 이 시대를 살아가는 성도들에게 큰 힘과 위로가 됩니다. 주변의 많은 사람이 등을 돌리고, 삶 전체가 자신을 부정하는 듯한 고난과 고통 속에 있을지라도, 성도는 이 말씀을 붙들고 다시 일어설 수 있습니다.

이어 "다만 악에서 구하시옵소서"라는 기도는 그리스도인이 불가피하게 직면하게 될 악의 현실을 전제합니다. 또 이 기도는 "시험에 들게 하지 마시옵고"라는 간구와 긴밀히 연결되어 있습니다. 만일 성도가 배교에 이를 정도의 시련과 유혹에 빠졌다면, 그 위험에서 속히 구해 달라고 기도하는 것은 너무도 당연합니다.

여기서 주목할 사실은 예수님께서 '다만 시험에서 구하시옵소서'라고 하지 않으셨다는 점입니다. 그보다 "다만 악에서 구하시옵소서"라고 말씀하셨습니다. 이는 시험을 일으키는 주체가 곧 '악'임을 보여줍니다. 즉 이 기도의 본질은 성도가 날마다 자신을 넘어뜨리려는 악한 자의 권세에서 보호해 주시기를 하나님께 간구하는 것입니다. 그러므로 예수님께서 가르치신 이 마지막 간구는 단순한 윤리적 권면이 아닙니다. 그것은 종말론적 긴장을 안고 살아가는 성도가 반드시 붙들어야 할 기도입니다. 우리는 이미 시작된 종말을 살고 있으며, 동시에 다가올 종말을 향해 나아가고 있습니다. 그러므로 성도는 매일 깨어 기도하며, "시험에 들게 하지 마시옵고"라는 간구와 함께 "다만 악에서 구하시옵소서"라는 간구를 드려야 합니다. 이것이야말로 오늘을 사는 우리에게 가장 절실한 기도이며, 하나님 나라를 향해 나아가는 성도의 길에서 결코 소홀히 할 수 없는 기도입니다.

그렇다면 여기서 언급된 '악'(evil)은 무엇을 뜻할까요? 예수님께서는 앞에서 배교할 만큼 치명적인 시련과 유혹에 대해 말씀하셨습니다. 즉 이 악은 단순히 추상적인 개념이 아니라, 바로 그러한 큰 시련과 유혹을 불러일으키는 존재와 직결됩니다. 그렇다면 우리의 마음속에 가장 먼저 떠오르는 존재가 누구입니까? 바로 사탄과 마귀입니다. 그들은 지금 이 순간에도 온갖 방법을 동원하여 그리스도인들을 실족시키려고 혈안이 되어 있기 때문입니다. 이러한 사실을 감지한 사도 베드로는 성도들에게 이렇게 경고합니다. "근신하라 깨어라 너희 대적 마귀가 우는 사자같이 두루 다니며 삼킬 자를 찾나니"(벧전 5:8).

그래서 어떤 학자들은 "우리를 시험에 들게 하지 마시옵고"라는 기도가 종말론적인 의미가 있다고 보면서, 여기서 말하는 '악'은 단순한 악행이 아니라 '악한 자'로 번역해야 한다고 주장합니다. 그렇다면 본문의 악한 자는 곧 사탄과 마귀로 해석해야 합니다. 충분히 타당한 해석입니다. 사탄과 마귀야말로 인간 안에 있는 이생의 자랑과 육신의 정욕과 안목의 정욕을 끊임없이 자극하는 장본인이기 때문입니다.

이러한 맥락은 자연스레 창세기 3장의 장면을 떠오르게 합니다. 사탄은 아담과 하와를 미혹할 때도 동일한 방법을 사용했습니다. "여자가 그 나무를 본즉 먹음직도 하고 보암직도 하고 지혜롭게 할 만큼 탐스럽기도 한 나무인지라 여자가 그 열매를 따 먹고 자기와 함께 있는 남편에게도 주매 그도 먹은지라"(6절). 여기서 사탄은 하나님께서 절대 먹지 말라고 하신 그 실과를 먹음직스럽게(육신의 정욕), 보암직하게(안목의 정욕), 지혜롭게 할 만큼 탐스럽게(이생의 자랑) 보이도록 교묘하게 미혹했습니다. 아담과 하와의 타락 사건은 오늘날에도 여전히 반복되는 악의 본질을 보여줍니다.

에베소서는 이러한 사탄의 실체를 명확히 드러내고 있습니다. 사도 바울은 에베소서를 크게 세 부분으로 나눕니다. 먼저 직설법을 사용하여 그리스도인의 구원이 확고하게 세워진 기초를 교리적으로 설명합니다. 다음으로 구원받은 자의 삶을 구체적으로 다룹니다. 그리고 마지막 부분에서 사탄의 실체와 그의 공격을 본격적으로 경고합니다. "마귀의 간계를 능히 대적하기 위하여 하나님의 전신 갑주를 입으라 우리의 씨름은 혈과 육을 상대하는 것이 아니요 통치자들과 권세들과 이 어둠의 세상 주관자들과 하늘에 있는 악의 영들을 상대함이라"(6:11-12).

우리는 사도 바울이 삼위 하나님의 존재와 사역 그리고 그리스도인의 삶의 모든 영역을 충분히 다룬 후, 마지막으로 사탄과 마귀의 실체에 대해 강하게 경고하고 있다는 사실에 주목해야 합니다. 이러한 순서는 우연이 아닙니다. 성화의 과정과 사탄 및 마귀의 유혹은 결코 분리될 수 없기 때문입니다. 오히려 사탄과 마귀는 구원받은 그리스도인의 삶과 떼려야 뗄 수 없는 관계에 있습니다. 그러므로 참된 신자는 신앙과 삶의 모든 순간에서 반드시 사탄의 실체와 그의 계략을 알고 지혜롭게 대처해야 합니다.

그러나 여기서 한 가지 주의할 점은 본문의 '악'을 단지 사탄과 마귀로만 제한해서는 안 된다는 것입니다. 오히려 범위를 확장하여 해석하는 것이 바른 이해에 도움이 됩니다. 성도는 사탄과 마귀뿐 아니라, 세상의 영과 죄성에 물든 육신으로 인해서도 끊임없이 죄에 빠지기 때문입니다. 그러므로 본문에서 말하는 '악'이란 사탄만이 아니라, 우리 안에서 역사하는 모든 형태의 악을 포함합니다. 인간의 마음은 그 자체로 악한 생각과 욕망으로 가득 차 있기 때문입니다. 따라서 그리스도인은 마음속에서 솟아나는 악에서 그리고 세상에 만연한 악에서 구원받을 필요가 있습니다.

결국 "우리를 시험에 들게 하지 마시옵고 다만 악에서 구하시옵소서"라는 기도는 이렇게 요약할 수 있습니다. 첫째, 배교할 만큼 치명적인 시련과 유혹에 빠지지 않게 해달라는 간구입니다. 둘째, 만일 그러한 시련과 유혹 속에 있다면, 그 배후에 있는 사탄과 마귀, 우리 안의 악한 마음, 세상의 모든 악에서 우리를 구원해 달라는 간구입니다. 이렇게 본다면 이 기도는 성도의 견인(견고한 믿음의 보존)과도 깊은 관련이 있습니다. 거듭난 그리스도인은 한편으로는 하나님의 주권적 사랑을 신뢰하며 거룩함을 닮아가는 성화의 과정을 걸어가야 하고, 다른 한편으로는 그 길에서 끊임없이 유혹하는 사탄 및 온갖 악의 세력과 맞서 싸워야 하기 때문입니다.

여기서 기억해야 할 중요한 사실이 하나 있습니다. 성화의 과정을 신실하게 이루어가기 위해서는 반드시 이러한 악에서의 보호와 구원이 뒷받침되어야 한다는 점입니다. 성화의 과정에서 이것은 단순한 선택사항이 아니라 필수 불가결의 요소입니다. 그러므로 성도는 날마다 하나님께 자신을 악에서 보호해 달라고 간구해야 합니다. 어떤 유혹과 시련에도 믿음을 저버리지 않고 끝까지 인내하며 십자가의 길을 걸어가야 하기 때문입니다.

예수님께서 마지막으로 가르치신 이 기도는 구약의 대표적인 기도

중 하나와 비교하면 더 큰 유익을 얻을 수 있습니다. 바로 야베스의 기도입니다. "야베스가 이스라엘 하나님께 아뢰어 이르되 주께서 내게 복을 주시려거든 나의 지역을 넓히시고 주의 손으로 나를 도우사 나로 환난을 벗어나 내게 근심이 없게 하옵소서 하였더니 하나님이 그가 구하는 것을 허락하셨더라"(대상 4:10).

그러나 안타깝게도 많은 사람이 이 기도의 본래 의미를 제대로 파악하지 못한 채, 단지 물질적 번영과 복을 구하는 기도로 오해하곤 합니다. 그러나 만일 정말 이 기도가 단순히 물질적 차원에서의 지경 확장이나 근심 없는 삶을 구하는 데서 그친 것이라면, 하나님께서 이 기도를 구약의 대표적인 기도의 표본으로 성경에 두지 않았을 것입니다. 그러므로 우리는 이 기도의 본래 의미를 깊이 탐구해야 합니다. 야베스의 기도는 주기도문의 마지막 간구, 곧 "악에서 구하시옵소서"라는 기도를 이해하는 데 중요한 단서를 제공하기 때문입니다.

그런데 과연 야베스의 기도는 단순히 자기의 땅과 사업 영역을 넓혀 달라는 요청일까요? 혹은 그저 근심 없는 평안한 삶을 달라는 청원일까요? 만약 그렇다면 이 기도는 이방인들의 기도와 다르지 않습니다. 그러나 분명 야베스의 기도는 이방인의 기도와 같은 기복적인 기도가 아닙니다. 오히려 이 기도는 영적인 깊이가 있으며, 우리는 그것이 무엇인지를 분명히 깨달아야 합니다. 그 핵심 열쇠는 바로 본문에서 '환난'이라고 번역된 단어가 본래 '악'을 의미한다는 사실입니다.

그러므로 야베스의 기도는 단순히 물질적 차원의 복을 구하는 기도가 아닙니다. 그는 가장 근본적인 문제, 곧 모든 악에서 자신을 벗어나게 해달라고 간구한 것입니다. 이것이 바로 그의 기도가 이방인의 기도와 본질적으로 다른 점입니다. 바로 이런 이유로 하나님께서는 야베스의 기도를 구약성경에 위대한 기도의 하나로 두신 것입니다. 그의 기도는 하나님의 뜻과 정확히 일치했습니다.

그러므로 우리는 이 야베스의 기도를 살펴볼 때, 그가 환난, 곧 악으로부터 오는 근심을 면하게 해달라고 기도한 내용을 좀더 깊이 생각해 보아야 합니다. 만약 그가 말한 악이 단순히 외부 환경에서 오는 고난이나 불행만을 의미한다면, 그 기도는 이방인들의 기도와 크게 다르지 않을 것입니다. 그러나 야베스가 기도한 '악에서 벗어나게 해달라'는 말은 단순히 외부적 재난으로부터의 보호만이 아니라, 자신의 내면과 삶 전체에서 역사하는 모든 악에서 벗어나게 해달라는 의미를 담고 있습니다. 그는 자기 안팎에서 일어나는 죄의 세력과 악한 영향력이 자신에게 늘 근심과 고통의 원인이라는 사실을 명확히 인식하고 있었습니다. 그도 그럴 것이, 아무리 지경이 넓어지고 만사가 형통한다 해도 내면의 죄와 외부의 악 때문에 깊은 근심에 사로잡힌다면, 그런 물질적인 복은 아무 의미가 없기 때문입니다.

그리스도인 역시 마찬가지입니다. 예수 그리스도를 믿고 구원을 받았더라도, 우리는 여전히 내면에서 솟아나는 죄성과 외부의 유혹 가운데 살아갑니다. 바로 이 점에서 신앙의 긴장과 성도의 투쟁이 발생합니다. 우리 안에도 야베스가 경험했던 것과 같은 악이 여전히 꿈틀대며 시시때때로 우리를 괴롭히고 근심하게 만듭니다. 만약 그리스도인이 되었음에도 이 사실을 전혀 인식하지 못하거나, 대수롭지 않게 여긴다면 그는 자신의 신앙을 진지하게 점검해야 합니다. 내면에 여전히 죄와 악을 품었으면서도 아무렇지 않게 신앙생활을 한다면, 하나님께서 기뻐하실 수 없기 때문입니다. 그런 상태에서 드리는 예배는 아무리 열정적이고 진지해 보여도 결국 위선에 불과하며, 기도와 구제 역시 아무리 많이 해도 단순한 종교 행위일 뿐입니다. 야베스는 바로 이 사실을 깊이 깨닫고 있었습니다. 그래서 그는 자기 안에서 일어나는 악을 가장 큰 근심거리로 여기고, 그것에서 자유롭게 해달라고 간구했던 것입니다. 그러므로 참된 그리스도인이라면 누구나 야베스처럼 자신 안팎의 악에서 벗어나게 해달라고 기도해야 합니다. 이 기도는 곧 하나님의 뜻과 마음에 합한 기도이며, 하나님 안에서 참된 기쁨과 자유를 누리는 길입니다.

그러나 여기서 한 가지 중요한 점은, 자신 안에서 일어나는 악으로부터 벗어나는 일은 결코 우리의 힘으로는 불가능하다는 것입니다. 그렇기에 야베스는 강한 손과 능력으로 자신을 도우시어 악에서 벗어나게 해달라고 간구했습니다. 야베스가 지경이 넓어지기를 기도한 것도 단순히 물질적 번영을 바랐던 것이 아님을 알 수 있습니다. 그의 궁극적인 관심은 하나님을 더 증거할 수 있는 삶의 영역의 확장이었습니다. 그래서 지경이 넓어지는 것은 하나님을 섬기고 그분의 영광을 드러내는 데 필요한 수단이었을 뿐, 그것 자체가 목적은 아니었습니다. 이러한 차원에서 우리는 야베스의 기도에서 두 가지 중요한 사실을 확인하게 됩니다. 첫째, 그는 악에서 벗어나게 해달라고 기도했습니다. 이는 하나님의 일을 감당하기 위해 눈과 마음이 넓어지기를 원했기 때문입니다. 둘째, 그는 지경이 넓어지기를 구했습니다. 그것은 넓어진 눈과 마음을 가지고 하나님을 더 진실하게 섬기기 위함이었습니다. 결국 이 기도는 예수님께서 가르쳐주신 주기도문의 간구와 정확히 맞닿아 있습니다.

"우리를 시험에 들게 하지 마시옵고 다만 악에서 구하시옵소서"라는 간구는 우리에게 두 가지를 시사합니다.

하나는 그리스도인은 성화의 과정과 성도의 견인에서 철저히 하나님의 능력과 권세를 의지해야 한다는 것입니다. 예수님께서 친히 이 기도를 가르쳐주신 이유는, 하나님의 나라에 이르기까지 성도에게 믿음을 흔들고 배교의 길로 이끌 수 있는 시련과 유혹이 반드시 찾아올 것임을 전제하셨기 때문입니다. 그러나 하나님께서는 거듭난 성도 안에 성령을 내주하게 하시어, 그가 하나님의 능력과 인도하심으로 살아갈 수 있도록 하셨습니다. 그러므로 우리는 시험에 빠지지 않도록, 악의 세력에서 건짐받을 수 있도록 성령의 인도와 도우심을 구해야 합니다.

다른 하나는, 성도의 견인이 참으로 중요하다는 것입니다. 중생하여 구원받은 성도는 하나님의 영광의 나라에 들어가기까지 끊임없이 악과 싸우며 그분의 보호를 의지해야 합니다. 자신 안팎의 모든 악에서 보호해 달라는 기도는 일회성이 아니라 매일의 삶에서 지속적으로 드려야 하는 기도입니다. 그리스도인이 누리는 가장 큰 복이 무엇입니까? 그것은 하늘에 계신 하나님을 아버지라 부르며 자녀로 살아가는 특권입니다. 하나님과 친밀히 교제할 수 있는 인격적인 관계를 누리는 것입니다. 타락 이후 전적으로 부패하고 무능력해진 인간이 예수 그리스도의 은혜로 구원받아 하나님을 아버지라 부를 수 있게 된 것은 놀라운 일입니다. 심지어 완전하게 창조되었던 아담과 하와조차 하나님을 아버지라 부르지 못했습니다. 또 죄와 허물로 죽었던 우리가 창조주, 섭리자, 통치자이신 하나님과 교제하게 되었다는 것은 참으로 놀라운 영광입니다. 그 근거는 바로 죄 사함의 은혜입니다. 예수 그리스도께서 성육신하시어 우리의 죗값을 완전히 속량하셨고, 죄의 전가와 의의 전가라는 '위대한 교환'을 통해 우리를 의롭다고 하셨습니다. 그 결과 성도는 죄 사함의 자유를 누리며 하나님과의 친밀한 사귐과 교제라는 최고의 복을 누리게 되었습니다.

성경은 구원받은 그리스도인은 이미 이 땅에서 영생을 누린다고 말합니다. 그 영생은 단순히 죽음 이후의 생명이 아니라, 하나님과 예수 그리스도를 더 깊이 알아가는 삶입니다. 하나님을 알아가고, 그분과 인격적인 관계를 지속적으로 맺으며, 그 속에서 참된 자유와 언약의 복을 누리는 것이 영생입니다. 그러므로 그리스도인은 단순히 세상 사람들보다 물질을 조금 더 소유하거나 오래 사는 것을 인생의 목적으로 삼지 않습니다. 물론 성경은 그런 것들의 가치를 전적으로 부정하지 않습니다. 그러나 그보다 훨씬 더 본질적이고 중요한 것은 죄 사함의 자유와 하나님과의 관계에서 누리는 참된 기쁨과 감사입니다. 우리는 지금 이 사실을 알고 살아가고 있습니까? 혹은 실제로 하나님과의 친밀한 교제 가운데 참된 행복을 경험하고 있습니까? 만일 그렇지 않다면 아무리 많은 것을 소유하고 풍족하게 산다고 해도 기독교가 말하는 참된 복을 놓친 불쌍한 인생일 것입니다. 이는 단순히 그러한 복을 조금 덜 누리는 정도가 아니라, 모든 것을 잃어버린 삶이라고 할 수 있습니다.

이제 주기도문의 세 가지 '우리 간구'에 이어지는 것은 마지막 송영입니다. "나라와 권세와 영광이 아버지께 영원히 있사옵나이다 아멘"(마 6:13). 이 송영은 어떤 사본에는 포함되어 있고, 어떤 사본에는 빠져 있습니다. 그러나 그 의미와 신학적 가치를 고려할 때 반드시 살펴볼 필요가 있습니다. 예수님께서는 주기도문을 "하늘에 계신 우리 아버지"로 시작하셨듯, 마지막 또한 하나님 아버지께 모든 영광과 찬양을 돌리며 끝맺으십니다. 이것은 은혜를 아는 자의 당연한 반응입니다.

다시 말하지만, 주기도문은 철저히 삼위 하나님과 관련된 기도로 구성되어 있습니다. 세 가지 '당신 간구'와 세 가지 '우리 간구'는 모두 각각 성부, 성자, 성령 하나님과 연결됩니다. '이름'과 '양식'은 성부, '나라'와 '죄 사함'은 성자, '뜻'과 '시험과 악'은 성령과 관련되어 있습니다. 송영 역시 삼위 하나님을 찬양하며 마무리됩니다. 여기서 '나라'는 만물과 역사를 다스리시는 성자, '권세'는 그 역사를 이루고 능력을 나타내시는 성령, '영광'은 모든 것을 아버지께 돌리는 성부와 연결됩니다. 따라서 이 송영은 삼위일체 하나님께 모든 영광과 존귀를 올려드리는 고백입니다. 또 '대개'라는 표현도 중요합니다. 흔히 '대강', '대충'이라는 의미로 오해하지만, 원래는 '큰 원칙을 말하자면'이라는 뜻입니다. 그러므로 "대개 나라와 권세와 영광이 아버지께 영원히 있사옵나이다 아멘"이라는 고백은 지금까지 드린 모든 기도의 근거와 이유가 바로 여기에 있다는 의미입니다. 곧 우리가 이 모든 기도를 드릴 수 있었던 이유는 나라와 권세와 영광이 하나님 아버지께 영원히 속해 있기 때문이라는 것입니다.

마지막으로 "아멘"은 단순히 '진실로 그렇습니다'라는 동의의 표현을 넘어섭니다. 그것은 곧 '이 기도가 성취되도록 내 삶을 드리겠습니다. 주신 말씀대로 살아가겠습니다'라는 결단과 다짐을 담고 있습니다. 그러므로 주기도문을 드릴 때마다 우리는 삶의 헌신을 함께 고백해야 합니다. 결국 주기도문 전체는 이 세상의 가치와 질서를 거스르며 하나님 중심적 삶을 살겠다는 선언입니다. 그리고 마지막 송영은 그 사실을 힘 있게 확증합니다. 이것이야말로 오늘날 교회와 성도가 반드시 회복해야 할 가치와 자세입니다.

34장

금식의 재조명

"금식할 때에 너희는 외식하는 자들과 같이 슬픈 기색을 보이지 말라 그들은 금식하는 것을 사람에게 보이려고 얼굴을 흉하게 하느니라 내가 진실로 너희에게 이르노니 그들은 자기 상을 이미 받았느니라 너는 금식할 때에 머리에 기름을 바르고 얼굴을 씻으라 이는 금식하는 자로 사람에게 보이지 않고 오직 은밀한 중에 계신 네 아버지께 보이게 하려 함이라 은밀한 중에 보시는 네 아버지께서 갚으시리라"(마 6:16-18).

우리가 마태복음 6장 1절부터 계속 살펴보고 있는 내용은, 예수님 당시 이스라엘 종교 지도자들과 구별되는 참된 그리스도인의 올바른 신앙생활에 관한 말씀입니다. 이제 구제와 기도에 이어 금식에 관한 예수님의 가르침을 살펴보고자 합니다. 예수님께서는 당시 바리새인과 서기관들을 비롯한 종교 지도자들의 금식 태도를 경계하시면서, 참된 제자의 금식은 어떠해야 하는지를 말씀하셨습니다. 먼저 예수님은 그들의 잘못된 금식 태도를 이렇게 지적하십니다. "금식할 때에 너희는 외식하는 자들과 같이 슬픈 기색을 보이지 말라 그들은 금식하는 것을 사람에게 보이려고 얼굴을 흉하게 하느니라 내가 진실로 너희에게 이르노니 그들은 자기 상을 이미 받았느니라"(마 6:16).

예수님은 종교 지도자들이 금식할 때 일부러 슬픈 표정을 짓고 얼굴을 흉하게 꾸며 사람들에게 자신이 금식하고 있음을 알리려 했다고 말씀하십니다. 그래서 그들을 외식하는 자라고 질책하신 것입니다. 여기서 외식은 단순한 위선 정도가 아니라 하나님의 뜻을 정면으로 거스르는 적극적인 불신앙입니다. 진리를 버리고 거짓을 행하는 태도이며, 하나님과의 관계를 가로막고 왜곡하는 심각한 문제입니다. 나아가 공동체에 불신과 분열을 낳으며, 잘못된 신앙 행위를 정당화하는 뿌리가 됩니다. 무엇보다 참된 신앙을 추구하려는 순수한 마음을 무감각하게 만들고 맙니다.

1세기 당시 어떤 사람들은 금식을 다른 이들보다 더 경건하고 거룩하며 영적이라는 것을 드러내는 수단으로 삼았습니다. 금식은 레위기 전통에서 자신을 괴롭게 하고 철저히 부인하는 행위로 여겨졌습니다. 생명 유지에 필수적인 음식을 끊는 것은 곧 생명 자체를 내어놓는 것과 같은 위험한 행위였습니다. 그렇기에 바리새인과 서기관들은 금식할 때마다 하나님께서 자신들의 이런 고행을 기쁘게 받으실 것이라 여기며 스스로 개선장군처럼 자축했을 가능성이 큽니다.

그럼에도 금식만큼 왜곡되기 쉽고 위선으로 둔갑하기 쉬운 신앙 행위도 드물다는 것을 기억해야 합니다. 반면 금식이 성경적 의미와 정신을 그대로 반영할 때, 그것만큼 하나님을 기쁘시게 하는 신앙 행위도 찾아보기 어렵습니다. 금식은 이렇게 양면성을 가진 행위입니다.

이와 관련해 이사야서는 중요한 경고를 하고 있습니다. 이스라엘 백성이 이렇게 하나님께 항변했습니다. "우리가 금식하되 어찌하여 주께서 보지 아니하시오며 우리가 마음을 괴롭게 하되 어찌하여 주께서 알아주지 아니하시나이까"(사 58:3). 마음을 괴롭게 하며 금식했는데도 하나님께서 알아주시지 않자 그들은 원망했습니다. 그러나 이런 태도는 자신의 제사를 받지 않았다고 하나님께 분노했던 가인의 태도와 다를 바 없는 불경건한 것이었습니다. 여기서 주목할 것은 그들이 금식의 의미를 지식적으로는 잘 알고 있었다는 사실입니다. '마음을 괴롭게 한다'라는 표현이 그것을 보여줍니다. 그런데도 왜 하나님은 그들의 금식을 거절하셨을까요? 하나님께서는 이렇게 답하십니다. "보라 너희가 금식하는 날에 오락을 구하며 온갖 일을 시키는도다 보라 너희가 금식하면서 논쟁하며 다투며 악한 주먹으로 치는도다 너희가 오늘 금식하는 것은 너희의 목소리를 상달하게 하려는 것이 아니니라 이것이 어찌 내가 기뻐하는 금식이 되겠으며"(사 58:3-4).

하나님께서 보신 그들의 금식은 거룩한 날임에도 자기 오락을 즐기고, 일꾼들을 혹사하며, 다투고 싸우고 심지어 주먹질까지 하는 위선적 행위였습니다. 곧 그들의 금식은 썩은 냄새가 나는 위선이었고, 하나님께 상달될 수 없는 것이었습니다. 결국 이스라엘이 금식을 통해 응답을 기대한 것은 하나님을 속이고 시험하는 행위와 다름없었습니다. 하나님은 외형이 아니라 중심을 보시는 분이십니다.

마태복음 6장에서 예수님께서 지적하신 당시 종교 지도자들의 금식 역시 이사야 시대와 다르지 않았습니다. 그들은 금식을 자기 유익과 명예를 위해 활용했습니다. 금식의 본래 의미는 사라지고, 그것은 다른 사람들에게 인정받기 위한 수단으로 전락했습니다. 결국 그들의 금식은 하나님을 향한 헌신이 아니라, 자기 경건을 자랑하고자 하는 탐욕의 발현이었습니다.

사실 이런 변질은 금식에만 있는 일이 아닙니다. 신앙은 단선적이거나 단편적인 것이 아닙니다. 오히려 살아 있는 유기체와 같아 어느 한 부분의 부패가 다른 모든 부분에 영향을 미칩니다. 즉 겉으로 드러난 작은 위선이 전체 신앙을 병들게 할 수 있습니다. 바리새인과 서기관들의 문제 역시 금식에 국한되지 않았습니다. 그들의 기도, 구제, 율법 실천 전반에 걸쳐 심각한 왜곡과 외식이 드러났습니다. 본질과 본래의 정신을 잃어버린 신앙은 아무리 화려해 보이고 능력 있는 듯 보여도 성경이 말하는 참된 신앙이 아닙니다. 그것은 신앙의 외피를 쓴 가짜일 뿐입니다. 겉은 화려하게 치장했지만 속은 자기중심적이고 교만으로 가득한, 죄성에 물든 종교 행위에 불과합니다. 오늘날 우리의 신앙과 교회의 모습은 어떻습니까? 혹 금식뿐 아니라 신앙 전반에 변질과 왜곡이 자리 잡고 있지는 않습니까? 조국 교회가 이미 이런 위험 속에 깊이 들어와 있지 않습니까? 지금이라도 우리 신앙의 모습을 철저히 점검하고 바로잡아야 합니다.

금식에 대한 왜곡된 생각은 무엇일까요? 흔히 금식을 다른 신앙 행위보다 더 특별하고 우월한 것으로 여깁니다. 금식이 육체적·정신적으로 큰 고통을 수반하기 때문입니다. 그래서 어떤 이들은 뜻대로 일이 풀리지 않거나 간절한 소원이 있을 때, 그것이 하나님의 뜻에 합당한지와는 상관없이 단지 자기 욕구를 채우기 위한 수단으로 금식에 의존합니다. 그러나 성경은 금식이 다른 신앙 행위보다 더 우월하거나 특별하다고 가르치지 않습니다. 금식은 언제나 하나님 앞에서 자신의 죄를 겸손히 고백하고, 그분의 은혜를 구하며, 삶의 방향을 다시 바로 잡는 회개와 겸비의 행위여야 합니다. 그것은 하나님과 더 깊은 교제를 나누기 위한 수단이지, 결코 하나님을 조종하거나 자신의 뜻을 관철하기 위한 도구가 아닙니다.

더구나 우리가 주목해야 할 아이러니한 사실이 있습니다. 대부분의 신약 복음서는 금식에 긍정적이지 않습니다. 왜 그렇습니까? 성경이 말씀하는 참된 금식이 아니라 왜곡되고 외식적인 금식이 당시 사회와 종교에 만연했기 때문입니다. 다시 말해, 사람들은 금식을 통해 하나님의 뜻을 구하고 자신을 부인하기보다는 자기 욕심과 유익을 채우기 위한 도구로 삼았습니다. 이는 하나님을 목적이 아닌 수단으로 삼는 태도였습니다. 마치 하나님을 조정 가능한 존재, 즉 이방 신과 같은 잡신 정도로 격하시킨 것입니다.

특히 어떤 이들은 금식을 마치 공로나 의처럼 여기며, 그 대가로 자신들의 문제 해결이나 소원 성취를 바랐습니다. 이런 태도에는 이미 보상 심리와 공로 사상이 깊이 깔려 있습니다. 그래서 주님은 그들에게 단호히 말씀하셨습니다. "그들은 자기 상을 이미 받았느니라"(마 6:16). 이것은 하나님 앞에서 받을 상이 아니라, 사람들에게 보이려는 행위에서 이미 얻은 헛된 칭찬을 뜻합니다. 이런 금식은 성경이 절대 지지하지 않습니다. 가장 거룩해야 할 신앙 행위가 인간의 욕망으로 길을 잃고 왜곡되었기 때문입니다. 하나님은 사람의 중심을 보십니다. 그런 중심이 없는 금식은 절대 응답받을 수 없습니다. 그러므로 다른 사람에게 보이려고 하는 금식은 하나님 보시기에 추악하고 가증스러운 행위입니다. 그런데 개탄스럽게도 오늘날 우리의 모습은 당시 상황보다 더 심각하면 심각하지 결코 낫다고 말하기 어렵습니다. 온갖 욕망과 이기심, 추악한 동기가 우리의 금식과 신앙 행위를 더럽히고 있는 경우가 많습니다. 그래서 우리는 더욱 진지하게 자성해야 합니다.

그렇다면 주님은 어떻게 금식하라고 말씀하십니까? "너는 금식할 때에 머리에 기름을 바르고 얼굴을 씻으라"(마 6:17). 이 구절은 앞의 16절과 분명한 대조를 이룹니다. 즉 "외식하는 자들과 같이 슬픈 기색을 보이지 말라"라는 말씀과 "머리에 기름을 바르고"라는 명령이 대조를 이루고, "사람에게 보이려고 얼굴을 흉하게 하느니라"라는 구절은 "얼굴을 씻으라"라는 말씀과 맞물려 있습니다. 주님은 금식의 흔적을 감추고, 평소처럼 단정하게 생활하라고 하십니다. 여기에는 상징적인 의미가 있습니다. 곧 다른 사람에게 보이지 말고, 오직 은밀히 계신 아버지께만 보이라는 것입니다.

주님은 이어서 다음과 같이 말씀하십니다. "이는 금식하는 자로 사람에게 보이지 않고 오직 은밀한 중에 계신 네 아버지께 보이게 하려 함이라 은밀한 중에 보시는 네 아버지께서 갚으시리라"(마 6:18). 여기서 주목할 점은 예수님께서 '은밀한 중'이라는 표현을 두 번이나 반복하신다는 것입니다. 이는 단순한 강조가 아닙니다. '은밀한 중에 계신'은 보이지 않지만 어디에나 계시는 하나님의 편재성을 나타냅니다. '은밀한 중에 보시는'은 모든 것을 아시는 하나님의 전지성을 가리킵니다. 그러므로 성도는 하나님을 제대로 알기 위해 반드시 하나님의 속성과 성품을 올바로 이해해야 합니다. 하나님이 눈에 보이지 않는 영이시며, 어디에나 계시고 모든 것을 아시는 분이심을 믿는다면, 우리의 모든 신앙 행위는 결코 외식적일 수 없습니다. 그분의 눈앞에서 살아가고 있다는 의식이 늘 함께하기 때문입니다.

반면 이런 하나님의 속성을 알지 못한 상태에서의 신앙 행위는 마치 방향을 잃은 것과 같습니다. 중병에 걸려 뼈만 앙상하게 남은 환자의 모습과도 같습니다. 겉으로는 여전히 기도하고, 구제하고, 금식하고, 봉사하지만, 하나님을 아는 지식이 없는 신앙은 결국 자기 과시와 자기만족으로 흐릅니다. 그러다 마지막 날에는 그 모든 공덕이 불에 타 없어져 앙상한 껍데기만 남는 비참한 결과를 맞게 될 것입니다. 그런데 이것은 단지 당시 바리새인이나 서기관들만의 문제가 아니라, 오늘 우리의 신앙과 교회 현실에서도 고스란히 드러나고 있습니다. 그러므로 우리는 스스로 진지하게 물어야 합니다. '나는 누구를 의식하며 예배하고, 기도하고, 헌신하며, 금식하고 있는가? 하나님을 바라보는가 아니면 사람을 의식하는가?'

그렇다면 성경이 말하는 참된 금식은 무엇입니까? 구약성경에서 이스라엘 백성은 1년에 한 번, 대속죄일에 반드시 금식했습니다. 이날은 자신의 죄를 돌아보고, 하나님의 용서를 구하는 날이었습니다. 또 특별히 나라가 위기에 처했을 때도 금식을 선포했습니다(슥 7:5, 8:19). 그러나 시간이 흐르면서 이들의 금식은 형식만 남고, 본질은 사라졌습니다. 하나님께서 이사야 선지자를 통해 강력히 책망하신 이유가 바로 여기에 있습니다. "내가 기뻐하는 금식은 흉악의 결박을 풀어주며 멍에의 줄을 끌러주며 압제당하는 자를 자유하게 하며 모든 멍에를 꺾는 것이 아니겠느냐 또 주린 자에게 네 양식을 나누어주며 유리하는 빈민을 집에 들이며 헐벗은 자를 보면 입히며 또 네 골육을 피하여 스스로 숨지 아니하는 것이 아니겠느냐"(사 58:6-7).

이 말씀은 우리에게 놀라운 통찰을 줍니다. 하나님이 기뻐하시는 금식은 단순히 음식을 절제하는 것이 아닙니다. 금식의 진정한 의미는 삶의 금식입니다. 곧 사회적 약자와 고통받는 이웃에게 사랑과 정의를 실천하는 것이야말로 하나님이 받으시는 금식이라는 것입니다. 이사야가 말하는 금식을 구체적으로 살펴보면, 그것은 곧 예수 그리스도의 사역을 예표합니다. 예수님은 십자가에서 우리의 죄의 결박을 풀어 주셨습니다. 율법의 멍에를 대신 짊어지시고 완전히 청산해 주셨습니다. 죄와 사망의 권세에 눌린 자들을 자유롭게 하셨습니다. 또 주님은 굶주린 자를 먹이시고, 병든 자를 고치시며, 버림받은 자들을 품으셨습니다. 그러므로 성도의 금식은 단순한 신앙 행위가 아니라, 그리스도의 삶을 닮아가는 행위이자, 십자가의 은혜를 묵상하며 감사하는 삶의 태도여야 합니다.

에스라 8장 21-22절에서도 우리는 중요한 교훈을 발견합니다. 이스라엘 백성은 아하와 강가에서 금식을 선포하며 스스로 겸비했습니다. 그들은 적군의 위협 앞에서 사람의 힘을 의지하지 않고, 오직 하나님의 도우심을 구했습니다. 그들의 금식은 회개와 겸비, 하나님을 전적으로 의지하는 믿음의 표현이었습니다. 반면 예수님 당시 바리새인들은 금식을 회개와 겸비의 기회로 삼지 않았습니다. 오히려 자기 의를 드러내고, 다른 사람을 업신여기며, 사람들에게 칭찬받는 수단으로 삼았습니다. 즉 누가복음 18장의 바리새인처럼, "나는 이레에 두 번씩 금식합니다"라고 자랑하는 태도는 하나님이 기뻐하시는 금식과는 거리가 멉니다. 그러므로 우리는 금식의 개념을 새롭게 할 필요가 있습니다. 하나님이 기뻐하시는 금식은 먼저 자신을 돌아보고, 죄를 회개하며, 이웃을 사랑하는 삶으로 이어져야 합니다. 그렇지 않다면 그것은 기복적인 신앙에 불과합니다. 하나님은 결코 그런 금식을 기뻐하지 않으십니다.

마지막으로, 우리는 본문을 통해 한 가지 중요한 사실을 발견합니다. 마태복음 6장 1-18절에서 예수님은 구제, 기도, 금식이라는 세 가지 신앙 행위를 말씀하시며, 바리새인들과 다른 성도의 삶을 강조하셨습니다. 여기서 흥미로운 점은 구제는 이웃과의 관계, 기도는 하나님과의 관계를 말하는데, 금식은 이 두 가지를 모두 포괄한다는 것입니다. 그러므로 금식은 가장 포괄적이고, 가장 어려운 신앙 행위입니다. 그러나 이런 모든 행위가 외식으로 흐른다면 아무 소용이 없습니다. 하나님은 우리의 입술의 고백이 아니라, 마음의 중심을 원하십니다. "주께서 이르시되 이 백성이 입으로는 나를 가까이하며 입술로는 나를 공경하나 그들의 마음은 내게서 멀리 떠났나니"(사 29:13). 우리는 이 경고를 마음에 깊이 새겨야 합니다.

혹시 우리의 신앙이 껍데기에 불과하지는 않습니까? 우리의 금식, 기도, 구제가 단지 사람들에게 보이려는 행위는 아니었습니까? 하나님은 우리의 겉모습이 아니라 중심을 보십니다. 그러므로 참된 금식은 단지 음식을 절제하는 것이 아니라, 하나님과 이웃 앞에서 자신을 낮추고, 회개하며, 사랑과 정의를 실천하는 삶입니다. 이것이 바로 하나님이 기뻐하시는 금식이며, 성도가 마땅히 추구해야 할 삶입니다.

35장

보물을 하늘에 쌓아두라

"너희를 위하여 보물을 땅에 쌓아두지 말라 거기는 좀과 동록이 해하며 도둑이 구멍을 뚫고 도둑질하느니라 오직 너희를 위하여 보물을 하늘에 쌓아두라 거기는 좀이나 동록이 해하지 못하며 도둑이 구멍을 뚫지도 못하고 도둑질도 못하느니라 네 보물 있는 그곳에는 네 마음도 있느니라"(마 6:19-21).

앞서 예수님께서는 거듭나 중생한 하나님 나라 백성들은 이 세상 사람들과는 전혀 다른 복을 소유한 존재라고 말씀하셨습니다. 그 복은 단순히 물질적이거나 현세적인 차원의 복이 아니라, 예수님의 성품을 닮은 영적인 복, 곧 팔복입니다. 그리고 예수님께서는 이 영적인 복을 소유한 그리스도인은 소금과 빛으로서 분명한 정체성을 가지고 이 땅에서 선한 영향력을 끼치며 살아야 한다고 강조하셨습니다. 나아가 그리스도인은 서기관과 바리새인들보다 더 나은 의를 행하며 살아야 한다고 말씀하셨습니다. 즉 그들은 율법을 외적으로 지키는 데 만족했지만, 그리스도인은 기쁨과 감사가 내면에서 흘러나와 하나님의 계명에 자발적으로 순종해야 한다고 교훈하신 것입니다. 이어서 예수님께서는 그리스도인의 구제와 기도, 금식이 서기관과 바리새인들 그리고 이방인들과 어떻게 달라야 하는지 구체적으로 가르쳐주셨습니다.

지금까지 살펴본 이 모든 내용을 요약하면, 참된 중생을 경험한 그리스도인은 단순히 도덕적·윤리적인 삶에서 그치지 않고, 모든 신앙 행위에서 자기중심성이 철저히 무너진 삶을 살아야 한다는 사실로 귀결됩니다. 그리스도인은 신앙과 삶에 오직 구원의 감격에서 우러나오는 진정한 마음을 담아야 합니다. 모든 행위는 하나님을 향한 순수한 동기, 곧 하나님의 나라와 그의 영광을 위한 것이어야 합니다. 우리는 이런 맥락에서 본문뿐 아니라 마태복음 6장의 후반부 말씀까지 연결하여 이해해야 합니다.

예수님께서는 6장 19-24절에서 '보물을 어디에 쌓을 것인가'라는 주제로 말씀하십니다. 그리고 6장 25절부터 마지막 절에서는 세상에 대한 염려와 근심에 관해 교훈하십니다. 두 주제 단락에서 앞부분은 그리스도인의 삶의 목적과 지향점에 관한 것이고, 뒷부분에서는 그리스도인의 삶의 우선순위와 관심사가 어디에 있어야 하는지를 다룹니다. 세상 염려와 근심은 결국 세상에 대한 지나친 관심에서 비롯된 불안한 마음 상태이기 때문입니다. 로이드 존스 목사 역시 이 점을 지적하면서, 예수님께서 이 부분에서 다루신 주제는 세상에서 오는 두 가지 주된 공격, 곧 세속적인 사랑과 염려의 영이라고 설명합니다.[4] 그러므로 그리스도인의 신앙과 삶에서 이 두 가지는 반드시 경계해야 할 위험한 요소입니다.

이처럼 지금까지 살펴본 내용과 본문 이후의 말씀을 종합해 보면 한 가지 공통된 주제에 이르게 됩니다. 그것은 바로 '그리스도인의 신앙과 삶에서 진정한 주인은 누구인가?'라는 문제입니다. 그 연장선에

---

4) 마틴 로이드 존스, 《산상수훈 하》, 문창수 역(서울: 베드로서원, 2018).

있는 본문은 그리스도인의 신앙과 삶에 관한 내적 동기의 문제에서 출발하여 이제 세상과 관련된 관심사로 주제를 확장해 가는 첫 길목에서 선포된 말씀이라 할 수 있습니다. 예수님을 믿어 의롭다 하심을 얻은 그리스도인이라 할지라도, 마음의 동기와 관심사는 여전히 신앙과 삶에서 가장 중요한 핵심입니다. 예수님께서는 바로 이것을 우리에게 상기시키시는 것입니다.

그렇다면 예수님께서 가장 먼저 경계하라고 명령하신 내용은 무엇입니까? 그것은 곧 "너희를 위하여 보물을 땅에 쌓아두지 말라"(마 6:19)라는 것입니다. 여기서 우리는 중요한 성경적 원리를 발견합니다. 예수님께서는 긍정적인 명령을 하시기 전에 먼저 부정적인 명령, 곧 하지 말아야 할 것을 지적하신다는 사실입니다. 그렇다면 여기서 말씀하신 '보물'은 무엇을 의미할까요? 어떤 이들은 24절의 "너희가 하나님과 재물을 겸하여 섬기지 못하느니라"라는 구절을 근거로, 본문의 보물을 재물, 곧 물질에 한정해 해석하려 합니다. 그러나 정말 그것이 전부였다면 예수님께서 굳이 '보물'이라는 단어 대신 '재물'이라고 말씀하지 않으셨을 이유가 없습니다. 그러므로 본문에서 말하는 보물은 물질을 포함하되, 물질만으로 제한되지 않습니다.

보물이란 사람이 가장 소중히 여기는 모든 것을 총칭합니다. 그것은 유형적인 것일 수도 있고, 무형적인 것일 수도 있습니다. 예를 들면 부모, 남편이나 아내, 자녀, 건강, 집, 명예, 지위, 신분, 재능, 은사, 학벌, 교회에서의 봉사와 헌신, 심지어 희생적인 섬김까지 포함될 수 있습니다. 이 보물은 사람마다 가치관이나 인생관, 세계관에 따라 다를 수 있고, 세월이 흐르면서 그 대상도 변할 수 있습니다. 그러나 예수님께서는 공통으로 말씀하십니다. "너희를 위하여 보물을 땅에 쌓아두지 말라."

여기서 '땅'은 우리가 발 딛고 사는 물리적인 세상을 의미합니다.

그러나 성경에서 말하는 '세상'은 주로 보이지 않는 영적 세계, 곧 사탄과 마귀와 세상의 영이 지배하는 영역을 가리킬 때가 많습니다. 이에 인간은 예외 없이 이 세상 영의 영향을 받으며 이 땅을 살아갑니다. 그래서 이 세상은 하나님을 거스르고 반역하는 가치관, 사상, 문화, 세계관을 낳습니다. 이런 이유로 성경은 세상을 대체로 부정적으로 언급합니다. 특별히 그리스도인에게는 세상이 반드시 이겨야 할 대적으로 나타납니다. 사도 요한은 이렇게 말합니다. "무릇 하나님께로부터 난 자마다 세상을 이기느니라 세상을 이기는 승리는 이것이니 우리의 믿음이니라 예수께서 하나님의 아들이심을 믿는 자가 아니면 세상을 이기는 자가 누구냐"(요일 5:4-5). 즉 우리가 경계해야 할 세상은 단순히 눈에 보이는 물질적 세계가 아니라, 이 세상 신의 지배 아래 나타나는 각종 가치관과 철학, 관점, 문화와 깊은 관련이 있습니다. 그것은 모두 그리스도인의 신앙과 삶에 심각한 해를 끼치는 요소입니다. 예수님께서 보물 쌓는 곳을 땅과 하늘로 대조하여 말씀하신 이유도 바로 여기에 있습니다. 이에 예수님은 이 세상이 그리스도인의 주된 관심사가 되어서는 안 된다고 경고하십니다.

여기서 우리가 주목해야 할 부분은 예수님께서 "너희를 위하여" 보물을 땅에 쌓지 말라고 하셨다는 점입니다. 단순히 '보물을 땅에 쌓지 말라'가 아니라, '너희를 위하여 보물을 땅에 쌓지 말라'고 말씀하신 것입니다. 예수님께서 이렇게 말씀하신 이유는 무엇입니까? 물론 그 이유는 이어지는 본문에서 더 분명히 드러납니다. 그러나 그와 동시에 우리는 그리스도인의 존재론적인 정체성과 관련해 이 명령을 살펴볼 필요가 있습니다.

그리스도인은 자격이나 공로 혹은 어떤 행위 때문에 구원받은 존재가 아닙니다. 오직 하나님 편에서 베푸신 무조건적인 은혜와 사랑 때문에 구원을 받았습니다. 그리고 그리스도인은 예수 그리스도의 대속적 죽음을 통해 하나님과 화평을 누리게 되었고, 그 결과 이웃과의 관계에서도 화평을 이루는 자로 부름을 받았습니다. 그래서 팔복에서 예수님이 이 사실을 "화평하게 하는 자는 복이 있나니"라는 말씀으로 선포하신 것입니다. 그러므로 구원받은 순간부터 그리스도인은 이제 자기 자신만을 위해 살아가는 존재가 아닙니다. 그는 하나님과 이웃을 섬기는 완전히 새로운 존재로 거듭났습니다. 참된 그리스도인은 하나님 사랑과 이웃 사랑을 자신의 신앙과 삶의 증거요 시금석으로 드러내며 살아갑니다. 이런 측면에서 본다면 그리스도인은 자기 자신을 위해 세상에 무언가를 쌓아두는 데 일차적인 관심을 두는 존재가 아닙니다.

그렇다면 왜 예수님께서 "보물을 땅에 쌓아두지 말라"라고 명령하신 것일까요? 먼저 이 명령은 자칫 오해를 불러올 수 있습니다. 이 말씀을 곧이곧대로 받아들여, 성도는 가족이나 건강, 명예나 학벌 혹은 하나님이 주신 다른 보물들을 전혀 고려하지 말고 무관심하게 살아야 한다는 식으로 이해하면 안 됩니다. 실제로 과거 어떤 사람들은 이 말씀을 잘못 해석하여, 세상과 단절한 채 수도원으로 들어가 평생을 은둔하며 살기도 했습니다. 그러나 예수님께서는 제자들에게 '너희는 세상의 소금이요 빛이다'라고 말씀하셨습니다. 그러므로 세상과의 단절은 비성경적입니다. 무엇보다 인간은 죽지 않는 이상, 자신이 귀하게 여기는 보물을 소유하고자 하는 마음을 완전히 없앨 수 없는 존재입니다. 문제는 보물을 소유하는 행위 자체가 아닙니다. 성경은 소유 자체를 죄로 규정하지 않습니다. 예수님이 문제 삼으신 것은 보물에 대한 태도입니다. 곧 그것을 삶의 최종 목적과 가치로 삼아 마음을 빼앗기는 태도가 문제입니다. 이에 대해 예수님은 이렇게 말씀하십니다. "아버지나 어머니를 나보다 더 사랑하는 자는 내게 합당하지 아니하고 아들이나 딸을 나보다 더 사랑하는 자도 내게 합당하지 아니하며"(마 10:37). 예수님은 가족이나 자녀 자체를 부정하지 않으십니다. 그러나 그들을 주님보다 더 사랑한다면 그 신앙은 본질적으로 무너진다는 것을 경고하십니다. 그러므로 본문은 보물에 관해 그리스도인이 무엇을 얼마나 소유하는지가 아니라, 무엇을 위해 어디에 쌓아두는지의 문제입니다.

예수님은 보물을 땅이 아니라 하늘에 쌓아두라고 말씀하십니다. 그리고 곧이어 땅과 하늘의 차이를 대조하시며 그 이유를 설명하십니다. "거기는 좀과 동록이 해하며 도둑이 구멍을 뚫고 도둑질하느니라 오직 너희를 위하여 보물을 하늘에 쌓아두라 거기는 좀이나 동록이 해하지 못하며 도둑이 구멍을 뚫지도 못하고 도둑질도 못 하느니라"(마 6:19-20).

여기서 예수님은 두 가지 이유를 말씀하십니다.

첫째, 땅의 보물은 좀과 동록으로 인해 쉽게 부패하고 부식됩니다. 좀은 책이나 종이를 갉아 먹는 벌레로, 귀중한 문서나 재산을 훼손시킵니다. 동록은 금속이 산화하면서 생기는 녹으로, 귀한 금속이나 보석을 무용지물로 만들어 버립니다. 이것은 곧 세상의 부와 재산이 시간이 지남에 따라 부패하고 훼손될 수밖에 없음을 상징합니다. 실제로 출애굽기 16장을 보면, 광야의 이스라엘 백성이 하나님의 명령을 어기고 만나를 다음날까지 남겨두자, 벌레가 생기고 냄새가 났습니다. 하나님은 그들의 탐심을 벌하시며 땅의 보물은 결국 부패할 수밖에 없음을 보여 주셨습니다. 반면 하늘의 보물은 영원히 부패하지 않습니다. 하늘은 영원불변하신 하나님이 계시는 곳이기 때문입니다(사 40:8; 벧후 1:4).

둘째, 땅의 보물은 도둑에게 빼앗길 위험이 있습니다. 좀과 동록이 자연적인 부패라면, 도둑은 인위적이고 의도적인 위협입니다. 사람은 보물을 지키기 위해 온갖 안전장치를 마련하지만 죽음이나 질병, 재난, 전쟁, 예상치 못한 사고와 같은 '도둑' 앞에서는 결국 속수무책일 수밖에 없습니다. 누가복음 12장에서 예수님은 곡식을 쌓아둔 어리석은 부자의 비유를 통해, 죽음 앞에서는 모든 보물이 무용지물로 전락한다는 사실을 분명히 경고하셨습니다. 반면 하늘의 보물은 하나님께서 친히 지키시고 보존하시므로 절대 빼앗기지 않습니다.

그렇다면 '하늘에 보물을 쌓는다'라는 말은 구체적으로 무엇을 의미할까요? 이 표현을 막연하게 이해한다면 우리의 신앙은 추상적이고 공허해질 위험이 있습니다. 기독교 신앙은 결코 형식적이거나 관념적인 것이 아닙니다. 그것은 반드시 구체적이고 실제적인 삶으로 드러나야 합니다. 이 의미를 정확히 이해하기 위해서는 산상수훈의 맥락을 따라가야 합니다. 산상수훈에서 예수님은 일관되게 바리새인과 서기관들의 왜곡된 신앙을 책망하셨습니다. 그들의 문제는 바로 자기중심성과 자기 영광을 추구하는 것이었습니다. 겉으로는 경건해 보였지만, 그 모든 행위가 실제로는 자신을 드러내고 칭찬받기 위한 것이었습니다. 그러나 예수님이 우리에게 원하시는 것은 철저히 자기중심성을 무너뜨리고 오직 하나님의 영광을 위해 살아가는 것입니다.

그러므로 하늘에 보물을 쌓는다는 것은 단순히 종교적 행위를 많이 한다는 뜻이 아닙니다. 그것은 모든 신앙 행위와 삶 전체를 하나님의 영광을 위해 드리는 것을 의미합니다. 구제, 기도, 금식, 봉사, 헌신 등 이 모든 것이 자기 의와 영광을 위한 것이 아니라, 오직 하나님을 영화롭게 하기 위한 것이 될 때, 그것이 곧 하늘에 보물을 쌓는 삶입니다. 그렇기에 아무리 많은 행위를 한다 해도 그것이 자신을 위한 것이라면, 결국 땅에 보물을 쌓는 것과 다를 바 없습니다. 자기중심성과 자기 영광을 추구하는 신앙과 삶에는 분명 유통기한이 있습니다. 그 가치는 이 세상에서만 유효할 뿐 영원하지 않습니다. 예수님께서는 이러한 신앙과 삶에 대해 분명히 말씀하셨습니다. 곧 그 길은 이 땅에서 사람들의 칭찬과 인정은 얻을 수 있을지 모르지만, 하늘에서는 상급이 없다는 것입니다. 그러므로 그리스도인의 신앙과 삶은 세상 사람들 및 외식적인 종교인의 방식과 전혀 달라야 합니다. 이 점을 사도 바울은 이렇게 분명히 요약합니다. "그런즉 너희가 먹든지 마시든지 무엇을 하든지 다 하나님의 영광을 위하여 하라"(고전 10:31).

그럼에도 현실을 돌아보면, 세상 사람들은 말할 것도 없고, 심지어 그리스도인들조차 보물을 하늘이 아니라 이 땅에 쌓아두고 살아가는 경우가 적지 않습니다. 왜 그렇습니까? 이 땅은 눈앞에 보이는 현실이며, 우리의 생존과 직결된 자리이기 때문입니다. 반면 하늘은 눈으로 직접 볼 수 없고, 아직 오지 않은 미래로 생각하기에 소홀히 여기기 쉽습니다. 그러므로 '보물을 하늘에 쌓아두는 삶'은 예수를 믿었다는 사실만으로 저절로 따라오는 결과가 아닙니다.

이와 관련해 웨스트민스터 대요리문답 제1문은 이렇게 말합니다. "사람의 제일 되는 목적은 하나님을 영화롭게 하고, 영원토록 그를 즐거워하는 것이다."[5] 이는 단지 교리적인 문장이 아니라, 거듭난 성도에게 주어진 분명한 소명입니다. 만물이 하나님의 기쁘신 뜻대로 창조되었고, 하나님을 위해 존재하기 때문입니다. 그러므로 구원받은 성도는 무엇을 하든지 궁극적으로 하나님을 영화롭게 해야 합니다. 바로 이 목적을 이루기 위해 하나님께서는 우리를 예수 그리스도 안에서 새로운 피조물로 만드셨습니다. 이에 그리스도인은 날마다 자기중심성을 깨뜨리고, 자기를 부인하며, 썩어질 세상에 집착하는 것이 아니라 영원한 하늘에 소망을 두고 살아야 합니다.

여기서 우리는 다음과 같은 근본적인 질문을 던지게 됩니다. 예수님을 믿고 새로운 존재가 되었음에도, 왜 여전히 보물을 하늘이 아니라 땅에 쌓으려는 유혹을 받을까요? 사실 이 문제는 추상적인 것

5) 백금산, 《웨스트민스터 소교리문답》(서울: 부흥과개혁사, 2009).

이 아니라 실제 우리의 신앙생활에서 분명히 드러납니다. 어떤 성도는 자신의 보물을 하나님의 나라와 영광을 위해 기꺼이 드리지만, 또 어떤 성도는 여전히 땅에 집착하며 살아갑니다. 도대체 이 차이는 어디에서 오는 것입니까? 물론 그런 차이가 생기는 표면적인 이유는 하나님의 주권과 섭리를 확실히 신뢰하느냐 그렇지 않느냐에 있습니다. 하지만 성경은 좀더 본질적인 해답을 제시합니다. 곧 '하늘에 쌓아둔 소망'을 아느냐 모르느냐의 문제입니다. 골로새서에서는 이렇게 말합니다. "우리가 너희를 위하여 기도할 때마다 하나님 곧 우리 주 예수 그리스도의 아버지께 감사하노라 이는 그리스도 예수 안에 너희의 믿음과 모든 성도에 대한 사랑을 들었음이요 너희를 위하여 하늘에 쌓아둔 소망으로 말미암음이니 곧 너희가 전에 복음 진리의 말씀을 들은 것이라"(1:3-6).

이처럼 예수 그리스도의 복음을 듣고, 하나님의 은혜를 깊이 깨달은 사람만이 '하늘에 쌓아둔 소망'을 붙잡고 살아갑니다. 그리고 바로 그 소망이 성도의 신앙과 삶을 이끌어가는 가장 강력한 동기가 됩니다. 혹시 우리 중에 하나님께서 분명히 하늘의 소망을 주셨음에도 그 사실을 알지 못한 채 살아가는 사람은 없습니까? 그렇다면 그것은 너무나 안타깝고 불행한 일입니다. 하늘의 소망을 모르거나 누리지 못할수록 당연히 땅의 보물에 더 집착하기 때문입니다. 사실 예수 그리스도를 믿기 전 우리 모두는 이 땅에만 소망을 두고 살았습니다. 그러나 이제 그리스도인은 하늘에 참소망이 있음을 압니다. 그러므로 이전과 달리 땅이 아니라 하늘에 보물을 쌓으며 살아야 합니다.

그렇다면 누가 하늘에 보물을 쌓으며 살아갈 수 있습니까? 바로 하나님께서 자신을 위해 하늘에 준비하신 소망을 분명히 아는 사람입니다. 그런 사람은 현실의 유혹에 쉽게 흔들리지 않습니다. 자신이 가진 모든 것을 자기 영광을 위해 쓰지 않고, 하나님 사랑과 이웃 사랑을 위해 기꺼이 드립니다. 이것이 하늘에 보물을 쌓는 삶의 가장 전형적인 모습입니다. 따라서 하늘에 보물을 쌓는 삶의 결정적인 동기는 '하늘에 쌓아둔 소망'의 실재를 아는 데 있습니다. 하나님이 약속하신 영광의 소망, 곧 예수 그리스도 안에서 누리게 될 영원한 복락을 붙잡는 것이 그리스도인의 삶을 견인하는 힘입니다. 이 소망의 인식이 성도의 신앙과 삶의 질과 방향을 결정짓는 중요한 기준입니다.

여기서 우리는 중요한 사실을 하나 더 살펴봐야 합니다. 어떤 사람들은 '보물을 하늘에 쌓아두라'는 예수님의 말씀을 구원과 직접 연결되지 않는 문제라 여기며 가볍게 생각하려고 합니다. 그러나 절대 그렇지 않습니다. 보물을 하늘에 쌓는 것은 구원받은 사람에게서 반드시 나타나는 표징이기 때문입니다. 또 장차 하나님께서는 우리가 쌓아둔 보물을 반드시 드러내실 것이며, 우리의 행위대로 갚으실 것이기 때문입니다.

더 나아가 성도는 예수 그리스도를 믿은 이후 물질뿐 아니라 모든 보물에 대한 관점 자체가 바뀝니다. 곧 사용 방식과 목적이 달라집니다. 이제 그 초점은 자신이 아니라 오직 하나님의 영광입니다. 참된 회심의 증거 중 하나가 바로 이것입니다. 사도행전에 등장하는 초대교회 성도들이 이를 잘 보여줍니다. 그들은 예수님을 믿기 전에는 물질을 자기중심적으로 사용했지만, 믿은 후에는 물질의 주인이 하나님이심을 깨닫고 기꺼이 하나님의 나라와 영광을 위해 드렸습니다. 이처럼 참된 성도라면 누구나 다윗처럼 '모든 것이 주께로부터 왔다'고 고백하게 되고, 또 그것을 삶에서 실천합니다.

반면 마태복음 19장에 나오는 부자 청년은 전혀 다른 모습을 보여줍니다. 그는 계명을 다 지켰다고 했으나 결국 자신의 재물을 내려놓지 못했습니다. 예수님은 그에게 "네가 온전하고자 할진대 가서 네 소유를 팔아 가난한 자들에게 주라 그리하면 하늘에서 보화가 네게 있으리라"(마 19:21)라고 말씀하셨지만, 그는 근심하며 돌아갔습니다. 말씀을 듣고도 세상의 염려와 재물의 유혹에 막혀 결실하지 못한, 씨 뿌리는 비유의 가시떨기에 해당하는 사람이었습니다. 이런 사람은 참된 그리스도인이 아닙니다.

그렇다면 보물을 하늘에 쌓아두는 삶에는 어떤 유익이 있을까요? 물론 장차 받을 영광스러운 상급은 말할 것도 없습니다. 그리고 이 땅에서도 풍성한 영적 열매를 맺습니다. 바울은 빌립보 교회 성도들에게 이렇게 말했습니다. "내가 선물을 구함이 아니요 오직 너희에게 유익하도록 풍성한 열매를 구함이라"(빌 4:17). 빌립보 교회 성도들이 바울을 물질로 섬겼을 때, 그것은 단순한 돕는 행위로 끝나지 않았습니다. 그들에게 영적인 열매가 돌아갔습니다. 성도들이 보물을 하나님의 나라와 복음을 위해 드리면 반드시 영적인 유익이 따릅니다. 참된 그리스도인이라면 자신이 헌신한 자리에서 영적인 평안과 기쁨, 하나님 나라의 소망과 흔들리지 않는 믿음을 경험하게 됩니다. 이것이 바로 예수님께서 '보물을 땅에 쌓아두지 말고, 하늘에 쌓아두라'고 말씀하신 이유입니다. 이 말씀은 단지 미래의 보상을 약속하는 말씀만이 아닙니다. 동시에 지금 이 땅에서도 하나님의 은혜와 임재를 풍성히 경험하게 하는 약속입니다. 이 땅의 불확실성과 고난 속에서도 하늘의 평안과 기쁨 그리고 성령의 열매를 누리게 되는 은혜입니다. 이것이야말로 세상 무엇과도 바꿀 수 없는 영원한 가치이며, 하나님께서 성도들에게 주신 현재적 특권입니다.

36장

눈은 몸의 등불이니

"네 보물 있는 그곳에는 네 마음도 있느니라 눈은 몸의 등불이니 그러므로 네 눈이 성하면 온몸이 밝을 것이요 눈이 나쁘면 온몸이 어두울 것이니 그러므로 네게 있는 빛이 어두우면 그 어둠이 얼마나 더하겠느냐"(마 6:21-23).

예수님께서는 마태복음 6장 전반부에서 세 가지 중요한 신앙생활 곧 구제, 기도, 금식에 대해 말씀하셨습니다. 그런데 6장 후반부에서는 주제를 확장하여 성도들의 일상적인 생활과 깊이 연결된 마음의 관심사를 다루십니다. 그중 가장 먼저 말씀하신 것이 바로 '보물'과 관련된 내용입니다. 여기서 말하는 보물은 단순히 돈이나 재물 같은 유형의 것만이 아니라, 우리가 가장 소중히 여기는 무형의 가치와 존재까지도 포함합니다. 예수님께서는 보물을 이 땅에 쌓아두지 말고, 하늘에 쌓아두라고 명령하셨습니다. 왜 그렇습니까? 이 땅의 보물은 좀과 동록이 해할 수 있고, 도둑이 구멍을 뚫어 도둑질할 수 있기 때문입니다. 반면 하늘에 쌓아둔 보물은 결코 훼손되거나 잃어버리지 않습니다.

그런데 본문에서 예수님은 또 다른 이유를 말씀하십니다. "네 보물 있는 그곳에는 네 마음도 있느니라"(마 6:21). 곧 보물과 마음은 불가분의 관계라는 것입니다. 즉 본문은 보물을 어떻게 보고, 어떻게 다루어야 하는지를 보여주며, 동시에 성도들의 신앙과 삶에서 무엇이 우선순위가 되어야 하는지를 강조합니다.

예수 그리스도를 믿어 의롭다 하심을 얻은 성도는 세상 사람들과 전혀 다른 가치관과 생활 방식으로 살아갑니다. 그리스도인으로서 이전에 한 번도 경험해 보지 못했던 근본적이고 획기적인 전환을 경험합니다. 이전에는 유·무형의 보물이 인생의 가장 중요한 목적이었지만, 이제는 하나님의 나라와 영광을 위해 살아갑니다. 그러므로 예수님께서 보물의 문제를 성도의 신앙과 삶에서 가장 먼저 다루신 것은 결코 우연이 아닙니다. 사실 보물, 대표적으로 물질은 세상 사람들에게나 성도들에게나 모두 똑같이 삶의 중요한 부분입니다. 그것이 없으면 기본적인 생활조차 유지하기가 어렵습니다. 그러나 보물은 양면성을 지니고 있습니다. 한편으로는 삶을 유지하는 데 꼭 필요한 것이지만, 다른 한편으로는 신앙생활에 치명적인 걸림돌이 될 수 있습니다. 그러므로 성도에게 가장 중요한 것은 보물에 대해 올바른 생각을 정립하는 것입니다. 예수님께서는 바로 이 점에서 성도와 세상 사람들을 구별하는 중요한 기준을 말씀하십니다.

여기서 우리가 오해하지 말아야 할 것은, 예수님께서는 성도가 보물을 소유하는 것 자체를 죄악시하거나 금기시하지 않는다는 것입니다. 문제는 보물을 어떤 관점으로 바라보고, 어떻게 다루느냐 하는 것입니다. 이것은 곧 삶의 우선순위와 직결됩니다. 세상 사람들은 보물을 인생의 목적이자 목표로 삼지만, 성도는 하나님의 나라와 영광을 삶의 우선순위에 두며, 보물을 그 목적을 이루기 위한 수단으로 사용합니다.

본래 인간은 자신의 관심사에 마음을 두기 마련입니다. 마음을 둔 곳에 시간과 물질, 심지어 건강까지 아낌없이 투자합니다. 문제는 인간의 관심사가 대부분 하나님과는 무관하다는 사실입니다. 오히려 자기 유익과 편리에 집중되어 있는 경우가 대부분입니다. 이것이 바로 타락한 인간의 실존이자, 죄의 결과입니다. 그러므로 보물을 땅에 쌓는 사람은 마음도 땅에 둘 수밖에 없고, 반대로 보물을 하늘에 쌓는 사람은 마음도 하늘에 두며 하나님의 나라를 소망합니다. 예수님께서는 참된 성도라면 이기적인 욕망을 내려놓고, 보물이 마음을 지배하지 못하도록 경계해야 한다고 말씀하십니다. 우리의 마음은 하나님의 다스림을 받아야 하기 때문입니다. 보물이 마음을 지배하는 순간, 하나님을 향한 사랑이 식고 신앙은 약해지기 마련입니다.

그런데 본문에서 예수님께서는 사람들이 왜 마음을 하늘에 두지 못하는지 그 이유를 비유적으로 설명하십니다. 동시에 그 해결책도 제시하십니다. "눈은 몸의 등불이니 그러므로 네 눈이 성하면 온몸이 밝을 것이요 눈이 나쁘면 온몸이 어두울 것이니 그러므로 네게 있는 빛이 어두우면 그 어둠이 얼마나 더하겠느냐"(마 6:22-23). 예수님은 눈을 '몸의 등불'이라고 말씀하십니다. 눈은 단순히 사물을 보는 기관이 아닙니다. 눈이 보아야 손과 발이 제 기능을 발휘하고, 온몸이 올바르게 움직일 수 있습니다. 그래서 예수님은 눈이 성한 상태와 나쁜 상태를 대조하시며, 그것이 몸 전체에 미치는 영향을 설명하십니다. 여기서 '눈이 성하다'라는 것은 단순히 시력이 좋다는 의미가 아니라, 순전하고 올바른 방향을 가진 상태를 뜻합니다. 눈이 성하면 사물을 바르게 보고, 그에 따라 올바르게 행동할 수 있습니다. 반면 눈이 나쁘면 사물을 왜곡되게 보고, 온몸이 어둠 가운데 있게 됩니다. 즉 눈의 상태가 삶 전체를 좌우합니다.

그러므로 예수님이 이 비유를 통해 주시려는 핵심적인 교훈은 "네게 있는 빛이 어두우면 그 어둠이 얼마나 더하겠느냐"라는 것입니다. 여기서 말하는 '빛'은 단순히 육체적 시력을 의미하지 않습니다. 마음의 빛, 곧 영적인 시각을 뜻합니다. 우리의 마음에도 눈이 있습니다. 마음의 눈이 밝아야 보이지 않는 것을 보고, 영적인 현실을 붙잡을 수 있습니다. 이에 사도 바울도 에베소 교회 성도들에게 "너희 마음의 눈을 밝히사 그의 부르심의 소망이 무엇이며…알게 하시기를 구하노라"(엡 1:18)라고 말했습니다.

마음의 눈이 밝은 사람은 보물을 하늘에 쌓는 즐거움과 기쁨을 압니다. 눈앞의 유혹에 흔들리지 않고, 하나님을 바라보며 그분의 나라를 소망합니다. 그러나 마음의 빛이 어두우면 하나님 나라의 영광을 알지 못하고, 세상의 가치와 욕망에 매여 살아갑니다. 보물을 하늘이 아니라 땅에 쌓고, 하나님이 아니라 자기 영광을 위한 삶을 추구합니다. 누가복음 12장의 어리석은 부자처럼 "영혼아 여러 해 쓸 물건을 많이 쌓아두었으니 평안히 쉬고 먹고 마시고 즐거워하자"(19절)라고 말하며, 하나님을 전혀 염두에 두지 않은 채 살아갑니다. 예수님께서는 이런 삶이 얼마나 어리석고 위험한지를 눈의 비유를 통해 경고하십니다.

그러므로 우리가 본문의 '눈의 비유'에서 주목해야 할 두 가지 사실이 있습니다. 첫째, 예수님께서는 눈의 성함과 나쁨, 곧 밝음과 어두움을 극단적으로 대조하십니다. 이것은 중간 지대가 없다는 사실을 드러냅니다. 둘째, 이것은 산상수훈 전체의 일관된 주제와도 연결됩니다. 예수님은 곧이어 "한 사람이 두 주인을 섬기지 못할 것이니 혹 이를 미워하고 저를 사랑하거나 혹 이를 중히 여기고 저를 경히 여김이라"(마 6:24)라고 말씀하십니다. 왜 그렇습니까? 인간은 본래 하나님의 형상으로 지음을 받아 하나님을 사랑하고, 하나님을 향해 살아가도록 창조되었습니다. 마치 해바라기가 태양을 향해 자라는 것처럼 인간의 전 인격과 영혼은 하나님을 향하도록 지어졌습니다. 그러나 아담의 타락 이후 모든 인간은 죄 아래 놓이게 되었고, 사탄의 권세 아래에서 멸망을 향하게 되었습니다. 그 결과 사람들은 이 땅이 전부인 줄 알고 땅에만 마음을 두며 살아갑니다. 이것이 부패한 인간의 실존입니다.

그러나 예수 그리스도의 대속 사역으로 인해 그를 믿는 자는 사탄의 지배에서 벗어나 하나님의 통치 아래, 곧 빛의 나라로 옮겨졌습니다. 그러므로 예수님 이후 모든 인간은 둘 중 하나에 속합니다. 곧 빛 또는 어둠입니다. 성경은 결코 중간 지대를 인정하지 않습니다. 중간 지대는 결국 어둠에 속하기 때문입니다. 이에 본문은 우리에게 분명한 결단을 촉구합니다. 우리의 보물은 어디에 있습니까? 우리의 마음의 눈은 밝습니까, 어둡습니까? 우리는 하늘의 소망을 바라보며 보물을 하늘에 쌓고 있습니까, 여전히 땅에 붙들려 살고 있습니까? 예수님께서는 오늘도 우리에게 말씀하십니다. "네 보물 있는 그곳에는 네 마음도 있느니라."

그럼에도 그리스도인들 가운데는 여전히 정체가 불분명한, '중간 지대'에 머물기를 즐기는 사람이 적지 않습니다. 하나님 나라와 이 세상에 양다리를 걸치고 아슬아슬하게 살아가는 것입니다. 이들은 상황과 조건에 따라 이리저리 흔들리며 일관성 없게 살아갑니다. 그러나 이런 삶은 결국 오래가지 못합니다. 양쪽에 걸쳐 놓고 있는 두 다리가 결국 찢어져 큰 낭패를 당할 수밖에 없습니다. 하지만 참된 성도는 다릅니다. 거듭나 하나님의 나라로 옮겨진 사람은 주 안에서 새로운 피조물이 된 존재입니다. 그는 이제 어둠 가운데 거하지 않고, 빛 가운데 살아갑니다. 성령께서 그의 마음속에 새 빛을 비추어 주셨기 때문입니다. 그러므로 하나님의 백성과 세상 사람은 애초부터 비교가 불가한 전혀 다른 존재입니다. 그 차이는 단순히 표면적인 것이 아니라

질적인 차이이자 본질적인 간격입니다.

그러므로 성도의 삶은 단지 자연인보다 조금 더 도덕적으로 살고, 조금 더 선한 행실을 하는 수준에 머물지 않습니다. 성도는 아예 본질적으로 다른 존재로서, 그에 합당한 신앙과 삶의 근본적인 차이를 드러내며 살아갑니다. 구원받은 성도는 내면의 근본적인 변화를 통해 '마음의 빛'을 회복했기 때문입니다. 그는 이제 하나님을 알고, 그분의 뜻을 좇아 살아가는 전혀 다른 존재가 된 것입니다. 빛과 어둠이 결코 섞일 수 없듯이, 인간도 빛 가운데 살든지 아니면 어둠 가운데 살든지 둘 중 하나입니다. 다시 말해, 하늘을 바라보든지 아니면 땅을 바라보든지 둘 중 하나이지, 그 중간 지대란 존재하지 않습니다.

그러므로 성도는 결코 중간 지대에 머물러 살아서는 안 됩니다. 물론 일시적으로 신앙이 흔들리거나, 삶의 자리에서 넘어질 수는 있습니다. 하지만 계속해서 그 상태를 유지하는 것은 불가능합니다. 성령 하나님께서 그 상태로 내버려두시지 않기 때문입니다. 만일 누군가가 의도적으로 중간 지대에 안착하여 거기에 안일하게 머문다면, 그는 처음부터 참으로 거듭난 자가 아닐 가능성이 큽니다. 이 부분에 관해 우리는 스스로에게 질문해야 합니다. 지금 빛 가운데 행하고 있습니까? 혹 예수님을 믿는다고 하면서도, 실체조차 불분명한 중간 지대에 머물며 그것을 편안하게 여기고 있지는 않습니까?

여기서 우리는 본문의 '눈의 비유'에 다시 주목해야 합니다. 예수님은 '눈'에 대해서는 성함과 나쁨, 곧 밝음과 어두움 두 가지 모두를 언급하셨는데, '빛'에 대해서는 어둠과 관련된 부분만 말씀하시기 때문입니다. "그러므로 네게 있는 빛이 어두우면 그 어둠이 얼마나 더하겠느냐"(마 6:23). 논리적으로라면, 눈의 경우처럼 빛에 대해서도 밝음과 어둠을 모두 말씀하셨어야 합니다. 그런데 예수님은 왜 '어둠'만 언급하셨을까요? 이는 분명 의도적인 강조입니다. 그 이유는 그리스도인의 정체성과 깊이 관련되어 있습니다. 성도는 이미 '마음의 빛'을 받은 존재입니다. 물론 우리도 과거에는 마음의 눈이 어두워 영적으로 무지했고, 하나님을 알지 못했습니다. 그러나 예수님을 믿은 후 이제 마음의 빛이 밝아져 하나님의 나라와 그 영광을 바라볼 수 있게 되었습니다. 세상의 관점이 아니라 하나님의 관점에서 보물을 바라볼 수 있는 능력을 얻은 것입니다.

이러한 맥락에서 우리가 기억해야 할 중요한 사실이 있습니다. 거듭난 성도는 결코 다시 어둠 그 자체로 돌아갈 수 없습니다. 죽은 사람이 스스로 살아날 수 없듯이, 살아난 사람이 다시 죽은 상태로 되돌아갈 수는 없는 것입니다. 물론 그리스도인이라 할지라도 여러 이유로 마음의 빛이 어두워지고, 영적 시각이 흐려질 수는 있습니다. 그래서 성경도 참된 성도조차 일시적으로는 구원받지 않은 자처럼 살아갈 수 있음을 부인하지 않습니다. 그러나 하나님께서 영원 속에서 구원하기로 작정하신 자는 결코 구원에서 완전히 떨어질 수 없습니다. 그러므로 "네게 있는 빛이 어두우면 그 어둠이 얼마나 더하겠느냐"라는 예수님의 말씀은 성도의 구원을 상실할 수 있다는 경고가 아닙니다. 오히려 참된 성도는 영적 시각을 잃지 않도록 끊임없이 깨어 있어야 한다는 교훈입니다. 즉 구원받은 성도는 하나님이 주신 영적 생명과 빛을 완전히 잃을 수는 없지만, 영적 시각이 흐려지지 않도록 날마다 그리스도 안에 거해야 한다는 것입니다. 이에 우리는 은혜의 방편을 붙들고, 날마다 성령을 의지하며, 말씀과 기도로 우리의 마음의 빛을 새롭게 해야 합니다. 그래야 하나님을 온전히 섬기며, 보물을 하늘에 쌓고, 그곳에 마음을 둘 수 있습니다.

그렇다면 성도는 어떻게 올바른 영적 시각을 유지할 수 있습니까? 로마서 12장에서 바울은 이렇게 권면합니다. "너희 몸을 하나님이 기뻐하시는 거룩한 산 제물로 드리라 이는 너희가 드릴 영적 예배니라 너희는 이 세대를 본받지 말고 오직 마음을 새롭게 함으로 변화를 받아 하나님의 선하시고 기뻐하시고 온전하신 뜻이 무엇인지 분별하도록 하라"(1-2절). 여기서 '이 세대'는 예수 그리스도 안에서 이미 도래한 새 세대와 대조되는 개념입니다. 즉 '이 세대를 본받지 말라'는 말씀은 이 세상의 가치와 생활 방식, 사고방식을 따르지 말라는 것입니다. 오히려 그리스도로 말미암아 이미 시작된 새 세대의 삶과 속성을 따라가라는 것입니다. 그리고 바울은 부정적인 명령에 이어 긍정적인 명령을 합니다. '오직 마음을 새롭게 함으로 변화를 받으라.' 여기서 '변화'라는 단어는 단순히 한 번의 전환을 의미하지 않습니다. 헬라어 원어에서 현재형 수동태로 쓰였기에, 계속해서 새로워져야 한다는 뜻입니다. 성도는 단 한 번 새롭게 된 것으로 만족해서는 안 됩니다. 날마다 마음이 새로워지고, 지속적으로 영적 변화를 이루어가야 합니다.

그렇다면 그 지속적인 새로움은 어떻게 가능합니까? 성경은 일관되게 말씀합니다. 그것은 성령께서 말씀을 통해 이루신다는 것입니다. 새롭게 거듭나는 것도, 새로움을 지속하는 것도 모두 말씀과 성령의 역사로 가능합니다. 그러므로 성도는 날마다 말씀을 듣고 묵상해야 합니다. 솔로몬이 하나님께 '듣는 마음'을 구했던 것처럼, 우리도 말씀에 귀를 기울여야 합니다. "듣는 마음을 종에게 주사 주의 백성을 재판하여 선악을 분별하게 하옵소서"(왕상 3:9). 여기서 우리는 다시금 산상수훈의 핵심을 떠올려야 합니다. 산상수훈은 겉으로 드러나는 행위보다 내면의 변화를 강조합니다. 기독교 윤리와 삶은 단순히 세상 사람보다 조금 더 도덕적이고 윤리적으로 사는 것을 의미하지 않습니다. 그럼에도 오늘날 교회는 점점 도덕주의적 기독교로 기울고 있습니다. '세상 사람들보다 조금 더 착하게 살면 된다'라는 수준으로 기독교를 축소하려는 경향이 있습니다. 이는 매우 우려스럽고, 장차 기독교를 본질에서 떠나게 만들 수 있는 심각한 오류입니다.

세상의 도덕과 윤리는 내면의 변화가 아니라 겉으로 드러나는 행위에 무게를 둡니다. 그러나 기독교 윤리와 삶은 내면의 변화를 출발점으로 삼습니다. 성도의 신앙과 행위는 성령께서 주신 내적인 새 생명에서 흘러나와야 합니다. 그렇기에 도덕주의적 기독교는 해악에 가깝습니다. 그것은 기독교를 다른 종교와 다를 바 없는 수준으로 격하시켜 버리기 때문입니다. 사실 기독교 윤리와 도덕의 핵심은 하나님의 뜻입니다. "이 세대를 본받지 말고 오직 마음을 새롭게 함으로 변화를 받아 하나님의 선하시고 기뻐하시고 온전하신 뜻이 무엇인지 분별하도록 하라"(롬 12:2). 성도의 삶은 세상의 기준과 수준을 조금 넘는 데서 만족하지 않습니다. 오직 하나님의 뜻에 합당하게 살아가는 것이 참된 기독교적 삶입니다. 하나님의 뜻에 맞지 않다면 그것은 아무리 도덕적으로 보여도 성경적 기독교가 아닙니다. 그러므로 하나님의 뜻을 바르게 분별하려면 무엇보다 마음의 빛이 밝아야 합니다. 하나님의 뜻은 마음의 눈이 밝은 자만이 깨닫고 행할 수 있습니다. 다윗이 '하나님의 마음에 합한 자'라 불린 이유도 바로 여기에 있습니다. 그는 평생토록 하나님의 뜻을 분별하고 행하기 위해 몸부림친 사람이었습니다.

그러나 오늘날 조국 교회는 이런 본질적 문제를 간과하고, 외적인 성과와 활동에 더 치중합니다. 성경이 강조하는 것은 수많은 활동이 아니라 우리의 마음의 눈이 밝아 하나님의 뜻을 올바르게 분별하는 것입니다. 우리의 신앙과 삶에서 중요한 것은 속도가 아니라 방향입니다. 그리고 그 방향은 언제나 하나님의 뜻을 향해야 합니다. 하나님의 뜻은 우리의 마음을 성령의 빛이 환히 비출 때 가장 분명하게 드러납니다. 마음의 빛이 밝을 때, 성도는 세상과 전혀 다른 가치관을 지향하며, 영적인 눈으로 모든 것을 새롭게 볼 수 있습니다.

37장

두 주인을 섬기지 못할 것이니

"한 사람이 두 주인을 섬기지 못할 것이니 혹 이를 미워하고 저를 사랑하거나 혹 이를 중히 여기고 저를 경히 여김이라 너희가 하나님과 재물을 겸하여 섬기지 못하느니라"(마 6:24).

앞서 산상수훈의 말씀에서 두 가지 중요한 내용을 살펴보았습니다. 첫째는 '보물을 땅에 쌓아두지 말고, 하늘에 쌓아두라'는 예수님의 교훈이었고, 둘째는 '눈의 비유'를 통해 드러난 영적 시각의 중요성이었습니다. 전자의 말씀을 통해 우리는 우리의 마음과 관심을 어디에 두어야 하는지를 돌아보았습니다. 그리고 후자의 말씀을 통해, 내면의 빛이 밝으면 마음이 하나님께로 향하고 그분 안에서 참된 안식과 평강을 누리지만, 반대로 영적 시각이 어두우면 마음은 하나님이 아니라 물질과 세상 욕망에 붙들린다는 사실을 확인했습니다.

본문은 앞선 말씀들의 단순한 반복이 아니라 그 연장선상에서 매우 특별한 위치를 차지합니다. 마치 '샌드위치 구절'과 같은 이 본문은 앞의 내용을 마무리하면서 동시에 뒤이어 전개될 긴 권면(엄밀히 말하면 마태복음 6장 마지막 절까지 이어지는 가르침)의 시작점이 되기 때문입니다. 다시 말해, 본문은 앞선 교훈과 뒤이어 나올 교훈 사이에서 연결고리 역할을 하는 핵심 구절입니다.

예수님은 먼저 하나님 및 재물과의 관계에서 우리가 흔히 하는 착각을 단호히 지적하십니다. 곧 '하나님도 섬기고 재물도 섬길 수 있다'라는 잘못된 생각을 정면으로 부정하십니다. 그것도 누구도 반박할 수 없을 만큼 가장 단호하고 비장한 어투로 선언하십니다. 그러나 여기서 멈추지 않으십니다. 이어지는 문맥에서는 하나님만을 주인으로 섬기기를 원하는 성도들이 이 땅에서 어떻게 살아야 하는지 구체적으로 권면하십니다.

그렇다면 예수님은 이 중요한 말씀을 어떻게 시작하셨습니까? "한 사람이 두 주인을 섬기지 못할 것이니 혹 이를 미워하고 저를 사랑하거나 혹 이를 중히 여기고 저를 경히 여김이라 너희가 하나님과 재물을 겸하여 섬기지 못하느니라." 예수님은 한 사람이 두 주인을 섬길 수 없는 이유를 두 가지로 설명하십니다. 하나는 한 주인을 미워하고 다른 한 주인을 사랑하기 때문이고, 다른 하나는 한 주인을 중히 여기고 다른 한 주인을 경히 여기기 때문입니다.

여기서 우리는 '미워하다'와 '사랑하다'라는 표현을 단순히 정반대의 감정으로 이해해서는 안 됩니다. 성경적 용법에 따르면, '미워하다'라는 말은 상대적으로 덜 사랑한다는 뜻이며, '사랑하다'라는 말은 전적인 헌신과 충성을 의미합니다. 예수님께서는 누가복음에서 이렇게 말씀하셨습니다. "무릇 내게 오는 자가 자기 부모와 처자와 형제와 자매와 더욱이 자기 목숨까지 미워하지 아니하면 능히 내 제자가 되지 못하고"(14:26). 여기서 '부모와 형제를 미워해야 한다'는 말씀을 문자 그대로 받아들이면 안 됩니다. 성경은 분명히 부모를 사랑하고 공경하라고 명령하기 때문입니다. 그러므로 여기서 말하는 '미워하다'라는 말은 단순한 감정적 반감이 아니라, 예수님보다 그들을 더 사랑하거나 우선시하지 말라는 비교적 표현입니다. 다시 말해, 예수님에 대한 절대적 헌신이 그 어떤 사랑보다 앞서야 한다는 뜻입니다. 따라서 본문에서 말하는 '미워하다'와 '사랑하다' 역시 단순한 감정적 대립이 아니라, 종이 주인에게 바치는 헌신의 진정성과 전폭적인 충성의 여부를 가리킨다고 할 수 있습니다. '이 주인을 중히 여기고, 저 주인을 경히 여긴다'는 말씀 역시 같은 맥락입니다. 이것도 종이 주인에게 얼마나 충성하는지를 드러내는 표현입니다. 그러므로 예수님은 사실상 같은 의미를 두 번 반복하시면서, 한 사람이 두 주인을 섬길 수 없다는 사실을 더욱 강하게 강조하신 것입니다.

결국 한 사람이 두 주인을 섬길 수 없는 이유는 단순히 '두 주인을 동시에 대하기 어려워서'가 아닙니다. 그보다는 한 주인에게 더 많이 헌신하게 되면서 다른 주인에게는 반드시 충실하지 못하게 되기 때문입니다. 즉 종이 주인을 섬긴다는 것은 단순히 부분적 충성이나 제한적 순종이 아니라, 전적으로 드리는 절대적인 헌신을 의미하기 때문입니다. 그래서 예수님은 결론적으로 이렇게 못을 박으십니다. "너희가 하나님과 재물을 겸하여 섬기지 못하느니라." 여기서 '재물'은 단순히 돈만을 뜻하는 것이 아닙니다. 물질적 풍요, 권력, 명예, 성공 등 하나님 대신 인간의 마음을 사로잡을 수 있는 모든 세상적 가치를 포함합니다. 예수님은 하나님과 재물을 극단적으로 대조하시며, 두 가지가 결코 함께할 수 없음을 단언하십니다. 하나님과 재물은 앞서 말씀하신 눈의 밝음과 어두움처럼 본질적으로 양립할 수 없는 대립 관계에 있기 때문입니다.

그렇다면 왜 예수님은 이렇게 강력하게 경고하실까요? 그것은 단순히 가능성을 열어두신 것이 아니라, 실제로 교회 안에 두 주인을 섬기려는 사람들이 존재하기 때문입니다. 이들은 교회에 출석하고 종교적인 행위는 하지만 본질적으로 중생하지 못한 사람들입니다. 이들의 마음은 하나님께도 향하려 하지만 동시에 세상에도 깊이 뿌리내려 있습니다. 겉으로는 하나님을 따르는 것처럼 보이나 실제로는 재물과 세상적 욕망을 섬기며 살아갑니다.

이런 사람들의 특징은 인격의 전 영역(지성, 감정, 의지)에서 드러납니다. 먼저 지적인 측면에서, 그들은 하나님에 대한 지식을 어느 정도는 가지고 있지만 모두 왜곡되어 있고 단편적입니다. 그래서 하나님을 아는 바른 지식과 삶의 진정한 가치를 붙잡지 못합니다. 결과적으로 신앙적 정체성이 불분명하여, 머리로는 중간 지대가 없다는 것을 인정하면서도 실제 삶에서는 하나님과 세상 사이를 오가며 살아갑니다.

다음으로 감정적 측면에서, 그들은 하나님과 진정한 교제를 누리지 못합니다. 말로는 하나님을 믿는다고 하지만, 내면의 기쁨과 감사, 영적인 평안을 경험하지 못합니다. 그래서 그들의 신앙은 환경과 상황에 따라 쉽게 흔들립니다. 진리와 복음이 아니라, 물질적 풍요나 세상적 성취에서 기쁨을 찾기 때문입니다.

마지막으로 의지적 측면에서, 그들은 교회 예배나 봉사에 꾸준히 참여하지만, 기쁨에서 우러나오는 것이 아니라 단순한 습관이나 의무감에서 비롯됩니다. 그래서 겉으로는 신실해 보이지만 실제 삶에서는 하나님 중심의 거룩한 삶을 드러내지 못합니다. 교회 안과 밖의 삶이 철저히 분리되어 있으며, 세상에서는 하나님의 영광보다 세상 욕망이 그들의 삶을 지배합니다.

이것이 바로 하나님과 재물을 동시에 섬기려는 사람의 비극적인 모습입니다. 그는 교회 안에서는 신앙인처럼 보이지만, 실제 삶에서는 세상 사람과 다를 바 없이 살아갑니다. 그러나 주님은 단호히 말씀하십니다. "너희가 하나님과 재물을 겸하여 섬기지 못하느니라." 이 말씀은 단순한 권면이 아니라 절대적인 선언입니다. 우리의 마음은 결코 두 주인을 동시에 섬길 수 없습니다. 우리는 반드시 하나님만을 주인으로 모셔야 하며, 그분께 전적인 헌신과 충성을 드려야 합니다.

물론 하나님과 재물을 겸하여 섬기려는 사람도 겉으로는 경건하고 거룩한 모습을 추구하는 것처럼 보일 수 있습니다. 마치 믿음 안에서 구별되고, 신앙적으로 단단히 서 있는 것처럼 행동하기도 합니다. 그러나 결정적인 문제는, 그의 마음속 깊은 곳에서 여전히 세상적인 탐욕(특히 재물에 대한 집착)에서 벗어나지 못한다는 점입니다. 그 탐심은 마치 찰거머리처럼 그의 삶 전체를 휘감고 있습니다. 때로는 그것을 떼어내려 애쓰는 것처럼 보입니다. 그러나 조금 지나면 오뚝이처럼 제자리로 돌아와 다시금 재물에 대한 미련을 놓지 못합니다. 결국 이런 사람은 입술로는 하나님을 섬긴다고 말할 수 있을지 몰라도 실제로는 하나님 나라에 속한 백성이 아니며, 참되게 거듭난 성도라고 할 수 없습니다.

그러나 여기서 한 가지 분명히 짚고 넘어가야 할 사실이 있습니다. 그것은 성도가 단지 물질을 아끼고 절약하며 소중히 여기는 것 자체를 재물 숭배라고 단정해서는 안 된다는 것입니다. 성경은 낭비를 경계하고, 절제와 검소함을 지혜로 칭찬합니다. 그러므로 물질을 바르게 관리하고 청지기로서 책임 있게 사용하는 것은 오히려 그리스도인에게 합당한 덕목입니다. 우리는 이러한 분별을 전제로, 왜 예수님께서 하나님과 재물을 겸하여 섬길 수 없다고 선언하셨는지를 바르게 이해해야 합니다. 이 말씀의 뜻을 올바르게 파악하기 위해서는 세 가지 접근이 필요합니다. 첫째, '한 사람이 두 주인을 섬기지 못할 것'이라는 예수님의 선언에 기초해 살펴보아야 합니다. 둘째, 하나님의 속성에 비추어 이해해야 합니다. 마지막으로, 거듭난 성도의 존재론적 변화를 기준으로 생각해 보아야 합니다.

먼저 하나님과 재물을 겸하여 섬기지 못하는 이유를 예수님의 선언(한 사람이 두 주인을 섬기지 못한다는 선언)에 기초해 살펴보면, 이 두 구절은 서로 분리된 것이 아니라 원인과 결과로 연결되어 있습니다. 즉, 예수님께서 '두 주인'과 '하나님과 재물'을 대조하셨다는 사실은, 재물 또한 실제로 우리의 주인이 될 수 있으며 섬김의 대상이 될 수 있다는 점을 시사합니다. 앞서 살펴본 것처럼, 한 사람이 두 주인을 섬기지 못하는 이유는 단순히 두 주인을 동시에 상대하기 어렵기 때문이 아닙니다. 더 본질적인 이유는 한 주인에게는 더 헌신하게 되고, 다른 주인에게는 상대적으로 소홀해질 수밖에 없기 때문입니다. 결국 섬김의 무게 중심은 반드시 어느 한쪽으로 기울게 되어 있습니다. 성도가 하나님과 재물을 동시에 섬기려 할 때, 때로는 하나님께 더 헌신하는 듯 보일 수 있습니다. 그러나 반대로 재물로 마음이 기울어 거기에 더 헌신하는 상황 역시 얼마든지 발생할 수 있습니다. 이때 상대적으로 더 사랑하고 더 소중히 여기는 주인이 곧 참된 주인이 됩니다. 반대로 덜 헌신하는 쪽은 사실상 '미워하거나 경히 여기는' 주인입니다.

그러므로 두 주인을 똑같은 진정성과 성실함으로 섬긴다는 것은 논리적으로 불가능하며, 실제 삶의 현장에서도 결코 일어날 수 없는 일입니다. 무엇보다 성도가 하나님을 섬긴다고 말하면서 동시에 재물을 섬긴다면, 그 마음은 이미 재물에 사로잡힌 것과 다름없습니다. 재물이 곧 그의 주인이 된 것입니다. 인간의 죄성은 눈에 보이지 않는 하나님보다 손에 잡히고 눈에 보이는 물질에 더 쉽게 매력을 느낍니다. 그렇기에 예수님은 단호히 말씀하십니다. "너희가 하나님과 재물을 겸하여 섬기지 못하느니라."

더 중요한 사실은, 하나님의 속성에 비추어볼 때 성도가 두 주인을 섬기는 것은 애초에 불가능하다는 점입니다. 하나님께서는 그런 상태를 절대 인정하지 않으십니다. 십계명의 첫째 계명은 이것입니다. "너는 나 외에는 다른 신들을 네게 두지 말라"(출 20:3). 그리고 이렇게 이어집니다. "그것들에게 절하지 말며 그것들을 섬기지 말라 나 네 하나님 여호와는 질투하는 하나님인즉"(출 20:5). 하나님은 자신을 질투하는 하나님으로 계시하셨습니다. 이것은 단순한 감정적 시기심이 아닙니다. 하나님의 거룩하심에서 비롯된 의로운 분노입니다. 곧 마땅히 하나님만을 섬겨야 할 백성이 다른 대상을 섬길 때 나타나는 정당하고도 의로운 반응입니다.

하나님은 우주 만물을 창조하시고 지금도 섭리하시는 유일하신 주권자이십니다. 그분은 스스로 존재하시며 영원히 자존하시는 분입니다. 즉 그 어떤 피조물과도 비교할 수 없는 유일한 분이십니다. 이런 하나님을 제쳐두고 다른 것을 섬기는 것은, 하나님께서 홀로 차지하셔야 할 자리를 피조물에 내어주는 파렴치한 행위입니다. 그러므로 하나님께서 질투하신다는 것은 곧 그분의 사랑과 언약에 대한 충실함의 표현입니다. 하나님은 자기 백성을 너무도 사랑하시기에 그들의 마음을 결코 다른 것과 나누지 않으십니다. 이것이 바로 '사랑의 질투'입니다.

성경은 이렇게 말합니다. "자기 아들을 아끼지 아니하시고 우리 모든 사람을 위하여 내주신 이가 어찌 그 아들과 함께 모든 것을 우리에게 주시지 아니하겠느냐"(롬 8:32). 하나님은 이미 독생자를 아낌없이 주셨습니다. 지금도 그분의 은혜와 사랑은 폭포수처럼 우리에게 쏟아지고 있습니다. 만일 우리가 그 하나님을 제쳐두고 재물을 섬긴다면, 그것은 하나님의 사랑을 모욕하는 것입니다. 그러므로 하나님은 절대 침묵하지 않으십니다. 오히려 거룩한 분노를 나타내셔서 우리를 돌이키게 하십니다.

마지막으로, 거듭난 성도의 정체성(거듭난 성도의 존재론적 변화)에서 하나님과 재물을 겸하여 섬기지 못하는 이유를 살펴봐야 합니다. 성도는 단순히 도덕적으로 좀더 선한 사람이 된 것이 아닙니다. 중생하여 전혀 새로운 존재, 곧 영적 생명을 얻은 자입니다. 그 변화는 삶의 가장 본질적인 영역에서 드러납니다. 그것은 바로 '누가 나의 주인인가?'라는 문제입니다. 참된 성도와 거짓 성도를 구분하는 가장 명확한 기준은 그가 누구를 주인으로 섬기는지에 있습니다. 하나님을 주인으로 삼은 자는 재물을 섬길 수 없습니다. 반대로 재물을 주인으로 삼은 자는 결코 하나님 나라에 들어갈 수 없습니다.

성경은 물질을 중립적인 개념으로만 보지 않습니다. 오히려 의인화하여 '맘몬'이라고 부르며, 신격화된 존재처럼 묘사합니다. 재물은 단순히 수단이 아니라 섬김을 요구하기 때문입니다. 재물은 소유하는 순간 끝나는 것이 아니라 그때부터 사람의 마음을 붙잡고 주인의 자리를 차지하려 합니다. 결국 재물을 좇는 자는 스스로는 인정하지 않아도 돈의 노예가 되어 버립니다. 이처럼 하나님 나라는 재물과 함께 섬길 수 있는 나라가 아닙니다. 성도는 하나님 나라의 가치를 중심으로 전인격을 다해 반응하고, 오직 그 나라를 위해 살아야 합니다.

그런데 여기서 우리는 예수님의 일련의 가르침(보물에 대한 말씀, 눈의 비유, 두 주인에 대한 교훈)이 결코 뿔뿔이 흩어진 교훈이 아니라는 중요한 사실을 발견할 수 있습니다. 이 세 가지는 서로 긴밀히 연결되어 있으며, 인간의 전인격을 다루고 있기 때문입니다. 보물의 비유는 마음의 문제(정서적 영역)를 다룹니다. 눈의 비유는 시각, 곧 영적 인식의 문제(인지적 영역), 두 주인에 대한 교훈은 섬김과 헌신, 곧 의지의 문제(의지적 영역)를 다룹니다. 즉 예수님은 마음과 인식과 의지 곧 인간의 전인격이 오직 하나님께 반응해야 함을 말씀하십니다.

결국 성도는 재물이 주는 거짓 만족을 좇는 것이 아니라, 오히려 하나님과의 바른 관계, 곧 의에 주리고 목말라야 합니다. 그러한 자는 하나님에게서 오는 참된 만족과 평안을 누리게 됩니다. 곧 이 세상 재물이 줄 수 없는 영원한 배부름을 얻게 되는 것입니다.

38장

염려, 하나님의 주권에 대한 불신앙

"그러므로 내가 너희에게 이르노니 목숨을 위하여 무엇을 먹을까 무엇을 마실까 몸을 위하여 무엇을 입을까 염려하지 말라 목숨이 음식보다 중하지 아니하며 몸이 의복보다 중하지 아니하냐 공중의 새를 보라 심지도 않고 거두지도 않고 창고에 모아들이지도 아니하되 너희 하늘 아버지께서 기르시나니 너희는 이것들보다 귀하지 아니하냐 너희 중에 누가 염려함으로 그 키를 한 자라도 더할 수 있겠느냐 또 너희가 어찌 의복을 위하여 염려하느냐 들의 백합화가 어떻게 자라는가 생각하여 보라 수고도 아니하고 길쌈도 아니하느니라 그러나 내가 너희에게 말하노니 솔로몬의 모든 영광으로도 입은 것이 이 꽃 하나만 같지 못하였느니라 오늘 있다가 내일 아궁이에 던져지는 들풀도 하나님이 이렇게 입히시거든 하물며 너희일까 보냐 믿음이 작은 자들아"(마 6:25-30).

앞 단락에 이어 예수님께서는 신실한 그리스도인의 신앙과 삶에 대해 계속 강조하십니다. 이번에는 이전보다 훨씬 더 구체적이고 실제적인 삶의 모습을 예로 들어, 우리가 충분히 이해할 수 있는 언어와 논리로 핵심을 파고드십니다. 예수님은 먼저 이렇게 말씀하십니다. “그러므로 내가 너희에게 이르노니 목숨을 위하여 무엇을 먹을까 무엇을 마실까 몸을 위하여 무엇을 입을까 염려하지 말라 목숨이 음식보다 중하지 아니하며 몸이 의복보다 중하지 아니하냐”(마 6:25). 여기서 예수님은 ‘그러므로’라는 접속사로 25절을 시작하십니다. 물론 이것은 직전의 24절만 받을 수도 있고, 19-24절의 모든 내용을 포괄할 수도 있습니다. 어느 쪽으로 보든, 결국 그리스도인의 마음 문제로 귀결됩니다. 그런데 본문에서 ‘염려하다’라는 단어는 단순한 근심이나 걱정을 의미하는 것이 아닙니다. 헬라어 원어적으로는 마음이 나뉘고 흩어져 집중하지 못하는 상태를 가리킵니다. 그런데 성도가 염려와 근심에 휩싸이는 가장 큰 이유(염려의 본질과 그 뿌리)는 무엇입니까? 바로 미래에 대한 불안입니다. 이 불안의 뿌리는 다름 아닌 하나님의 절대 주권에 대한 불신입니다.

그런데 이 불신을 끊임없이 조장하는 주범이 사탄입니다. 사탄은 우리의 마음이 하나님께 온전히 집중하지 못하도록 끊임없이 방해합니다. 우리의 시선을 환경과 형편, 조건과 어려움으로 분산시키고, 결국 하나님을 신뢰하지 못하게 만듭니다. 즉 예수님께서 “무엇을 먹을까 무엇을 마실까 몸을 위하여 무엇을 입을까 염려하지 말라”라고 말씀하신 핵심은 바로 이것입니다. 성도는 사탄의 농락에 동조하여 의식주 문제나 미래의 불확실성 때문에 마음을 분산시켜서는 안 되며, 오직 하나님께 집중해야 한다는 것입니다. 결국 보물을 하늘에 쌓지 않고 이 땅에만 쌓으려는 태도, 하나님과 재물을 동시에 섬기려는 불신앙, 염려와 근심, 이 모두가 하나님의 주권을 신뢰하지 못하는 데서 비롯됩니다. 반면 우리가 구주 예수 그리스도를 신뢰하면, 어떤 문제도 이제 두려움이나 근심거리가 되지 않습니다. 그러나 그분을 배제하고 자신과 자신의 처지만 바라보면, 오직 암울하고 불안한 현실만 눈앞에 남게 됩니다.

사실 우리가 염려하는 대상은 매우 다양합니다. 자신과 가족, 친척, 이웃, 사회, 나라와 민족까지 그 범위는 끝이 없습니다. 그러나 그 많은 염려의 근본은 결국 의식주 문제로 수렴됩니다. 사람들이 높은 지위, 명예, 권력, 부를 추구하는 이유가 무엇입니까? 그것을 획득하기 위해 자신의 모든 시간과 역량을 아낌없이 쏟아붓는 이유가 무엇입니까? 바로 안락하게 잘 먹고 잘살기 위해서입니다. 이 점은 종교에서도 예외가 아닙니다. 많은 사람이 종교를 갖는 이유가 무엇입니까? 배고픔과 갈증을 해결하고, 건강과 평안을 얻기 위함입니다. 안타깝게도 이런 모습이 교회에서도 발견됩니다. 즉 교회에 다니는 사람 중에는 현실적 필요와 자기 유익을 채우기 위해 신앙생활을 하는 경우가 적지 않습니다. 더 적나라하게 표현하면, 먹고 마시고 입는 문제를 해결하기 위해 예수님을 믿는 것입니다. 이러한 모습은 번영 신학 및 기복적인 신앙 태도와 일맥상통합니다.

그런데 이런 사람들에게는 일반적으로 다음과 같은 공통된 특징이 있습니다. 즉 이들은 하나님과 교회를 위해 열심히 봉사하고 헌신했음에도, 자신들이 기대하는 바가 채워지지 않으면 언제든 교회를 떠납니다. 왜 그렇습니까? 하나님 나라와 그 복됨, 곧 영생의 가치와 진리의 영광을 알지 못하기 때문입니다. 그래서 이들은 스스로 하나님을 믿는다고 말하고 나름대로 열심히 신앙생활을 하는 것처럼 보이지만, 진리 안에서 자유롭지 못합니다. 그리고 세상 사람과 똑같이 먹고 마시고 입는 문제에 묶여 살아갑니다. 그뿐 아니라 신앙은 진보와 성장을 멈춘 채 늘 제자리걸음을 합니다. 이런 현상은 오늘날만의 문제가 아닙니다. 초대교회 시절부터 교회 역사 전반에 걸쳐 반복되어 온 현상입니다.

다시 강조하지만, 염려와 근심은 대부분 미래에 대한 불확실성에서 비롯됩니다. 인간은 오늘의 필요가 채워져도 여전히 불안해합니다. 오늘의 안녕이 결코 내일을 보장하지 못하기 때문입니다. 이 불안 때문에 사람은 순간순간 생명과 몸에 대한 염려의 끈을 놓지 못합니다. 그런 의미에서 예수님이 말씀하신 보물을 땅에 쌓는 문제, 하나님과 재물을 겸하여 섬기는 문제 그리고 본문의 무엇을 먹을까, 무엇을 마실까, 무엇을 입을까에 대한 염려는 서로 긴밀하게 연결되어 있습니다(마음과 하나님의 주권에 대한 신뢰 문제). 보물을 이 땅에 쌓는 자는 결국 '어떻게 하면 잘 먹고 잘살까'라는 염려에 사로잡힌 사람입니다. 그리고 하나님과 재물을 겸하여 섬기려는 자는 현재와 미래의 생존 불안에 지배당하는 사람입니다. 또 의식주 문제를 염려하는 것도 동일하게 미래의 불확실성과 직결되어 있습니다. 이처럼 예수님께서 여러 국면을 통해 반복적으로 말씀하시는 주제는 하나입니다. 성도는 하나님의 주권을 신뢰하고, 마음의 중심을 하나님께 두어야 한다는 것입니다.

그렇다면 예수님께서는 왜 동일한 주제를 다양한 장면에서 반복하여 강조하실까요? 특히 주목할 것은 예수님께서 이 말씀을 단순한 제안이나 권면이 아닌 명령형으로 하고 있다는 점입니다. 이는 그것이 우리의 선택에 맡겨진 문제가 아니라, 반드시 순종해야 할 하나님의 뜻이기 때문입니다. 무엇보다 이 사실을 반복적으로 강조하는 이유는 세 가지로 정리할 수 있습니다.

가장 중요한 이유는, 그것이 신앙과 삶의 핵심 주제이기 때문입니다. 성도가 마음의 중심을 어디에 두고 사는지는 가장 본질적인 문제입니다. 성도에게 하나님의 주 되심을 인정하고 신실하게 섬기는 것보다 더 중요한 것은 없습니다.

두 번째 이유는 염려와 믿음의 성장은 하나님의 주권에 대한 인식과 직결되기 때문입니다. 성도의 염려 여부와 그 깊이는 하나님의 주권을 얼마나 신뢰하는지에 달려 있습니다. 이러한 사실을 고려할 때, 믿음이 성장한다는 것은 곧 하나님의 주권과 성품을 더 깊이 신뢰한다는 것과 같습니다.

성경의 모든 역사는 하나님의 주권을 온전히 드러냅니다. 성경에 기록된 모든 시공간적 배경과 수많은 인물과 사건은 결국 하나님의 주권을 나타내는 도구에 불과합니다. 그러므로 우리는 하나님의 주권을 올바르게 이해해야 합니다. 하나님은 만물과 역사를 자신의 뜻과 계획대로 다스리십니다. 이것을 하나님의 섭리라고 부릅니다. 하나님의 주권은 절대적입니다. 그분은 온 우주의 주인이시며, 그분의 통제 밖에 있는 것은 아무것도 없습니다. 그러나 여기서 한 가지 중요한 사실을 잊어서는 안 됩니다. 하나님은 절대적 자유와 권능으로 자신의 주권을 행사하시지만, 결코 임의로 행하지 않으신다는 것입니다. 그분은 항상 자신의 성품에 따라 행하십니다. 하나님은 거룩하시며, 신실하시고, 변함없으신 분입니다. 그렇기에 그분은 순간의 기분이나 즉흥적 판단에 따라 움직이지 않으십니다. 언제나 일관되고 완전하게, 그분의 거룩한 뜻과 선한 계획에 따라 섭리하십니다.

그렇다면 하나님의 주권을 올바로 아는 사람은 그의 신앙과 삶에서 어떻게 반응할까요?

첫째, 하나님의 주권을 아는 사람은 그분 안에서 참된 영혼의 안식과 안전감을 누립니다. 비록 우리의 죄악 된 본성은 늘 불안해하며 안절부절못하지만, 하나님의 주권을 신뢰하는 순간 영혼 깊은 곳에서 평안이 솟아납니다. 그러므로 하나님의 주권을 신뢰하는 성도는 고난 가운데서도 참된 안식을 누릴 수 있습니다. 성경 속 믿음의 선진들이 그 사실을 증거합니다. 그들은 하나님의 주권을 알고 인정했기에 가장 어두운 상황에서도 흔들리지 않았습니다. 반면 하나님의 주권을 인정하지 않는 사람은 언제나 불안과 염려 속에 살아갑니다. 우리는 지금 하나님의 주권을 참으로 신뢰하고 있습니까? 만약 하나님의 주권을 믿고, 지금 자신이 처한 모든 상황과 조건을 기꺼이 받아들일 수 있다면, 우리는 이미 이 땅에서부터 영원한 안식과 참된 자유를 누리고 있는 것입니다.

둘째, 하나님의 주권을 아는 사람은 시련과 고난에도 위로와 인내를 경험합니다. 하나님께서 지금도 모든 상황을 다스리신다는 사실을 믿기 때문입니다. 그래서 하나님의 주권을 인정하는 사람은 어떤 급박한 상황이 닥쳐와도 허둥대지 않습니다. 오히려 하나님의 때를 잠잠히 기다리며, 그분의 은혜를 간절히 사모합니다. 이 사실은 요셉과 다윗의 삶에서 분명히 확인할 수 있습니다.

셋째, 하나님의 주권을 아는 사람은 끝까지 하나님의 말씀에 순종하며 자신의 책임을 다합니다. 눈앞이 캄캄하고 막연해 보여도, 그들은 결코 방관하거나 수동적인 태도에 머물러 있지 않습니다. 오히려 더 적극적으로 하나님을 의지하며 기도하고, 그분의 말씀에 신실하게 반응하면서 자신의 자리에서 맡겨진 사명을 성실히 감당합니다. 이것이 바로 하나님을 아는 지식이 주는 힘이고 능력입니다. 반면 이런 상황에서 방관자적인 자세를 취하는 사람은 사실상 하나님의 주권을 제대로 알지 못하는 사람입니다.

결국 예수님께서 '무엇을 먹을까, 무엇을 마실까, 무엇을 입을까 염려하지 말라'고 하신 말씀의 핵심은 바로 여기에 있습니다. 하나님의 주권을 확실히 신뢰하는 것, 그것이 믿음의 참된 반응이라는 것입니다.

그런데 예수님께서 동일한 주제, 곧 '그리스도인은 마음의 중심이 어디에 있어야 하는가'라는 질문을 다양한 방식으로 반복하시는 이유가 또 있습니다. 그것은 우리의 죄악 된 본성은 이런 주제를 한 번 듣고는 금세 잊어버리기 때문입니다. 또 이 문제의 가치를 단순한 지식으로만 알고 넘어가기 쉽기 때문입니다. 그래서 주님은 이 사실을 우리 눈높이에 맞추어 계속 반복하여 강조하심으로써, 이것이 그리스도인의 신앙과 삶에서 얼마나 중대한 주제인지 알려주시는 것입니다.

그렇다면 예수님께서는 왜 먹고 마시고 입는 문제에 대해 염려하지 말라고 말씀하실까요? 이미 살펴본 것처럼, 하나님께서 자신의 주권과 섭리로 자녀들을 돌보시고 보호하시기 때문입니다. 예수님은 이렇게 말씀하십니다. "목숨이 음식보다 중하지 아니하며 몸이 의복보다 중하지 아니하냐"(마 6:25). 그런데 이 말씀은 단순한 정보 전달이 아니라, 우리를 향한 매우 도전적인 수사학적 질문입니다. 예수님은 우리의 생명과 몸 그 자체의 중요성을 부각하시면서, 우리가 염려하는 음식과 의복은 사실 그 생명과 몸을 지탱하기 위한 단순한 수단에 불과하다는 것을 일깨워 주십니다. 마치 예수님은 우리에게 이렇게 되묻고 계신 듯합니다. '너희의 생명과 몸을 붙드는 이가 누구냐? 모든 만물을 창조하고 섭리하는 만왕의 왕, 바로 내가 아니냐?'라고 말입니다.

어느 종교가 말하듯, 하나님은 우리를 구원해 놓고 홀로 버려두시는 이신론적인 분이 아닙니다. 성령 하나님을 통해 우리를 안전하게 지키시며, 끝까지 성도의 견인을 이루어 가십니다. 날마다 우리에게 힘과 능력을 공급하시며, 그분의 선한 뜻대로 예정하신 바를 반드시 성취하십니다. 만약 하나님께서 우리를 지키시고 보호하시지 않는다면, 그것은 언약에 신실하신 하나님의 성품에 어긋나는 일이 될 것입니다. 예수님께서는 바로 이 사실을 강조하시며 우리의 불필요한 염려를 지적하시는 것입니다.

성경은 하나님이 악인과 선인 모두에게 해를 비추시고 비를 내리신다고, 곧 모든 피조물에게 일반은총을 베푸신다고 분명히 말합니다(마 5:45). 햇빛과 비는 모든 생명체의 생존에 꼭 필요한 요소입니다. 그런데도 하나님은 타락한 인류 전체에게 이 은혜를 차별 없이 주십니다. 하물며 특별은총으로 하나님을 아버지라 부르게 된 성도들을 향해서야 오죽하시겠습니까? 하나님께서는 그분의 자녀들을 눈동자같이 지키시고 보호하십니다. 그것은 단순한 약속이 아니라, 하나님의 성품에서 비롯된 당연한 책무이자 사랑의 증거입니다.

그러나 문제는 우리 인간의 어리석음입니다. 우리는 이 사실을 머리로만 이해하고 삶에서는 제대로 믿지 못한 채 여전히 염려하며 살아갑니다. 그래서 예수님의 질문은 단순한 가르침이 아니라, 우리의 무지와 불신앙을 드러내시는 우회적인 책망이기도 합니다. 결국 우리는 이렇게 질문해야 합니다. '하나님이 분명히 먹이고 입히신다고 약속하셨는데, 왜 우리는 어리석게도 여전히 먹고사는 문제로 근심하는가?' 성경은 그 답을 구약의 이스라엘 역사에서 보여줍니다. 곧 그리스도인이 끊임없이 먹고사는 문제에 매이는 이유는, 하나님의 방식이 아니라 세상 방식의 기준에 사로잡혀 있기 때문입니다. 이스라엘 백성이 광야에서 40년을 지내며 경험한 일들을 보십시오. 하나님께서는 그들과 함께 계시며 만나와 메추라기를 주시고, 그들의 옷과 신발이 해어지지 않도록 하셨습니다. 성경은 광야 40년 동안 이스라엘 백성이 부족함이 없었다고 분명히 선포합니다. 그런데 어떤 사람들은 이렇게 반문합니다. "그들은 배불리 먹지도 못하고, 풍족히 누리지도 못했는데 어떻게 부족함이 없었다고 말할 수 있습니까?"

그러나 성경이 말하는 '부족함이 없다'의 의미는 세상의 개념과 전혀 다릅니다. 우리가 흔히 생각하는 '부족함 없음'이란 지금보다 더 많이 소유하고 더 풍성히 누리는 상태입니다. 그러나 성경은 그렇게 정의하지 않습니다. 성경이 말하는 '부족함 없음'은 하나님이 언제나 우리와 함께하셔서 그분의 뜻대로 인도하신다는 의미가 가장 큽니다. 그리고 우리의 삶에 필요한 모든 것을 그분이 책임져 주시고 채워 주신다는 뜻입니다. 따라서 성경이 말하는 '부족함 없음'은 문제나 결핍이 전혀 없는 상태가 아니라, 하나님과 함께하기에 모든 것이 충분하다는 고백입니다.

하나님께서 광야 40년 동안 이스라엘 백성에게 제공하신 만나가 바로 그 대표적인 증거입니다. 하나님께서 명하신 대로, 이스라엘 백성은 하루 한 사람당 한 오멜씩 거두었습니다. 그런데 어떤 사람은 더 많이, 어떤 사람은 더 적게 거두기도 했습니다. 세상의 논리라면, 이 경우 많이 거둔 자는 남아야 하고, 적게 거둔 자는 부족해야 합니다. 그러나 성경은 놀랍게도 많이 거둔 자도 남지 않았고, 적게 거둔 자도 부족하지 않았다고 말합니다(출 16:18). 이는 세상 방식으로는 설명할 수 없는 하나님의 신비로운 방식입니다. 하나님이 주신 그 한 오멜은 하루를 살아가기에 족했습니다. 이것이 바로 다윗이 고백한 "여호와는 나의 목자시니 내게 부족함이 없으리로다"(시 23:1)라는 말의 의미입니다.

즉 하나님의 방식을 기준으로 '부족함 없다'라는 말은 필요한 모든 것을 소유했다는 뜻이 아니라, 하나님이 우리와 함께하시고 인도하시기에 이미 충분하다는 신앙 고백입니다. 그러므로 그리스도인은 먹고 마시고 입는 문제에 대해 세상의 방식이 아니라 하나님의 방식을 견지하며 염려의 늪에 빠지지 말아야 합니다. 오히려 우리와 함께하셔서 부족함이 전혀 없게 하시는 하나님을 굳건히 신뢰함으로 참된 만족과 안식을 누려야 합니다. 물론 이 진리를 실제 삶에서 체험하는 것은 쉽지 않습니다. 그러나 일단 경험하면, 그 자유와 평안이 얼마나 크고 깊은지를 영혼 깊이 맛보게 될 것입니다. 그것은 단순한 지식이 아니라, 삶을 온전히 바꾸어놓는 하나님의 은혜의 실제적 역사입니다.

그러므로 우리도 이스라엘 백성이 광야에서 경험했던 그 놀라운 진리를 반드시 알고 깨달아야 합니다. 우리의 인생 여정에서도 반드시 이와 같은 일을 경험해야 합니다. 세상의 눈으로 보면 당연히 부족한 것이 있고, 염려의 그림자가 드리우는 순간이 늘 있습니다. 그럼에도 하나님께서 항상 우리와 함께하시며, 그로 인해 우리가 부족하지 않다는 사실만큼은 변하지 않는 진리입니다. 지금까지 우리는 하루도 거르지 않고 하나님께서 허락하신 '한 오멜' 이상의 은혜를 공급받으며 살아왔기 때문입니다. 이 사실을 분명히 알고 깨닫는 순간 인생이 전혀 다르게 보입니다. 상대적 박탈감으로 불평과 원망을 토로하던 입술에서 감사와 기쁨의 고백이 흘러나오게 됩니다.

그런데 왜 광야의 이스라엘 백성은 늘 불평과 원망을 쏟아 냈습니까? 그것은 하나님의 방식이 아니라 세상의 잣대로 자신들의 삶을 바라보았기 때문입니다. 그들은 가나안의 다른 족속들과 자신들을 늘 비교하며 부족함을 토로했고, 하나님께 원망을 쏟아 냈습니다. 하나님께서 매일 만나를 내려주셔서 절대 부족하지 않게 하셨는데도, 그들은 자신들이 가진 것에 만족하지 않고 감사하지 않았습니다. 안타깝지만 오늘 우리의 모습도 이와 다르지 않습니다. 이에 우리는 "여호와는 나의 목자시니 내게 부족함이 없으리로다"라는 다윗의 고백을 진지하게 묵상해 보아야 합니다. 그리고 다윗의 이 위대한 고백은 단지 물질적인 풍요와 풍성함 때문이 아니라, 하나님이 자신과 함께하심으로 말미암은 부족함 없는 상태의 풍성함과 부요함에서 비롯된 것임을 알아야 합니다.

우리는 이미 그리스도 안에서 가장 부요한 자들입니다. 이렇게 말할 수 있는 이유는 세상의 부요함을 재는 기준과 하나님 나라의 부요함을 재는 기준이 전혀 다르기 때문입니다. 그리스도인은 세상의 방식이 아니라 하나님의 방식으로, 세상의 잣대가 아니라 하나님의 잣대로 자기 삶을 평가하고 해석해야 합니다. 우리는 지금 이 하나님의 계산법을 알고 신앙생활하고 있습니까? 예수님께서는 우리의 생명과 몸이 얼마나 소중한지 다 알고 계십니다. 그리고 하나님의 방식대로 우리에게 결코 부족함이 없도록 하십니다. 주님은 바로 이 사실을 우리가 깨닫기를 원하십니다. 그래서 먹고 마시는 문제로 염려하지 말라고 말씀하신 것입니다.

나아가 예수님께서는 염려가 왜 불필요하고 무가치한지를 무엇과 연결해 말씀하십니까? 바로 하나님의 책임 있는 섭리에 대한 우리의 전적인 신뢰, 곧 믿음과 연결해 강조하십니다. 마음의 문제, 근심과 염려의 문제는 결국 믿음과 직결되기 때문입니다. 본문에서 예수님은 바로 이 점을 지적하십니다. 여기서 말하는 믿음은 '구원을 얻게 하는 칭의의 믿음'이 아니라, 신앙생활에서 발휘되는 '성화의 과정에서 자라나는 믿음'입니다. 그래서 예수님은 "오늘 있다가 내일 아궁이에 던져지는 들풀도 하나님이 이렇게 입히시거든 하물며 너희일까 보냐 믿음이 작은 자들아"(마 6:30)라고 말씀하십니다. 즉 믿음이 전혀 없는 상태를 말하는 것이 아니라, 믿음이 있음에도 그것을 충분히 발휘하지 못하는 '작은 믿음'을 지적하신 것입니다.

사실 예수님께서 제자들을 꾸짖으실 때는 그들의 '믿음 없음'보다 '믿음이 작음'을 언급하신 경우가 많습니다. 사도 바울도 고린도전서 12장에서 믿음을 성령의 은사 중 하나로 말합니다. 즉 주님께서 지금 강조하시는 믿음은 구원의 수단으로서의 믿음이 아니라, 우리의 신앙과 삶에서 능력으로 나타나는 성화의 믿음을 가리킵니다. 그러므로 우리의 믿음은 어린아이 수준에 머물러서는 안 됩니다. 사도 바울의 권면대로 점점 자라나 그리스도의 장성한 분량에 이르러야 합니다. 이것이 바로 하나님께서 우리를 구원하신 목적 중 하나이며, 우리를 향한 뜻입니다.

또 예수님께서는 성도의 생명의 가치를 '공중의 새'와 연결해 교훈하십니다. "공중의 새를 보라 심지도 않고 거두지도 않고 창고에 모아들이지도 아니하되 너희 하늘 아버지께서 기르시나니 너희는 이것들보다 귀하지 아니하냐"(마 6:26). 여기서 우리가 주목해야 할 것은 '보라'라는 단어입니다. 이는 단순히 눈으로 바라보라는 뜻이 아니라, 깊이 생각하고 묵상하라는 의미입니다. 다시 말해, 하나님께서 어떻게 새들을 기르시는지를 심사숙고하라는 명령입니다. 사실 우리의 신앙과 삶에서 깊이 생각하는 습관은 믿음의 성장과 지혜로운 분별력에 결정적인 영향을 미칩니다.

잠언은 지혜로운 자가 여호와를 경외하고 악에서 떠난다고 말합니다. 여기서 '경외'는 단순한 태도가 아니라, 깊은 사고와 묵상에서 비롯된 결단입니다. 예수님도 말씀을 듣고 행하는 자를 반석 위에 집을 지은 지혜로운 사람에 비유하시고, 듣고도 행하지 않는 자를 모래 위에 집을 지은 어리석은 사람에 비유하셨습니다. 결국 하나님의 말씀을 행하기 위해서는 올바른 이해와 더불어 진지한 사고 과정이 반드시 전제되어야 합니다. 그렇기에 맹목적인 믿음은 결코 건강한 신앙으로 이어질 수 없습니다. 나아가 맹목적 신앙을 강요하는 태도는 오히려 이단적 성향에 가깝습니다. 그러므로 우리는 베뢰아 사람들처럼 말씀을 받고, 그것이 그러한가 하여 날마다 성경을 상고하는 습관을 들여야 합니다(행 17:11). 신앙의 성장은 단순히 연륜이나 직분으로 되는 것이 아니라, 얼마나 하나님의 말씀을 깊이 묵상하고 사고하는지에 달려 있습니다.

이런 맥락에서 예수님께서 '공중의 새를 보라'고 말씀하신 것은 단순히 자연을 관찰하라는 명령이 아니라, 하나님의 섭리를 깊이 생각하라는 요청입니다. 즉 하나님께서 새를 먹이시고 입히신다면, 하나님의 형상으로 지음받은 우리는 얼마나 더 귀히 여기시겠습니까? 예수님은 심지어 "참새 두 마리가 한 앗사리온에 팔리지 않느냐 그러나 너희 아버지께서 허락하지 아니하시면 그 하나도 땅에 떨어지지 아니하리라"(마 10:29)라고 말씀하십니다. 이는 하나님께서 창조 세계 전체를 세밀히 다스리신다는 뜻입니다. 따라서 이신론적 관점, 즉 하나님이 세상을 창조하기만 하시고 손을 떼셨다는 생각은 완전히 맞지 않습니다.

더 놀라운 사실은 예수님께서 하나님을 '너희 하늘 아버지'라고 칭하신다는 것입니다. 이는 하나님과 우리의 관계를 단순한 창조주와 피조물 관계를 넘어, 아버지와 자녀의 관계로 확정하신 것입니다. 하나님께서 그 아들을 내어 주심으로 깨진 관계를 회복하셨기에 이제 우리와 하나님은 끊을 수 없는 언약적 관계에 있습니다. 따라서 하나님께서 공중의 새를 기르시면서 정작 자신의 자녀들을 돌보지 않으신다면, 그것은 하나님의 성품과 언약에 대한 신실성에 전혀 부합하지 않습니다. 바울은 이 사실을 "자기 아들을 아끼지 아니하시고 우리 모든 사람을 위하여 내주신 이가 어찌 그 아들과 함께 모든 것을 우리에게 주시지 아니하겠느냐"(롬 8:32)라는 말로 확증합니다.

그렇다고 해서 하나님이 모든 것을 책임지시니 아무 일도 하지 않아도 된다고 생각해서는 안 됩니다. 예수님도 새가 씨를 뿌리거나 창고를 채우지는 않지만, 먹이를 구하는 수고는 해야 한다는 사실을 전제하셨습니다. 우리도 의식주를 위해 정당한 수고를 해야 합니다. 하나님의 주권과 인간의 책임은 절대 분리되지 않습니다. 하나님의 주권 안에서 인간의 책임이 성립하며, 이 둘은 언제나 조화를 이룹니다. 그래서 우리는 하나님의 절대적 주권을 신뢰하면서도 동시에 우리의 책임을 성실히 감당해야 합니다.

예수님은 이어서 "너희 중에 누가 염려함으로 그 키를 한 자라도 더할 수 있겠느냐"(마 6:27)라고 물으십니다. 여기서 '키'는 문자적으로 신장을 의미할 수도 있지만, 더 적절하게는 '생명'이나 '수명'을 가리킵니다. 다시 말해, 아무리 염려한다 해도 우리는 생명을 한순간이라도 연장할 수 없다는 사실을 지적하시는 것입니다. 이는 하나님께 속한 영역을 우리가 염려로 침범하려는 어리석음을 책망하는 말씀입니다. 결국 염려는 믿음의 반대편에 있습니다. 참된 믿음은 하나님의 주권과 인간의 한계를 올바로 구분하는 것이며, 불필요한 근심은 하나님의 영역을 침범하는 교만에 불과합니다.

사실 예수님은 우리가 여전히 의식주 문제로 염려할 수밖에 없는 연약한 존재임을 잘 아십니다. 그래서 이 주제를 다양한 비유와 층위로 반복해서 말씀하십니다. 이는 산상수훈이 얼마나 실제적이고 구체적인 삶의 윤리를 담고 있는지를 보여줍니다. 예수님은 지금 우리의 어리석음을 지적하시면서, 불가능한 문제는 하나님께 맡기라고 말씀하십니다. 그것이 믿음입니다. 믿음으로 하나님께 맡길 때, 우리는 근심 대신 평안과 안식을 누릴 수 있습니다.

마지막으로 본문과 관련해 다음의 두 가지를 덧붙여 생각해 볼 수 있습니다. 첫째, 먹고 마시고 입는 문제에 대한 염려는 단순히 물질관이나 신앙의 유무를 넘어, 결국 세계관과 가치관의 문제입니다. 하나님과 세상을 바라보는 관점이 세상 사람과 동일하다면 예수님을 믿으면서도 여전히 세상 사람과 다를 바 없이 살게 됩니다. 둘째, 예수님이 염려를 경계하신 이유는 단순히 근심 자체가 아니라, 그 근심 뒤에 숨어 있는 탐심 때문입니다. 많은 그리스도인이 '이 땅에서 잘 먹고 잘 살고, 죽어서는 천국에 가겠다'라는 욕망으로 살아갑니다. 하지만 이런 태도는 세상 사람들이 지닌 것보다 더 큰 탐심입니다. 세상 사람들은 현세만 붙잡으려는 것이지만, 그리스도인은 현세와 내세 모두를 붙잡으려는 것이기 때문입니다. 그러므로 먹고 마시는 문제에 대한 지나친 집착은 탐심일 뿐이며, 세상 사람들에게조차 단순한 과욕으로 보일 수 있습니다.

물론 하나님께서 특별한 목적을 위해 어떤 성도에게 큰 부귀영화를 허락하실 수 있습니다. 그러나 그것은 철저히 하나님의 주권적 계획에 따른 것입니다. 문제는 그와 같은 은혜를 일반적인 기준으로 삼아 모두가 집착하고 염려한다는 데 있습니다. 그런 모습은 세상 앞에서 '소금과 빛'이 아니라 탐욕에 물든 평범한 욕심쟁이로 보일 뿐입니다. 그런 삶은 결코 복음의 능력을 드러낼 수 없습니다.

예수님은 우리에게 세상과 구별된 삶을 요구하십니다. 그리스도인의 삶은 철저히 성경적 세계관과 가치관, 하나님을 바라보는 시각 위에 세워져야 합니다. 그렇지 않으면 우리는 여전히 세상에 속한 사람일 뿐입니다. 그러므로 오늘 우리는 주님의 말씀을 붙들고, 근심과 탐심이 아닌 믿음과 감사로 살아가는 성도가 되어야 합니다.

39장

우리의 필요를 다 아시는 하나님

"그러므로 염려하여 이르기를 무엇을 먹을까 무엇을 마실까 무엇을 입을까 하지 말라 이는 다 이방인들이 구하는 것이라 너희 하늘 아버지께서 이 모든 것이 너희에게 있어야 할 줄을 아시느니라"(마 6:31-32).

우리는 계속해서 그리스도인과 염려의 문제에 대한 예수님의 말씀을 살펴보고 있습니다. 예수님께서는 마태복음 6장 25절부터 하나님의 자녀들이 먹고 마시고 입는 것에 대해 왜 염려할 필요가 없는지를 다양한 논증을 통해 설명하십니다. 하나님의 속성과 창조주로서 피조물을 돌보시는 섭리, 창조 질서의 원리, 하나님과 그리스도인과의 관계(아버지 되심) 그리고 하나님의 자녀와 다른 피조물의 가치 차이를 들어 우리의 염려 문제를 여러 각도에서 조망하신 것입니다. 그러므로 일상에서 일어나는 수많은 염려, 즉 주로 의식주와 관련된 걱정은 인간이기에 당연하다고 넘길 수 있는 단순한 차원의 문제가 아닙니다. 그것은 곧 믿음과 직결되기 때문입니다. 결국 믿음이 작은 자들이 염려합니다. 이 사실에 우리는 주목해야 합니다.

본문 역시 지금까지 다루어온 염려 문제의 연장선에 있으며, 동시에 결론부로 들어가는 시작점입니다. 예수님은 이렇게 말씀하십니다. "그러므로 염려하여 이르기를 무엇을 먹을까 무엇을 마실까 무엇을 입을까 하지 말라"(마 6:31). 본문은 '그러므로'라는 접속사로 시작합니다. 이는 지금까지 전개한 논증을 자연스럽게 삶으로 확대 적용하면서 결론을 맺는 역할을 합니다. 사실 신약성경의 많은 서신서도 동일한 구조를 따릅니다. 전반부에서는 하나님의 속성, 삼위 하나님의 사역, 구속사의 객관적 사실을 직설법으로 선포하고, 후반부에서는 그 사실에 기초해 성도가 어떻게 살아야 하는지를 명령법으로 권면합니다. 직설법에서 명령법으로 넘어가는 전환점에서 흔히 '그러므로'라는 접속사가 사용됩니다. 본문 역시 마찬가지입니다.

그렇다면 예수님께서 염려와 관련해 우리에게 주시는 결론적인 교훈은 무엇입니까? 바로 무엇을 먹을까, 무엇을 마실까, 무엇을 입을까 염려하지 말라는 것입니다. 이미 앞에서 동일한 말씀을 하신 예수님께서는 결론 부분에 들어서면서도 이 사실을 다시 강조하십니다. 그런데 이번에는 "염려하여 이르기를"이라는 표현을 덧붙이십니다. 이는 단순히 마음속으로 염려하는 것을 넘어, 그것을 실제 말로 표현하며 반복적으로 입 밖에 내는 행동을 경계하신 것입니다.

사실 우리의 입술에서 나오는 대부분의 말은 대체로 평소 우리가 많이 생각하고 마음에 두는 것들입니다. 그렇기에 예수님을 믿지 않는 세상 사람들의 대화는 거의 먹고사는 문제에 집중되어 있습니다. 그들의 의식은 온통 이 땅에서 어떻게 하면 잘 먹고 잘살 것인가로 가득 차 있습니다. 만약 우리의 일상적인 대화가 늘 이런 주제로 채워져 있다면, 우리의 생각과 사고 역시 의식주 문제에 지배당하고 있다는 뜻일 것입니다. 예수님은 바로 이 점을 지적하십니다. 그리스도인의 생각과 사고는 '무엇을 먹을까, 무엇을 마실까, 무엇을 입을까'라는 염려에 사로잡혀서는 안 됩니다. 그런 염려가 마음을 지배하면, 당연히 그 속에서 하나님이 거하실 자리는 사라지기 때문입니다. 오히려 우리의 의식과 사고는 예수님께서 강조하셨듯이, 하나님의 속성과 섭리 그리고 하나님의 창조 질서(공중의 새가 어떻게 살아가는가, 들의 백합화가 어떻게 자라는가 등)를 깊이 생각하고 묵상하는 것으로 가득 차야 합니다.

예수님께서는 이어서 그리스도인이 먹고 마시고 입을 것을 염려하지 말아야 할 이유를 두 가지로 제시하십니다.

첫째 이유는 이것입니다. "이는 다 이방인들이 구하는 것이라"(마 6:32). 예수님은 그러한 것들은 이방인들이 구하는 것이라고 말씀하십니다. 이것이 의미하는 바는 무엇입니까? 그리스도인은 이방인과 존재론적으로 구별된다는 것입니다. 즉 삶의 목적과 목표가 달라야 합니다. 그러므로 그리스도인은 세상 사람들이 하는 생각에 지배당해서는 안 됩니다. 여기서 '구한다'라는 말은 단순히 바란다는 의미가 아니라, 인생의 최우선 순위를 거기에 두고 열렬히 추구한다는 뜻입니다. 그렇다면 왜 이방인들은 이런 것들을 삶의 궁극적 목표로 삼을까요? 그 근본 이유는 그들이 영적으로 죽은 상태이기 때문입니다. 그들은 중생하지 않았기에 하나님의 나라를 볼 수도, 누릴 수도 없습니다. 죄로 인해 자신이 어떤 상태인지조차 알지 못하며, 구원에 대해서도 무지하고 무감각합니다. 또 죽음을 끝으로 여기고, 사후 세계와 하나님의 심판을 전혀 고려하지 않습니다. 결국 하나님에 대한 지식이 없는 상태에서 눈에 보이는 이 세상만을 전부라 생각하며 살아갑니다. 그러니 당연히 관심이 오직 더 많이 소유하고, 더 잘 누리며 즐겁게 사는 데 집중될 수밖에 없습니다. 그들은 평생 거기에 목숨 걸고 헌신하다가 허무한 죽음을 맞이하게 됩니다.

예수님은 그리스도인은 그렇게 살아서는 안 된다고 말씀하십니다.

하나님은 우리에게 세상과는 다른 가치관과 언어, 더 고차원적이고 거룩한 사고를 하며 살기를 원하십니다. 그래서 바울은 "그러므로 너희가 그리스도와 함께 다시 살리심을 받았으면 위의 것을 찾으라 거기는 그리스도께서 하나님 우편에 앉아 계시느니라 위의 것을 생각하고 땅의 것을 생각하지 말라"(골 3:1-2)라고 권면합니다.

그리스도인은 하나님의 은혜로 거듭난 자입니다. 그리스도와 연합하여 십자가에 함께 못 박혔으며, 장차 그분과 함께 부활할 자들입니다. 이미 하나님의 자녀로서 하나님 나라에 속한 존재입니다. 그러므로 성경은 성도들에게 끊임없이 이 땅이 아니라 위의 것을 추구하며 살라고 명령합니다. 이 땅은 우리의 본향이 아니기 때문입니다. 우리의 본향은 예수님의 재림 때 완성될 새 하늘과 새 땅입니다. 이 땅에서의 성도의 삶은 단지 잠시 거하는 나그네의 삶입니다. 지금까지 모든 성도는 믿음의 선진들이 그러했듯이 이 소망을 붙들고 살았습니다. "이 사람들은 다 믿음을 따라 죽었으며 약속을 받지 못하였으되 그것들을 멀리서 보고 환영하며 또 땅에서는 외국인과 나그네임을 증언하였으니 그들이 이같이 말하는 것은 자기들이 본향 찾는 자임을 나타냄이라 그들이 나온바 본향을 생각하였더라면 돌아갈 기회가 있었으려니와 그들이 이제는 더 나은 본향을 사모하니 곧 하늘에 있는 것이라"(히 11:13-16).

우리의 존재와 삶, 현재와 미래를 바라볼 때 우리는 이 시각이 필요합니다. 만일 어떤 성도가 하나님 나라의 소망이나 본향에 대한 기대 없이 이 땅에서의 삶에만 만족하고 안락함을 추구한다면 심각한 문제가 있는 것입니다. 성도는 이 땅에서 하나님의 이름과 영광에 합당하게 살아야 합니다. 성화의 과정에서 이것은 아무리 강조해도 지나치지 않습니다. 그러므로 진정한 성도라면 이 땅에서의 삶이 늘 어딘가 어색하고 불편해야 합니다. 세상 사람들이 지향하는 삶의 방식과 우리가 추구하는 삶의 방식은 근본적으로 다르기 때문입니다.

혹 남의 집에 며칠 머물러본 경험이 있습니까? 그 집이 아무리 화려한 대궐 같고, 매일 진수성찬을 먹는다 해도, 내 집이 아니기에 늘 어색하고 불편합니다. 그래서 결국은 내 집으로 돌아가고 싶어집니다. 그리스도인은 이 땅에서 살아갈 때 마땅히 이런 감각을 가져야 합니다. 내 집이 아니라는 불편함을 느끼는 것이 정상적인 신앙인의 모습입니다. 예컨대 다윗이 블레셋 거인 골리앗과 싸우러 나갈 때의 장면을 떠올려 보십시오. 사울 왕은 전투를 앞둔 다윗에게 자신의 갑옷을 내주었습니다. 왕이 사용하는 갑옷이었으니, 얼마나 화려하고 견고했겠습니까? 그러나 다윗은 갑옷을 입어본 뒤 곧 자신에게 맞지 않는다는 사실을 깨달았습니다. 이는 단지 체격의 문제 때문만이 아니었습니다. 그보다 몸에 익숙하지 않았을 뿐 아니라, 움직임을 방해하는 거추장스러운 물건에 불과했기 때문입니다. 그래서 과감히 사울의 갑옷을 벗어 던지고, 자신이 늘 사용하던 양치기용 지팡이와 물매, 개울가에서 주운 매끄러운 돌 몇 개를 손에 쥔 채 전장으로 나아갔습니다.

사실 왕의 갑옷이라면 얼마나 세공이 정교하고 방어력이 뛰어났겠습니까? 인간의 눈에는 그것이야말로 승리를 보장해 줄 최선의 장비처럼 보였을 것입니다. 그러나 다윗은 겉으로 보이는 화려함보다 하나님께서 주시는 능력과 신뢰를 더 의지했습니다. 곧 인간의 방식이 아니라 하나님의 방식으로 싸우기를 택했습니다. 그렇기에 사울의 갑옷은 단순히 다윗에게 맞지 않는 옷이 아니라, 하나님의 사람에게는 세상의 방식이 때로는 오히려 방해가 될 수 있음을 보여주는 상징적인 물건입니다.

이 사건은 오늘을 사는 우리에게도 깊은 신학적 통찰을 제공합니다. 즉 그리스도인이 하나님께 마음의 중심을 두는 것이 아니라, 이 세상에 매몰되어 그저 이 세상에서 먹고 마시고 입는 것에 대해 염려하는 것은 참으로 어리석은 짓입니다. 이 세상은 저 영원한 본향에 비하면 초라하기 그지없기 때문입니다. 그러므로 그리스도인은 예수님을 믿지 않는 사람들과의 교제와 대화, 이 세상의 문화와 가치에 불편함을 느끼는 것이 정상입니다. 그리고 이 세상 사람들의 생각, 물질관, 세계관에 마음이 끌리는 것이 아니라, 오히려 남의 옷을 입은 것처럼 불편함을 느껴야 합니다. 그런 그리스도인만이 이 세상에서 먹고 마시고 입는 것에 대한 염려에서 벗어날 수 있습니다.

그리스도인이 이 세상을 살아가는 동안 반드시 염려해야 할 것이 있다면('염려'보다 차라리 '성찰'이라는 단어가 더 어울릴지도 모르겠으나) 그것은 단 한 가지뿐입니다. 그것은 바로 자신이 과연 하나님이 주실 상급을 바라보며, 그분의 영광을 위해, 그분의 뜻대로 살아가고 있는가 하는 것입니다. 예수 그리스도를 자신의 구주로 영접한 성도는 이미 구원을 얻었고, 영생을 소유한 자로 하나님의 확증을 받은 사람입니다. 이 사실은 분명하며, 어떤 상황에서도 변하지 않습니다. 그럼에도 우리가 이 땅을 살아가는 동안 반드시 품어야 할 거룩한 염려가 있습니다.

물론 여기서 말하는 염려는 불안이나 초조함을 뜻하는 것이 아닙니다. 그것은 하나님의 영광을 가릴까 두려워하는 거룩한 경외심 그리고 자신의 삶이 하나님의 뜻과 얼마나 일치하고 있는지를 끊임없이 돌아보는 신앙적 긴장감과 성찰을 의미합니다. 그런 의미에서 이런 염려는 믿음의 사람에게 결코 부정적인 감정이 아닙니다. 오히려 하나님 앞에서 자신의 모습을 성찰하며, 날마다 그분의 뜻에 더 가까이 나아가려는 성숙한 신앙의 표현이라 할 수 있습니다. 그러므로 이런 종류의 염려는 아무리 많이 해도 지나치지 않습니다. 이것은 세상적인 걱정이 아니라, 하나님의 영광을 훼손하지 않으려는 마음의 싸움이자 신앙의 훈련이기 때문입니다. 우리가 이런 염려를 잃어버리면 신앙이 안일함으로 흐르고, 사명은 희미해집니다. 그러나 이 염려를 품고 사는 사람은 언제나 자신을 돌아보며, 하나님께서 기뻐하시는 삶으로 자신을 이끌어갑니다.

더 나아가 예수님은 우리가 염려하지 말아야 할 두 번째 이유를 말씀하십니다. "너희 하늘 아버지께서 이 모든 것이 너희에게 있어야 할 줄을 아시느니라"(마 6:32). 즉 하나님께서 우리의 모든 필요를 이미 알고 계시기 때문입니다. 물론 성도도 때때로 환난과 고난을 겪습니다. 그럴 때면 '정말 하나님이 계시는가? 그렇다면 왜 내가 이런 어려움을 겪어야 하는가? 하나님은 왜 침묵하시는가?'라는 의문이 생길 수 있습니다. 그러나 성경은 분명히 말씀합니다. 하나님께서는 우리의 필요와 상황을 다 아신다고 말입니다. 이와 관련해 바울은 이렇게 말합니다. "사람이 감당할 시험밖에는 너희가 당한 것이 없나니 오직 하나님은 미쁘사 너희가 감당하지 못할 시험 당함을 허락하지 아니하시고 시험 당할 즈음에 또한 피할 길을 내사 너희로 능히 감당하게 하시느니라"(고전 10:13). 이 말씀은 하나님께서 각 사람의 현재 믿음의 수준을 아시고, 그것을 초과하는 시험은 허락하지 않으신다는 뜻입니다. 우리의 과거와 현재, 미래의 모든 상황은 하나님의 주권 아래 있습니다. 욥의 삶이 이를 잘 보여줍니다. 그리고 우리 각자의 신앙 여정을 돌아보아도, 하나님께서 언제나 우리의 믿음의 분량에 맞게 인도하셨음을 깨달을 수 있습니다.

하나님은 우리보다 우리 자신을 더 잘 아시는 분이십니다. 예수님께서 친히 말씀하셨습니다. "너희에게는 머리털까지 다 세신 바 되었나니"(마 10:30). 이는 단순히 시적인 표현이 아니라, 하나님께서 우리의 삶 전체를 완전하게 아시고 세밀하게 살피신다는 의미입니다. 그러므로 그리스도인의 삶에는 반드시 긍정적인 의미의 시련이 존재합니다. 곧 믿음을 더 강건하게 하고, 예수 그리스도를 더 깊이 알도록 이끄는 시련과 어려움이 있다는 것입니다.

따라서 어떤 의미에서, 우리가 예수를 믿고 난 이후 지금까지 큰 시련이나 어려움이라고 부를 만한 경험이 없었다면, 그것은 단순히 하나님이 우리를 특별히 편애하시거나 시험을 거두셨기 때문이 아닙니다. 그보다는 하나님께서 우리 믿음의 수준이 아직 그것을 감당할 만큼 충분히 성숙하지 않았음을 아시기 때문일 수 있습니다. 하나님은 우리의 현재 영적 상태와 신앙의 그릇을 너무나 잘 아시기에, 우리가 감당할 수 없는 시험은 허락하지 않으십니다.

그렇다면 하나님은 언제부터 우리를 아셨을까요? 성경은 이렇게 말합니다. "곧 창세 전에 그리스도 안에서 우리를 택하사 우리로 사랑 안에서 그 앞에 거룩하고 흠이 없게 하시려고"(엡 1:4). 하나님께서는 창세 전부터 우리를 아셨습니다. 하나님께서는 우리에게 시험을 허락하시는 이유도 분명히 말씀하십니다. "내 형제들아 너희가 여러 가지 시험을 당하거든 온전히 기쁘게 여기라 이는 너희 믿음의 시련이 인내를 만들어내는 줄 너희가 앎이라"(약 1:2-3). 다시 말해, 그리스도인은 창세 전부터 하나님의 영원한 계획과 선택으로 살아가는 존재이지만, 그 과정에서 허락되는 시련과 시험은 우연이나 불필요한 고통이 아니라, 믿음을 정금같이 연단하여 인내와 성숙으로 이끄시려는 하나님의 섭리입니다.

그러나 여기서 한 가지 주의해야 할 점이 있습니다. 하나님께서 창세 전부터 우리를 아셨다고 해서, 어떤 사람들처럼 우리의 인생과 삶을 운명론적으로 이해해서는 안 된다는 것입니다. 운명론이란 모든 사건이 이미 그렇게 되도록 정해져 있으며, 인간의 어떤 노력도 그것을 바꿀 수 없다고 생각하는 것입니다. 이 이론은 인과관계를 무시하고 모든 일을 기계적으로 예정된 결과로만 보기에, 결국 인간의 책임과 주체성을 무너뜨립니다. 이는 결국 허무주의로 이어지고, 삶을 수동적이고 소극적으로 만들어 버립니다. 그러나 성경이 말하는 하나님의 예정과 섭리는 운명론과 전혀 다릅니다. 오히려 성경은 우리에게 더 적극적이고 능동적인 신앙을 요구합니다. 즉 우리는 하나님의 주권 안에서 우리의 삶을 성실히 살아야 하며, 하나님의 뜻을 구하고 끊임없이 기도해야 합니다. 하나님이 우리를 아신다는 말은, 우리의 삶이 창조주이자 주권자이신 하나님의 섭리 아래 있다는 뜻이지, 인간의 자유와 책임이 무의미하다는 뜻이 아니기 때문입니다. 우리의 과거와 현재와 미래가 다 하나님의 허락 아래 있지만, 동시에 우리는 그분의 뜻을 깨닫고 순종하며 살아야 할 책임 있는 존재입니다.

그러므로 우리는 하나님의 확실성과 신실하심을 기억해야 합니다. 그분은 언제나 우리를 아시고, 또 잊지 않으십니다. 그러나 우리는 때때로 하나님께 버림받은 듯할 때가 있습니다. 그런 순간에는 이사야 49장의 말씀을 붙잡아야 합니다. "오직 시온이 이르기를 여호와께서 나를 버리시며 주께서 나를 잊으셨다 하였거니와 여인이 어찌 그 젖 먹는 자식을 잊겠으며 자기 태에서 난 아들을 긍휼히 여기지 않겠느냐 그들은 혹시 잊을지라도 나는 너를 잊지 아니할 것이라 내가 너를 내 손바닥에 새겼고 너의 성벽이 항상 내 앞에 있나니"(14-16절). 이 말씀은 우리가 생각하는 하나님과 실제 하나님께서 우리를 생각하시는 것 사이에 큰 간격이 있음을 보여줍니다. 문제는 하나님이 아니라 우리의 불신앙과 왜곡된 시각입니다. 하나님은 결코 우리를 잊지 않으십니다. 부모가 자식을 잊지 않는 것처럼, 아니 부모는 혹 자식을 잊을지라도 하나님은 절대로 자기 백성을 잊지 않으십니다.

특히 '내가 너를 내 손바닥에 새겼다'라는 표현은 고대 근동의 문화적 배경에서 볼 때 매우 놀라운 말씀입니다. 당시에는 종들이 자기 팔에 주인의 이름을 새겼습니다. 그런데 하나님은 반대로 자신의 손바닥에 자기 백성의 이름을 새기셨다고 말씀합니다. 이는 하나님께서 우리를 항상 기억하시며, 우리를 자기 임재 앞에 두셨다는 뜻입니다. 놀랍게도 우리는 늘 하나님 편에서 하나님을 바라보지만, 하나님은 우리 편에서 우리를 바라보고 계십니다. 이것이 은혜입니다. 또 '너의 성벽이 항상 내 앞에 있다'라는 말씀은, 하나님께서 예루살렘 성벽처럼 자기 백성을 늘 지켜보고 계신다는 의미입니다.

결국 하나님은 우리의 머리털까지 세시는 분이시기에, 우리에게 무엇을 먹을까, 무엇을 마실까, 무엇을 입을까 염려하지 말라고 명령하신 것입니다. 이는 공허한 위로가 아니라, 하나님의 전능하심과 사랑과 세밀한 돌보심을 근거로 한 권면입니다. 사실 이 세상의 권력자나 엄청난 부자가 우리를 안다고 하면 그것만으로도 큰 힘이 되고 위안이 되지 않습니까? 그런데 만왕의 왕, 전능하신 하나님께서 우리를 아신다고 말씀하십니다. 더구나 우리는 이 하나님을 아버지라고 부르며 살아가는 존재입니다. 그러므로 하나님이 우리의 모든 것을 아신다는 사실은 한편으로는 경외심을 불러일으키지만, 다른 한편으로는 이루 말할 수 없는 위로와 담대함을 얻게 합니다.

40장

먼저 그의 나라와 의를 구하라

> "그런즉 너희는 먼저 그의 나라와 그의 의를 구하라 그리하면 이 모든 것을 너희에게 더하시리라"(마 6:33).

앞서 우리는 예수님께서 염려와 관련해 말씀하신 결론부의 첫 부분을 함께 살펴보았습니다. 예수님은 분명히 말씀하셨습니다. 한마디로 그리스도인은 이방인들과는 본질적으로 다른 신분을 지닌 존재이기에, 삶의 목적과 목표 역시 그들과 달라야 한다는 것입니다. 그래서 예수님께서는 하나님의 섭리 안에 있는 그리스도인의 확실성을 강조하시면서, 무엇을 먹고 마시고 입을지에 대해 염려하지 말라고 반복하여 명령하셨습니다. 이제 본문에서는 그 가르침을 한 단계 더 발전시키시며 새로운 방향으로 나아가십니다. 앞에서 '염려하지 말라'라는 소극적이고 부정적인 측면을 강조하셨다면, 이제는 적극적이고 긍정적인 명령으로 우리를 이끄십니다. 곧 예수님은 이렇게 말씀하십니다. "그런즉 너희는 먼저 그의 나라와 그의 의를 구하라 그리하면 이 모든 것을 너희에게 더하시리라"(마 6:33).

성경의 진리는 언제나 이러한 논리 전개 방식을 따릅니다. 먼저 부정적인 것을 멈추고 버리게 하신 다음, 긍정적인 것으로 채우도록 하십니다. 예를 들어, 마가복음 8장에서 예수님은 제자들에게 이렇게 말씀하셨습니다. "누구든지 나를 따라오려거든 자기를 부인하고 자기 십자가를 지고 나를 따를 것이니라"(34절). 즉 예수님을 따르려는 사람은 먼저 자기를 부인하는 소극적 순종이 전제되어야만, 자기 십자가를 지고 따르는 적극적 순종으로 나아갈 수 있습니다.

이것은 단순한 수사적 방식이 아니라, 신앙의 본질을 드러내는 중요한 진리입니다. 신앙의 길에서 소극적이고 부정적인 것을 건너뛰거나 외면한 채 곧바로 적극적인 것을 추구한다면, 그것은 왜곡되고 비정상적인 길로 접어들 수밖에 없기 때문입니다. 죄와 우상, 불신앙이라는 장애물을 그대로 둔 채 하나님을 추구한다는 것은 불가능합니다. 이는 마치 자동차를 타고 가는 사람이 눈앞에 큰 바위가 가로막고 있음에도 그것을 치우지 않고 계속 가겠다고 우기는 것과 같습니다. 그러면 어떻게 되겠습니까? 차량이 파손되거나 심지어 전복될 수 있습니다. 그래서 큰 부상을 당할 수 있습니다. 신앙의 길도 마찬가지입니다. 그 길은 결코 우회할 수 없는 좁고 협착한 길(마 7:14)이기에 걸림돌을 외면한 채 하나님을 추구할 수는 없습니다. 그것은 어불성설에 불과합니다.

이처럼 무엇을 먹을까, 마실까, 입을까를 염려하는 마음을 내려놓지 않고서는, "먼저 그의 나라와 그의 의를 구하라"라는 말씀을 온전히 실천할 수 없습니다. 그러므로 하나님을 믿고 천국을 향해 가는 성도는 자신의 모든 삶의 필요와 현실적 문제를 전적으로 하나님의 손에 맡기고 의뢰해야 합니다. 동시에 성화의 길을 가는 과정에서 불필요한 요소를 과감히 제거해야만, 비로소 적극적으로 하나님의 나라와 그 의를 추구할 수 있습니다. 우리는 바로 이러한 토대에서 "먼저 그의 나라와 그의 의를 구하라"라는 명령의 의미를 살펴봐야 합니다.

먼저 '그의 나라'는 무엇을 의미합니까? 성경은 하나님의 나라를 주로 통치의 개념으로 설명합니다. 하나님의 나라란 단순히 어떤 물리적인 공간이나 영역이 아니라, 하나님께서 주권적으로 다스리시는 통치와 권세를 가리킵니다. 그러므로 하나님의 나라는 예수님께서 이 땅에 오심으로 이미 도래했습니다. 이는 예수님이 공생애를 시작하시면서 선포하신 다음과 같은 말씀에서 잘 알 수 있습니다. "회개하라 천국이 가까이 왔느니라"(마 4:17). 곧 예수님께서 성육신하여 세상에 오실 때 하나님의 나라를 함께 가지고 오신 것입니다.

그뿐 아니라 성경은 하나님의 나라를 예수님 자신과 동일시합니다. 누가복음 17장에서 예수님은 하나님의 나라가 언제 임하느냐고 묻는 바리새인들에게 이렇게 대답하셨습니다. "하나님의 나라는 볼 수 있게 임하는 것이 아니요…하나님의 나라는 너희 안에 있느니라"(20-21절). 곧 하나님의 나라는 예수님이 우리 안에 성령으로 내주하시며 우리를 다스리실 때 나타나는 실체입니다. 그러므로 '먼저 그의 나라를 구하라'는 명령은 결국 예수님 자신을 구하고, 그분의 다스림과 통치가 우리 안에 이루어지도록 기도하라는 것입니다.

그런데 지금 우리의 기도는 어떻습니까? 혹 예수님 자신보다 우리에게 당장 필요한 것(물질, 건강, 취업, 진학 등)을 더 많이 구하고 있지는 않습니까? 물론 그런 간구 자체가 잘못된 것은 아닙니다. 그러나 이러한 기도의 문제는 그 중심과 목적이 예수님 자신보다는 우리의 필요에 맞추어져 있다는 것입니다. 예수님은 바로 그 점을 지적하십니다. 따라서 "너희는 먼저 그의 나라와 그의 의를 구하라"라는 명령은 우리 마음의 중심과 동기, 신앙의 목적과 목표가 어디에 있어야 하는지를 분명히 밝혀주는 내용입니다. 곧 우리의 기도 방향과 삶의 우선순위가 언제나 하나님 자신과 그분의 통치에 있어야 한다는 것입니다.

이어 '그의 의'는 무엇을 의미합니까? 성경에서 말하는 하나님의 의는 단순히 도덕적 올바름이나 윤리적 의로움이 아닙니다. 그것은 무엇보다 하나님과의 바른 관계를 의미합니다. 인간은 아담과 하와의 타락으로 인해 이 바른 관계를 잃어버렸습니다. "모든 사람이 죄를 범하였으매 하나님의 영광에 이르지 못하더니"(롬 3:23). 그러므로 타락한 인간은 스스로 하나님의 의에 이를 수 없습니다. 그래서 하나님께서 친히 아들을 보내셨습니다. 예수 그리스도께서 우리의 죄를 대신 지시고 십자가에서 대속적 죽음을 감당하심으로, 믿는 자에게 의롭다 하심을 선물로 주셨습니다. 이것을 신학적으로는 '칭의'(justification)라고 부릅니다.

그러나 성경은 여기서 멈추지 않습니다. 하나님과의 바른 관계 안에 들어온 성도는 이제 계속적으로 하나님의 의를 추구하며 살아가야 합니다. 곧 '성화'(sanctification)의 과정입니다. 따라서 "그의 의를 구하라"라는 말씀은 단순히 구원의 순간에만 해당하는 것이 아니라, 구원받은 이후의 삶 전체에 걸쳐 하나님과의 바른 관계를 더 풍성히 누리며 의로운 삶을 추구하라는 요청입니다.

그렇다면 이미 예수 그리스도를 믿음으로 하나님의 나라와 그 의 안에 들어온 성도에게 왜 또다시 "먼저 그의 나라와 그의 의를 구하라"라고 하시는 것일까요? 그 이유는 두 가지 차원에서 이해할 수 있습니다.

첫째는 개인적인 차원입니다. 예수님을 믿는 우리는 이미 하나님의 통치를 받으며 살아가고 있습니다. 그러나 그 사실을 얼마나 풍성히 누리는가 하는 것은 또 다른 차원의 문제입니다. 하나님의 나라는 '이미'(already) 임했지만, '아직'(not yet) 완성되지 않은 상태입니다. 그렇기에 성도는 하나님의 은혜를 힘입어 날마다 그 나라의 다스림을 더 깊이 누리며 살아가야 합니다. 의 역시 단순히 한순간의 칭의로 끝나는 것이 아니라, 평생에 걸쳐 더 풍성히 추구해야 하는 삶의 방향입니다.

둘째는 공동체적이고 우주적인 차원입니다. 하나님의 나라는 개인의 영혼에만 국한되지 않습니다. 하나님께서는 온 피조 세계와 인류 역사에서 그분의 나라를 이루어 가십니다. 그러므로 우리는 단지 우리 영혼만이 아니라, 가정과 교회, 사회와 열방 가운데 하나님의 나라가 임하고 그분의 의가 드러나기를 간구해야 합니다. 주기도문에서 "나라가 임하시오며 뜻이 하늘에서 이루어진 것같이 땅에서도 이루어지이다"라고 기도한 이유가 바로 여기에 있습니다. 즉 예수님께서는 이미 하나님 나라의 복됨과 영광 그리고 하나님과의 바른 관계가 주는 평안과 안식을 누리고 있는 성도들에게, 동시에 이 세상과 열방 가운데 하나님의 나라와 의가 충만히 임하도록 기도하라고 말씀하십니다. 주기도문에서도 예수님은 이렇게 가르치셨습니다. "그러므로 너희는 이렇게 기도하라 하늘에 계신 우리 아버지여 이름이 거룩히 여김을 받으시오며 나라가 임하시오며 뜻이 하늘에서 이루어진 것같이 땅에서도 이루어지이다"(마 6:9-10).

결국 "먼저 그의 나라와 그의 의를 구하라"라는 말씀은 단순히 종교적인 구호가 아니라, 우리의 삶의 방향과 우선순위를 완전히 뒤바꾸라는 요청입니다. 우리의 생각과 기도의 초점을 눈에 보이는 현실적 필요보다 먼저 하나님 자신과 그분의 다스림에 두라는 것입니다. 이것이 바로 참된 신앙의 길이며, 그 길에서 하나님은 우리의 필요를 절대 외면하지 않으십니다. 오히려 '이 모든 것'을 더하시는 분이십니다. 성경은 하나님께서 그리스도인에게 은혜의 방편으로 주신 말씀과 기도, 성례, 성도의 교제를 통해 끊임없이 하나님의 나라와 그분의 의를 풍성히 누리라고 권면합니다.

그러므로 단순히 교회에 출석만 하는 수준의 신앙생활은 결코 성경이 말하는 올바른 신앙생활이 아닙니다. 그리스도인은 단지 하나님의 나라에 들어와 그것을 소유했다는 사실에 만족하거나 안주할 수 없습니다. 오히려 그 나라를 더욱 소중히 여기며 날마다 풍성히 누리는 것이 하나님의 뜻입니다. 곧 우리 삶의 모든 영역에서 하나님의 통치와 다스림을 받으며 하나님과의 더 깊은 교제와 관계로 나아가는 것이 그분의 뜻입니다. 성경은 이에 대해 이렇게 말합니다. "오직 사랑 안에서 참된 것을 하여 범사에 그에게까지 자랄지라 그는 머리니 곧 그리스도라"(엡 4:15). 이러한 맥락에서 우리는 오늘날 조국 교회 성도들이 이 사실을 제대로 깨닫고 있는지, 또 얼마나 그것을 풍성히 누리려고 애쓰고 있는지 돌아볼 필요가 있습니다. 지금 우리는 어떻습니까?

여기서 한 가지 분명히 해야 할 것은, 예수님께서 우리에게 이런 기도를 요청하시는 이유는 결코 그분에게 능력이 부족해서가 아니라는 점입니다. 성경은 하나님께서 자신의 이름과 영광을 위해 친히 역사를 이루시는 분임을 증언합니다. 이사야 선지자는 하나님께서 이스라엘을 바벨론에서 건져내신 이유는 그들의 공로나 능력 때문이 아니라, 오직 그분의 이름과 영광을 위함이라고 말합니다. 하나님은 자신의 권능과 주권으로 이 땅에서 그분의 나라와 의를 이루실 수 있는 분입니다. 창조와 구원의 역사는 바로 이 사실을 웅변적으로 보여줍니다.

그럼에도 하나님은 우리에게 이 땅에 하나님의 나라가 임하는 일에 동역자로 참여하게 하십니다. 곧 하나님의 은혜를 누리는 성도들을 통해 그 나라의 복됨이 세상에 드러나도록 하신 것입니다. "이같이 너희 빛이 사람 앞에 비치게 하여 그들로 너희 착한 행실을 보고 하늘에 계신 너희 아버지께 영광을 돌리게 하라"(마 5:16). 하나님께서는 그분의 나라와 의가 이 땅에 임하는 경이로운 역사에 우리가 단순히 구경꾼이 아니라 직접적인 참여자가 되기를 원하십니다. 다시 말해, 우리가 그 영광과 기쁨을 함께 맛보기를 원하시는 것입니다. 이것이야말로 하나님의 은혜이자 복입니다.

따라서 "먼저 그의 나라와 그의 의를 구하라"라는 말씀은 단지 개인적 차원의 누림을 넘어, 이웃과 교회 그리고 모든 열방과 민족이 하나님의 나라와 의를 경험하도록 기도하고 섬기라는 명령입니다. 예수님께서 이렇게 기도하라고 하신 것은 소극적이고 수동적인 요청이 아닙니다. 오히려 적극적이고 능동적인 요청입니다. 즉 우리가 단지 입술로만 "나라가 임하시옵소서"라고 기도하는 것이 아니라, 실제로 우리의 삶을 통해 그 일이 이루어지도록 힘과 믿음을 달라고 구하는 것입니다. 그러므로 "먼저 그의 나라와 그의 의를 구하라"라는 말씀에는 종말론적인 의미도 내포되어 있습니다. 예수님은 이 말씀을 통해 성도들에게 장차 주님께서 재림하실 때 완전히 이루실 새 하늘과 새 땅을 사모하며, 그것이 속히 임하도록 기도하라고 명하시는 것입니다. 이사야 선지자는 이에 대해 이렇게 외쳤습니다. "좋은 소식을 전하며 평화를 공포하며 복된 좋은 소식을 가져오며 구원을 공포하며 시온을 향하여 이르기를 네 하나님이 통치하신다 하는 자의 산을 넘는 발이 어찌 그리 아름다운가"(사 52:7).

사도 바울도 말했습니다. "형제들아 너희가 스스로 지혜 있다 하면서 이 신비를 너희가 모르기를 내가 원하지 아니하노니 이 신비는 이방인의 충만한 수가 들어오기까지 이스라엘의 더러는 우둔하게 된 것이라 그리하여 온 이스라엘이 구원을 받으리라"(롬 11:25-26). 지금 기도할 때 이처럼 하나님의 나라와 의가 현재적 차원뿐 아니라 종말론적 차원에서도 이루어지기를 간구하고 있습니까?

이제 마지막으로 살펴볼 한 가지 중요한 질문이 있습니다. 왜 우리는 하나님의 나라와 그의 의를 삶의 우선순위로 삼지 못할까요? 그 이유는 명확합니다. 여전히 우리의 삶과 미래에 대한 하나님의 주권과 인도하심을 전적으로 신뢰하지 못하기 때문입니다. 입술로는 예수님을 주님이라고 고백하면서도, 실제 삶에서는 여전히 자신을 주인 삼아 살아가는 경우가 많기 때문입니다.

여기서 우리는 솔로몬의 일천 번제 사건을 떠올릴 필요가 있습니다. 다윗에 이어 왕위에 오른 솔로몬이 하나님께 일천 번제를 드리자, 하나님께서 그를 기뻐하시고 꿈에 나타나셔서 말씀하십니다. "네가 원하는 것이 무엇이든지 구하라." 이는 마치 하나님께서 솔로몬에게 백지수표를 건네신 것과 같습니다. 그런데 솔로몬이 무엇을 구했습니까? "누가 주의 이 많은 백성을 재판할 수 있사오리이까 듣는 마음을 종에게 주사 주의 백성을 재판하여 선악을 분별하게 하옵소서"(왕상 3:9). 솔로몬은 자신의 유익이나 개인적인 영광을 구하지 않았습니다. 그는 하나님의 지혜, 곧 하나님 자신을 구했습니다. 다시 말해, 그는 하나님의 나라와 그의 의를 먼저 구한 것입니다. 이때 하나님께서는 그가 구하지 않은 부귀와 영화까지 함께 허락하셨습니다.

하나님은 결코 사람처럼 실언을 하시는 분이 아닙니다. 그분의 말씀은 반드시 성취됩니다. 그리고 성경의 수많은 인물의 삶에서 그 말씀이 실제로 이루어졌습니다. 그러므로 우리는 이 사실을 믿고 하나님을 전적으로 신뢰해야 합니다. 나아가 주님께서 말씀하신 대로, 먼저 그의 나라와 그의 의를 구하는 믿음으로 살아가야 합니다. 이것이 성경이 우리에게 가르치는 참된 신앙생활의 본질입니다.

41장

내일 일을 염려하지 말라

"그러므로 내일 일을 위하여 염려하지 말라 내일 일은 내일이 염려할 것이요 한 날의 괴로움은 그날로 족하니라"(마 6:34).

앞서 우리는 "먼저 그의 나라와 그의 의를 구하라 그리하면 이 모든 것을 너희에게 더하시리라"라는 예수님의 말씀을 함께 살펴보았습니다. 예수님께서는 먹고 마시고 입는 것과 같이 생존과 직결되는 현실적인 문제가 하찮다고 말씀하지 않으셨습니다. 그러나 믿는 자의 신앙과 삶에서 최우선의 가치와 중심은 언제나 하나님의 나라와 그분의 의를 추구하는 데 있음을 강조하셨습니다.

구약성경의 솔로몬의 기도가 그 좋은 예입니다. 열왕기상 3장에는 이렇게 기록되어 있습니다. "하나님이 그에게 이르시되 네가 이것을 구하도다 자기를 위하여 장수하기를 구하지 아니하며 부도 구하지 아니하며 자기 원수의 생명을 멸하기도 구하지 아니하고 오직 송사를 듣고 분별하는 지혜를 구하였으니…내가 또 네가 구하지 아니한 부귀와 영광도 네게 주노니 네 평생에 왕들 중에 너와 같은 자가 없을 것이라”(11-13절). 솔로몬이 하나님께 일천 번제를 드리자, 하나님께서 ‘네가 무엇을 구하든지 내가 주리라’라고 말씀하셨습니다. 솔로몬은 자기의 욕망을 위한 부귀나 장수 혹은 원수에 대한 복수를 구하지 않았습니다. 대신 하나님의 백성을 올바르게 다스릴 수 있는 지혜, 곧 하나님의 뜻에 합당한 통치 능력을 구했습니다. 하나님께서는 그의 기도를 기뻐하시고, 그가 구한 지혜뿐 아니라 그가 구하지 않은 부귀와 영광까지 함께 주셨습니다. 이 사건은 하나님의 나라와 그의 의를 먼저 구하는 자에게 하나님께서 반드시 모든 것을 더해 주신다는 진리를 선명하게 보여줍니다.

오늘날도 여전히 하나님의 말씀은 확실하고 변함이 없습니다. 그럼에도 우리가 하나님의 말씀을 온전히 신뢰하지 못하기에, 그의 나라와 의를 먼저 구하는 일에 삶의 우선순위를 두지 못하고, 여전히 먹고 마시고 입는 문제에 몰두하는 어리석음을 범하곤 합니다. 그러나 예수님께서 가르쳐주신 주기도문만 보아도 알 수 있듯이, 우리의 기도와 삶의 가장 첫 번째 초점은 언제나 ‘하나님의 이름이 거룩히 여김을 받으시고, 하나님의 나라가 임하시는 것’에 맞추어져야 합니다.

우리는 하나님의 은혜와 사랑으로 이미 구원받았고, 지금도 그 구원의 은혜 가운데 살아가고 있으며, 장차 완전한 구원에 이르게 될 것입니다. 이 구원의 감격을 깨달은 하박국 선지자는 절망적인 현실에서도 이렇게 노래했습니다. “비록 무화과나무가 무성하지 못하며 포도나무에 열매가 없으며 감람나무에 소출이 없으며 밭에 먹을 것이 없으며 우리에 양이 없으며 외양간에 소가 없을지라도 나는 여호와로 말미암아 즐거워하며 나의 구원의 하나님으로 말미암아 기뻐하리로다”(합 3:17-18). 우리의 믿음도 이와 같아야 합니다. 설령 하나님께서 이 땅의 필요를 우리의 기대처럼 채워주시지 않는다고 할지라도, 우리는 구원의 하나님으로 인해 기뻐해야 합니다. 상황이 어떠하든 하나님께서 우리의 구주이심을 기억하며 즐거워하는 것이 참된 신앙의 모습입니다. 예수님께서는 바로 이러한 의미에서 "내일 일을 위하여 염려하지 말라"(마 6:34)라고 말씀하십니다.

본문은 '그러므로'라는 접속사로 시작됩니다. 이는 앞선 내용의 연장선상에서 덧붙이시는 말씀임을 보여줍니다. 그러나 이 구절은 단순히 앞의 내용을 반복하는 수준에 머물지 않습니다. 오히려 중요한 두 가지로 확장됩니다. 첫째, 지금까지는 먹고 마시고 입는 것과 같은 의식주 문제에만 집중하셨으나, 여기서는 '내일 일'이라는 더 포괄적인 개념을 사용하심으로 우리의 모든 삶의 영역을 포함시키십니다. 둘째, 예수님께서는 단지 현재의 필요만 말씀하지 않으시고, 미래와 관련된 우리의 불안과 염려까지 다루십니다. 예수님의 권면은 실로 우리의 현실적 삶과 맞닿아 있습니다. 인간은 본능적으로 늘 내일을 걱정합니다. 이에 예수님은 우리의 실존을 누구보다 깊이 아시는 분으로서, 우리의 내면을 꿰뚫어 보시며 위로와 경고를 동시에 주십니다.

그렇다면 왜 예수님께서는 내일 일을 염려하지 말라고 말씀하실까요? 가장 큰 이유는 염려가 본질적으로 불필요하고 무익하기 때문입니다. 그러나 이 말씀을 온전히 이해하려면, 하나님의 존재와 속성, 거듭난 성도의 정체성과 삶, 보이지 않는 영적 실재 그리고 타락 이후 인간에게 주어진 형벌에 대해 깊이 생각해 볼 필요가 있습니다. 무엇보다 우리는 하나님에 대한 절대적인 신뢰를 전제로 이 말씀을 이해해야 합니다. 앞서 예수님은 우리가 먼저 그의 나라와 그의 의를 구하면, 하나님께서 먹고 마시고 입는 문제까지 책임져 주신다고 약속하셨습니다. 우리 인간은 언제나 이런 문제 때문에 불안해하지만, 창조주 하나님께는 결코 문제가 되지 않습니다. 우리가 내일 직면할 수많은 일도 하나님의 섭리 안에 있습니다. 그러므로 우리는 하나님께 우리의 삶 전체를 온전히 맡겨야 합니다.

우리가 믿는 하나님은 결코 멀리 떨어져 세상일을 방관하시는 이신론적 신이 아닙니다. 하나님은 세상을 창조하시고, 지금도 섭리와 주권으로 역사와 만물을 친히 다스리십니다. 불신자에게는 일반은총을, 성도에게는 그에 더해 특별은총까지 베푸시며, 창세 전부터 예정하신 자들을 불러 구원하시고 거룩한 삶으로 인도하십니다. 거듭난 성도는 하나님의 자녀로서 새로운 신분과 지위를 얻게 되며, 그 삶에는 근본적인 변화가 일어납니다. 특히 삶의 주인과 우선순위가 완전히 바뀝니다. 중생하기 전에는 자기 자신이 중심이었고, 세상적 성공과 소유가 인생의 목표였습니다. 그러나 거듭난 이후에는 하나님의 나라와 의가 삶의 중심이 됩니다. 마치 천동설에서 지동설로 전환된 것처럼, 삶의 패러다임 자체가 바뀌는 것입니다. 따라서 참된 성도는 내일에 대한 불안과 염려에서 벗어나야 합니다. 그러나 내일 일을 염려하게 만드는 영적 세력이 있습니다. 바로 사탄입니다. 사탄은 미래에 대한 불안감을 부추겨 사람들이 하나님을 신뢰하지 못하게 하고, 세상에 얽매이도록 만듭니다. 심지어 예수님을 믿는 자에게까지 근거 없는 상상과 공포를 불러일으켜 믿음을 약화하려 합니다. 그러나 성도는 이러한 사탄의 책략에 굴복하지 말아야 합니다. 아직 오지도 않은 내일을 앞당겨 걱정하는 것은 불신앙입니다.

물론 인간이 내일을 준비하는 것은 지혜로운 일입니다. 예수님의 말씀은 미래를 준비하지 말라는 뜻이 아닙니다. 문제는 준비를 넘어, 지나친 염려와 근심에 사로잡히는 것입니다. 지나친 염려는 우리의 작은 믿음마저 마비시키고, 결국 아무것도 하지 못하게 만듭니다. 이는 죄의 결과입니다. 아담과 하와의 타락 이후 모든 인간은 먹고사는 문제 때문에 근심과 염려에서 벗어나지 못하게 되었습니다(창 3:17-18). 그래서 사람들은 끊임없이 내일을 대비하려고 애쓰지만, 아무리 많은 준비를 해도 그것은 인간의 착각일 뿐 진정한 안전을 보장하지 못합니다. 예수님께서 말씀하신 어리석은 부자의 비유가 이를 잘 보여줍니다(눅 12:19-20).

내일에 대한 진정한 대비는 하나님을 더 아는 것이며, 더 사랑하는 것입니다. 하나님을 신뢰하지 않는 준비는 아무리 많아도 헛되지만, 하나님을 신뢰하는 삶은 부족한 듯 보여도 참된 평안을 가져옵니다. 그러므로 성도의 참된 삶의 태도는 미래에 대한 불필요한 염려를 내려놓고, 오늘 하루를 하나님의 나라와 의를 위해 살아가는 것입니다. 요컨대 아직 오지 않은 내일의 일을 미리 앞당겨 걱정하는 것은 우리의 삶에 전혀 도움이 되지 않습니다. 그것은 철저히 무가치하고 불필요한 행동이며, 궁극적으로는 하나님을 신뢰하지 못하는 불신앙의 표현입니다. 곧 하나님 앞에서 스스로 믿음이 부족함을 고백하는 어리석은 모습에 불과합니다. 본문에서도 확인할 수 있듯이, 성경은 이러한 인간의 경향성을 결코 긍정적으로 보지 않습니다. 오히려 지나친 염려는 불행의 뿌리이자, 불신앙의 증거로 간주합니다. 예수님께서는 바로 이 점을 명확히 경계하십니다.

그렇다면 본문에서 예수님은 왜 우리가 내일 일을 염려하지 말아야 한다고 말씀하십니까? 두 가지 이유입니다. "내일 일은 내일이 염려할 것이요 한 날의 괴로움은 그날로 족하니라"(마 6:34). 이 두 가지 이유를 살펴보기 전에, 구약의 이스라엘의 역사를 통해 우리가 왜 내일 일을 염려하는지에 대한 교훈을 얻을 필요가 있습니다.

이스라엘 백성이 광야를 지날 때, 하나님은 그들에게 어떻게 먹을 것과 마실 것을 공급하셨습니까? 곧 반석에서 물을 내셨고, 40년의 여정에서 신발과 옷이 닳지 않게 하셨습니다(신 29:5). 광야라는 척박한 환경에서 하루하루를 살아간 그들에게 신발과 옷은 절대적으로 필요했습니다. 그런데 성경은 분명히 그들의 의복이 해어지지 않았음을 증언합니다. 이는 단순한 상징이 아니라, 실제적이고 역사적인 하나님의 기적이었습니다. 하나님께서는 단순히 그들의 생존만 보장하신 것이 아니라, 그들의 삶 전체를 포괄적으로 돌보셨던 것입니다.

더 나아가 하나님은 구름기둥과 불기둥으로 그들과 함께하셨습니다. 이는 단순히 하나님의 임재를 상징하는 표징에 그치지 않고, 실제적인 인도와 보호의 수단이었습니다. 그럼에도 이스라엘 백성은 가나안에 들어가자마자 먹고 마시며 입는 문제 그리고 미래의 삶에 대한 불안과 염려에 빠져 다시금 우상을 숭배했습니다. 참으로 어처구니없는 불신앙의 모습입니다. 왜 이런 잘못을 범했을까요? 40년 동안 직접 경험한 하나님의 놀라운 은혜와 구원을 너무 쉽게 잊어버렸기 때문입니다.

그들은 하나님의 동행하심을 반복적으로 경험했음에 마치 전혀 보지 못한 사람처럼 행했습니다. 이것은 오늘 우리에게도 매우 중요한 교훈을 줍니다. 내일 일에 대한 불필요한 염려가 생겨나는 가장 큰 이유는, 지금까지 우리와 함께하신 하나님의 은혜와 역사를 당연하게 여기고 쉽게 망각하기 때문입니다. 하나님이 우리와 함께하신다는 사실에 점차 익숙해지면서 무뎌진 것입니다. 그래서 모세는 신명기에서 가나안에 들어갈 백성에게 하나님의 은혜와 사랑을 절대 잊지 말라고 신신당부했습니다. 그러나 안타깝게도 이스라엘은 그 경고를 무시했습니다.

오늘 우리도 다르지 않습니다. 우리가 내일을 염려하는 것도 어쩌면 하나님의 역사와 은혜를 너무 쉽게 잊어버리기 때문일지 모릅니다. 혹 지금 우리도 하나님의 은혜가 너무 당연해져 그에 대해 무뎌지고 있지는 않습니까? 그렇다면 머지않아 우리도 내일의 문제로 밤잠을 이루지 못하고 전전긍긍하는 자신을 발견하게 될지도 모릅니다. 그러므로 우리는 날마다 의식적으로 하나님의 은혜를 기억해야 합니다. 날마다 감사와 찬양으로 그 은혜를 되새겨야 합니다.

본문에서 예수님께서 말씀하신 내일 일을 염려하지 말아야 하는 첫 번째 이유는, 내일 일은 내일이 염려할 것이기 때문입니다. 여기서 예수님이 강조하시는 초점은 내일이 아니라 오늘입니다. 즉 성도의 삶은 아직 오지 않은 내일에 묶여 있는 것이 아니라, 오늘 하루를 어떻게 살아가느냐에 있습니다. 거듭난 성도는 이전과 달리 시간에 대한 태도와 관점이 근본적으로 달라집니다. 과거에는 삶의 주인이 자신이었기에 시간도 자신을 위해 썼습니다. 자기 발전, 여가, 즐거움, 소유, 성취를 위해 시간을 사용했습니다. 그러나 이제 삶의 주인이 예수 그리스도이심을 고백하는 성도는 시간을 바라보는 눈이 달라집니다. 이제는 하나님의 나라와 의, 하나님의 영광을 위해 시간을 사용합니다. 다시 말해, 시간의 우선순위가 자신에게서 하나님께로 옮겨간 것입니다.

따라서 오늘의 시간을 그저 흘러가는 물리적 시간(크로노스)이 아니라, 하나님께서 주신 은혜의 선물, 의미 있는 시간(카이로스)으로 바라봅니다. 오늘은 단순히 어제의 미래나 내일의 과거가 아니라, 하나님께서 특별히 허락하신 은혜의 시간입니다. 그러므로 성도는 오늘을 하나님과 교제하고, 그분의 나라와 의를 구하며, 주어진 삶을 감사로 채우는 기회로 삼아야 합니다. 사실 모든 사람에게 똑같이 하루 24시간이 주어집니다. 그러나 성도는 그 시간을 헛되이 낭비하지 않습니다. 성경은 이렇게 말합니다. "그런즉 너희가 어떻게 행할지를 자세히 주의하여 지혜 없는 자같이 하지 말고 오직 지혜 있는 자같이 하여 세월을 아끼라 때가 악하니라"(엡 5:15-16). 여기서 바울은 성도를 이미 '지혜 있는 자'로 규정하면서, 그 정체성에 걸맞게 시간을 소중히 여기고 기회로 삼으라고 권면합니다.

사람들은 흔히 내일이 당연히 올 것이라 착각합니다. 그러나 미래는 하나님의 주권 아래 있습니다. 내일은 우리의 것이 아니라, 하나님의 손에 달려 있습니다. 그러므로 성도는 오늘을 마지막 날처럼 여기며 하나님을 예배하고 감사해야 합니다. 오늘을 하나님과의 교제와 사귐으로 채워야 합니다. "내일 일은 내일이 염려할 것이요"라는 말씀은 내일을 방치하라는 뜻이 아니라, 아직 오지 않은 내일에 대한 불필요한 걱정으로 오늘을 낭비하지 말라는 것입니다. 내일은 내일의 주인이신 하나님께 맡기라는 의미입니다. 그러므로 우리는 오늘이라는 시간에 하나님을 예배하고, 마음과 뜻과 힘을 다해 그분의 나라와 의를 구하며 살아야 합니다.

예수님이 말씀하신 내일 일을 염려하지 말아야 하는 두 번째 이유는, 한 날의 괴로움은 그날로 족하기 때문입니다. 예수님께서는 완전한 하나님이시면서 동시에 완전한 인간으로 이 땅을 사셨기에, 우리의 실존과 현실을 누구보다도 정확히 이해하십니다. 이사야서에서 볼 수 있듯이, 예수님은 우리의 질고를 짊어지셨고(사 53:4), 우리의 아픔과 염려를 친히 체휼하셨습니다. 그분은 우리의 괴로움을 절대 모른 척하지 않으십니다. 예수님은 단지 우리가 믿음이 없어 염려하는 것이라고 책망만 하신 것이 아닙니다. 오히려 '한 날의 괴로움은 그날로 족하다'라는 말씀을 통해, 우리의 실존을 아시는 분으로서 우리를 위로하시고 격려해 주십니다. 하나님은 자신의 자녀들이 고통 속에 살아가기를 원하지 않으십니다. 오히려 그 누구보다도 우리 삶이 풍성한 기쁨과 평안으로 채워지기를 원하십니다. 우리가 떡을 구할 때 돌을 주지 않으시며, 생선을 구할 때 뱀을 주지 않으시는 분이 바로 우리가 믿는 하나님이십니다(마 7:9-10).

그러므로 이 말씀은 단순히 불신앙을 꾸짖는 경고가 아니라, 사랑하는 자녀들을 향한 위로요 격려이며, 동시에 유익을 위한 권면입니다. 잠언에서는 이렇게 말합니다. "마음의 즐거움은 양약이라도 심령의 근심은 뼈를 마르게 하느니라"(17:22). 지나친 염려와 근심은 우리의 삶을 위축시키고 신앙을 마비시킵니다. 그러나 예수님은 우리 마음을 하나님의 나라와 의로 채우라고 하십니다. 그래야 세상이 줄 수 없는 평안과 기쁨을 누릴 수 있기 때문입니다.

주님은 이렇게 우리를 초대하십니다. "수고하고 무거운 짐 진 자들아 다 내게로 오라 내가 너희를 쉬게 하리라"(마 11:28). 그렇습니다. 우리의 삶의 주인이시며 구속주 되신 예수님께서 오늘도 우리에게 말씀하십니다. 내일의 염려로 무너지는 대신, 오늘 하루를 하나님 안에서 온전히 살아내고, 그분의 나라와 의를 먼저 구하라고 말입니다. 바로 이것이 주님 안에서 참된 안식과 평안을 누리는 길입니다.

42장

비판하지 말라

“비판을 받지 아니하려거든 비판하지 말라 너희가 비판하는 그 비판으로 너희가 비판을 받을 것이요 너희가 헤아리는 그 헤아림으로 너희가 헤아림을 받을 것이니라”(마 7:1-2).

지금까지 우리는 마태복음 6장 19-34절을 통해 하나님과 성도의 관계를 살펴보았습니다. 예수님께서는 먼저 하나님과 재물을 동시에 섬길 수 없다고 말씀하시며, 그리스도인이 누구를 주인으로 삼아야 하는지를 분명히 하셨습니다. 그리고 먹고 마시고 입는 문제보다 먼저 하나님의 나라와 의를 구해야 한다고 가르쳐주셨습니다. 이는 곧 하나님과 성도의 관계에서 그 중심에 무엇이 자리해야 하는지를 교훈하는 내용입니다.

그런데 마태복음 7장에 들어서면서 예수님께서는 초점을 바꾸어 그리스도인이 다른 사람을 어떻게 대해야 하는지를 말씀하십니다. “비판을 받지 아니하려거든 비판하지 말라”(마 7:1). 이 구절을 통해 우리는 하나님과의 관계, 더 나아가 이웃과의 관계에서 어떻게 살아야 할지를 배우게 됩니다. 즉 본문의 핵심은 다른 사람들과의 관계에서 사랑으로 행하는 것이 구체적으로 무엇인지를 보여주는 데 있습니다.

앞서 산상수훈을 살펴보면서 반복적으로 강조한 바와 같이, 성경의 '하지 말라'라는 명령은 단순한 금지가 아니라 동시에 적극적인 요구를 내포합니다. "비판하지 말라"라는 말씀 역시 부정적인 경고일 뿐 아니라, 이웃을 대할 때 사랑과 존중, 따뜻함으로 대하라는 적극적인 교훈을 담고 있습니다.

여기서 주목해야 할 것은 예수님께서 말씀하신 '비판'이 단순히 타인의 잘못을 지적하거나 실수를 바로잡는 정도가 아니라는 사실입니다. 본문에서 이 말에 사용된 헬라어 '크리노'(κρίνω)는 '판단하다' '심판하다' '정죄하다'라는 의미를 포함합니다. 곧 이 말씀은 타인을 무자비하게 정죄하고, 자신이 하나님 대신 심판자의 자리에 서는 태도를 경계하는 것입니다. 예수님께서 그리스도인과 이웃의 관계에서 가장 먼저 '비판'을 언급하신 이유는 무엇일까요? 그것은 우리의 일상에서 타인을 무분별하게 비판하는 일이 너무도 흔하게 일어나기 때문입니다. 우리는 종종 근거 없는 판단과 정죄로 그 대상과 공동체에 돌이킬 수 없는 상처를 줍니다.

예를 들어, 학식이 높고 지식이 풍부한 사람일수록 상대적으로 그렇지 못한 사람을 은근히 얕잡아보는 경향이 있습니다. 그러다가 그 사람이 작은 실수를 하거나 허점을 보이면 기다렸다는 듯이 '무식해서 그렇다'며 날카로운 비판을 퍼붓습니다. 그러나 비판이란 단지 우월한 자가 열등한 자에게 가하는 행위만이 아닙니다. 오히려 경험상 그 반대의 경우도 얼마든지 존재합니다. 그러므로 우리는 이 말씀을 매우 진지하게 받아들여야 합니다. 무분별한 비판은 개인의 신앙 성숙에 큰 걸림돌이 될 뿐 아니라, 공동체를 무너뜨리는 심각한 죄이기 때문입니다.

그런데 이 문제의 뿌리에는 언제나 교만이 자리합니다. 교만은 자신을 과대하게 부풀려 드러내고자 하는 자기중심적 태도에서 비롯됩니다. 모든 인간은 태어날 때부터 이 죄성을 지니고 태어나며, 누구나 타고난 전문가처럼 교만을 드러냅니다. 그리고 비판의 대부분은 사실 상대방보다 자신이 우월하다는 사실을 과시하려는 교만에서 시작됩니다. 그러나 사람들은 타인을 향한 비판이 교만에서 나온다는 것을 알면서도, 정작 자신은 합당한 자격을 갖추었기에 '정당하게' 비판할 수 있다고 착각합니다. 예수님께서는 바로 이러한 자기기만과 자기 의를 경계하시는 것입니다.

바울 사도의 가르침도 이와 맥을 같이합니다. 로마서 3장에서 바울은 유대인이나 헬라인이나 모두 죄 아래에 있다고 선언합니다. 그리고 이어서 "그들의 목구멍은 열린 무덤이요 그 혀로는 속임을 일삼으며 그 입술에는 독사의 독이 있고 그 입에는 저주와 악독이 가득하고"(롬 3:13-14)라고 말합니다. 바울은 하나님께 경건하지 않은 사람이 결국 다른 사람들과의 관계에서도 혀와 입술로 죄를 짓게 된다고 설명합니다. 하나님께 영광을 돌리도록 주어진 혀와 입이 타락 이후에는 오히려 이웃에게 상처를 주고 그들을 저주하는 도구가 된 것입니다. 이는 에덴동산에서 아담과 하와가 타락한 직후 보인 모습에서도 확인할 수 있습니다. 서로 책임을 전가하며 상대방을 비난했던 그들의 모습은 인간의 타락이 관계와 언어에 어떤 비극을 가져왔는지를 잘 보여줍니다.

그런데 안타깝게도 이 구절은 종종 잘못 해석되기도 합니다. 어떤 사람들은 "비판하지 말라"라는 말씀을 문자적으로 이해하여 어떤 경우에도, 누구도 판단해서는 안 된다고 주장합니다. 그러나 이런 해석은 성경 전체의 가르침과 배치됩니다. 예수님 자신이 바리새인과 서기관들의 위선과 교만을 여러 차례 신랄하게 비판하셨기 때문입니다

(마 23:25). 세례 요한 역시 회개하지 않는 무리를 향해 "독사의 자식들아"(눅 3:7)라고 꾸짖었고, 사도 바울도 거짓 복음을 전하는 자들을 강하게 저주했습니다(갈 1:8). 심지어 사도행전에는 바울이 베드로의 잘못을 공개적으로 책망한 사건도 기록되어 있습니다. 따라서 예수님의 말씀은 판단 자체를 전면적으로 금지하는 것이 아니라, 정죄와 교만에서 비롯된 판단을 금지하는 것입니다.

예수님의 또 다른 말씀은 이를 분명히 합니다. "외모로 판단하지 말고 공의롭게 판단하라"(요 7:24). 이 말씀은 올바른 분별과 판단은 오히려 신앙적으로 필요하다는 것을 보여줍니다. 그러므로 "판단하지 말라"라는 구절을 문자 그대로 해석하여 교회 권징과 진리 수호까지 부정하는 극단적 해석으로 나아가는 것은 성경의 본래 의도와는 전혀 다릅니다. 오히려 그런 주장은 오늘날 복음을 왜곡하는 잘못된 사상이나 신학에 대항하지 못하게 하며, 종교다원주의나 포스트모더니즘적 상대주의에 무기력하게 굴복하게 만듭니다. 특히 개신교 전통은 권징을 교회의 중요한 표지 중 하나로 지켜 왔습니다. 그러므로 교회 공동체에서 잘못된 신앙과 삶의 태도가 드러날 때, 사랑으로 바르게 권면하고, 필요하다면 신중하게 비판하는 일은 꼭 필요합니다.

그러나 여기에는 두 가지 중요한 전제가 따라야 합니다. 첫째, 모든 비판은 반드시 사랑에서 시작되어야 합니다. 사랑 없는 비판은 상대방을 정죄하는 독이 될 뿐이며, 아무리 옳은 말이라 해도 상대방의 마음을 닫게 합니다. 둘째, 비판의 목적을 문제 자체가 아니라 사람에게 두어야 합니다. 곧 상대방의 인격과 가치를 존중하면서, 그 신앙과 삶에 유익을 주기 위해서만 사용해야 합니다. 목적과 수단이 전도되면, 아무리 옳은 지적이라도 파괴적인 결과를 낳게 됩니다.

무엇보다 비판과 판단의 문제는 세상만이 아니라 교회 공동체에서도 빈번히 일어납니다. 심지어 이런 문제로 교회가 분열하고, 세상 법정에까지 호소하는 수치스러운 일이 벌어지고 있습니다. 한국 교회의 이러한 현실은 하나님 앞에서 참으로 부끄럽고 통탄할 일입니다. 교회에서 일어나는 판단과 비판은 주로 두 가지 양상을 띱니다. 하나는 하나님과 복음에 대한 지식이 풍성한 사람들이 그렇지 못한 이들을 함부로 대하는 경우입니다. 그러나 성경은 지식보다 더 중요한 원리를 가르칩니다. 그것은 곧 사랑입니다. 바울은 "지식은 교만하게 하며 사랑은 덕을 세우나니"(고전 8:1)라고 말했습니다. 교리에 밝고 지식이 많은 성도일수록 사랑 없는 태도를 경계해야 합니다.

또 다른 하나는 본질적이지 않은 문제를 두고 갈등이 일어나는 경우입니다. 즉 교회의 많은 다툼이 교리의 본질이 아니라 비본질적 문제 때문에 발생합니다. 이와 관련해 바울은 로마서 14장에서 믿음이 강한 자와 약한 자 사이의 이런 갈등을 지적하며, 서로를 비판하거나 업신여기지 말라고 권면합니다. "믿음이 연약한 자를 너희가 받되 그의 의견을 비판하지 말라…먹는 자는 먹지 않는 자를 업신여기지 말고 먹지 않는 자는 먹는 자를 비판하지 말라 이는 하나님이 그를 받으셨음이라"(1-3절). 바울의 가르침은 비본질적인 문제에서는 사랑과 존중을 우선시해야 한다는 사실을 분명히 보여줍니다.

당시 로마 교회에는 하나님이 주신 모든 만물이 깨끗하고 정결하다고 믿으며, 심지어 우상에게 바친 제물도 거리낌 없이 먹는 믿음이 강한 성도들이 있었습니다. 반면 우상의 제물로 드려진 것이라는 이유로 특정 음식을 속된 것이라고 여기며 먹기를 꺼리는, 이른바 믿음이 연약한 성도들도 있었습니다. 이런 상황에서 믿음이 강한 자들이 약한 자들을 업신여기고 비판하는 일이 생겼습니다. 그 결과 믿음이 강한 자들의 태도가 약한 자들을 근심하게 하고 마음에 상처를 입히는 일로 이어졌습니다. 나아가 믿음이 약한 성도들이 강한 자들의 본을 따라가다가 결국 자신의 양심을 거스르는 행위까지 하게 되는 사태가 발생했습니다. 만약 이런 일이 계속된다면 어떻게 되겠습니까? 불신과 반목이 공동체에 가득 차게 될 것은 불 보듯 뻔한 일입니다. 심지어 교회 전체가 와해하는 심각한 위기까지 초래될 수 있습니다.

이 상황에서 바울은 어떻게 권면합니까? "만일 음식으로 말미암아 네 형제가 근심하게 되면 이는 네가 사랑으로 행하지 아니함이라 그리스도께서 대신하여 죽으신 형제를 네 음식으로 망하게 하지 말라"(롬 14:15). 즉 그는 믿음이 강한 자들이 연약한 자를 근심하게 하는 것은 곧 사랑으로 행하지 않는 것이라고 단언합니다. 특히 우리의 눈길을 끄는 부분은 예수 그리스도께서 대속적 죽음을 통해 살리신 형제를 음식과 같은 비본질적인 문제로 망하게 할 수 있다고 경고하는 대목입니다. 이는 믿음이 강한 자들에게 경각심을 갖게 합니다. 즉 바울은 그들이 함부로 비판하고 업신여기는 사람들이 누구인지 다시 생각하라고 요청합니다. 그들은 바로 자신들과 동일하게 예수 그리스도께서 자신의 생명을 내어주심으로 구원하신 존귀한 존재인 것입니다. 그러므로 그는 교회 공동체에서 이런 존귀한 형제자매를 어떻게 함부로 판단하고 정죄할 수 있겠느냐고 묻고 있는 것입니다.

이처럼 우리도 다른 사람의 허물을 보며 판단하고 싶은 마음이 일어날 때, 먼저 그들이 어떤 존재인지를 기억해야 합니다. 무분별한 비판과 정죄는 상대방의 인격과 마음을 상하게 할 뿐 아니라, 때로는 그들을 죄의 길로 이끌어 실족하게 만들 수도 있습니다. 무엇보다 우리는 예수님께서 그렇게 하는 자들에게 무서운 심판을 선포하셨음을 잊어서는 안 됩니다. "누구든지 나를 믿는 이 작은 자 중 하나를 실족하게 하면 차라리 연자 맷돌이 그 목에 달려서 깊은 바다에 빠뜨려지는 것이 나으니라"(마 18:6). 그러므로 우리는 다른 사람을 판단하는 데 재빠르기보다, 먼저 그런 마음을 가진 자기 자신을 판단하고 성찰해야 합니다.

그렇다면 이제 우리는 예수님께서 말씀하신 "비판하지 말라"라는 구절을 어떻게 이해해야 하는지 주의 깊게 살펴봐야 합니다. 이는 단순히 '비판'이라는 단어가 갖는 부정적 뉘앙스 때문만은 아닐 것입니다. 앞서 살펴봤듯이 성경은 분명 건전한 비판과 올바른 분별에 긍정적입니다. 그러므로 이 주제를 올바로 이해하려면, 무엇보다 인간을 판단하고 심판하시는 분은 오직 하나님 한 분뿐이라는 사실을 기억해야 합니다. 설령 우리가 어떤 상황에서 성도를 판단해야 할 경우가 있더라도, 그 판단은 우리 자신이 아닌 우리의 주인 되신 예수 그리스도께 맡겨야 합니다. 판단과 심판은 인간의 권한을 넘어서는 하나님의 전적인 주권에 속한 일이기 때문입니다. 더구나 우리가 판단하려는 대상은 단순한 이웃이 아니라, 우리와 동일하게 성령을 받은 하나님의 자녀요, 그리스도의 피로 구속된 형제자매인 것입니다.

교회가 예수님의 피로 한 가족이 되었다는 사실은 매우 중요한 여러 의미를 담고 있습니다. 그중 하나는, 서로를 함부로 판단할 자리에 있지 않다는 것입니다. 믿음이 연약하여 유아적 신앙에 머물러 있는 성도라 할지라도 마찬가지입니다. 왜 그렇습니까? 예수님의 십자가 죽음과 부활 때문입니다. 하나님께서는 바로 그 형제를 구원하시기 위해 독생자를 십자가에 내주셨습니다.

혹자는 예수님의 십자가 죽음을 단순히 당시 정치적·종교적 상황에서 벌어진 불운한 사건으로만 이해하기도 합니다. 그러나 성경은 분명히 말합니다. 하나님께서는 우리를 대신하여 예수님을 그분의 진노와 심판 아래 내주셨습니다(사 53:10; 롬 8:32). 그리고 하나님은 반드시 그렇게 하셔야 했습니다. 온통 죄악으로 물들어 어느 곳에서도 온전함을 찾을 수 없는 우리를 살릴 다른 방법은 존재하지 않았기 때문입니다. 그만큼 하나님은 우리를 존귀하게 여기셨고, 기꺼이 그렇게까지

하시어 우리는 물론 이웃과 형제를 살리기를 원하셨습니다. 그러므로 그토록 존귀한 존재를 자신의 잣대와 기준으로 함부로 판단하는 것은 결국 하나님의 권한을 침해하는 월권행위이며, 동시에 그 형제를 향한 하나님의 사랑을 외면하는 행위입니다. 이에 우리는 형제의 허물과 실수를 보기 전에 먼저 그 형제를 위해 행하신 성부와 성자의 구속 사역을 반드시 기억해야 합니다.

더구나 인간은 아무리 지혜롭고 학식이 높다 해도 시간과 공간의 제한을 받는 유한한 존재에 불과합니다. 우리가 내리는 판단이 아무리 옳고 정당해 보여도, 그것은 결국 불완전한 인간적 지식과 제한된 이성에서 비롯된 것일 뿐입니다. 이런 사실을 고려한다면 타인을 판단하는 것은 사실상 하나님의 자리를 대신하는 행위와 다름없습니다. 바울이 로마서 14장에서 경고한 대로, 하나님께서 받으신 자를 우리가 비판하는 것은 결코 정당화될 수 없습니다. 그러므로 판단과 정죄는 극히 제한된 상황, 곧 복음과 진리가 왜곡되거나 성도들의 신앙이 심각하게 위협받는 경우에만 이루어져야 합니다. 반면 시기, 질투, 교만에서 비롯된 판단은 결코 용납해서는 안 됩니다. 예수님과 사도들이 누군가를 강하게 책망하고 정죄했을 때도, 그것은 대부분 복음을 왜곡하거나 성도들을 미혹하는 경우로 국한되었습니다.

그렇다면 "판단하지 말라"라는 명령은 누구를 염두에 두고 하신 말씀일까요? 아마도 예수님은 당시 종교 지도자였던 바리새인과 서기관들을 염두에 두셨던 것으로 보입니다. 그들은 하나님의 율법에 대한 지식을 누구보다 많이 가지고 있었고, 사회적으로도 존경받는 인물들이었습니다. 그러나 실제 그들의 신앙은 교만과 외식으로 가득 차 있었습니다. 그럼에도 그들은 자신의 모습을 돌아보지 않고, 오히려 세리와 같은 이들을 함부로 죄인 취급하며 판단했습니다. 심지어 기도할 때도 "나는 다른 사람들 곧 토색, 불의, 간음을 하는 자들과 같지 아니하고 이 세리와도 같지 아니함을 감사하나이다"(눅 18:11)라고 할 정도였습니다. 이들의 모습을 분석해 보면 중요한 사실을 발견할 수 있습니다. 그들에게는 자신들만의 신앙 규칙과 원칙이 있었고, 그것을 지키는 것을 자랑으로 삼았는데, 혹 다른 이들이 그 규칙을 지키지 않으면 곧바로 판단하고 정죄했다는 것입니다.

그런데 안타깝게도 이런 모습은 오늘날의 교회에도 여전히 존재합니다. 율법주의적 태도는 인간의 본성에 깊이 뿌리내리고 있기에, 때로는 철저하고 신실해 보이는 신앙생활 뒤에 숨어 나타나곤 합니다. 그러나 그것은 복음의 자유를 온전히 누리지 못한 신앙입니다. 이런 사람들은 자기 기준으로 타인을 판단하며, 심지어 구원 여부까지 단정 짓습니다. 그러나 성도의 구원은 전적으로 하나님의 주권과 능력에 달려 있습니다. 하나님께서 친히 성도를 보호하시고 끝까지 붙드십니다. 그러므로 타인을 쉽게 정죄하는 것은 결국 구원을 이루시는 하나님의 권능을 오해하는 태도입니다. 이에 대해 바울은 로마서 2장에서 이렇게 경고합니다. "남을 판단하는 사람아, 누구를 막론하고 네가 핑계하지 못할 것은 남을 판단하는 것으로 네가 너를 정죄함이니 판단하는 네가 같은 일을 행함이니라…네가 하나님의 심판을 피할 줄로 생각하느냐"(1-3절).

그럼에도 사람들이 여전히 남을 비판하는 것은 비판의 심각성과 결과를 제대로 인식하지 못하기 때문입니다. 우리는 누군가가 우리를 판단하면 크게 반발하면서도, 정작 자신이 다른 이를 판단할 때는 대수롭지 않게 여깁니다. 그러나 바울은 분명히 말합니다. 남을 판단하는 것은 곧 자기 자신을 정죄하는 것이라고 말입니다. 우리는 남을 판단하면서도 똑같은 죄를 범하기 때문입니다. 더욱 심각한 것은 인간은 자기 자신에게는 관대하면서도 타인에게는 가혹한 잣대를 들이댄다는 점입니다. 자신이 다른 이를 판단하는 것은 합리화하면서도,

다른 이가 자신을 판단하면 크게 분노합니다. 그러나 바울은 이런 자들은 하나님의 심판을 피할 수 없다고 단언합니다. 결국 남을 판단하는 행위에는 교만이 자리합니다. 비판을 통해 자신을 드러내고 과시하려는 욕망이 그 중심에 있습니다. 따라서 비판과 자기 과시는 본질적으로 맞닿아 있습니다. 이런 신앙생활은 매우 위험하며, 공동체에도 부정적인 영향을 끼칩니다. 예수님께서는 거듭난 성도는 교회에서 결코 이런 일을 해서는 안 된다고 교훈하십니다.

그렇다면 예수님께서는 왜 비판하지 말라고 하셨습니까? 본문은 이렇게 말합니다. "비판을 받지 아니하려거든 비판하지 말라." 예수님은 우리가 비판을 받지 않으려면, 먼저 남을 비판하지 말라고 경고하십니다. 이는 단순히 상대방에게 되갚음을 당하는 것을 두고 말씀하신 것이 아닙니다. 오히려 예수님은 하나님의 심판을 염두에 두고 이렇게 말씀하신 것입니다. "사람이 무슨 무익한 말을 하든지 심판 날에 이에 대하여 심문을 받으리니 네 말로 의롭다 함을 받고 네 말로 정죄함을 받으리라"(마 12:36-37). "하나님께서 각 사람에게 그 행한 대로 보응하시되"(롬 2:6). 그러므로 예수님의 강조점은 분명합니다. 하나님으로부터 판단을 받지 않으려면 우리도 다른 사람을 판단하지 말라는 것입니다.

하나님은 편재하시고 전지전능하신 분이십니다. 그분은 우리가 은밀하게 내뱉는 말과 생각까지도 다 아십니다. 그렇기에 우리가 남을 판단한 그 기준과 잣대 그대로 하나님께서 우리를 판단하신다면, 그것만큼 무섭고 두려운 일이 어디 있겠습니까? 사실 우리가 다른 이를 판단할 때를 살펴보면, 그 동기는 대개 시기와 질투, 교만에 뿌리를 두고 있습니다. 또 자기와 다르다는 이유로 상대를 쉽게 미워하고 배척합니다. 인간의 죄성은 본성적으로 타인을 세워 주기보다 끌어내리고 정죄하는 데 익숙하기 때문입니다. 심지어 우리는 다른 이를 판단하면서 은밀한 만족과 쾌감을 느끼기도 합니다. 그러므로 다른 이를 판단하지 않으려면, 우리는 반드시 죄악 된 본성을 거슬러야 합니다. 자기 자아를 꺾고 교만을 내려놓아야 합니다. 이것이 하나님의 판단을 면하는 유일한 길입니다.

그런데 우리는 본문에서 자연스럽게 한 가지 의문을 품게 됩니다. 그것은 곧 '만일 우리가 다른 사람을 판단하지 않으면, 하나님께서도 우리를 판단하지 않으신다는 것인가?' 하는 물음입니다. 그러나 성경은 분명히 하나님께서 믿는 성도들도 판단하시고 심판하신다고 말씀합니다. 그렇다면 이것을 어떻게 이해해야 합니까? 여기서 우리는 성경이 말하는 하나님의 심판에 대해 간략하게나마 살펴볼 필요가 있습니다. 곧 성경이 증거하는 하나님의 심판의 대상과 시기 그리고 그 목적이 무엇인가 하는 것입니다.

먼저 성경은 예수 그리스도의 재림 때 모든 인류가 최후의 심판대 앞에 서게 될 것이라고 말씀합니다. 예수를 믿은 자나 믿지 않은 자나 할 것 없이 이 땅에 살았던 사람은 다 그날 심판을 피할 수 없습니다. 이 최후의 심판은 한 개인의 영원한 운명을 최종적으로 확정하는 심판입니다. "무덤 속에 있는 자가 다 그의 음성을 들을 때가 오나니 선한 일을 행한 자는 생명의 부활로, 악한 일을 행한 자는 심판의 부활로 나오리라"(요 5:28-29). 이는 인류 역사의 마지막 날에 내려질 결정적인 심판을 가리킵니다.

그러나 성경은 동시에 성도들에게만 해당하는 또 다른 차원의 심판이 있음을 말합니다. 그것은 곧 '상급의 심판'입니다. "이는 우리가 다 반드시 그리스도의 심판대 앞에 나타나게 되어 각각 선악 간에 그 몸으로 행한 것을 따라 받으려 함이라"(고후 5:10). 이 심판은 구원의 여부를 결정하시는 심판이 아니라, 이미 구원받은 성도들이 이 땅에서 행한 삶의 열매를 평가하시고, 그에 따라 상급을 주시는 심판입니다.

이것은 성도들에게 실제적인 유익을 주며, 동시에 하나님께서 구원을 통해 이루고자 하신 거룩한 목적과도 깊이 맞닿아 있습니다.

성경은 하나님께서 창세 전에 택하시고 예정하신 백성들이 반드시 거룩하고 흠 없는 자로 하나님 앞에 서기를 원하신다고 말씀합니다. "곧 창세 전에 그리스도 안에서 우리를 택하사 우리로 사랑 안에서 그 앞에 거룩하고 흠이 없게 하시려고 그 기쁘신 뜻대로 우리를 예정하사 예수 그리스도로 말미암아 자기의 아들들이 되게 하셨으니"(엡 1:4-5). 그러므로 만일 어떤 사람이 하나님께 택함받은 자녀라면, 그가 타인을 함부로 정죄하고 판단할 때 하나님께서 그것을 그냥 내버려두실 리가 없습니다. 반드시 징계하시고 깨닫게 하심으로 그가 거룩하고 흠 없는 모습으로 서도록 이끌어가실 것입니다. 이것이 하나님의 구원의 궁극적 목적입니다.

본문은 바로 이 원리를 분명히 밝히고 있습니다. "너희가 비판하는 그 비판으로 너희가 비판을 받을 것이요 너희가 헤아리는 그 헤아림으로 너희가 헤아림을 받을 것이니라"(마 7:2). 하나님께서는 우리가 타인을 대할 때 사용한 그 잣대와 기준을 절대 무시하지 않으십니다. 오히려 똑같은 방식으로 우리를 판단하겠다고 경고하십니다. 따라서 이 말씀을 통해 우리는 다음의 중요한 교훈을 얻게 됩니다. 우리는 흔히 '하나님은 사랑이시다'라는 인식을 강하게 가지고 있습니다. 물론 하나님은 무한한 사랑의 하나님이십니다. 그러나 동시에 하나님은 완전한 공의의 하나님이시기도 합니다. 하나님은 죄를 절대 간과하지 않으시며, 반드시 그 죄의 대가를 요구하십니다. 이 사실을 가장 분명하게 드러내는 것이 바로 예수 그리스도의 십자가 사건입니다. 십자가는 하나님의 사랑과 공의가 가장 선명하게 교차하는 자리이며, 인류를 위한 가장 실질적인 교훈이자 실물 교재라고 할 수 있습니다.

그러므로 하나님께서 우리를 판단하실 때, 우리가 다른 사람을 판단한 그 방식과 기준을 그대로 사용하실 것임을 두려운 마음으로 기억해야 합니다. 우리는 타인을 판단할 때 종종 가장 날카로운 시선과 여러 수단을 동원하여 상대방의 약점과 허점을 집요하게 파헤치려 합니다. 그러나 그렇다면 하나님께서도 그 방식 그대로 우리를 대하실 것입니다. 또 만일 우리가 타인을 판단할 때 마음속에 증오와 시기, 질투와 혐오가 가득하다면, 하나님도 동일하게 우리를 다루실 것입니다. 그때 우리의 모습이 얼마나 초라하고 비참하게 드러날지는 충분히 상상할 수 있습니다.

그러므로 타인을 판단하고 정죄하려는 마음이 들 때마다 반드시 예수 그리스도의 십자가를 바라보아야 합니다. 하나님의 사랑과 공의 그리고 소돔과 고모라를 심판하셨던 거룩한 하나님과 우상 숭배한 이스라엘을 질투하신 하나님을 기억해야 합니다. 하나님은 자신의 아들을 보내시어 우리의 모든 죄 짐을 지우시고 그분의 십자가 대속의 죽음을 통해 그 죄를 사하셨습니다. 이 속죄의 은혜를 기억하는 사람이라면 함부로 다른 사람을 정죄할 수 없습니다.

중생한 성도는 언제나 하나님 앞에서 살아간다는 사실을 기억해야 합니다. 이것이 바로 요셉이 견지했던 '코람 데오'(coram Deo)의 신앙입니다. 하나님과의 관계가 회복된 성도는 반드시 이웃과의 관계도 회복되며, 이 두 관계의 연관성은 성경 전체에서 일관되게 강조되는 신앙의 원리입니다. 반면 타락한 인간은 하나님과의 관계가 단절되었기에, 필연적으로 이웃과의 관계도 단절된 채 살아갑니다. 본문은 바로 이런 맥락에서 이해해야 합니다. 그러므로 중생한 성도는 이제 부당하고 냉혹한 판단을 하지 말아야 합니다. 오히려 로마서 14장에서 바울이 말하듯이, 믿음이 강한 자는 약한 자를 무시하거나 업신여기지 말고, 믿음이 약한 자 역시 강한 자를 비판하지 말아야 합니다. 성도는 서로를 진실되게 받아들이고, 같은 몸의 지체이자 한 가족으로 대해야 합니다. 그렇지 않으면 하나님께서 교회 공동체에 부여하신 복된 가치를 스스로 무시하는 것과 다름없습니다.

우리가 어떻게 감히 하나님께서 받으신 자를 정죄할 수 있겠습니까? 약한 자든 강한 자든, 서로를 판단하는 것은 곧 스스로 하나님의 자리에 서는 것과 같습니다. 그것은 주님의 권위를 침해하는 일입니다. 교회에서는 누구도 다른 지체를 정죄할 권한이 없습니다. 그 권한은 오직 교회의 머리 되신 예수 그리스도께만 있습니다. 그러므로 우리는 예수님을 믿기 전 자신의 삶을 반드시 돌아보아야 합니다. 혹 예전에는 우리의 관습과 기준, 율법적인 잣대를 가지고 타인을 판단하며 업신여겼을지도 모릅니다. 그러나 이제는 달라야 합니다. 예수 그리스도를 믿고 구원받은 자라면 그 일은 하나님께 맡겨야 합니다. 타인에 대한 판단과 심판은 우리의 몫이 아니라, 전적으로 하나님의 권한입니다.

43장

남의 티를 보지 말고 자신의 들보부터 빼라

"어찌하여 형제의 눈 속에 있는 티는 보고 네 눈 속에 있는 들보는 깨닫지 못하느냐 보라 네 눈 속에 들보가 있는데 어찌하여 형제에게 말하기를 나로 네 눈 속에 있는 티를 빼게 하라 하겠느냐 외식하는 자여 먼저 네 눈 속에서 들보를 빼어라 그 후에야 밝히 보고 형제의 눈 속에서 티를 빼리라"(마 7:3-5).

다른 사람을 판단하는 일에서 우리가 재판장이나 권위자 노릇을 해서는 안 된다는 예수님의 말씀을 살펴보았습니다. 남을 비판하는 바로 그 기준으로 우리도 하나님 앞에서 판단을 받게 되기에, 타인을 함부로 판단해서는 안 된다는 것입니다. 그리고 더 나아가 남에게 들이댄 그 판단과 헤아림의 잣대를 동일하게 적용하시는 하나님께서 우리를 판단하신다는 사실을 기억해야 합니다.

그런데 예수님께서는 본문에서 우리가 판단하지 말아야 하는 또 다른 이유를 말씀하십니다. "어찌하여 형제의 눈 속에 있는 티는 보고 네 눈 속에 있는 들보는 깨닫지 못하느냐 보라 네 눈 속에 들보가 있는데 어찌하여 형제에게 말하기를 나로 네 눈 속에 있는 티를 빼게 하라 하겠느냐"(마 7:3-4). 예수님께서는 눈 속의 들보와 티 비유를 통해, 타인을 함부로 판단하는 것이 얼마나 잘못된 일인지 경고하십니다.

여기서 우리가 주목해야 할 두 가지 사실이 있습니다.

하나는 눈 속에 있는 '티'는 너무 작고 미세해서 제대로 가늠하기조차 어려운 반면, '들보'는 너무 커서 애초에 눈에 들어갈 수도 없다는 것입니다. 그런데도 예수님께서는 의도적으로 "형제의 눈 속에 있는 티"와 "네 눈 속에 있는 들보"를 대비시키십니다.

다른 하나는 이것입니다. 설령 들보가 눈에 들어갔다고 가정해 봅시다. 그 사람은 눈을 제대로 뜰 수도 없고, 설사 눈을 떴다 해도 사물을 볼 수가 없습니다. 시신경과 동공, 각막이 들보에 가려 전혀 제 기능을 하지 못하기 때문입니다. 눈은 이미 심각한 질병에 걸린 것이나 다름없습니다. 그러므로 예수님께서 이 비유를 통해 말씀하시고자 하는 요지는 분명합니다. 자신의 눈 속에 들보가 있는 사람이 작은 티를 가진 형제를 판단한다면, 그 판단은 절대로 옳을 수 없다는 것입니다.

그러나 안타깝게도 교회 공동체에서 이런 일이 종종 벌어집니다. 이런 잘못된 판단과 정죄가 크고 작은 갈등과 분쟁의 도화선이 되며, 결국 교회를 분열시키고 서로에게 깊은 상처를 남기게 됩니다.

그렇다면 우리는 왜 예수님의 이런 엄중한 경고가 있음에도 여전히 다른 사람을 판단하려고 할까요? 이에 대해 몇 가지 이유를 생각해 볼 수 있습니다.

첫 번째 이유는 본문 3절에서 찾을 수 있습니다. "어찌하여 형제의 눈 속에 있는 티는 보고 네 눈 속에 있는 들보는 깨닫지 못하느냐." 비판하는 사람은 사실 다른 이들보다 더 큰 결점과 허물이 있음에도,

정작 자신은 그것을 보지 못하기 때문입니다. 우리는 상대방의 잘못이나 결점은 눈으로 직접 볼 수 있습니다. 그러나 자신의 문제는 눈에 보이지 않기에 스스로 깊이 깨닫지 않는 한 결코 볼 수 없습니다.

이 사실은 우리 인간의 한계를 보여줍니다. 주변 사물이나 타인의 행동은 눈으로 보고 곧바로 반응할 수 있지만, 자신의 진면목은 반드시 마음 깊은 곳에서 스스로 깨달아야만 볼 수 있습니다. 그래서 자기 자신에 대해 깊이 성찰하는 사람은 어느 정도 자신을 객관적으로 볼 수 있습니다. 그러나 인간이 하나님이 아닌 이상, 완벽하게 객관적인 시각을 유지하는 것은 불가능합니다. 우리가 아무리 다른 사건이나 현상을 객관적으로 판단한다고 해도, 거기에는 반드시 우리의 주관적 요소가 개입되어 있습니다. 하물며 자기 자신을 완전히 객관적으로 볼 수 있는 사람은 없습니다. 단지 정도의 차이가 있을 뿐입니다. 오직 하나님만이 절대적이고 완벽한 객관성을 가지신 분입니다. 따라서 사람에 대한 최종적이고 공정한 판단은 오직 하나님만 하실 수 있습니다.

문제는 어떤 사람은 평생토록 자신의 실체를 보지 못한 채 살아가기도 한다는 것입니다. 자기 자신을 돌아보려 하지 않으므로 깨닫지 못하기 때문입니다. 인간의 타락한 본성은 자기 자신을 제대로 바라보지 못하게 합니다. 우리는 모태로부터 죄인으로 태어나 본성적으로 자기기만 속에 살아갑니다. 그래서 자기를 과대평가하고, 스스로 괜찮은 사람이라고 착각합니다. 더 심각한 문제는 이런 모습이 자기 안에 있다는 사실조차 깨닫지 못한다는 것입니다. 그러므로 자기 자신을 올바르게 보고 깨닫는 것은 결코 인간의 힘으로 가능한 일이 아닙니다. 오직 성령께서 역사하셔서 새로운 생명의 원리, 곧 중생을 통해 우리의 눈을 열어주실 때만 가능합니다.

중생이란 무엇입니까? 새로운 영적 생명의 원리가 우리 안에 심기는 것입니다. 우리 영혼의 성향에 근본적 변화가 일어나, 이전에는 사탄과 세상의 영과 육체의 소욕에 사로잡혀 살던 우리가 이제는 성령 하나님의 지배를 받게 되는 것입니다. 성령께서 우리 안에 내주하시며, 우리의 인격과 행동, 마음의 생각과 양심을 새롭게 변화시키십니다. 거듭난 성도는 이전과는 전혀 다른 삶을 추구합니다. 성령께서 우리 영혼의 모든 기능을 새로운 방향으로 이끄시기에, 중생한 사람은 비로소 자신이 얼마나 무지하고 부족하며 결함이 많은지를 깨닫게 됩니다. 그래서 눈 속에 들보가 있는 자기 자신을 먼저 보게 됩니다.

그러나 중생하지 않은 사람은 결코 자기 눈에 있는 들보를 보지 못합니다. 오히려 다른 사람의 눈 속에 있는 작은 티를 보고 비판하려 듭니다. 거듭난 사람은 하나님의 사랑과 긍휼을 경험했기에 감히 함부로 타인을 판단하지 못합니다. '하나님께서 나 같은 자를 용서하시고 받아주셨는데, 내가 어찌 형제를 정죄할 수 있겠는가?'라고 생각하는 것입니다. 그래서 참으로 회심한 성도는 다른 사람의 작은 허물을 들춰내기보다 오히려 자신의 부족함을 더 깊이 바라봅니다. 날마다 자신이 얼마나 무가치하고 쓸모없는 존재인지 깨닫습니다. 자기만족과 교만에 빠져 남을 정죄하는 대신, 거룩하신 하나님 앞에서 자신이 죄인임을 고백하며 회개합니다. 사도 바울이 "오호라 나는 곤고한 사람이로다 이 사망의 몸에서 누가 나를 건져내랴"(롬 7:24)라고 절규한 것처럼, 참된 성도는 세월이 지날수록 자기 안에 깊이 뿌리내린 죄성을 더 절실히 깨닫습니다. 이것이 바로 팔복의 첫째 복, '심령이 가난한 자'와 '애통하는 자'의 모습입니다.

사람들이 여전히 남을 판단하는 또 하나의 이유는 자기중심성 때문입니다. 아담의 타락 이후 모든 인간은 자기중심성이라는 불청객을 내면에 품고 살아갑니다. 창세기의 창조 기사에 따르면, 하나님께서는 아담과 하와를 자신의 형상대로 창조하셨습니다. 하나님의 형상대로 지음받았다는 것은 그 삶과 행동을 통해서도 하나님의 선하심과 긍휼, 거룩하심을 비출 수 있다는 뜻입니다. 곧 아담은 하와를 보면서 하나님의 선하심을 보고, 하와는 아담을 보면서 하나님의 거룩하심을 보았습니다. 그만큼 인간은 원래 귀하고 존엄한 존재로 창조되었습니다. 그러나 타락 이후 인간은 하나님 중심의 존재에서 자기중심의 존재로 바뀌었습니다. 자기중심성은 하나님의 형상을 가리고, 타인을 존중하기보다 비판하고 정죄하는 방향으로 이끕니다. 이 자기중심성이 바로 오늘 우리가 형제 눈 속의 티는 보면서 자기 눈 속의 들보는 보지 못하게 만드는 근본 원인입니다.

결국 예수님의 말씀은 우리를 향한 강력한 도전입니다. 우리 자신의 눈 속의 들보를 먼저 보라는 것입니다. 그러므로 우리는 남의 허물을 보기 전에, 먼저 자기 자신을 성령 안에서 깊이 성찰하고 회개해야 합니다. 중생하여 거듭난 성도라면 날마다 자신을 돌아보며, 하나님의 은혜 없이는 단 하루도 설 수 없는 죄인임을 고백할 수밖에 없습니다. 그리고 그렇게 할 때 우리는 더 이상 형제의 잘못을 정죄하지 않습니다. 오히려 격려와 위로, 희망과 복음의 언어를 말하게 됩니다. 참된 성도는 교회 공동체에서 사람들을 세우며, 하나님 나라를 드러내는 일에 힘씁니다.

심지어 하나님께서는 인간에게 땅을 정복하고 모든 생물을 다스리는 복을 주셨습니다. 모든 피조물은 아담과 하와가 땅을 정복하고 생물을 다스리는 모습을 보면서 하나님의 다스리심을 경험했습니다. 우리는 창세기에서 아담이 땅을 다스리는 최초의 장면을 확인할 수 있습니다. "여호와 하나님이 흙으로 각종 들짐승과 공중의 각종 새를 지으시고 아담이 무엇이라고 부르나 보시려고 그것들을 그에게로 이끌어가시니 아담이 각 생물을 부르는 것이 곧 그 이름이 되었더라"

(창 2:19). 이처럼 타락하기 전 아담은 하나님께서 하시는 일을 대변하는 존재였습니다. 아담과 하와는 모든 일과 사역에서 자기중심성과는 무관하게, 오직 하나님의 성품과 속성을 드러내며 그분의 영광을 위해 살아갔습니다.

그러나 아담의 타락 이후 모든 인간은 철저히 자기중심성으로 가득 찬 존재가 되었습니다. 이전과는 전혀 다른 상황으로 급격히 변해 버린 것입니다. 인간은 하나님을 배제한 채, 오직 자신의 시각과 관점으로 세계와 사물 그리고 다른 사람을 판단하는 자리에 앉게 되었습니다. 다시 말해, 그 누구도 건드릴 수 없는 무소불위의 권위를 휘두르려는 존재가 되어 버린 것입니다. 그런데 이 자기중심성은 다음과 같은 심각한 결과를 낳습니다. 곧 타인의 잘못과 허물, 결점이 자기 자신에게도 동일하게 있음에도, 그것을 판단하고 분별하는 과정에서 서로 다른 잣대를 적용하는 것입니다. 자기 자신에게는 지나치게 관대하고 너그러운 기준을 적용합니다. 반면 형제에게는 자신에게 적용했던 것보다 훨씬 엄격한 잣대와 기준을 들이대며, 온갖 트집과 꼬투리를 잡아 판단하고 비판합니다. 심지어 상대방을 모욕하거나 비하하기까지 합니다.

이런 식으로 자기중심성에 사로잡힌 인간은 자기 눈 속에 있는 심각한 들보는 대수롭지 않게 여기면서, 형제의 눈 속에 있는 작은 티는 마치 확대경으로 본 듯 크게 부풀려 비판하려는 이기적 성향을 드러냅니다. 자신의 들보보다 남의 작은 티가 먼저 보이는 존재가 된 것입니다. 아담과 하와도 그러했습니다. 아담도 자신의 죄악 된 모습을 먼저 보지 못하고, 오히려 하와를 비난하며 책임을 떠넘기지 않았습니까?

마지막으로, 예수님의 이런 엄중한 경고에도 사람들이 여전히 다른 이들을 판단하는 또 하나의 이유가 있습니다. 그것은 바로 인간의 교만입니다. 교만의 전형적인 모습은 자신의 단점은 실제보다 더 작게 보고, 장점은 훨씬 크게 보는 것입니다. 반면 상대방의 단점은 크게 확대하고, 장점은 축소하거나 무시합니다. 그 결과 교만한 사람은 자신이 상대보다 비교우위에 있으며 우월하다고 생각합니다.

그러므로 교만이 내면에서 꿈틀대기 시작할 때, 먼저 그 논리와 관점을 자신에게 적용해야 합니다. 남을 판단하는 기준을 자기 자신에게 먼저 들이대야 합니다. 사실 우리가 남을 판단하는 많은 경우, '나는 저들과 다르다'라는 논리를 전제합니다. 이것이 곧 교만입니다. 이런 교만으로 인해 인간은 형제의 눈 속에 있는 작은 티를 보면, 누가 가르쳐주지 않아도 본능적으로 그를 판단하려는 잘못된 습성을 드러냅니다. 그러므로 우리의 내면에서 그런 마음이 일어나려는 조짐이 보일 때는 차라리 조용히 골방에 들어가 하나님께 기도해야 합니다.

요컨대 인간은 바로 이 세 가지 이유, 곧 자기중심성, 자기기만, 교만 때문에 자신의 눈 속에 있는 들보는 보지 못한 채, 형제의 눈 속에 있는 작은 티를 보고 성급하게 판단하려고 하는 것입니다.

그렇다면 예수님께서는 눈 속의 들보와 티 비유를 통해 궁극적으로 우리에게 무엇을 요구하시는 것일까요? 예수님께서는 이렇게 말씀하십니다. "외식하는 자여 먼저 네 눈 속에서 들보를 빼어라 그 후에야 밝히 보고 형제의 눈 속에서 티를 빼리라"(마 7:5).

예수님께서는 바리새인과 서기관들을 주로 '외식하는 자'라고 꾸짖으셨습니다. 그러므로 판단하지 말라는 명령도 그들을 염두에 두고 하신 것임이 분명합니다. 예수님께서는 자기 눈 속에 들보가 있는 채로 형제를 판단하는 사람을 외식하는 자라고 규정하시며, 먼저 자신의 눈 속에 있는 들보를 제거하라고 명령하십니다.

하나님의 사역은 물론이고 세상의 일에도 순서와 과정이 있습니다. 어떤 일을 성공적으로 완수하려면 반드시 합리적이고 정당한 순서를 거쳐야 합니다. 그렇지 않으면 결코 좋은 결과를 기대할 수 없습니다. 마찬가지로 예수님께서는 형제를 판단하기 전에 먼저 우리 눈 속에 있는 들보를 제거하라고 말씀하십니다. 이것이 합리적이고 정당한 순서이자 과정이기 때문입니다.

그런데 자신의 눈 속에 있는 들보를 제거하기 위해서는 반드시 한 가지 전제조건이 필요합니다. 그것은 자신의 실존, 곧 우리 속에 있는 심각한 죄와 허물, 단점과 같은 들보를 깨닫고 볼 수 있는 능력이 있어야 한다는 것입니다. 그러나 앞서 언급한 것처럼, 타락한 상태에 있는 모든 자연인은 철저한 자기중심성과 교만으로 인해 이런 사실을 깨닫고 볼 수 있는 능력을 상실했습니다. 그러므로 들보를 제거할 수 있는 능력은 오직 하나님의 은혜로 거듭난 사람, 곧 성령으로 중생한 자만이 가질 수 있습니다. 이런 이유로, 거듭나지 못한 바리새인과 서기관들 그리고 유대 종교 지도자들은 예수님의 수많은 경고와 교훈, 가르침에도 자신들의 들보를 보지 못했습니다. 그 결과 아무 죄도 없으신 예수님을 십자가에 못 박는 가장 큰 죄를 범하고 말았습니다. 우리 역시 자기 눈 속의 들보를 제거하지 않은 채 형제를 판단한다면, 결국 그들과 똑같은 죄를 범하게 되는 것입니다. 형제의 눈 속에 있는 티를 빼낸다고 하다가, 오히려 그에게 상처를 입히고 심지어 죽음에 이르게 할 수도 있습니다.

거듭 강조하지만, 성도는 하나님의 전적인 은혜로 거듭난 자들입니다. 자신의 죄와 허물이 얼마나 크고 심각한지를 깨달은 사람들입니다. 또 성도는 이제 자신이나 세상의 그 어떤 것이 아니라 오직 예수님을 주님과 구주로 섬깁니다. 그러므로 성도는 하나님이 열어주신 새로운 영적 눈을 가진 자들입니다. 성령 하나님의 능력으로 자신의 눈 속에 있는 들보를 깨닫고 제거할 수 있는 능력을 받은 사람들입니다. 따라서 성도는 그것을 미루지 말고 지금 당장 제거해야 합니다.

물론 우리의 힘과 능력으로는 불가능합니다. 그러나 성령께서 우리가 형제의 티를 보고 판단하려고 할 때마다, 오히려 우리 자신을 먼저 돌아보게 하시고 깨닫게 하십니다.

결국 "외식하는 자여 먼저 네 눈 속에서 들보를 빼어라"라는 예수님의 말씀은 우리가 어떤 사람이 되어야 하는지를 명확히 보여줍니다. 즉 하나님의 생명으로 다시 태어난 성도는 남의 잘못과 허물, 결점을 비판하기에 앞서, 먼저 자신을 성찰하는 사람이 되어야 한다는 것입니다. 물론 형제의 잘못이나 허물을 판단할 때 그것이 공동체에 유익을 주리라고 생각할 수도 있습니다. 그러나 그런 경우에도 반드시 먼저 자신을 돌아보아야 합니다. 참된 성도라면 형제의 눈 속에서 티를 발견했을 때조차 그것을 섣불리 판단하지 않습니다. 오히려 그런 모습을 통해 자기 자신을 먼저 성찰합니다.

여기서 우리가 자주 빠지는 함정이 있습니다. 많은 경우 우리는 형제를 판단하는 것이 아니라, 건전하고 생산적인 비판을 하고 있다고 착각합니다. 그러나 실상은 그것조차 교만이 잠재된 것일 때가 많습니다. 결국 얼마 지나지 않아 우리는 형제의 잘못을 지적하는 것이 아니라, 형제 자체를 정죄하는 자신을 발견하게 되기 때문입니다. 겉으로는 순수한 동기 같지만, 속을 들여다보면 우리의 숨겨진 교만과 이기적 동기가 작동하고 있는 것입니다. 그래서 건전한 비판을 하고 있다고 생각하지만, 사실은 형제를 향한 판단의 화살을 겨누고 있을 때가 많습니다.

그렇다면 어떻게 해야 합니까? 예수님께서는 말씀하십니다. "네 눈 속에서 들보를 빼어라 그 후에야 밝히 보고 형제의 눈 속에서 티를 빼리라"(마 7:5). 본문에서 주님은 모든 판단과 비판을 금지하신 것이 아닙니다. 건전한 비판은 공동체를 바르게 세우는 데 필요할 수 있습니다. 실제로 때로는 성도와 교회를 거룩하게 세우는 도구가 되기도

합니다. 그러나 예수님께서는 형제의 티를 빼내려 하기 전에 반드시 선행해야 할 것을 말씀하십니다. 그것은 자기 자신을 먼저 엄격히 돌아보고, 자기 눈 속의 들보를 제거하는 일입니다.

자기 눈 속에 들보가 있으면 형제의 작은 티를 제대로 볼 수 없습니다. 그런 상태는 어둠 속에서 헤매는 것과 같습니다. 그런 눈으로 형제를 돕는다고 하면, 오히려 그를 다치게 하거나 상처를 주게 됩니다. 그러므로 성도는 자신에게는 엄격한 잣대를, 타인에게는 사랑과 긍휼의 잣대를 적용해야 합니다. 무엇보다 형제를 향한 우리의 비판의 초점은 그의 허물을 단순히 정죄하는 데 있는 것이 아니라, 그것을 사랑으로 치유하고 회복시키는 데 있어야 합니다. 형제의 허물을 다루는 일은 단순히 질병을 치료하는 정도의 일이 아닙니다. 그것은 한 영혼을 다루는 섬세한 사역입니다. 의사들이 환자의 몸을 고치기 위해 얼마나 오랜 훈련과 수련을 거치는지 생각해 보십시오. 하물며 영혼을 다루는 일은 더 말할 것도 없습니다.

그러므로 우리는 이 일을 감당할 때 무엇보다 겸손해야 하며, 공감의 자세를 가져야 합니다. 다른 사람의 허물과 죄를 보았을 때, 먼저 애통하는 마음을 가져야 합니다. 마치 자신의 죄와 허물을 보는 듯 그 모습을 오히려 자기 성찰의 거울로 삼아야 합니다. 그렇게 자신의 실체를 직면하고 자기 들보를 제거한 후, 겸손과 이해, 공감과 자비로 접근해야 합니다. 그럴 때야 비로소 사랑 안에서 형제의 티를 빼낼 수 있습니다.

이에 관해 사도 바울은 이렇게 권면합니다. "그러므로 주 안에서 갇힌 내가 너희를 권하노니 너희가 부르심을 받은 일에 합당하게 행하여 모든 겸손과 온유로 하고 오래 참음으로 사랑 가운데서 서로 용납하고 평안의 매는 줄로 성령이 하나 되게 하신 것을 힘써 지키라"(엡 4:1-3). 진정 성령으로 거듭난 성도는 성령께서 이루신 공동체의 하나됨을 힘써 지킵니다. 형제의 티를 보면서 그것을 자기 티처럼 아파하며, 절대로 악한 감정으로 정죄하지 않습니다. 오히려 그를 위해 기도하며, 함께 울고 함께 세워갑니다. 오늘날 한국 교회의 현실도 이러한 관점으로 보아야 합니다. 교회의 아픔은 곧 우리의 아픔이고, 교회의 부끄러움은 곧 우리의 부끄러움입니다. 그러므로 참된 성도라면 다른 교회와 성도를 향해 손가락질하기 전에 '이 모든 것이 내 탓입니다'라는 마음으로 애통해해야 합니다. 이것이 바로 성령께서 이루신 하나됨의 참된 표지입니다.

44장

구하라, 찾으라, 문을 두드리라

"구하라 그리하면 너희에게 주실 것이요 찾으라 그리하면 찾아 낼 것이요 문을 두드리라 그리하면 너희에게 열릴 것이니 구하는 이마다 받을 것이요 찾는 이는 찾아낼 것이요 두드리는 이에게는 열릴 것이니라 너희 중에 누가 아들이 떡을 달라 하는데 돌을 주며 생선을 달라 하는데 뱀을 줄 사람이 있겠느냐 너희가 악한 자라도 좋은 것으로 자식에게 줄 줄 알거든 하물며 하늘에 계신 너희 아버지께서 구하는 자에게 좋은 것으로 주시지 않겠느냐"(마 7:7-11).

우리는 지난주에 왜 형제를 판단하지 말아야 하는지에 대해 살폈습니다. 형제의 눈 속에 있는 티를 빼내기 전에, 먼저 자신의 눈 속에 들보가 있다는 사실을 깨닫고 그것을 제거해야 한다는 것이었습니다. 이는 사람과 사람 사이의 관계 속에서 지켜야 할 매우 중요한 신앙과 삶의 원리입니다. 그런데 오늘 본문에서 예수님께서는 다시 초점을 하나님과 사람의 관계로 전환하시며 기도의 문제를 말씀하십니다. 이 사실을 우리는 주의 깊게 살펴야 합니다. 기도의 중요성은 한 번의 언급으로 충분하지 않습니다. 오히려 끊임없이 반복하여 상기해야 하는 결코 소홀히 할 수 없는 주제입니다.

이미 앞선 마태복음 6장에서 예수님은 바리새인들의 외식적인 기도, 그리고 이방인들의 중언부언하는 기도를 경계하셨습니다. 그리고 성도가 드려야 할 올바른 기도의 모습, 곧 은밀히 계신 하나님 아버지 앞에 드리는 진실한 기도를 강조하셨습니다. 또한 제자들에게 주기도문을 가르치시며, 기도의 본질적인 내용과 우선순위를 구체적으로 제시하셨습니다. 그럼에도 불구하고 산상수훈의 결론 부분인 마태복음 7장에서 예수님께서는 다시금 기도를 거론하십니다. 이것은 기도가 얼마나 본질적이고 중요한 것인지 다시 한 번 드러내 줍니다.

그렇다면 예수님께서는 그리스도인들에게 어떻게 기도하라고 말씀하십니까? "구하라 그리하면 너희에게 주실 것이요 찾으라 그리하면 찾아낼 것이요, 문을 두드리라 그리하면 너희에게 열릴 것이니. 구하는 이마다 받을 것이요, 찾는 이는 찾아낼 것이요 두드리는 자에게는 열릴 것이니라"(마 7:7-8). 앞서 살펴본 대로, 외식하는 자들의 기도와 달리 성도의 기도는 그 마음의 중심과 자세에 초점이 맞추어집니다. 그리고 주기도문은 기도의 내용과 방향을 보여줍니다. 그런데 본문은 특별히 기도의 방법과 태도에 무게를 둡니다. 따라서 성경이 말하는 기도는 단순히 다른 종교에서도 찾아볼 수 있는 일반적인 종교 행위가 아닙니다. 기도는 하나님과의 영적 호흡입니다. 우리가 육신의 생명을 유지하기 위해 단 한 순간도 쉬지 않고 호흡하듯이, 거듭난 성도가 영적 생명을 유지하기 위해 지속적으로 행해야 하는 신앙 행위가 바로 기도입니다. 따라서 이 영적 호흡이 점점 약해진다면, 결국 심령 전체가 병들어 곪아 터지는 날이 올 것입니다. 그로 인한 영적 후유증과 대가는 이루 말할 수 없을 정도로 크고 무겁습니다. 지금은 작은 약으로도 충분히 치료할 수 있지만, 방치한다면 대수술이 필요한 심각한 상태로 치달을 것입니다.

사랑하는 여러분, 무엇보다도 우리는 이 사실을 명심해야 합니다. 하나님은 기도를 소홀히 하여 영적 호흡에 문제가 있는 성도를 결코 방관자처럼 뒷짐만 지고 보고 계시는 분이 아니십니다. 하나님은 날마다 우리가 그분 앞에 나오기를 바라십니다. 하나님은 우리의 기도를 통해 우리와 사랑의 교제를 나누시기를 원하시며, 우리를 거룩한 자녀로 빚어가기를 기뻐하십니다. 그러므로 참으로 중생한 성도라면 하나님께서 어떤 방식으로든 다시 회복시키셔서 바른 관계로 이끌어 가십니다. 그리고 성화를 향한 구원의 길을 계속 걷도록 하십니다. 기도는 바로 이 과정에서 중요한 역할을 하는 수단이자 매개체입니다. 그러나 안타깝게도 많은 성도들이 이러한 기도의 본질과 중요성을 망각한 채, 기도를 소홀히 하는 현실은 참으로 개탄할 일입니다.

사랑하는 여러분, 그렇다면 왜 과거에 비해 오늘날 성도들의 기도가 점점 힘을 잃어가고 있을까요? 왜 하나님을 간절히 찾는 기도의 모습이 점점 퇴색되어 가는 것일까요? 여러 이유가 있겠지만, 중요한 한 가지는 기도의 절실한 필요를 체감하지 못하기 때문입니다. 굳이 기도하지 않아도 삶이 그럭저럭 돌아가고, 먹고 살 만하며, 특별한 문제나 위기를 경험하지 않기 때문입니다. 그러나 이것은 역설적으로, 지금까지 우리의 기도가 얼마나 자기 유익과 기복적인 동기에 치우쳐 있었는지를 드러내는 증거이기도 합니다. 사실 기도가 약화된 것은 이미 많은 성도들이 심각한 영적 질병에 걸려 있음을 보여줍니다. 정말 하나님께서 부르셔서 중생한 자라면 일시적으로 기도가 식을 수는 있지만, 결코 그 상태에 계속 머물러 있을 수는 없습니다. 여러분은 어떠합니까?

그렇다면 구체적으로 그리스도인은 어떻게 기도해야 합니까? 예수님께서는 "구하라, 찾으라, 문을 두드리라"(마 7:7)라고 말씀하십니다. 이 구절은 단순한 점층법적 표현이 아닙니다. 헬라어 원문을 보면, '구하라', '찾으라', '두드리라'는 모두 현재형 명령으로 기록되어 있습니다. 현재형 명령은 단회적이 아니라 계속적이고 반복적인 의미를 담습니다. 따라서 예수님의 이 말씀은 지속적이고 끈질긴 기도를 요구하는 것입니다. 긴박성과 간절함을 담아 "계속 기도하라, 또 기도하라, 다시 기도하라"라는 의미입니다. 동시에 이 말씀은 우리의 잘못된 '기도 만능주의'를 경계하는 의미도 담고 있습니다. 왜냐하면 오늘날 많은 사람들이 요한복음 14장 13-14절 ("너희가 내 이름으로 무엇을 구하든지 내가 행하리니…")을 근거로 들면서, 마치 기도만 하면 모든 문제가 해결될 것처럼 오해하기 때문입니다. 그러나 이는 본문의 문맥과 성경 전체의 교훈을 무시한 잘못된 이해입니다.

기도는 모든 것을 하나님께 맡기되, 기도하는 자 역시 삶 속에서 적극적으로 찾고 두드려야 합니다. 즉 하나님께 의탁하면서도 동시에 분주히 움직이며 길을 모색하고 탐색해야 한다는 것입니다. 이 점은 성화의 구원과도 연결됩니다. 성경은 성화가 전적으로 하나님의 주권과 은혜에 달려 있다고 말합니다. 그러나 동시에 성화의 길에는 전적인 인간의 책임도 요구됩니다. 이것이 바로 성경이 보여주는 신비이자 긴장입니다. 따라서 순종주의(신율법주의)처럼 인간 책임만을 강조하는 것도, 하이퍼 칼빈주의처럼 인간 책임을 무시하는 것도 모두 비성경적입니다. 예수님께서 '구하고 찾고 두드리라'라고 명령하신 것은 하나님의 절대 주권을 믿고, 끝까지 간절히 기도하라는 것이며, 동시에 기도하는 자가 적극적으로 행함으로써 그 믿음을 드러내라는 것입니다.

우리는 예수님께서 인내와 끈질긴 기도를 강조하신 이유를 통해서 때로는 우리의 기도가 즉각적으로 응답되지 않는다는 사실을 분명히 알 수 있습니다. 그러나 이것이 우리를 외면하시거나 곤란하게 하시려는 뜻은 절대로 아닙니다. 오히려 하나님은 우리의 신뢰를 세우시고, 우리가 끝까지 믿음으로 기다릴 수 있는 성숙한 성도로 자라도록 인내의 훈련을 베푸시는 것입니다. 이러한 과정 속에서 우리는 서서히 하나님의 뜻을 분별하며, 하나님께서 어떤 분이신지를 더 깊이 알아가게 됩니다.

이 같은 영적 원리는 아브라함의 삶에서도 잘 드러납니다. 창세기 12장부터 22장까지의 여정은 하나님의 부르심을 받은 아브라함이 하나님의 약속과 성품을 배워 가는 긴 훈련의 과정이라고 할 수 있습니다. 아브라함은 여러 순간에 하나님의 때를 기다리지 못하고 인간적인 방법으로 약속을 이루려 하면서 수많은 어려움에 부딪혔습니다. 그로 인해 그는 후회와 절망, 복잡한 감정 속에서 깊은 고뇌를 경험했습니다. 그러나 그 모든 시행착오를 지나 하나님을 아는 믿음이 점차 성숙해졌고, 마침내 창세기 22장에서 하나님께서 이삭을 제물로 바치라고 명하셨을 때, 그는 주저함 없이 순종하는 자리까지 나아갑니다.

성경은 그 순간 아브라함이 어떤 감정과 기도 속에 있었는지를 구체적으로 묘사하지 않지만, 우리는 충분히 추측해 볼 수 있습니다. 그는 예수님께서 십자가를 앞두고 겟세마네 동산에서 땀이 핏방울이 되도록 기도하셨던 것처럼, 깊은 고통과 경외심으로 하나님 앞에 엎드려 간절히 구하며, 찾으며, 문을 두드리는 기도를 드렸을 것입니다. 그 치열한 기도의 시간을 통해 그는 결국 하나님의 뜻을 분별하게 되었고, 하나님께서 장차 독생자 예수 그리스도를 온 세상의 죄를 위한 희생 제물로 내어주실 마음과 사랑을 깊이 이해하게 되었을 것입니다. 그리하여 그는 이삭을 하나님께 맡기는 믿음의 순종을 행할 수 있었습니다.

한나의 이야기 또한 동일한 진리를 보여 줍니다. 한나는 아이를 얻기 위해 구하고 찾고 두드리며 끈질기게 하나님께 기도했습니다. 그러나 그 기도는 단순히 아들을 얻기 위한 간구에 머물지 않았습니다. 한나는 기도의 과정 속에서 영적 어둠이 짙었던 시대에 하나님께서 이스라엘을 새롭게 하시려는 뜻을 깨달았고, 그래서 얻은 아들 사무엘을 기꺼이 하나님께 드릴 수 있었습니다. 그녀의 기도는 개인적 바람을 넘어서, 하나님의 구원 역사에 참여하는 헌신으로 확장되었습니다.

이와 같이 예수님께서 "구하라, 찾으라, 두드리라"라고 말씀하신 것은 단순히 오래 기도하거나 끈질기게 반복하라는 가르침을 넘어섭니다. 그 말씀은 하나님께서 품고 계신 뜻과 마음, 그분의 심정을 이해하는 자리까지 나아가라는 놀라운 초대장입니다. 기도는 하나님께 무엇을 얻기 위한 기법이 아니라, 하나님의 마음을 배우고 그분의 뜻에 동참하도록 우리를 변화시키는 영적 여정입니다. 이처럼 하나님은 우리의 인내를 통해 우리를 빚으시고, 기다림을 통해 우리를 성숙시키시며, 간절한 기도 속에서 우리가 하나님의 뜻과 마음을 알아가도록 이끄십니다.

그렇다면 성도가 이런 자세와 태도로 하나님의 뜻을 알고자 끈질기게 기도한 결과가 무엇입니까? 예수님께서는 다음과 같은 위대한 약속을 하십니다. "너희 중에 누가 아들이 떡을 달라 하는데 돌을 주며 생선을 달라 하는데 뱀을 줄 사람이 있겠느냐 너희가 악한 자라도 좋은 것을 줄 줄 알거든 하물며 하늘에 계신 너희 아버지께서 구하는 자에게 좋은 것으로 주시지 않겠느냐"(마 7:9-11). 요지는 분명합니다. 기도하는 자는 하나님을 끝까지 신뢰해야 하며, 하나님은 반드시 더 좋은 것으로 응답하신다는 것입니다.

여기서 우리는 중요한 단어 하나에 주목해야 합니다. 예수님께서는 인간 아버지를 '악한 자'라고 표현하셨습니다. 세상 사람들 입장에서 보면 불쾌하게 들릴 수 있지만, 성경적 관점은 다릅니다. 성경은 하나님을 믿지 않는 자연인은 아무리 도덕적이고 선해 보여도, 죄 가운데 있고 진리가 없으므로 근본적으로 악하다고 규정합니다(롬 3:10). 반대로, 오직 예수 그리스도의 대속 사역으로 죄 사함을 받은 자만이 의롭다 함을 얻습니다. 따라서 예수님의 말씀은 이렇게 요약됩니다. 악한 부모도 자식에게 좋은 것을 줄 줄 아는데, 하물며 거룩하고 선하신 하나님 아버지께서 어떻게 그 자녀들의 기도에 가장 좋은 것으로 응답하지 않으시겠느냐는 것입니다.

그러나 여기서 또 다른 오해를 경계해야 합니다. 우리가 생각하는 '좋은 것'은 보통 우리가 원하는 것을 원하는 때에 받는 것입니다. 그러나 성경이 말하는 '좋은 것'은 언제나 하나님께서 원하시는 때에, 하나님의 방법으로 주시는 것입니다. 우리가 기도한 대로 응답되지 않을 때도, 사실은 그것이 우리에게 가장 좋은 응답이 될 수 있습니다. 왜냐하면 우리는 제한된 시공간 속에서 부분적으로밖에 보지 못하지만, 하나님은 과거, 현재, 미래를 총체적으로 아시는 분이시기 때문입니다. 하나님은 모든 환경과 관계, 장래의 일까지 고려하여 가장 선하고 완전한 응답을 주십니다. 그러므로 성도는 응답되지 않은 기도까지도 하나님께서 주신 최선의 응답으로 신뢰해야 합니다.

또한 우리는 예수님께서 하나님을 '너희 아버지'라고 부르신 사실을 주목해야 합니다. 이것은 성도가 기도할 때 하나님을 어떤 분으로 인식해야 하는지를 보여줍니다. 예수님께서는 제자들에게 주기도문을 가르치실 때 "하늘에 계신 우리 아버지여"라고 기도하라고 말씀하셨습니다. 기독교와 타 종교의 기도에서 가장 큰 차이는 바로 여기에 있습니다. 성도의 기도는 단순히 신적 존재에게 바라는 것이 아니라, 사랑의 아버지께 드리는 자녀의 간구입니다. 하나님을 아버지로 인식하며 신뢰하는 자세, 이것이 바로 기도의 본질적 태도입니다

모든 종교에는 나름의 기도 방식과 전통이 있습니다. 그러나 다른

종교에서는 자신이 믿는 신을 '아버지'라고 부르지 않습니다. 그렇게 부를 수도 없고, 그 신을 아버지로 인식하지도 않습니다. 그러나 예수님께서는 이 땅에서 사시는 동안 하나님을 언제나 아버지라 부르셨습니다. 이 사실 때문에 유대 종교지도자들은 예수님을 신성 모독자로 정죄했고, 그분을 죽이기 위해 끊임없이 음모와 위협을 가하였습니다.

그런데 예수님께서 십자가에서 죽으시고 부활하신 후 막달라 마리아에게 나타나셨을 때, 제자들을 향해 어떻게 말씀하셨습니까? 예수님은 그들을 "내 형제들"이라 부르셨습니다. 그리고 하나님을 가리켜 "내 아버지 곧 너희 아버지, 내 하나님 곧 너희 하나님"이라고 말씀하셨습니다(요 20:17). 이 사실은 매우 중요한 의미를 내포합니다. 곧 하나님이 예수님의 아버지이실 뿐 아니라, 예수 그리스도를 믿는 우리 모두의 아버지가 되신다는 것입니다. 성경은 이 사실을 반복적으로 강조합니다. "하나님이 미리 아신 자들을 또한 그 아들의 형상을 본받게 하시려고 미리 정하셨으니 이는 그로 많은 형제 중에서 맏아들이 되게 하려 하심이라"(롬 8:29). 또 요한복음 1장 12절은 "영접하는 자 곧 그 이름을 믿는 자들에게는 하나님의 자녀가 되는 권세를 주셨으니"라고 선포합니다.

따라서 우리는 예수님의 죽으심과 부활로 인해 새롭게 도래한 질서 속에서, 하나님이 믿는 자들의 아버지가 되셨다는 사실을 분명히 기억해야 합니다. 그리고 우리는 그분의 자녀라는 신분과 정체성을 확신하며 기도해야 합니다. 사실 죄와 허물로 죽었던 우리를 예수 그리스도의 대속 사역으로 용서하시고 구원해 주신 것만 해도 무한히 감사한 일입니다. 한 걸음 더 나아가, 유한한 피조물에 불과한 우리가 무한하신 하나님을 '아버지'라 부를 수 있는 특권과 권세를 누린다는 사실은 더욱 놀랍고 경이로운 일입니다. 말로 형용할 수 없는 영광 그 자체입니다. 그러므로 성도는 기도할 때, 하나님이 참으로 우리의 아버지 되신다는 사실을 깊이 확신해야 합니다. 만일 우리가 이 특권과 신분을 제대로 알지 못하고 누리지 못한다면, 그것은 성도로서의 가장 큰 비극 중 하나일 것입니다. 이제 우리의 아버지는 더 이상 마귀가 아니라, 천지를 창조하시고 다스리시는 살아계신 하나님이십니다. 모든 언어로도 다 표현할 수 없는 그 하나님이 우리의 아버지 되십니다.

그렇다면 우리는 무엇을 구하며 기도해야 하겠습니까? 예수님께서는 이렇게 말씀하십니다. "너희가 악한 자라도 좋은 것으로 자식에게 줄 줄 알거든 하물며 하늘에 계신 너희 아버지께서 구하는 자에게 좋은 것으로 주시지 않겠느냐"(마 7:11). 예수님은 누가복음에서 이 '좋은 것'을 더욱 분명히 밝히면서, 그것이 곧 '성령'이라고 말씀합니다. "너희가 악할지라도 좋은 것을 자식에게 줄 줄 알거든 하물며 너희 하늘 아버지께서 구하는 자에게 성령을 주시지 않겠느냐 하시니라"(눅 11:13). 그렇다고 해서 예수님께서 말씀하신 "좋은 것"을 오직 영적인 차원에만 제한하는 것도 바른 이해는 아닙니다. 인간은 몸과 영혼으로 지음받은 존재이므로, 하나님은 우리의 육체와 영혼에 필요한 모든 것을 채우시는 분이십니다. 예수님께서 가르치신 주기도문에서도, 우리는 일용할 양식을 위해 기도해야 한다고 배웠습니다.

그런데 우리는 누가복음에서 이 "좋은 것"을 "성령"이라고 말씀하시는 것에 대해 한 가지 의문점을 가질 수 있습니다. 성도가 거듭날 때 결정적인 역할을 하시는 분은 성령 하나님이십니다. 성령은 중생한 모든 성도 안에 내주하시며 떠나지 않으십니다. 그런데 왜 예수님은 성도들에게 기도하면 성령을 주신다고 말씀하신 것일까요? 마치 성령이 구약 시대처럼 임했다가 떠나가는 것처럼 들릴 수 있기 때문입니다. 그러나 이 구절은 그렇게 해석해서는 안 됩니다. 신약에서 성령은 거듭난 성도에게 영원히 내주하시는 분이십니다. 따라서 예수님께서 말씀하신 "성령"은 성령의 내주 자체가 아니라, 성령 충만을 의미합니다. 즉, 이미 우리 안에 계신 성령께서 우리의 삶을 온전히 다스리고 이끌어 가시는 충만한 상태를 가리킵니다.

이러한 맥락에서 예수님께서 본문을 통해 말씀하시고자 하는 중요한 사실은 성령 충만을 위해 끊임없이 기도하는 것이 얼마나 중요한가를 가르치기 위함이라고 할 수 있습니다. 이는 왜 예수님께서 산상수훈의 결론 부분에서 다시금 기도와 성령의 주제를 언급하셨는지를 알 수 있는 대목이기도 합니다. 이미 산상수훈의 시작에서 제시된 팔복은 성도가 누리는 영적 복을 말합니다. 그러나 성도가 세상의 소금과 빛으로 살아가기 위해서는 반드시 성령 충만이 필요합니다. 또한 서기관과 바리새인보다 더 나은 의를 실천하기 위해서도 성령 충만은 필수적입니다. 한 걸음 더 나아가 하나님 앞에서 올바른 구제와 기도, 금식의 삶을 살고, 재물과 하나님을 겸하여 섬기지 않고 오직 하나님만 섬기기 위해서도 성령 충만이 필요합니다. 심지어 형제를 판단하기 전에 먼저 자신의 눈 속 들보를 보는 겸손함도 성령 충만 없이는 불가능합니다. 이 모든 것은 결국 성도의 성화와 직결됩니다. 성경이 말하는 성화의 궁극적 목표는 에베소서 1장 4절에 잘 요약되어 있습니다. "곧 창세 전에 그리스도 안에서 우리를 택하사 우리로 사랑 안에서 그 앞에 거룩하고 흠이 없게 하시려고" 성령 충만이 없다면 성화의 삶은 불가능합니다. 그러므로 예수님께서는 산상수훈의 말미에서 다시 기도의 중요성을 말씀하시며, 성령 충만을 구하라고 힘주어 강조하신 것입니다. 반드시 기억해야 할 진리입니다. 성도가 성령 충만한 삶을 살기 위해 할 수 있는 최선의 길은 바로 끊임없이 찾고, 구하고, 두드리는 것, 곧 기도하는 것입니다.

그러나 안타깝게도 오늘의 많은 교회는 성령 세례와 성령 충만에 대해 혼란을 겪고 있습니다. 그렇기 때문에 이 둘을 바르게 이해하는 것이 중요합니다. 먼저 성령 세례는 단회적 사건입니다. 성령 하나님께서 복음을 통해 우리를 부르실 때, 우리가 그 부르심에 응답하며 거듭날 때 일어나는 사건이 바로 성령 세례입니다. 성령 세례는 중생과 불가분의 관계에 있으며, 이것은 우리를 하나님과 올바른 관계로 들어가게 하는 출발점입니다. 성령 세례는 우리가 태어날 때 단 한 번 경험하는 출생과 같이, 일생에 단 한 번 주어지는 사건입니다(요 3:8).

반면에 성령 충만은 단회적인 사건이 아니라 계속적이고 반복적인 상태입니다. 에베소서 5장 18절에서 사도 바울은 "성령으로 충만함을 받으라"라고 명령합니다. 여기서 사용된 헬라어 동사는 현재형으로, '계속적으로 성령으로 충만하라'는 의미입니다. 성령 충만은 우리 안에 이미 내주하시는 성령께서 우리의 삶을 지배하시고 이끄시는 상태를 뜻합니다. 그런데 성령 충만을 유지하기 위해서는 예수님께서 가르치신 것처럼, 끊임없는 기도가 필요합니다. 단지 필요할 때만 하는 간헐적인 기도가 아니라, 지속적이고 간절한 기도 말입니다. 또한 성령 충만한 삶을 살기 위해서는 그분과의 지속적인 영적인 호흡을 이어가야 할 뿐만 아니라, 말씀 묵상, 성경 공부, 성도와의 신실한 사귐과 교제 등 부단한 수고와 노력도 아끼지 말아야 합니다. 즉 성도는 성령 충만을 위해 간절히 기도해야 할 뿐만 아니라, 그것을 위해 발품을 팔아 직접 찾아다녀야 하고, 찾았다면 문을 두드리는 수고 - 곧 말씀 묵상과 성경 공부, 성도와의 신실한 사귐과 교제 - 를 해야 합니다.

강조컨대 기도는 우리가 성령 충만을 누리며, 세상의 영과 육체의 소욕을 이기고 거룩하게 살아가도록 능력을 공급받는 통로입니다. 그러나 안타깝게도 많은 성도들이 성령 충만을 단지 은사 체험이나 초자연적 현상과 동일시합니다. 예언이나 치유, 방언 등의 체험만이 성령 충만이라고 생각하는 것은 성령 충만을 샤머니즘적 체험으로 축소시키는 잘못된 태도입니다. 물론 하나님께서 필요에 따라 은사를 주시기도 하지만 그것이 성령 충만의 본질은 아닙니다. 성령 충만은 하나님의 말씀과 기도를 통해 모든 성도에게 주어져야 할 일상적이고 보편적인 삶의 모습입니다.

바울이 에베소 성도 모두에게 성령 충만을 명령한 것도 이 때문입니다. 성령은 우리 안에 왕으로 내주하시지만 기계적으로 역사하지 않으십니다. 성령은 인격적인 하나님이시기에 우리가 그분을 찾고 구할 때 기꺼이 역사하십니다. 따라서 성도가 성령 충만을 누리며 하나님과 바른 관계를 유지하기 위해서는 끊임없는 기도가 절대적으로 필요합니다.

45장

남을 먼저 대접하라

"그러므로 무엇이든지 남에게 대접을 받고자 하는 대로 너희도 남을 대접하라 이것이 율법이요 선지자니라"(마 7:12).

그리스도인이 어떻게 기도해야 하며, 또 무엇을 기도해야 하는지를 살펴보았습니다. 예수님께서는 그리스도인은 무엇보다 아버지 되신 하나님의 절대적인 주권을 신뢰해야 한다고 강조하셨습니다. 동시에 그리스도인의 기도는 단순히 형식적이거나 일시적인 것이 아니라, 끈질기고 지속적인 간구이어야 함을 말씀하셨습니다. 그리고 더 나아가 예수님은 기도가 단순히 입술의 요청에만 머무르는 것이 아니라, 능동적이고 책임 있는 행동과 맞닿아 있음을 가르치셨습니다. 즉 기도의 결과는 하나님께 맡기되, 우리는 믿음 안에서 길을 구하고 찾고 두드리는 적극적인 삶의 자세를 취해야 한다는 것입니다. 그럴 때 하나님께서는 반드시 가장 좋은 것으로 응답하시는데, 그것은 단순히 우리가 원하는 것을 주시는 것이 아니라, 성도에게 필수적인 성령 충만을 허락하시는 것입니다. 무엇보다 성령 충만은 지금까지 예수님께서 산상수훈에서 가르치신 모든 신앙과 삶을 실제로 가능하게 하는 필수 조건입니다. 따라서 예수님께서 산상수훈의 결론부에 이르러 다시 한번 기도를 강조하신 것은 결코 우연이 아닙니다. 기도는 곧 성령 충만의 가장 중요한 수단이자 통로이기 때문입니다.

이제 다음은 예수님께서 산상수훈의 결론으로 제시하신, 흔히 기독교의 황금률이라 불리는 말씀을 살펴보려 합니다. "그러므로 무엇이든지 남에게 대접을 받고자 하는 대로 너희도 남을 대접하라 이것이 율법이요 선지자니라"(마 7:12). 이 말씀은 율법과 선지자의 가르침 전체를 꿰뚫는 정신이자 핵심 그리고 요약입니다. 주목할 점은 예수님께서 산상수훈에서 여러 차례 사용하신 접속사 '그러므로'가 본문에서도 다시 등장한다는 것입니다. '그러므로'라는 표현은 앞서 말한 내용이 이후 말씀의 근거와 원인이 됨을 보여줍니다. 그렇다면 앞의 내용이 무엇입니까?

그것은 우리가 하나님께서 아버지 되심을 신뢰하며 끊임없이 기도할 때, 주께서 우리에게 구원의 길을 가는 데 필요한 모든 은혜와 복을 주신다는 것입니다. 하나님께서는 우리가 그분의 말씀을 실제로 살아낼 수 있는 능력을 주십니다. 또 우리가 이 땅에서 예수님을 닮아 가는 거룩한 삶을 살도록 성령 충만을 허락하십니다. 따라서 본문의 황금률은 하나님께서 베푸시는 이런 은혜와 성령 충만을 근거로 그리스도인이 반드시 지향해야 할 삶의 최고 기준이자 궁극적 목표라고 할 수 있습니다.

여기서 우리는 산상수훈 초반부의 한 말씀을 떠올리게 됩니다. "내가 율법이나 선지자를 폐하러 온 줄로 생각하지 말라 폐하러 온 것이 아니요 완전하게 하려 함이라"(마 5:17). 예수님은 율법을 무효로 하거나 폐기하기 위해 오신 것이 아니라, 그 참뜻을 성취하시기 위해 오셨습니다. 그런데 산상수훈의 결론부에서도 다시 율법과 선지자를 언급하심으로, 율법과 선지자의 가르침이 지향하는 바가 무엇인지 분명히 드러내십니다. 그것이 바로 황금률, 곧 '남에게 대접을 받고자 하는 대로 남을 대접하라'라는 말씀입니다.

예수님께서는 어느 계명이 큰 계명인지 묻는 율법사의 질문에 두 가지 핵심 계명, 곧 하나님 사랑과 이웃 사랑을 말씀하셨습니다. 본문은 이 가운데 이웃 사랑을 집약하여 보여주고 있습니다. 다시 말해, 내가 대접받고자 하는 대로 남을 대접하는 삶이야말로 이웃 사랑의 절정이자 완성입니다. 그러므로 본문은 기독교 윤리를 가장 간결하면서도 강력하게 요약한다고 할 수 있습니다. 결국 이 말씀은 팔복과도 긴밀히 연결되며, 하나님 나라의 원리와도 맞닿아 있습니다. 이웃 사랑은 하나님의 은혜를 아는 사람만이 그리고 하나님 나라 백성만이 살아낼 수 있는 삶의 방식이기 때문입니다.

그렇다면 하나님 나라의 삶의 방식은 무엇입니까? 간단히 말하면, 곧 예수 그리스도께서 보여주신 삶의 방식입니다. 그러나 주의할 점은 하나님 나라의 삶의 원리는 자동적으로 주어지는 것이 아니라는 사실입니다. 많은 사람이 교회 공동체에 몸담고 있으면서도 여전히 옛 사람의 방식을 고수합니다. 그러나 하나님 나라의 시민이 된 성도는 과거 세상의 어둠과 사탄의 권세 아래에서 살던 습관을 과감히 벗어 버려야 합니다. 이제는 새 나라의 법, 곧 예수 그리스도께서 말씀하시고 몸소 실천하신 원리에 따라 살아야 합니다.

사실 예수를 믿기 전 우리의 삶은 본성의 욕망에 따라 우리 자신을 중심으로 사고하고 말하고 행동했습니다. 그러나 하나님 나라에 들어온 성도에게서 가장 먼저 무너지는 것이 바로 이 자기중심성입니다. 그래서 바울 사도가 빌립보서 2장에서 말하듯이, 우리는 그리스도의 마음을 품어 겸손하고 자기를 비워야 합니다. 그것이 바로 하나님 나라의 방식이기 때문입니다. 예수님의 가르침을 보면 하나님 나라의 방식은 세상의 방식과 확연히 다릅니다. 예수님께서는 6장 후반부에서 먹고 마시는 문제를 언급하시며, 세상은 이런 것들을 염려하고 여기에 관심을 쏟지만, 하나님 나라의 백성은 그렇게 살아서는 안 된다고 말씀하셨습니다. 생명은 음식보다 귀하며, 무엇보다 하나님이 우리의 아버지가 되시기 때문입니다. 그러므로 하나님 나라의 백성은 먼저 그의 나라와 의를 구해야 합니다. 이것이 하나님 나라의 새로운 원리이자 방식입니다.

물론 먹고 마시고 입는 것은 삶에서 꼭 필요한 부분입니다. 그러나 그것보다 먼저 구해야 할 것이 하나님의 나라와 의입니다. 그러므로 하나님 나라의 가치를 단지 몇 가지 특정한 체험이나 은사 혹은 교리적 강조점에 국한해서는 안 됩니다. 은사, 체험, 예언, 구제, 선교, 교리나 교파적 전통 등으로 하나님 나라를 축소하는 것은 위험합니다. 하나님 나라는 그 어떤 하나의 특징으로 한정될 수 없기 때문입니다. 그것은 하나님의 다스림과 통치와 은혜 및 백성의 삶 전체를 포괄하는 가장 풍성하고 온전한 실재입니다.

그러나 안타깝게도 오늘날 많은 성도가 여전히 세상의 방식으로 기독교의 차별성을 보여주려 합니다. 그러나 그 결과는 하나님 나라의 본질과는 거리가 먼 왜곡된 모습일 뿐입니다. 이런 이유 때문에 한국 교회는 점점 본래의 힘을 상실하고 있으며, 일부는 이단에 빠지거나 신앙을 잃고 있습니다. 그에 따라 세상은 점점 기독교에 무관심해지고 있습니다. 그러므로 우리는 스스로 물어야 합니다. 혹 우리 역시 하나님 나라를 축소하거나 왜곡하는 일에 일조하고 있지는 않은가 하고 말입니다. 세상 사람들은 우리가 세상과 똑같은 주제와 관심사를 이야기할 때는 주목하지 않습니다. 그들이 진정 알고 싶어 하는 것은 하나님 나라의 본질과 가치입니다. 그러므로 우리는 언제 어디서든 이에 대해 증거할 준비가 되어 있어야 합니다. 지금 하나님 나라의 원리와 가치를 분명히 알고 있습니까? 그리고 그것을 세상에서 드러내고 있습니까?

우리는 예수를 믿음으로 하나님 나라의 시민이 되었습니다. 그리고 이제 흑암의 나라에서 하나님의 나라로 옮겨졌습니다. 또 우리는 그분의 통치를 받으며 장차 영원히 이어질 하나님 나라의 유업을 받을 자들입니다. 그러므로 우리 자신을 통해 드러나는 하나님 나라의 모습과 인상이 과연 어떠한지를 진지하게 성찰해야 합니다. 우리는 이 모든 놀라운 사실을 알고 있고, 하나님 나라가 얼마나 복되고 영광스러운지를 세상에 알리는 사명을 받았기 때문입니다. 그러므로 우리의 삶이 하나님 나라를 축소하거나 왜곡하는 일이 없어야 합니다. 우리의 신앙과 삶이 세상 사람들의 눈에 값싸게 비치지 않도록 깨어 있어야 합니다. 이것이 오늘 이 시대에 그리스도인에게 주어진 막중한 책무이자 사명입니다. 그리고 그 사명이 바로 본문의 황금률, 곧 먼저 남을 대접하는 이웃 사랑의 삶으로 드러나야 합니다.

그런데 여기서 왜 예수님께서는 하나님 사랑에 대한 내용을 직접적으로 언급하지 않으실까요? 하나님 사랑은 분명히 더 중요하고 우선적인 주제인데도 말입니다. 그러나 산상수훈 전체를 차분히 살펴보면, 예수님께서 이미 하나님 사랑에 대한 내용을 여러 차례 직간접적으로 다루셨음을 알 수 있습니다. 이를테면 마태복음 6장 19-34절에서 하나님과 재물을 동시에 섬길 수 없다고 말씀하시며, 먹고 마시는 문제로 근심하지 말고 먼저 하나님의 나라와 의를 구하라고 하셨습니다. 이 모든 가르침이 사실상 하나님 사랑과 관련된 것입니다. 그리고 이어서 예수님은 성도와 성도 간의 관계로 전환하여 타인을 판단하지 말라고 교훈하셨습니다. 이것은 형제 사랑, 곧 이웃 사랑에 관한 가르침입니다. 따라서 본문은 앞서 다룬 “판단하지 말라”라는 말씀과 긴밀하게 연결된다고 할 수 있습니다. 이에 황금률은 하나님 사랑을 아는 성도가 이웃 사랑을 구체화하고 실천하는 방식입니다.

우리는 다른 사람이 우리를 함부로 판단하거나 모욕하는 것을 싫어합니다. 그렇다면 우리 또한 다른 사람을 함부로 판단하거나 경멸하지 말아야 합니다. 우리는 다른 사람이 우리를 귀찮게 하거나 성가시게 하는 것을 원치 않습니다. 그렇다면 우리 역시 타인에게 그렇게 해서는 안 됩니다. 우리는 다른 사람이 우리의 인격을 무시하거나 예의 없게 대하는 것을 참기 힘들어합니다. 그렇다면 우리도 다른 사람을 존중하며 예의 있게 대해야 합니다. 우리는 다른 사람이 우리를 사랑하고 존중하며 인정해 주기를 기대합니다. 그렇다면 우리 또한 다른 사람을 존중하고 사랑해야 합니다.

이러한 맥락에서 본다면, 오늘날 우리가 겪고 있는 개인적·사회적 갈등의 상당수는 사실상 본문의 황금률을 제대로 실천하지 못한 데서 비롯된 것입니다. 정치, 경제, 사회, 문화, 교육 등 삶의 모든 영역에서 일어나는 갈등과 대립 역시 이와 관련이 있습니다. 개인과 개인, 조직과 조직, 심지어 국가와 국가 간의 갈등조차도 본질적으로는 '내가 바라는 것을 내가 타인에게 베풀지 않는 것'에서 발생합니다. 그래서 예수님께서 본문을 율법과 선지자의 핵심, 그 정신의 요약으로 제시하신 것입니다. 만약 세상 모든 영역(개인, 공동체, 국가)에서 사람들이 다른 이들이 자신에게 해주기를 바라는 것을 그대로 행한다면, 이 세상은 정말 평화롭고 따뜻하며 사랑이 넘치는 세상이 될 것입니다.

그러나 문제는 우리가 그렇게 살지 못한다는 데 있습니다. 왜 그렇습니까? 이유는 명확합니다. 모든 인간은 모태로부터 죄인으로 태어나며, 본능적으로 타인을 먼저 배려하거나 대접하는 것을 꺼리기 때문입니다. 우리는 타인이 우리를 먼저 대접해 주기를 선호합니다. 인간 안에 깊이 자리 잡은 자기중심성과 교만 때문입니다. 누구의 가르침을 받지 않아도 인간은 본능적으로 자신을 기준으로 생각하고 판단합니다. 마치 그 성향이 하나의 내장 칩처럼 인간 안에 내재된 듯 작동합니다. 이것은 죄로 인한 타락의 필연적인 결과이며, 모든 사람에게서 보편적으로 나타나는 실존적 특징입니다. 결국 인간은 자기 자신에게 과도하게 몰입하며, 자신의 생각과 행위에만 집착합니다. 이 모든 것은 타락으로 인한 죄성이 불러온 치명적 결과입니다. 따라서 이러한 자기중심성과 교만을 거슬러 살아가는 일은 우리의 본성을 거부하지 않고는 불가능합니다. 인간 내면에 근본적인 변혁이 일어나지 않는다면, 도무지 실현할 수 없는 일입니다.

여기서 우리가 반드시 기억해야 할 사실이 있습니다. 그것은 산상수훈은 불신자에게도 주어진 일반적 교훈이 아니라 이미 중생한 자들, 곧 성령께서 내주하시는 참된 제자들에게 주신 말씀이라는 점입니다. 성령 하나님께서 우리의 심령에 새 생명을 주셨기에 우리는 변화된 삶을 살아갈 수 있습니다. 성도는 예수님을 믿기 전과 달리, 영혼의 기능이 새로운 방향으로 작동합니다. 하나님과의 관계가 회복되어 그분의 나라와 의를 구하며 살아가게 되는 것입니다. 또 성도는 이제 하나님 나라의 시민으로서 예수 그리스도를 구주이자 주님으로 모시며 살아갑니다. 그렇기에 하나님 나라의 시민은 누구도 자기 자신을 왕처럼 높이지 않습니다. 나아가 이제 자신을 위해 살지 않고, 주님의 소유로서 주님을 위해 살아갑니다.

세상은 큰 자가 되려면 남을 밟고 올라서야 한다고 가르칩니다. 그러나 하나님 나라의 원리는 정반대입니다. 주님은 말씀하십니다. "너희 중에 누구든지 크고자 하는 자는 너희를 섬기는 자가 되고"(마 20:26). 하나님 나라에 속한 자는 섬김과 희생을 통해 위대함을 드러냅니다. 우리는 하나님 나라의 백성으로서 이러한 차별성을 세상에 보여야 합니다. 세상 사람들이 우리를 통해 하나님 나라의 매력을 보고, 그 매력을 동경하며 갈망하도록 해야 합니다. 이런 점에서 본문은 단순한 윤리적 규범이 아니라 하나님 나라의 삶과 직결된 말씀입니다.

그런데 어떤 사람들은 하나님 나라를 단지 사후(死後)의 천국과 동일시하며, '죽으면 천국 간다'라는 정도로 이해합니다. 그러나 성경이 말하는 하나님 나라는 단순히 미래적 차원에 국한되지 않습니다. 하나님 나라에 속한 우리의 신앙과 삶은 이미 현재적으로도 실현되어야 합니다. 무엇보다 중요한 사실은 중생한 사람은 이제 죄 된 본성이 전혀 다른 방향으로 작동한다는 것입니다. 과거에는 자기 자신만을 중심으로 생각했지만, 이제는 형제와 이웃을 자기 몸처럼 사랑합니다. 타인의 입장에서 생각하고, 그들을 배려하며 살아갑니다. 결국 황금률을 실천하기 위해서는 우리 안에 여전히 역사하려는 자기중심성과 교만을 벗어버려야 합니다. 이를 위해서는 우리 안에 내주하시는 성령 하나님의 도우심을 간절히 구해야 합니다.

바울 사도는 이 사실을 누구보다 깊이 깨달았습니다. 그는 에베소서에서 먼저 기독교의 핵심 교리를 제시한 뒤(1-3장), 이어서 그것에 기초한 삶의 실천을 강조합니다(4장 이후). "그러므로 주 안에서 갇힌 내가 너희를 권하노니 너희가 부르심을 받은 일에 합당하게 행하여 모든 겸손과 온유로 하고 오래 참음으로 사랑 가운데서 서로 용납하고 평안의 매는 줄로 성령이 하나 되게 하신 것을 힘써 지키라"(엡 4:1-3). 바울은 하나님께서 창세 전부터 그의 기쁘신 뜻대로 우리를 예정하시고 택하신 이유가 있다고 가르칩니다. 그러므로 성도는 그 부르심에 합당하게 살아야 합니다. 그 삶은 곧 겸손과 온유, 오래 참음과 사랑 가운데 서로를 용납하는 것입니다. 이는 곧 이웃 사랑입니다. 삼위 하나님께서 하나이고, 세례와 믿음과 주님이 하나이듯, 중생한 성도 역시 하나의 몸을 이루는 교회의 지체로서 서로를 자기 몸과 같이 사랑해야 합니다.

하나님께서는 죄와 허물로 죽어 사탄과 세상의 종노릇하던 우리를 긍휼히 여기셨습니다. 만약 하나님께서 그분의 입장만 고려하셨다면, 우리는 멸망할 수밖에 없었을 것입니다. 그러나 하나님은 우리의 비참한 처지를 먼저 생각하시고, 아들 예수 그리스도를 보내시어 우리에게 자유와 구원, 영원한 생명을 주셨습니다. 그러므로 이 은혜를 아는 참된 성도는 예수님처럼 이웃을 사랑하며 살아야 합니다. 그들을 존중하고, 그들을 위해 희생하며, 그들을 먼저 대접해야 합니다. 이것이 중생한 성도의 참된 모습입니다. 그러므로 성도는 이제 타인이 먼저 무언가 해주기를 기다리지 않습니다. 오히려 기꺼이 먼저 해줍니다.

사실 이 세상에 존재하는 수많은 갈등과 증오, 대립과 미움은 오직 황금률을 실천하는 삶을 통해서만 해결될 수 있습니다. 그러나 그 일은 오직 성령으로 거듭난 자만이 감당할 수 있습니다. 그러므로 교회는 산상수훈과 황금률을 단지 '위대한 가르침' 정도로만 여겨서는 안 됩니다. 단순히 그 가르침에 감탄하고 찬사만 보내는 데 그쳐서도 안 됩니다. 오히려 교회는 황금률을 구체적으로 실천하며 삶으로 드러내야 합니다. 황금률은 단순한 이상이 아니라, 실제적이고 구체적인 기독교 윤리의 최고봉입니다. 그러므로 그리스도인은 누구나 이웃과 형제를 깊이 사랑해야 하며, 그들의 복지와 행복에 관심을 가져야 합니다.

그러나 이러한 삶은 단순한 결심이나 결단만으로는 불가능합니다. 인간의 의지와 노력으로 이룰 수 있는 차원이 아닙니다. 그리스도인의 삶은 근본적으로 하나님의 내적 역사에 기초합니다. 다시 말해, 우리 안에 성령께서 내주하셔야 하고, 우리는 성령의 충만을 받아야 합니다. 그분이 우리를 다스리실 때만 우리는 황금률을 실천할 수 있습니다. 이러한 맥락에서 예수님께서 우리에게 구하고 찾고 문을 두드릴 때 성령 하나님을 선물로 주신다고 말씀하신 부분은 매우 의미심장합니다. 따라서 우리의 신앙생활에서 매우 중요한 대목 중 하나는 바로 성령 하나님을 근심하게 하지 말아야 한다는 것입니다. 즉 죄를 멀리하고 혐오하며, 죄와 싸워야 합니다. 죄는 성령을 근심하게 하는 불신앙의 행위이기 때문입니다.

참으로 거듭난 성도는 항상 성령을 의식하며, 그분을 존중합니다. 마음의 중심에 성령을 모시며, 그분의 역사에 민감하게 반응합니다. 또 성령을 소멸하지 않도록 말씀과 기도로 자신을 지킵니다. "그리스도의 말씀이 너희 속에 풍성히 거하여 모든 지혜로 피차 가르치며 권면하고 시와 찬송과 신령한 노래를 부르며 감사하는 마음으로 하나님을 찬양하고"(골 3:16). 바로 이런 사람이 시편 1편이 말하는 복 있는 사람입니다. 우리는 이런 복을 알고 있습니까? 지금 이 복을 실제로 누리며 살고 있습니까?

46장

좁은 문을 선택하여 좁은 길을 가라

"좁은 문으로 들어가라 멸망으로 인도하는 문은 크고 그 길이 넓어 그리로 들어가는 자가 많고 생명으로 인도하는 문은 좁고 길이 협착하여 찾는 자가 적음이라"(마 7:13-14).

많은 주석가가 마태복음 7장 12절을 산상수훈 본론의 마무리로 보고, 7장 13절부터는 결론부가 시작된다고 말합니다. 즉 우리가 이제 살펴볼 본문은 산상수훈의 결론부에 해당합니다. 예수님께서는 이 결론부를 통해 앞에서 말씀하신 주옥같은 교훈을 단순한 지식으로 남겨두지 않고, 삶으로 실천하며 결단할 것을 강력히 촉구하십니다.

그런데 7장 13절 이하의 내용을 자세히 보면 하나의 공통된 특징이 나타납니다. 예수님께서 모든 교훈을 짝을 지어 대조적으로 제시하신다는 것입니다. 이를테면 두 문(좁은 문과 넓은 문), 두 나무(좋은 나무와 나쁜 나무), 두 부류의 사람(주님의 뜻대로 행하는 자와 그렇지 않은 자), 두 기초(반석 위에 지은 집과 모래 위에 지은 집)를 말씀하십니다. 이와 같은 대조법은 구원과 생명의 길에는 결코 중간 지대가 존재하지 않음을 강조하기 위한 것입니다. 특히 본문에서는 두 갈래 길 중 오직 하나만 선택할 수 있으며, 그중 생명에 이르는 유일한 길은 좁은 문을 통과하는 것뿐이라고 예수님은 단호히 선언하십니다.

사실 이런 교훈 방식은 산상수훈 전체에서 이미 여러 차례 반복되었습니다. 예수님은 늘 쌍을 이루는 비교와 대조를 통해 교훈하셨습니다. 바리새인과 서기관들의 외식적인 의와 성도가 가져야 할 더 나은 의를 대조하셨고, 외식적 경건과 참된 경건을 비교하셨습니다. 또 하늘에 쌓는 보물과 땅에 쌓는 보물, 하나님과 재물이라는 두 주인, 하나님 나라를 먼저 구하는 삶과 일용할 양식을 염려하는 삶을 대조하셨습니다. 그렇게 7장 12절까지 예수님은 대부분 쌍을 이루는 내용으로 교훈을 제시하셨습니다.

그러나 결론부에서는 중요한 차이가 나타납니다. 앞부분은 단순히 두 가지를 비교·대조하는 데 초점이 있었다면, 결론부에서는 더 나아가 선택과 결단을 강력하게 촉구하신다는 것입니다. 단순히 '이것과 저것이 다르다'는 지적을 넘어, '그러므로 반드시 이것을 선택하라'는 명령이 주어집니다. 이것은 성경이 말하는 믿음의 본질과도 깊은 연관이 있습니다. 기독교 신앙은 단순히 지적 동의에 머무르지 않고, 지(知)·정(情)·의(意) 곧 전인격적 반응을 포함합니다. 산상수훈의 전반부(5:1-7:12)는 주로 성도의 정체성과 삶의 방향 그리고 신앙의 원리를 설명합니다. 곧 지적인 차원에서 성도가 깨달아야 할 진리 체계와 가치관을 제시하신 것입니다. 그러나 참된 믿음은 여기서 멈추지 않습니다. 성도는 진리를 깨달을 뿐 아니라, 그 말씀에 감동과 감격을 경험합니다. 하나님의 말씀을 달고 오묘하게 여기며, 때로는 그 거룩한 교훈 앞에서 자신이 얼마나 큰 죄인인지 깨닫고 통회하며 애통하기도 합니다. 이것이 믿음의 감정적 요소입니다.

그런데 예수님은 여기서도 멈추지 않으십니다. 결론부에서는 믿음의 최종적 요소, 곧 의지적 결단을 강조하십니다. 지적 동의와 감정적 경험을 넘어, 이제는 실제로 하나님 말씀에 순종하려는 단호한 의지적 선택을 요구하십니다. 바로 이 지점에서 예수님은 "좁은 문으로 들어가라"(마 7:13)라고 명령하십니다. 좁은 문은 곧 예수 그리스도 자신을 가리킵니다. 주님께서는 "내가 곧 길이요 진리요 생명이니"(요 14:6)라고 선언하셨습니다. 그러므로 좁은 문은 그리스도와의 인격적 만남을 통한 구원을 의미합니다.

그런데 "좁은 문으로 들어가라"라는 명령에서 우리는 두 가지 중요한 사실을 발견할 수 있습니다.

첫째, 좁은 문은 본질적으로 찾기 어렵다는 것입니다. '좁다'라는 말 자체가 그것을 시사합니다. 앞선 본문에서 예수님께서 '구하라, 찾으라, 두드리라'라고 하신 것도 같은 맥락입니다. 좁은 문은 인간의 노력과 지혜로는 쉽게 발견할 수 없습니다. 사실 우리의 힘으로는 불가능합니다. 이 사실은 예수님을 따르겠다고 장담했지만, 결국 세 번이나 부인한 베드로의 경우에서도 드러납니다. 인간의 결심과 의지는 연약하기에 은혜로 붙드시는 주님께서 역사하실 때만 우리는 좁은 문을 찾고 들어갈 수 있습니다. 따라서 좁은 문으로 들어가는 것은 인간의 공로나 결심이 아니라, 하나님의 은혜와 그리스도의 도우심으로만 가능한 일입니다.

둘째, 좁은 문으로 들어가는 일은 시작부터 쉽지 않다는 것입니다. 문 자체가 좁고 길도 협착하기에 많은 것을 버려야만 들어갈 수 있습니다. 즉 좁은 문은 입술의 고백만으로 들어갈 수 있는 곳이 아닙니다. 삶 전체의 방향 전환과 철저한 결단이 요구됩니다. 그러나 오늘날의 포스트모던 사회는 이러한 절대적 진리를 거부합니다. 모든 진리는 상대적이라고 주장하며, 기독교만이 유일한 구원의 길이라고 말하면 배타적이고 편협하다고 비난합니다. 심지어 광신적으로 몰입한 사람으로 취급하기도 합니다. 그러나 성도는 이러한 세상의 조롱에도, 오직 예수 그리스도 안에만 참된 생명과 영생이 있다는 사실을 알기에 좁은 문을 선택합니다. 물론 성도는 세상 누구보다도 사랑과 포용, 이해와 배려의 삶을 살아야 합니다. 그러나 결코 타협할 수 없는 것이 있습니다. 그것은 오직 예수 그리스도만이 구원의 유일한 길이며, 그분 외에는 다른 길이 없다는 진리입니다. 그러므로 예수님께서는 지금도 우리에게 이 좁은 문을 선택하여 들어가라고 명령하십니다.

그렇다면 좁은 문을 선택하고 좁은 길을 간다는 것은 구체적으로 무엇을 의미할까요? 사실 예수님께서 앞서 5장부터 7장 12절까지 가르치신 모든 교훈은 바로 좁은 길에 관한 것입니다. 그러므로 그 문으로 들어가고 그 길을 간다는 것은 절대 쉽지 않은 일입니다. 하나님을 알지 못하는 자연인은 결코 갈 수 없는 길이며, 참된 성도만이 걸어갈 수 있는 길입니다. 좁은 문을 선택하고 좁은 길을 가려면 가장 먼저 방해가 되는 짐들을 내려놓아야 합니다. 길이 협착하기에 크고 무거운 짐들은 오히려 걸림돌이 됩니다. 그 짐이 아무리 소중하다 해도 내려놓지 않으면 결국 주저앉고 말 것입니다.

그렇다면 내려놓아야 할 짐이란 무엇입니까? 곧 교만, 자기 자랑, 자기 의, 자기중심성, 자기 영광입니다. 위선과 형식적인 종교 생활, 세상적 가치관, 탐심과 염려, 옛 자아 역시 버려야 합니다. 이런 것들은 좁은 문으로 들어가고 좁은 길을 가는 데 전혀 도움이 되지 않습니다.

먼저 교만은 피조물이 스스로 하나님이 되고자 하는 사탄적 욕망의 발현입니다. 그러므로 예수님께서는 심령이 가난한 자와 애통하는 자가 복이 있다고 말씀하셨습니다. 참된 성도는 자신에게 하나님 앞에 내세울 것이 전혀 없음을 깨닫고, 늘 자신의 죄와 그로 인한 비참함 때문에 애통해합니다. 바로 이런 사람만이 좁은 문을 통과할 수 있습니다.

자기 의 역시 버려야 합니다. 바리새인과 서기관들은 자기 의를 자랑했지만, 예수님께서는 오히려 자신의 죄인 됨을 슬퍼한 세리를 칭찬하셨습니다(눅 18:14). 성도는 오직 그리스도의 의를 덧입음으로만 의롭다 하심을 받을 수 있습니다. 그러므로 좁은 문과 좁은 길 앞에서 자기 의는 철저히 배제됩니다. 특히 인간의 의와 하나님의 의를 동시에 붙잡으려는 시도는 실패할 수밖에 없습니다. 행위로 세운 의와 그리스도의 대속적 사랑을 믿음으로 얻는 의는 결코 양립할 수 없습니다. 좁은 문은 오직 하나님의 의만을 허용합니다. 따라서 좁은 문과 좁은 길은 우리의 의가 아니라 오직 하나님의 은혜로만 우리의 것이 될 수 있습니다.

자기 의는 사탄에게서는 인정받을지 몰라도, 하나님을 진정으로 믿는 사람이라면 결코 이를 인정하지 않습니다. 오히려 그것은 거추장스럽고, 아무짝에도 쓸모없으며, 마치 맞지 않는 옷을 억지로 걸친 것처럼 어색하게 보일 뿐입니다. 성경은 분명히 선언합니다. "그러므로 우리가 믿음으로 의롭다 하심을 받았으니 우리 주 예수 그리스도로 말미암아 하나님과 화평을 누리자"(롬 5:1). 아마 좁은 문 앞에는 누구든지 볼 수 있을 만큼 크게 쓴 한 문구가 있을 것입니다. 그것은 바로 '자기 의 출입 금지'입니다. 또 좁은 길을 걸어가는 동안에도 여러 곳에서 반복적으로 만나는 팻말이 있을 것입니다. 거기에도 역시 '자기 의 통행금지'라는 경고가 적혀 있을 것입니다.

또 좁은 문을 통과하고 좁은 길을 가려는 자는 반드시 자기중심성을 내려놓아야 합니다. 자기중심성은 타락한 인간의 본성으로, 그리스도인이 된다고 해서 자동으로 사라지지 않습니다. 특별한 수련이나 고행을 통해 제거되는 것도 아닙니다. 한마디로 그것은 우리 내면에 거머리처럼 집요하게 붙어 있는 존재입니다. 인간은 태어날 때부터 죽을 때까지 자기중심성과 더불어 살아간다고 해도 지나친 말이 아닙니다.

그렇다면 성도가 이 자기중심성을 철저히 경계해야 하는 이유는 무엇입니까? 그것은 자기중심성의 본질적 특징 때문입니다. 자기중심성은 모든 것을 자신의 관점에서만 보고 판단하게 만듭니다. 이로 인해 타인의 생각과 감정, 관점을 존중하지 못하며, 심지어 하나님의 주권적인 섭리와 다스림마저도 인정하지 않으려 합니다. 결국 하나님의 뜻과 목적을 무시하고, 그분의 사역을 부정하게 되는 것입니다. 또 자기중심성에 사로잡힌 사람은 쉽게 남을 판단하고 정죄합니다. 이처럼 자기중심성은 아담의 타락 이후, 인간이 태어나는 순간부터 죽는 순간까지 결코 그 자리에서 물러난 적이 없는 강력한 지배자와 같습니다.

무엇보다 이 자기중심성은 장기전에 능합니다. 마치 노련한 장수처럼 전략과 전술이 교묘합니다. 때로는 성도를 유혹하기 위해 기묘한 방법을 동원하다가, 상황이 불리해 보이면 잠시 물러서기도 합니다. 그러나 우리가 조금이라도 방심하면, 어느새 다시 빈틈을 파고들어 자리를 차지하고는 의기양양하게 서 있습니다. 바로 이런 이유로 예수님께서는 제자들에게 먼저 자신을 부인하고 주님을 따르라고 명령하신 것입니다(마 16:24).

그런데 하나님은 가끔 그분의 주권적인 섭리에 따라 우리가 원하지 않는 길을 걷게 하실 때가 있습니다. 요셉이 애굽에 팔려간 것처럼, 예상치 못한 환경과 상황이 우리를 고난의 자리로 몰아간다는 것입니다. 심지어 그러한 시련이 우리가 가장 사랑하는 사람들에 의해 일어나기도 합니다. 그런데 이런 일이 닥쳤을 때 자기중심성은 우리가 하나님의 섭리를 보지 못하게 합니다. 그리고 좌절과 절망만 바라보게 합니다. 그러나 좁은 문을 통과해 들어선 좁은 길에서는 좌절과 절망 가운데 오래 머물 수가 없습니다. 잠시 그러한 상태를 경험할 수는 있지만, 그 길은 본질적으로 머물 수 없는 장소이며, 안주할 수 있는 공간이 전혀 없습니다. 따라서 좁은 길을 지혜롭게 걸어가는 방법은 하루빨리 어제의 아픔과 슬픔을 훌훌 털어버리고, 다시 일어나 묵묵히 전진하는 것입니다. 이 길은 우리가 첫발을 내딛는 순간부터 영생과 생명의 종착지를 향해 끊임없이 걸어가야 하는 길입니다.

특히 좁은 길을 걷는 성도는 그 시작 순간부터 계속해서 앞으로 나아가라는 권유를 받습니다. 혹 그 권유가 마음에 들지 않더라도, 반드시 멈추지 말고 앞으로 나아가야 합니다. 비록 속도가 느릴지라도 그렇게 해야 합니다. 그런데 이 길을 걷는 자에게 가장 큰 적은 외부의 환난이나 고난이 아니라, 자기가 삶의 주인이 되어 모든 것을 결정하고 판단하려는 자기중심성입니다. 그러나 좁은 길은 자신이 아니라 하나님이 자기 삶의 주인이심을 철저히 인정할 때만 걸을 수 있습니다. 이 길은 하나님의 섭리와 다스림을 신뢰하며 언제든지 받아들일 준비가 된 자만이 갈 수 있는 길입니다. 바로 이 점이 세상의 넓은 길과 성도의 좁은 길을 극명하게 구분 짓는 특징입니다. 자기 생각대로 좁은 길을 걷다가는, 곳곳에 도사리고 있는 지뢰와 가시덤불 때문에 한 발짝도 제대로 내디딜 수 없습니다.

성경의 인물 중 좁은 길을 참으로 지혜롭게 걸어간 사람이 요셉입니다. 그는 그 길의 끝자락에서 이렇게 고백합니다. "당신들이 나를 이곳에 팔았다고 해서 근심하지 마소서 한탄하지 마소서 하나님이 생명을 구원하시려고 나를 당신들보다 먼저 보내셨나이다…그런즉 나를 이리로 보낸 이는 당신들이 아니요 하나님이시라"(창 45:5, 8). 좁은 길은 이렇게 자기중심성이 철저히 무너져야만 걸을 수 있는 길입니다. 그렇지 않으면 언제든 낭떠러지로 떨어질 위험에 처하게 됩니다.

예수님께서도 지적하셨지만, 자기 눈 속의 들보는 보지 못하면서 남의 눈 속의 티를 빼내려는 태도 역시 자기중심성의 전형적인 모습입니다(마 7:3-5). 자기중심성이라는 병에 걸리면 타인의 실수와 부족함을 사랑과 겸손으로 용납하지 못하고, 곧장 비판과 정죄의 칼을 꺼내 듭니다. 만일 좁은 길을 걷는 자가 이 자기중심성을 제때 다루지 못한다면 아마 그 길에서 끊임없이 찾아오는 통증과 고통으로 결국 그 길을 끝까지 걸어가기 어려울 것입니다. 그러므로 좁은 길을 가는 성도는 날마다 하나님의 말씀 앞에서 자기중심성을 점검해야 합니다. 이 병의 증상이 나타날 때마다 모든 것을 고치시는 하나님께 철저히 치유를 받아야 합니다. 그러나 자기중심성은 한 번의 치료로 끝나지 않습니다. 계속 재발하는 특징이 있습니다. 따라서 좁은 길을 걷는 자는 날마다 말씀으로 자신을 성찰하며 살아가야 합니다.

다시 강조하지만, 예수 그리스도의 대속의 은혜로 하나님과의 관계가 회복된 사람은 필연적으로 인간 및 피조물과의 관계 또한 회복됩니다. 좁은 문과 좁은 길은 바로 이러한 관계 회복의 연장선에 있는 성도의 삶의 적용이자 실천입니다. 하나님과의 관계 회복 그리고 타인과의 관계 회복을 위해서는 반드시 자기 부인이 선행되어야 합니다. 그러고서 하나님을 자기 주인으로 인정하고, 타인을 존중하며 사랑하고 섬겨야 합니다. 요컨대 성도는 교만과 자기 의 그리고 자기중심성이 철저히 무너져야 비로소 좁은 문을 선택하고 좁은 길로 신실하게 걸어갈 수 있습니다.

그렇다면 자기 영광은 어떻습니까? 인간이 자기 영광을 추구하는 것은 부패한 본성의 대표적인 특징 중 하나입니다. 예수님께서도 바리새인들을 염두에 두시고 "구제할 때에 외식하는 자가 사람에게서 영광을 받으려고 회당과 거리에서 하는 것같이 너희 앞에 나팔을 불지 말라"(마 6:2)라고 경고하셨습니다. 당시 바리새인들은 하나님보다 사람을 더 의식하며, 온갖 방법으로 사람들의 이목을 끌고자 했습니다. 그러나 성도는 세상 사람들의 칭찬이나 찬사를 구하는 자들이 아닙니다. 오직 하나님의 이름과 영광을 위해 살아가는 자들입니다. 성경은 분명히 선언합니다. “그런즉 너희가 먹든지 마시든지 무엇을 하든지 다 하나님의 영광을 위하여 하라”(고전 10:31).

예수님께서는 팔복을 말씀하신 후, 성도를 세상의 소금과 빛이라고 하시면서 “너희 빛이 사람 앞에 비치게 하여 그들로 너희 착한 행실을 보고 하늘에 계신 너희 아버지께 영광을 돌리게 하라”(마 5:16)라고 명하셨습니다. 그러므로 성도는 착한 행실을 통해 하나님께 영광을 돌려야 합니다. 그러나 그것을 통해 자신의 영광을 추구해서는 안 됩니다. 아무리 사람들이 높이고 칭찬해도, 성도는 여전히 가난한 심령으로 하나님 앞에서 애통해야 합니다. 그것이 좁은 길을 걷는 참된 성도의 모습입니다. 좁은 길은 본질적으로 두 개의 깃발(사람의 영광과 하나님의 영광) 동시에 들 수 없는 길입니다. 예수님은 한 번도 자신의 영광을 구하지 않으셨고, 오직 하나님께 영광을 돌리셨습니다(요 5:41). 그러므로 성도 역시 하나님의 영광만을 위해 좁은 길을 걸어야 합니다. 사람의 칭찬과 영광은 일시적이며 신뢰할 수 없습니다. 참된 영광은 영원히 변하지 않는 하나님의 영광뿐입니다.

그러나 오늘날 조국 교회에는 안타깝게도 자기 영광을 추구하는 성도가 많습니다. 교회의 직분을 세상의 직위나 계급처럼 여기고, 특정 직분을 받지 못하면 낙심하거나 교회를 떠나기도 합니다. 이는 직분을 자기 영광을 위한 수단으로 생각하기 때문입니다. 이러한 태도는 교회를 세속 조직처럼 바라보는 왜곡된 신앙관에서 비롯된 것입니다. 바리새인들과 다를 바 없는 이런 모습은 좁은 길과는 거리가 멉니다.

사실 우리 안에는 두 자아가 공존합니다. 여전히 죄의 흔적을 가진 옛 자아와 중생으로 태어난 새 자아입니다. 그런데 좁은 길은 협착하여 두 자아가 함께 걸어갈 수 없습니다. 반드시 옛 자아를 버려야 합니다. 심지어 이 길은 사랑하는 가족이나 친지를 남겨두고 가야 하는 경우도 있습니다. 예수님께서는 하나님보다 부모나 형제를 더 사랑하면 하나님 나라에 합당치 않다고 말씀하셨습니다(마 10:34-37). 좁은 문은 너무 좁아 오직 개인으로서만 통과할 수 있기 때문입니다.

무엇보다 좁은 문으로 들어가려면 반드시 하나님과의 인격적 만남이 필요합니다. 이 문은 대리 통과가 불가능하며, 오직 개인의 믿음으로만 지나갈 수 있습니다. 그래서 때로는 외롭고 고독할 수 있습니다. 그러나 이 고독은 반드시 싸워 극복해야 할 대상이 아니라, 오히려 함께 걸어가야 할 동반자요 친구입니다. 이 고독을 즐길 수 있어야 좁은 길을 더 지혜롭게 걸을 수 있습니다. 그러나 사실 좁은 길에서 우리는 결코 혼자가 아닙니다. 우리의 왕이요 주인이신 예수 그리스도께서는 함께하십니다. 좁은 길은 고독하지만 동시에 은혜로운 길입니다.

또 좁은 문과 좁은 길은 탐심과 탐욕을 지닌 채로는 들어가거나 걸을 수 없습니다. 예수님께서는 분명히 이를 경고하셨습니다. "한 사람이 두 주인을 섬기지 못할 것이니…너희가 하나님과 재물을 겸하여 섬기지 못하느니라"(마 6:24). 왜 그렇습니까? 그 이유를 바울은 이렇게 설명합니다. "그러므로 땅에 있는 지체를 죽이라 곧 음란과 부정과 사욕과 악한 정욕과 탐심이니 탐심은 우상 숭배니라"(골 3:5). 성경은 탐심을 단순히 잘못된 마음가짐이 아니라, 하나님을 대적하는 우상 숭배로 규정합니다. 그리고 재물을 단순한 사물이 아니라 인간의 마음을 지배할 수 있는 '맘몬'으로 제시합니다.

그러나 조국 교회의 현실을 돌아보면, '예수님을 믿으면 복 받는다'라는 표현이 아무런 신학적 분별 없이 공공연히 사용되는 경우가 많습니다. 물론 백번 양보하여, 여기서 말하는 복을 영적인 복으로 한정한다면, 이 말은 성경적으로 옳은 표현입니다. 실제로 성경이 강조하는 복은 팔복처럼 주로 하나님 나라에 속한 영적인 복이기 때문입니다. 그러나 문제는 대부분의 사람이 이 표현을 세상적 의미의 복, 곧 물질적 번영이나 건강, 성공과 연결 지어 이해한다는 점입니다. 그렇게 되면 '복 받는다'라는 표현은 은연중에 탐심을 조장하는 결과를 낳게 됩니다.

물론 그렇게 말하는 사람들의 심정을 일정 부분은 이해할 수 있습니다. 그들은 '예수님을 믿어 구원도 받고, 이 땅에서도 복을 누리면 더 좋은 것 아니냐'라는 논리를 펴기 때문입니다. 하지만 성경이 말하는 기독교 신앙의 본질은 결코 세상적 성공과 번영이 아닙니다. 가령 어떤 사람이 하나님의 특별한 섭리와 은혜로 이 땅에서 큰 부귀영화를 누린다고 하더라도, 그것이 기독교 신앙의 본질을 정의할 수는 없습니다.

사실 재물과 세상에 대한 탐심을 품은 채 좁은 길을 간다는 것은 하나님의 이름을 헛되이 부르는 행위와 다르지 않습니다. 탐심은 끝이 없고 멈출 줄 모르는 욕망이며, 그런 마음으로 좁은 길을 걸어간다는 것은 결국 자신의 힘과 기력만 소진하는 일입니다. 결국 머지않아 그러한 탐욕이 협착한 길에서는 아무 쓸모가 없음을 깨닫게 될 것입니다. 진정 지혜로운 자는 바로 그 사실을 아는 사람입니다. 하나님의 백성들은 반드시 이 진리를 배워가게 됩니다.

예수 그리스도를 믿기 전 우리의 삶은 사탄과 마귀의 영 그리고 육체의 소욕을 따라 더러운 행위와 탐욕 가운데 있었습니다. 그러나 하나님의 은혜로 거듭난 성도들은 더 이상 죄와 허물로 죽었던 과거의 부패한 습관을 따르지 않습니다. 새 마음과 새 영을 부여받은 성도는 세상적 복을 갈망하는 것이 아니라, 하나님께서 주시는 영적인 복을 사모하며 몸부림칩니다. 그래서 참으로 중생한 자는 이 세상에서 어떻게 되든 상관없이 오직 하나님과 동행하는 그 자체를 기뻐합니다.

그리고 그분만을 소망하고 갈망합니다. 그러므로 성도의 삶은 세상 사람들과 단순히 조금 다른 정도가 아니라, 전혀 다른 방향을 향합니다. 히브리서 기자도 이 사실을 이렇게 증언합니다. "그들이 이제는 더 나은 본향을 사모하니 곧 하늘에 있는 것이라"(11:16).

이처럼 성도의 삶과 자연인의 삶이 근본적으로 다르듯이, 좁은 길과 넓은 길도 경계가 명확합니다. 그 경계는 결코 함부로 넘나들 수 없으며, 양다리를 걸친 채 동시에 걸어갈 수도 없습니다. 좁은 길에는 분명한 결단과 생각, 행동과 판단의 경계가 존재합니다. 그 길을 걷는 동안 합당치 않은 것을 추구하거나 탐심을 품는다면 반드시 그에 따른 대가와 희생을 치러야 합니다. 하나님께서 우리를 택하신 목적은 분명히 성화의 삶에 있기 때문입니다. 이 성화는 성도에게 주어진 선택 과제가 아니라, 중생한 자에게 필연적으로 요구되는 절대적 삶의 방식입니다. 그러므로 육체의 욕망과 탐욕을 끊지 않고는 좁은 길을 온전히 걸어갈 수 없습니다.

예수님께서도 씨 뿌리는 비유에서 이 사실을 단호히 말씀하셨습니다. "가시떨기에 뿌려졌다는 것은 말씀을 들으나 세상의 염려와 재물의 유혹에 말씀이 막혀 결실하지 못하는 자요"(마 13:22). 즉 세상 염려와 재물의 유혹, 각종 욕심은 말씀의 결실을 가로막습니다. 그래서 좁은 길을 걷는 성도에게 예수님은 탐심과 탐욕을 극도로 경계하라고 말씀하십니다. 탐심이 결국 하나님의 말씀을 무시하고 하나님을 배반하게 만들기 때문입니다. 그러므로 좁은 길을 걷는 성도의 소망은 오직 하나님의 나라와 그 의가 충만히 임하는 것뿐입니다. 성도는 그 소망을 위해 자신의 삶 전체를 하나님 나라의 확장과 의의 실현에 헌신하며, 성령의 인도하심을 간구합니다. 바로 팔복에서 말하는 것처럼 의에 주리고 목마른 자로 사는 것입니다.

또 좁은 문과 좁은 길은 죄를 품은 채로는 들어가거나 걸을 수 없습니다. 그러나 하나님의 은혜로 거듭난 성도는 예수 그리스도의 대속적 은혜로 죄 사함을 받았고, 이미 좁은 문으로 들어간 사람입니다. 그럼에도 성도는 좁은 길을 걸어가는 동안 내면에서 일어나는 성령과 육체의 치열한 갈등을 계속 경험합니다. "육체의 소욕은 성령을 거스르고 성령은 육체를 거스르나니 이 둘이 서로 대적함으로 너희가 원하는 것을 하지 못하게 하려 함이니라"(갈 5:17). 그럼에도 거듭난 성도는 죄에 대해 분명한 태도를 보입니다. 죄를 더는 용납하지 않고 미워하며, 반복적으로 죄짓는 삶을 지속하지 않습니다(요일 3:9). 이는 성도 안에 하나님의 씨, 곧 말씀과 성령께서 거하시기 때문입니다.

물론 성도도 때로 넘어지고 죄를 짓습니다. 그러나 성령께서 내주하시기에 죄를 분별하고 깨닫게 하시며, 회개로 이끄십니다. 만약 성도가 죄를 습관적으로 반복하며 합리화한다면 그는 스스로 넓은 길을 걷고 있음을 드러내는 것입니다. 진정 좁은 길을 걷는 성도는 성령의 내적 조명을 통해 죄가 얼마나 추악하고 파괴적인지를 깨닫고, 청결과 순결, 거룩을 향해 나아갑니다.

더 나아가 좁은 길은 세상 정신으로는 걸어갈 수 없습니다. 여기서 세상 정신이란 시대를 지배하는 지적·정치적·사회적·문화적 경향성을 뜻합니다. 성경은 이를 철저히 경계합니다. "너희는 이 세대를 본받지 말고 오직 마음을 새롭게 함으로 변화를 받아 하나님의 선하시고 기뻐하시고 온전하신 뜻이 무엇인지 분별하도록 하라"(롬 12:2). 세상 정신은 대중심리와 여론을 장악하여 합리성과 편리성, 대중성을 절대가치로 만들며, 성도를 점점 복음에서 멀어지게 합니다. 성경은 분명히 말합니다. 우리의 싸움은 단순히 혈과 육이 아니라 "통치자들과 권세들과 이 어둠의 세상 주관자들과 하늘에 있는 악의 영들"(엡 6:12)에 대한 것이라고 말입니다.

그러나 안타깝게도 오늘날 이러한 세상 정신이 교회에 깊숙이 스며들어 있습니다. 번영신학, 성공신학, 고지론 등은 그 대표적 사례입니다. 오늘날 많은 설교와 사역이 성경적 복음이 아니라, 대중이 선호하는 심리학, 정신분석학 등의 인본주의적 담론으로 채워지고 있습니다. 심지어 교회가 '심리치유센터'를 세워 주요 사역인 것처럼 자랑하기도 합니다. 물론 심리학적 도움 자체를 무가치하게 보는 것은 아닙니다. 그러나 이런 접근이 복음의 본질을 대체한다면 이는 심각한 문제입니다. 설교가 삼위 하나님과 그분의 본질, 속성, 사역을 드러내는 대신 세속적 담론에 치중한다면, 이는 이미 넓은 길로 기운 것입니다.

넓은 길은 사람들의 욕망과 기호를 따라 경계를 허물며, 다수가 동의하면 그것을 진리처럼 여깁니다. 그러나 좁은 길은 그와 정반대로 분명한 경계와 절제가 있습니다. 그래서 좁은 길은 누구나 쉽게 갈 수 있는 길이 아닙니다. 좁은 문을 통과했다고 해서 그 이후의 길이 자동으로 쉬워지지 않습니다. 반면 넓은 문과 넓은 길은 고민과 충돌이 필요 없는 길이기에 많은 사람이 몰려듭니다. 그럼에도 성도는 생명의 길을 택한 자로서 두려움과 떨림으로 그 길을 걸어갑니다.

오늘날 포스트모더니즘은 인간의 다양한 삶을 조명한다는 점에서 긍정적으로 이바지했지만, 동시에 절대적 진리를 해체하며 교회의 전통적 진리 교육을 약화하는 부정적 결과를 낳았습니다. 그 결과, 진리와 교리를 조금이라도 어렵게 제시하면 사람들이 등을 돌리는 시대가 되었습니다. 이는 결국 자기중심적 신앙의 길, 곧 넓은 길을 따르는 태도입니다. 그러므로 성도는 오병이어 사건 이후 예수님의 질문에 베드로가 했던 고백을 삶으로 재현해야 합니다. 예수님께서 "너희도 가려느냐?"라고 물으셨을 때, 베드로는 "주여 영생의 말씀이 주께 있사오니 우리가 누구에게로 가오리이까"(요 6:68)라고 대답했습니다. 오늘날의 현실이 쉽지는 않지만 좁은 길을 걷는 성도는 결코 영생의 말씀을 떠날 수 없습니다.

그러므로 순전한 복음을 붙들고 세상의 흐름을 거슬러 사는 것이 곧 좁은 길을 가는 자의 모습입니다. 현실의 어려움에도 성도는 결코 생명의 말씀을 포기하거나 실망하지 않습니다. 비록 오늘날 교회에 세상 정신이 강력히 작용하고 있다고 하더라도, 예수님은 지금도 우리를 자비로 부르시며 좁은 문을 택해 들어가라고 촉구하십니다. 이 선택은 단순히 '조금 더 나은 길'을 고르는 것이 아니라, 영원한 생명과 멸망을 가르는 선택입니다. 그러므로 우리의 선택은 반드시 확고해야 합니다.

이 길은 쉽지 않으며 숭고한 결단과 불굴의 의지가 필요합니다. 그러나 기억하십시오. 좁은 길 끝에는 주님의 따뜻한 품이 우리를 기다리고 있습니다. 우리는 그분을 구세주와 왕 그리고 주인으로 끝까지 신뢰하며 생명의 길을 완주해야 합니다.

47장

열매로 알리라

"거짓 선지자들을 삼가라 양의 옷을 입고 너희에게 나아오나 속에는 노략질하는 이리라 그들의 열매로 그들을 알지니 가시나무에서 포도를, 또는 엉겅퀴에서 무화과를 따겠느냐 이와 같이 좋은 나무마다 아름다운 열매를 맺고 못된 나무가 나쁜 열매를 맺나니 좋은 나무가 나쁜 열매를 맺을 수 없고 못된 나무가 아름다운 열매를 맺을 수 없느니라 아름다운 열매를 맺지 아니하는 나무마다 찍혀 불에 던져지느니라 이러므로 그들의 열매로 그들을 알리라"(마 7:15-20).

예수님께서는 앞선 말씀을 통해 왜 성도들이 좁은 문을 선택하고 좁은 길을 걸어야 하는지를 교훈하셨습니다. 그것은 비록 그 문이 좁고 그 길이 협착할지라도, 그 길만이 생명의 길이기 때문입니다. 이 사실을 통해 우리가 절대 놓치지 말아야 할 중요한 것이 있습니다. 그것은 지금까지 살펴본 산상수훈의 가르침이 단순한 도덕적 권면이나 종교적 격려가 아니라, 좁은 길을 걸어가는 성도들이 반드시 삶에서 적용하고 실천해야 하는 신앙과 삶의 본질이라는 사실입니다. 그런데 예수님께서는 여기서 멈추지 않으시고 그 외연을 더 확장하십니다. 좁은 길을 가는 과정에서 성도들이 반드시 경계해야 할 대상, 즉 교회 안에서 발생할 수 있는 위험 요소에 대해 말씀하신 것입니다. 이러한 예수님의 가르침에서 우리는 목자 되신 주님의 따뜻한 사랑과 목회적 배려를 깊이 느낄 수 있습니다.

그러므로 본문에서 우리가 반드시 기억해야 할 핵심은 이것입니다. 성도의 길을 방해하고 위협하는 존재는 단지 교회 밖에만 있는 것이 아니라는 사실입니다. 본문이 증언하듯이 거짓 선지자는 교회 안에 존재하는 심각한 위험 요소이며, 반드시 경계해야 할 대상입니다.

이 사실은 요한계시록의 말씀에서도 잘 드러납니다. "내가 보매 또 다른 짐승이 땅에서 올라오니 어린 양 같이 두 뿔이 있고 용처럼 말을 하더라…심지어 사람들 앞에서 불이 하늘로부터 땅에 내려오게 하고 짐승 앞에서 받은바 이적을 행함으로 땅에 거하는 자들을 미혹하며"(13:11-14). 이 구절은 바다에서 올라온 첫째 짐승(적그리스도)과 달리 땅에서 올라온 둘째 짐승에 관한 예언입니다. 성경은 이 둘째 짐승을 거짓 선지자라 부릅니다. 그는 첫째 짐승을 위해 표적을 행하며 사람들을 미혹하여 결국 그를 경배하게 만드는 존재입니다. 주목할 점은 그의 외양이 어린 양 같다는 것입니다. 어린 양은 성경에서 예수 그리스도를 상징합니다. 그러나 그의 말은 양이 아니라 용처럼 사납습니다. 겉모습은 온유한 그리스도를 닮은 듯하지만, 실제로는 사탄의 도구가 되어 미혹과 거짓을 퍼뜨리는 자입니다.

그러므로 둘째 짐승은 마태복음에서 예수님이 경고하신 거짓 선지자와 다르지 않습니다. 그들은 양의 옷을 입고 나타나지만, 속은 노략질하는 이리입니다. 그들의 열매는 결코 예수 그리스도의 성품이나 복음의 능력과 연결되지 않으며, 오히려 기적과 이적으로 사람들을 하나님께로 인도하는 듯 보이지만, 실제로는 적그리스도를 숭배하게 만듭니다. 예수님께서 요한계시록 후반부(12장 이후)에서 이 두 짐승을 언급하신 것은 우연이 아닙니다. 이는 주님의 재림이 가까워질수록 거짓 선지자의 활동이 더욱 빈번하고 집요해진다는 경고입니다. 따라서 성도는 이들의 교묘하고도 치밀한 미혹 앞에서도 흔들리지 않고 끝까지 그리스도께 붙들려 신실하게 신앙생활을 이어가야 합니다.

그런데 여기서 우리가 한 가지 주목해야 할 사실이 있습니다. 그것은 사탄의 속임은 없는 것을 사실로 둔갑시켜 속이는 것이고(뱀으로 둔갑한 사탄이 하와를 속인 방식), 거짓 선지자의 속임이 뻔히 보임에도 어리석게도 사람들이 그것을 덥석 받아먹는다는 것입니다. 그러므로 전자의 속임에 대처하는 현명한 방식은 그것이 진리인지 아닌지를 잘 분별하는 것입니다. 그리고 후자의 속임에 대처하는 지혜로운 방식은 하나님의 말씀을 대충이 아니라 명확히 아는 것입니다.

좁은 길에는 언제나 안팎의 수많은 장애물이 도사리고 있습니다. 구약성경의 이스라엘 역사에서도 우리는 이 사실을 확인할 수 있습니다. 출애굽 사건 이후 이스라엘의 광야 40년은 약속의 땅 가나안에 들어가기 위한 '좁은 문'에 해당하며, 가나안에서의 삶은 '좁은 길'에 비유할 수 있습니다. 그러나 그 과정은 순탄하지 않았습니다. 광야는 끊임없는 시험과 유혹의 자리였고, 가나안에서도 내적으로는 열두 지파 간의 갈등이, 외적으로는 가나안 족속과의 전쟁이 끊이지 않았습니다. 더 나아가 이스라엘은 가나안의 문화와 종교적 풍습에 동화되지 않고 오직 하나님만 섬기며 거룩함을 지켜야 했습니다. 이처럼 구약성경의 이스라엘 역사에서도 하나님의 백성은 늘 안팎의 도전에 직면했습니다.

오늘날 우리 성도들도 마찬가지입니다. 좁은 길을 걸어가는 우리의 삶에도 안팎으로 수많은 위협이 도사리고 있습니다. 특히 예수님께서는 산상수훈의 후반부로 갈수록 교회 안에서 성도가 경계해야 할 문제들을 더욱 강조하십니다. 이는 예수님의 재림이 가까워질수록 교회에서조차 성도의 구원을 방해하고 넘어뜨리는 다양한 일이 빈번히 발생할 것임을 보여줍니다. 사람들은 흔히 교회는 안전지대라고 생각합니다. 교회 안에 갈등이나 다툼이 있더라도 궁극적으로는 크게 위험하지 않다고 여기는 경우가 많습니다. 그러나 실상은 그 반대입니다. 우리의 구원을 위협하는 더 큰 위험 요소는 교회 밖이 아니라 안에 있습니다. 교회 밖의 위협은 오히려 분명하기에 조금만 경각심을 가지면 분별하기 쉽습니다. 그러나 교회 안의 위험은 너무도 은밀하고 교묘하여 분별하기가 쉽지 않습니다. 여러 서신서가 이 문제를 집중적으로 다루는 이유가 바로 여기에 있습니다. 따라서 성도는 교회 안의 위험이 더 파괴적이라는 사실을 잊지 말고 경청하는 태도로 본문에 귀를 기울여야 합니다.

그렇다면 예수님께서 좁은 길을 걷는 성도들이 경계해야 할 가장 큰 위험 요소로 지적하신 것은 무엇입니까? "거짓 선지자들을 삼가라 양의 옷을 입고 너희에게 나아오나 속에는 노략질하는 이리라"(마 7:15). 이 말씀에서 언급된 거짓 선지자를 단순히 이단이나 사이비 집단 정도로 한정해서는 안 됩니다. 그렇게 단편적으로 해석하는 것은 지나치게 순진한 태도입니다. 실제로 많은 성도가 '우리 교회는 정통 교회이니 이단이나 사이비와 무관하다'라고 생각하면서 경계심을 늦추곤 합니다. 그러나 오늘날 한국 교회의 현실을 보면, 이단과 사이비뿐 아니라 정통 교회와 복음주의 진영에서도 거짓 선지자의 영향력이 충분히 발휘될 수 있다는 사실을 부정할 수 없습니다. 그러므로 이 거짓 선지자를 협의적으로만 이해하는 것은 위험합니다.

거짓 선지자는 밖에 있는 적이 아니라, 안에서 양의 옷을 입고 접근하는 자들입니다. "열 길 물속은 알아도 한 길 사람 속은 모른다"라는 속담처럼, 겉으로는 양처럼 보이지만 속은 탐욕과 파괴로 가득한 이들을 분별하는 것은 쉽지 않습니다. 더구나 그들은 가만히 있지 않고 적극적으로 우리에게 다가와 유혹합니다. 마치 이리가 양 떼에 다가와 약한 양을 노리듯, 거짓 선지자도 우리의 신앙을 교묘히 파괴하려 합니다.

그렇다면 우리는 어떻게 거짓 선지자를 분별할 수 있습니까? 예수님께서 그 중요한 해답을 주십니다. "그들의 열매로 그들을 알지니 가시나무에서 포도를, 또는 엉겅퀴에서 무화과를 따겠느냐 이와 같이 좋은 나무마다 아름다운 열매를 맺고 못된 나무가 나쁜 열매를 맺나니"(마 7:16-17). 예수님은 거짓 선지자를 그들이 맺는 '열매'로 분별하라고 말씀하십니다. 사람은 누구나 나이가 들고 경험이 쌓이면 자신만의 열매를 맺습니다. 하물며 칭의로 구원받은 성도라면 반드시 성화의 열매가 나타납니다. 그 양과 질은 다를지라도, 참된 신자는 반드시 믿음과 삶의 열매를 맺습니다. 그래서 예수님께서는 성도의 삶을 반복해서 열매에 비유하십니다. "더러는 좋은 땅에 떨어지매 어떤 것은 백 배, 어떤 것은 육십 배, 어떤 것은 삼십 배의 결실을 하였느니라"(마 13:8). "한 알의 밀이 땅에 떨어져 죽지 아니하면 한 알 그대로 있고 죽으면 많은 열매를 맺느니라"(요 12:24).

결국 성도의 진정한 신앙은 겉모습이나 능력이 아니라, 삶에서 드러나는 열매로 판가름 됩니다. 거짓 선지자가 양의 옷을 입을 수는 있지만, 그 열매는 결코 그리스도의 생명과 성품을 반영하지 못합니다. 그러므로 우리는 예수님의 말씀에 따라, 그들의 '열매'를 통해 그들을 분별해야 합니다.

그런데 우리는 예수님의 이 비유에서 두 가지 중요한 사실을 발견할 수 있습니다.

첫째, 예수님께서 거짓 선지자를 가시나무나 엉겅퀴에 비유하신 것은 그들이 처음부터 중생한 자가 아님을 의미한다는 것입니다. 예수님께서는 니고데모와의 대화에서 "육으로 난 것은 육이요 영으로 난 것은 영이니 내가 네게 거듭나야 하겠다 하는 말을 놀랍게 여기지 말라"(요 3:6-7)라고 말씀하셨습니다. 이를 마태복음 7장과 연결해 보면, 예수님께서 "나더러 주여 주여 하는 자마다 다 천국에 들어갈 것이 아니요"(7:21)라고 경고하신 후 이어서 "내가 너희를 도무지 알지 못하니"(7:23)라고 말씀하신 대상을 이해할 수 있습니다. 주님께서 '도무지 알지 못한다'라고 하신 자들은 처음부터 거듭난 적이 없는 자들입니다. 그들은 교회 안에서 예수님을 믿는 사람처럼 보였고, 때로는 경건한 행위를 보이기도 했지만, 실제로는 참된 회심과 내적 변화를 경험하지 못한 자들이었습니다. 또 그들은 예수님을 인격적으로 만나지 않았으며, 하나님을 진실되게 아는 자들이 아니었습니다. 그러므로 그들의 열매는 결국 무익하고 쓸모없는 것, 곧 육적인 것에 불과합니다. 가시나무와 엉겅퀴가 결코 유익한 열매를 맺을 수 없듯이 말입니다. 반면 예수님께서 좋은 나무로 비유하신 포도나무와 무화과나무는 반드시 그에 합당한 유익한 열매를 맺습니다. 이처럼 중생한 자는 그 본질상 반드시 그에 걸맞은 성령의 열매를 맺는 것입니다.

둘째, "그들의 열매로 알리라"라고 하신 말씀은, 처음에는 거짓 선지자의 정체를 분별하기가 쉽지 않음을 뜻한다는 것입니다. 싹이 나고, 잎이 돋아나며, 꽃이 핀다고 해서 곧바로 그 나무의 열매를 확정할 수는 없습니다. 사람들은 대체로 잎이 무성하고 꽃이 화려하면 좋은 열매를 맺을 것이라 기대합니다. 그러나 예수님의 말씀에 따르면 그들의 실체는 오직 열매가 맺히고 난 후에야 드러납니다. 즉, 시간이 지나 열매가 분명히 드러나기 전까지는 그 정체를 쉽게 알 수 없다는 것입니다. 따라서 우리는 사람을 평가하거나 분별할 때, 성급하게 외모나 겉으로 드러나는 활동만 보고 판단해서는 안 됩니다.

더 나아가 우리가 한층 더 경계해야 할 사실은 열매를 맺었다고 해서 모두가 참된 열매는 아니라는 점입니다. 어떤 열매는 불량품이어서 전혀 먹을 수 없는 경우도 있고, 겉모양은 멀쩡하더라도 속이 텅 빈 열매일 수도 있습니다. 예수님께서 말씀하신 '못된 열매'는 바로 이렇게 썩거나 속이 비어 전혀 가치 없는 열매를 가리킵니다. 그러므로 우리는 겉모습과 외적인 성취만으로 사람을 쉽게 판단해서는 안 되며, 반드시 그 열매를 성경적 기준으로 검증해야 합니다.

그렇다면 거짓 선지자를 분별할 수 있는 열매란 무엇입니까? 이는 크게 세 부류 사람들의 신앙과 삶을 통해 추적할 수 있습니다. 첫째, 당시 종교 지도자들이자 율법 교사였던 바리새인과 서기관들의 모습입니다. 예수님께서는 산상수훈 초반부에서부터 그들의 잘못된 신앙과 행태를 반복해서 지적하셨습니다. 둘째, 마태복음 7장 후반부에서 예수님께서 '내가 너를 도무지 알지 못한다'라고 선언하신 자들의 모습입니다. 그들의 신앙적 행태 역시 거짓 선지자의 특징을 보여줍니다. 셋째, 구약성경에 나타난 거짓 선지자들과 신약의 서신들에서 경고하고 있는 거짓 교사들의 모습입니다.

이 세 부류를 면밀히 살펴보면, 본문에서 말하는 거짓 선지자의 열매가 구체적으로 무엇인지를 분별할 수 있습니다.

먼저 예수님께서는 당시 서기관과 바리새인들의 무엇을 그토록 질책하셨습니까? 바로 그들의 교훈과 가르침 그리고 신앙과 삶이었습니다. 이 사실을 고려할 때, 예수님께서 말씀하신 열매는 단순히 외적 결과물이 아니라, 그들의 교훈과 삶의 태도에서 드러난다는 것을 알 수 있습니다. 그러므로 우리는 바리새인과 서기관들 그리고 성경에 등장하는 수많은 거짓 교사의 교훈을 면밀히 검토함으로써 거짓 선지자들의 특징을 파악할 수 있습니다.

거짓 선지자들의 교훈에는 몇 가지 공통적인 특징이 있습니다. 무엇보다 그들은 좁은 문으로 들어가고 좁은 길을 걷는 데 꼭 필요한 성경의 교훈을 가르치지 않습니다. 오히려 그러한 가르침을 경시하거나 방해합니다. 좁은 길을 걸어가는 성도들을 은근히 어리석은 사람으로 취급하거나, 때로는 노골적으로 조롱하기도 합니다. 분명 그 길이 생명의 길임에도, 거짓 선지자들은 그것을 회피하고 방해하는 것입니다.

반면 그들의 교훈은 대체로 자연인, 곧 거듭나지 않은 사람들도 반길 만한 내용입니다. 즉 그들의 가르침은 세상 사람들의 가치관이나 철학, 세속적 정신과 크게 충돌하지 않습니다. 오히려 인간의 본성과 욕망을 자극하고, 그것에 부합하는 메시지를 선호합니다. 그러므로 그들의 교훈을 따르는 자들은 세상으로부터 별다른 저항이나 박해를 받지 않습니다. 그러나 예수님은 팔복에서 "의를 위하여 박해를 받은 자는 복이 있나니"(마 5:10)라고 말씀하셨습니다. 거짓 선지자의 가르침을 따르는 자들에게는 이 말씀이 적용되지 않습니다. 오히려 그들은 사람들에게 칭찬과 칭송을 받으며, 대중적 인기를 얻습니다. 결국 그들의 교훈은 좁은 문 및 좁은 길과 전혀 관련이 없는 것입니다.

그렇다면 구체적으로 그들의 교훈은 어떤 특징이 있습니까?

첫째, 거짓 선지자들은 복음의 양면성을 균형 있게 선포하지 않습니다. 복음은 하나님의 사랑과 공의가 십자가에서 동시에 드러난 사건입니다. 그러나 거짓 선지자들은 십자가에서 나타난 하나님의 사랑만을 강조하고, 하나님의 공의와 심판은 소홀히 합니다. 그 결과, 복음을 편향되고 불균형하게 전합니다.

둘째, 거짓 선지자들은 율법에 대한 이해와 순종에서도 성경적 균형을 잃습니다. 예수님께서는 율법의 본질이 단순히 외적인 행위가 아니라 마음의 내적 변화와 순수한 동기에서 비롯된 순종임을 강조하셨습니다. 그러나 바리새인과 서기관들은 율법을 외적인 행위로만 축소했고, 자신들이 모든 율법을 지켰다고 자랑했습니다. 이처럼 거짓 선지자들은 율법의 본질을 왜곡하여, 율법 준수를 하나님과의 관계에서 기쁨과 감사로 감당하는 것으로서가 아니라 형식적이고 외적인 차원에서만 강조합니다.

셋째, 많은 거짓 선지자가 율법을 율법주의적이거나 기복적인 관점으로 가르칩니다. 그들은 하나님의 계명과 명령을 엄격히 적용하며, 그것을 지키지 않으면 구원에서 탈락하는 것처럼 위협합니다. 또 교회 지도자에게 헌신하거나 교회에 충성하면 이 땅에서도 큰 복을 받을 것이라고 약속합니다. 그래서 결국 하나님보다 사람을 의식하게 만들고, 인간 지도자나 교회 조직에 더 충성하도록 유도합니다. 심지어 교회가 성장하거나 사람이 많이 모이면, 그것을 하나님의 은혜보다는 자신의 능력이나 카리스마 덕분이라고 생각합니다. 겉으로는 하나님의 은혜를 말하지만 실제로는 자신을 드러내고 자랑하는 데 초점을 둡니다. 결국 그들의 교훈은 하나님 중심이 아니라 인간 중심, 하나님 영광이 아니라 자기 과시로 귀결됩니다.

또 거짓 선지자들의 가르침은 대체로 성도들을 위로하고 격려하는 내용이 중심이 됩니다. 반면 하나님 앞에서 자신의 내면을 성찰하게 하고 회개로 이끄는 교훈은 상대적으로 부족합니다. 이는 복음의 양면성(은혜와 동시에 요구되는 거룩함)을 무시하고, 한쪽 면만 강조하는 것과 같습니다. 그래서 그들의 메시지에서는 성도의 양심을 찌르고 불편하게 하는 내용, 갈등과 결단을 촉구하는 가르침을 거의 찾기 어렵습니다. 오히려 그들의 설교를 듣다 보면, 마치 콘서트장에 온 것처럼 마음이 편안하고 즐거워질 뿐입니다. 실제로 거짓 선지자들은 성도의 마음을 무겁게 하거나 부담을 주는 메시지를 회피합니다. 성도들이 그런 내용을 싫어하기 때문입니다. 특히 하나님의 거룩하심과 공의에서 비롯되는 심판과 형벌, 저주와 같은 주제는 거의 다루지 않습니다.

그 결과 성도들은 죄를 심각하게 여기지 않고, 참된 회개의 필요성조차 자각하지 못한 채 방치됩니다. 그리스도인조차 여전히 죄의 영향력 아래 살아간다는 사실이 무뎌지고, 교회의 권징은 무력화됩니다.

더 나아가 거짓 선지자들은 천국과 지옥, 최후의 심판, 예수 그리스도의 재림 같은 주제도 거의 언급하지 않습니다. 현실적인 삶과 직접적인 관련이 없고, 성도의 마음을 무겁게 하기 때문입니다. 그들은 오히려 현대인이 필요로 하는 것은 위로와 격려라고 주장합니다. 교회를 어렵게 찾아온 이들에게 굳이 부담을 줄 필요가 있겠느냐는 논리입니다. 물론 오늘날의 각박한 현실에서 위로의 메시지가 일정 부분 필요함을 부정할 수는 없습니다. 그러나 기독교는 단순히 심리적인 안정과 평안을 주는 종교가 아닙니다. 그런 차원의 위로라면 심리학이나 다른 종교에서도 충분히 얻을 수 있습니다. 교회에서 선포되는 말씀은 하나님을 더 깊이 알게 하고, 그분과 더 가까워지게 하며, 복음의 부요함을 통해 성도를 거룩하게 세워가는 것이어야 합니다.

오늘날 이러한 거짓 선지자들의 가르침은 구약 예레미야 시대의 거짓 선지자들의 메시지와 유사합니다. 당시 유다 민족이 하나님의 심판을 앞둔 위기의 상황에 놓여 있었음에도 거짓 선지자들은 "평강하다, 평강하다"라고 외치며 백성을 안심시켰습니다. 그들은 백성들이 듣기에 좋은 말만 선포했습니다. 반면 예레미야는 핍박과 조롱을 무릅쓰고 하나님의 진실한 말씀을 대언했습니다. 그러나 백성들은 오히려 거짓 선지자의 말을 더 기쁘게 받아들이고 안심하다가, 결국 나라를 잃고 바벨론에 포로로 끌려갔습니다(렘 5:31). 오늘 우리의 영적 현실 역시 당시 유다 백성과 크게 다르지 않습니다. 그렇기에 지금 이 시대에 교회가 외쳐야 할 메시지는 임박한 하나님의 심판과 진노에 대한 경고와 거룩한 삶의 회복에 대한 촉구입니다.

특히 오늘날 조국 교회는 세속화의 물결 속에서 영적 대각성이 절실합니다. 세상 정신이 교회 안으로 깊숙이 침투해 교회를 잠식하고 있기 때문입니다. 이 상황이 지속된다면 분명 대규모의 배교와 영적 혼란을 피할 수 없을 것입니다. 그러므로 지금 우리는 세상과 구별된 교회의 거룩성을 분명히 드러내야 합니다. 하지만 거짓 선지자들의 가르침에서는 성도가 두려움과 떨림으로 구원을 이루어가야 한다는 긴박한 권면을 거의 찾아볼 수 없습니다.

물론 그들도 하나님과 예수님 그리고 복음을 언급합니다. 성경 구절을 인용하고, 익숙한 교회 용어를 자유롭게 사용하기도 합니다. 그러나 그들의 말에는 복음에 대한 확신과 진정성이 없습니다. 성도들에게 복음에 대한 인격적인 결단을 요구하지 않습니다. 그러나 분명 성경의 모든 내용은 직접적이든 간접적이든 예수 그리스도의 십자가 및 부활과 연결되어 있습니다. 참된 선지자는 가능한 한 이 복음을 풍성히 대언하려고 애씁니다. 반면 거짓 선지자들은 특별한 절기나 행사 외에서는 이 핵심을 거의 전하지 않습니다. 그러나 바울이 분명히 선언했듯이 우리의 자랑은 오직 그리스도의 십자가와 부활뿐입니다. 학문적으로 뛰어난 사람, 심지어 유명 신학교에서 박사학위를 받은 사람이라고 해서 반드시 더 진실하게 복음을 아는 것은 아닙니다. 하나님을 학문적 지식으로 아는 것과 인격적으로 아는 것은 차원이 다릅니다. 영생의 메시지를 선포하면서도 생명력이 전혀 느껴지지 않고 마치 사막을 걷는 것 같은 메마름만 있다면, 그는 영적으로 심각한 병에 걸려 있거나 하나님을 참으로 인격적으로 만나지 못한 사람일 수 있습니다. 십자가와 부활의 역사성과 진리를 믿지 않는 자일 가능성도 있습니다. 이런 모습이 바로 거짓 선지자들의 특징입니다.

바리새인과 서기관들은 당시 최고의 학문을 자랑하던 종교 지도자들이었습니다. 그러나 예수님은 니고데모에게조차 "너는 이스라엘의 선생으로서 이러한 것들을 알지 못하느냐"(요 3:10)라고 말씀하셨습니다. 성경 지식과 도덕성을 갖춘 자라도 십자가와 부활의 진리를 깨닫지 못하고, 하나님을 인격적으로 만나지 못할 수 있습니다. 참된 선지자는 십자가와 부활을 전할 때 신중하고도 진지하며, 확신에 찬 열정으로 선포합니다. 그 속에는 복음의 능력과 부요함이 살아 있기 때문입니다. 그러나 거짓 선지자들은 이 핵심을 가볍게 다루고, 심지어 농담거리로 삼기까지 합니다. 혹 우리는 지금 이런 설교자의 메시지를 듣고 있지 않습니까?

특히 거짓 선지자들은 교리를 무시하거나 경시하는 경향이 있습니다. 교리의 중요성을 잘 알지 못하기에 가르치기를 게을리합니다. 물론 모두가 그렇다고 단정할 수는 없지만, 이런 경향은 분명 존재합니다. 그 결과, 정통 교회에 속해 있던 성도들조차 교리의 토대가 부실해 이단에 쉽게 미혹되는 사례가 적지 않습니다. 많은 경우 도덕과 윤리, 실천적 삶만 강조하다 보니 그 기초가 되는 교리 교육이 부족해졌기 때문입니다. 그러나 기독교는 단순히 도덕적인 삶을 실천하는 종교가 아닙니다. 내면이 하나님의 은혜로 변화되지 않는 한, 그 삶의 열매는 진정한 의미에서 성경이 말하는 열매가 될 수 없습니다.

그러므로 거짓 선지자와 참된 선지자를 분별하는 중요한 기준 중 하나는 그들의 열매입니다. 산상수훈의 맥락에서 보면, 팔복의 삶이 참된 열매입니다. 거짓 선지자들은 팔복이 말하는 영적인 복을 추구하기보다 세상의 가치와 권력, 명예, 이성, 물질을 더 사랑합니다. 바울이 갈라디아서에서 말한 성령의 아홉 가지 열매 또한 중요한 분별 기준입니다. 참된 선지자는 성령의 통치 아래 성령의 열매를 맺지만, 거짓 선지자는 그렇지 않습니다. 그들의 내면은 여전히 육체의 일로 가득 차 있기 때문입니다. 또 야고보서에서 말하는 성결의 열매 역시 둘을 구분하는 중요한 잣대입니다(약 3:17).

거짓 선지자들의 또 다른 특징은 언어의 가벼움입니다. 그들은 말을 함부로 하고, 그 말에 대한 책임을 지려 하지 않습니다. 그러나 성도는 예수님을 믿은 이후 언어의 변화가 반드시 뒤따릅니다. 이미 하늘나라의 시민으로서 성도는 복음과 사랑의 말을 사용하는 자들입니다. 하지만 거짓 선지자들은 여전히 세상적인 담론에 익숙하고, 그런 말을 할 때 더 편안함을 느낍니다. 이는 그들이 성령으로 거듭난 자가 아님을 드러냅니다.

마지막으로, 거짓 선지자들의 더욱 심각한 문제 중 하나는 성령 하나님에 대한 왜곡된 가르침입니다. 그들은 성령의 사역을 치유, 권세, 은사와 같은 외적 현상에만 집중시키며, 균형 잡힌 성령론을 상실하게 만듭니다. 이러한 편향은 단순히 성도 개인의 오해가 아니라, 교회 강단에서 선포되는 잘못된 가르침에서 비롯된 경우가 많습니다.

48장

주여 주여 하는 자마다 (1)

"나더러 주여 주여 하는 자마다 다 천국에 들어갈 것이 아니요 다만 하늘에 계신 내 아버지의 뜻대로 행하는 자라야 들어가리라 그날에 많은 사람이 나더러 이르되 주여 주여 우리가 주의 이름으로 선지자 노릇 하며 주의 이름으로 귀신을 쫓아내며 주의 이름으로 많은 권능을 행하지 아니하였나이까 하리니 그때에 내가 그들에게 밝히 말하되 내가 너희를 도무지 알지 못하니 불법을 행하는 자들아 내게서 떠나가라 하리라"(마 7:21-23).

앞서 산상수훈의 결론부를 여는 부분에서, 성도라면 반드시 좁은 문을 선택하여 좁은 길을 걸어가야 한다는 예수님의 명령을 살펴보았습니다. 예수님께서는 성도가 그 길을 끝까지 걷기 위해서는 무엇보다 먼저 거짓 선지자들의 교훈과 삶을 경계해야 한다고 말씀하셨습니다. 거짓 선지자는 성도가 좁은 길을 가는 데 가장 치명적인 걸림돌로 작용하는 교회 내부의 위험 요소이기 때문입니다.

그런데 본문에서 예수님은 그 초점을 우리 내면, 곧 내적인 차원으로 전환하십니다. 예수님께서는 우리가 좁은 길을 끝까지 가지 못하도록 가로막는 심각한 문제가 우리의 내면에도 도사리고 있음을 경고하십니다. 이를 통해 우리는 구원받은 성도라고 하더라도 좁은 길을 걷는 여정은 절대 순탄치 않다는 중요한 사실을 알게 됩니다. 우리의 신앙을 방해하는 위험은 교회 안팎의 외부적 요인뿐 아니라, 우리 자신의 내적 요인에서도 강력하게 작용하기 때문입니다. 특히 본문에서 예수님께서 강조하시는 것은 마지막 심판대 앞에서 드러나게 될 비극적인 현실입니다.

사실 예수님을 믿는 성도가 좁은 길을 끝까지 걸어가는 단 하나의 이유가 무엇입니까? 마지막 날 하나님의 심판대 앞에서 영원한 생명의 부활에 참여하기 위함입니다. 그런데 만약 어떤 사람이 평생토록 예수님을 믿으며 교회 안에서 경건하게 산 것처럼 보였음에도, 마지막 심판대에서 영생이 아니라 영벌에 떨어진다면 그보다 더 처참하고 불행한 결말이 어디 있겠습니까? 더욱이 그 사람의 신앙이 너무도 진실해 보여, 그 누구도 그의 믿음을 의심하지 못했을 정도라면 말입니다.

그렇다면 예수님은 최후 심판대에서 어떤 비극적인 상황이 벌어질 수 있다고 경고하십니까? 주님은 이렇게 말씀하십니다. “나더러 주여 주여 하는 자마다 다 천국에 들어갈 것이 아니요 다만 하늘에 계신 내 아버지의 뜻대로 행하는 자라야 들어가리라”(마 7:21). 예수님께서는 누가 천국에 들어갈 수 있는지를 설명하기에 앞서, 먼저 우리가 결코 외면할 수 없는 두렵고도 무서운 말씀을 하십니다. 이것은 그 누구도 외면하거나 가볍게 여겨서는 안 될 심각한 경고입니다. 그러므로 우리는 이 말씀을 그 어떤 주제보다 더 진지하게 묵상하며 연구해야 합니다.

성경은 분명히 이렇게 말씀합니다. “네가 만일 네 입으로 예수를 주로 시인하며 또 하나님께서 그를 죽은 자 가운데서 살리신 것을 네 마음에 믿으면 구원을 받으리라 사람이 마음으로 믿어 의에 이르고 입으로 시인하여 구원에 이르느니라"(롬 10:9-10). 그러나 예수님께서는 본문에서 '주여, 주여'라고 고백하며 기도한 사람이라 할지라도 천국에 들어가지 못할 수 있다고 경고하십니다. 그렇다면 도대체 예수님께서 말씀하시는 이 부류의 사람들은 누구입니까?

본문을 살펴보면 이 사람들의 존재를 대략 유추할 수 있습니다. 이들은 자기들이 주님의 이름으로 선지자 노릇을 하고, 귀신을 쫓아내며, 많은 권능을 행했다고 주장합니다. 이 정도라면 이들은 당시 교회 안팎에서 상당한 명성과 영향력을 가진 사람들이었을 것입니다. 즉 이들은 탁월한 은사와 큰 능력을 지닌 자들로서 여러 지역을 다니며 안수기도를 하거나, 강단에서 수많은 사람을 감동시키는 설교를 했을 수도 있습니다. 또 교회의 중요한 지도자로서 성경 연구 모임에서 말씀을 가르치며 그 박식함을 드러내며 영향력을 발휘했을 수도 있습니다.

그뿐 아니라 이들은 교회 일에 누구보다 헌신적인 중직자였을 가능성이 큽니다. 그래서 교회의 여러 사역을 도맡아 충성하며, 기도하는 것에서도 누구보다 열정적이었을 것입니다. 또 주님의 십자가를 묵상할 때마다 눈물을 흘리며 감격하고, 아름다운 찬양으로 많은 사람을 은혜 가운데로 이끌었을 수도 있습니다. 다시 말해, 이들의 신앙적 감정과 정서적 표현은 누구보다 풍성하고 탁월했을 것입니다. 그러나 예수님께서는 바로 이런 사람들 가운데도 천국에 들어가지 못하는 자들이 있을 것이라고 말씀하십니다. 우리가 보기에는 누구보다 먼저 천국에 들어갈 것처럼 보이는 이들이 오히려 심판대 앞에서 "내가 너희를 도무지 알지 못하니 불법을 행하는 자들아 내게서 떠나가라"라는 선언을 들을 수도 있다는 것입니다. 그러므로 우리는 은사와 능력 혹은 겉으로 드러나는 열정과 헌신만으로 한 사람의 신앙을 단정해서는 안 됩니다. 구원의 최종적 판단은 오직 하나님께서 하시는 일입니다.

오늘날 교회의 현실을 돌아보면, 많은 사람이 말씀과 교리에 대한 깊은 연구보다 눈에 띄는 은사와 능력에 더 매료되어 있습니다. 말씀 사경회나 성경 묵상 모임에는 관심이 적은 반면, 기적과 능력을 표방하는 집회는 인산인해를 이룹니다. 물론 하나님께서 어떤 이에게 탁월한 은사를 주시고 그를 통해 능력을 나타내시는 것은 분명 귀한 은혜입니다. 그러나 본문이 우리에게 주는 분명한 교훈은 이것입니다. 하나님께서 인정하시는 참된 신앙생활은 단지 능력이나 은사를 행하는 것이 아니라, 오직 하나님의 뜻대로 행하는 삶이라는 것입니다.

그러므로 "나더러 주여 주여 하는 자마다 다 천국에 들어갈 것이 아니요 다만 하늘에 계신 내 아버지의 뜻대로 행하는 자라야 들어가리라"라는 예수님의 말씀은 구원에 관한 매우 중요한 진리를 시사합니다. 즉 단순히 예수님을 '주님'이라 부르는 것으로는 천국에 들어가는 데 충분하지 않습니다. 예수님을 구주로 영접하고 그분을 따르겠다는 그 고백은 반드시 하나님의 뜻에 순종하는 삶으로 이어져야 합니다.

그렇다면 하나님의 뜻대로 행한다는 것은 무엇을 의미할까요? 이와 관련해 우리는 성경 전체의 맥락에서 다음과 같은 일관된 원리를 발견할 수 있습니다.

첫째, 하나님의 뜻대로 행한다는 것은, 성도가 하나님께 받은 자유와 권리를 자기 자신을 위해 남용하지 않고 오직 하나님의 영광을 위해 사용한다는 의미입니다. 이에 대해 바울 사도는 이렇게 말합니다. "그런즉 너희가 먹든지 마시든지 무엇을 하든지 다 하나님의 영광을 위하여 하라"(고전 10:31). 그리스도인에게 주어진 특권과 자유는 자기만족을 위한 도구가 아니라, 하나님의 뜻을 이루고 그분께 영광을 돌리기 위한 수단입니다. 바울의 고백처럼 살든지 죽든지 주를 위하여 사는 삶이 참된 성도의 삶입니다(롬 14:8). 결국 예수님의 경고는, 단순한 고백이나 은사가 아니라 하나님께 대한 전인격적 순종과 삶의 실천이 구원의 열매임을 분명히 하신 것입니다.

참된 성도는 자신의 의지와 동기를 하나님께 복종시키며, 매사에 주님의 영광을 구합니다. 이것이 바로 하나님의 뜻대로 행하는 삶이며, 최후 심판대 앞에서 주님께 인정받는 믿음의 길입니다. 그러므로 이 본문은 단순히 세상 사람들을 향한 말씀이 아니라 교회 안의 성도들을 향한 경고입니다. 오늘을 사는 우리는 모두 자기 신앙을 철저히 성찰하며, 겉으로 드러나는 신앙 행위와 은사에 만족하지 말고, 오직 하나님의 뜻에 순종하는 삶을 통해 최후의 심판대 앞에 설 준비를 해야 합니다.

둘째로, 하나님의 뜻대로 행한다는 것은, 자신의 신앙과 삶이 다른 사람들에게 걸림돌이나 시험거리가 되지 않도록 주의하며 살아가는 것을 의미합니다. 여기서 '다른 사람들'이란 대체로 믿음이 아직 연약한 자들이거나, 신앙의 경험과 연륜이 짧은 사람들일 가능성이 높습니다. 물론 다른 사람들에게 걸림돌이나 시험거리를 제공하는 사람들의 행위나 생각 혹은 판단이 언제나 성경의 원리에서 벗어나는 것은 아닐 수도 있습니다. 오히려 성경이 지지하는 경우도 있을 수 있습니다. 그럼에도 그 행위와 태도가 다른 사람들을 걸려 넘어지게 하거나, 심지어 그들이 스스로 양심을 거슬러 죄에 빠지게 하는 원인이 된다면, 성경은 결코 그 사람을 죄 없다 하지 않습니다. 주님께서 친히 말씀하시기를, "누구든지 나를 믿는 이 작은 자 중 하나를 실족하게 하면 차라리 연자 맷돌이 그 목에 달려서 깊은 바다에 빠뜨려지는 것이 나으니라 실족하게 하는 일들이 있음으로 말미암아 세상에 화가 있도다 실족하게 하는 일이 없을 수는 없으나 실족하게 하는 그 사람에게는 화가 있도다"(마 18:6-7)라고 하셨습니다. 따라서 하나님의 뜻대로 행하는 사람은, 자신의 믿음의 강함이나 신실함을 내세우지 않으며, 도리어 그러한 행위나 판단이 연약한 이들에게 걸림돌이 되지 않도록 겸손하게 자신을 절제하는 사람입니다.

셋째로, 하나님의 뜻대로 행한다는 것은 모든 신앙과 삶의 행위를 자기 유익이나 이익, 곧 자기중심적 목적을 위해서가 아니라, 다른 사람들을 유익하게 하고 그들이 구원에 이르도록 돕기 위해서 하는 것입니다. 이런 사람은 다른 사람들이야 어떻게 되든 상관하지 않겠다는 식으로 자신의 판단과 자유를 내세우지 않습니다. 오히려 만일 자신의 행위가 다른 사람들에게 해가 되고, 그들이 하나님께 나아오는 길을 가로막는다면, 기꺼이 그것을 절제하고 포기합니다. 이런 의미에서 하나님의 뜻대로 행하는 신앙과 삶은 철저히 타인을 향한 배려와 사랑으로 드러나는 것입니다.

성경이 직접 명시하지는 않더라도 이 세 가지 원리는 우리가 하나님의 뜻을 분별할 때 매우 중요한 기준이 됩니다.

빌립보서 1장에서 바울은 살든지 죽든지 오직 자기 몸에서 그리스도께서 존귀하게 되시는 것이 자기 삶의 목적이라고 고백합니다. 심지어 "내게 사는 것이 그리스도니 죽는 것도 유익함이라"(21절)라고 말합니다. 바울의 고백은 그리스도인의 삶은 철저히 주님의 소유라는 인식을 기반으로 합니다. 그래서 로마서에서도 이렇게 선포합니다. "우리 중에 누구든지 자기를 위하여 사는 자가 없고 자기를 위하여 죽는 자도 없도다 우리가 살아도 주를 위하여 살고 죽어도 주를 위하여 죽나니 그러므로 사나 죽으나 우리가 주의 것이로다"(14:7-8). 바로 이것이 그리스도인의 삶을 규정하는 가장 본질적인 신앙의 실체입니다. 살아도 주를 위하여 살고, 죽어도 주를 위하여 살기에 결국 사나 죽으나 주의 것이라는 고백과 삶이야말로 예수님께서 산상수훈에서 말씀하신 '하나님의 뜻대로 행하는 삶'의 전형적인 모습입니다.

그러나 본문에 언급된 이들은 그렇지 않았습니다. 이들은 자신들이 선지자 노릇을 하고, 권능을 행하며, 귀신을 쫓아낸 것을 하나님의 뜻대로 행한 증거로 내세웠습니다. 그러나 예수님은 이들의 주장을 단호하게 부정하셨습니다. 이들의 모든 행위가 주님을 기쁘시게 하려는 순수한 동기와 목적에서 나온 것이 아니라, 자신의 욕망과 목적과 자기만족을 위한 것이었기 때문입니다. 겉으로는 위대한 사역처럼 보였지만, 그 내면에는 자기중심성이 자리 잡고 있었던 것입니다. 그러므로 우리는 이들의 모습을 반추하면서 스스로에게 이런 질문을 던져야 합니다. '과연 내 신앙과 삶의 모든 동기가 정말 주님의 소유로서 주님을 기쁘시게 하기 위한 것인가?'라고 말입니다.

이 질문에 대해 어떤 사람들은 이렇게 반문할 수 있습니다. "그렇다면 지금 행위 구원을 말하는 것입니까?" 물론 결코 행위 구원을 말하는 것이 아닙니다. 이 질문의 요지는 성도가 천국에 들어가기 위해서는 무엇보다 온전한 믿음이 필수적이라는 것입니다. 그 온전한 믿음은 단순히 '아는 것'이나 '감정적으로 느끼는 것'에서 그치지 않고, 반드시 '하나님의 뜻에 따른 행함'으로 드러나야 한다는 것입니다. 다시 말해, 믿음의 인지적 요소와 감정적 요소가 아무리 충족되어 있더라도, 그것이 의지적으로 순종하는 행위로 연결되지 않는다면 그 믿음은 참된 믿음이 아니라는 것입니다. 지식과 감정이 필요조건은 될 수 있지만 충분조건은 아닙니다. 하나님의 뜻대로 행하는 믿음은 전인격적인 순종과 열매로 이어져야 합니다.

따라서 하나님의 뜻에 따른 행위가 없다면, 그것은 처음부터 구원받은 믿음이 아니었음을 드러내는 증거일 수 있습니다. 참으로 중생하고 회심한 사람은 결코 자기 뜻대로만 살지 않기 때문입니다. 성경은 이를 분명히 증언합니다. 진정 하나님의 뜻대로 사는 사람은 예수 그리스도의 고난에도 기꺼이 동참하며, 사람의 정욕을 따르지 않고 오직 하나님의 뜻을 따라 육체의 남은 때를 살아갑니다(벧전 4:2). 이런 사람들의 삶은 성령의 아홉 가지 열매로 풍성하게 채워지며, 그 열매는 참된 믿음의 증거가 됩니다.

반면 교회에 다니고 신앙적인 언어를 사용하면서도 여전히 자기 뜻에 따라 사는 사람들은 일시적으로는 성령의 열매를 맺는 것처럼 보일 수 있으나, 시간이 지나면 결국 육체의 일을 드러냅니다. 음란, 정욕, 술 취함, 방탕, 향락, 우상 숭배 등이 그것입니다(벧전 4:3). 그래서 성경은 성도가 열매 없는 자가 되지 않도록 이렇게 명령합니다. "너희 믿음에 덕을, 덕에 지식을, 지식에 절제를, 절제에 인내를, 인내에 경건을, 경건에 형제 우애를, 형제 우애에 사랑을 더하라"(벧후 1:5-7). 결국 아무리 기적을 행하고, 놀라운 체험을 하고, 귀신을 쫓아내고, 권능을 행한다 해도, 사랑이 전제되지 않은 행위는 결코 하나님의 뜻대로 행하는 것이 될 수 없습니다. 사랑, 덕, 지식, 절제, 인내, 경건, 형제 우애가 결핍된 신앙은 하나님의 뜻에 따른 열매가 아니라 단지 인간적인 성취일 뿐입니다. 그리고 그것은 앞서 예수님께서 경고하신 거짓 선지자들의 열매와 다르지 않습니다.

그뿐 아니라 이런 사람들은 시간이 흘러도 믿음의 성장과 진보가 거의 없습니다. 겉으로는 무언가 성장한 듯 보일 수 있지만, 실제로는 그저 그렇게 보일 뿐입니다. 그러나 성경은 진정한 성도라면 반드시 그리스도의 장성한 분량이 충만한 데까지 자라야 한다고 증언합니다(엡 4:13). 다시 말해, 성도에게 신앙의 성장은 피할 수 없는 필연적 과정이며, 정체가 아니라 점진적인 성숙이 요구됩니다. 물론 성경이 말하는 믿음의 성장과 진보는 양적인 측면만이 아니라 반드시 질적인 측면이 동반되는 것입니다. 그런데 하나님의 뜻이 아닌 자신의 뜻대로 행하는 사람들의 열매를 보면, 언뜻 양적으로 풍성해 보이지만 실상은 가짜 열매만 무성할 뿐입니다. 한마디로 내적 깊이나 질적인 성숙은 거의 찾아볼 수 없습니다.

사실 어떤 사람이 맺는 열매의 질, 곧 진정한 믿음의 성장과 진보는 겉으로 잘 드러나지 않습니다. 반면 열매의 양은 쉽게 드러나고 눈으로 확인할 수도 있습니다. 그래서 사람들은 흔히 어떤 사람이 맺는 열매의 질이 아니라 단순히 양만 보고 그 사람의 믿음을 평가합니다. 그러나 질적인 성장과 내적 성숙이 거의 없고 단지 외적으로 드러나는 양적인 측면만 두드러지는 사람은, 진정한 믿음을 소유한 성도가 아니라 가짜 믿음을 가진 유사(類似) 그리스도인에 불과합니다.

더 안타까운 사실은, 가짜 믿음을 가진 사람들은 자신이 맺은 열매의 양을 근거로 다른 사람들뿐 아니라 자기 자신까지 속일 수 있다는 것입니다. 그래서 이들은 최후 심판대에 설 때까지 자신들에게 있는 특별한 무엇(특별한 능력 행함, 신비한 체험, 예언, 기도, 교회를 위한 봉사, 헌신, 희생 등)을 붙들고 자기기만으로 신앙생활을 이어갈 수 있습니다. 그러나 그렇게 살다가 예수님께서 그날 '내가 너를 도무지 알지 못하니 내게서 떠나가라'고 말씀하신다면, 이 얼마나 비극적이고 절망적인 일이겠습니까? 그러므로 우리는 본문에서 예수님께서 하신 말씀을 두려움과 떨림으로 들어야 합니다. 그리고 반드시 자신의 신앙을 검토하고 성찰해야 합니다. 예수님께서는 단순히 '무엇을 믿는가'라는 지적 동의만 강조하지 않으시고, 그 믿는 바를 따라 '어떻게 살아야 하는가'라는 순종의 문제 역시 동일하게 중요하게 다루시기 때문입니다.

이러한 맥락에서 우리는 마지막 심판대에서 많은 사람이 보일 반응에 주목해야 합니다. "그날에 많은 사람이 나더러 이르되 주여 주여 우리가 주의 이름으로 선지자 노릇 하며 주의 이름으로 귀신을 쫓아내며 주의 이름으로 많은 권능을 행하지 아니하였나이까 하리니"(마 7:22). 사람들이 최후의 심판대 앞에서 예수님께 '주여! 주여!'라고 간절히 부르짖습니다. 그리고 자신들이 주님의 이름으로 했던 일을 하나하나 열거합니다. 특히 '하나님의 뜻대로 행하는 자라야 천국에 들어간다'라는 예수님의 말씀을 의식한 듯, 자신들이 행한 모든 것이 철저히 '주의 이름과 능력'으로 한 일임을 강조합니다.

그러나 이들의 기대와 달리 예수님의 반응은 충격적입니다. 그들은 매우 당황하여 몸서리칠 정도의 전율을 느꼈을지도 모릅니다. 예수님께서는 이렇게 말씀하십니다. "내가 너희를 도무지 알지 못하니 불법을 행하는 자들아 내게서 떠나가라"(마 7:23). 우리는 예수님의 이러한 말씀을 통해 무엇을 알 수 있습니까? 바로 예수님이 말씀하신 '하나님의 뜻대로 행하는 것'과 이들이 스스로 하나님의 뜻대로 행했다고 생각한 것 사이에는 근본적인 괴리와 심각한 차이가 있었다는 사실입니다. 이들은 자신들의 능력 행함과 다양한 체험을 근거로 스스로 하나님의 뜻을 행했다고 생각했습니다. 그래서 심지어 최후의 심판대에서도 그 사실을 당당히 내세운 것입니다. 그러나 예수님께서는 그들의 생각과 달리, 그러한 행위를 하나님의 뜻대로 행한 것으로 인정하지 않으셨습니다. 오히려 이들을 '불법을 행하는 자들'이라고 정죄하시며, "내게서 떠나가라"라고 말씀하셨습니다.

여기서 이들의 반응에 주목해 보십시오. 놀랍게도 이들은 자신들의 능력과 체험을 근거로 구원의 확신을 가졌던 것처럼 보입니다. 물론 예수님께서 그들의 행위 자체가 완전히 거짓이었다고 말씀하신 것은 아닙니다. 그러나 예수님의 말씀 가운데 우리가 반드시 주목해야 할 부분은 '내가 너희를 도무지 알지 못한다'는 선언입니다. 이 말씀은 그들이 최후의 심판대에 선 지금 처음으로 예수님께 모른다고 판정받은 것이 아니라, 이전부터 예수님과 인격적 관계와 사귐이 전혀 없었다는 뜻입니다. 다시 말해, 그들이 주님의 이름으로 수많은 일을 행할 때조차 예수님은 그들을 알지 못하셨다는 것입니다. 요한 사도는 이렇게 경고합니다. "만일 우리가 하나님과 사귐이 있다 하고 어둠에 행하면 거짓말을 하고 진리를 행하지 아니함이거니와"(요일 1:6). 바로 이런 이유로 예수님께서는 이들이 하나님 나라에 들어갈 수 없다고 단호히 선언하신 것입니다.

따라서 우리는 본문을 근거로 이들이 궁극적으로 하나님 나라에 들어가지 못한 이유를 세 가지로 요약할 수 있습니다.

첫째, 이들이 자신의 선지자적 사역과 능력 행함 자체를 구원의 근거로 삼으며 자기기만에 빠졌기 때문입니다. 여기서 '선지자 노릇'(롬 12:6; 고전 12:10)은 단순히 미래를 예언하는 차원이 아니라, 하나님의 복음을 선포하고 말씀을 전달하는 행위를 뜻합니다. 즉 이들은 분명 열심히 말씀을 연구하고, 하나님의 능력으로 메시지를 전했다고 볼 수 있습니다. 실제로 이런 사역을 통해 많은 사람을 진리에 굳게 세우기도 했을 것입니다. 또 말씀을 통해 많은 사람이 하나님의 뜻에 순종하도록 도왔을 것입니다.

그리고 이들이 '권능을 행했다'는 말은 병자를 치유하고, 때로는 놀라운 기적을 행했음을 시사합니다. 누군가가 하나님께 치유의 은사를 받아 다른 이들을 고친다면, 그것은 참으로 놀라운 은혜일 것입니다. 그 기적을 통해 하나님의 살아 계심을 드러냈다면, 그것 또한 귀한 사역입니다. 성도라면 누구나 이런 은사와 능력을 사모할 수 있습니다. 그러나 우리가 반드시 기억해야 할 사실은, 은사와 능력 행함 자체가 천국 입성을 보증하지는 않는다는 것입니다. 그것은 사탄과 거짓 선지자들도 일정 부분 능력 행함을 흉내 낼 수 있기 때문입니다. 실제로 이스라엘의 출애굽 당시 애굽의 술사들도 모세가 행한 기적 중 몇 가지를 모방했습니다. 성경 역시 이를 경고합니다. "거짓 그리스도들과 거짓 선지자들이 일어나 큰 표적과 기사를 보여 할 수만 있으면 택하신 자들도 미혹하리라"(마 24:24).

그러므로 문제는 이들이 마지막 심판대 앞에 설 때까지 '주님의 이름으로 선지자 노릇 하고, 귀신을 쫓아내고, 권능을 행했다'는 사실 자체를 곧 하나님의 뜻을 행한 것이라 착각하고 자기기만에 빠졌다는 것입니다. 결국 자신들이 천국 백성이 아닐 수 있다는 가능성조차 깨닫지 못한 채 살아온 것입니다. 그러므로 건강한 신앙생활을 위해 우리가 가장 경계해야 할 것은 자신이 무엇을 했다는 사실 자체에 근거해 자기기만에 빠지지 않는 것입니다.

성도의 삶은 본질적으로 양면성을 지닙니다. 한편으로는 복음 안에서 주어진 자유와 은혜를 누려야 하지만, 다른 한편으로는 두렵고 떨림으로 구원을 이루어가야 합니다(빌 2:12). 그래서 성도의 신앙 여정은 마치 살얼음판을 걷는 것과도 같습니다. 이 긴장감을 잊고 방심하면 하나님께서 주신 은사와 능력이 도리어 자기 자신을 속이는 도구로 변질될 수 있습니다. 특히 사람들은 흔히 자신의 특별한 은사나 능력을 구원의 확증으로 여기는 경향이 있습니다. 그러나 사탄은 바로 이런 틈을 노려 사람들을 삼키려 합니다(벧전 5:8). 그 은사와 능력이 하나님의 영광과 뜻을 위해 사용되지 않는다면, 그것은 결국 자기 자랑과 영광을 추구하는 수단으로 전락할 뿐입니다. 그런 권능은 하나님 나라와 무관하며, 오히려 독이 되고, 해가 됩니다. 사도 바울은 이러한 사실을 누구보다 깊이 인식하고 있었기에 이렇게 고백합니다. "내가 내 몸을 쳐 복종하게 함은 내가 남에게 전파한 후에 자신이 도리어 버림을 당할까 두려워함이로다"(고전 9:27).

이들이 궁극적으로 천국에 들어가지 못한 두 번째 이유는, 이들이 예수님을 진정으로 알지 못하면서도 스스로 알고 있다고 착각했기 때문입니다. 이들은 자신의 신앙이 참된 것이라 확신했고, 당연히 천국에 들어갈 것이라고 믿었습니다. 그러나 여기서 '예수님을 안다'라는 말은 단순한 지식적 동의가 아니라, 그분과 인격적 만남을 통해 지속적이고 깊은 교제와 사귐을 누리는 것을 뜻합니다. 그런데 이들은 예수님을 안다는 것을 단지 체험이나 능력 행함으로 국한했습니다. 다시 말해, 하나님과의 관계의 본질을 외적 체험에 두었기에 예수님께서 그들을 '불법을 행하는 자들'이라고 단죄하신 것입니다. 문제는 이들이 이러한 사실을 최후 심판대 앞에 설 때까지도 전혀 알지 못했다는 점입니다. 그저 다른 사람들보다 더 놀라운 체험을 하고 능력을 행하는 것을 자기 위안으로 삼고 신앙생활을 이어간 것입니다.

이들이 궁극적으로 하나님 나라에 들어가지 못한 세 번째 이유는 하나님의 뜻에 따라 행한다는 것에 대한 심각한 오해 때문입니다. 이들은 하나님의 뜻을 성경이 말하는 객관적인 계시와 기준에 두지 않고, 주관적 해석에 의존하는 오류를 범했습니다. 그러므로 우리는 본문에서 예수님께서 말씀하신 '하나님의 뜻대로 행한다'라는 표현이 무엇을 의미하는지 주의 깊게 고찰해야 합니다.

예수님은 마태복음 5장부터 7장 12절까지의 산상수훈에서 거듭난 성도의 성품과 삶 그리고 신앙생활의 기본 원리에 대해 가르치셨습니다. 그러므로 하나님의 뜻대로 행한다는 말은, 무엇보다 먼저 예수님께서 산상수훈에서 말씀하신 모든 교훈을 실제 삶에서 실천하는 것을 합니다. 동시에 성경이 성도들에게 요구하는 모든 실천적 순종 역시 하나님의 뜻대로 행하는 삶에 포함됩니다. 예수님께서는 이런 실천적 순종이 곧 하나님의 뜻에 따라 계시된 것이므로, 이에 대한 우리의 행위 여부를 지금 말씀하시는 것입니다.

성경은 또한 하나님의 뜻이 무엇인지를 분명하게 밝힙니다. "너희는 거룩하라 이는 나 여호와 너희 하나님이 거룩함이니라"(레 19:2). "그러므로 하늘에 계신 너희 아버지의 온전하심과 같이 너희도 온전하라"(마 5:48). 즉 하나님께서 성도들에게 요구하시는 참된 믿음은 하나님의 성품을 닮아 거룩하고 온전하게 사는 것이며, 곧 말씀에 순종하는 삶입니다. 앞서 주기도문에서 살펴봤듯이, 참된 성도는 단지 기도할 뿐 아니라 그 기도대로 하나님의 뜻이 땅에서도 이루어지도록 적극적으로 실천하며 사는 사람입니다. 예수님께서 말씀하신 하나님의 뜻은 성도의 신앙과 삶을 가늠하는 절대적 기준과 잣대입니다.

그러므로 이것은 단순한 이상이나 선언이 아니라, 성도라면 반드시 삶에서 적용하고 실천해야 하는 명령입니다. 이에 성경은 하나님의 뜻을 알고 그 계명을 지키는 자가 곧 그분 안에 거하는 자라고 말합니다. 그리고 그분 안에 거하는 자는 마땅히 하나님이 행하시는 대로 살아야 합니다. 그러므로 성도는 죄를 모르시는 예수님처럼 죄 가운데 거하지 말아야 하며, 세상적 정욕과 자랑이 아니라 하나님의 뜻을 분별하고 그 뜻을 따라 살아가야 합니다. 하나님의 뜻을 행하는 것은 선택 사항이 아니라, 구원과 직결된 필수적이고 결정적인 요소이기 때문입니다.

물론 성도는 전적으로 하나님의 은혜로 구원받습니다. 그러나 은혜로 구원받은 자라면 반드시 그 은혜의 열매로 하나님의 뜻을 행하는 삶이 뒤따라야 합니다. 그런데 본문의 사람들은 예수님의 말씀을 전혀 다르게 이해했습니다. 예수님께서 '하나님의 뜻대로 행하는 자라야 천국에 들어간다'라고 말씀하셨을 때, 이들은 주저 없이 자신들의 영적 체험과 능력 행함을 내세웠습니다. 다시 말해, 이들은 특별한 체험을 하나님의 뜻을 행한 증거로 오해했던 것입니다. 그러나 성경은 그런 체험을 하나님의 뜻으로 규정하지 않습니다. 참으로 하나님의 뜻을 행하는 사람은 은사와 기적을 경험하더라도 그것을 자기 자랑이나 과시의 도구로 삼지 않고, 오직 하나님께 영광을 돌립니다.

아마 이들도 입으로는 하나님의 영광을 말했을 것입니다. 그러나 하나님은 사람의 중심과 동기를 살피시는 분입니다. 이로 볼 때, 이들은 하나님께서 주신 은사와 능력을 자기만족과 자기 숭배의 수단으로 사용했을 가능성이 큽니다. 결국 이들의 신앙과 삶은 하나님 중심이 아니라 자기중심이었고, 하나님의 뜻이 아니라 자기 뜻을 따르는 것이었습니다. 그래서 예수님께서 이들에게 "내게서 떠나가라"라고 말씀하신 것입니다.

우리 주변에도 말씀을 잘 전하고, 탁월한 능력을 나타내는 사역자가 많습니다. 그러나 본문에 비추어볼 때, 이런 사람일수록 더욱 자기 자신을 돌아보며 자기기만에 빠지지 않도록 경계해야 합니다. 은사는 쉽게 자기 우월감과 자기 영광의 도구가 될 수 있기 때문입니다. 이러한 경향성은 타락한 인간의 본성에서 비롯됩니다. 그러나 진정으로 하나님의 뜻을 행하는 사람은 절대로 은사와 능력을 자기 자랑의 도구로 삼지 않습니다. 오히려 모든 영광을 하나님께 돌리며, 자신을 드러내지 않습니다.

마태복음 25장의 양과 염소의 비유는 이 점을 잘 보여줍니다. 양에 속한 의인들은 예수님의 칭찬 앞에서 자신들의 선행을 전혀 기억하지 못했습니다(37절). 그러나 염소에 속한 이들은 자신의 선행을 또렷하게 기억하며 항변했습니다(44절). 이러한 모습은 마태복음 7장의 본문과 정확히 맞닿아 있습니다. 권능을 행하고 귀신을 쫓아냈던 사람들이 최후의 심판대에서 그것을 근거로 자신을 변호했던 것과 비슷합니다. 그러나 참된 성도는 자신의 행위로 구원을 확신하지 않습니다. 성도의 구원은 오직 예수 그리스도의 대속적 은혜와 하나님의 전적인 사랑으로 가능하다는 사실을 붙듭니다. 또 성도의 모든 행함조차도 하나님의 은혜와 능력으로만 가능하다는 것을 알고 고백합니다. 반면 자기 행위를 자랑하며 그것을 구원의 근거로 삼는 것은 본질적으로 하나님의 뜻을 오해하는 것입니다.

그렇다면 왜 이들은 자기기만과 자기 위안, 자기 오해에 빠지게 되었을까요? 이 문제는 결국 중생과 회심의 차원에서 이해해야 합니다.

본문의 사람들은 예수님의 말씀처럼, 애초에 진정한 중생을 경험하지 못했을 가능성이 큽니다. 이들은 다양한 영적 체험을 하고 능력을 나타냈을지는 모르지만 중심의 근본적 변화, 곧 거듭남이 없었던 것입니다. 예수님의 판결처럼, 이들은 회심한 듯 보였지만 실상은 일시적 회심에 불과했습니다. 씨 뿌리는 자의 비유에서 돌밭과 가시덤불에 뿌려진 씨와 같은 경우입니다. 결국 이들은 열매 맺는 삶을 살아내지 못했기에 참된 성도일 수 없었습니다. 성경이 말하는 열매는 단순히 능력이나 체험이 아닙니다. 성경적 열매는 참으로 거듭난 자만이 맺을 수 있으며, 하나님과의 바른 관계에서 하나님의 뜻에 순종하며 그분의 성품을 닮아가는 삶을 의미합니다. 그것은 곧 팔복의 성품을 드러내고, 갈라디아서 5장의 성령의 열매를 맺으며, 바리새인들이나 세상 사람들과는 구별된 거룩한 삶을 살아가는 것입니다.

예수 그리스도의 성육신과 십자가 사역의 핵심 목적은 우리의 죄로 깨어진 하나님과 우리의 관계를 회복시키는 데 있습니다. 그리스도께서는 십자가에서 대속적 죽음을 통해 우리를 의롭다 하시고, 하나님과 화목하게 하셨습니다. 그러므로 본문에서 예수님께서 말씀하신 '하나님의 뜻대로 행한다'라는 것은 곧 하나님과의 화목한 관계에서 진실하고 거룩하게 살아가는 것을 의미합니다. 그러나 본문의 사람들은 이러한 본질을 망각하고, 단지 영적 체험과 능력을 근거로 하나님의 뜻을 행했다고 착각했습니다. 지금의 교회에도 이러한 경향이 반복되고 있습니다. 많은 사람이 하나님과의 바른 관계에서 그분의 뜻을 행하는 삶보다 눈에 보이는 체험과 능력에 더 치중하는 경향이 있습니다.

오늘날 조국 교회의 문제 중 하나도 바로 이것입니다. 하나님과 화목한 성화의 삶보다 신비적 체험과 은사 체험을 강조하는 풍토가 자리 잡고 있습니다. 대표적인 예로, 최근 유행하는 신사도 운동과 그

일환인 예언 운동을 들 수 있습니다. 그러나 성경은 이미 인간 역사와 구원에 대한 완전한 예언서이자 절대적 계시입니다. 성경 외 개인의 미래에 대한 예언은 비성경적이며 불신앙적인 행위입니다. “너희는 신접한 자와 박수를 믿지 말며 그들을 추종하여 스스로 더럽히지 말라” (레 19:31). 개인의 운명을 점치려는 행위는 곧 하나님을 모독하는 것입니다. 참된 성도는 자신의 장래를 하나님께 온전히 맡기고, 그분의 섭리와 인도하심을 신뢰합니다.

우리는 예수님께서 강조하신 바를 잊지 말아야 합니다. 그것은 자신의 뜻이 아니라 하나님의 뜻에 따라 행하는 삶입니다. 그러므로 우리의 모든 사역과 행위는 하나님과 화목과 평화를 이루는 관점에서 이해해야 합니다. 그렇지 않으면 우리는 하나님이 아니라 우리 자신의 뜻을 따르게 됩니다. 예수 그리스도의 속죄 사역으로 하나님과의 바른 관계에 들어간 성도라면, 그분의 말씀을 사모하며, 그 뜻을 분별하는 데 삶의 초점을 맞추어야 합니다. 그리고 그 뜻을 따라 신실하고 거룩하게 살아가는 것이 바로 하나님의 뜻대로 행하는 참된 신앙생활입니다.

49장

주여 주여 하는 자마다 (2)

"나더러 주여 주여 하는 자마다 다 천국에 들어갈 것이 아니요 다만 하늘에 계신 내 아버지의 뜻대로 행하는 자라야 들어가리라 그날에 많은 사람이 나더러 이르되 주여 주여 우리가 주의 이름으로 선지자 노릇 하며 주의 이름으로 귀신을 쫓아내며 주의 이름으로 많은 권능을 행하지 아니하였나이까 하리니 그때에 내가 그들에게 밝히 말하되 내가 너희를 도무지 알지 못하니 불법을 행하는 자들아 내게서 떠나가라 하리라"(마 7:21-23).

주님의 이름으로 선지자 노릇을 하고, 귀신을 쫓아내며, 많은 권능을 행한 사람들이 왜 천국에 들어가지 못했는지를 살펴보았습니다. 이들은 예수님 앞에서 자신들의 행위를 매우 떳떳하고 자랑스럽게 고백했습니다. 스스로 누구보다 자기 일에 충실했으며, 하나님에 대한 열정과 충성된 마음으로 주의 일을 감당했다고 생각했기 때문입니다. 그런데 예수님은 최후의 심판대에서 이들을 모른다고 하셨습니다. 그 이유가 무엇입니까? 그것은 이들이 자신의 열심과 능력 행함을 구원의 증거로 삼고, 결국 자기기만에 빠졌기 때문입니다.

분명 이들이 행한 권능은 하나님께서 주시는 특별한 은사와 능력이 아니면 도저히 불가능한 놀랍고 대단한 일이었음에 틀림없습니다. 그러나 이들은 본질적인 사실을 놓치고 있었습니다. 예수님께서 말씀하신 '하나님의 뜻대로 행한다'라는 것이 단순히 주의 이름으로 능력과 기적을 행하는 것이라고 착각한 것입니다. 이들은 능력 행함과 체험을 근거로 구원을 확신하는 심각한 잘못을 범했습니다. 사실 예수님을 믿는 모든 성도가 능력을 행하거나 특별한 체험을 하는 것은 아닙니다. 그것은 하나님께서 특정한 은혜와 뜻 가운데 허락하실 때만 가능한 일입니다. 그러므로 이들은 자신들의 능력 행함이 다른 사람들보다 하나님의 은혜와 사랑, 성령의 능력을 더 충만히 받은 결과라고 오해했을 것입니다. 결국 이런 오해가 이 땅에서뿐 아니라 마지막 심판대 앞에 설 때까지도 스스로 구원을 확신하는 비극적인 자기기만으로 이어진 것입니다.

그러나 여기서 우리가 반드시 짚고 넘어가야 할 사실이 있습니다. 비록 특별한 체험과 권능 행함을 자기 확신의 근거로 삼았다고 해도, 이들의 신앙과 삶의 모습은 누구나 인정할 만큼 두드러진 면이 있었다는 것입니다. 예수님 앞에서 이들이 한 고백을 보면, 이들은 단지 자신들의 능력만 자랑한 것이 아니라, 자신들이 행한 것들을 하나님의 뜻대로 행한 것이라고 자부했습니다. 하지만 이들의 기대와 달리 예수님의 최후 판결은 '내가 너희를 도무지 알지 못한다'라는 것이었습니다. 그것은 그들에게 하늘이 무너지는 듯한 절망적인 선언이자 처참한 결과였습니다. 그러므로 우리는 왜 이들이 능력과 기적 행함을 구원의 확증으로 오해하게 되었는지를 신중히 살펴봐야 합니다. 이는 단순히 그들만의 문제가 아니라 오늘날 우리 역시 충분히 빠질 수 있는 위험이기 때문입니다.

그렇다면 왜 이들은 능력과 기적 행함을 자기 확신의 근거로 삼았을까요? 이는 중생과 회심이라는 관점에서 이해할 필요가 있습니다. 곧 이들은 겉으로는 놀라운 능력과 기적을 행했으나, 실상은 성령에 의해 거듭나지 않았거나 진정한 회심(회개와 믿음)을 경험하지 않았을 가능성이 크다는 것입니다. 표면적으로는 분명 신실한 모습과 삶의 변화가 나타나는 것처럼 보였겠지만, 참된 신앙은 외형적인 모습만으로 평가할 수 없습니다. 하나님께서는 우리 마음의 중심과 동기, 곧 보이지 않는 내면을 보시며 그것을 기준으로 판단하십니다.

만약 이들의 회심이 참된 회심이 아니었다면 어떤 성격의 회심이었을까요? 아마도 거짓 회심, 곧 진리의 말씀이 아닌 다른 동기나 이유로 나타나는 회심이었거나 혹은 성경이 말하는 일시적 회심이었을 가능성이 큽니다. 일시적 회심은 언뜻 보기에 참된 회심과 유사해 보일 수 있지만, 그는 본질적으로 참성도가 아닙니다. 히브리서 기자는 이에 대해 이렇게 말합니다. "한 번 빛을 받고 하늘의 은사를 맛보고 성령에 참여한 바 되고 하나님의 선한 말씀과 내세의 능력을 맛보고도 타락한 자들은 다시 새롭게 하여 회개하게 할 수 없나니"(6:4-6). 여기서 언급되는 이들은 분명 하나님의 빛과 은사를 경험했고, 어떤 이는 탁월한 영적 능력까지 체험했습니다. 하지만 그 체험과 능력이 곧 중생과 구원을 보장하는 것은 아닙니다. 우리는 그런 사람들을 당연히 성도, 하나님의 백성으로 단정하기 쉽습니다. 그러나 성경은 단지 능력 행함이나 체험만으로 그 사람의 신앙을 확증하지 않습니다. 실제로 중생하지 않고 참되게 회심하지 않은 사람은 비록 놀라운 능력을 행할지라도 끝내는 배교하거나 무너질 수 있습니다. 반면 참성도는 어떤 환난과 시험에도 성령 하나님의 인도와 보호하심으로 끝까지 견뎌 영화의 구원에 이릅니다. 이것이 바로 성도의 견인 교리의 핵심입니다.

문제는 오늘날 교회 안에도 참 성도처럼 보이지만 실상은 그렇지 않은 사람이 적지 않다는 것입니다. 예수님께서는 이를 여러 비유를 통해 반복해서 말씀하셨습니다. 씨 뿌리는 자 비유, 양과 염소 비유, 알곡과 가라지 비유 모두가 이를 잘 보여줍니다. 이 비유들에서 거짓 회심자들이 공통으로 보이는 특징은 겉으로는 모두 말씀을 듣고 반응했다는 점입니다. 예를 들어 마태복음 13장의 씨 뿌리는 자 비유에서, 말씀이 돌밭에 뿌려진 사람은 환난이나 박해가 올 때 쉽게 넘어지고, 가시떨기에 뿌려진 사람은 세상의 염려와 재물의 유혹에 막혀 결국 열매를 맺지 못합니다(20-22절). 그러나 처음에는 이들도 말씀을 기쁨으로 받았고, 때로는 신앙적인 삶의 모습을 보이기도 했습니다. 그러나 결정적으로 열매, 곧 의로운 삶과 성화의 결과가 나타나지 않았습니다.

반면 참된 성도는 어떻습니까? “좋은 땅에 뿌려졌다는 것은 말씀을 듣고 깨닫는 자니 결실하여 어떤 것은 백 배, 어떤 것은 육십 배, 어떤 것은 삼십 배가 되느니라”(23절). 여기서 나타나는 중요한 차이는 ‘깨달음’입니다. 단순히 말씀을 듣는 것에서 멈추지 않고, 성령의 조명으로 말씀의 진리를 깨닫는 것입니다. 우리는 성령께서 눈을 열어주셔야만 말씀을 깨닫고, 그 말씀대로 살아가는 것이 가능합니다. 그래서 신학적 지식이 아무리 뛰어나도 성령의 내적 조명과 거듭남이 없으면 하나님을 인격적으로 알 수 없습니다. 실제로 신학을 깊이 연구한 학자 중에도 예수님을 자신의 구주로 고백하지 않는 사람이 있습니다. 이는 그 마음속에 새 생명의 씨앗이 심기지 않았기 때문입니다. 반면 이름 없는 평범한 성도이지만 성령의 은혜로 말씀을 깨닫고 놀라운 생명의 삶을 살아가는 경우도 있습니다.

이 사실은 우리에게 분명한 교훈을 줍니다. 성경은 단순히 추상적 개념이나 이론적 지식이 아니라, 하나님의 살아 있는 말씀입니다. 그러므로 참된 거듭남과 성령의 조명이 없이는 결코 하나님을 인격적으로 알 수 없습니다. 결국 씨가 좋은 밭에 뿌려졌다는 것은 말씀을 듣고 깨달아 삶으로 결실하는 자들을 의미합니다. 이는 곧 성령의 역사와 하나님의 은혜로 가능하며, 참성도의 삶의 본질적 특징입니다. 중생을 통한 구원은 단순한 외적 형식이 아니라, 복음과 진리의 말씀을 듣고 진정한 회심으로 나아감으로 이루어집니다. 그리고 이 회심은 반드시 내면의 실제적인 변화를 동반하며, 그 변화는 삶의 열매로 나타납니다. 그러나 예수님께서 비유로 말씀하신, 돌밭이나 가시떨기에 씨가 떨어진 사람도 말씀을 듣고 순간적인 기쁨으로 반응하기도 합니다. 그러나 그들은 근본적으로 중생하지 않았고, 진정한 회심에 이르지도 않았기에 말씀으로 인한 고난과 근심, 세상의 염려와 유혹에 막혀 하나님께서 원하시는 열매 맺는 삶으로 나아가지 못합니다.

이러한 사람들은 겉으로는 믿음의 지적 요소(하나님 말씀을 알거나 동의하는 것)와 감정적 요소(말씀을 듣고 감정적으로 반응하는 것)를 어느 정도 갖춘 것처럼 보입니다. 그러나 그들의 믿음은 의지적 요소, 곧 삶의 실제적 결단과 순종이 없기에 참된 믿음이 아니라 가짜 믿음에 불과합니다. 따라서 참된 믿음은 반드시 세 가지 요소를 포함해야 합니다. 첫째로 하나님과 진리에 대한 올바른 지적 동의가 있어야 하고, 둘째로 그 진리를 향한 감정적(정서적) 사랑과 갈망이 뒤따라야 합니다. 그리고 셋째로 그것을 실제 삶에서 따르고자 하는 강력한 의지적 결단이 발휘되어야 합니다. 그래야 비로소 성경이 말하는 전인격적 믿음이 세워집니다. 이런 믿음이 바로 하나님께서 성도들에게 요구하시는 열매 맺는 믿음으로 나아가게 하는 참된 믿음입니다. 그러므로 성도는 날마다 철저할 정도로 자기 자신에게 다음과 같은 질문을 던지며 자신을 점검해야 합니다. '나는 진정으로 중생하여 회심한 자인가? 내가 지금 하고 있는 일의 목적은 무엇인가? 그 일로 인해 누구에게 유익이 돌아가는가? 내가 하는 일은 하나님의 영광을 위한 것인가, 아니면 단순히 내 만족과 유익을 위한 것인가? 나의 행위가 과연 하나님의 이름을 높이는 데 이바지하고 있는가?' 성도는 이와 같은 자기 성찰의 질문을 반복적으로 던지며 날마다 두렵고 떨림으로 신앙생활을 해야 합니다.

이러한 맥락에서 또 하나의 중요한 질문이 이어집니다. 그렇다면 진정으로 중생하여 회심한 자들은 궁극적으로 어떤 삶을 지향하는가 하는 것입니다. 마태복음 본문에 등장하는 사람들이 예수님께 정죄받은 이유는 이들이 지향한 삶의 최종적인 모습이 하나님의 뜻에 따른 삶이 아니었기 때문입니다.

성경적 관점에서 보면 인간은 두 부류로 나눌 수 있습니다.

하나는 그리스도를 믿지 않은 자연인, 곧 옛사람에 속한 인간입니다. 다른 하나는 예수 그리스도의 보혈로 전적으로 새롭게 된 새로운 사람, 곧 성도들입니다. 그런데 안타까운 사실은 이 새로운 사람이 된 성도들조차 자신들의 정체성을 분명히 인식하지 못하는 경우가 많다는 점입니다. 성도는 그리스도와 연합하여 십자가와 부활의 능력과 생명을 가지고 살아가는 존재입니다. 또 내적 변화를 통해 하나님의 말씀에 자발적으로 순종하고, 날마다 그분을 닮아가는 삶을 살아갈 수 있는 존재입니다. 이것이 바로 참성도의 삶입니다.

그러므로 성도의 본질적인 삶은 병을 고치거나 기적을 행하는 능력보다 훨씬 중요합니다. 그것은 웨스트민스터 소요리문답 제1문이 말하듯, 하나님을 영화롭게 하고, 그분 안에서 영원히 즐거워하는 삶입니다. 이렇게 산 구약의 대표적인 인물이 바로 에녹입니다. 성경은 그가 하나님과 동행했다고 기록합니다. 에녹은 평생 하나님과 인격적인 만남과 친밀한 교제를 나누며 그분을 즐거워하고 영화롭게 했습니다. 이처럼 성도의 삶의 중심에는 언제나 하나님과 동행하는 삶이 있어야 합니다.

이와 같은 성화의 삶의 중요성은 구약의 이스라엘 백성의 광야 40년의 여정을 다루는 민수기에서 잘 드러납니다. 출애굽 사건이 칭의의 구원을 상징한다면, 민수기는 성화의 구원을 보여줍니다. 또 레위기는 성도가 어떻게 성화의 삶을 이루어갈 수 있는지를 거룩한 방식으로 제시합니다. 그러므로 성도의 삶은 특별한 신비적 체험이나 기복적인 추구에 머물러서는 안 됩니다. 오직 복음에 뿌리내린 삶, 곧 회개와 죄 사함을 경험한 새 존재로서 하나님의 말씀에 자유롭고 자발적으로 순종하는 삶이 되어야 합니다. 칭의의 구원이 '됨'을 의미한다면, 성화의 구원은 '되어감'을 뜻합니다. 성도의 삶에는 이 두 가지가 반드시 함께 나타나야 합니다.

성경은 죄 사함 이후 성도가 하나님과의 친밀한 교제를 통해 성화의 삶을 사는 것을 매우 강조합니다. 하나님께서는 이스라엘을 출애굽시킨 후(칭의의 구원), 그들이 어떻게 살아야 할지를 가르치는 율법을 주셨고, 거룩하신 하나님과의 교제를 위해 성막을 세우게 하셨습니다. 이를 통해 우리는 하나님께서 구원받은 성도의 삶 자체에 얼마나 깊은 관심을 가지시는지를 확인할 수 있습니다. 그러나 오늘날 조국 교회는 구원의 은혜를 강조하면서도 성화의 삶과 하나님과의 친밀한 교제에 대해서는 상대적으로 소홀히 합니다. 그러나 참된 기독교 신앙, 곧 복음적 신앙은 거룩한 삶을 결코 배제할 수 없으며, 하나님과의 친밀한 교제를 떠나서는 성립할 수 없습니다. 그렇기에 구원받은 성도는 그 순간부터 성화를 위한 거룩한 싸움, 곧 죄와의 끊임없는 투쟁을 시작합니다. 그리고 하나님과의 지속적인 교제를 통해 점차 하나님의 백성이 되어가는 은혜와 복을 누리게 됩니다. 그러나 본문에서 예수님이 '불법을 행하는 자'라고 부른 이들은 이러한 성화의 삶과 하나님과의 친밀한 교제보다, 주님의 이름으로 능력을 행하는 것과 영적 체험 그리고 은사 자체를 더 중요하게 여겼습니다.

오늘날 교회에서도 이러한 경향은 반복적으로 발견됩니다. 대표적인 사례가 바로 일부 목회자와 교회를 중심으로 확산한 신사도 운동입니다. 이 운동은 쓰러짐, 울부짖음, 임파테이션과 같은 현상을 강조합니다. 그러나 이러한 현상들은 성경 어디에서도 근거를 찾을 수 없으며, 교회사에서도 나타난 적이 없습니다. 그럼에도 그들은 특정 구절을 자의적으로 해석하거나 자신들의 체험을 근거로 정당성을 주장합니다. 또 그들이 말하는 예언 사역 역시 마치 점술가의 점과 유사하여, 미래의 일을 맞히면 당연하게 여기고, 틀리면 핑계를 댑니다. 그러나 성경은 개인적 예언을 통해 점치듯 미래를 알려주는 행위를 분명히 금합니다. 설령 예언이 주어질지라도 그것은 교회의 공동체적 유익을 위한 것이지, 개인적 호기심을 충족시키기 위한 것이 아닙니다.

사실 사람들이 예언을 좇는 근본적인 이유는 미래에 대한 불안감 때문입니다. 모든 인간은 미래에 대해 두려워합니다. 그러나 성도는 그 불안에 휘둘리지 않아야 합니다. 하나님께서 온 우주와 역사를 주권적으로 다스리시며, 성도의 삶을 끝까지 보호하시고 인도하신다는 사실을 믿기 때문입니다. 히브리서 11장에 기록된 믿음의 선진들은 바로 이 신실하신 하나님의 성품을 굳게 믿고 살았습니다. 믿음은 하나님의 신실하심을 온전히 신뢰하는 것입니다.

그럼에도 오늘날 교회의 더 심각한 문제는 일부 사람들이 체험과 예언 같은 외적 현상들을 신앙의 척도로 삼고, 심지어 그것을 구원의 증거 또는 성령세례의 표지로 여긴다는 점입니다. 그러나 성경이 말하는 참된 성도는 하나님과의 바른 관계에서 그분을 더욱 알아가며, 말씀을 사모하고, 깨달은 말씀을 삶으로 실천하는 사람입니다(요 17:3). 오늘날 이러한 참된 신앙의 모습이 가볍게 취급되고 있는 것은 매우 개탄스러운 일입니다. 참된 성도라면 예수님께서 강조하신 대로 하나님의 뜻에 따라 사는 실천적 삶을 절대 잊지 말아야 합니다.

그런데 이와 더불어 반드시 짚고 넘어가야 할 문제가 하나 더 있습니다. 교회에서 행하는 봉사, 활동, 직분 감당이 본문에서 예수님께서 말씀하신 '하나님의 뜻대로 행하는 삶'과 어떤 관련이 있는가 하는 것입니다. 많은 사람이 이와 같은 일을 곧 본문에서 말하는 행함이라 여기며 그것으로 만족해합니다. 그러나 예수님이 말씀하신 행함은 그것을 넘어섭니다. 곧 교회에서의 봉사뿐 아니라, 삶의 전반에서 하나님의 말씀에 순종하며 거룩하고 빛 된 삶을 살아감으로 하나님의 성품을 닮아가는 성화의 삶으로 나아가는 것입니다. 만약 삶의 변화와 거룩함이 없다면, 아무리 많은 봉사를 하고 직분을 수행한다 해도 하나님 앞에서는 아무 의미가 없습니다.

특히 어떤 이들은 목회자의 말에 맹목적으로 순종하는 것을 신앙의 척도로 삼거나, 헌금과 봉사와 직분 수행을 잘하는 것을 훌륭한 성도의 표지로 여깁니다. 그러나 그 목적이 하나님과 무관하다면, 하나님께서 전혀 인정하지 않으실 수도 있습니다. 본문의 사람들처럼 말입니다. 사람의 요구에 의해서나 눈치를 보며 하는 봉사, 자기만족을 위해 감당하는 직분은 하나님께서 기뻐하시는 행함이 아닙니다. 그런 행위를 통해 순간의 만족이나 칭찬은 얻을 수 있지만, 정작 예수님은 '나는 너를 알지 못한다'라고 말씀하실 수 있습니다.

그러므로 성도는 무슨 일을 하든지 자신의 동기를 철저히 점검해야 합니다. 혹 교회의 일이나 봉사를 하지 못하게 되었을 때 무력감과 권태감이 지속적으로 찾아온다면, 그것은 그동안 하나님이 아니라 자기만족과 보람을 위해 그것을 했을 가능성이 큽니다. 참된 성도는 주님의 일을 자기 유익을 위해 하지 않습니다. 오직 하나님의 나라와 의를 위하여 성령의 강력한 인도하심으로 감당합니다. 그런 사람은 자신은 어찌 되든, 하나님만 영광받으시면 충분하다고 고백합니다. 결국 겉으로는 하나님의 뜻에 따라 행한다고 말하면서 실제로는 자기만족을 위해 행하는 사람들은 본문의 사람들과 같이 위험한 길을 가는 것입니다. 이런 부류의 사람은 자신의 행위를 근거로 구원을 확신하는 자기기만에 빠질 수 있습니다. 그러나 종국적으로 최후의 심판대 앞에서 모든 것이 명백히 드러날 것입니다. 성경은 이를 엄중히 경고합니다.

50장

반석 위에 지은 집

"그러므로 누구든지 나의 이 말을 듣고 행하는 자는 그 집을 반석 위에 지은 지혜로운 사람 같으리니 비가 내리고 창수가 나고 바람이 불어 그 집에 부딪치되 무너지지 아니하나니 이는 주추를 반석 위에 놓은 까닭이요 나의 이 말을 듣고 행하지 아니하는 자는 그 집을 모래 위에 지은 어리석은 사람 같으리니 비가 내리고 창수가 나고 바람이 불어 그 집에 부딪치매 무너져 그 무너짐이 심하니라"(마 7:24-27).

우리는 앞서 '좁은 문을 선택하여 좁은 길로 걸어가라'는 예수님의 말씀을 살펴본 바 있습니다. 이와 관련해 주님은 먼저 거짓 선지자들의 교훈과 삶을 경계해야 한다고 경고하셨습니다. 이것은 성도가 좁은 문을 통과하여 좁은 길을 걷는 과정에서 마주하게 되는 외부적 장해물(障害物), 곧 외적인 위협 요소를 경계하라는 말씀입니다.

그러나 본문은 좁은 문을 지나 좁은 길을 걷는 과정에서 성도가 반드시 주의해야 할 내면의 문제, 곧 우리 안에 자리한 또 다른 장해

물과 관련되어 있습니다. 이를 통해 우리는 구원과 성화의 과정에서 자기 내부의 문제가 얼마나 본질적이고 치명적인지를 확인할 수 있습니다. 사실상 이 내적 문제를 어떻게 다루느냐가 좁은 길을 끝까지 걸어가는 일의 성패를 좌우한다고 해도 과언이 아닙니다.

그렇다면 좁은 길을 걸어가는 성도의 여정에서 방해가 되는 내적 문제란 무엇입니까? 본문은 이렇게 말씀합니다. "그러므로 누구든지 나의 이 말을 듣고 행하는 자는 그 집을 반석 위에 지은 지혜로운 사람 같으리니 비가 내리고 창수가 나고 바람이 불어 그 집에 부딪치되 무너지지 아니하나니 이는 주추를 반석 위에 놓은 까닭이요 나의 이 말을 듣고 행하지 아니하는 자는 그 집을 모래 위에 지은 어리석은 사람 같으리니 비가 내리고 창수가 나고 바람이 불어 그 집에 부딪치매 무너져 그 무너짐이 심하니라"(마 7:24-27).

본문은 앞선 두 단락(거짓 선지자에 대한 경계, 단순히 '주여, 주여' 하는 자들의 위험)에 이어 동일한 주제를 강조한다는 점에서 두 가지 유사점이 있습니다.

첫째, 거짓 선지자 및 단순히 주의 이름을 부르는 자들과 반석 및 모래 위에 집을 지은 건축자들은 모두 일정한 시간이 지나야 그 참모습이 드러난다는 점입니다. 거짓 선지자는 어느 정도 시간이 흐른 후에야 그들이 맺는 열매로 참모습이 드러납니다. 그리고 '주여, 주여' 하던 자들은 최후 심판대 앞에 서야 비로소 결론이 명확해집니다. 본문의 지혜로운 자와 어리석은 자 역시 평상시에는 그들의 참모습이 잘 드러나지 않습니다. 그러다 비바람과 창수 같은 시련이 닥칠 때 비로소 그 정체가 드러납니다.

둘째, 본문은 앞선 단락들과 마찬가지로 '행함'의 중요성을 강조합니다. 예수님은 거짓 선지자의 본모습은 외형적인 언변이나 겉치레가 아니라, 그들의 삶과 열매로 알 수 있다고 말씀하셨습니다. 또 '주여,

주여' 하던 자들은 외형적 능력은 탁월했으나 말씀에 합당한 삶이 없었기에 천국에 들어가지 못한다고 말씀하셨습니다. 본문 역시 같은 맥락에서 예수님의 말씀을 듣고 행하는 자와 듣고도 행하지 않는 자를 대비시킵니다. 그리고 이를 두 건축자가 집을 짓는 비유로 설명하면서 행함이 실제 신앙을 판가름하는 기준임을 강조합니다. 그러므로 우리는 두 건축자의 차이를 살펴보면서 행함이 있는 지혜로운 자와 그렇지 못한 자의 특징을 고찰해야 합니다.

본문에서 예수님은 행함이 있는 지혜로운 사람은 '반석 위에 집을 지은 자'로, 행함이 없는 어리석은 사람은 '모래 위에 집을 지은 자'로 비유하십니다. 예수님의 이 비유는 성경적인 관점에서 볼 때 매우 의미심장합니다. 성경은 교회 공동체와 성도의 삶을 종종 건물에 비유하기 때문입니다. 예컨대 바울은 "그의 안에서 건물마다 서로 연결하여 주 안에서 성전이 되어가고 너희도 성령 안에서 하나님이 거하실 처소가 되기 위하여 그리스도 예수 안에서 함께 지어져 가느니라"(엡 2:21-22)라고 말합니다. 이는 구원받은 성도와 교회의 삶을 성전이 세워져가는 과정으로 묘사한 것입니다. 그러므로 신앙은 단순히 '칭의의 은혜를 받았다'라는 시작점에 머무는 것이 아니라, 반드시 성화의 여정으로 나아가야 합니다. 다시 말해 '되는 것'(being saved)에서 그치지 않고, '되어 가는 것'(becoming holy)으로 나아가야 한다는 것입니다.

그런데 건축에서 가장 중요한 것이 무엇입니까? 바로 기초입니다. 외형의 화려함과 편리함도 중요하지만, 기초가 부실하면 그 모든 것이 무너집니다. 신앙도 마찬가지입니다. 기초를 어디에 놓느냐가 생명과 멸망을 가르는 분수령이 됩니다. 성도의 행함 역시 반드시 예수 그리스도라는 반석 위에 세워져야 합니다. 예수님에 대한 지식과 확신이라는 단단한 토대 없이 단순히 무언가를 하려는 행위주의적 열심은 교회 공동체를 해치고 혼란을 가져올 수 있습니다. 그러므로 참된 행함은 그리스도를 바르게 알고, 그 위에 신앙의 기초를 놓는 것에서부터 출발해야 합니다.

본문의 병행 구절인 누가복음에서는 이를 더욱 명확하게 설명합니다. "집을 짓되 깊이 파고 주추를 반석 위에 놓은 사람과 같으니"(6:48). 지혜로운 건축자는 먼저 땅을 깊이 파서 기초가 놓일 자리가 단단한 반석임을 확인합니다. 반면 어리석은 자는 얕게 대충 파고, 땅의 재질을 확인하지 않은 채 집을 세웁니다. 여기서 중요한 것은 반석 위에 세운 집과 모래 위에 세운 집의 차이가 단순히 반석과 모래라는 땅 위 표면의 차이가 아니라, 얼마나 땅을 깊이 파고 기초를 확인했는가에 있다는 점입니다.

이처럼 성도는 말씀을 충분히 깊이 파고 들어가야 합니다. 겉핥기식의 피상적인 신앙 고백으로는 위기의 순간을 버틸 수 없습니다. 말씀을 깊이 묵상하고, 자기 자신을 끊임없이 성찰하며, 신앙의 기초를 반석이신 그리스도 위에 단단히 세워야만 인생의 비바람이 몰아칠 때도 흔들리지 않습니다.

결론적으로 본문은 우리에게 두 가지 중요한 적용점을 제시합니다.

하나는 먼저, 성도는 우리를 구원하신 삼위 하나님과 그분의 말씀, 곧 성경과 그 속에 담긴 진리 체계를 깊이 파고 연구하여, 그 위에 자신의 신앙과 삶의 기초를 놓아야 한다는 점입니다. 지혜로운 건축가가 단단한 반석 위에 집을 세우기 위해 땅을 깊이 파는 수고를 아끼지 않듯이, 지혜로운 성도 역시 견고한 신앙의 집을 세우기 위해 삼위 하나님과 그분의 말씀을 더 깊이 탐구하고 더 풍성히 깨닫고자 힘써야 합니다. 환난과 곤경에도 흔들리지 않는 믿음을 갖기 위해서는 하나님이 누구신지(그 이름), 그 본질이 어떠한지, 그 성품이 어떠한지 그리고 그분이 역사에서 이루신 사역이 무엇인지를 더 깊이 알고 이해하는 과정이 필요합니다. 이처럼 말씀과 진리 체계를 깊이 깨달을 때 참된 행함이 가능해집니다. 반면 어리석은 자는 말씀과 진리를 깊이 연구하는 수고를 게을리합니다. 이것이 곧 지혜로운 자와 어리석은 자의 본질적인 차이입니다.

오늘날 교회 안의 적지 않은 사람이 하나님을 아는 지식과 이해에서 매우 미약합니다. 이는 곧 말씀과 진리 체계를 깊이 파고드는 수고를 회피하거나 소홀히 하기 때문입니다. 이 점은 목회자라고 해서 예외가 아닙니다. 말씀의 기초가 튼튼하지 않으니, 작은 어려움만 닥쳐도 쉽게 흔들리거나 무너집니다. 이와 함께 또 오늘날 많이 나타나고 있는 기형적인 현상 중 하나는 하나님을 믿는다고 하면서도 그분을 더 깊이 알고자 하는 영적 갈망과 목마름은 현저히 부족하다는 것입니다. 주님께서 팔복에서 '의에 주리고 목마른 자가 복이 있다'라고 말씀하셨음에도, 정작 많은 사람이 진리보다는 특별한 체험이나 눈에 보이는 현상에 더 목말라합니다. 이런 부류의 사람들은 교리에 대한 지식이 빈약하여 비판적인 분별력 없이 맹목적으로 믿음을 받아들이곤 합니다. 그러나 이러한 태도는 모래 위에 집을 세우는 것과 같아서 어려움이 닥치면 쉽게 믿음이 무너지고, 심지어는 믿음에서 떠나 버리기도 합니다. 이는 예수님께서 말씀하신, 씨앗이 돌밭이나 가시떨기에 떨어진 것과 같은 모습입니다.

또 하나의 중요한 적용점은, 집을 짓기 위해 땅을 깊이 파고 기초를 놓는 과정이 필요하듯이, 성도의 신앙과 삶 역시 기초를 제대로 세우기도 전에 성급한 결론이나 맹목적 신앙에 휘둘려서는 안 된다는 것입니다. 물론 여기서 말하는 '기초'란 단순히 신앙의 출발점이나 기본 지식이 아니라, 성경 전체가 일관되게 증언하고 있는 올바른 신앙 체계, 곧 성경론, 신론, 인간론, 구원론, 성화론, 교회론, 종말론 등의 모든 핵심 교리를 포괄하는 개념으로 이해해야 합니다. 교회사에서 수많은 이단과 잘못된 신학 운동이 등장하게 된 근본적인 이유가 바로 이 기초, 즉 성경이 가르치는 진리의 핵심 원리에서 빗나갔기 때문입니다. 로마 가톨릭도 마찬가지입니다. 초대교회의 순수한 복음적 기초 위에서 출발했음에도, 시간이 지나면서 인간의 전통과 교권 중심의 신학이 점차 성경의 권위 위에 놓이게 되었고, 결국 구원과 은혜의 본질을 왜곡하는 방향으로 나아가게 되었습니다.

그러나 오늘날 교회에서 '믿음이 좋다'라고 인정받는 사람들의 특징 중 하나는 이러한 기초를 무시한 채 성경을 무조건 믿는다고 말하는 맹목적인 태도입니다. 이러한 분위기는 조국 교회의 전통적인 설교 문화와 맞닿아 있습니다. 조국 교회는 성경이나 설교에 대해 질문하거나 의문을 제기하는 것을 종종 불경스럽게 여기며 그대로 복종할 것을 강조해 왔습니다. 물론 성도는 성경 말씀을 신뢰하고 믿어야 합니다. 그러나 그 믿음이 성숙하고 확고히 자리 잡기 위해서는 말씀을 깊이 상고하며 진지하게 질문하고 탐구하는 과정이 필요합니다.

여기서 주의해야 할 점이 있습니다. 단순히 믿지 않으려는 마음에서 비롯된 고집스러운 반박과 저항은 신앙적인 태도로 볼 수 없다는 것입니다. 그러나 하나님의 말씀을 더 확실히 붙들고 믿기 위해 질문하거나 문제의식을 느끼는 것은 성경적이고 건전한 태도입니다. 이는 전자의 아직 거듭나지 못한 자들의 불신앙적인 반응과 달리, 거듭난 성도가 말씀을 자신의 경험과 이해로만 받아들이지 않고, 좀더 신학적이고 성경적인 의미(곧 성경신학적이고 조직신학적인 의미)에서 탐구하려는 문제의식에서 발로된 한계이기 때문입니다. 도마의 모습이 이를 잘 보여줍니다.

예수님께서 장차 이루어질 일을 염두에 두시고 제자들에게 "내가 어디로 가는지 그 길을 너희가 아느니라"(요 14:4)라고 말씀하시자, 도마는 "주여 주께서 어디로 가시는지 우리가 알지 못하거늘 그 길을 어찌 알겠사옵나이까"(요 14:5)라고 응답합니다. 예수님의 말씀을 이해하지 못했기에 의문을 제기한 것입니다. 예수님의 부활 후에도 도마는 다른 제자들의 증언만으로는 만족하지 않고, 예수님의 못 자국을 직접 확인해야 믿겠다고 말했습니다. 이는 불신앙이 아니라, 확실한 기초 위에 자신의 믿음을 세우려는 태도였습니다. 사도행전 17장에 등장하는 베뢰아 사람들도 마찬가지입니다. 그들은 간절한 마음으로 말씀을 받고, 그것이 그러한가 하여 날마다 성경을 상고했습니다.

그럼에도 오늘날 교회에서는 성경과 설교에 대해 질문하는 사람을 믿음이 부족하다거나 불경스럽다고 낙인찍는 경우가 종종 있습니다. 그러면서 '이해되지 않더라도 무조건 믿으라'라는 식으로 강요하기도 합니다. 그러나 이런 태도는 신앙을 맹목적인 광신으로 이끌 위험이 있습니다. 하나님께서는 우리에게 이성을 주셔서 그 이성을 통해 하나님을 더 깊이 깨닫고 풍성히 알도록 하셨습니다. 그러므로 성도는 이성을 충분히 사용해야 하며, 동시에 성령의 도우심을 구해야 합니다. 이성과 성령의 조화를 통해 성도는 하나님을 더 깊이 알게 되고, 그분을 아는 지식에서 풍요로워집니다. 성경은 바로 그것이 영생을 누리는 삶이라고 말씀합니다(요 17:3). 따라서 성경의 말씀을 건전한 비판 없이 맹목적으로 받아들이거나, 성급한 판단으로 믿음을 세우는 것은 모래 위에 집을 짓는 것과 다르지 않습니다.

구약성경 또한 같은 진리를 강조합니다. 시편 기자는 이렇게 말합니다. "복 있는 사람은…여호와의 율법을 즐거워하여 그의 율법을 주야로 묵상하는도다"(1:1-2). 여기서 '묵상하다'는 단순한 사색을 넘어, 말씀을 계속 곱씹고 파고들어 철저히 이해하는 것을 의미합니다. 마치 개가 뼈다귀를 집요하게 굴리며 맛을 음미하듯이, 성도는 말씀을 깊이 묵상해야 합니다. 또 묵상은 단순한 이해에서 그치지 않고, 깨달은 바를 행동으로 옮기는 실천까지 포함하는 개념입니다.

그렇다면 본문에서 지혜로운 건축가는 땅을 깊이 파는 수고를 한

후 기초를 어디에 놓습니까? 반석 위에 놓습니다. 반석은 단단하여 어떤 하중도 버티며 건물을 지탱할 수 있습니다. 눈에 보이지 않지만 집을 안전하게 세우는 근본입니다. 성경은 이 반석이 곧 예수 그리스도라고 증언합니다. 광야에서 모세가 반석을 쳤을 때 생수가 터져 나왔습니다(출 17:6). 이는 예수 그리스도의 십자가 사건을 예표하는 것으로, 그분이 흘리신 보혈을 마시는 자는 영원한 생명을 얻게 됨을 상징합니다. 바울은 고린도전서 3장에서 "이 닦아둔 것 외에 능히 다른 터를 닦아둘 자가 없으니 이 터는 곧 예수 그리스도라"(11절)라고 선포합니다. 곧 성도의 신앙과 교회의 유일한 기초는 예수 그리스도뿐이라는 것입니다.

그러나 오늘날 많은 사람이 신앙의 기초를 그리스도 위에 두지 않고, 세상의 사상과 철학, 종교적 포괄주의, 신비주의적 체험, 심지어 교회 규모나 목회자의 명성에 두고 있습니다. 이런 신앙은 모래 위에 집을 짓는 것과 같습니다. 겉모습은 화려하고 웅장할지라도, 기초가 잘못되었기에 결국 무너질 수밖에 없습니다. 구약의 이사야 선지자도 오직 예수 그리스도만이 유일한 기촛돌이라고 선포합니다(28:16). 그분을 믿는 자는 어떤 상황에서도 안전합니다. 그러나 예수님 외에 다른 것을 기초로 삼는 자는 모래 위에 집을 짓는 어리석은 자일 뿐입니다.

문제는 기초가 눈에 보이지 않기에 타인뿐 아니라 자신도 자기기만에 빠지기 쉽다는 것입니다. 그래서 지혜로운 자와 어리석은 자가 세운 집은 외관상 매우 유사해 보일 수 있습니다. 때로는 오히려 어리석은 자의 집이 더 화려하고 웅장할 수도 있습니다. 그러나 결국 폭풍이 닥치면 그 기초의 차이가 드러나고, 모래 위의 집은 무너지고 맙니다. 이것이 바로 예수님께서 우리에게 주시는 경고이자, 동시에 권면입니다.

그렇다면 우리는 어떻게 어떤 집이 반석 위에 세운 집인지, 모래 위에 세운 집인지 분별할 수 있습니까? 일반적으로 집을 짓는 사람들은 아름다운 풍경과 탁 트인 전망을 한눈에 볼 수 있는 터를 선호합니다. 그러나 집의 진정한 가치는 단순히 경치가 좋고 외관이 멋지다는 것만으로 판단할 수 없습니다. 예수님께서는 집의 참된 가치는 외형이 아니라, 비가 내리고 창수가 나며 바람이 몰아칠 때 무너지지 않고 서 있는지 아니니지로 드러난다고 말씀하십니다.

본문에 등장하는 '비', '창수', '바람'은 건조한 기후의 근동 지방에서 자주 발생하는 현상입니다. 평소에는 메마른 골짜기였던 곳에 갑작스러운 폭우와 거센 바람이 몰아쳐 급류가 형성될 때, 집의 기초가 어디에 놓여 있는지가 비로소 시험을 받습니다. 사실 이러한 비, 창수, 바람은 단순한 자연현상 이상의 의미가 있습니다. 구약성경은 큰비와 폭풍, 우박을 종종 하나님의 종말론적 심판의 상징으로 사용합니다(겔 13:10-15). 사람들은 이 땅을 살아가는 동안 자신이 모래 위에 집을 지었음을 미처 깨닫지 못할 수 있습니다. 그러나 노아 홍수 때처럼, 마지막 날에는 그 사실이 드러날 수밖에 없습니다. 에스겔 선지자는 이 심판의 날을 생생히 묘사합니다. "내가 분노하여 폭풍을 퍼붓고 내가 진노하여 폭우를 내리고 분노하여 큰 우박 덩어리로 무너뜨리리라 회칠한 담을 내가 이렇게 허물어서 땅에 넘어뜨리고 그 기초를 드러낼 것이라 담이 무너진즉 너희가 그 가운데에서 망하리니 나를 여호와인 줄 알리라"(13:13-14).

적은 비나 약한 바람은 기초가 반석 위에 있든, 모래 위에 있든, 큰 차이를 만들지 않습니다. 그러나 폭풍우가 몰아치면, 반석 위에 지은 집은 흔들림 없이 서 있지만, 모래 위에 지은 집은 결국 무너지고 맙니다. 아무리 집이 아름답고 위치가 좋아도 기초가 무너지면 아무 의미가 없습니다. 집의 가치를 결정짓는 것은 단 하나, 곧 그 기초가 어디에 놓여 있느냐입니다.

인생의 큰비와 창수와 바람은 우리의 신앙 여정에 예기치 않게 찾아오는 고난과 역경을 가리킵니다. 동시에 성경은 이것을 최후 심판의 상징으로도 제시합니다. 평안할 때는 누가 반석 위에 집을 지었는지, 누가 모래 위에 집을 지었는지 쉽게 구분되지 않습니다. 오히려 모래 위에 집을 지은 사람도 겉으로는 신실한 성도처럼 보일 수 있습니다. 그러나 신앙의 참모습은 시험과 환난의 순간에 반드시 드러나며, 최후의 심판대 앞에서는 그 차이가 명확히 밝혀질 것입니다.

그런데 예수님의 이 말씀은 한 가지 중요한 사실을 전제합니다. 곧 성도라면 누구나 자신의 신앙이 참인지 거짓인지를 드러내는 시험과 환난을 반드시 맞이하게 된다는 점입니다. 혹 어떤 이는 이 땅에서 사는 동안 심한 환난을 경험하지 않을 수 있습니다. 그러나 최후의 심판만큼은 피할 길이 없습니다. 반석이신 예수 그리스도 위에 기초를 둔 지혜로운 자는 고난에도 좌절하거나 절망하지 않습니다. 순간적으로 흔들릴 수는 있지만, 끝내 주님의 은혜와 성령의 도우심으로 다시 일어나 끝까지 믿음을 지킵니다. 그리고 오직 예수 그리스도의 십자가 보혈과 언약의 신실성을 신뢰하며, 결국 최후 승리를 얻습니다.

그러나 예수 그리스도가 아닌 다른 기초 위에 신앙을 세운 사람은 환난이 오면 얼마간은 버티는 듯 보여도, 끝내는 무너집니다. 그는 경치 좋은 곳에 멋진 집을 세운 사람처럼, 겉으로는 더 경건하고 신앙 좋은 사람처럼 보일 수도 있습니다. 교회에서 더 많은 봉사와 헌신을 하며 칭찬을 받을 수도 있습니다. 그러나 그 신앙의 기초가 오직 예수 그리스도가 아니라 자기 영광, 자기만족, 세상의 가치였다면, 최후 심판 앞에서 모든 것은 허망하게 사라집니다.

그러므로 우리는 집을 지을 때처럼 신앙의 기초를 놓을 때도 찾고, 두드리고, 구하는 수고를 멈추지 말아야 합니다. 기초를 튼튼히 세우지 않은 채 눈에 보이는 외형적인 화려함만을 추구하는 것은 매우 위험합니다. 반드시 신중히 판단하고, 깊이 생각하며, 오직 반석이신 예수 그리스도 위에 신앙의 집을 세워야 합니다.

예수님의 두 건축자 비유는 교회 안에서도 참된 성도와 거짓 성도를 구별하는 것이 절대 쉽지 않음을 보여줍니다. 거짓 선지자와 참선지자, '주여, 주여'하는 자와 참으로 주님을 따르는 자의 분별도 마찬가지입니다. 주님은 산상수훈의 결론부에서 계속해서 이 문제를 강조하셨습니다. 우리의 영원한 운명, 곧 영생과 영벌이 이 사실을 어떻게 받아들이고 신앙생활에 적용하느냐에 달려 있기 때문입니다.

다시 강조하지만, 지혜로운 자와 어리석은 자, 참된 성도와 거짓된 성도의 차이는 당장은 겉으로 드러나지 않습니다. 일정한 시간이 흐르고, 그 사람의 삶에 열매가 나타날 때 비로소 확인할 수 있습니다. 그래서 많은 사람이 시험이 오기 전까지는 신앙의 기초가 어디에 놓였는지를 그리 중요하게 여기지 않습니다. 그러나 그 기초는 반드시 드러나게 되어 있습니다. 무엇보다 엄중히 기억해야 할 사실은, 이 비유가 세상 사람들을 향한 것이 아니라는 점입니다. 예수님께서는 바로 교회 안에 있는 신자들을 두고 이 말씀을 하셨습니다. 그렇다면 우리는 어느 편에 속해 있습니까?

한 가지 확실한 사실은, 지금 우리의 신앙과 삶이 예수님의 말씀 위에 세워져 있고 그 말씀을 따라 순종하며 살아가고 있다면, 이미 우리는 반석 위에 집을 짓고 있는 사람입니다. 그러한 사람은 큰비와 창수와 바람에도 절대 무너지지 않을 것입니다. 그리고 끝내 성도의 견인을 통해 영화의 단계에 이르러, 주님과 함께 영원한 영광을 누릴 것입니다.

참고문헌

마틴 로이드 존스, 《산상수훈 상》, 문창수 역(서울: 베드로서원, 2018).

마틴 로이드 존스. 《산상수훈 하》, 문창수 역(서울: 베드로서원, 2018).

백금산, 《웨스트민스터 소교리문답》(서울: 부흥과개혁사, 2009).

윤석준, 《하이델베르크 교리문답 설교 3》(서울: 부흥과개혁사, 2016).

최영인, 《주기도문》(서울: 예사람, 2018).

뒤집힌 세상 뒤집힌 복음에 경종을 울리다

천국의 언어 산상수훈

1판 1쇄 인쇄 _ 2026년 1월 30일
1판 1쇄 발행 _ 2026년 2월 5일

지은이 _ 이기호
펴낸이 _ 이형규
펴낸곳 _ 쿰란출판사

주소 _ 서울특별시 종로구 이화장길 6
편집부 _ 745-1007, 745-1301~2, 747-1212, 743-1300
영업부 _ 747-1004, FAX 745-8490
본사평생전화번호 _ 0502-756-1004
홈페이지 _ http://www.qumran.co.kr
E-mail _ qrbooks@daum.net / qrbooks@gmail.com
한글인터넷주소 _ 쿰란, 쿰란출판사
페이스북 _ www.facebook.com/qumranpeople
인스타그램 _ www.instagram.com/qrbooks
등록 _ 제1-670호(1988.2.27)
책임교열 _ 이주련·김준표

 ISBN 979-11-24013-55-7 93230

책값은 뒤표지에 있습니다.

파본(破本)은 구입처에서 교환해 드립니다.